# NOVO COMENTÁRIO BÍBLICO VIDA

O **NOVO COMENTÁRIO BÍBLICO VIDA**
está organizado em 15 volumes

**1. Mateus 2. Marcos 3. Lucas**

**4. João 5. Atos 6. Romanos**

**7. 1 e 2Coríntios 8. Gálatas e Efésios**

**9. Filipenses e Colossenses**

**10. 1 e 2Tessalonicenses e Filemom**

**11. 1 e 2Timóteo e Tito 12. Hebreus**

**13. Tiago e Judas**

**14. 1 e 2Pedro, 1, 2 e 3João**

**15. Apocalipse**

Ao adquirir os primeiros 14 volumes, ganhe um presente da Editora Vida.
Veja na página 495.

## OBRAS DE PABLO DEIROS POR EDITORA VIDA

Dr. Pablo Deiros é autor de mais de 70 obras, entre elas:

*História global do cristianismo*

*História do cristianismo na América Latina* (no prelo)

*O mundo religioso latino-americano* (no prelo)

Editor geral da *Bíblia Nova Reforma*

PABLO A. DEIROS

# NOVO COMENTÁRIO BÍBLICO VIDA

## MARCOS: O EVANGELHO DO PODER

Vida

Editora Vida
Rua Conde de Sarzedas, 246 – Liberdade
CEP 01512-070 – São Paulo, SP
Tel.: 0 xx 11 2618 7000
atendimento@editoravida.com.br
www.editoravida.com.br



Todas as citações bíblicas e de terceiros foram adaptadas segundo o Acordo Ortográfico da Língua Portuguesa, assinado em 1990, em vigor desde janeiro de 2009.

Editor responsável: Gisele Romão da Cruz
Tradução: Judson Canto
Revisão de tradução: Sônia Freire Lula Almeida
Revisão de provas: Josemar de Souza Pinto
Diagramação: Arte Vida e Claudia Fatel Lino
Projeto gráfico e capa: Arte Vida

**1. edição:** jan. 2021

**Dados Internacionais de Catalogação na Publicação (CIP)**
**(Câmara Brasileira do Livro, SP, Brasil)**

Deiros, Pablo A.
Marcos : o evangelho do poder / Pablo A. Deiros ; [tradução Judson Canto]. -- São Paulo : Editora Vida, 2020. -- (Novo comentário bíblico Vida ; 1)

Título original: Marcos.
ISBN 978-65-5584-008-7

1. Bíblia. N.T. Marcos - Comentários I. Título. II. Série.

20-37556 CDD-226.307

**Índices para catálogo sistemático:**
1. Marcos : Evangelho : Comentários 226.307
Cibele Maria Dias - Bibliotecária - CRB-8/9427

Esta obra foi composta em *Minion Pro* e impressa por BMF Gráfica sobre papel *Offset* 56 g/m² para Editora Vida.

# SUMÁRIO

## CAPÍTULO 2

## O PODER DE JESUS SOBRE AS ENFERMIDADES

## CAPÍTULO 3
## O PODER DE JESUS SOBRE A NATUREZA

## CAPÍTULO 4
## O PODER DE JESUS SOBRE OS DEMÔNIOS

## CAPÍTULO 5
## O PODER DE JESUS SOBRE A MORTE



### UNIDADE DOIS: A AUTORIDADE DO REINO

## CAPÍTULO 6
## JESUS ESCOLHE E ENVIA SEUS DISCÍPULOS

## CAPÍTULO 7
## JESUS ENSINA O POVO

## CAPÍTULO 8
## JESUS EM CONFRONTO COM A CULTURA



## CAPÍTULO 9
## JESUS ENFRENTA SEUS OPOSITORES

## UNIDADE TRÊS: O CUMPRIMENTO DO REINO

## CAPÍTULO 10
## O CUMPRIMENTO NO PASSADO (I)

## CAPÍTULO 11
## O CUMPRIMENTO NO PASSADO (II)

## CAPÍTULO 12
## O CUMPRIMENTO NO PRESENTE E NO FUTURO

# APRESENTAÇÃO DA SÉRIE

Para alguém que pregou e ensinou Novo Testamento por mais de meio século, escrever um comentário exegético e expositivo sobre o assunto é coroar seu ministério profético e de ensino de maneira maravilhosa. Com esta série de comentários, não pretendo competir com as obras clássicas e eruditas de que, graças ao Senhor, já dispomos em nosso idioma. Mas é meu objetivo contribuir para a edificação da igreja com o todo de meus estudos, meditações e comunicação da Palavra de Deus no Novo Testamento (1Coríntios 14.3). O Senhor tem me abençoado muito por meio de cada passagem dessa segunda parte da Bíblia, e é minha oração e meu desejo compartilhar com meus leitores os incalculáveis tesouros com que o Espírito Santo me agraciou por meio da leitura, do estudo, da pregação e do ensino da Palavra.

Assim como toda tradução do texto bíblico corresponde a uma interpretação, assim qualquer explanação desse texto consiste num entendimento revestido da experiência pessoal de seu expositor. No meu caso, a maior parte do material que compartilho nesta série é resultado de minhas experiências como pastor e mestre da Palavra, mas também de tudo que aprendi com o ministério profético e de ensino de outros porta-vozes do Senhor. O leitor atento será capaz de detectar ambos os aspectos, que permeiam cada livro deste *Novo Comentário Bíblico Vida*.

Um elemento significativo de minha contribuição nesse campo bastante explorado é a perspectiva pela qual me aproximo do texto do Novo Testamento. Faço-o como cidadão latino-americano que vive e atua neste belo continente, bem imbuído de sua cultura e visão de mundo. Identifico-me com uma fé evangélica e com tudo que ela significa para mim como herdeiro da Reforma

Protestante, especialmente no contexto da tradição anabatista. Minha perspectiva é essencialmente missiológica, pois entendo que o eixo da vida e da ação do cristão e da igreja é e deve ser o cumprimento da missão cristã no mundo de acordo com a vontade revelada de Deus. Além disso, meu compromisso é com a proclamação de um evangelho integral, que consiste em anunciar as boas-novas a respeito de Jesus a todos os homens, na totalidade do ser e dos relacionamentos de cada um. Minha abordagem exegética do texto bíblico procura seguir as pautas mais recentes da hermenêutica, e minha exposição tem por objetivo apresentar ferramentas úteis aos que têm hoje a responsabilidade de ensinar e pregar com diligência e clareza. Graças ao Senhor, hoje temos ferramentas extraordinárias e extremamente úteis para realizar essa tarefa com precisão.

Para esta série de comentários, escolhi aquele que me parece o melhor texto disponível em nosso idioma: a *Nova Versão Internacional*. Penso que essa tradução satisfaz plenamente a necessidade de ter à mão um texto claro e preciso que garante uma grande fidelidade ao significado e à mensagem dos escritores originais. Por isso, recomendo ao leitor e aluno que utilize este *Comentário* com o texto da *NVI* — em particular, com a *Bíblia Nova Reforma*, que tive a honra de editar em 2017. Em todo caso, a tarefa exegética foi realizada com base no texto original grego e apoiada nas melhores fontes secundárias disponíveis.[1] O leitor notará que de vez em quando introduzo na língua original (grego) uma palavra ou frase em letras latinas e a transcrição geralmente aceita. Faço isso para que o leitor com certo acesso instrumental ao grego do Novo Testamento disponha de mais um auxílio em sua compreensão e para que aquele que não teve a oportunidade de estudar esse idioma seja de alguma forma introduzido nele.

Esta série de comentários exegéticos e expositivos do Novo Testamento consiste numa obra em vários volumes, escrita por um conhecido teólogo, historiador e biblista latino-americano, de nacionalidade argentina. Não tenho a pretensão de ser um estudioso nesse campo, apenas alguém que pregou e ensinou expositivamente com rigor exegético todo o Novo Testamento de uma perspectiva missiológica e segundo uma disposição homilética. Esta coleção enfatiza a compreensão e a exposição do texto bíblico a fim de fornecer aos leitores materiais confiáveis que o ajudem a pregar e ensinar o Novo Testamento

---

1. Barbara ALAND et al. (Org.), **The Greek New Testament**.

no contexto latino-americano atual. O mundo de fala hispânica sofre de um alarmante déficit de pregação e ensino expositivo do texto bíblico. A maioria dos que exercem esse ministério não possui a formação necessária à exegese ou à exposição adequada da Palavra. Este comentário espera preencher as seguintes necessidades:

- Contribuir de forma significativa e instrumental com materiais para uma comunicação fácil e clara.
- Oferecer ao leitor as melhores e mais recentes ferramentas para a compreensão do texto bíblico.
- Permitir que pregadores e mestres usem todo o Novo Testamento em suas exposições, não apenas as passagens mais conhecidas.
- Elevar o nível de compreensão do texto bíblico e melhorar a capacidade de exposição em nosso idioma.
- Ajudar o leitor da Bíblia a ter uma experiência mais satisfatória na leitura e na compreensão da Palavra de Deus.

O *Novo Comentário Bíblico Vida* foi escrito para pessoas com um nível médio de educação (secundária) e comprometidas com algum ministério na igreja (pastoral, docente, evangelístico, missionário, de serviço etc.). Também será de valor para todo crente que deseje ler e estudar a Palavra de Deus com inteligência, sob a orientação do Espírito Santo. Este *Comentário*, por sua vez, apresenta uma abordagem singular do texto bíblico, de uma perspectiva hispano-americana e pastoral, com ênfase nos aspectos exegéticos e expositivos e com abundantes elementos homiléticos. Isso proporcionará aos pregadores e mestres da Palavra em nosso idioma ferramentas úteis no cumprimento da missão de proclamar "toda a vontade de Deus" (Atos 20.27).

— Pablo A. Deiros

# ABREVIATURAS

O presente livro utiliza a *Nova Versão Internacional* (*NVI*), da Sociedade Bíblica Internacional, para todas as citações bíblicas. Em outros casos, segue-se o texto grego ou outras versões da Bíblia, indicadas pelas siglas correspondentes. As abreviaturas utilizadas são as seguintes:

| | |
|---|---|
| *BA* | *Santa Biblia: La Biblia de las Américas,* 1986. |
| *BJ* | *Bíblia de Jerusalém.* |
| *Gr.* | *The Greek New Testament.* Deutsche Bibelgesellschaft, 2002. |
| *BHS* | *Bíblia Hebraica Stuttgartensia.* |
| *NA* | *El Libro de la Nueva Alianza: El Nuevo Testamento,* 1967. |
| *NVI* | *Nova Versão Internacional.* |
| *RVR* | *Santa Biblia,* versión Reina-Valera, revisión, 1960. |
| *RV95* | *Santa Biblia,* versión Reina-Valera, revisión, 1995. |
| *VP* | *Dios habla hoy,* Versión Popular, 1979. |

# LIVROS DA BÍBLIA

## ANTIGO TESTAMENTO

| | | | | | |
|---|---|---|---|---|---|
| Gênesis | Gn | 2Crônicas | 2Cr | Daniel | Dn |
| Êxodo | Êx | Esdras | Ed | Oseias | Os |
| Levítico | Lv | Neemias | Ne | Joel | Jl |
| Números | Nm | Ester | Et | Amós | Am |
| Deuteronômio | Dt | Jó | Jó | Obadias | Ob |
| Josué | Js | Salmos | Sl | Jonas | Jn |
| Juízes | Jz | Provérbios | Pv | Miqueias | Mq |
| Rute | Rt | Eclesiastes | Ec | Naum | Na |
| 1Samuel | 1Sm | Cântico dos Cânticos | Ct | Habacuque | Hc |
| 2Samuel | 2Sm | Isaías | Is | Sofonias | Sf |
| 1Reis | 1Rs | Jeremias | Jr | Ageu | Ag |
| 2Reis | 2Rs | Lamentações | Lm | Zacarias | Zc |
| 1Crônicas | 1Cr | Ezequiel | Ez | Malaquias | Ml |

## NOVO TESTAMENTO

| | | | | | |
|---|---|---|---|---|---|
| Mateus | Mt | Efésios | Ef | Hebreus | Hb |
| Marcos | Mc | Filipenses | Fp | Tiago | Tg |
| Lucas | Lc | Colossenses | Cl | 1Pedro | 1Pe |
| João | Jo | 1Tessalonicenses | 1Ts | 2Pedro | 2Pe |
| Atos | At | 2Tessalonicenses | 2Ts | 1João | 1Jo |
| Romanos | Rm | 1Timóteo | 1Tm | 2João | 2Jo |
| 1Coríntios | 1Co | 2Timóteo | 2Tm | 3João | 3Jo |
| 2Coríntios | 2Co | Tito | Tt | Judas | Jd |
| Gálatas | Gl | Filemom | Fm | Apocalipse | Ap |

# APRESENTAÇÃO

A vida e a obra de Jesus sempre foram de particular interesse para milhões de crentes e não crentes ao longo dos séculos. Para os primeiros, não se trata de satisfazer mera curiosidade, mas de conhecer a mensagem que, em nome de Jesus, devem proclamar ao mundo e descobrir o poder com que devem fazê-lo. Mais do que nunca, é em tempos de crise e de incertezas, como os dias atuais, que se faz necessário, como diz o autor da carta aos Hebreus, manter "os olhos fitos em Jesus, autor e consumador da nossa fé" (Hebreus 12.1). E, à medida que conhecemos a vida e a poderosa obra de Jesus, percebemos a possibilidade de o poder que operava nele e por meio dele operar também em nós e por meio de nós para preencher as necessidades humanas. Todas as necessidades do ser humano serão satisfeitas, e o Reino de Deus está presente quando servimos com o mesmo poder com que Jesus serviu.

Neste comentário de Marcos, por meio do estudo deste evangelho, tentaremos chegar a uma compreensão mais profunda dessas verdades. A exegese e a exposição girarão em torno da ideia de que em Jesus temos o poder do Reino de Deus presente e que seu evangelho é um evangelho de poder. Com base nisso, dividimos nossa exposição em três unidades. Na Unidade Um, intitulada "O evangelho do Reino", veremos Jesus iniciando seu ministério e demonstrando seu poder sobre as doenças, sobre a natureza, sobre os demônios e sobre a morte. Na Unidade Dois, intitulada "A autoridade do Reino", analisaremos essa autoridade no chamado de Jesus a seus discípulos, em seus ensinos e na forma em que ele confrontou a cultura de seus dias e de seus oponentes. Na Unidade Três, intitulada "O cumprimento do Reino", observaremos esse cumprimento numa visão tridimensional: o passado, nas experiências da morte e ressurreição de Jesus; o presente, na missão que a igreja deve cumprir nos dias de hoje; o futuro, com relação à segunda vinda de Jesus.

O trabalho exegético e expositivo neste comentário visa cumprir um duplo propósito didático. Por um lado, servir como modelo adequado ao exercício desses dois aspectos fundamentais para a compreensão do significado do texto bíblico. Por outro lado, iluminar o texto para extrair dele os melhores ensinamentos, a fim de ter uma compreensão mais profunda de Jesus como a manifestação mais completa do poder do Reino de Deus. Esperamos que a exegese e a exposição que elaboramos consigam atender ao nosso interesse didático. Para isso, cada capítulo foi cuidadosamente esboçado e combina referências históricas e linguísticas que lançam luz sobre o texto bíblico, além da aplicação prática das verdades analisadas. Essa orientação metodológica é a que melhor se ajusta aos objetivos de uma hermenêutica bíblica adequada e pode ser de grande ajuda no processo formativo dos discípulos.

O leitor notará que o autor adicionou ao texto de cada capítulo, na medida do possível, algumas sugestões homiléticas, com as quais espera satisfazer amplamente as expectativas e necessidades dos discípulos. São materiais concisos, claros e variados, mas espera-se que sejam de grande ajuda, especialmente para pastores, missionários, evangelistas e outros obreiros cristãos que tenham de pregar, ensinar ou compartilhar o texto do evangelho de Marcos. O foco deste estudo é ministerial e não pretende ser uma análise técnica ou acadêmica do texto bíblico.

O estudo exegético e a exposição de cada texto bíblico, bem como as reflexões que se seguem como aplicação da passagem, à semelhança de qualquer outra sugestão por meio das contribuições homiléticas, não pretendem suplantar de modo algum a criatividade e a imaginação dos leitores. Trata-se mais de um auxílio à tarefa, comum a todos, de se preparar efetivamente para servir melhor ao Senhor com base num conhecimento mais profundo de sua vida e de seu ministério terreno. No entanto, se os que tiverem acesso a este comentário não se esforçarem para estudar e refletir de maneira adequada sobre cada passagem, todas as ajudas aqui encontradas serão inúteis e não alcançarão os objetivos propostos pelo autor.

O mais importante no fascinante estudo do evangelho de Marcos em torno de Jesus como o poder do Reino é aprendermos a viver e a servir como ele, cheios do poder de Deus, como diz a bela canção cristã composta há muitos anos por Pablo Bedrossian:

Tenhamos o olhar compassivo
As palavras de esperança
A entrega de Jesus
E estendamos nossas mãos ao cansado

Dando abrigo ao que tem frio
E ao que está nas trevas, luz.
Viver como Cristo viveu
Seguir o que ele ensinou

Amar como ele nos amou
Servir como ele serviu
Como se entregou por nós
Vivamos como Cristo viveu.

Mudemos, a hora exige
Não é questão de palavras
Mas de amor, ação e fé
E mostremos que o novo homem é possível
Vivendo primeiramente nós
Uma vida de poder.[1]

1. Vivir como Cristo vivió, **Corazón y voz**.

# INTRODUÇÃO

O propósito desta Introdução é apresentar ao leitor este comentário sobre a vida e a obra de Jesus de acordo com o evangelho de Marcos. Quando conhecemos o autor de um livro, apreciamos melhor seu trabalho e compreendemos sua mensagem com mais clareza. O evangelho de Marcos é único em sua apresentação de Jesus. Nele, Jesus é retratado como o homem milagroso da Galileia. A narrativa se move de uma ação a outra, o que torna o livro dinâmico e cativante. "Ação" e "poder" são as palavras que resumem a trama desse evangelho. Há movimento e progresso, o que torna o leitor entusiasmado com a leitura, ainda que o autor bíblico não demonstre grande proficiência literária. O evangelho dá grande destaque ao aspecto humano de Jesus (cf. 6.3,31), mas também a seu caráter divino (6.5,7,41,51).

O presente comentário tem como tema básico a vida e a obra de Jesus pela perspectiva do evangelho de Marcos, que pode ser considerado o evangelho da ação. O propósito geral destes capítulos é apresentar um estudo aprofundado desse evangelho e com isso chegar a uma compreensão clara do significado da vida e do poder do Senhor em nossa vida. As passagens para estudo especial ou a aplicação de cada texto concentram sua atenção nas ações poderosas de Jesus como Filho de Deus em seu serviço aos seres humanos em necessidade. O objetivo secundário é descobrir os aspectos distintivos do retrato de Jesus que Marcos delineia em seus escritos e mostrar como a vida e a obra de Jesus revelam sua natureza divina e sua missão redentora. Quanto a nós, tudo que aprendemos a respeito de Jesus em Marcos é o maior exemplo de serviço abnegado e integral para benefício dos seres humanos.

Antes de estudarmos esse evangelho com mais detalhes, será útil considerar algumas perguntas que muitos fazem sobre o livro e o autor e sobre como ele o escreveu. A propósito, não vamos tentar responder a todas as perguntas, apenas àquelas que nos parecem mais importantes para entender e aplicar o texto.

## COMO É O LIVRO?

Cada um dos quatro evangelhos apresenta características próprias e distintivas, e todos são de valor especial para o cristão que deseja servir ao Senhor. O evangelho de Marcos é caracterizado por seu enfoque missiológico e ministerial. Marcos, que escreveu seu evangelho tendo em mente os cristãos gentios da cidade de Roma, destaca as ações poderosas de Jesus como expressão da presença do Reino de Deus na História. Seu evangelho é o mais curto e o mais simples dos Sinópticos. O termo "sinóptico" provém de uma expressão grega que significa "ver juntos". Os três primeiros evangelhos são chamados "Sinópticos" porque, se postos em colunas paralelas, permitem que seus relatos sejam comparados. O evangelho de Marcos é o mais importante dos três, por ser o mais antigo (foi o primeiro a ser escrito), e dele foram tomados os materiais de Mateus e Lucas, que seguem a mesma organização de Marcos.

Além disso, como primeiro evangelho a ser escrito, Marcos estabeleceu uma linha divisória no processo de transição entre as tradições orais que circulavam nas igrejas e a escrita dessas tradições. Tratou-se de um marco importante, pois ajudou a fixar a tradição cristã herdada dos apóstolos e a criar uma fonte de referência mais confiável e acessível que a simples narrativa oral. Até então e ao longo de quase quatro décadas, as histórias relacionadas com Jesus e com seus cnsinos circulavam oralmente e assim eram usadas na pregação cristã, no ensino e no testemunho. Depois de Marcos, os outros dois Sinópticos e João, assim como os autores que surgiram mais tarde, imitaram o gênero literário criado por ele (evangelho) e o aperfeiçoaram. No entanto, a transição da transmissão oral para a escrita não aconteceu da noite para o dia: chegou até a época dos pais apostólicos.[1]

Podemos sintetizar as características gerais do evangelho de Marcos destacando algumas de suas características. 1) Marcos é o registro mais próximo que podemos ter da vida de Jesus. 2) Marcos jamais esqueceu o lado humano de Jesus. 3) Marcos insere em seu relato detalhes pequenos e muito vívidos, os quais constituem evidências de uma testemunha ocular. 4) Marcos tem

1. Joachim Gnilka, **El evangelio según San Marcos:** Mr. 1.1—8.26, p. 8.

um estilo literário muito simples, dinâmico, vernacular e rápido. O advérbio "imediatamente" (gr. *tóte*, "logo", "em seguida") é repetido várias vezes para manter o ritmo da história, bem como a conjunção "e" (gr. *kaí*), em geral usada apenas para marcar o início de uma sentença, mas que ajuda a conectar cada seção com a precedente. 5) Marcos é uma leitura muito atraente, cujas cenas descritas envolvem o leitor, especialmente por causa do uso frequente do presente histórico. Isso dá ao relato uma qualidade dramática única.

> **Alberto F. Roldán:** "Estamos diante de um 'evangelho visual'. Uma história em imagens, no qual a linguagem está a serviço da narrativa. O esforço para narrar como um jornalista moderno faz que o autor 'veja' as ações de Jesus. E, por esse motivo, às vezes incorre em repetições e exageros. Marcos, porém, está interessado em fazer um relato fiel dos acontecimentos. Ele não é apaixonado por estilo nem dado a refinamentos ou a adjetivações. No entanto, para aqueles que gostam de literatura, o uso quase ilimitado da conjunção 'e' nos faz pensar em romancistas como William Faulkner. [...] A ênfase de Marcos na imagem, não no discurso, torna esse evangelho um livro atraente e atual. Fácil de entender por não ter uma linguagem complicada ou sofisticada. Atual porque hoje vivemos precisamente no 'mundo da imagem' ".[2]

Marcos começa seu relato com o ministério público de Jesus e se concentra nas ações e obras deste, sem dar muita atenção às parábolas ou aos discursos de natureza didática. O evangelho de Marcos consiste num relato vigoroso, colorido e dinâmico das ações portentosas de Jesus. Seu estilo conciso, carregado de drama e em movimento constante cativam o leitor. É por isso que o Jesus apresentado por Marcos é muito dinâmico e popular. Além disso, os capítulos que se seguem irão revelar um Jesus numa dimensão que será uma bênção para todo crente, especialmente porque o Jesus de Marcos é muito humano, embora cheio de poder. A imagem de Jesus como ser humano apresentada por Marcos é impressionante. Segundo o evangelista: 1) Jesus foi tentado (1.12,13); 2) Jesus sentiu compaixão (1.41); 3) Jesus ficou indignado (3.5); 4) Jesus precisava dormir (4.38); 5) Jesus era filho e irmão de outros seres humanos (6.3); 6) Jesus sentiu cansaço (6.31); 7) Jesus precisava orar

---

2. **Jesús en acción:** un comentario dinámico al evangelio de Marcos, v. 1, p. 20-21.

(6.46); 8) Jesus sofreu fisicamente (14.65); 9) Jesus sentiu-se desamparado por Deus (15.34); 10) Jesus exalou o último suspiro como qualquer mortal (15.37).

Marcos também se mostra um escritor bem criativo, porém acessível, capaz de criar cenas inesquecíveis, de grande realismo e precisão. Seu grego é muito simples e revela afinidades marcantes com a língua falada no dia a dia, como a que se lê nos papiros e nas inscrições daqueles dias. Seu estilo está bem distante da prosa do grego clássico. Algumas de suas expressões são quase fotográficas, de tão detalhadas, como quando menciona a "grama verde" (6.39; "grama" em Mateus 14.19 e João 6.10; Lucas nem menciona isso). Parece que Marcos não se propôs compor uma história literária, e sim gravar a tradição oral como a recebeu, com toda a sua cor e todo o seu frescor.

Além disso, a abordagem dinâmica e às vezes de forte teor emocional, com um discurso no qual os verbos são mais importantes que os adjetivos, constitui forte apelo à estrutura de nossa visão latino-americana de mundo. Assim, espera-se que, terminado o estudo de Marcos, o leitor, como seguidor e servo de Cristo, obtenha uma melhor compreensão da vida e obra de Jesus e possa desenvolver uma apreciação mais profunda dos aspectos práticos desse evangelho.

## QUEM FOI MARCOS?

Saber algo sobre a vida e o propósito de um escritor permite-nos entender melhor e apreciar mais o seu livro. É provável que o autor do evangelho de Marcos e João Marcos, o jovem assistente de Barnabé e Saulo, sejam a mesma pessoa, sobre quem lemos em Atos 12.12,25 e 15.37,39. Talvez fosse primo de Barnabé, motivo pelo qual este quis levá-lo como assistente em sua primeira viagem missionária (Atos 13.5,13). Seu nome também aparece em outras passagens do Novo Testamento (Colossenses 4.10; 2Timóteo 4.11; Filemom 24; 1Pedro 5.13). O nome Marcos era na verdade um apelido latino, e João era seu nome judaico, que significa "graça de Deus". Ambos os nomes aparecem em Atos 15.37 e 12.12, ao passo que apenas João em Atos 13.5,13 e apenas Marcos em Atos 15.39 e outras passagens.

Sua mãe era judia, Maria de Jerusalém. Sua casa era o lugar de reunião da igreja em Jerusalém, o lugar para onde Pedro se dirigiu depois de sair da prisão (Atos 12.12). Nada se sabe de seu pai, mas Barnabé era seu primo (Colossenses 4.10), por isso os apóstolos o levaram para Antioquia (Atos 12.25).

É provável que ele tenha sido levado a Cristo por Pedro (1Pedro 5.13), embora a expressão "meu filho" possa ser mero indicativo de associação próxima no ministério. De fato, Pedro e Marcos aparecem ligados um ao outro por alguns escritores antigos, como Papias.

Marcos iniciou muito cedo seu ministério cristão. Sua relação com Barnabé era natural e filial, por isso se tornou um "auxiliar" (Atos 13.5) de seu primo e de Paulo em sua primeira viagem missionária. A palavra "auxiliar" vem do grego *hupērétēn* (lit., "remador de baixo" — de *hupó*, "para baixo", e *ērétēs*, "remador"). Designava um remador de um trirreme romano, trabalho não muito visível, mas importante. Embora sua função não esteja muito clara, parece que estava ali na condição de aprendiz, apesar de ter parte na pregação e no batismo dos convertidos. A experiência adquirida com homens tão capazes como Barnabé e Paulo deve ter sido interessante e valiosa.

No entanto, Marcos abandonou os missionários em Perge, da Panfília, no meio da primeira viagem missionária, e voltou para sua casa em Jerusalém (Atos 13.13). Por quê? Sobre o motivo, só podemos fazer conjecturas. Depois de Perge, o trabalho se tornaria mais difícil, mas não é provável que apenas isso tenha feito Marcos desistir de viajar para o interior da Ásia Menor (2Coríntios 11.23-27). Talvez estivesse preocupado com sua mãe viúva, ou quem sabe, para ele, o intrépido Paulo estivesse indo mais longe do que Marcos esperava. Além disso, apenas Paulo e Barnabé haviam sido "separados" para a tarefa missionária (Atos 13.2). Teria Marcos se antecipado aos propósitos de Deus? Ou será que se opunha à oferta de salvação aos gentios com a exigência única da fé, já que sua família, como a de Paulo, era composta de "verdadeiros hebreus"? De fato, Atos 13.5-13 destaca seu nome judaico, João, relacionado com os acontecimentos de Pafos (Chipre), quando ocorreu a conversão do procônsul romano Sérgio Paulo.

Quando a segunda viagem missionária foi planejada (Atos 15.36), Barnabé naturalmente tentou fazer que seu jovem primo, por motivos práticos, fosse reintegrado à equipe (Atos 15.37). A forte oposição de Paulo (Atos 15.38) pode ser evidência de que a salvação pela graça oferecida aos gentios tenha sido a causa do conflito, porque esse assunto preocupava o apóstolo mais que qualquer outra coisa (Gálatas 2.4,5; Atos 14.21). Sobre essa questão, antes ou depois desse tempo, o próprio Barnabé mostrou-se volúvel (Gálatas 2.13), embora se tratasse de princípios fundamentais. Talvez seja correto dizer que os dois estavam certos a respeito de Marcos, mas de perspectivas diferentes. Paulo não queria levar alguém tão preconceituoso e pouco confiável numa viagem tão cheia de dificuldades e desafios. Barnabé, por sua vez, queria dar outra chance ao jovem parente. Mas ambos erraram ao permitir "um desentendimento tão sério que se separaram" (Atos 15.39), especialmente porque, ao que tudo indica, tinham ótimo desempenho no serviço do Senhor.

A história subsequente de João Marcos descreve seu desenvolvimento como cristão e servo do Senhor, a ponto de compor o evangelho que leva seu nome. Graças à paciência e ao amor do primo Barnabé ("filho da consolação"; "encorajador", *NVI*), Marcos experimentou crescimento. Sem dúvida, Barnabé esperava que João Marcos se tornasse um bom servo de Deus. Por isso, pegou o jovem e voltou com ele a Chipre, lugar de origem de Barnabé (Atos 4.36). Embora não se tenha ouvido falar de Marcos por onze anos, o que se seguiu prova que a bondade de Barnabé foi uma bênção para ele. No entanto, a rejeição de Paulo deve ter sido uma disciplina importante. Ternura e severidade, em relação e proporção, são necessárias para o desenvolvimento pessoal (Romanos 11.22).

Por fim, Marcos conseguiu ocupar um lugar de proeminência como ministro de Cristo. É fato que ele estava em Roma com Paulo (Filemom 24) e que o conflito entre eles fora resolvido (v. 1Coríntios 9.6). Ele se tornou um dos poucos fiéis entre os judeus cristãos a dar apoio a Paulo, que o descreve como "companheiro" e "colaborador" (Colossenses 4.10,11) e o considera positivamente ao declarar que "ele me é útil para o ministério" (2Timóteo 4.11; v. Filemom 11). A referência de Pedro a Marcos (1Pedro 5.13) pode ser posterior à morte de Paulo, e isso provaria que Marcos ainda estava trabalhando na "Babilônia" (Roma), de onde Pedro escreveu sua carta. Além disso, a tradição acrescenta que Marcos pregou no Egito e no norte da África e fundou a grande igreja de Alexandria.

Talvez o fato mais curioso a respeito de Marcos é que ele pode ter sido o jovem que vinha seguindo Jesus desde o jardim de Getsêmani (Marcos 14.51,52) coberto apenas com "um lençol de linho", até que tentaram prendê-lo, e "ele fugiu nu, deixando o lençol para trás".

> **Alessandro Pronzato:** "À margem da credibilidade dessa identificação, parece-me que Marcos ainda continua a provocar os estudiosos que se ocupam dele e que às centenas tentam lhe pôr as mãos: os da análise literária, os da crítica histórica, depois os seguidores da 'história das formas', com sua obstinação

> por encontrar o *Sitz im Leben* ("contexto vital" ou "situação na vida"), de onde nascem as narrativas. Etiquetas altissonantes para diferentes disciplinas: *Formgeschichte* [história das formas], *Redaktionsgeschichte* [história da redação], *Tradiotionsgeschichte* [história da tradição]. Portanto, hermeneutas de todas as raças, partidários de uma 'exegese total', teólogos de classes diversas, os que propõem uma leitura 'sincrônica' e também 'diacrônica'. Em tempos mais recentes, os defensores da análise estrutural, os estruturalistas lacanianos e outros. Todos dão a entender que finalmente capturaram Marcos, que o mantêm seguros em suas doutas mãos. Mas não se apercebem [...] ou quem sabe já se deram conta de que suas unhas agarraram apenas um lençol. Ele escapou para outras paragens e provavelmente passa bem, vendo tanto afinco por um lençol de linho".[3]

Portanto, Marcos conhecia a Jesus pessoalmente, mas não tinha estado com ele muitas vezes. Em primeiro lugar, por causa de sua juventude (era um adolescente). Em segundo lugar, porque residia em Jerusalém, e o Mestre exerceu a maior parte de seu ministério na Galileia. Foi por essa razão que ele precisou obter de outras pessoas a maior parte de suas informações sobre o Senhor. Um escritor chamado Papias, bispo de Hierápolis, na Ásia Menor, afirmou cerca de cinquenta anos depois de Marcos que o evangelista recebeu informações especiais do apóstolo Pedro. Ireneu de Lyon (c. 180) confirma o que foi dito por Papias e acrescenta que o evangelho de Marcos foi escrito após a morte de Pedro e Paulo, com os quais Marcos mantinha estreitas ligações.[4] O historiador Eusébio de Cesareia, no início do século IV, também menciona esse fato.

> **Eusébio de Cesareia:** "Marcos, que foi intérprete de Pedro, pôs por escrito, ainda que não em ordem, tudo do que se lembrava que o Senhor havia dito e feito. Porque ele não tinha ouvido o Senhor nem o seguira, mas, como já disse, seguiu Pedro mais tarde, o qual transmitia seus ensinos conforme a necessidade, não como quem pretendia fazer um compêndio das palavras do Senhor. Portanto, Marcos não se enganou ao escrever algumas coisas que guardava na memória. Porque teve o cuidado de não omitir ou distorcer o que ouvira [de Pedro]".[5]

3. **Un cristiano empieza a leer el evangelio de Marcos**, v. 1, p. 29.
4. **Contra herejías**, 3.1.1.
5. **Historia eclesiástica**, 3.39.15.

Em seu evangelho, Marcos manifesta os ensinos e a influência de Pedro. O desenvolvimento desse texto corresponde ao esboço do discurso de Pedro na casa de Cornélio (Atos 10.31-43). O texto-chave é Marcos 10.45. Além disso, todo o livro está em harmonia com a personalidade de Pedro: um homem ativo, impulsivo e direto, em vez de argumentativo, lógico e doutrinário. Parece evidente que o evangelho é dirigido aos gentios, não aos judeus, e especialmente aos romanos, talvez por admirá-los por sua força e pela administração do poder. De fato, Marcos enfatiza a atividade e o poder de Jesus mais que suas palavras e usa com frequência expressões como "imediatamente" ou "em seguida", que dão grande força ao seu relato. Também é notável o uso de certas palavras latinas, como "legião" e "centurião". O mais importante é a clara referência de Marcos ao importante conceito de Isaías sobre o Messias como "Servo do SENHOR" (Isaías 52.13—53.12), bastante adequado a alguém que fora servo de Barnabé, de Paulo, bem como de Pedro.

## POR QUE ELE ESCREVEU ESSE EVANGELHO?

Marcos provavelmente foi o pioneiro de um gênero literário popular que veio a ser conhecido como "evangelho". Sua grande contribuição foi extrair a riqueza da tradição oral sobre a vida e o ministério de Jesus, e talvez alguns breves escritos, para compor um relato não muito ordenado, mas finalmente registrado por escrito. Sem dúvida, o propósito do evangelista ao escrever seu evangelho não era biográfico. A intenção de Marcos parecia ser mostrar a seus leitores, em grande parte gentios, como as boas-novas a respeito de Jesus, o Filho de Deus, começaram a ser divulgadas. Tinha, portanto, propósitos históricos e religiosos. Pela leitura de seu trabalho, podemos deduzir pelo menos quatro importantes razões pelas quais ele escreveu esse texto.

1) Por um lado, ele mesmo havia crido em Jesus depois de ouvir a respeito dele e de ter desfrutado a comunhão da igreja. Daí seu desejo de que outras pessoas conhecessem Jesus e acreditassem nele. Seu evangelho foi a maneira de testemunhar a respeito de Jesus. O que temos nas páginas desse livro, portanto, é o testemunho pessoal de Marcos sobre sua experiência com Jesus, o Filho de Deus.

2) Por outro lado, Marcos queria oferecer uma espécie de "manual de ensino" aos evangelistas de sua época. Com isso, provavelmente escreveu pensando em todos os que pregavam a respeito de Jesus ou queriam ler uma

passagem em voz alta durante o culto cristão. Os cristãos da época não adoravam em templos. Eles se reuniam nas casas. Portanto, foi para esses pequenos grupos que Marcos escreveu seu evangelho.

3) É provável que, ao escrevê-lo, seus leitores romanos estivessem passando por um período de perseguição e precisassem afirmar sua fé em Jesus, cujo poder era maior que o do agressivo imperador e do hostil Império Romano. Portanto, Marcos pode ter sido motivado a escrever por causa dos trágicos acontecimentos vividos pelos cristãos de Roma durante o incêndio ocorrido na cidade, no ano 64. Nessa época, o testemunho cristão já se estabelecera firmemente na capital do império, embora fosse considerado uma "superstição estrangeira", segundo o historiador romano Tácito (56-120). Embora o incêndio da cidade tenha sido causado pelo imperador Nero, ele acusou os cristãos, o que resultou numa feroz perseguição local. Um bom número de crentes sofreu o martírio. É possível que Marcos, ao apresentar a seus leitores o poderoso ministério de Jesus, quisesse mostrar-lhes que esse poder era muito maior que o de qualquer imperador ou do próprio Império Romano. Por todo o evangelho, há muitas referências, explícitas e implícitas, ao sofrimento e ao discipulado (1.12,13; 3.22,30; 8.34-38; 10.30,33,34,45; 13.8,11-13).

4) No entanto, talvez a principal razão tenha sido que na época (por volta do ano 65 ou um pouco mais tarde) os apóstolos mais importantes, como Pedro e Paulo, provavelmente já haviam morrido. Com isso, a tradição apostólica corria o risco de se perder. A necessidade de preservar as memórias apostólicas era fundamental, ou seja, havia plenas condições históricas para a redação do primeiro evangelho, e João Marcos tinha as credenciais e a imaginação para a tarefa. De fato, ele tinha boas conexões apostólicas. Também adquiriu certa experiência missionária viajando com Paulo, embora tenha falhado na primeira tentativa, e a referência a ele em Atos cobre apenas nove versículos (Atos 13.5-13). Mais tarde, ele parece ter conseguido resolver o conflito com Paulo e chegou a receber sua bênção (Colossenses 4.10; Filemom 24; 2Timóteo 4.11). João Marcos também estava familiarizado com o ministério de Pedro e mantivera um relacionamento próximo com o apóstolo (1Pedro 5.13).

Em suma, era necessário preencher o vazio do testemunho apostólico sobre a vida e a obra de Jesus, agora que essas primeiras testemunhas de Jesus estavam partindo. Caso contrário, a igreja seria paralisada. O problema era que João Marcos não tinha os antecedentes de um evangelho anterior. Não havia um modelo em que basear seu relato. É por isso que nas palavras iniciais do livro é possível perceber certo senso de criatividade e originalidade, que outros evangelistas souberam copiar (Mateus e Lucas). Assim, foi inaugurada uma nova modalidade literária, bem captada nas palavras de abertura do livro: "Princípio do evangelho de Jesus Cristo, o Filho de Deus" (1.1).

## QUANDO ESCREVEU ESSE EVANGELHO?

Marcos escreveu cerca de trinta e cinco anos após a ressurreição de Jesus, ou seja, entre os anos 65 e 70. Antes disso, as histórias sobre a vida, a obra, os ensinos, a morte e a ressurreição de Jesus eram transmitidas oralmente. Esses fatos eram narrados como parte da adoração regular da igreja. Alguns atos e palavras de Jesus foram registrados por escrito, mas parece que Marcos foi o primeiro a compor um evangelho. Naturalmente, ele escolheu alguns feitos e declarações entre os muitos que circulavam na época. Depois, organizou-os em certa ordem, embora seu livro não seja caracterizado pela coerência ou pela apresentação sistemática, nem mesmo por uma sequência cronológica mais rígida dos acontecimentos.

> **Floyd V. Filson:** "O tipo de escrito que chamamos 'evangelho' parece natural para nós, mas despontou na época como um novo gênero literário. Evangelho não é biografia, embora trabalhe com uma vida humana real. Não é uma simples coleção dos ensinos de alguém, porque situa o ensino no contexto de uma história. Essencialmente, um evangelho apresenta o ministério e a mensagem que para o escritor constituem a ação decisiva de Deus na vida de um ser humano único na História; por meio dele, Deus agiu para salvar todos os que cressem nele e o seguissem".[6]

Marcos foi o primeiro evangelho a ser escrito. Mais tarde, Mateus e Lucas usaram-no como fonte. Na época, os livros não eram impressos em papel, mas escritos à mão sobre um material rústico chamado "papiro". As fibras entrelaçadas do tronco dessa planta (papiro), que crescia às margens do rio Nilo, no Egito, eram prensadas e liberavam uma substância pastosa que unia o material numa lâmina fina. Confeccionava-se então uma folha longa, em cuja superfície era possível escrever com facilidade (como no papel atual).

6. **A New Testament History**, p. 82-83.

Com essa lâmina se confeccionava um rolo, no qual o texto era escrito, geralmente no anverso e em duas colunas. Havia uma haste de madeira em cada extremidade do rolo, que era enrolado e desenrolado à medida que se lia. Um livro como o evangelho de Mateus deve ter preenchido um rolo de 7 metros de comprimento por 30 centímetros de largura. Se outras pessoas quisessem ter acesso ao livro, era preciso fazer uma cópia à mão (manuscrito). Foi o que aconteceu com o evangelho de Marcos (e com os outros também). É provável que algumas cópias tenham sido feitas enquanto Marcos ainda vivia, e sabe-se que muitas outras foram feitas após sua morte. Essas cópias são conhecidas como manuscritos. Mas, por causa da intervenção de muitos copistas no texto, nem todos os manuscritos são iguais. É por isso que os melhores manuscritos de que dispomos hoje não incluem o material de 16.9-20 (v. nota da *NVI*).

Uma informação que ajuda a determinar a data em que esse texto foi escrito é o fato de não haver indicações explícitas da destruição de Jerusalém (ocorrida no ano 70). Desse modo, é preciso situá-lo numa data anterior, embora mais ou menos próxima dessa catástrofe. A mensagem escatológica de Jesus registrada no cap. 13 revela um conteúdo um pouco diferente do que os evangelhos de Mateus e Lucas refletem sobre o mesmo tema, pois dão a impressão de adaptar as palavras de Marcos de maneira mais coerente com os fatos ocorridos no ano 70, depois dos quais escreveram.

Além disso, a resposta de Jesus aos discípulos, que ao sair do templo haviam exclamado: "Olha, Mestre! Que pedras enormes! Que construções magníficas!" (13.1), parece ser outra evidência de uma redação anterior aos acontecimentos que resultaram em sua destruição definitiva. Jesus profetizou: "Você está vendo todas estas grandes construções? [...] Aqui não ficará pedra sobre pedra; serão todas derrubadas" (13.2). A alegoria dos lavradores maus (12.1-12) parece refletir as circunstâncias históricas que mais tarde os cristãos vieram a considerar um castigo divino contra os judeus por terem matado o "filho amado" e "herdeiro" do proprietário da vinha, com a consequente entrega da vinha aos gentios (12.9). Além disso, não é certo que o texto de 13.9,10 seja um reflexo das experiências de Paulo (Saulo) como perseguidor, como interpretam alguns comentaristas. Em todo caso, as palavras de encerramento ("é necessário que antes o evangelho seja pregado a todas as nações", v. 10) mostram uma comunidade gentia bem estabelecida, como o relato da rasgadura do véu do templo (15.38). Tudo isso mais tarde levou os cristãos à única conclusão possível de que a morte de Jesus derrubou todas as barreiras e distinções entre judeus e gentios (Efésios 2.11-18; 3.12; Hebreus 10.19,20). Essas e outras observações nos permitem situar o evangelho de Marcos entre os anos 65 e 70.

## QUEM FORAM SEUS PRIMEIROS LEITORES?

O evangelho de Marcos foi o primeiro a ser escrito. Ser pioneiro em algo é emocionante, pois quase sempre é acompanhado de riscos e oportunidades. Marcos, porém, lançou-se a registrar os acontecimentos em grande parte por causa da situação dos que viriam a ser seus primeiros leitores. Na resposta à pergunta sobre quem foram os primeiros leitores do evangelho, percebemos duas coisas.

Por um lado, eram cristãos gentios. Os primeiros leitores eram cristãos gentios de Roma, ou seja, não eram cristãos judeus da Palestina. Eles não conheciam os costumes judaicos nem o idioma que Jesus falava (aramaico). Talvez por isso Marcos traduza palavras e expressões aramaicas ("Boanerges"; "Talita cumi"; "Aba"; "Corbã"; "Efatá" etc.). Além disso, em seu evangelho Marcos explica aos seus leitores essas e outras coisas (cf. 5.41; 7.3; 12.42). Acrescente-se a isso que o livro contém expressões que são latinismos, ou seja, traduções latinas de palavras gregas como "quadrantes" (12.42, nota da *NVI*) e "Pretório" (15.16), além de usar palavras tipicamente romanas, como "legião" e "centurião".

> **Guillermo Cook e Ricardo Foulkes:** "Marcos foi escrito para um público não judeu (que talvez residisse em Roma) ou para judeus palestinos helenizados e intimamente afetados pela administração romana. Vejamos. 1) O grego popular (*koinē*) em que Marcos foi escrito é rústico, não muito polido, próprio de um provinciano. 2) O autor escreve com características do dialeto aramaico-cananeu, a língua popular dos judeus desde os tempos do cativeiro babilônico. Encontramos em Marcos frases cuja sintaxe é mais semítica que grega. 3) Além disso, o autor tem o cuidado de explicar os costumes e tradições judaicos (p. ex., 7.3,4) e de traduzir as expressões aramaicas que transcreveu para o grego, embora não explique os vocábulos semíticos, como "amém" e "Hosana", que passaram para a linguagem litúrgica da igreja. 4) Marcos emprega numerosos latinismos e expressões que transcreve para o *koinē* (4.21; 5.9,15; 6.27,37; 7.4; 12.14,42; 15.15,16,39)".[7]

7. Marcos, in: **Comentario biblico hispanoamericano**, p. 22-23.

Por outro lado, eram cristãos perseguidos. No dia 19 de julho de 64, um incêndio incontrolável devastou a cidade imperial e destruiu um bairro inteiro na parte central de Roma. Como já foi dito, o imperador acusou uma nova seita, chamada "cristãos", como responsável pela destruição, e assim teve início uma época de terror. O imperador romano Nero lançou uma terrível perseguição contra os cristãos. Embora fosse de caráter eminentemente local e não tivesse ido além da cidade, seu impacto foi muito grande na crescente comunidade cristã de Roma. Os cristãos eram crucificados e queimados vivos. Isso aconteceu porque as autoridades romanas não conheciam as atividades nem as crenças dos cristãos e também porque os cristãos afirmavam servir um Rei que estava acima do próprio imperador romano. A *Primeira epístola aos coríntios*, escrita pelo bispo Clemente de Roma, o escrito cristão mais antigo após a maior parte do Novo Testamento (ano 95), sugere que Pedro e Paulo foram mortos nessa época.

> **Tácito:** "Nem todos os esforços dos homens, nem toda a liberalidade do imperador e as propiciações dos deuses foram suficientes para atenuar o escândalo ou desfazer a convicção de que o incêndio tenha sido ordenado. Assim, para se livrar desse rumor, Nero supôs culpada e puniu com os tormentos mais requintados uma classe odiada por suas abominações, que comumente são chamados 'cristãos'. Christus, de quem deriva esse nome, foi executado pelo procurador Pôncio Pilatos no reinado de Tibério. Reprimida em um primeiro momento, essa superstição perniciosa manifestou-se outra vez, não só na Judeia, a origem desse mal, mas também em Roma, esse receptáculo de tudo que é sórdido e degradante vindo de todos as partes do Globo, que ali encontra seguidores. Como consequência disso, foi efetuada primeiramente a prisão de todos os que confessaram [ser cristãos]. Em seguida, com o apoio dessa evidência, uma imensa multidão foi condenada, não tanto com base na acusação de incêndio premeditado quanto por causa do ódio da raça humana. Além de serem condenados à morte, foram feitos objetos de entretenimento; foram vestidos com peles de feras e dilacerados até a morte por cães; outros foram crucificados; a outros atearam fogo, para iluminar a noite quando a luz do dia se apagava. Nero deixou sua propriedade aberta para exibição e montou um espetáculo no circo, onde se misturou com o povo em roupas de cocheiro e conduziu seu carro. Tudo isso deu lugar a um sentimento de piedade, até com relação a homens cuja culpa merecia o castigo mais exemplar; porque se percebeu que eles estavam sendo destruídos não pelo bem público, mas para satisfazer a crueldade de um indivíduo".[8]

8. **Anais**, 15.44.

## QUAL É O ENSINAMENTO DE MARCOS?

Sem dúvida, ele queria ensinar o que Jesus ensinou. Mas, de todos os ensinos de Jesus, o autor selecionou alguns que considerava de especial importância para seus leitores. 1) Jesus não era apenas o Messias, a quem os judeus aguardavam havia tanto tempo. Ele era nada menos que o Filho de Deus (1.1,11; 9.7). 2) Jesus era um ser humano real. Ele não era Deus fingindo ser humano (1.9; 13.32), mas um homem como qualquer outro, o Filho do homem (2.10,28). 3) O trabalho de Jesus foi uma batalha. Ele lutou do lado do bem contra as forças de Satanás e do mal e conquistou a vitória. Os relatos de Marcos visam demonstrar essa luta e a vitória de Jesus (cf. 1.12,13,21-28; 12.13-17; cap. 15—16). 4) Foi por causa de seus sofrimentos que Jesus conquistou a vitória, não por causa de seus ensinos. Quase metade do evangelho de Marcos consiste no relato do sofrimento e da morte de Jesus (cf. 8.31). 5) A vida da igreja cristã deve ser como a de Jesus. Os crentes não devem se surpreender se vierem a sofrer, porque foi o que ele fez. E, assim como ele foi ressuscitado, os crentes também serão conduzidos à presença de Deus (v. cap. 13). 6) É difícil aceitar essas verdades. Os próprios discípulos nem sempre tiveram sucesso (8.33; 9.34), porque isso exige fé. Ou seja, o ensinamento de Marcos era o mesmo que o de Jesus — o evangelho.

O evangelho é a mensagem cristã, sua proclamação, as boas-novas. Refere-se especialmente aos ensinos de Jesus sobre o Reino de Deus e à pregação da igreja a respeito de Jesus. Também é chamado "evangelho" cada uma das quatro histórias das boas-novas sobre Jesus no Novo Testamento (p. ex., o evangelho que Marcos escreveu). Justino Mártir (100-165), um dos mais proeminentes pais apostólicos, diz que os evangelhos são as "memórias dos apóstolos". A palavra "evangelho" provém do grego *euaggélion* e significa "boas-novas". No grego clássico, a expressão tinha pelo menos dois significados. Por um lado, apontava para a recompensa que se dava a um mensageiro por transmitir uma boa notícia. Por outro lado, referia-se aos sacrifícios oferecidos aos deuses ao receber a boa notícia.

No grego helenístico (posterior), significava apropriadamente "boa notícia". Na *Septuaginta*, a versão grega do Antigo Testamento, a palavra é usada para descrever as boas-novas de uma vitória militar (1Samuel 31.9) ou o nascimento de uma criança (Jeremias 20.15). Em Salmos, o verbo correspondente refere-se à justiça e ao poder salvador de Deus (Salmos 40.10; 96.2). Em Isaías, a palavra identifica o Ungido de Deus que virá para salvar seu povo (Isaías 40.9; 52.7). O uso teológico do termo resulta de seu emprego bíblico, com base no grego do Antigo Testamento. Em Isaías 61.1, aplica-se diretamente ao Ungido do Senhor, o Messias, à missão de anunciar o evangelho, às boas-novas. "O Espírito do Soberano, o SENHOR, está sobre mim, porque o SENHOR ungiu-me para levar boas notícias aos pobres." Esse é o evangelho que, de acordo com Marcos, Jesus ensinou e deveria continuar a ser ensinado na igreja "até que ele venha".

## QUAL É A MENSAGEM ESSENCIAL DE MARCOS?[9]

Como já foi dito, Marcos não pretende narrar uma biografia de Jesus, embora esteja preocupado em ressaltar a crescente hostilidade contra ele, que culminou em sua crucificação e foi sucedida por sua ressurreição e pela promessa de seu retorno. Esse motivo (a essência do evangelho cristão) é o que governa tudo nesse evangelho. O relato não tem prólogo nem introdução. O livro começa abruptamente e concentra-se no período crítico do ministério de Jesus com uma seleção cuidadosa antes do registro dos acontecimentos. As declarações de Jesus são comparativamente poucas e inseridas apenas com base na ideia do crescente desenvolvimento do conflito. Tais declarações são mais que expressões de seus ensinos porque ressoam como em marteladas a nota da vitória em meio à oposição. Nesse sentido, a vitória e a recompensa são proclamadas por todo o texto.

À luz desses comentários, pode-se dizer que Marcos foi escrito para confrontar as objeções e os ataques surgidos por ocasião da morte de Jesus. Mas não é esse o único objetivo do livro, pois com o destaque à hostilidade em desenvolvimento também se ressalta a convicção de que Jesus foi ungido por Deus para uma missão especial, cuja expressão mais clara acha-se no título "Filho do homem", que ele mesmo se outorgou. Desse modo, Marcos não quer tanto demonstrar que a reivindicação messiânica de Jesus era autêntica, e sim explicá-la como verdadeira diante do escandaloso ato que culminou na crucificação. Isso significa que a mensagem de Marcos é essencialmente teológica e de alguma forma nos lembra o evangelista João. O Ungido de Deus veio, foi

9. Sobre essa questão, v. Morton Scott ENSLIN, **The Literature of the Christian Movement:** Part III of Christian Beginnings, p. 374-376.

reconhecido, ocupou seu lugar à direita de Deus e agora a comunidade cristã estava à espera de seu retorno em breve, no qual reuniria seus eleitos para conviver com eles na glória de seu Reino.

Dois outros interesses podem ser detectados em Marcos, embora sejam secundários. O primeiro pode ser considerado um interesse geográfico. O autor organiza seu material em dois períodos claramente definidos: um na Galileia (cap. 1—9) e outro em Jerusalém, depois de passar pela Pereia (10.1—16.8). Aquele é abundante em milagres e curas, ao passo que neste Jesus se concentra em seus discípulos e em ensinar sobre a tragédia e sobre o triunfo que estão por vir. O segundo ponto de interesse está na tentativa de estabelecer a posição dos apóstolos como legítima e como seus verdadeiros representantes na igreja. Por isso, Marcos descreve o chamado deles, apresenta seus nomes e pinta o quadro da missão para a qual Jesus os enviou.

## QUAL É O DESAFIO PERMANENTE DE MARCOS?

O livro começa e termina com uma palavra-chave: "evangelho". Em sua primeira frase, diz: "Princípio do evangelho de Jesus Cristo" (1.1); e encerra desta forma: "Vão pelo mundo todo e preguem o evangelho" (16.15). Esse é o evangelho cristão. Os evangélicos da América Latina têm manifestado profundo interesse pelo evangelho cristão. Em certo sentido, o termo "evangélico" deriva desse elemento, que deve ser entendido como substancial para a identidade dos crentes comprometidos com esse modo de ser cristão. No entanto, ao longo de várias décadas de testemunho cristão no continente, não demonstramos a mesma preocupação em compreender o Reino de Deus em todas as suas dimensões. Isso resultou num entendimento nem sempre adequado à igreja e à sua missão no mundo. Como observa o teólogo indiano Ken Gnanakan: "Se dermos atenção adequada ao Reino, estaremos prontos para desenvolver o tipo de missiologia que atualizará o evangelho em nosso contexto. Ao ler a Bíblia outra vez, será difícil ignorar a centralidade que Jesus dá a esse assunto em sua missão total".[10]

Em tempos como estes, quando há interesse renovado na igreja e em sua missão no mundo, é vital refletir sobre o significado do evangelho e do Reino

10. **Kingdom Concerns:** A Biblical Exploration towards a Theology of Mission, p. 113.

de Deus. Uma das passagens mais poderosas com relação ao evangelho do Reino foi escrita pelo apóstolo Paulo, que diz: "Não me envergonho do evangelho, porque é o poder de Deus para a salvação de todo aquele que crê: primeiro do judeu, depois do grego. Porque no evangelho é revelada a justiça de Deus, uma justiça que do princípio ao fim é pela fé, como está escrito: 'O justo viverá pela fé' " (Romanos 1.16,17).

No Novo Testamento, a palavra "evangelho" é usada em conexão com as boas-novas do Reino de Deus, proclamadas pelo próprio Jesus (Marcos 1.15) e pelos apóstolos com relação a Jesus, especialmente com respeito à sua ressurreição dos mortos (Romanos 1.1-5). Nos documentos do Novo Testamento, a expressão refere-se ao componente central da mensagem de Jesus Cristo, o núcleo da pregação cristã. Essa boa notícia de Deus para a humanidade é conhecida de diferentes maneiras. Uma das expressões mais frequentes é a do "evangelho de Jesus Cristo" ou "evangelho de Cristo" (Marcos 1.1; 2Coríntios 4.4; 9.13; 10.14). Em algumas ocasiões, o apóstolo Paulo se refere ao "nosso evangelho" (2Coríntios 4.3; 1Tessalonicenses 1.5; 2Tessalonicenses 2.14). Nesses casos, a referência é à mensagem salvadora e transformadora de Deus, que chegou à humanidade por meio de Jesus Cristo, mas que é recebida e apropriada pelos crentes, assim como o próprio apóstolo Paulo.

Existem hoje muitos "evangelhos", que de uma forma ou de outra são proclamados no mundo. Na verdade, quase todas as religiões têm seu evangelho. Mas apenas um é o "evangelho de Jesus Cristo, o Filho de Deus" (Marcos 1.1), e tem um alto custo, como Jesus foi muito claro em alertar: "Pois quem quiser salvar a sua vida a perderá; mas quem perder a sua vida por minha causa e pelo evangelho a salvará" (Marcos 8.35). Aqui o evangelho é algo pelo qual devemos estar dispostos a dar a própria vida. O evangelho a que Marcos se refere não é barato. O compromisso com esse evangelho envolve a disposição de seguir o caminho da cruz e de uma entrega total. Esse é o desafio permanente que o evangelista Marcos nos deixou.

> **Johannes Verkuyl:** "O coração da mensagem do Antigo e do Novo Testamentos é que Deus, o Criador do Universo e de toda a vida na terra, está ativamente ocupado em restaurar seu domínio libertador sobre o cosmos e sobre toda a humanidade. Ao escolher Israel, ele buscou a todos nós e a todo o mundo e em Jesus Cristo estabeleceu o fundamento do Reino. Jesus Cristo, o Messias prometido aos pais da nação, é o *autò basileía*: a ele, o Reino chegou

e está chegando. À pessoa, às palavras e às ações de Jesus em sua vida, morte e ressurreição, o Reino de Deus chegou, está presente e está chegando de maneira única e com excepcional clareza. Em sua pregação, Jesus revela as riquezas, os *thesaurùs* desse Reino: reconciliação, perdão dos pecados, vitória sobre os poderes demoníacos. Posicionando-se dentro da tradição da Lei mosaica, ele expõe o centro da mensagem da *Torá* e dos Profetas, alcança a reconciliação do mundo com Deus e abre caminho para o Reino presente e futuro, que nos exige decisões em todos os aspectos da vida".[11]

## COMO LER O EVANGELHO DE MARCOS HOJE?

À medida que lemos suas páginas, surgem algumas perguntas a que devemos responder. 1) O que realmente aconteceu? Quando lemos a respeito de certos episódios vividos por Jesus, descobrimos que não podemos responder integralmente a essa pergunta. Mas devemos tentar fazê-lo, porque realmente aconteceram. Deus, na verdade, tornou-se humano em Jesus, tão certo como havia (e há) uma cidade chamada Jerusalém. 2) O que as palavras de Jesus significaram para os que as ouviram pela primeira vez? Ao ler uma parábola de Jesus, devemos nos esforçar ao máximo para descobrir o que ela significou para os judeus da Palestina, seus ouvintes originais. Ao fazer isso, estaremos dando o primeiro passo para entender o relato. 3) Por que Marcos decidiu por esse relato e o registrou? Ou seja, que ensino desejava que seus leitores aprendessem com isso? Fazer essa pergunta irá nos incentivar à busca do significado mais profundo da história. 4) O que essas palavras significam para nós hoje? Ou seja, que diferença essas palavras de Jesus fazem em nossa vida?

Marcos não escreveu para satisfazer nossa curiosidade sobre a vida de Jesus. Ele não pretendia escrever uma biografia de Jesus, e sim "o evangelho de Jesus Cristo". Ou seja, ele escreveu seu evangelho para que seus leitores pudessem participar da alegria que ele mesmo havia encontrado em Jesus. Não iremos entender o que Marcos escreveu, a menos que esperemos que o estudo de seu evangelho faça diferença em nossa vida. Assim como Marcos, sob a inspiração do Espírito Santo, incorporou em seu livro o impacto que a

11. The Biblical Notion of Kingdom: Test of Validity for Theology of Religion. In: Charles Van Engen; Dean S. Gilliland; Paul Pierson (Org.). **The Good News of the Kingdom:** Mission Theology for the Third Millennium, p. 72.

personalidade de Jesus exerceu sobre ele, devemos contemplar o poderoso ministério do Senhor, para receber daí a inspiração e o impulso de que necessitamos para o cumprimento de nossa tarefa hoje. Deus usa meios humanos, como foi o caso de João Marcos, para apresentar seu evangelho de redenção. Por isso, devemos ficar à disposição dele, para que nos use.

> **Carlos Mraida:** "Nas últimas décadas, um dos principais elementos de discussão tem sido o ponto de partida hermenêutico para a interpretação da realidade e para a elaboração teológica. Os teólogos da libertação na América Latina desafiaram a leitura evangélica e católica romana tradicional ao afirmar que a teologia é a reflexão com base na práxis. Na hermenêutica evangélica clássica, desde o postulado *sola Scriptura*, da Reforma Protestante de Lutero, a Bíblia tem sido nosso ponto de partida. A declaração: 'A Bíblia é nossa única regra de fé e prática' é um dos nossos pilares.
>
> O catolicismo romano, por sua vez, usa o magistério da igreja como cimento de sua teologia. Contudo, hoje em dia existem práticas, expressões de religiosidade popular, sistemas de evangelização e missões, modelos de organização e metodologias tanto na igreja evangélica quanto na Igreja católica romana. De fato, a vivência experiencial, seja individual, seja coletiva, precede a expressão literária plasmada no Novo Testamento, e isso ocorre porque a igreja existia antes de a Palavra de Deus ser registrada na forma escrita e antes da consolidação de seu cânon. De igual modo, a vivência experiencial também é anterior à formulação teológica da liderança da igreja. Tanto a elaboração teológica quanto a práxis missiológica têm na vivência com o Senhor vivo seu ponto de partida.
>
> Sem dúvida, a Bíblia continua sendo nossa única regra de fé e prática, seja como medida de julgamento de nossas práticas e experiências, seja como o mandato que impulsiona nossa missão e nos leva a fazer o que Deus nos pede. A ênfase no postulado *sola Scriptura* não só é vigente nos dias de hoje, como também algo urgente. Ao pensar numa igreja em permanente reforma, porém, devemos cuidar para que esse postulado não se converta em teoria sem expressão na vivência pessoal e coletiva do povo de Deus ou em teologia que não se manifeste numa práxis missionária que transforme a realidade".[12]

12. Marcos rumo a uma igreja que mostra Jesus em ação, in: **Bíblia Nova Reforma:** edição de estudos e referência, p. 1471.

## UNIDADE UM

# O EVANGELHO DO REINO

A natureza vívida e transformadora do evangelho de Marcos é revelada em seu primeiro versículo: "Princípio do evangelho de Jesus Cristo, o Filho de Deus". As boas-novas, que consistem no evangelho da reconciliação e que começaram na mente e no coração de Deus, foram anunciadas por João Batista, executadas por Jesus com poder e devem ser anunciadas por todos os crentes em todo o mundo. Dois conceitos regem a expressão de abertura que define o livro: "evangelho" e "Reino".

Marcos emprega a palavra "evangelho" várias vezes, mas de forma diferente de Mateus, que quase sempre acrescenta um qualificativo ao termo (p. ex., "evangelho do Reino"), e Lucas, que utiliza o verbo ("evangelizar"), em vez do substantivo. Tem-se a impressão de que Marcos é o inventor do termo ou pelo menos parece ter sido o primeiro a usá-lo como substantivo (8.35; 10.29), enquanto os demais evangelhos o omitem (Mateus 10.39; 16.25; 19.29; Lucas 9.24; 17.33; João 12.25). Não é seu propósito a identificação de Cristo e do evangelho. A referência a "Jesus Cristo" sugere um relacionamento pessoal com ele, ao passo que a referência ao "evangelho" nos conduz a algo mais objetivo. O evangelho pode ser expresso em palavras, e os cristãos devem estar dispostos a dar a vida por essa declaração.

> **Ernest Best:** "A natureza verbal e objetiva da compreensão que Marcos tinha do 'evangelho' aparece outra vez em 13.10. 'É necessário que antes o

> evangelho seja pregado a todas as nações' (aqui o versículo inteiro pode ter sido inserido por Marcos). Depois em 14.9, onde se diz que a mulher que ungiu Jesus será lembrada 'onde quer que o evangelho for anunciado, em todo o mundo'. Nada em 1.14 contradiz isso: 'Jesus foi para a Galileia, proclamando as boas-novas [gr. *euaggélion*] de Deus. "O tempo é chegado", dizia ele. "O Reino de Deus está próximo. Arrependam-se e creiam nas boas-novas!" '. Acreditar no evangelho implica que sua verdade deve ser aceita. Então, o que Marcos quer dizer quando inicia seu livro com a expressão 'princípio do evangelho de Jesus Cristo'? Sem dúvida, está indicando que se seguirá uma declaração verbal do evangelho. [...] Seu livro apresenta o evangelho. No entanto, não é o livro como tal que é o evangelho, mas seu conteúdo é uma expressão dele".[1]

Nos cinco capítulos desta primeira unidade, iremos considerar o evangelho do Reino, que é a mensagem que anunciamos (Lucas 9.1,2; 10.1-9; 24.46-49). A ênfase recairá sobre as ações de Jesus que revelam seu poder de manifestar o Reino de Deus, seu poder sobre as doenças, seu poder sobre a natureza, seu poder sobre os demônios e seu poder sobre a morte. Como se perceberá, não seguiremos necessariamente a sequência das passagens conforme organizadas por Marcos, mas selecionaremos os textos de acordo com os tópicos com que estiverem relacionados. Além disso, uma vez que o objetivo principal deste comentário de Marcos é apresentar Jesus como o poder do Reino de Deus, isso é o que será destacado, mesmo nos textos de conteúdo mais didático, como os ensinos e as parábolas de Jesus, que serão discutidos mais adiante. Quanto ao último caso, as parábolas do Reino são analisadas com mais detalhes em meu comentário sobre o evangelho de Mateus.

Desse modo, para esta primeira unidade, selecionamos as passagens que melhor ilustram as ações poderosas de Jesus como testemunho e evidência da presença do Reino de Deus por meio dele. Essa seleção de textos do primeiro evangelho a ser escrito contempla algo do significado e das implicações da mais importante confissão da fé cristã: Jesus Cristo é o Senhor. De fato, é correto estabelecer uma relação entre o conceito principal do anúncio de Jesus, que era o Reino de Deus, e o compromisso do discípulo

---

1. **Mark:** The Gospel as Story, p. 37-38.

contemporâneo de aceitar as exigências radicais do senhorio de Cristo em sua vida e no mundo.

O evangelho de Marcos, na verdade, surgiu numa comunidade de cristãos perseguidos, os quais, inspirados pelo exemplo do Senhor, adquiriam força ao ler esses escritos. Nos momentos mais cruciais, esse breve evangelho tornou-se uma espécie de manual dos mártires cristãos. Com habilidade magistral, o autor mostra como foi o ministério de Jesus Cristo, que por fim, em obediência ao Pai, o levou à morte na cruz. Boa parte do evangelho de Marcos volta-se para as ações de Jesus, não tanto para seus ensinos. O Senhor é apresentado como alguém muito dinâmico e profundamente comprometido com o Reino de Deus, mesmo até a morte.

Como já foi dito, destacaremos nesta unidade as ações de poder de Jesus, não sua pregação ou seus ensinos. O que mais chama a atenção nele e em suas ações é sua maneira poderosa de operar milagres e maravilhas, que surpreendia as pessoas ao redor, de modo que testemunhavam a presença do Reino de Deus por meio dele.

CAPÍTULO 1

# O REINO DE DEUS ESTÁ PRESENTE

1.1-15,21,22,32-39; 6.14-29

Muitos leitores da Bíblia sentem que Marcos salta com muita rapidez para o relato das ações poderosas de Jesus e que talvez fosse interessante incluir algo sobre a infância do Senhor ou qualquer outra informação introdutória. Mas, como já foi dito, Marcos não está escrevendo uma biografia de Jesus. Seu propósito é contar a seus leitores a obra poderosa de Jesus, que resultou em sua morte e ressurreição a favor de toda a humanidade. Seu propósito básico é mostrar-nos como o poder do Reino de Deus se tornou evidente por meio das ações de Jesus.

Um grupo de leitores muito inteligentes estava conversando a respeito de um romance bem conhecido. Um deles disse: "Concordo com a ideia de que é um livro que se pode apreciar após as primeiras cem páginas". Com isso queria dizer que o autor havia dedicado uma centena de páginas a uma longa e tediosa introdução, totalmente desconexas. No entanto, ninguém pode acusar Marcos de tal desperdício de palavras. A ação que Jesus demonstrou é o interesse fundamental do autor, e "ação" é precisamente a palavra-chave desse evangelho. Não é de surpreender, portanto, que o autor passe rapidamente pelos prolegômenos e se apresse a iniciar o relato das ações de Jesus, o Filho de Deus, como Carlos Mraida comenta: "O evangelho de Marcos interpela-nos ao mostrar — talvez como nenhum outro evangelho — Jesus atuando poderosamente entre as pessoas e transformando a realidade.

Por isso, devemos pensar nessa reforma contínua da igreja, de modo que possamos chegar a uma igreja que mostre Jesus em ação".[1]

Seis coisas se destacam nos versículos que analisaremos nesse capítulo: 1) a preparação para o Messias (1.1-8; 6.14-29); (2) a preparação do Messias (1.9-13); 3) a mensagem do Messias (1.14,15); 4) a autoridade do Messias (1.21,22); 5) a missão do Messias (1.35-39); 6) os milagres do Messias (1.32-34; 3.10-12; 6.5,6,56).

## A PREPARAÇÃO PARA O MESSIAS (1.1-8; 6.14-29)

Com umas breves declarações, Marcos esboça o cenário da fase preparatória para a aparição pública de Jesus. Assim, ele nos apresenta o início do evangelho. A história não começa com o nascimento de Jesus em Belém, e sim antes disso. A vinda do Messias deveria ser precedida de um mensageiro, cuja tarefa seria preparar o caminho para o Rei e apresentá-lo. É assim que Marcos introduz em sua história o ministério de João Batista. O relato de Marcos sobre o ministério de João Batista é mais curto que o de Mateus e o de Lucas. No entanto, inclui as características essenciais desse ministério. Segundo ele, João pregava um "batismo de arrependimento". João era um pregador singular e totalmente honesto em sua pregação.

Marcos introduz o cenário da preparação para a poderosa manifestação de Jesus destacando duas coisas: Jesus é o Filho de Deus, e os seres humanos devem se arrepender (1.1-8).

### O princípio do evangelho (1.1,2)

A primeira frase do livro é pioneira e inaugurou uma nova modalidade literária: o evangelho. "Princípio do evangelho de Jesus Cristo, o Filho de Deus" (1.1). Talvez esse primeiro versículo do evangelho mais antigo tivesse a função de título, para indicar de que se trata o restante do livro e qual seu tema. Também pode ser apenas uma referência direta ao início do ministério de João Batista como o verdadeiro princípio do evangelho. O mais provável, porém, é que seja um cabeçalho introdutório, já que não cobre uma oração completa.

---

1. Marcos rumo a uma igreja que mostra Jesus em ação, in: **Bíblia Nova Reforma:** edição de estudos e referência, p. 1471.

**O evangelho de Marcos tem um princípio histórico (v. 1).** Deus realiza seu trabalho redentor na História. O poder do Reino de Deus manifesta-se no tempo e no espaço. Note-se que a história não começa com o nascimento de Jesus em Belém, mas antes disso. Três coisas merecem destaque aqui:

*O evangelho.* O livro é intitulado "evangelho" ou "boas notícias". A palavra grega (*euaggélion*) significa literalmente "a boa notícia". O termo pode se referir 1) ao livro que estamos estudando (o evangelho de Marcos); 2) à mensagem pregada por Jesus (1.14); 3) à boa notícia que proclamamos sobre Jesus (16.15). Aqui Marcos se refere ao terceiro item. O evangelho de Marcos contém uma mensagem a respeito de Jesus, uma espécie de pregação de seu ministério, que segue certa sequência cronológica e está centrada na história da crucificação. Alguns estudiosos defendem que o primeiro evangelho foi escrito de trás para a frente, com o segmento intenso e relativamente extenso da Paixão escrito em primeiro lugar, por causa da pregação missionária, a que se adicionou depois o relato anterior do ministério de Jesus na Galileia.

Desse modo, Marcos é um evangelho porque contém o evangelho, mas como gênero literário é uma peça cristã original. Como tal, não é uma simples biografia de Jesus, embora apresente algumas características biográficas. Lucas refere-se a outros evangelhos existentes como relatos históricos (Lucas 1.1). João é claramente caracterizado como um livro (João 20.30). Mateus também é apresentado como um livro (Mateus 1.1). Somente Marcos apresenta seu livro como um evangelho, ou seja, uma boa notícia. E essa notícia é "boa" por duas razões. 1) Fala-nos de coisas que Deus fez, especialmente por meio da vida, morte e ressurreição de Jesus. 2) Diz-nos como Cristo pode nos libertar do poder do pecado pelo poder de sua obra.

*Jesus Cristo.* Trata-se de um nome composto (gr. *Iēsoū Christoū*). Jesus era um nome comum entre os judeus e significa "Salvador" (Mateus 1.21). O historiador judeu Flávio Josefo menciona mais de 20 pessoas com esse nome. Mas no século II deixou de ser usado em quase todas as culturas, porque era entendido como "o nome que está acima de todo nome" (Filipenses 2.9). Cristo é a tradução grega do Messias hebraico e significa "ungido de Deus". A apresentação de Jesus como o Cristo é um dos temas cruciais do evangelho de Marcos (8.29-38). Ao unir ambos os nomes, Marcos estava dizendo que Jesus era o Messias aguardado pelos judeus para a libertação deles. Para nós hoje, Jesus liberta não só os judeus, mas também os gentios, mas o faz por meio de sua morte na cruz, não pela força. E isso nos liberta não de um poder político ou humano, mas do poder do pecado e de Satanás.

> **Guillermo Cook e Ricardo Foulkes:** "Só aqui e nos v. 14 e 15 o autor identifica o 'evangelho' explicitamente com a pessoa e a autoridade de Jesus Cristo. Com essa declaração escrita, Marcos desafia o aparato ideológico do Império Romano. Ao se apropriar de imagens legitimadoras tanto do império quanto da tradição judaica, Marcos anuncia o advento de um líder 'ungido', que fora confirmado por Deus e que proclama um 'Reino' (v. 14,15)".[2]

*Filho de Deus.* Alguns manuscritos antigos e os primeiros pais da Igreja omitem a expressão "o Filho de Deus" (gr. *huioū theoū*), adicionada à frase anterior. A maioria das melhores fontes, no entanto, a incluem. Pode ter sido um acréscimo de algum escriba; no entanto, é mais provável que pertencesse ao autógrafo, ou seja, à escrita que saiu da pena de Marcos. Afinal, Jesus como Filho de Deus é uma das questões cruciais proclamadas pelo evangelista por todo o seu evangelho e atinge o clímax com o soldado ao pé da cruz (1.11; 3.11; 8.38; 9.7; 12.6; 13.32; 14.36; 15.39).

Além disso, Marcos sabia que Jesus era o Filho de Deus. Sabia disso porque na época em que escreveu vários anos se haviam passado desde a morte, a ressurreição e a ascensão do Senhor, e uma teologia incipiente à luz do testemunho apostólico já fora desenvolvida pela igreja. Mas os que encontraram Jesus pela primeira vez (seus primeiros discípulos) não tinham a mesma convicção nem essa clareza no início. Seus seguidores pensavam que ele era apenas um bom homem enviado por Deus. Mais tarde, Pedro reconheceu que Jesus era o Messias (8.29), mas só depois do Pentecoste os crentes perceberam que ele era mais que o Messias e o reconheceram como Filho de Deus. Marcos escreveu seu evangelho para afirmar essa verdade.

**O evangelho de Marcos tem um princípio profético (v. 2).** O evangelista Marcos proclamou as boas-novas de Jesus Cristo (v. 1), e o proclamador, João Batista (v. 2-11), anunciou as boas-novas do Reino. Dessa forma, as duas mensagens (ou evangelhos) estão naturalmente interligadas. O cristão prega a mensagem de

2. Marcos, in: **Comentario bíblico hispanoamericano**, p. 38.

Jesus Cristo e o próprio Jesus Cristo em vez de escolher entre um e outro. O que tem sido mais proeminente ou influente em nossa experiência religiosa? Alguns cristãos se concentram na pessoa de Jesus Cristo, enquanto outros enfatizam os ensinos de Jesus Cristo. Talvez a melhor coisa seja levar a sério as duas questões.

Mais uma observação. A citação do v. 3 é de Isaías 40.3, mas as palavras do v. 2 foram extraídas de Malaquias 3.1. Marcos cometeu um erro? Alguns críticos questionam a autoridade da Bíblia porque ela, dizem eles, "contém erros desse tipo". Admitimos que Marcos não menciona Malaquias. O importante, porém, não é o autor ter atribuído erroneamente ambos os versículos a Isaías, e sim a clareza em indicar que Cristo veio ao mundo para morrer e ressuscitar pelos nossos pecados. Marcos escreveu inspirado pelo Espírito Santo, mas ele não era divino: era humano. Seu erro humano não invalida a mensagem divina do evangelho sobre a qual escreve.

Os textos citados comprovam que os acontecimentos narrados não aconteceram por acaso. Deus fez planos desde a eternidade, e profetas como Isaías e Malaquias compreenderam algo desses planos. Foi assim que o Senhor enviou João na hora certa. Deus também fez planos para nós, e o que acontece conosco não é por acaso. Ele tem um propósito para nossa vida e está disposto a cumpri-lo (Salmos 138.8).

## O ministério de João Batista (1.3-8)

A mensagem profética era que a vinda do Messias seria precedida por um mensageiro, cuja tarefa seria preparar o caminho para o Rei e apresentá-lo. Marcos diz que esse mensageiro era João e que o Senhor era Jesus, de modo que a profecia foi cumprida. O relato de Marcos sobre o ministério de João é mais conciso que o de Mateus e de Lucas, contudo nosso autor considera suas características essenciais. De fato, Marcos demonstra grande interesse no ministério de João Batista, uma vez que o menciona 16 vezes em seu evangelho (1.6,9,14; 2.18; 6.14-25; 8.28; 11.30-32). No entanto, seu relato não traz informações sobre a família e o nascimento de João, talvez por ser bem conhecido de seus leitores. Flávio Josefo salienta que seu ministério se tornou famoso e causou grande impacto sobre o povo.[3] Marcos apresenta-o como "o que batizava" (1.4; 6.14,24) e como "João Batista" (6.25; 8.28).

---

3. **Antiguidades judaicas, 18.5.2.**

**João foi um pregador pioneiro (v. 3-5).** Sua missão foi a de preparar o povo para receber os ensinos de Jesus. Nesse aspecto, seu ministério estava cumprindo as profecias do Antigo Testamento. Se compararmos os v. 2 e 3 com os v. 4-8, perceberemos o paralelismo. O anúncio profético dizia que o próprio Deus iria intervir na história de seu povo. Mas sua vinda (Malaquias 3.1) seria antecipada por um precursor ("meu mensageiro", "meu anjo"). De acordo com a interpretação dos rabinos, esse mensageiro seria o profeta Elias. Por isso, João incorporou em sua personalidade e em seus hábitos o Elias histórico. A descrição de suas roupas e de sua dieta coincide com a de alguns profetas (Zacarias 13.4), especialmente com a de Elias (2Reis 1.8; Marcos 9.13). João cumpriu esse ministério preparatório de várias formas.

*João batizava na água.* João não inventou o rito do batismo. Tratava-se de uma prática bem comum entre os judeus para o ingresso de não judeus no judaísmo. A pessoa era submergida na água como sinal de purificação de seus pecados e de estar em harmonia com Deus. A novidade do batismo de João é que era ele quem batizava, e os batizados eram judeus, não pessoas convertidas do paganismo. O batismo de João também era diferente do que seria praticado mais tarde nas primeiras comunidades cristãs. Com João, o batismo era um sacramento escatológico que antevia a chegada do Reino de Deus, ao passo que o batismo cristão é um testemunho de quem foi alvo da graça redentora de Deus em Cristo e teve a oportunidade de ser cheio do Espírito Santo.[4] Assim, o batismo de João era para a remissão de pecados, desde que o arrependimento fosse sincero, autêntico, como explica José Alonso Díaz: "A remissão de pecados era real, em virtude da *metánoia*, não por causa do rito da imersão. O rito externo era uma expressão simbólica do ato de arrependimento e de seus efeitos de purificação espiritual".[5]

Além disso, note-se que, de acordo com o texto, essa prática ocorria "no deserto". Willi Marxen, porém, lembra que "o deserto não é um lugar geográfico. Não devemos quebrar a cabeça para descobrir de qual deserto se trata. Essa informação não pretende indicar o local onde o profeta se achava (nem mesmo

---

4. V. Josef Schmid, El evangelio según San Marcos, in: **Comentario de Ratisbona al Nuevo Testamento**, p. 37-38.
5. Evangelio de San Marcos, in: **La Sagrada Escritura:** Nuevo Testamento I, Evangelios, p. 337.

no sentido mais amplo de determinação adverbial), mas que em *tēi erēmōi* qualifica o Batista como um cumpridor das profecias veterotestamentárias".[6]

*João pregava o arrependimento.* A palavra "arrependimento" (gr. *metánoia*, "arrependimento", "mudança de vida") também implica mudança de mente ou de mentalidade, que por sua vez resulta em mudança de comportamento. Isso é conversão. A menos que se arrependa, a pessoa não estará apta para receber os ensinos de Jesus nem para viver de acordo com suas exigências. O arrependimento envolve três coisas: 1) *reconhecer* que é nosso pecado que está arruinando nossa vida em vez de pôr a culpa nas circunstâncias ou em outras pessoas; 2) *confessar* nossos pecados a Deus em vez de alimentar um mero remorso por eles; 3) *mudar* de curso abandonando a prática do pecado, com o desejo de viver de acordo com a vontade de Deus, em vez de voltar a andar em desobediência ao Senhor.

*João exigia confissão.* Aqueles que se reconheciam pecadores confessavam seus pecados em voz alta (gr. *exomologoúmenoi tàs hamartías autōn*). Nesse contexto, o verbo "confessar" (gr. *exomologéō*, "confessar", "reconhecer") tem significado jurídico (1João 1.9) e indica reconhecimento e confissão de pecados.

> **Dieter Fürst:** "Aquele que confessa seus pecados reconhece um estado de coisas sem tentar encobri-lo ou mesmo discuti-lo. Deus manifesta sua fidelidade e sua justiça para com aquele que reconhece e confessa sua culpa perdoando seus pecados. As declarações sobre a confissão dos pecados (com exceção de 1João 1.9, o verbo *exomologéō* sempre aparece), que é o símbolo do arrependimento e com isso o sinal distintivo da nova vida na fé, dão continuidade à tradição dos salmos penitenciais. Isso é especialmente notado em Marcos 1.5, onde, como em Salmos, a confissão pública dos pecados é ao mesmo tempo a libertação deles".[7]

A confissão dos pecados é importante por duas razões: 1) porque nos leva a examinar primeiro a nós mesmos e a ver o que está errado conosco; 2) porque, se confessarmos na presença de outros, eles podem nos ajudar a vencer o pecado.

---

6. **El evangelista Marcos:** estudio sobre la historia de la redacción del Evangelio, p. 33-34.
7. Confesar la fe, in: Lothar Coenen; Erich Beyreuther; Hans Bietenhard (Org.), **Diccionario teológico del Nuevo Testamento**, p. 294.

A confissão pública dos pecados é bíblica (Tiago 5.16), embora nem sempre seja conveniente. O importante é que haja confissão. A falta de confissão talvez seja o principal motivo para a fraqueza espiritual de muitas igrejas.

**João foi um pregador singular (v. 6).** Pelo seu modo de vestir e de comer, ele era um típico morador do deserto, um asceta vegetariano ou nazireu (Lucas 1.15). Mas não fazia isso com o simples objetivo de chamar a atenção para si ou por esnobismo. Pelo contrário, seu propósito era se parecer o máximo possível com um grande profeta precursor, como foi Elias (2Reis 1.8; cf. Zacarias 13.4), e assim cumprir a profecia das Escrituras (Malaquias 4.5). Talvez na época fosse a vestimenta esperada de um profeta. Também é possível que isso explique por que Marcos apresenta uma descrição tão detalhada da dieta e da roupa de João e não faz o mesmo com relação a Jesus.[8]

Seja como for, todos os Sinópticos e João destacam as características singulares do precursor de Jesus. João Batista chamava a atenção por sua excentricidade (Mateus 3.4), por sua popularidade (Mateus 3.5), por sua prática de batismo (Mateus 3.6), por sua coragem (Mateus 3.7-10), por sua obediência (Mateus 3.13-15), por sua grandeza (Mateus 11.11), por sua integridade (Mateus 14.3,4), por ser profeta (Mateus 14.5), por seu martírio (Mateus 14.10), por pregar o arrependimento (Marcos 1.4), por sua humildade (Marcos 1.7), por sua justiça e santidade (Marcos 6.20), por ser mais que um profeta (Lucas 7.24-27), por seu brilho (João 5.35) e por sua veracidade (João 10.41).

**João foi um pregador humilde (v. 7,8).** Há vários indicadores de humildade em João Batista. 1) Ele foi humilde porque se comparava a Jesus (v. 7a; v. João 3.30). A diferença entre Jesus e João foi que o segundo, como os profetas do Antigo Testamento, lembrava o povo das leis divinas que transgrediram e alertava-o do juízo vindouro. Jesus ensinou a respeito do juízo, mas falou mais do amor de Deus e da dádiva de seu Espírito Santo para nos ajudar a viver de acordo com a vontade divina. Observe que Jesus não só falou do Espírito, mas também nos deu seu Espírito para nos fortalecer. João surgiu com uma advertência, ao passo que Jesus veio com uma dádiva. 2) Ele foi humilde porque não se considerava digno de ser escravo de Jesus

8. R. H. Lightfoot, **The Gospel Message of St. Mark**, p. 19.

(v. 7b). "Desamarrar as correias das sandálias" de alguém era trabalho de escravos e considerada uma das tarefas mais humilhantes e indicativas da escravidão. 3) Ele foi humilde porque reconhecia suas limitações (v. 8). Sua mensagem era de juízo, ao passo que Jesus pregava uma mensagem de graça. Somos seguidores de Jesus, não de João.

Começamos testificando da graça de Deus e da dádiva de seu Espírito. Em seguida, advertimos sobre as consequências negativas da transgressão das leis de Deus. O batismo "com [no] o Espírito Santo" (gr. *en pneúmati hagíōi*) refere-se à recepção do Espírito de Cristo, que acompanha a conversão. Não se trata de uma segunda experiência da graça após a conversão, mas da unção do Espírito, sem a qual não poderíamos ser crentes (1João 2.20,21,27). É a presença do Espírito Santo na vida que nos torna cristãos e filhos de Deus (Romanos 8.9-11).

## A morte de João Batista (6.14-29)

O ministério de Jesus já estava em pleno andamento. Os Doze já haviam sido enviados em sua primeira viagem missionária, e isso deu a muita gente a oportunidade de ouvir a respeito de Jesus pela primeira vez. É bem provável que a fama de Jesus tenha se agigantado e que os relatos de suas ações poderosas tenham chegado a todas as partes da Galileia, até mesmo ao rei Herodes. A informação recolhida pelo monarca parece ter gerado nele um medo supersticioso, porque ele estava bastante confuso. Pensava que Jesus podia ser João ressuscitado, já que havia mandado matar o Batista. É provável que, por causa disso, Herodes tenha tentado prender ou matar Jesus e quisesse fazê-lo desaparecer, como fizera com João. De fato, após esse incidente Jesus teve de atuar fora das regiões da Galileia e da Pereia, sobre as quais Herodes governava.

**O medo de Herodes (v. 14-16).** Convém ter em mente que há três governantes chamados Herodes no Novo Testamento. Há Herodes, o Grande, que foi quem ordenou o massacre dos filhos de Belém (Mateus 2.16). Há Herodes Antipas, filho do anterior, que é o governante a quem essa passagem se refere. Há Herodes Agripa, neto do primeiro (Atos 12.1). No v. 14, Marcos qualifica o segundo como "rei" (gr. *ho basileús*), mas na realidade ele era apenas o governante ou "tetrarca" da Galileia e da Pereia, porque os romanos o haviam proibido de usar aquele título. Marcos está errado em chamá-lo "rei"? De acordo com Alessandro Pronzato, sim, porque esse título não lhe pertencia. Ele era apenas senhor da quarta parte do território da Galileia e da Pereia, regiões que lhe foram atribuídas quando morreu seu pai, Herodes, o Grande, que o tivera da quarta esposa, a samaritana Maltace.[9]

Além desses distúrbios e do caos familiar, o temor culposo e supersticioso de Herodes Antipas baseava-se na opinião corrente, segundo a qual Jesus era João Batista ressuscitado, talvez por causa da coragem que demonstrava. Outros diziam que era Elias, porque Malaquias 4.5 afirma que esse profeta retornaria à terra para anunciar o Reino de Deus vindouro. Outros disseram que ele era "um profeta, como um dos antigos profetas", porque ele ensinava por meio de parábolas, como os pregadores lembrados. Em suma, todos diziam: "Ele é como alguém que conheço". Mas paradoxalmente era isso que denunciava a ignorância deles acerca do verdadeiro Jesus e, acima de tudo, dele como o Messias. Jesus era diferente de qualquer grande profeta que viera antes dele. Foi o que Pedro de certo modo reconheceu mais tarde (8.28,29). Jesus foi o Messias. Ele era o Ungido de Deus.

O medo de Herodes estava fundamentado em seus fantasmas e em sua culpa. Cabe aqui perguntarmos se ele e outros de fato acreditavam que o espírito de João havia retornado e reencarnado em Jesus. Talvez tivessem a ideia, tipicamente pagã, de algum tipo de reencarnação. O medo de Herodes, portanto, era que pudesse haver alguma vingança, uma vez que ele havia matado João de forma violenta. Não eram poucos os judeus que acreditavam na reencarnação, especialmente os mais influenciados pela filosofia grega (v. Sabedoria 8.19,20).

**O assassinato de João (v. 17-29).** Cerca de seis meses antes do envio dos Doze, Herodes mandara prender João (1.14), em parte porque temia que ele pudesse liderar uma rebelião contra seu governo, em parte porque João o acusara de cometer adultério com Herodias, sua cunhada. Dessa forma, João foi silenciado e lançado na masmorra de uma prisão chamada Maqueronte, a leste do mar Morto. Ele permaneceu ali até ser executado, como indica o texto. Herodias é mencionada como a "mulher de Filipe, seu irmão", mas na realidade ela era a esposa de outro irmão de Herodes, cuja filha era casada com Filipe. Seria esse outro erro de Marcos? Evidentemente, suas fontes históricas sobre o tetrarca não eram muito confiáveis. Seja como for, as relações no âmbito da dinastia herodiana eram bem caóticas, quase impossíveis de entender.

---

9. **Un cristiano comienza a leer el evangelio de Marcos**, v. 1, p. 307.

> **Alessandro Pronzato:** "Como se pode ver, o caso de João está inserido numa trama de laços familiares muito complicados, sem contar os valores de cunho moral. Uma mulher se casa com o tio e depois vai se juntar ao cunhado, que também é seu tio. Ela usa a filha para obter do marido (respectivamente, padrinho, tio e tio-avô da menina) a cabeça do profeta que denunciara uma união ilegítima. E, como se não bastasse, essa filha se casaria com alguém que é ao mesmo tempo irmão de seu pai e tio de sua mãe. [...] É de enlouquecer".[10]

No entanto, à parte desses detalhes escandalosos e confusos, Marcos é coerente com os dados históricos em geral. Além disso, ele é um evangelista, não um historiador! A passagem nos mostra várias instâncias reveladoras.

*A denúncia de João (v. 18,19).* Como bom profeta, ele não parou de denunciar o pecado humano nem de proclamar a palavra divina. Seu amor pelo Senhor levava-o a atacar os que violavam suas leis. A primeira esposa de Herodes era filha de Aretas, rei dos nabateus (na Arábia). Mas Herodes se divorciou dela assim que conheceu Herodias, com quem se casou, embora ela ainda fosse esposa de seu irmão, Herodes de Roma (também conhecido como Filipe ou Herodes Filipe). Herodias concordou em se casar com Herodes Antipas se ele se divorciasse da filha de Aretas, enquanto ela se divorciava do marido (o que era contra a lei judaica), o que deixou os judeus e o rei Aretas muito irritados. Mais tarde, houve uma disputa de território entre Antipas e Aretas, em que o segundo derrotou o primeiro. Os judeus, de acordo com Flávio Josefo, consideraram essa derrota uma retribuição divina pela maldade de Herodes Antipas em executar João Batista.

Com coragem profética, João denunciou o pecado de Herodes e de Herodias. Não é de estranhar que ao temor culposo de Herodes tenha se acrescentado o ódio culposo de Herodias e as reiteradas tentativas de neutralizar João e suas denúncias. Jesus admirava a coragem de João por profetizar dessa maneira radical (Mateus 11.7-11a). Como resultado desse ministério, João acabou preso e, enquanto seus discípulos podiam visitá-lo, esteve sozinho e sem notícias sobre Jesus. Talvez por isso tenha sido tentado a duvidar de que Jesus era de fato o Messias (Mateus 11.2,3), até que por fim foi assassinado.

---

10. Ibid., p. 308.

Quanta falta faz em nosso continente a presença de profetas como João, sem medo de denunciar a injustiça, a corrupção, o tráfico de drogas, a violência sexual e doméstica, a falta de segurança, o abuso infantil, a violação dos direitos humanos e mil outros pecados que ofendem a Deus e destroem a sociedade e seus membros!

*O caráter de Herodes (v. 20-23,26).* Herodias "queria matá-lo", mas "não podia fazê-lo" (v. 19), ao passo que Herodes "temia João e o protegia". A personalidade de Herodes Antipas é um verdadeiro catálogo de patologias. 1) Ele era hipócrita, pois estava ciente de que errara ao se casar com Herodias e ao prender João, mas também admirava o fato de João ser "um homem justo e santo". 2) Era insensível, pois era um homem famoso por sua crueldade, comparado a uma raposa (Lucas 13.32). Contudo, tinha prazer em escutar a pregação de João ("gostava de ouvi-lo"), porém não fazia o que ele dizia. 3) Era um pecador em série, pois permitiu que um pecado levasse a outro, e este a outro, e assim por diante. Divorciou-se da primeira esposa, casou-se com a cunhada, deixou-se seduzir pela sobrinha e acabou decapitando João. 4) Era degenerado, pois permitiu que uma menina de 19 anos dançasse sozinha numa sala cheia de homens bêbados (v. 22). 5) Era mitomaníaco, pois de maneira jactanciosa prometeu "qualquer coisa" não tendo muitas posses e até metade de seu reino não sendo rei (v. 23). 6) Era orgulhoso, pois manteve uma promessa terrível e ordenou que João fosse morto só para não dar o braço a torcer diante de seus convidados (v. 26). 7) Era um "ser pobre", pois fazia coisas que, longe de lhe trazer felicidade e satisfação, o enchiam de angústia e vergonha. 8) Era mentalmente doente, pois manifestava uma paranoia persecutória e obsessiva, própria de alguém que se considerava culpado de algo muito grave — nesse caso, o assassinato de um homem inocente.

Herodes era como Félix em Atos 24.25. Sua alma estava profundamente perturbada, mas não aproveitou a oportunidade para limpar sua consciência do pecado, nem mesmo em suas conversas com João, a quem escutava com atenção e prazer. Em suma, era um homem que oscilava entre dois pensamentos e lutava com duas tendências em seu interior. Por um lado, queria seguir os ensinos de João e fazer o que era certo; por outro lado, submetia-se às pressões de Herodias e acabava fazendo o que era errado.

*A perversidade de Herodias e de sua filha (v. 24,25,27,28).* A maldade de Herodias é demonstrada em toda a passagem na expressão de seu desejo de matar Joao e nas repetidas tentativas para lograr esse intento. Por fim, teve a oportunidade de fazê-lo e com inteligência macabra planejou o assassinato do profeta, da maneira mais sanguinária. Ela nem sequer considerou o fato de que ao pedir "a cabeça de João Batista" estava transformando a jovem filha Salomé (assim chamada por Flávio Josefo) em cúmplice de sua ação criminosa. Sem dúvida, Salomé já era crescida o bastante para saber que estava cometendo um ato terrível. Na verdade, sua crueldade superou a de sua mãe, pois ao retornar ao salão não só pediu a cabeça de João, como também exigiu que a decapitação fosse imediata ("agora mesmo"; gr. *exautēs*, "imediatamente", "em seguida", "neste momento") e que lhe trouxessem a cabeça "num prato". Note-se que o pedido foi cumprido conforme ela exigiu (v. 27,28), o que demonstra o rigor e a firmeza de sua demanda criminosa.

Além da imagem negativa de Herodias na narrativa de Marcos, é interessante que o evangelista não parece gostar muito de destacar o papel das mulheres na história do evangelho. De fato, até essa passagem Marcos não menciona uma única mulher pelo nome, exceto Maria, mãe de Jesus, e o faz num contexto pejorativo (6.3). Em todos os outros casos, as mulheres aparecem relacionadas com um homem: a sogra de Pedro (1.30); a mãe de Jesus (3.31); as irmãs de Jesus (3.32); a filha de Jairo (5.23); uma das criadas do sumo sacerdote (14.66). Nos outros casos, a menção às mulheres está sempre relacionada com algum acontecimento ou condição em particular: a mulher hemorrágica (5.25); a mulher siro-fenícia (7.26); a viúva pobre (12.42); a mulher com um frasco de alabastro (14.3). O fato de as mulheres serem anônimas em Marcos é compreensível, por causa dos preconceitos culturais de sua sociedade androcêntrica e patriarcal. No entanto, parece também que Marcos pretende fazer dos discípulos masculinos as personagens principais de seu evangelho.[11]

*A misericórdia dos discípulos de João (v. 29).* Os seguidores do profeta (2.18) tiveram a oportunidade de visitá-lo durante seu aprisionamento (Mateus 11.1-3). Não é de estranhar, portanto, que eles tenham sido autorizados a enterrar o corpo decapitado. A questão que surge aqui é: o que aconteceu com eles após a morte de seu líder? Alguns dos primeiros discípulos de Jesus haviam sido discípulos de João (João 1.35-40), de modo que outros deviam ter seguido o exemplo deles. Na verdade, não há dúvida de que era esse o desejo

---

11. Hisako Kinukawa, Women Disciples of Jesús (15.40-41; 15.47; 16.1), in: Amy-Jill Levine (Org.), **A Feminist Companion to Mark**, p. 172.

de João (João 3.22-30). De fato, depois de proporcionar um enterro digno ao corpo do Batista, seus discípulos "foram contar isso a Jesus" (Mateus 14.12), os quais provavelmente já faziam parte do grupo de seguidores do Senhor.

> **Floyd V. Filson:** "Sua morte não pôs fim à sua influência. Seu ministério encontrou um lugar permanente na história do evangelho. Alguns de seus seguidores continuaram a considerá-lo seu líder e conquistaram novos discípulos. Sua influência espalhou-se pela Palestina. Quando Apolo, judeu de Alexandria, chegou a Éfeso (Atos 18.24-26), conhecia o ministério de João e seu rito do batismo, além disso praticava o batismo como alguém que havia seguido a João (ao que parece, não conhecia a mensagem cristã). Se ele ouvira falar de João no Egito, em outro lugar ou muito provavelmente na Palestina, não sabemos. Mais tarde, em Éfeso, Paulo encontrou 12 judeus que haviam sido batizados com o batismo de João (Atos 19.1-7). É provável que tenham sido batizados por Apolo. Caso contrário, são a prova de que outros além de Apolo haviam levado a mensagem de João a Éfeso. A atenção que se dá a João Batista no evangelho de João mostra que sua influência ainda era sentida quando esse evangelho foi escrito, no final do século I. Seu autor viu-se obrigado a enfatizar que João estava subordinado a Jesus (João 1.6-8,15,19-27; 3.27-30). Tudo isso indica que durante décadas houve não cristãos que consideravam João Batista o maior profeta da História".[12]

## A PREPARAÇÃO DO MESSIAS (1.9-13)

Marcos apresenta de forma resumida o ministério público de Jesus. Não podemos ter certeza de quando ocorreram muitos dos acontecimentos relacionados com essas atividades, que pode ter durado de dois anos e meio a três anos. Alguns dividem seu ministério em três fases, da seguinte maneira, levando em conta a reação do povo: 1) o ano da escuridão; 2) o ano da popularidade; 3) o ano da oposição. Em cada caso, deve-se ter em mente que não há um registro completo de tudo que Jesus fez. Marcos, ao escrever seu evangelho, recolheu algumas experiências de acordo com seu principal objetivo.

12. **A New Testament History**, p. 61.

O relato de Marcos sobre a preparação de Jesus para seu ministério de poder é muito breve e consiste em duas partes: o batismo e a tentação.

## O batismo de Jesus (1.9-11)

Até a idade de 30 anos, Jesus viveu em Nazaré (Lucas 3.23), uma cidade pequena, mas estrategicamente situada nas proximidades da estrada real entre o norte e Jerusalém. Por volta do ano 27, chegaram a Jesus notícias do ministério de João. Então, Jesus se uniu a seu grupo depois de viajar cerca de 130 quilômetros durante cinco ou seis dias. A passagem suscita algumas questões.

**O que Jesus sabia de si mesmo antes de seu batismo?** A única informação que temos para responder a essa pergunta está em Lucas 2.49, por ocasião da visita ao templo, quando ele respondeu à pergunta desesperada de seus pais, que o procuravam angustiados desde a saída de Jerusalém: "Por que vocês estavam me procurando? Não sabiam que eu devia estar na casa de meu Pai?". Em todo caso, à luz do testemunho dos evangelhos, parece que Jesus estava bem ciente de sua vocação messiânica. Pelo menos, esse era o entendimento que a primitiva comunidade da fé tinha da autoconsciência de Jesus sobre o assunto. Mesmo assim, não parece possível que os fatos históricos comprovem os artigos de fé.

> **Rudolf Bultmann:** "O reconhecimento de Jesus como aquele em quem a palavra de Deus vai ao encontro do homem de maneira decisiva, quando lhe damos o título de Messias ou de Filho do homem ou o designamos Senhor, é um puro ato de fé, independentemente da resposta à questão histórica de Jesus se considerar o Messias. Somente o historiador pode responder a essa pergunta, na medida em que é possível dar uma resposta; e a fé como decisão pessoal não pode depender do trabalho dele".[13]

**Como Jesus veio a ter plena consciência com seu batismo?** Podemos dizer que, de acordo com o testemunho concorde dos Evangelhos sinópticos, a comunidade cristã primitiva tinha profunda fé no messianismo de Jesus, e essa convicção teria sido incompreensível se o próprio Jesus não se reconhecesse como o Messias e não se manifestasse como tal, pelo menos diante de seus discípulos. Assim, devemos responder à questão proposta com três afirmações.

---

13. **Teología del Nuevo Testamento**, p. 66.

*Jesus obteve plena consciência de que era o Messias.* Os judeus ensinavam que o derramamento do Espírito de Deus era um sinal de que o Messias havia chegado (Isaías 61.1). À luz do texto, surgem várias outras questões. O que significa "o céu se abrindo"? O que quer dizer "o Espírito descendo como pomba sobre ele"? Como devemos entender a frase "veio dos céus uma voz"? Note-se que Marcos não afirma que os céus se abriram, mas que "Jesus viu" isso acontecer. Também não afirma que uma pomba desceu, mas que o Espírito desceu "*como* pomba". Por fim, parece que só Jesus ouviu a voz celestial. Para ele, foi uma profunda experiência espiritual e pessoal. É bem provável que tenha sido uma visão (v. Lucas 10.18), que ele mais tarde compartilhou com seus discípulos.

*Jesus obteve plena consciência de que era o Filho de Deus.* "Tu és o meu Filho amado" (gr. *Sù eī ho huiós mou ho agapētós*) lembra um salmo messiânico (Salmos 2.7), muito popular entre os judeus. A presença do Espírito Santo ajudou Jesus a entender que ele não estava sozinho para fazer seu trabalho, mas que podia contar com o amor e o poder do Pai por meio do Espírito Santo.

> **F. F. Bruce:** "Não há dúvida sobre as palavras da voz celestial que saudou Jesus em seu batismo, da qual Marcos relata algumas frases logo adiante: 'Tu és o meu Filho amado', disse a voz; 'de ti me agrado' (Marcos 1.11). O evangelista informa que se trata de uma confirmação pessoal dirigida a Jesus. Na metade de seu evangelho, ele relata uma afirmação semelhante do céu, dessa vez dirigida aos discípulos que estavam com Jesus no momento da transfiguração: 'Este é o meu Filho amado. Ouçam-no!' (Marcos 9.7). Desde o batismo até a crucificação, Jesus é apresentado por Marcos como o Filho de Deus".[14]

*Jesus obteve plena consciência de que teria de sofrer.* A voz celestial disse-lhe: "De ti me agrado" (gr. *en soi eudókēsa*). Isso significava que ele teria de sofrer e morrer para cumprir a missão que o Pai lhe confiara. A expressão vem de Isaías 42.1, que fala do Servo sofredor, que dá a vida pelos pecadores. Dessa forma, a voz do céu estava ecoando antigas profecias, pelo menos três delas. Primeira: "Tu és meu filho; eu hoje te gerei" (Salmos 2.2,7,11,12), que destaca a entronização do Rei-Messias diante da rebelião dos "reis da terra". Segunda: durante o exílio, Isaías cantou sobre a missão salvífica universal do Servo do Senhor,

---

14. **The Real Jesus**, p. 157.

a respeito do qual Deus declarou: "Eis o meu servo, a quem sustento, o meu escolhido, em quem tenho prazer. Porei nele o meu Espírito, e ele trará justiça às nações" (Isaías 42.1). Terceira: séculos antes, Deus havia ordenado a Abraão: "Tome seu filho, seu único filho, Isaque, a quem você ama, e vá para a região de Moriá. Sacrifique-o ali como holocausto num dos montes que lhe indicarei" (Gênesis 22.2) Assim, a voz celestial resumiu numa breve e sugestiva declaração todo o evangelho do Reino e a necessidade do sofrimento vicário do Messias.

**Por que Jesus foi batizado?** De acordo com Alberto F. Roldán, essa é a pergunta-chave. "Esse batismo de João foi 'para o perdão dos pecados'. Partimos da premissa de que Jesus não tinha pecados a confessar, como atesta o Novo Testamento várias vezes (p. ex., João 8.46). Obviamente, a única explicação viável é que no batismo Jesus está se identificando com os pecadores, uma antecipação do que fará na cruz, ao levar sobre si o pecado de todos nós".[15] Portanto, não era porque ele fora um pecador, mas porque havia pecado na humanidade, e ele fazia parte dela. Ele nos amou tanto que se identificou totalmente conosco (Isaías 53.12; 2Coríntios 5.21). Ele pôde fazê-lo porque era de fato um ser humano, como observa Alessandro Pronzato: "Enfileirado com os pecadores. Solidário com seu povo, posto no caminho da conversão. Jesus se apresenta não 'separado' dos outros, mas na fileira dos pecadores".[16] Além disso, o batismo de João foi para ele uma oportunidade de demonstrar compromisso e dedicação com a missão do Pai na terra.

> **Guillermo Cook e Ricardo Foulkes:** "Jesus se submeteu ao batismo de João por estar ciente de quem era e do caráter único de sua missão. Por meio desse ato tão inusitado, Mateus achou necessário fazer uma apologia a seus leitores judeus (Mateus 3.14,15), Jesus demonstrou identificação total com a missão do Reino. Marcos ressalta a profundidade do compromisso de Jesus por meio do batismo com um interessante jogo de preposições e declinações do substantivo 'Jordão'. João batizava as multidões no *toi Iordánei* (dativo), 'no' ou dentro do Jordão. Mas Jesus foi batizado *eis tòn Iordánēn* (acusativo), 'no' ou penetrando o rio".[17]

15. **Jesús en acción:** un comentario dinámico al evangelio de Marcos, v. 1, p. 29.
16. **Un cristiano empieza a leer el evangelio de Marcos**, v. 1, p. 47.
17. Marcos, in: **Comentario bíblico hispanoamericano**, p. 46-47.

## A tentação de Jesus (1.12,13)

Depois de seu batismo, Jesus se dirigiu a um lugar isolado para orar. Enquanto estava ali, foi atacado pelas forças do mal e tentado a realizar a missão de Deus de maneira equivocada. A fonte dessa história é o próprio Jesus. Marcos registra a experiência para mostrar que Jesus era de fato um ser humano, tanto quanto era Deus, e que o mal operante no mundo deve ser resistido.

**O que aconteceu?** O texto diz que Jesus foi levado ao deserto pelo Espírito para ser provado e que Satanás o tentou (gr. *peirazómenos*). Há uma diferença entre prova e tentação. A prova (gr. *dokimē*) tem como objetivo produzir fortalecimento e é o trabalho do Espírito Santo. A tentação (gr. *peirasmós*) tem como objetivo produzir pecado e é o trabalho de Satanás. Marcos não dá detalhes sobre as tentações; Mateus e Lucas, sim. Em seu batismo, Jesus obteve consciência do trabalho que teria de fazer e passou a se dedicar à sua realização. Mas agora o problema que ele enfrenta é como fazer isso.

A brevidade e a falta de informações sobre o episódio é de chamar a atenção. Pode ser que ele tivesse obtido informações por meio de seus leitores ou que não conhecesse os detalhes do ocorrido e simplesmente tenha repetido o que era ensinado nas igrejas com as quais ele mantinha contato. Para ele, tudo que aconteceu resume-se ao fato de que Jesus foi tentado por Satanás durante quarenta dias e o venceu. Os "quarenta dias" (gr. *tesserákonta hēméras*) lembram as experiências de Moisés (Êxodo 34.28) e Elias (1Reis 19.8). A frase "estava com os animais selvagens" (gr. *ēn metà tōn thēríōn*) não é fácil de entender. Talvez tenha o propósito de enfatizar a solidão do lugar e sua condição selvagem. Outra explicação pode ser que no Antigo Testamento a presença de feras está associada com demônios ou espíritos malignos (Salmos 22.11-21; Ezequiel 34.5,8,25) e ao triunfo da justiça (Jó 5.22-24; Isaías 11.6-9). Salmos 91.11-13 associa a luta contra o Diabo, contra o domínio das bestas selvagens e contra o cuidado dos anjos. O texto diz que "os anjos o serviam". O verbo grego é *diakonéō*, frequente em Marcos (1.31; 10.45; 15.41), e aqui define um aspecto importante do ministério dos anjos com relação aos seres humanos.

Consideremos cada uma das três tentações em particular. 1) Jesus foi tentado a se tornar um messias econômico. Isso significava usar seu poder para atender às necessidades físicas e materiais do povo (Lucas 4.4). Esse é o messias do evangelho da prosperidade. Jesus, porém, reconheceu que havia necessidades mais profundas (Lucas 4.4). 2) Jesus foi tentado a se tornar um messias político.

Ou seja, usar seu poder para armar um exército e liderá-lo contra os opressores romanos. Era o que os judeus esperavam do Messias (Malaquias 3.1-4). Se o fizesse, ganharia popularidade (Lucas 4.5-8). Esse é o messias do evangelho da libertação. Mas a liberdade que ele queria conquistar para seu povo era mais que liberdade política. 3) Jesus foi tentado a se tornar um messias mágico. Se ele realizasse prodígios extraordinários, o povo, admirado, iria segui-lo, à espera de maravilhas mais impressionantes (Lucas 4.9-12). Esse é o messias do evangelho milagreiro. Mas não foi com magia que ele conquistou o coração humano, e sim com seu amor em ação e pelo sofrimento em lugar de todos os pecadores.

**Como descrever o que aconteceu?** Como já foi dito, a versão de Marcos desse episódio é a mais resumida, quase telegráfica. Contudo, o evangelista descreve a experiência com duas claras afirmações.

*Jesus foi tentado por Satanás.* Quem é Satanás? Os judeus consideravam-no uma pessoa e lhe davam vários nomes: Diabo, Maligno, Adversário. Satanás é a transliteração de um nome aramaico, mas de origem persa, que significa "o acusador" dos seres humanos (Jó 1.6-19; 2.1-8; Zacarias 3.1,2) ou "adversário" de Deus. Em 1Crônicas 21.1, é considerado um poder do mal que conspira contra o povo de Deus. Marcos usa o nome Satanás diversas vezes (3.23,26; 4.15; 8.33), que parece ser o de sua preferência. Há um poder do mal em operação no mundo. O mal não é mera ausência do bem! Em vez de dizer "o mal", deveríamos dizer "o Maligno", ou seja, uma criatura em rebelião contra Deus e sua criação, cuja única intenção é "roubar, matar e destruir" (João 10.10). Esse ser tão mau não pretende outra coisa senão destruir a obra de Deus por todos os meios possíveis. Mas o Senhor nos deu poder de resistir a ele e superá-lo (Tiago 4.7).

*Jesus foi servido por anjos.* Assim como consideravam Satanás um ser criado, os judeus também acreditavam que os anjos eram seres pessoais e criaturas de Deus. De acordo com as Escrituras, os anjos são os mensageiros de Deus enviados aos seres humanos para guiá-los. Eles também adoram a Deus permanentemente (Apocalipse 7.11). A palavra "anjos" (gr. *hoi ággeloi*) significa "anjo", "mensageiro", "pessoa enviada". É o nome dado aos seres espirituais celestiais e puros criados por Deus (Salmos 148.2-5; Neemias 9.6; Colossenses 1.16) e conhecidos como intermediários entre Deus e os seres humanos (Êxodo 23.20,23). São seres vivos do mundo espiritual, que não se reproduzem nem morrem. Numerosas passagens da Bíblia revelam uma variedade desses seres celestes, tanto no Antigo quanto no Novo Testamentos. As atividades desses seres celestes são variadas.

Eles são encarregados de entregar mensagens da parte de Deus (Mateus 1.20; Lucas 1.11-20; Atos 1.10,11), executar juízos (2Samuel 24.16; Atos 12.23; Apocalipse 16.1-12), ministrar de maneira especial aos crentes (1Reis 19.5-8; Salmos 34.7; Daniel 3.28; Atos 12.5-10; Hebreus 1.14) e adorar a Deus permanentemente (Lucas 2.13,14; Hebreus 1.6). Eles serviram Jesus após a tentação (Marcos 1.13; Lucas 22.43). Ambos os Testamentos apresentam-nos como uma ordem de vida criada diferente dos seres humanos, mas que se assemelham a nós em muitos aspectos. São apresentados como superiores aos humanos em poder, inteligência, força e conhecimento (2Pedro 2.11; 2Samuel 14.17,20; Salmos 2.7). Ao que parece, ocupam um posto inferior na hierarquia celestial. Contudo, a Bíblia proíbe explicitamente sua adoração (Colossenses 2.18; Apocalipse 19.10; 22.9). A função deles é trabalhar como agentes para expressar e revelar a poderosa vontade de Deus.

O fato importante em Marcos 1.13 é que Deus enviou seu poder e sua presença para fortalecer Jesus no deserto, e também é fato que hoje podemos receber esse poder em meio às nossas tentações. Ele continua enviando seus anjos para cuidar de nós e defender-nos (Salmos 34.7).

**O que aprendemos com esse episódio?** Podemos aprender três lições importantes. 1) A tentação não é pecado. Na verdade, quanto melhor a pessoa, maiores suas tentações. A tentação é como alguém que bate à porta: só cometeremos pecado se a convidarmos a entrar (Romanos 12.21). 2) A tentação pode nos fortalecer. Quando somos tentados e não somos derrotados, tornamo-nos mais fortes que antes e mais capazes de resistir à tentação seguinte (Tiago 1.2). 3) A tentação pode ser resistida. O Senhor pode nos ajudar a vencer nossas tentações, porque ele mesmo foi tentado e venceu (Hebreus 4.15).

## A MENSAGEM DO MESSIAS (1.14,15)

Nesses versículos, vemos como Jesus começa a pregar. Depois que a voz de João foi silenciada, o ministério de Jesus começou. Longe de estar deprimido pela prisão do Batista, Jesus foi forjado para a ação. Há um problema cronológico aqui, percebido quando comparamos o evangelho de Marcos com o de João, porque no quarto evangelho os ministérios de João e de Jesus são paralelos e se sobrepõem. É possível acomodar em Marcos algumas atividades prévias de Jesus entre os v. 13 e 14. Em todo caso, Jesus ergueu a tocha com coragem, embora o antigo portador, como já vimos, tenha sido preso e executado (6.14-29).

Essa passagem mostra o que Jesus dizia durante seu ministério na Galileia, ou seja, nessas palavras encontramos a mensagem do Messias. O Nazareno deixou claro seu intento ao estabelecer o curso messiânico de sua proclamação. Ele emergiu de suas tentações, durante as quais rejeitou alternativas messiânicas equivocadas e afirmou seu senso de identidade e de missão à luz da vontade de Deus e das Escrituras. O relato de Lucas diz que ele retornou à Galileia no poder do Espírito (Lucas 4.14) e começou a pregar. Ele o fez confiante numa reação positiva de seus ouvintes. De fato, quatro pescadores deram-lhe uma resposta imediata (1.16-20). Assim, ele assumiu o risco inerente de compartilhar as boas-novas. Os v. 14 e 15 constituem um resumo do que estava acontecendo, como o evangelista costuma fazer em outras passagens (3.1-12; 4.33).

O esboço a seguir sintetiza as ações e palavras de Jesus de acordo com os v. 14 e 15:

**Ações**
*Tempo*: depois que João foi encarcerado
*Lugar*: Galileia
*Pessoa*: Jesus de Nazaré
*Ação*: foi anunciar as boas-novas
**Palavras**
*Algumas declarações paralelas*:
"O tempo é chegado"
"O Reino de Deus está próximo"
*Um par de imperativos*:
"Arrependam-se!"
"Creiam nas boas-novas!"

## A mensagem anunciada

As primeiras palavras do discurso inaugural de Jesus contêm uma declaração e lançam um apelo. O sermão criou um drama de confronto e de encontro. A composição de Marcos oferece material para se ver e ouvir, porque em seu caráter dramático o relato contém ações e palavras. É notável como Marcos consegue encerrar poderosos significados teológicos em poucas palavras. As ações e palavras de Jesus parecem uma teologia descrita de forma abreviada.

A mensagem que Jesus propagava veio a ser o cumprimento da profecia de Isaías. Esse profeta havia proclamado as boas-novas ao prever o retorno dos exilados. Em três ocasiões em Isaías, Deus prometeu a alguém que traria boas-novas (40.9; 41.27; 52.7). É interessante observar a relação entre Isaías e Jesus quanto à mensagem que anunciavam: "Como são belos nos montes os pés daqueles que anunciam boas-novas, que proclamam a paz, que trazem boas notícias, que proclamam salvação, que dizem a Sião: 'O seu Deus reina!' " (Isaías 52.7). O profeta anunciou a Sião *shalom* e *yeshua*, paz e salvação. O texto descreve um mensageiro que anuncia a Sião *shalom* (paz), *tov* (boas [notícias]) e *yeshua* (salvação), uma mensagem resumida na frase: "O seu Deus reina!".

## "O tempo é chegado"

Ou seja, chegou a hora de Deus enviar seu Messias para que seu Reino, ou melhor, seu reinado, tenha início. Assim, no tempo designado por Deus, Jesus foi para a Galileia pregar o Reino de Deus, que decisivamente invadiu a História e antecipou o início de uma nova era. Com a vinda de Jesus, Deus estava começando a reinar. O arauto do Reino de Deus também era seu portador: o Reino de Deus encarnado. Após séculos de espera, chegou a hora, o tempo havia chegado. O momento estratégico por fim chegou. Jesus iniciou seu ministério na Galileia declarando que a humanidade estava num momento decisivo da História. A importante profecia de Isaías 52.7 (Daniel 2.44) estava se tornando realidade. A era do Reino de Deus, que os profetas e reis ansiavam vivenciar, por fim estava começando (Lucas 10.23,24; Mateus 13.16,17). O verão da salvação de Deus estava próximo (Marcos 13.28,29). A colheita já estava em andamento (Lucas 10.2; Mateus 9.37,38). Duas coisas merecem atenção aqui.

**A paciência de Deus.** Deus fez planos com bastante antecedência, mas esperou o momento certo ou perfeito para enviar Jesus (Gálatas 4.4; Efésios 1.10). As comunicações romanas, a língua e a cultura gregas e a religião judaica faziam parte dessa preparação. Quando levamos em conta essas e outras condições favoráveis século I, entendemos que o tempo escolhido por Deus foi o melhor, a "plenitude dos tempos" ou o momento perfeito (gr. *peplērōtai ho kairòs*) para ele se manifestar em Cristo.

> **José Alonso Díaz:** "Enquanto João em sua profecia anuncia um futuro, Jesus anuncia o que já aconteceu: "está cumprido", "é chegado". O momento

> perfeito para anunciar que uma futura consumação escatológica se aproxima. O Reino passou de uma vaga distância para uma posição próxima. Esse parece ser o significado apropriado de 'perfeito' ".[18]

**A resposta humana.** A palavra grega distintiva usada para "tempo" nessa passagem (*kairós*) significa "oportunidade". No Antigo Testamento, a palavra sugere o tempo certo ou decisivo conforme determinado por Deus para seu propósito redentor (Daniel 7.22; Ezequiel 7.12). A decisão de Deus torna um momento em particular um *kairós*, um tempo carregado de significado redentor. Esse "tempo" é empregado no Novo Testamento para indicar aquele momento em que Deus, observando os acontecimentos no mundo, espera que ajamos. O "tempo" mais importante é a vinda de Jesus. Deus espera que os seres humanos o aceitem. Se o fizerem, serão redimidos do pecado. Se não o fizerem, serão condenados.

### "O Reino de Deus está próximo"

O outro aspecto da declaração na pregação de Jesus está relacionado com o conceito fundamental de Reino de Deus. A ideia central de tudo que Jesus ensinou está em conexão com ele. Em Mateus, a expressão usada para se referir a esse Reino é "Reino dos céus", sem dúvida para evitar a menção do nome de Deus em um contexto judaico, onde isso seria ofensivo. O Reino diz respeito à soberania ou majestade de Deus, não a uma região ou povo.

A palavra "reino" era muito usada pelos judeus dos tempos de Jesus. O país sofria com a opressão dos romanos, mas os judeus se consideravam o povo escolhido para servir a Deus. Em sua angústia e pelo desejo de liberdade, muitos encorajavam os compatriotas, dizendo: "Um dia, Deus nos libertará e estabelecerá um novo reino". Então, Jesus apareceu pregando: "O Reino de Deus está próximo". Podemos imaginar quanto interesse isso despertou nos ouvintes. O que podemos aprender hoje com os ensinamentos de Jesus acerca do Reino de Deus? Para começar, devemos entender que o Reino de Deus não é outra coisa senão o governo de Deus sobre a humanidade, que já começou a se tornar efetivo. O Reino de Deus é algo que ele faz. É Deus reinando sobre o coração de homens e mulheres arrependidos.

---

18. Evangelio de San Marcos. In: **La Sagrada Escritura:** Nuevo Testamento I, Evangelios, p. 337.

Talvez seja oportuno considerar aqui várias teorias sobre o Reino de Deus. Agostinho de Hipona, por exemplo, identificou o Reino como a Igreja institucional. Os proponentes do evangelho social (Walter Rauschenbusch) entendem o Reino como uma comunidade socialmente transformada. Albert Schweitzer via o Reino como algo radicalmente futuro. O erudito C. H. Dodd interpretava a frase "o Reino de Deus está próximo" como uma indicação de que o Reino teve seu pleno cumprimento ou se realizou no ministério de Jesus. Talvez a melhor maneira de entender o "Reino de Deus" seja mudar a expressão para "a vontade de Deus", como parece sugerir a menção em paralelo de Jesus na Oração do Pai-nosso ou Oração do Senhor: "Venha o teu Reino; seja feita a tua vontade" (Mateus 6.10).

## O evangelho é pregado

Depois da proclamação do Reino de Deus, vem o chamado ao discipulado: "Arrependam-se e creiam nas boas-novas!". Diante desse evangelho, existem apenas duas possibilidades.

**Arrependimento.** Jesus estava dizendo, na verdade: "Respondam às boas-novas de Deus com uma mudança. Ninguém deve ficar do jeito que é. Respondam com uma aceitação. Vocês podem dizer sim ao convite". O bom das boas-novas reside em parte na possibilidade de mudança e aceitação, longe de uma consideração cínica da natureza humana. O discipulado implica tanto arrepender-se quanto crer. Os pescadores (v. 16-20) corresponderam ao sermão não só com uma decisão, mas também por meio do acompanhamento (discipulado). O relato da reação dos pescadores descreve modelos de resposta e exemplos de demanda.

O próprio Reino era a realidade que exigia arrependimento. Arrepender-se é mudar. Trata-se de uma reorientação da vida em torno do Reino de Deus. Envolve compromisso com as coisas que importam e as coisas que permanecem. A palavra grega para "arrependimento" (*metánoia*) significa literalmente "mudança de mente" e corresponde ao termo hebraico *shub*, que significa "voltar", "retornar", como na parábola do filho perdido. É um retorno a Deus com todo o ser. Negativamente, "arrependimento" significa "afastar-se do pecado e do mal". Dessa maneira, não se trata apenas de um conceito religioso, mas de uma reavaliação dinâmica de todas as coisas. William Temple certa vez comparou o mundo com uma vitrine, na qual as coisas de fato preciosas são pouco valorizadas. Portanto, arrepender-se é tornar a pôr o preço correspondente nas coisas mais valiosas da vida humana e do relacionamento com Deus. John Donne recomenda que o crente sempre durma com as mãos limpas, seja mantendo-as limpas durante todo o dia por integridade, seja limpando-as com o arrependimento, caso se sujem. Quando nos reunimos como cristãos, nossa oração deve ser por uma revolução ou mudança radical em nossa maneira de viver.

Quando pregamos e ensinamos sobre o arrependimento, devemos levar em consideração todo o conselho de Deus registrado em sua Palavra. O que isso significa? 1) Deus prescreve o arrependimento a todos (Atos 3.19). 2) O arrependimento é concedido por Deus (Atos 11.18). 3) O arrependimento produz alegria no céu (Lucas 15.10). 4) O arrependimento deve ser seguido pela conversão a Deus (Atos 26a). 5) O arrependimento deve ser seguido por boas obras (Atos 26b). 6) O arrependimento deve ser acompanhado de humilhação (Tiago 4.9,10). 7) O arrependimento é produzido pela tristeza que provém de Deus (2Coríntios 7.10). 8) O arrependimento é algo que Deus ordena a todos (Atos 17.30). 9) O arrependimento resulta no perdão dos pecados (Atos 5.31). 10) Não se arrepender é perecer (Lucas 13.3,5).

**Fé.** O clímax do sermão ressoa com seu apelo à fé: "Creiam nas boas-novas!". Ou seja: "Acatem o governo de Deus". Creiam na proclamação de Jesus. A fé vem por ouvir a Palavra. Ela começa como uma simples reação às boas-novas. Às vezes, chegar à fé envolve uma luta contra a incredulidade. Para C. S. Lewis, o passo decisivo para alcançar a fé foi uma caminhada pelo zoológico. Durante anos, ele fora ateu, mas não muito convencido. Então, começou a ler alguns livros contrários à sua maneira de pensar e fez alguns amigos cristãos. Lewis ouvira o evangelho quando jovem, mas só anos mais tarde, durante aquele passeio, aceitou a Cristo e ficou surpreso com a alegria que sentiu. Outros tiveram de lutar para se abrir ao caminho da fé ou ingressar nela. Paul Tournier, conhecido psiquiatra suíço, adverte que sem fé a vida não tem propósito e a sociedade fica sem princípios. A pessoa pode discutir a fé durante toda a vida e receber pouco em troca. Para receber a verdadeira recompensa, é preciso agir e crer nas boas-novas.

Nesse contexto, "fé" significa "ter confiança". Confiamos em Cristo quando, depois de reconhecer e confessar nossos pecados, tomamos a decisão de mudar nossa vida e de recebê-lo como Salvador e Senhor. Seu Espírito Santo vem habitar nosso corpo e nos regenera para a vida eterna. A experiência de fazer parte do Reino de Deus pela fé tem profundas consequências éticas para os crentes.

Por um lado, se Deus é o Rei que já está reinando no mundo, então devemos confiar e "crer nas boas-novas". Quando pensamos no mal no mundo, ficamos desesperados. Mas encontramos esperança e alegria quando pensamos que Deus começou a vencer o mal. Somos como soldados que participam da última batalha de uma longa guerra. Ao contrário deles, porém, sabemos que essa é a última batalha e que a guerra terminará em vitória. Essa é a esperança que anuncia as "boas-novas" e também deve ser nossa mensagem.

Por outro lado, se Deus é o Rei que já está reinando sobre o mundo, então devemos lhe obedecer. Se Deus é o soberano sobre toda a realidade, então devemos guardar suas leis. Seres humanos e nações comportam-se como se Deus não fosse Rei, desobedecendo-lhe sempre que podem. Mas, como ele já é Rei, ninguém pode transgredir suas leis sem sofrer as consequências.

Finalmente, se Deus é o Rei que já está reinando sobre o mundo, então devemos nos preparar. Não podemos criar o Reino, mas podemos nos preparar para viver nele. O Reino já começou a vir, mas não está plenamente em vigor. Precisamos nos preparar para esse dia e orar como Jesus: "Venha o teu Reino" (Mateus 6.10). Temos de fazê-lo para que outras pessoas também o reconheçam como Rei e lhe obedeçam. O Reino chega à medida que os seres humanos reconhecem o Senhor como o único Rei de sua vida e passam a lhe obedecer.

## A AUTORIDADE DO MESSIAS (1.21,22)

Com certa coragem, Jesus revelou sua estratégia para alcançar o povo de Israel e convocá-lo para sua missão divina numa visita à sinagoga de Cafarnaum, onde mais uma vez se sentiu compelido a pregar. O poder de sua pregação foi evidenciado pelo fato de que todos estavam "maravilhados com o seu ensino" e também com a cura de "um homem possesso de um espírito imundo" (v. 23). A questão sobre quem era Jesus está presente em todo o relato.

### Um ensinamento surpreendente

Seu ensinamento naquele sábado causou espanto e talvez tenha provocado alarme. Os membros da sinagoga de Cafarnaum estavam espantados (v. 22), porque ele falava com evidente autoridade, "não como os mestres da lei". Um estudioso judeu sugeriu que a autoridade em questão era a dos mestres de um escalão inferior (mestres da lei ou escribas), diferentemente de um rabino devidamente ordenado. Ou seja, a congregação de Cafarnaum não esperava um ensinamento autoritativo de um rabino de Jerusalém, por isso ficaram surpresos. Jesus por certo não havia recebido o tradicional treinamento rabínico: tinha apenas a instrução da escola da sinagoga local e a orientação dos pais. Em suma, era um estudioso do Antigo Testamento, mas como autodidata. Jesus era um ser humano muito inteligente, e é bem possível que seu QI fosse superior ao de todos os seus coetâneos. O mais importante nele, porém, era o fato de viver permanentemente cheio do Espírito Santo e contar com todos os seus dons poderosos e sobrenaturais.

No entanto, é mais provável que a autoridade pela qual os membros da sinagoga foram surpreendidos fosse mais semelhante à dos antigos profetas, que proclamavam o conselho de Deus. Ou seja, o que surpreendeu os participantes da sinagoga naquele sábado foi a autoridade intrínseca de Jesus. Ele não citou autoridades humanas, como faziam os mestres da lei, porque sua autoridade provinha diretamente de Deus, que era a verdadeira autoridade no assunto.

## Um ensinamento novo

Em todo caso, o ensinamento de Jesus era novo e muito diferente. Era original também e foi ministrado com absoluta convicção pessoal. Jesus era um intérprete da *Torá* (Lei), mas com um senso preciso da intenção original de Deus. Jesus atraía muitas pessoas inteligentes por causa do poder de seus ensinos. Indivíduos que podem ter sido críticos da igreja, que rejeitaram os credos e que ficaram profundamente impressionados com as coisas que Jesus dizia e sustentava como verdadeiras. Gandhi ficou impressionado com o Sermão do Monte. Vários filósofos modernos, céticos quanto à fé cristã, confessaram-se atraídos e admirados com suas palavras cheias de autoridade. Qualquer mente reflexiva de nossos dias que deseje saber quem é Jesus deve meditar sobre o que ele ensinou.

A ordem do culto numa sinagoga judaica dos tempos de Jesus era bem semelhante à liturgia de uma igreja evangélica de hoje. O culto começava com a recitação do Shemá: "Ouça, ó Israel: O Senhor, o nosso Deus, é o único Senhor" (Deuteronômio 6.4,5), e continuava com a Tefilá, que consistia em 18 bênçãos numa única oração. Então, vinha a bênção: "O Senhor te abençoe e te guarde" (Números 6.23-26), que continuava com a recitação de vários salmos pela congregação. Em seguida, eram lidos em hebraico a Lei e os Profetas ou se repetia uma paráfrase aramaica do texto hebraico. O sermão, que consistia numa homilia sobre o texto e era pregado em aramaico, seguia-se a essa leitura. Por fim, vinha o *Kaddish*, ou oração de encerramento: "Exaltemos o seu nome" (Salmos 34.3).

O culto na sinagoga estava a cargo de um líder dos anciãos, que designava alguém da congregação para liderar as orações. Ele também nomeava outra pessoa para interpretar o texto hebraico na língua comum (aramaico). Foi esse presidente que escolheu Jesus para ser o pregador e apresentar a homilia. Como era costume, Jesus sentou-se para proferir o sermão, que surpreendeu a todos não pela oratória, mas pelo conteúdo: "Todos ficavam maravilhados com o seu ensino" (v. 22).

> **Ernesto Trenchard:** "Os v. 21 e 22 indicam claramente que o Mestre costumava frequentar as reuniões da sinagoga aos sábados e aproveitava as oportunidades para ensinar, sem dúvida baseando-se nas passagens do Antigo Testamento lidas de acordo com a ordem estabelecida. Os escribas faziam o mesmo, mas interpretavam as Escrituras de segunda ou terceira mão, sempre citando a 'tradição dos anciãos'. [...] Em vez disso, o Senhor extraía o verdadeiro sentido espiritual das Escrituras, sem reivindicar outra autoridade além da sua. Daí o espanto do povo".[19]

## A MISSÃO DO MESSIAS (1.35-39)

A pregação em Cafarnaum causou muita preocupação e forte impacto. O povo clamava por Jesus e o seguia por toda parte, mas ele decidiu deixar Cafarnaum e expandir seu ministério de pregação do Reino por toda a região da Galileia.

### "A Deus orando [...]"

Antes de empreender seu circuito missionário por toda a Galileia, Jesus fez uma pausa para orar. De forma característica, Marcos informa os detalhes do momento em que isso aconteceu ("De madrugada"). Como se não bastasse, conclui o quadro acrescentando que "ainda estava escuro". Essas expressões são exclusivas de Marcos. De igual modo, o autor ressalta que "Jesus levantou-se, saiu de casa e foi para um lugar deserto". Convém observar os verbos e a dinâmica da ação, que culmina na oração de Jesus. Marcos menciona várias

19. **Una exposición del evangelio según Marcos**, p. 26.

vezes Jesus orando (6.46; 14.35,39). É impressionante que Lucas, que se refere a essa prática de Jesus com mais frequência (3.21; 5.16; 6.12; 9.18,28; 11.1; 22.41,44), omita essa referência de Marcos.

> **Ernesto Trenchard:** "Esses preciosos versículos nos introduzem na intimidade da vida de oração do Mestre e fazem ver que ele se livrava das multidões levantando cedo para ir a lugares solitários e assim poder desfrutar a tão anelada comunhão com o Pai. Em certo sentido, a comunhão nunca foi interrompida durante seu ministério terreno (exceto na cruz), mas sua humanidade era real, e, como nós, ele precisava de paz de espírito para que a comunhão se realizasse plenamente. Como Filho, ele sempre esteve 'no seio do Pai', mas como Servo ele abria os ouvidos todas as manhãs para ouvir como quem aprende, de acordo com a maravilhosa descrição profética de Isaías 50.4-8".[20]

Se o Messias entendia que a oração era necessária antes de iniciar uma longa e intensa jornada missionária, muito mais seus discípulos devemos fazer da oração o primeiro passo na preparação para a tarefa de proclamar o evangelho do Reino. Foi assim que Jesus se preparou para seu ministério na Galileia. Mas à oração devemos acrescentar a ação.

## "[...] e com o martelo dando"

O ministério de pregar as boas-novas requer sair em missão. A estratégia de Cafarnaum foi seguida pela primeira fase da campanha na Galileia. A sinagoga funcionava como ponto de contato com o povo de Israel. Jesus concentrou-se nas principais aldeias. O historiador judeu Flávio Josefo descreve a Galileia como uma terra de grandes aldeias, com populações iguais às de cidades pequenas (15 mil habitantes), mas eram estruturadas como aldeias. A palavra grega usada por Marcos (*kōmopóleis*) pode se referir a uma pequena vila rural, que tenha apenas o *status* de vila ou aldeia. Nos capítulos que se seguem até o cap. 8, Marcos relata o que aconteceu durante o ministério de pregação de Jesus na Galileia. É bem provável que Jesus tenha percorrido toda a Galileia durante seu ministério ali. É possível detectar pelo menos três circuitos: pela primeira vez (Marcos 1.39), pela segunda vez (Lucas 8.1) e pela terceira vez (Marcos 6.6; Mateus 11.1).

---

20. Ibid., p. 29.

Convém ressaltar que os Evangelhos sinópticos não mencionam o ministério inicial de Jesus na Judeia, registrado em João 2.13—4.3. No entanto, a passagem paralela de Lucas 4.44 traz "Judeia", de acordo com os três manuscritos mais antigos e outros documentos importantes (v. *RVR*, "Galileia"; Mateus 4.23). Pode ser que ao escrever para os gentios Lucas tenha usado o termo "Judeia" em sentido geral, como referência à terra dos judeus, ou seja, a Palestina (23.5; Atos 10.37; 11.1,29; 26.20). Talvez seja por isso que a *NVI* traduz Lucas 4.44 da seguinte forma: "E continuava pregando nas sinagogas da Judeia".

> **Vincent Taylor:** "Comparado com 1.28, o ministério agora se estendia amplamente, por toda a Galileia. [...] Marcos queria fazer um relato conciso da atividade de Jesus livremente relacionado com o contexto imediato. Uma referência semelhante ao exorcismo em 6.13 sugere que a alusão é convencional. Mateus amplia de forma considerável esse relato (4.23)".[21]

Marcos situa o ministério de Jesus em duas regiões geográficas bem definidas: a Galileia e Jerusalém. Por sua vez, essas referências espaciais estão vinculadas a marcos temporais. A Galileia corresponde ao primeiro estágio de seu ministério. Jerusalém foi o escopo do segundo e mais importante estágio. Como Willi Marxen observa: "Agora, na perspectiva de Marcos, há duas épocas, começando na Galileia e terminando em Jerusalém. A delimitação é difícil. Talvez seja melhor tomar os cap. 1—9 para o primeiro complexo e os cap. 11—16 para o segundo. O cap. 10 seria de transição".[22]

## OS MILAGRES DO MESSIAS (1.32-34; 3.10-12; 6.5,6,56)

Nos próximos capítulos desta unidade, analisaremos uma diversidade de milagres que o Senhor realizou durante todo o seu ministério terreno. Essas ações de poder de Jesus operavam sobre as doenças físicas, a natureza, os demônios e a própria morte. Três episódios em Marcos tratam da libertação de pessoas endemoninhadas. Embora seu evangelho não seja o que contenha o maior número de milagres dessa espécie, são três casos bem característicos.

---

21. **The Gospel According to St. Mark**, p. 184-185.
22. **El evangelista Marcos**, p. 51.

Há também cinco milagres relacionados com a natureza criada (sem duplicar o milagre da multiplicação de alimentos). São relatadas ainda dez curas milagrosas: a mãe de Pedro, o leproso, o paralítico de Cafarnaum, o homem da sinagoga, a mulher com o fluxo de sangue, a filha de Jairo, a filha da mulher siro-fenícia, o surdo-mudo de Decápolis, o cego de Betsaida e o cego Bartimeu. Marcos adiciona a esses relatos quatro resumos de ações milagrosas (1.32-34; 3.10-12; 6.5,6; 6.56), descontando-se um, que não se refere propriamente a Jesus, mas à ação dos apóstolos (6.13).

> **José Ignacio González Faus:** "Podemos encerrar em três palavras a teologia marcana dos milagres de Jesus: os milagres são práxis, são força e são revelação. Em primeiro lugar, os milagres são práxis: 'ação'. [...] O evangelho mais breve é o que contém mais narrativas de milagres. E é fácil verificar que quase todos os fragmentos com os quais Marcos estende seus relatos de milagres são constituídos por detalhes ou pinceladas narrativos. Como ação, os milagres de Marcos não irão glorificar Jesus (como é o caso em Mateus) nem autenticar sua mensagem (como talvez em Lucas), mas vão mostrá-lo trabalhando. [...] Em seu caráter prático, os milagres de Marcos não estão desconectados da pessoa de Jesus. [...] Essa ação é a expressão de uma força (gr. *dýnamis*). Marcos escolheu essa palavra surpreendente para qualificar os milagres. Já a palavra 'sinal' é para Marcos o que se pede a Jesus para tentá-lo e que não será concedido àquela geração (Marcos 8.11,12). [...] Os milagres são uma força que não é tanto força cristológica, mas força da mensagem-práxis, ou seja, a força do Reino. Não é a força de alguma palavra ou pessoa, mas a força da mensagem quando vivida com total dedicação, como Jesus vivia. [...] E [...] os milagres, como Marcos os concebe, são também revelação: a revelação do Deus oculto ou do Filho de Deus no anonimato".[23]

## Os milagres como característicos de Jesus

Quando se lê o evangelho com atenção, é possível destacar certos aspectos marcantes com relação aos milagres do Messias. Por um lado, os milagres aparecem muito cedo no evangelho de Marcos e são abundantes, quando comparados com a narração dos outros Sinópticos. Há uma espécie de irrupção do milagroso no ministério de Jesus na primeira metade do evangelho, o que está de acordo com a ênfase de Marcos no surgimento do Messias e em seus

---

23. **Clamor del reino:** estudio sobre los milagros de Jesús, p. 53-57.

efeitos na época. Em contraste com o vívido quadro da primeira parte do evangelho, a segunda parte é quase desprovida de milagres, e Marcos agora destaca o caminho sombrio que Jesus trilhou após a crise de Cesareia e seu ponto culminante na cruz. Por outro lado, Marcos se concentra nos milagres de Jesus que envolviam contato físico, a presença comprometida na operação e as motivações em cada milagre: a fé das pessoas e a misericórdia do Messias.

> **Alberto F. Roldán:** "A lição mais importante para nós, discípulos do Mestre, é que nossa descrença não é impedimento para ele realizar milagres em nós e por meio de nós. Sem dúvida, devemos entender que o desempenho dos milagres depende de vários fatores, não de apenas um. De fato, depende fundamentalmente da ação soberana de Deus para realizar uma obra portentosa e também na fé de quem irá receber o milagre. Mas é surpreendente que, em contraste com o espanto positivo de Jesus pela fé da mulher siro-fenícia (v. Mateus 15.28), aqui [Marcos 6.5,6] o espanto é causado pela incredulidade".[24]

## Os milagres como obras de Jesus

Em todo caso, para Marcos os milagres não parecem a coisa mais importante, e sim Jesus, que os operava. Sempre que surgia um conflito ou alguma rejeição, não era por causa da ação miraculosa, mas da pessoa de Jesus e de suas pretensões messiânicas, em que o milagre estava fundamentado. Desse modo, em Marcos sobressaem as advertências do Senhor a que as pessoas beneficiadas com algum milagre mantivessem silêncio, a fim de que sua condição de Messias não fosse exposta precipitadamente e assim provocasse uma morte prematura. Em suma, percebe-se em Marcos que essas admoestações se multiplicam na primeira parte do evangelho, onde os milagres são abundantes, mas escasseiam na segunda parte, onde não são mais tão frequentes.

> **José Ignacio González Faus:** "[Os milagres] brotam da força do Reino, que já está em ação com a presença de Jesus e seu anúncio do Reino. Isso é coerente com o fato de que o Jesus de Marcos não é um mestre nem um professor, e sim um 'profeta', no sentido de anunciador ou proclamador: sua pregação é praticamente reduzida ao anúncio do Reino, e os milagres concretizam esse mesmo anúncio, que não pode ser mero ensinamento. Melhor dizendo, eles concretizam o anúncio, cujo ensinamento é sua práxis. [...] Que milagres são

24. **Jesus en acción**, v. 1, p. 100.

> meios de ação, quer dizer que eles falam por si, não pelas (ou com as) palavras que os acompanham. Daí a dificuldade de entendê-los, porque a linguagem da ação é mais obscura e ambígua, embora também mais interpelante".[25]

## Os milagres como manifestações do Reino

Para Marcos, os milagres de Jesus manifestam a força do Reino de Deus. O evangelista vê os milagres como a práxis (ação significativa) do Reino. Portanto, o evangelho mais breve contém os mais longos relatos dos milagres de Jesus. Como dissemos na introdução a este comentário, Marcos é o evangelho da ação. Os milagres são a práxis característica do Messias — não para obter glorificação ou reconhecimento ou mesmo para autenticar sua mensagem, mas por serem a expressão da natureza e do propósito do Reino de Deus. Jesus não aparece em Marcos como Mestre, mas como Profeta. Como tal, sua principal tarefa é anunciar o Reino, e os milagres são a maneira de fazê-lo. Os milagres são uma manifestação concreta e palpável da presença do Reino de Deus. Por isso, eles não podem ser desvinculados da pessoa de Jesus, porque constituem a ação (práxis) deste. Isso também explica a ênfase do evangelista na compaixão ou na misericórdia de Jesus e as várias formas pelas quais fez contato direto e pessoal com os que foram contemplados com seus milagres (toque, olhares, gestos, emoções). Em suma, os milagres, como ações de Jesus, falam por si e não precisam de um discurso que os acompanhe ou os explique.

## Os milagres como expressões de poder

O evangelista também vê milagres como uma expressão de poder (gr. *dýnamis*). Esse é o termo preferido do evangelista para se referir a essas ações de Jesus (João prefere "sinal"). Os milagres são a força do Reino, que opera com o poder de Deus, não com o poder das palavras ou dos gestos. Constituem a força da mensagem quando vivida com total dedicação com a qual Jesus vivia. Essa é a razão de se destacar em Marcos o confronto de poderes — entre o poder do Messias e o poder das trevas. As ações miraculosas de Jesus são apresentadas como verdadeiras ações de combate e confronto. "Como pode Satanás expulsar Satanás?" (3.23-26) é a maneira pela qual Marcos percebe os milagres como um sinal do Reino.

---

25. **Clamor del reino**, p. 54.

> **Gregory A. Boyd:** "O ministério milagroso de Jesus [...] não era mero símbolo do *escaton* — em princípio, ele alcançou o *escaton*. Ele primeiro ganhou a guerra, acertou o golpe mortal decisivo, acabou com Satanás, restaurou a humanidade e estabeleceu o Reino. No entanto, algumas batalhas ainda devem ser travadas antes que essa vitória final se manifeste plenamente. Por isso, Jesus não apenas cumpriu seu ministério de guerra: ele comissionou, equipou e capacitou seus discípulos — e mais tarde toda a igreja — para fazerem o mesmo. Ele pôs em movimento a criação de uma nova humanidade, que passou a exercer outra vez o domínio sobre a terra, quando nos deu seu poder e sua autoridade para proclamar e manifestar o Reino, como ele mesmo fez (p. ex., 2Coríntios 5.17-21; Mateus 16.15-19; Lucas 19.17-20; v. João 14.12; 20.21)".[26]

## Os milagres como revelação de Deus

Finalmente, o evangelista vê os milagres como uma revelação — a revelação do Deus oculto ou do Filho de Deus no anonimato. Em Marcos, essa revelação do Messias coexiste com as ordens de silêncio, com a oposição escancarada e com a falta de compreensão dos discípulos.

> **José Ignacio González Faus:** "Uma revelação tão discreta e anônima não só por causa do contexto demoníaco ou de dureza de coração em que se apresenta, mas também porque neste mundo ambíguo e negativo a presença de Deus não é um fator externo, e sim *o próprio milagre do humano* levado à sua maior profundidade, talvez vislumbrada ou suspeitada, porém não crida. É por isso que Marcos continua a ver a fé como uma 'força humana milagrosa', no sentido que temos exposto. E, por essa razão, podemos concluir parodiando o milagre que Marcos descreve nos termos de uma ação muito atual: 'Entre vocês está alguém que vocês não conhecem'. Isso é o que revela o anúncio do Reino, e o que encarna a pessoa de Jesus que, *precisamente nisso*, é realmente o Filho de Deus".[27]

---

26. **God at War:** The Bible & Spiritual Conflict, p. 214.
27. **Clamor del reino**, p. 57-58. Grifo do autor.

CAPÍTULO 2

# O PODER DE JESUS SOBRE AS ENFERMIDADES

1.29-34; 1.40—2.12; 3.1-12; 5.25-34; 6.53-56; 7.31-37; 8.22-26; 10.46-52

Que resposta Jesus dá ao problema da falta de saúde no mundo de hoje? A mesma que deu às necessidades de sua época: a cura dos enfermos por seu poder. Jesus oferecia saúde integral. Na verdade, o conceito de salvação no Novo Testamento significa precisamente isso. Sua obra de cura era expressa por meio de milagres cheios de compaixão: milagres de cura e libertação. Esses milagres ocupam boa parte dos evangelhos e em Marcos constituem quase um terço do total dos versículos. No total, Marcos registra cerca de 35 milagres.

Cada evangelho descreve os milagres de Jesus de forma distinta. Por exemplo, em João eles são poucos, mas são usados como testemunho a favor do evangelho, ou seja, como sinais que incentivam a fé em Jesus como o Messias. Mateus já utiliza seus relatos de milagres de maneira catequética, ou seja, como ilustrações vivas dos ensinos de Jesus. As histórias de Mateus ressaltam a fé como um elemento constituinte no processo de cura. Lucas, com grande discernimento da mente de Jesus, acentua sua compaixão pelos enlutados como motivo para curá-los. Lucas, cujo evangelho flui com um espírito doxológico, destaca com grande regularidade o louvor a Deus como reação após cada milagre. O evangelista Marcos, que enfatiza a libertação dos demônios e o longo conflito no ministério de Jesus com o reino do mal, utiliza os milagres teologicamente, como ocasião para demonstrar que Jesus é o Filho de Deus.

Algumas pessoas foram atraídas a Jesus por suas obras de poder. Um menino de 12 anos, quando perguntado a respeito de sua opinião sobre Jesus, respondeu espontaneamente: "Ele amava a todos e fazia coisas que outras pessoas não podem fazer". Os relatos de suas manifestações excepcionais de poder deixam uma impressão de assombro diante de alguém tão extraordinário e têm levado muitos à fé. Em contrapartida, outros combatem os milagres de cura ou os rejeitam por julgá-los impossíveis ou desnecessários, ou uma crença supersticiosa a ser superada. Nesse grupo, acham-se alguns crentes que lidam com as próprias dúvidas e buscam uma compreensão maior ou mais profunda dos evangelhos. Esses problemas não devem ser ignorados nem tratados com leviandade. No entanto, pode ser de grande ajuda reconhecer que, ao oferecer a salvação, Jesus proporciona uma salvação integral, que inclui a cura física, espiritual, moral, mental, relacional e social do povo. O interesse de Jesus por *todos* os seres humanos inclui também o interesse pelo seu *pleno bem-estar*. Além disso, reconhecer que a motivação de Jesus por trás dos milagres de cura não era a magia, e sim a compaixão, ameniza o que alguns percebem como um problema ético e põe o operador das maravilhas sob uma luz mais favorável. De forma enfática, Jesus não é apresentado nos evangelhos chamando atenção para suas obras de poder, como que para explorar o povo ou em resposta à demanda de sinais. Ele não precisava de milagres nem de prodígios para atrair aqueles que desejava resgatar.

Neste capítulo, iremos considerar a maioria dos milagres de cura física de Jesus de acordo com o registro do evangelho de Marcos.

## JESUS CURA UMA MULHER FEBRIL (1.29-31)

Os acontecimentos narrados nessa passagem ocorreram numa casa em Cafarnaum, onde Pedro e André viviam com a família. A fonte do relato é o próprio Pedro, que provavelmente o refinou para Marcos.

### Analisemos o local e a hora da cura (1.29)

No sábado, o dia de repouso, costumava-se fazer depois das instruções da sinagoga uma refeição para a qual se convidavam os amigos. Jesus, Tiago e João foram à casa de Simão e André (gr. *tēn oikían Símōnos kaì Andréou*). Evidentemente, Pedro era casado, e tanto ele quanto seu irmão André moravam na mesma casa em Cafarnaum, que era a "casa de Pedro" (Mateus 8.14). Essa casa foi muito importante para Jesus, porque serviu como base de operações para suas viagens por toda a região. Mais tarde, a esposa de Pedro acompanharia o marido em suas viagens apostólicas (1Coríntios 9.5). Todos os Sinópticos relatam esse milagre de cura (Mateus 8.14,15; Lucas 4.38,39). No entanto, cada evangelista dá um tom particular à narrativa. Mateus diz que a sogra de Pedro estava "de cama, com febre". Lucas informa que ela "estava com febre alta", um termo técnico da medicina. Marcos observa que "estava de cama, com febre" (gr. *katékeito puréssousa*). Portanto, estava deitada ardendo em febre. Todos os Sinópticos concordam em que a cura da mulher foi instantânea e sem a necessidade de tratamento ou convalescença. Além disso, a mulher mostrou-se plenamente recuperada, pois foi preparar o jantar e "começou a servi-los".

A presença de Jesus é vida, por isso ele curou a sogra de Pedro. Jesus, que já havia realizado um milagre de libertação em um lugar público de adoração e ensino (1.21-28), continuou curando, agora em uma residência. Seu poder não era mais eficaz ou mais sagrado quando ele estava na sinagoga que quando se encontrava em uma casa. Nós podemos igualmente servir a Deus em nosso lar e no templo. O poder de Deus é um e o mesmo em todos os lugares. Nossa casa deve se tornar um centro de cura e de salvação para os vizinhos.

## Analisemos a mulher que foi curada (1.30)

O texto ressalta que a doente era "a sogra de Pedro", ou seja, era alguém muito próximo do novo seguidor de Jesus. Tratava-se de uma mulher necessitada. Sua febre deve ter sido muito alta para mantê-la na cama. Sem dúvida, a doença chocou a todos na casa, já que Pedro e André logo "falaram a respeito dela a Jesus". Sem dúvida, aquela família numerosa dependia muito dessa mulher. Pedro e André apelaram para Jesus, na esperança de que, para aliviá-la, utilizasse o mesmo poder que usara na sinagoga para curar o endemoninhado. Em todo caso, sentiam-se à vontade em relatar o problema a Jesus. Fazemos bem em dizer ao Senhor em oração quais são nossos fardos, especialmente quando se trata de doença. Primeiro, devemos orar ao Senhor e só então ligar ou ir ao médico.

## Analisemos as ações para a cura (1.31a)

Foram três as ações de Jesus na cura da mulher doente: 1) aproximar-se dela; 2) tocá-la; 3) levantá-la. Com isso, ele quebrou o isolamento que produz toda a doença, superou os medos do contágio e incentivou na mulher a vontade de ser curada. É interessante que Marcos e Mateus mencionem que Jesus tocou a mulher ("tomou-a pela mão"), enquanto Lucas apresenta Jesus como um médico que se debruça sobre o paciente para fazer um diagnóstico. Além disso, esses gestos eram permeados de carinho, o que é muito importante para a saúde e o processo terapêutico. A oração pelos enfermos com imposição de mãos (Atos 9.12) e/ou unção com óleo (Tiago 5.14) tem o mesmo propósito de comunicação de amor e de interesse. São gestos simbólicos do poder de Deus e de seu amor pelos doentes.

### Analisemos o resultado da cura (1.31b)

Ninguém pode servir ao Senhor estando doente. Assim, o primeiro interessado em nossa saúde é ele mesmo. Logo depois que foi curada por Jesus, a mulher "começou a servi-los". Foi algo maravilhoso. Geralmente, depois de uma febre, estamos muito fracos para trabalhar. Mas a mulher foi cozinhar assim que saiu da cama. Sua ação nos ensina duas coisas. 1) Jesus nos cura para que possamos servir melhor os outros. A saúde não é um fim em si mesmo, mas um meio para o serviço cristão. 2) Mostramos nossa gratidão ao Senhor por meio de nossas ações. Se ele nos salvou e nos curou, nós o serviremos com amor e dedicação.

> **R. A. Cole:** "Esse 'milagre doméstico' nos oferece um dos raros vislumbres da vida cotidiana dos apóstolos. É possível até mesmo que a esposa de Simão tenha mais tarde acompanhado o impetuoso marido em suas viagens missionárias, já que é mencionada especificamente por Paulo em 1Coríntios 9.5. Como tantas vezes acontece na narrativa do evangelho, o toque de Cristo trouxe cura instantânea (v. 31), e a consciência da cura produziu uma devoção grata a ele, expressa em alegre serviço — nesse caso, entre as quatro paredes de uma casa".[1]

## JESUS CURA MUITOS ENFERMOS (1.32-34)

Sem dúvida, muita gente em Cafarnaum ficou sabendo do homem curado na sinagoga (1.21-28). E, quando souberam que Jesus estava hospedado na casa de Pedro e André e que também havia curado a sogra de um deles, levaram seus entes queridos doentes para serem curados também. Eles não

---

1. **The Gospel According to St. Mark:** An Introduction and Commentary, p. 62.

podiam vir antes do pôr do sol, porque era o dia de repouso (sábado), e não era permitido transportar nenhuma carga até às 6 horas da tarde, ou seja, até o anoitecer, com o aparecimento da primeira estrela.

## Uma estranha reunião (1.32,33)

Naquela noite em Cafarnaum, todos os que de outro modo permaneceriam isolados em sua condição de doença reuniram-se em torno de Jesus. De acordo com as convenções sociais e as regulamentações religiosas cerimoniais, era impossível que os doentes e os endemoninhados convivessem com pessoas saudáveis em um lugar relativamente pequeno. Quem foram os que se reuniram?

**Todos os doentes (v. 32a).** Note-se que eram "todos" (gr. *pántas*). Ou seja, embora não fossem seguidores de Jesus, não discriminaram entre as enfermidades que ele podia ou não curar. Os que sofriam de doenças leves e os que padeciam de enfermidades graves, os pacientes ambulatoriais e os que estavam acamados, os que apresentavam distúrbios psicossomáticos e os que tinham doenças orgânicas, *todos* eram trazidos a Jesus para que os curasse. De acordo com Marcos, o fluxo de pessoas levando seus doentes a Jesus era constante. O verbo na frase "o povo levou a Jesus todos os doentes" é imperfeito (gr. *éferon*) e indica uma ação contínua. Podemos imaginar uma longa fila de doentes à espera do toque curador de Jesus, enquanto aqueles sobre os quais ele já havia imposto as mãos ("ele os curou, impondo as mãos sobre cada um deles", Lucas 4.40) se afastavam louvando a Deus e cheios de espanto.

**Os endemoninhados (v. 32b).** As pessoas sentiam um medo supersticioso dos demônios, por isso isolavam os endemoninhados. Alguns eram muito agressivos. Em outros casos, a deterioração da personalidade era tão grave que se tornavam repugnantes e perigosos. Mas eles também foram levados a Jesus, para que lhes desse cura espiritual e fossem libertos. Aos louvores dos que haviam recebido a cura de suas enfermidades físicas somavam-se os gritos das muitas pessoas de quem os demônios saíam (Lucas 4.41). Sem dúvida, criou-se desse modo uma situação de alguma desordem, mas o caos resultou na cura e na libertação de muitos (Mateus 8.16). Hoje há muitos crentes e igrejas que negam a relevância dos dons do Espírito Santo e a necessidade dos sinais e maravilhas que o Senhor realiza. No centro de suas objeções, está o medo da "desordem" no culto e de escândalos incontroláveis. O ministério da libertação não é muito limpo nem agradável, embora seja muito necessário e urgente em todo lugar. Se o Senhor não rejeitava os endemoninhados, mas os libertava de suas correntes e opressões, como a igreja e os crentes podem fazer menos que ele em seu nome?

**A cidade inteira (v. 33).** Centenas de pessoas ("toda a cidade") aglomeraram-se à porta da casa de Pedro e André. O barulho e o cheiro deviam ser insuportáveis. No entanto, o Senhor atendeu à necessidade de cada um deles. Jesus não recebia seus pacientes num escritório confortável e limpo, nem sob a vigilância de guarda-costas, tampouco com absoluta tranquilidade (3.10). Seu amor e seu poder eram todo o equipamento de que ele precisava para curar as enfermidades do povo. O mesmo amor e o mesmo poder foram dados pelo Senhor à sua igreja por meio do Espírito Santo, para que ela se tornasse uma agência de cura na cidade em que ele nos colocou para servi-lo (Atos 1.8). Se o Senhor deu à igreja o poder e a autoridade para curar o sofrimento físico e espiritual e ordenou especificamente a seus seguidores que o fizessem em seu nome (Marcos 16.17,18), quem somos nós para discutir o assunto, racionalizá-lo, negá-lo ou manipulá-lo a nosso bel-prazer ou com base em nossos preconceitos e pressuposições? A única forma de alcançar uma cidade inteira com o evangelho do Reino é pelo poder do Reino conforme manifesto em Jesus e por meio dele e tal como ele quer vê-lo manifesto na igreja e por meio dela.

## Um resultado surpreendente (1.34a)

É impressionante que o v. 34a ressalte que os curados e os libertados foram "muitos" (gr. *polloús*, "muito", "numeroso"). Isso indica duas coisas:

**Muitos foram curados.** O número dos contemplados com o poderoso amor de Jesus na ocasião foi muito grande. Não foram casos excepcionais. Jesus é apresentado no evangelho de Marcos como o poder de Deus para curar, e sua vontade é curar e libertar os que precisam de cura (física, emocional, espiritual, mental e social). Isso faz parte de sua missão integral (Lucas 4.18-21), que também é a nossa missão. Além disso, as pessoas foram curadas "de várias doenças" (gr. *kakōs échontas poikílais nósois*), ou seja, enfermidades graves e circunstanciais, crônicas e transitórias, as que causavam desconforto e as letais, e assim por diante. Não há enfermidade que o Senhor não possa curar, mesmo as que são definidas como incuráveis ou terminais pelo diagnóstico humano.

**Nem todos foram curados.** Não há indicação no texto de que todos os doentes e endemoninhados apresentados a Jesus ficaram livres de seu fardo (v. o uso de "todos" [gr. *pántas*] no v. 32a). Isso significa que eles trouxeram "todos os doentes e os endemoninhados", mas Jesus curou e libertou "muitos". Agora, "muitos" não é o mesmo que "todos". É fato que Jesus não curou todos os enfermos de seu tempo. A saúde pode ser harmonizada com a doença, que de todos os modos devemos fazer um esforço para superar. A doença do corpo pode ser saudável para o espírito (2Coríntios 12.7-10). Contudo, devemos lembrar que o desejo de Deus é que todos os doentes sejam curados, assim como é seu desejo que todos os pecadores se arrependam e "sejam salvos e cheguem ao conhecimento da verdade" (1Timóteo 2.4). E isso não significa que todos se arrependam, sejam salvos e conheçam a verdade como resultado da proclamação do evangelho! É muito importante para quem exerce um ministério de cura (física, espiritual ou qualquer outra) saber que nem todos os que sofrem serão curados. Não obstante, vale a pena continuar cumprindo esse ministério com fidelidade e obediência, porque "muitos" serão curados em nome de Jesus.

## Uma atitude intrigante (1.34b)

Sempre nos surpreende que Jesus ao expulsar os demônios "não permitia [...] que estes falassem". A razão de Marcos é que eles "sabiam quem ele era". Se o Diabo gritasse algo como: "Sei quem tu és: o Santo de Deus!" (1.24), o povo pensaria que Jesus era o Messias que aguardavam, e ainda não era oportuno que esse reconhecimento ocorresse, pois ele precisava preparar seus discípulos antes de enfrentar a oposição e os desafios que por fim o levaram à morte na cruz. Contudo, embora os espíritos malignos, como criaturas de Deus, não sejam oniscientes, eles demonstram ter um pouco mais de conhecimento das coisas de Deus que nós, humanos. Pelo menos, podiam discernir espiritualmente que a pessoa diante deles era de um nível espiritual muito superior ao deles. A santidade de Jesus não lhes era indiferente. Satanás nunca fica tranquilo diante da poderosa presença do Senhor três vezes santo.

> **Vincent Taylor:** "Embora o relato mencione curas e exorcismos, não se trata de uma história de milagres nem de uma declaração sumária, como em 3.7-12. É um relato a respeito de Jesus conectado a determinado tempo e a certo lugar, que registra as coisas lembradas no final de um dia memorável. A informação

> temporal no início e a referência tácita à casa de Simão no v. 33 vinculam a narrativa aos registros anteriores em 1.21-39. À luz desses relatos, a reunião das multidões no começo, a aproximação dos enfermos e endemoninhados, bem como a tensão e a excitação da narrativa são plenamente críveis, e com alguma confiança podemos classificá-las como petrinas".[2]

Ao considerar a missão de cura de Jesus como um todo, surpreendemo-nos com o testemunho de sua ação de poder basicamente em duas áreas das patologias humanas: Jesus curou doenças físicas (ministério de cura) e doenças espirituais (ministério de libertação). No primeiro caso, Jesus curou pessoas com febre (Marcos 1.29-31), com paralisia (Marcos 3.1-5), com hemorragia (Marcos 5.25-34), com lepra (Marcos 1.40-45), com surdez e mudez (Marcos 7.32-37), com cegueira (Mateus 9.27-31), com ferimentos (Lucas 22.49-51), com deformidades (Lucas 13.10-17) e com hidropisia (Lucas 14.1-4). No segundo caso, Jesus curou as pessoas possuídas por um espírito de violência (Mateus 8.28-34), por um espírito de mudez (Mateus 9.32,33) e por um espírito de convulsão (Marcos 9.14-29).

## JESUS CURA UM LEPROSO (1.40-45)

As leis obrigavam os leprosos a viver isolados e sem contato com o restante da população (Levítico 13). As pessoas afetadas por essa doença, considerada a pior na época, tinham de usar roupas rasgadas e cabelos compridos. Não podiam entrar nas casas e tinham de gritar continuamente: "Impuro!", advertindo os demais quando passavam pelas estradas. É estranho, portanto, que esse homem tenha se aproximado de Jesus (1.40). Mais extraordinário ainda é que Jesus o tenha curado.

### A atitude de Jesus (1.40-44)

É interessante notar que Jesus fez quatro coisas pelo leproso:

**Ele o amou (v. 41a).** O texto diz: "Cheio de compaixão" (gr. *splagchnistheís*). Não está muito claro o que Marcos quis dizer nesse versículo. Talvez mais que "cheio de compaixão" ou "tendo misericórdia dele" (*RVR*), deve-se ler "tomado de ira" (gr. *orgistheís* de *orgízomai*, "irritar-se", "irar-se"). É o que indicam

2. **The Gospel According to St. Mark, p. 180.**

alguns manuscritos de menor importância. Além disso, essa tradução nos leva a indagar: por que Jesus teria ficado com raiva? É provável que ele estivesse irado por ver o mal que estava causando a enfermidade no pobre homem. De fato, Jesus mostrou-se indignado muitas vezes ao ver outros seres humanos oprimidos pelo mal (10.14; 11.15-17). Quanto mais nos indignarmos com a miséria e a injustiça, melhores cristãos seremos. No entanto, se essa for a leitura correta, devemos lembrar que se trata de uma ira santa (Salmos 97.10a; Efésios 4.26). Em todo caso, a ira de Jesus foi resultado de seu amor por alguém que sofria. Ele ficou indignado com a doença, mas sentiu compaixão pelo doente. Algumas traduções dão destaque ao que Jesus *sentiu* pelo leproso.

> **José Ignacio González Faus:** "Parece claro que o interesse de Marcos na pessoa de Jesus não remete tanto ao aspecto 'cristológico' (traço característico de Mateus) quanto, por assim dizer, ao aspecto 'psicológico' ou pessoal que se traduz na ação. Assim, por exemplo, Marcos adicionou por conta própria à pincelada de compaixão de Jesus um fragmento comum da narrativa do leproso, preservado igualmente pelos três Sinópticos (Marcos 1.41; Mateus 8.2-4; Lucas 5.12-14). Marcos foi o único a observar que Jesus parecia 'irado' e que reagiu 'com tristeza' durante um milagre que gerou discussão (Marcos 3.5; v. Mateus 12.9-14; Lucas 6.6-11). E, apesar de quase não ter registrado as palavras de Jesus, foi o único a conservar a resposta mais severa aos cananeus".[3]

**Ele o tocou (v. 41b).** O texto diz: "Jesus estendeu a mão, tocou nele [...]" (gr. *ekteínas tēn cheīra autoū hēpsato*). Foi o que ele *fez* pelo leproso, sua ação mais maravilhosa naquele dia. Cabe aqui a pergunta: por que Jesus estendeu a mão e tocou o enfermo? Há duas razões para isso. 1) Ao tocar nele, Jesus estava indo contra um costume profundamente arraigado a todo bom judeu. Eles pensavam que ao tocar um leproso ficariam contaminados não só fisicamente, mas também moral e espiritualmente. Além disso, esse tipo de contato desqualificava a pessoa saudável para participar de atividades religiosas, tanto no templo quanto nas sinagogas. Mas Jesus o tocou para ajudá-lo, porque o amou. Há momentos em que devemos ir contra os costumes e preconceitos, até mesmo os religiosos, para servir alguém no poder do Senhor. 2) O leproso soube que Jesus o

---

3. **Clamor del reino:** estudio sobre los milagros de Jesús, p. 54.

amava muito porque ele o *tocou*. Quando amamos alguém de verdade, isso é demonstrado por meio de nossos gestos e ações, não apenas por nossas palavras. Marcos é o único evangelista a destacar o recurso de Jesus ao contato físico na realização da terapia. Era uma autêntica "terapia do toque".

**Ele o curou (v. 42).** O texto informa que, no momento em que Jesus disse ao leproso: "Quero. Seja purificado!", a lepra foi removida, e o homem ficou curado. Literalmente, o grego diz "ficou limpo" (*ekatharísthē*). Então, de acordo com a Lei, o leproso curado tinha de se apresentar ao sacerdote para confirmar a cura (Levítico 14.1-9). Após examinar cuidadosamente o paciente e cumprir certos ritos de purificação, o sacerdote declarava-o "limpo" ou "puro". O verbo grego *katartízō* significa "remendar", "consertar", "restaurar", "aperfeiçoar", "completar". O substantivo *katártisis* significa "perfeição". Ao declarar o enfermo puro ou limpo, o sacerdote também estava dizendo: "Você está livre para se juntar a outras pessoas". Mas, quando Jesus disse ao leproso: "Seja purificado!", não apenas o estava declarando livre da doença: naquele momento, curou-o de maneira completa (v. Romanos 8.3,4).

**Ele o advertiu (v. 43,44).** A "severa advertência" (*embrimēsámenos autōi*, de *embrimáomai*, "responsabilizar rigorosamente") de Jesus ao homem recém-curado era dupla. 1) O homem não devia dizer a ninguém o que havia acontecido, de modo que a fama de Jesus como o Messias não se espalhasse antes do tempo. Além disso, a publicidade atrairia mais doentes, e ele não teria a oportunidade de instruir seus discípulos sobre o evangelho do Reino que viera proclamar. 2) O homem teria de comparecer perante o sacerdote para cumprir a Lei. Isso mostra como era importante para Jesus respeitar as leis do Antigo Testamento. O homem precisava certificar oficialmente sua condição de pessoa saudável antes de se reintegrar à sociedade. Quando Jesus cura, seu trabalho de restauração é completo. Quando um milagre de cura ocorre na igreja, deve-se orientar a pessoa curada a retornar ao médico que diagnosticou a doença ou que a estava tratando, de modo que a cura seja comprovada por meio da ciência. Isso ajudará a prevenir falsos testemunhos e certas frustrações, que não fazem bem à integridade do evangelho.

> **Ernesto Trenchard:** "O Mestre ordenou ao homem curado que procurasse o sacerdote em Jerusalém, a fim de cumprir o ritual ordenado em Levítico 14 para esse caso. O ato era significativo por algumas razões. 1) O Senhor

> respeitou a Lei em sua totalidade até que ela foi cumprida pelo sacrifício que ele ofereceu na cruz. 2) A presença do leproso era um 'testemunho' ao endurecido e orgulhoso sacerdócio de Jerusalém, já que [...] era novidade em Israel um leproso curado apresentar-se pedindo que se cumprisse o ritual de Levítico 14. É bem possível que o sacerdote tenha ido consultar o texto para saber o que fazer! E ele deve ter se perguntado depois: 'Não seria o Messias esse Curador, já que tanta virtude se manifesta nele?'. Infelizmente, o 'testemunho' foi rejeitado, embora a pessoa encarregada de realizar o ritual não tenha conseguido encontrar no ex-leproso o menor sinal da praga que o acometera. 3) Vemos aqui uma bela ilustração da grande verdade que Paulo destaca em 2Coríntios 5.21: 'Deus tornou pecado por nós aquele que não tinha pecado, para que nele nos tornássemos justiça de Deus'. *Legalmente*, a impureza do leproso passou para o Salvador e ilustra a verdade de que ele foi feito pecado por nós na cruz para tomar sobre si nossa iniquidade. Esse mesmo ato faz que sejamos revestidos de sua justiça, ao nos unir a ele pela fé".[4]

## A atitude do leproso (1.45)

Longe de obedecer à severa advertência de Jesus, o homem curado da lepra fez duas coisas.

**O leproso confiou em Jesus.** Não há indicação explícita de que o homem tenha crido que Jesus era o Messias ou que tenha se tornado seu seguidor. Mas é possível chegar a essa conclusão com base em duas provas indiretas. 1) Sua atitude indica isso. É digno de nota que o homem se aproximou de Jesus, o que era proibido, sem medo de ser rejeitado. Além disso, ele rogou com todo o fervor por sua cura e ajoelhou-se com humildade reconhecendo o poder que operava em Jesus. 2) Suas palavras indicam isso. O leproso disse: "Se quiseres, podes purificar-me!". De alguma forma, ele sabia que Jesus era poderoso, mas não tinha certeza ainda de que ele também era amoroso. Jesus tem poder e também nos ama. Por isso, ele pode curar todas as nossas enfermidades (Salmos 103.3,4).

**O leproso falou de Jesus.** O texto diz que ele "saiu e começou a tornar público o fato, espalhando a notícia". O homem não conseguia controlar a língua e

4. **Una exposición del evangelio según Marcos, p. 32-33.**

com isso dificultou o trabalho de Jesus, pois as multidões começaram a pressionar o Senhor. Há momentos em que devemos falar de Jesus com coragem, mas também há horas em que devemos manter silêncio. Às vezes, servimos melhor ao Senhor e ao próximo quando não falamos. Mas essa não é a norma, e sim a exceção. Ninguém consegue calar sobre o que viu ou ouviu no tocante à "Palavra da vida" (1João 1.1).

> **Ernest Best:** "Em 1.40-45, um leproso é purificado. No Antigo Testamento e no judaísmo tardio, a lepra era às vezes considerada uma punição pelo pecado (p. ex.: Miriam, Números 12.10; Geazi, 2Reis 5.27). O leproso era excluído da adoração a Deus, e só lhe permitiam retornar depois que apresentasse uma oferta pelo pecado e uma oferta pela culpa (Levítico 14.10-20). A palavra 'purificar' é a mesma usada para a remoção do pecado (Atos 15.9; 2Coríntios 7.1; 1João 1.7,9 etc.) e para a cura da lepra (1.40-42). Assim, a cura da lepra representa o perdão do pecado. O incidente relatado a seguir no evangelho (2.1-12) revela a mesma conexão entre o perdão do pecado e a cura da doença. Nessa ocasião, Jesus disse ao paralítico que fora descido pelo telhado da casa: 'Filho, os seus pecados estão perdoados' — e ele declarou isso antes de curar o homem".[5]

## JESUS CURA UM PARALÍTICO (2.1-12)

Esse episódio registra duas ações de Jesus. Por um lado, ele curou o corpo de um homem afligido por certo tipo de paralisia (v. 1-4,11,12). Por outro lado, ele perdoou os pecados do paralítico (v. 5-10). A passagem também nos diz o que os mestres da lei pensavam a respeito de Jesus. E, por sua vez, tem algo a dizer para nós também: se Jesus é Deus, ele tem poder hoje para curar e perdoar pecados.

### Analisemos a necessidade (2.1-4)

Após a primeira missão na Galileia, quando Jesus já estava de volta a Cafarnaum, que era sua base de operações para toda a região, ele ficou "na casa" de Pedro (gr. *en oikōi*), ou melhor, "no lugar" que agora também era dele. A notícia de sua presença espalhou-se rapidamente, e o povo se aglomerou ali para ouvi-lo pregar. O quadro pintado por Marcos mostra uma cena impressionista e rica em

5. **Mark:** The Gospel as Story, p. 61.

detalhes, a ponto de ser fácil imaginá-la vivida por Pedro. A casa estava cheia, e ainda havia muita gente do outro lado da porta que ficava aberta para a rua (não cabia mais nem um alfinete!). E ali, à vista e aos ouvidos de todos, Jesus "lhes pregava a palavra" (gr. *elálei autoîs tòn lógon*). O verbo grego *laléō* ("falar", "dizer", diferentemente de *légō*) enfatiza a comunicação verbal informal, de conversa. Isso tornava a pregação e o ensino de Jesus muito atraentes e interessantes.

A personagem central no v. 3 não é o paralítico, mas, sim, seus amigos. A enfermidade desse homem era uma carga para eles, tendo em vista o amor que sentiam por ele. Seu interesse pelo amigo e seu desejo de que fora curado os levaram a um esforço sem medidas. Por isso, o que chama a atenção nessa passagem, mais que a necessidade do doente, é a determinação de seus amigos em pô-lo em uma relação restauradora com Jesus.

Como já foi dito, o cenário da saúde é a "casa" em Cafarnaum, provavelmente a casa de Pedro (cf. 1.29; 3.20; 9.33). O teto não era muito alto. Podia ser acessado por uma escada externa. Era feito de camadas entrecruzadas de barro e palha, sobre uma rede de juncos ou hastes de madeira. A casa era pequena, provavelmente ficava de frente para a rua e não tinha um pátio interno. É o que se deduz quando analisamos os detalhes da história. Não foi difícil para os amigos do paralítico fazer o buraco no teto, porque o material não era muito duro. Mais difícil deve ter sido explicar a Pedro por que haviam quebrado o telhado de sua casa!

> **Carlos Mraida:** "Devemos trabalhar por uma igreja em ação fora dos templos ('Não podendo levá-lo até Jesus, por causa da multidão', 2.4). Vez por outra, o evangelho mostra Jesus caminhando, ensinando e ministrando onde o povo estava. Dos 16 capítulos de Marcos, Jesus é visto no templo em apenas três. Marcos destaca o valor que Jesus dava ao templo quando purificou o lugar expulsando os comerciantes. Jesus, porém, não ficou no interior do templo esperando cumprir ali sua missão. Em vez disso, ele ia aonde o povo estava. A Reforma Protestante era contra o clericalismo e a centralidade de Roma. Uma igreja latino-americana em reforma contínua deve se posicionar contra os mesmos males. A centralidade do templo leva a uma atitude arrogante de esperar que o povo 'venha a nós' e alimenta a ilusão de pensar que o avivamento que estamos esperando ocorrerá em nossos templos ou, pior ainda, no 'meu' templo. Na verdade, não há em nossos templos espaço físico

> suficiente para receber as multidões. Por isso, para que as pessoas possam conhecer Jesus, devemos ir aonde elas estão".[6]

## Analisemos a condição (2.5a)

O desejo de Deus é curar e salvar com o poder de Jesus, mas para isso é preciso fé de nossa parte.

**Observemos a fé deles.** Era "a fé que eles tinham" (gr. *tēn pístin autōn*), não a do paralítico, que estava em operação nesse ato de poder de Jesus. O homem foi curado porque seus amigos tinham fé. Jesus salvou e curou muitos pelas orações e ações de terceiros (7.24-30; 9.14-30; Lucas 7.1-10). À luz dessa experiência, o crente deve se perguntar duas coisas. 1) Sou grato aos que oraram por mim, ou penso que apenas meus esforços e orações valem a pena? 2) Quem está precisando agora das minhas orações? Existe alguém que precisa do Senhor e a quem posso ministrar em seu nome?

**Observemos a fé que Jesus viu.** O texto mostra Jesus "vendo" (gr. *idōn ho Iēsoūs*) a fé daqueles homens (e, sem dúvida, também a do paralítico). "Só ele é capaz de ver e medir nossa fé. Nesse caso, Jesus viu a fé daqueles homens, não apenas a do enfermo, mas também a dos que o trouxeram. Essa fé foi vista de alguma forma na ação daqueles homens, que não se renderam ao serem impedidos de entrar com o enfermo pela porta e até mesmo pela janela."[7] Esse relato ilustra o significado da fé. O que e como é a fé que cura e salva? Há quatro coisas que podemos destacar.

*Fé é confiar.* Os amigos do paralítico não achavam que podiam curá-lo ou que o sofredor seria curado pelo que faziam. Eles se limitaram a levá-lo a Cristo. O poder da cura estava nele. Fé é confiar em Deus, não nos homens. Como diz José Hernández em sua famosa obra *Martín Fierro*:

Sua esperança não a reduza
Nunca a coração algum;

---

6. Marcos rumo a uma igreja que mostra Jesus em ação, in: **Bíblia Nova Reforma:** edição de estudos e referência, p. 1471-1472.

7. Alberto F. Roldán, **Jesús en acción:** un comentario dinámico al evangelio de Marcos, v. 1, p. 46-47.

No maior infortúnio
Ponham sua confiança em Deus;
Dos homens só em um;
Com muita cautela em dois.

*Fé é arriscar.* Se os amigos do paralítico fracassassem, as pessoas zombariam deles pelo ridículo que passaram. Pedro ficaria muito zangado ao ver sua casa danificada inutilmente. E, o que é pior, o amigo doente jamais os perdoaria pela frustração. Mas eles assumiram o risco e não estavam errados em fazê-lo. Agostinho de Hipona disse: "A fé é acreditar naquilo que não vemos, e a recompensa dessa fé é ver aquilo em que acreditamos". Sim, a fé é arriscar, porque, "ao aceitar o risco de acreditar, o ser humano se transforma em outro" (Søren Kierkegaard).

*Fé é agir.* Eles mostraram a autenticidade de sua fé preparando uma cama, carregando a duras penas o amigo, levantando-o até o telhado, abrindo uma brecha, abaixando o doente e intercedendo por ele diante de Jesus. Por trás dessas ações havia muita fé, mas também muito esforço e transpiração. Muitos cristãos, em vez de viver e agir com fé, alugam-se à ideologias e falatórios. Uma fé discursiva não é o mesmo que uma fé ativa. A primeira se esvai em palavras vazias; a segunda se traduz em ações redentoras.

*Fé é persistir.* Os amigos tentaram introduzir o doente através da porta da casa, mas não estavam "podendo levá-lo até Jesus, por causa da multidão". Entretanto, não conseguindo o que tinham decidido fazer, não desistiram e foram por outro caminho. Eles persistiram em seu propósito de amor (Lucas 11.5-8; 18.1-5).

## Analisemos o perdão (2.5b-10)

É interessante que Jesus, ao confirmar a fé do paralítico e de seus amigos, não tenha curado o sofredor de imediato, como em outros casos. Em vez de curá-lo, ele disse ao paralítico: "Filho, os seus pecados estão perdoados". Ou seja, Jesus tomou o caminho mais difícil para manifestar seu poder. Fazer um paralítico caminhar era muito mais contundente que fazer que seus pecados fossem perdoados. O primeiro estava à vista de todos; o segundo, como podia ser verificado de maneira concreta? Por isso, esses versículos são de difícil interpretação e suscitam três questões:

**Por que Jesus falou dos pecados do homem, se o que estava enfermo era o corpo?** Há várias formas de responder a essa pergunta.

*Jesus não acreditava que toda doença física fosse punição por algum pecado.* Os judeus da época acreditavam principalmente nisso, mas não Jesus (João 9.3; Lucas 13.15,16). Os rabinos sustentavam em seus ensinamentos que "não há morte sem pecado nem sofrimento sem iniquidade". Alguns até pensavam que um defeito físico podia ser consequência de algum pecado cometido pela criança no ventre materno ou um pecado da alma num suposto estado preexistente. Outros mestres judeus achavam que algumas pessoas sofriam terríveis punições físicas como resultado dos pecados dos pais. Mas Jesus evidentemente não concordava com essas ideias.

*Jesus sabia, isto sim, que o homem estava doente por um pecado que cometera.* Como ele podia saber? Talvez tenha falado com o homem em outra ocasião ou apenas soubesse disso por conhecer o coração humano melhor que nós. Pode ser também que Jesus tivesse essa informação porque todos os dons do Espírito Santo, inclusive o dom da palavra de conhecimento ou da ciência (1Coríntios 12.8), operavam nele. Não há dúvida de que Jesus fez uso desse dom várias vezes ao longo de seu ministério (p. ex., com a samaritana, João 4.16-18; v. tb. João 13.18-30; 18.4). De fato, Jesus fez aqui uso do dom da palavra de conhecimento com relação aos mestres da lei, que "estavam pensando" nele com rancor e desconfiança (v. 8).

*Jesus foi à raiz do problema.* De certo modo, a raiz de todos os problemas humanos, inclusive a doença e a própria morte, é o pecado humano. Se o problema do pecado (a raiz) for resolvido, fica mais fácil resolver o problema da doença (o fruto). Essa foi a estratégia de Jesus, e devemos fazer o mesmo. O Senhor comissionou sua igreja a restaurar integralmente os pecadores, e para isso devemos começar com o mais importante, que é a saúde da alma e do espírito, mas sem negligenciar a saúde do corpo. Na verdade, a abordagem às pessoas com problemas deve ser integral, ou seja, devemos atender em nome de Jesus a todas as áreas da vida da pessoa: espírito, alma, corpo, emoções, mente, relacionamentos, e assim por diante. Quase sempre, por trás do sofrimento de alguém há um complexo de circunstâncias que culminam no problema que se manifesta ou se apresenta.

*Jesus cuidou da situação de maneira integral.* Os médicos de hoje estão descobrindo o que Jesus já sabia. Muitos se acham fisicamente enfermos por estar emocional e espiritualmente doentes. A cura cristã busca restaurar a harmonia total do ser humano, o que lhe permite alcançar um estado de saúde e bem-estar (heb. *shalom*). A cura cristã produz o *shalom*. Esse termo bíblico significa "um estado de total bem-estar com Deus e com o próximo". O conceito cristão de cura começa com a importância desta no ministério de Jesus. As curas praticadas por Jesus eram um sinal da irrupção dos poderes do Reino de Deus na vida humana e da derrocada dos poderes do mal (Lucas 7.18-23).

**O que é o perdão?** Jesus disse ao paralítico: "Filho, os seus pecados estão perdoados" (gr. *téknon, afíentaí sou hai hamartíai*). O verbo aqui é *afíemi* ("perdoar", "apagar"), usado 56 vezes, quase exclusivamente nos evangelhos e em Atos, como verbo ou substantivo. Esse termo adquiriu o sentido de remissão de dívidas (Mateus 18.27,32) e, a partir daí, de remissão dos pecados (João 20.23) ou perdão. A palavra era usada para designar o ano do Jubileu, quando todas as dívidas eram esquecidas. Desse modo, Deus, ao nos perdoar, não leva em conta nossas transgressões. O termo sugere a ideia de anulação ou cancelamento de uma obrigação, como uma dívida (Mateus 6.12), a remoção de uma barreira para a reconciliação ou a eliminação do pecado. Na construção grega, o pecado é o predicado direto do verbo, e a pessoa, o predicado indireto. Dessa forma, o perdão dos pecados é Deus dizendo ao ser humano culpado: "Vou tratar você como se fosse inocente a partir de agora". Paulo chama "justificação" a essa ação divina redentora (Romanos 3.23,24). O ser humano natural finge ser inocente diante de Deus, mas não tem paz interior. Devemos reconhecer nossos pecados e receber o perdão de Deus. Só então nos veremos livres de toda condenação (Romanos 8.1).

**Quem pode perdoar?** Os escribas estavam certos em dizer que só Deus pode perdoar pecados. Por isso, ao perdoar, Jesus estava afirmando com palavras e ações que era Deus. Um sacerdote ou pastor pode perdoar? Não; só Deus perdoa. É a ele que devemos confessar nossos pecados.

> **Vincent Taylor:** "A referência ao perdão no ponto em que se espera uma palavra de cura é abrupta. A inferência parece justificada, caso Jesus tenha relacionado a condição do homem ao pecado e acreditasse que sua restauração espiritual era uma condição primária e indispensável para a recuperação. De modo algum, Jesus cria que o pecado era a única causa de aflição

e calamidade (v. João 9.2,3; Lucas 13.1-5), mas não podia deixar de perceber quão estreitamente conectadas estão as condições mentais, espirituais e físicas, antecipando assim nesse particular as conclusões da psicoterapia moderna sobre as formas histéricas de paralisia. [...] Se a paralisia aqui era desse tipo, é algo que deve permanecer como inferência, no entanto a ideia é apoiada pela oferta imediata de perdão. É até possível que a palavra declaratória fosse curativa na intenção".[8]

## Analisemos a cura (2.11,12)

**A cura foi total (v. 11, 12a).** Os imperativos de Jesus no v. 11 são contundentes: "Levante-se, pegue a sua maca e vá para casa". Jesus ordena ao paralítico que faça o que nunca tinha feito: levantar-se, parar de depender de um objeto (a cama) e tratá-lo como tal, e regressar à vida normal com seus entes queridos. Note-se que, diferentemente de outros casos de cura relatados nesse evangelho, Jesus não tomou o paralítico pela mão para ajudá-lo a se erguer (5.41; Mateus 9.25), mas mandou que fizesse o que não podia fazer por causa da doença. Além disso, Jesus ordenou que ele carregasse a própria cama, o que seus amigos faziam por ele até então. Por fim, Jesus ordenou-lhe que voltasse para casa, que fora sua prisão durante a doença. Assim, Jesus não apenas o curou da paralisia, mas também restaurou sua vontade, deu-lhe autonomia e reintegrou-o à sociedade. Quando o Senhor age de maneira redentora, ele sempre faz a obra completa.

**A cura foi espantosa (v. 12b).** O perdão dos pecados do paralítico não era uma realidade que pudesse ser vista, mas a cura ocorreu "à vista de todos" (gr. *émprosthen pántōn*; v. Lucas 5.25). O fato foi tão esmagador que tornou desnecessário Jesus refutar o raciocínio dos mestres da lei, que ficaram sem palavras. O texto diz que todos ficaram "atônitos" (gr. *hōste exístasthai pántas*). Do termo grego *exístasthai* vem nossa palavra "extasiado" (como registrado em Lucas 5.26). O espanto foi geral. A multidão nunca tinha visto algo parecido e ficou atordoada. Que contraste com a atitude dos mestres da lei, que ficaram com raiva e com inveja (v. 7)! Jesus foi amado por alguns e odiado por outros (como sua igreja mais tarde). Não devemos nos surpreender se, ao agirmos no poder do amor de Cristo, houver quem nos ame e quem nos odeie (Mateus 10.25).

---

8. **The Gospel According to St. Mark**, p. 195.

**A cura resultou em adoração (v. 12c).** O texto encerra com a observação de que, como resultado da cura ocorrida diante dos olhos deles, os presentes "glorificaram a Deus" (gr. *doxázein tòn theòn*). A obra de Jesus foi completa: começou com uma necessidade sentida na terra e terminou com um louvor dirigido ao céu. A saúde resultante da ação de Jesus não era estática, e sim um compromisso com aquele que triunfou na luta contra o mal (João 5.14). Não é estranho, portanto, que um ato de cura física tenha resultado num culto de gratidão a Deus.

A saúde ainda é um dos problemas mais sérios que a humanidade enfrenta hoje. O desenvolvimento científico e tecnológico permitiu-nos resolver quase em definitivo o flagelo de certas doenças e males, embora novas enfermidades pareçam surgir todos os dias, algumas causadas pelo próprio desenvolvimento científico e tecnológico. O problema da saúde apresenta-nos duas questões, às quais devemos responder pela perspectiva da fé. Primeira: como podemos ser curados? A resposta dos evangelhos é clara: 1) a autoaceitação é necessária (João 9.1-25); 2) a vontade de querer ser curado é necessária (João 5.6); 3) uma fé curadora é necessária (Marcos 9.22-24). Segunda: quem pode nos curar? Mais uma vez, a resposta é direta: 1) Jesus, porque ele é o Senhor (Mateus 9.27-34); 2) Jesus, porque ele é o Salvador (Marcos 2.1-5); 3) Jesus, porque ele é o Curador (Lucas 7.18-23).

## JESUS CURA UM HOMEM COM A MÃO ATROFIADA (3.1-6)

A oposição a Jesus tornou-se efetiva desde o início de seu ministério. Seus oponentes, principalmente os fariseus e os mestres da lei, vigiavam as palavras e as ações de Jesus a fim de condená-lo e livrar-se dele. E, enquanto Jesus avançava e se aprofundava na proclamação do evangelho do Reino com poder, seus inimigos tornavam-se cada vez mais hostis. Por sua vez, a hostilidade também cresceu porque Jesus invadia esferas e instituições da vida religiosa que estavam sob o controle de seus oponentes, os quais exerciam poder sobre elas. O círculo das sinagogas, a interpretação e a aplicação das tradições dos líderes religiosos (ou dos anciãos), o controle das regulamentações concernentes ao dia de repouso (*Sabbath*) e as leis cerimoniais eram a esfera de domínio e poder desses homens, que se sentiam invadidos e ameaçados por Jesus.

**Guillermo Cook e Ricardo Foulkes:** "O último conflito, de uma série de cinco, representa uma virada decisiva no ministério de Jesus. A narrativa resume as ações conflitantes de Jesus no início de seu ministério, com alusões indiretas a confrontos anteriores: o exorcismo numa sinagoga (1.23), a emoção de Jesus diante da situação do leproso (1.41) e os conflitos sobre o sábado (2.23-28). E, como na primeira perícope,[9] onde os mestres da lei dão o primeiro tiro (2.1-12), o episódio gira em torno da condição de um enfermo. No entanto, ao contrário dos três relatos anteriores, nesse caso os inimigos de Jesus não apresentam seu desafio por meio de uma questão capciosa. Preferem ficar em silêncio e em atitude hostil diante da cena dramática. É Jesus quem lhe bate com a luva no rosto ao colocar o doente no meio do povo e deliberadamente quebrar uma lei judaica".[10]

## O dia da cura (3.1)

Jesus não apenas curou a mão do homem num dia de sábado, como também confrontou a questão religiosa subjacente ao dia sagrado de repouso. Durante todo o seu ministério, ele manifestou por meio de suas ações uma redefinição radical do significado do sábado. Jesus interpretava-o como um dia apropriado para fazer o bem, um dia para realizar ações de misericórdia. Ele até descreveu o Filho do homem como Senhor do sábado (2.28). De fato, Jesus curou quase metade dos enfermos identificados no Novo Testamento no dia de sábado. Para ele, a cura da mão atrofiada era mais importante que a regra religiosa sobre um dia sagrado de repouso. Nos evangelhos, há nada menos que sete milagres de cura realizados no dia de sábado, no qual, de acordo com os rabinos, só se poderia curar se houvesse perigo de morte. Dessa forma, Jesus opunha-se a qualquer tendência de tornar a religião um mero conjunto de regras ou de leis cerimoniais, que acabam por desumanizar as pessoas.

---

9. "Perícope" (do gr. *pericopē*, "corte"), em retórica, consiste em um grupo de versículos com um sentido unitário coerente. O termo é geralmente usado na exegese do Novo Testamento. A escola conhecida como história das formas usa o termo para se referir a unidades textuais que correspondam a tradições autônomas sobre Jesus de Nazaré, usadas pelos evangelistas como material para escrever os vários evangelhos.
10. Marcos, in: **Comentario bíblico hispanoamericano**, p. 102-103.

## A prática da cura (3.2-6)

Nesse episódio dramático, Jesus fez de sua "má prática" um caso testemunhal e provocou uma ruptura com a tradição, a fim de chamar a atenção para o propósito original de Deus. Os líderes religiosos haviam transformado uma regra religiosa em ídolo, ao passo que Jesus transformou uma mão atrofiada em mão restaurada.

**Jesus tomou a iniciativa.** Note-se que ele assumiu o papel principal na história e tomou a iniciativa. Jesus poderia ter se sentido intimidado com o olhar crítico dos fariseus, que buscavam um motivo para acusá-lo (v. 2). Longe disso, porém, tomou a iniciativa e convidou o aleijado a ficar de pé diante de todos. Sem dúvida, o homem era bem conhecido e talvez até se sentisse indigno de estar ali por causa de sua doença, geralmente interpretada como um castigo de Deus. Para piorar a situação, Lucas diz que a mão em questão era a direita (Lucas 6.6), indicação de que sua deficiência era séria, se o homem fosse destro. A tradição sugere que ele era pedreiro, o que significa que aliado à doença estava a questão do problema do sustento financeiro.

**Jesus realizou a cura em público.** A cura não ocorreu num canto escondido, mas no meio da sinagoga e à vista de todos. Com o homem e sua mão atrofiada diante de todos (gr. *égeire eis tò méson*), Jesus perguntou aos presentes: "O que é permitido fazer no sábado: o bem ou o mal, salvar a vida ou matar?" (v. 4). Desse modo, Jesus pôs o público contra a parede e definiu a cura como "fazer o bem", ao mesmo tempo que expunha a atitude hostil de seus críticos ansiosos por acusá-lo. Diante do silêncio, Jesus ordenou ao homem: "Estenda a mão" (gr. *ékteinon tēn cheîra*). O homem por certo fez isso com grande esforço, porque sua mão era um apêndice sem vida pendurado no braço. Mas foi dessa maneira que Jesus o incentivou a associar a fé e a vontade do homem com seu poder de cura, a fim de produzir o milagre. E assim a mão "foi restaurada" — e isso aconteceu no sábado e numa sinagoga!

**Jesus fez inimigos.** Toda ação poderosa do Senhor a nosso favor provoca alegria nos que têm fé e ódio nos que não creem. Aqueles que "estavam procurando um motivo para acusar Jesus" já haviam decidido o veredicto sobre as palavras e as ações do Messias, por isso não responderam à pergunta dele, cuja resposta era óbvia. O silêncio daqueles homens provocou a ira e a tristeza de Jesus, que o atribuiu ao "coração endurecido deles" (gr. *tēi pōrōsei tēs kardías autōn*).

A "dureza do coração" é em si um grave pecado. O ser interior dos inimigos de Jesus (seu "coração") estava em estado de ossificação moral (gr. *pōrōsis*), tão duro e seco quanto a mão atrofiada antes da cura. A palavra *pōros* era usada com referência a um tipo de mármore e mais tarde passou a indicar calcificação em ossos fraturados. A Bíblia condena a dureza de coração, ou seja, a obstinação, e descreve suas funestas circunstâncias. É nesse sentido que se fala em dureza de coração ao não se crer na ressurreição de Jesus (Marcos 16.14) e não obedecer a Deus ou não atentar para ele (Jeremias 7.24). A dureza de coração está associada ao entendimento obscurecido (Efésios 4.18), ao acúmulo de juízos divinos (Romanos 2.5,6), ao viver segundo os próprios desejos, como que abandonado por Deus (Salmos 81.12), à raiz que acaba por produzir "veneno amargo" (Deuteronômio 29.18) e ao que provoca a ruína de todos (Deuteronômio 29.19). A Bíblia afirma que foi por causa da dureza de coração ou da obstinação que Moisés permitiu ao homem dar o certificado de divórcio e mandar a mulher embora (10.4,5) ou se divorciar da esposa (Mateus 19.8). No texto em estudo, Jesus estava irado e entristecido pela dureza de coração de seus oponentes (3.5).

Jesus viu com tanta clareza os motivos espúrios de seus críticos e o impacto limitador de sua posição religiosa que não pôde deixar de reagir com justa indignação: "Irado, olhou para os que estavam à sua volta" (gr. *periblepsámenos autoùs met' orgēs*). O olhar de Jesus geralmente antecipava suas palavras (3.5,34; 5.32-34; 7.34; 9.8; 10.23; 11.11) e, nesse caso, o milagre (Lucas 6.10). A ira (gr. *orgēs*, "cólera", "raiva") não é boa nem má. É uma emoção comum e saudável. É a ira reprimida que fere a psique e o corpo; é a ira excessiva que magoa os outros; é a ira mal orientada que fere os inocentes. Daí a exortação apostólica: "Quando vocês ficarem irados, não pequem" (Efésios 4.26). Para isso, é preciso saber lidar com a raiva de maneira apropriada, como Paulo diz em seguida: "Apaziguem a sua ira antes que o sol se ponha" (Efésios 4.27).

Os fariseus também estavam furiosos com Jesus, por ele ter curado no dia de sábado. Mas a raiva deles permaneceu reprimida, excessiva e mal orientada, por isso se transformou em antagonismo. Os fariseus rejeitaram o milagre e reagiram de maneira hostil (v. 6). Então, associaram-se aos herodianos para planejar a morte de Jesus. Os fariseus e os herodianos eram sectários que não tinham muito em comum, já que os primeiros davam destaque à santidade da vida, ao passo que os últimos mantinham uma política favorável aos interesses das castas idumeias de Herodes. Mas nesse caso firmaram um infeliz acordo para eliminar Jesus. O fanatismo fundamentalista (religioso e político) desses sectários devia ser exacerbado, para tomarem uma decisão tão séria e dramática.

## JESUS CURA MULTIDÕES (3.7-12)

É interessante que essa passagem tenha como introdução uma nota sobre o espaço geográfico em que ocorreu a poderosa ação do Senhor. Vale lembrar que Jesus começou sua peregrinação fora de sua cidade natal (Nazaré) partindo da Galileia (1.9) e depois retornou à Galileia, onde iniciou seu ministério público (1.14). Foi ali que chamou seus discípulos (1.16), e em pouco tempo sua fama se espalhou por toda a região (1.28). Isso aconteceu sem que Jesus necessariamente estivesse em toda parte, porque as pessoas interessadas nele iam à Galileia para ouvi-lo e serem curadas por ele (3.7). Foi o que as multidões fizeram, não só as das regiões vizinhas, mas também gente "da Judeia, de Jerusalém, da Idumeia, das regiões do outro lado do Jordão e dos arredores de Tiro e de Sidom" (3.8).

> **Ernest Best:** "O evangelho mostra grande interesse na Galileia. Jesus só deixa a região para ir a Jerusalém, na última semana de sua vida. Normalmente, [a Galileia] é descrita como um bom lugar, onde os ensinos e as atividades de Jesus foram recebidos com alegria, ao passo que Jerusalém é lugar de sofrimento. Isso sugere um interesse especial do escritor pela Galileia, como também indica que ele [possivelmente] está escrevendo para os cristãos dessa região. [...] O resumo marcano de 3.7-12 mostra um grande ajuntamento de povo na Galileia. Dessa forma, Jesus também reaparecerá aos crentes reunidos na Galileia [Marcos 14.28]. O evangelho foi escrito para persuadir os cristãos a deixar Jerusalém e ir a Pela, na Galileia, onde logo encontrariam seu Senhor".[11]

### Analisemos o retiro (3.7)

A passagem apresenta o início de uma segunda etapa do ministério de Jesus na Galileia, que se estende de 3.7 a 6.6. A ação de Jesus ocorria em lugares abertos (junto ao lago, nas colinas) e fechados (casa). Nesse caso, o cenário é o mar da Galileia.

11. **Mark**, p. 29.

"Jesus retirou-se com os seus discípulos para o mar" (v. 7a). O retiro não foi uma tentativa de escapar da multidão. Pelo contrário, foi um recuo estratégico. Na realidade, Jesus não pretendia se afastar do povo. Pelo contrário, queria estabelecer um ponto de encontro perto do mar (talvez Cafarnaum), onde havia mais gente com necessidades de todos os tipos. Mas ele também queria se afastar de seus inimigos incipientes, a infame aliança entre fariseus e herodianos, que já estavam tentando matá-lo (v. 6). Assim, enquanto eles planejavam como fazê-lo desaparecer, ele cumpria os planos redentores de Deus (cp. Lucas 4.28-30).

## Analisemos a fama (3.8)

As poderosas ações de Jesus não tardaram a ganhar notoriedade em todos os lugares. A Idumeia era a região fronteiriça com a Judeia no sul da Palestina, enquanto Tiro e Sidom ficavam na Fenícia, a noroeste e além da fronteira norte. Note-se que a fama de Jesus chegou a povos pagãos e judeus. A esses lugares distantes havia chegado a fama de Jesus, que se agigantou "[q]uando ouviram a respeito de tudo o que ele estava fazendo". Mas as multidões de seguidores e curiosos representavam dificuldades de ordem prática, uma vez que, vindo a Jesus com suas necessidades de cura e libertação, davam tempo para ele se dedicar ao ensino. Sem dúvida, esse foi o momento de maior popularidade do Senhor no curso de seu ministério e a principal razão de sua partida de Cafarnaum.

## Analisemos a estratégia (3.9)

Por causa da pressão popular, Jesus teve de se utilizar de um pequeno barco, "para evitar que o comprimissem". A ideia era que o barco servisse como uma espécie de abrigo, dado o aperto da multidão, mas acabou transformado em púlpito e no centro das atenções do povo. Nesse sentido, a pequena embarcação adquire um profundo significado simbólico em Marcos e passou a representar os crentes reunidos em torno de Jesus para ouvir sua pregação e seus ensinos (cf. 4.1). Foi assim que com o tempo o barco tornou-se um símbolo da igreja como comunidade de fé que navega pelo mundo transportando o evangelho cristão. O barco também não deixava de ser um meio de estar preparado para escapar a um possível ataque ou atentado dos fariseus e herodianos.

Marcos apresenta o "barco" (gr. *ploĩon*) como um importante recurso estratégico no ministério de Jesus e como símbolo da igreja no mundo. Assim, menciona o barco de Tiago e João (1.19); o barco em que Zebedeu ficou com seus empregados (1.20); o barco que Jesus usou para impedir que a multidão o atropelasse (3.9); o barco de onde Jesus ensinou à margem do lago (4.1); o barco com o qual Jesus atravessou o lago com outros barquinhos (4.36); o barco açoitado pelas ondas durante uma forte tempestade (4.37); o barco do qual Jesus desembarcou na região dos gerasenos (5.1,2); o barco em que o ex-endemoninhado geraseno queria embarcar (5.18); o barco com o qual Jesus voltou para a margem oposta do lago (5.21); o barco com o qual Jesus e seus discípulos foram para um lugar deserto (6.32); o barco com o qual os discípulos foram para Betsaida (6.45); o barco encalhado no meio do lago (6.47); o barco no qual Jesus subiu, e o vento se aquietou (6.51); o barco que atracou em Genesaré depois de atravessar o lago (6.54); o barco com o qual Jesus e os discípulos foram para Dalmanuta (8.10); o barco que Jesus usou para se afastar dos fariseus e cruzar o lago (8.11-13); o barco em que havia apenas um pão para comer (8.14).

> **R. A. Cole:** "Há várias referências ao hábito do Senhor de se sentar num barco atracado na praia a fim de pregar para as multidões em ocasiões nas quais outros meios para alcançar um grande número de gente poderiam fracassar. Esse é apenas outro exemplo em que se demonstrou que a antiga vida e a experiência de seus discípulos como pescadores não foram desperdiçadas, mesmo depois de as terem deixado de lado para segui-lo. Jesus usava com frequência as habilidades e a força deles para cruzar o mar em algum barco, embora eles ainda tivessem de aprender que, mesmo numa situação em que se sentiam em casa, Cristo ainda era o Senhor (cp. 4.41)". [12]

## Analisemos a ação (3.10-12)

É interessante que as pessoas o procuravam não tanto por causa do que ele dizia, mas pelo que havia feito. Jesus curou "a muitos", de modo que todos "os que sofriam" buscavam desesperadamente a cura nele. Mas ele também expulsava demônios, assim resistindo ao reino das trevas e neutralizando seu trabalho destrutivo na vida das pessoas. No primeiro caso, os doentes "ficavam se empurrando para conseguir tocar nele". No segundo caso, os espíritos "prostravam-se diante dele" por reconhecê-lo como "o Filho de Deus".

12. **The Gospel According to St. Mark**, p. 78.

As pessoas hoje querem seguir Jesus depois de ver o que ele faz pelos necessitados. E a maneira de isso se tornar evidente é por meio do testemunho de vida dos crentes. Quando as pessoas ao nosso redor virem o resultado da ação poderosa do Senhor em nossa vida e por meio de nós, também sentirão vontade de ir a ele.

## JESUS CURA UMA MULHER ENFERMA (5.25-34)

Enquanto Jesus se encaminhava para a casa de Jairo, uma mulher enferma na multidão aproximou-se dele e tocou seu manto. Ele não sabia quem o havia tocado, mas percebeu que dele tinha saído poder. A mulher foi curada instantaneamente e, quando Jesus fez contato com ela, ela afirmou que havia sido curada por sua fé. Marcos narra essa experiência para mostrar mais uma vez o poder de Jesus sobre qualquer tipo de doença.

### A situação (5.25-27a)

A doença da mulher era hemorragia, ou seja, um estado de menstruação permanente, que a enfraquecia muito e provavelmente criara um quadro de anemia aguda. Ela havia recorrido a vários médicos (Mateus 9.18-22; Lucas, como médico, minimiza isso, Lucas 8.43), pois a situação lhe causava grande sofrimento, uma vez que era acompanhada de dores menstruais. Tão agudo era seu padecimento que ela "gastara tudo o que tinha", sem resultado. Às dores de sua condição foi acrescentado o incômodo dos tratamentos médicos, a preocupação de gastar todos os seus recursos para nada e o desespero de ver que, "em vez de melhorar, piorava".

Além disso, à dor física aliaram-se a aflição espiritual e a social. Seu estado menstrual a desqualificava como participante da adoração pública e a isolava de qualquer contato social. Essa foi a razão pela qual ela se aproximou sorrateiramente de Jesus, "por trás dele, no meio da multidão". De acordo com a Lei, sua doença tornava-a cerimonialmente impura e podia contaminar todos com quem ela entrasse em contato (Levítico 15.25-27).

### A superstição (5.27b,28)

A mulher tinha uma concepção quase mágica da cura. Ela já havia tentado, sem sucesso, todos os recursos racionais disponíveis para obtê-la, mas os remédios haviam falhado e multiplicado sua aflição. Agora, ela queria provar o irracional, ou seja, uma terapia pelo toque de um objeto considerado sagrado ou dotado de poder especial (fetichismo). Ela não se atreveu a tocar em Jesus por medo de contaminá-lo ao lhe transmitir sua impureza. Mas pensou que, se tocasse numa das quatro borlas (que, de acordo com a Lei, adornavam o manto de oração), podia funcionar. Na verdade, ela agiu conforme uma crença supersticiosa de seu tempo, segundo a qual os lenços e aventais tomados de pessoas com poder de cura possuíam poderes de cura também (v. Atos 19.12) ou mesmo a mera sombra delas podia curar (Atos 5.15). Vincent Taylor observa: "A própria pessoa que curava era considerada potente, e suas roupas ou sua sombra, conforme o caso, eram tidas como extensões de sua personalidade. No relato, a mulher queria tocar Jesus, e a frase 'tão somente tocar em seu manto' demonstra a intensidade de seu desejo".[13]

No entanto, é possível que, por causa de sua condição de mulher — e mulher doente —, a hemorragia não fosse considerada digna de atrair a atenção de Jesus, um mestre tão importante e famoso. Na verdade, ele estava cercado por uma multidão de admiradores a caminho da casa de "um dos dirigentes da sinagoga" com um problema muito maior que o dela. Sua coragem e seu desespero foram suficientes apenas para tentar "roubar" ou "pegar" um milagre de passagem. Ela não queria desperdiçar o tempo de Jesus com um caso marginal como o dela. Por isso, contentou-se em tocar o manto dele e dizer a Deus: "Eu também existo". Mas Jesus surpreendeu-a parando o cortejo e identificando-a ("Quem tocou em meu manto?"), não para condená-la ou mesmo constrangê-la, mas para declarar que ela estava sã e salva por sua fé.

## A cura (5.29)

A cura da mulher foi instantânea, uma vez que "imediatamente cessou sua hemorragia" e, sem dúvida, a dor parou, fato que ela pôde comprovar com facilidade, pois logo "sentiu em seu corpo que estava livre do seu sofrimento" (algo que Mateus omite). Da mesma forma, "[n]o mesmo instante, Jesus percebeu que dele havia saído poder". A mulher não foi curada por um suposto poder que emanou do manto de Jesus. Tampouco curou a si mesma, ou seja, pelo simples desejo de receber a cura ou por pensar intensamente em

13. **The Gospel According to St. Mark**, p. 290.

ser curada. Foi o poder de Deus operando em Jesus que a curou. Jesus tinha poder e amor em si, que estavam prontos para "sair dele" sempre que alguém se mostrava disposto a recebê-lo. A mulher estava pronta. Sua fé pode ter sido teologicamente incorreta, mas, no que diz respeito à sua confiança no poder de Jesus para curá-la, sua fé era suficiente. Ela tinha ouvido falar do poder de Jesus, não do poder de seu manto.

Há quem pense erroneamente que coisas ligadas ou relacionadas com Jesus podem salvá-lo do poder da doença, dos demônios ou do pecado. Muitos pensam assim do livro que chamamos Bíblia. Outros acreditam que podem ser salvos apenas concentrando-se em seus pensamentos ou desejando a salvação intensamente. Mas Jesus é o único que pode salvar, curar e libertar o ser humano de tudo que tenta desumanizar sua vida.

A cura da mulher não foi apenas física e espiritual, mas também emocional e social. Uma mulher sem nome tornou-se o centro da cena e através da história do evangelho veio a ser conhecida em todo o mundo e em todas as épocas. Um ser considerado esquecido pelos homens e por Deus, uma anônima absoluta passou a ter identidade e reconhecimento. Uma bastarda social e órfã de amor foi chamada "filha" por ninguém menos que o Filho de Deus. Uma mulher atormentada pelo medo, pelo sofrimento, pela solidão, pela marginalização e pela vergonha retirou-se "em paz e [...] livre do seu sofrimento" depois de se encontrar pessoalmente com Jesus.

## A sensação (5.30-32)

Jesus teve a sensação de que "dele havia saído poder". O termo aqui é *dýnamis*, que é o poder com o qual o Reino de Deus vem e se faz presente (9.1), o poder do Deus vivo e pessoal e, nesse caso, o poder divino de Jesus para curar os enfermos (Lucas 5.17). Esse poder estava nele, provinha dele (Lucas 6.19) e pertencia a ele, e Jesus estava bem ciente de quando esse poder de cura era ativado. Jesus tinha uma sensibilidade espiritual-sobrenatural muito particular, e a dinâmica divina manifestava-se nele em toda a plenitude. (Sobre o uso de *dýnamis* em Marcos, cf. 5.30; 6.2,5,14; 9.1,38; 12.24; 13.25,26; 14.62.)

No entanto, sua pergunta "Quem tocou em meu manto?" não soa tão sobrenatural, e sim como a indagação de alguém à procura de uma resposta concreta à sua sensação. Isso significa que Jesus, o Filho de Deus, não sabia a resposta para a própria pergunta? Embora ele pudesse saber quem o havia tocado, nesse caso aparentemente não queria usar seus poderes para fazê-lo. Além disso, lançou a pergunta para mostrar à mulher que ela havia sido curada por ele, não pelo manto que usava. Ele também fez isso para que a mulher deixasse o anonimato e assim pudesse conversar com ela e conduzi-la a algo mais importante que a cura do corpo: a salvação da alma.

## A salvação (5.33,34)

Para os discípulos, a pergunta de Jesus foi ingênua (v. 31). Para Jesus, foi o gatilho que lhe permitiu acionar um diálogo redentor com a mulher. E foi o que aconteceu. Ela "aproximou-se, prostrou-se aos seus pés e, tremendo de medo, contou-lhe toda a verdade". A mulher sabia que Jesus era poderoso o bastante para curá-la. Agora, descobriu que ele era amoroso o bastante para não condená-la. Longe disso, Jesus se dirigiu a ela num tom cheio de ternura: "Filha, a sua fé a curou!". Como em 2.5, Jesus usou uma palavra muito carinhosa (gr. *thugátēr*, "filha"). Falou-lhe de maneira pessoal e íntima, como se ela fosse a única pessoa presente. E, longe de acusá-la de ter violado uma importante lei cerimonial ao tocá-lo naquela condição ou de enfatizar o caráter supersticioso de seu gesto, Jesus valorizou o aspecto mais positivo de sua ação: sua fé nele.

Ela havia manifestado essa fé de várias maneiras. Por um lado, sabia muito bem que precisava de ajuda para sair daquela situação. Por outro lado, acreditava que Jesus podia curá-la de alguma forma. Além disso, ela lhe relatou como pôde sua necessidade. Por essas razões, o Senhor confirmou sua ação salvadora: "Vá em paz e fique livre do seu sofrimento". Essa frase às vezes é traduzida por "tua fé te salvou" (*BJ*, *RV*95) ou "tua fé te curou" (*BA*, *VP*). A obra redentora de Cristo é integral. Ele quer nos libertar de todo mal: das doenças, das prisões, das opressões demoníacas e do poder do pecado, da carne e do mundo. Tudo isso, que é impossível aos seres humanos alcançar por esforço próprio, é possível para Deus em Cristo e pela grandeza de seu poder amoroso (Marcos 10.26,27).

> **Vincent Taylor:** "Jesus atribui a cura da mulher à sua fé, como faz no caso de Bartimeu (10.52). Essa explicação não pode ser reduzida à hipótese da autossugestão, uma vez que o conceito coeso de fé no Novo Testamento é que ela deriva seu conteúdo e sua virtude do objeto sobre o qual repousa. A fé em Deus (cf. 11.22), por exemplo, não é uma experiência puramente subjetiva, e sim uma experiência espiritual que começa numa ousadia do espírito e é constituída e

> efetivada pelo próprio Deus. Há um eco dessa ideia no presente relato — ainda mais impressionante por ser simples — no fato de Jesus ser consciente de que seus recursos espirituais foram absorvidos pela fé da mulher".[14]

## JESUS CURA NAS PRAÇAS (6.53-56)

Genesaré era uma planície à margem ocidental do lago, ao sul de Cafarnaum. É provável que Jesus e seus discípulos tenham atracado ali carregados pelo vento da tempestade matinal (v. 48), uma vez que o destino pretendido era Betsaida, situada mais ao norte (v. 45). Essa passagem é muito semelhante a 3.7-12 e nos mostra quão rápido as boas-novas se espalharam pelas vizinhanças toda vez que Jesus chegava a uma vila (v. 55), quanta fé o povo tinha em seu poder (v. 56) e como estavam ansiosos para levar a Jesus os necessitados (v. 55,56).

### O Curador (6.54,55)

**O povo o reconhecia.** Em poucas frases, Marcos resume a reação popular aos muitos milagres de Jesus, especialmente suas curas. O evangelista ressalta que as pessoas reconheciam Jesus ao vê-lo. Ou seja, tinham registro do aspecto físico de Jesus, o que indica que a maioria já tivera algum contato prévio com ele e o tinha visto realizar curas e milagres surpreendentes. É provável que muitas delas tivessem feito parte da multidão que testemunhara o ocorrido com a mulher hemorrágica (5.24-34). Talvez por causa do testemunho do que ela acreditava no momento em que se aproximou de Jesus, alguns começaram a imitá-la tentando "tocar na borda do seu manto".

**O povo o seguia.** A presença de Jesus imediatamente atraía os doentes, que eram levados em macas para serem curados por ele. A cena lembra ao leitor de Marcos a história do paralítico levado a Jesus numa maca (2.1-12). O relato informa que a população exaltada acreditava supersticiosamente que uma cura milagrosa ocorreria se alguém pudesse apenas tocar em Jesus ou em suas roupas (v. 56; cf. 5.28). O contato físico desempenhava um papel importante

---

14. Ibid., p. 293.

em muitas situações de cura. O significado do toque curador é esclarecido pelo próprio Jesus em 5.21-34.

> **R. A. Cole:** "Esse pequeno camafeu resume o que deve ter acontecido em muitas ocasiões semelhantes: a disseminação espontânea das boas-novas sob o impulso da presença do Cristo curador. [...] Havia um reconhecimento do Cristo e das próprias necessidades, uma fé em que Cristo era capaz de atender a essa necessidade e uma determinação em aproveitar a oportunidade oferecida pela sua presença — fatores verificados em todos os casos de cura da alma. A reação era espontânea, não egoísta".[15]

Jesus exercia seu ministério de cura geralmente em lugares públicos. Ao contrário dos gurus e curandeiros populares, que realizam suas práticas xamânicas envoltos em segredo e mistério, Jesus curava nas praças (gr. *agorá*, "praça principal", "mercado", "fórum", "rua") de vilas, povoados e cidades. Era nesses espaços abertos que as multidões se aglomeravam, na esperança de ver suas necessidades atendidas pelo Senhor. Os apóstolos, mais tarde, copiaram de Jesus essa estratégia do uso missiológico dos espaços públicos (Atos 16.19; 17.17).

Os cristãos de hoje também devem considerar praças e mercados locais missiologicamente adequados para cumprir a missão de proclamar o evangelho do Reino, de curar os doentes e de libertar os endemoninhados. Infelizmente, muitos crentes e igrejas se mantêm fechados nas quatro paredes do templo sob a ingênua pretensão de que os necessitados aceitarão seu convite para "frequentar os cultos regulares" nos dias e horários estabelecidos como os mais apropriados para isso.

## Os resultados (6.56b,c)

A frase que encerra a perícope é interessante: "Todos os que nele tocavam eram curados". Apesar de alguns traços sincréticos que podiam existir na imaginação popular quanto à forma em que os doentes eram curados, Jesus não deixava de cumprir a missão para a qual o Pai o designara, que era tornar a vida humana verdadeiramente humana (João 10.10). Seu amor poderoso e redentor era suficiente para contornar as limitações da fé humana e cumprir o propósito salvador de Deus. Se a salvação (cura) dependesse da qualidade e

15. **The Gospel According to St. Mark**, p. 117.

da coerência de nossa fé, deixaria de ser pela graça e se tornaria em salvação pelas obras ou baseada nos méritos de uma fé perfeita. No entanto, sabemos que uma fé pequena ("do tamanho de um grão de mostarda", Mateus 17.20) ou mesmo uma fé fraca ("Creio, ajuda-me a vencer a minha incredulidade!", Marcos 9.24) pode conseguir coisas extraordinárias. Em suma, não é nossa fé, mas o amor poderoso dele que cura, salva e liberta.

> **Ernest Best:** "Embora a cura física fosse praticada pela igreja primitiva e por Jesus, Marcos não vê os milagres como simples testemunhos do poder de cura de Jesus sobre o corpo. Ele vê outra dimensão neles e em outros milagres e assim os utiliza para revelar mais sobre o que Cristo era capaz de fazer. Marcos usa a palavra grega *sōzein*, que significa tanto 'salvar' quanto 'curar'. O termo carrega esse duplo significado numa série de relatos de cura, particularmente no episódio interligado da mulher hemorrágica e da filha de Jairo. Em 5.23, está relacionado com o verbo 'viver'; em 5.34 e 10.52, é dito que a 'fé' salvou ou curou alguém; em 6.56 (passagem claramente redacional, pois está inserida num resumo marcano), os enfermos tocam as roupas de Jesus e são curados ou salvos (cp. 5.28). A estreita associação entre 'salvar', 'fé' e 'vida', três importantes palavras soteriológicas da igreja primitiva, implica que Marcos vê muito mais que cura física no significado dos milagres de Jesus. Isso é expresso de outras maneiras em outros milagres".[16]

## JESUS CURA UM SURDO E GAGO (7.31-37)

Esse relato conclui a série de quatro milagres com os quais a primeira parte desse evangelho é concluída. Por sua vez, é o primeiro de uma nova série de quatro milagres que continuarão na segunda parte (8.22-26; 9.14-29; 10.46-52).

### A viagem (7.31)

Depois de curar e libertar uma menina na região de Tiro (7.24-30), Jesus e seus discípulos iniciaram uma longa jornada, que deve ter durado vários meses. Como viajavam através de um território bastante desabitado, ele teve a oportunidade de ensiná-los sem grandes interrupções. O itinerário da viagem é um

16. **Mark**, p. 60-61.

pouco confuso e não é descrito com clareza. O que parece certo é que Jesus fez uma longa viagem. O trajeto foi algo como um grande semicírculo. Provavelmente, eles viajaram da região de Tiro, na costa do Mediterrâneo, para o norte, até Sidom, em seguida para o sudeste e sul através do rio Leontes, depois para o leste, passando por um local próximo da nascente do Jordão através de Cesareia de Filipe, e por fim através de um grupo de cidades conhecidas como Decápolis até o distrito de Hipo, na margem oriental do mar da Galileia, não muito longe de Gerasa. Assim, chegaram à costa oriental do mar da Galileia, numa jornada que pode ter durado cerca de oito meses.[17] É bem provável que o objetivo de Jesus ao empreender tamanha jornada fosse evitar o território judeu e cumprir seu ministério de proclamação do Reino em terras predominantemente gentias. Dessa forma, para Marcos essa viagem tinha implicações missiológicas. E, em algum momento dessa jornada, Jesus curou um surdo e gago.

## O doente (7.32)

O texto refere-se a um homem doente que foi apresentado a Jesus como surdo e que mal podia falar (gr. *kōfon kaì mogilálon*). O homem era surdo e, por ter dificuldade em ouvir a própria voz havia muito tempo (talvez nunca tivesse ouvido), seu discurso era quase impossível de entender. A gagueira provavelmente era resultado de sua surdez. Seus amigos o trouxeram a Jesus crendo que, se o Senhor impusesse as mãos sobre ele, como já acontecera em outras ocasiões com outros doentes (v. 6.5), o doente seria curado.

A experiência de cura desse homem ensina-nos duas lições. Por um lado, lembra-nos de que talvez o motivo de muitas vezes ficarmos "mudos" na obra de Deus é estarmos "surdos" para ouvir sua voz. Se de fato ouvirmos sua voz (ou seja, se estamos convencidos de sua presença real num momento de oração e chegamos à plena convicção do que ele quer e espera de nós), então estaremos prontos para falar, viver e trabalhar para ele em nossa vida diária. Por outro lado, a experiência desse homem lembra-nos da importância vital de que as pessoas tenham a oportunidade de ouvir a palavra de Deus com clareza para serem salvas.

> **Guillermo Cook e Ricardo Foulkes:** "O deficiente representaria as pessoas que não ouvem a Palavra de Deus ou que a ouvem com dificuldade. São aqueles

17. Vincent Taylor, **The Gospel According to St. Mark**, p. 352-354.

> que não têm voz para louvar a Deus nem para testificar de suas grandes obras. Assim, a história ensina que, para abrir nossos ouvidos e liberar a língua, precisamos nos aproximar das pessoas no mesmo espírito compassivo daquele que gemia em sua solidariedade com os desafortunados e se contaminava com a saliva deles, ao se utilizar de métodos da medicina popular".[18]

## A cura (7.33-35)

Mais uma vez, Jesus foi cercado por uma multidão (v. 33,36,37). Mateus 15.29-31 ressalta que Jesus realizou muitos milagres nessa ocasião, mas dentre todos Marcos selecionou esse, que só ele descreve em detalhes. O caso é semelhante ao de outros milagres, mas também é diferente e único.

**Um milagre semelhante.** A cura do homem surdo e gago foi semelhante a outros milagres, em vários aspectos. De fato, a história não contém uma referência a um tempo ou lugar específicos, embora, ao inserir a história após o v. 31, Marcos dê a entender que de alguma forma o fato ocorreu na região de Decápolis, no final da longa jornada fora da Palestina.

*Em primeiro lugar, o doente foi levado a Jesus.* Foram seus amigos que o levaram a Jesus (v. 32; cf. 2.3). Assim, a história começa com um plural impessoal (gr. *férousin* de *férō*, "levar", "levar consigo", "trazer", "conduzir"; cf. 8.22). Algumas pessoas levaram o doente a Jesus. Essa deveria ser a prática regular de todo cristão, assim como André levou Simão, seu irmão, e Filipe levou Natanael, seu amigo, para conhecer Jesus (João 1.42,46).

*Em segundo lugar, o doente foi separado da multidão.* Sem dúvida, Jesus fez isso para estar a sós com ele (v. 33; cf. 5.40; 8.22). O encontro salvador de cura com Jesus é sempre pessoal. Ele não trata os indivíduos como números nem de maneira impessoal. Seu amor por todos é também o amor que dedica a cada um. O Senhor que "amou o mundo" (João 3.16) é o mesmo que ama todos os seres humanos da mesma forma, para os quais tem um propósito único e singular.

*Em terceiro lugar, o doente foi curado e proibido de contar o que aconteceu.* O próprio Jesus ordenou que o homem curado e seus amigos não contassem a ninguém o ocorrido (v. 36; cf. 1.25,43,44; 3.12; 5.43; 8.26). É interessante que Jesus repetidamente ordenasse que não se divulgassem

18. Marcos, in: **Comentario biblico hispanoamericano**, p. 197.

os milagres de cura que operava. Mas isso foi em vão, porque "quanto mais ele os proibia, mais eles falavam" (v. 5.20). Jesus ordenou que guardassem silêncio, mas eles testemunharam de qualquer maneira. Jesus nos ordena, como testemunhas, que proclamemos o que testemunhamos, mas quantas vezes nos calamos!

*Em quarto lugar, o homem curado causou espanto à multidão.* O relato conclui com a reação do povo ao milagre de Jesus (v. 37; cf. 1.22,27; 2.12; 6.51; 9.15; 10.24,26,32). "O povo ficava simplesmente maravilhado" em grego é uma expressão (*huperperissōs*, "sumamente", "extremamente") só encontrada aqui na literatura nesse idioma. O espanto dos presentes, quase todos gentios, foi superlativo. E sua avaliação das ações de Jesus deu a ele a maior nota: "Ele faz tudo muito bem" (gr. *kalōs pánta pepoíēken*). Nessa avaliação, a multidão de gentios acabou usando a linguagem profética com relação ao Messias prometido (v. Isaías 29.18-24; 35.5).

**Um milagre diferente.** A cura do surdo e gago foi diferente de outros milagres em vários aspectos. Jesus usou um procedimento único e marcante, que consistiu em sete ações únicas.

*Primeira: Jesus separou o doente da multidão.* É provável que ele tenha feito isso porque precisava deixar o homem tranquilo antes de poder curá-lo. Mas também pode ter sido porque o Senhor não queria que a multidão testemunhasse o milagre. Há momentos em que Deus só pode agir na vida de alguém quando este se acha sozinho e tranquilo. Muitos de nós vivem no meio de uma multidão durante toda a vida (somos parte de uma grande família extensa, trabalhamos numa empresa de grande porte, estudamos numa faculdade com muitos alunos, moramos num bairro densamente povoado). Talvez essas situações tornem mais difícil para nós "ouvir" Deus. Jesus separou o surdo e gago para ficar a sós com ele.

*Segunda: Jesus "colocou os dedos nos ouvidos dele".* Jesus fez isso porque talvez fosse a única maneira de o surdo e gago perceber que ele iria curar sua surdez, que era a raiz de todo o problema. Ao mesmo tempo, era uma técnica comum entre os curandeiros gregos e judeus, embora os rabinos proibissem os judeus de usar saliva, por considerar essa prática supersticiosa. Os gregos tinham um conceito semelhante ao das curas e práticas terapêuticas populares.

Vemos nisso que Jesus se contextualizou e se acomodou ao pensamento do povo, a fim de manifestar seu Reino e seu poder redentor.[19]

*Terceira: Jesus "cuspiu e tocou na língua do homem"*. O Senhor fez isso depois de cuspir no próprio dedo. E também para indicar ao homem surdo e gago que ele também iria curar sua língua. Em várias ocasiões, quando o doente sofria com alguma incapacidade de comunicação (auditiva, vocal, visual etc.), Jesus transmitia sua vontade de curá-lo por meio de sinais ou gestos específicos, para indicar como iria curá-lo com seu poder (v. 8.23; João 9.6). Além disso, usando a saliva, Jesus estava fazendo o que os médicos judeus costumavam fazer, embora usassem esse método com relação aos olhos. Em todo caso, deve ficar claro que Jesus não usou a saliva como elemento mágico. O poder que curava os doentes provinha de Jesus, não da saliva (ou de seus dedos). Seja como for, ele usou algo muito simples, que estava "à mão", para ajudar o homem a entender que ele iria curá-lo. E, ao fazê-lo, tratou-o de uma forma especial e única.

*Quarta: Jesus "voltou os olhos para o céu"*. Sem dúvida, ele fez isso para indicar ao doente que seu poder de cura vinha de cima, de Deus (Isaías 64.7). O paciente era surdo, mas não cego, e podia ver o gesto de Jesus muito bem e se animar com isso. O uso de verbo grego *anablépō* ("olhar", "recuperar a vista", "ter ou chegar a ter capacidade visual") aqui, como em 6.41, indica uma atitude de oração. O gesto indica ao mesmo tempo a dependência de Jesus com relação ao Pai e sua solidariedade com o homem sofredor. Esse foi um dos muitos sinais que Jesus apresentou em seus dias para mostrar a fonte de seu poder amoroso.

Podemos aprender de Jesus grandes lições com sua atitude de olhar para o céu em face da necessidade humana. Quando olhamos para o céu num momento de necessidade, o Senhor nos ajuda (Salmos 21.1,2); nos cura (Marcos 7.34); nos livra da armadilha (Salmos 25.15); nos dá refúgio (Salmos 141.8); nos glorifica (João 17.1); demonstra compaixão por nós (Salmos 123.1,2); nos mostra sua glória (Atos 7.55); nos alimenta (Salmos 145.15); nos ouve (João 11.41); e nos promete que voltará (Atos 1.11).

*Quinta: Jesus emitiu "um profundo suspiro"*. Talvez tenha feito isso por se sentir extremamente magoado ao pensar em quantos surdos não tinham

---

19. V. Josef Schmid, El evangelio según San Marcos, in: **Comentario de Ratisbona al Nuevo Testamento**, p. 209; Rudolf Schnackenburg, El evangelio según San Marcos, in: **El Nuevo Testamento y su mensaje**, p. 197.

ninguém para curá-los (cf. 8.12; João 11.33,38). Guillermo Hendriksen observa: "Em Jesus, ou seja, o Jesus da bondade manifesta, isso era totalmente natural e mostra que ele levava a sério a condição do homem. É o que Calvino pensa sobre essa passagem. As tristezas desse homem também eram suas dores. Jesus nunca curou sem entusiasmo alguém. Ele sempre pôs tudo o que ele mesmo era em sua obra de misericórdia".[20]

*Sexta: Jesus disse ao surdo e gago: "Efatá!"*. Essa palavra aramaica, que Marcos traduz a seus leitores helenísticos, significa "abra-se". Note-se que a palavra é aramaica (como em 5.41; 7.11; 15.34). Isso significa que Jesus falou naturalmente e em sua língua materna. Não era uma palavra mágica. De fato, as palavras mágicas são estranhas e não têm tradução como em Marcos. Provavelmente, a ordem do Senhor envolvia não só o ouvido e a língua, como também a pessoa doente como um todo, especialmente quanto à capacidade de receber o amor do Senhor e corresponder a ele.

*Sétima: Jesus curou o homem na mesma hora.* A cura do homem foi instantânea. Seus ouvidos se abriram, ou seja, ele começou a ouvir (talvez a primeira palavra que tenha ouvido foi "*efatá*"), e sua língua "ficou livre", ou seja, rompeu-se a servidão satânica que a mantinha presa, e o homem "começou a falar corretamente". Esse fato causou mais uma vez grande espanto à multidão que seguia Jesus, que exclamou, surpresa: "Ele faz tudo muito bem". Jesus tentou não espalhar a notícia porque, em primeiro lugar, não era estrategicamente vantajosa, uma vez que tal publicidade poderia antecipar sua morte; em segundo lugar, porque ele queria dedicar mais tempo à formação de seus discípulos que à realização de milagres.

> **Guillermo Hendriksen:** "Em primeiro lugar, muito tempo se passou após o acontecimento relatado em Marcos 5.1-20. Não faltam muitos dias, e os inimigos estão ainda mais determinados a levar a cabo a morte de Jesus. No entanto, o programa do Pai para o Filho deve ser realizado em sua totalidade. O dia da crucificação não deve ser apressado. Além disso, à medida que esse dia se aproxima, Jesus porá mais ênfase no significado espiritual e redentivo de sua missão (cf. 10.45; 14.24.) Ele não veio a este mundo para ser

20. **El evangelio según San Marcos**, p. 317-318.

> o taumaturgo (milagreiro), mas o Salvador. É isso que precisa ser destacado agora, mais do que nunca".[21]

## A lição (7.36,37)

O Reino de Deus já está aqui. É Deus, não o Diabo, quem está no controle do mundo que ele criou. Os judeus esperavam que o Messias, quando viesse, fizesse os surdos ouvirem e os mudos falarem (Isaías 35.5,6). A cura do surdo e gago, é claro, não constituía prova suficiente de que Jesus era o Messias que aguardavam ou que o Reino de Deus já houvesse chegado. Mas para nós, que já o conhecemos e por outras razões sabemos que ele é o Messias, essa história nos fortalece a fé.

**Deus pode e quer curar (salvar) de maneira integral.** Ele quer acabar não só com a surdez e a gagueira ou a mudez físicas, mas especialmente com a surdez e a gagueira ou a mudez espirituais. Muitos crentes são surdos de espírito, porque não "ouvem" os mandamentos de Deus, nem o clamor por ajuda do próximo em necessidade. Muitos outros são gagos ou mudos, porque não louvam a Deus com toda a sua alma nem com todas as suas forças, não são gratos o suficiente, não proclamam o evangelho da redenção, não denunciam a injustiça e vivem com medo (Efésios 6.19,20).

As igrejas evangélicas não costumam usar a palavra "*efatá*" (v. 34) para "abrir", em nome do Senhor, os "ouvidos surdos" e a "boca fechada" dos crentes, para que, cheios do Espírito Santo, ouçam a voz de Deus e proclamem o evangelho ao mundo. No entanto, hoje não é necessário usar essa palavra aramaica, como uma espécie de "abre-te, sésamo!". Precisamos tornar nossos o amor e o poder daquele que é capaz de "abrir a boca dos mudos e destapar os ouvidos dos surdos", a fim de podermos cumprir nossa missão no mundo.

## JESUS CURA UM CEGO (8.22-26)

No contexto mais amplo, Marcos reúne dois relatos que apresentam Jesus confrontando a "cegueira". Em 8.14-21, trata-se da "cegueira" dos discípulos, que "ainda não compreendem nem percebem" (8.17) o Reino de Deus.

---

21. Ibid., p. 319.

Em 8.22-26, trata-se da cegueira física de um homem de Betsaida, e Marcos é o único evangelista a relatar essa história, que é semelhante à do surdo e gago em 7.31-37. Como nesse caso, aqui Jesus levou o cego para fora da cidade, a um lugar mais privado. Ele também usou saliva, impôs as mãos sobre ele e o instruiu a não dizer nada sobre a cura. A lição que aprendemos com esse episódio também é semelhante.

## Jesus curou o mal do corpo (8.22,23a)

Jesus curou o corpo do cego de Betsaida, cidade a leste do rio Jordão, perto de sua desembocadura no mar da Galileia. Ele o curou por causa de seu amor e poder, como continua fazendo até hoje por meio de seus servos na terra. Note-se que o homem foi trazido a Jesus por seus amigos, e eles estavam "suplicando-lhe que tocasse nele", a fim de curá-lo da cegueira. Há muitas maneiras pelas quais podemos demonstrar o mesmo interesse e amor pelos cegos: 1) conduzindo-os a Jesus e orando por sua cura; 2) demonstrando-lhes bondade e carinho e ajudando-os no que for preciso; 3) persuadindo o governo e outros a ajudá-los em suas necessidades; 4) alertando o povo contra a cegueira, especialmente as resultantes de negligência e irresponsabilidade pessoal; 5) dando aos que são crentes oportunidades de servir na igreja; 6) organizando grupos pequenos ou células para cegos, onde possam estudar a Palavra de Deus e ser discipulados; 7) distribuindo porções da Bíblia em braille e providenciando literatura cristã nesse sistema de escrita.

## Jesus curou o mal da alma (8.23b-25)

É interessante notar que Jesus curou o cego gradualmente (v. 23b-25). O homem não conseguia enxergar com clareza de início. Podia ver as pessoas, mas não de forma nítida. Por fim, no v. 25, lemos que "seus olhos foram abertos, e sua vista lhe foi restaurada, e ele via tudo claramente". Talvez a cura não tenha sido instantânea, como em outros casos, para ajudar o homem a entender que havia algo mais importante que a cura dos olhos: a cura (salvação) de sua alma. Ou talvez porque Jesus queria que o homem chegasse a uma compreensão plena de quem era aquele que estava trazendo cura a seu corpo.

O fato de a cura do homem ter sido gradual é bastante instrutivo. Muitas vezes, alimentamos a expectativa de que a pessoa por quem oramos será curada imediatamente. Em nosso mundo e em nossa cultura, onde tudo é rápido (*fast-food*, leitura dinâmica, empréstimo imediato, café instantâneo, velocidade máxima etc.), tendemos a pensar que as curas têm de acontecer da mesma forma. Contudo, o próprio ministério de Jesus nos ensina que nem todos os doentes são curados (v. comentário sobre 1.34a) e que, em alguns casos, a cura ocorre com o tempo.

Além disso, em 8.17,18, Jesus se refere à cegueira do coração de seus discípulos. Ele tinha de lidar o tempo todo com essa cegueira, e em 8.27-30 constatamos que um deles (Pedro) finalmente "enxergou" a verdade de que Jesus era o Messias. Sem dúvida, o cego de Betsaida teve a mesma visão de Jesus, daí a proibição de não retornar a seu povoado para contar aos amigos o que acontecera.

## Jesus cura o mal no mundo

É interessante que, no caso desse cego, Jesus parece não ter dito nada para curá-lo (como no caso do surdo e gago de 7.31-37). Seus gestos foram o instrumento pelo qual comunicou sua vontade de curar: ele "tomou o cego pela mão"; depois "o levou para fora do povoado"; em seguida, cuspiu "nos olhos do homem", impôs-lhe "as mãos" e de novo "colocou as mãos sobre os olhos do homem". Assim como não há palavras mágicas para curar, também não há gestos mágicos para realizar a cura. É Deus quem cura. Palavras e gestos apenas expressam seu amor todo-poderoso e sua vontade de curar, mas as palavras e os gestos de Jesus serviam também como forma de expressar que seu Reino ou governo já havia começado no mundo. Por meio do Messias Jesus e de sua igreja, Deus continua a curar o mal que existe no mundo.

Esse foi o último dos vários relatos contidos em 6.1—8.26 que mostram como Jesus treinou seus discípulos e ensinou e curou o povo, principalmente fora do território da Galileia. Após esses episódios, ocorreu um incidente muito importante, registrado em 8.27-30, que deu início a uma nova fase na vida e no ministério de Jesus.

> **Ernest Best:** "Nesse relato [Marcos 8.22-26], Jesus parece falhar na primeira tentativa, porque a visão do homem foi restaurada apenas parcialmente. Na segunda tentativa, ele obteve pleno sucesso, e o homem passou a enxergar direito. Se a restauração da vista simboliza a abertura do entendimento da verdade, então no presente contexto esse milagre sugere que a compreensão

> da morte de Jesus — e podemos acrescentar antecipadamente a compreensão do discipulado — pode ocorrer em mais de uma etapa. Quando Jesus pergunta a Pedro quem ele é, Pedro responde que ele é o Messias. Essa é uma visão parcial. Pedro reconhece que Jesus é alguém de singular importância e o encaixa na categoria mais notável que conhece. Mas, como Pedro entende essa categoria e como era compreendida na época, é a categoria de alguém que reina e o faz pela força, não por amor. Jesus não é isso. Portanto, a visão de Pedro é apenas parcial. Só depois que a história se desdobra para além da ressurreição ele tem a visão completa".[22]

## JESUS CURA O CEGO BARTIMEU (10.46-52)

O mais impressionante nesse bem conhecido relato de cura é a resposta da fé positiva do cego Bartimeu a Jesus. Talvez esse cego fosse uma instituição junto aos portões da cidade de Jericó. Todos sabiam de sua situação miserável, sua postura curvada e sua cabeça baixa a suplicar pela esmola compassiva das centenas de transeuntes que entravam e saíam da cidade. O nome Bartimeu ("filho de Timeu") era conhecido e, se foi registrado por escrito, com certeza é porque se tornou alguém proeminente na comunidade cristã.

### Seu clamor (10.47,48)

O mendigo, com o orgulho ferido pela cegueira e pela necessidade de implorar, não tinha outro meio de ganhar a vida senão depender da caridade pública. (Muitos cegos hoje ainda não conseguem as oportunidades de trabalho que merecem.) Quando ouviu o nome de Jesus, Bartimeu começou a gritar, porque os rumores de que o Nazareno havia restaurado a visão de outros cegos encheram-no de esperança. Então, "começou a gritar: 'Jesus, Filho de Davi, tem misericórdia de mim!' ". A frase "tem misericórdia de mim" (gr. *eléēsón me*) era muitas vezes dirigida a Deus pelos aflitos (como em Salmos 41.4; 6.2). Muitos o repreendiam ao ouvir seus gritos e tentavam silenciá-lo, mas não conseguiram porque ele havia mudado sua expectativa de pedir esmolas passivamente para a atitude de reivindicar ativamente a visão. Portanto, ao se dirigir a Jesus, chamou-o de "Messias" ("Filho de Davi"), algo que o Senhor aceitou, porque,

22. **Mark**, p. 67-68.

diferentemente de situações anteriores, Jerusalém agora estava bem perto, como também os acontecimentos que ali desencadeariam sua morte.

## Sua fé (10.49-51)

Diante da forma surpreendente com que o cego o qualificou, Jesus se deteve e mandou chamá-lo, não para pedir silêncio sobre sua verdadeira identidade (como fizera nos casos anteriores), mas para atender às reais necessidades do homem. Bartimeu reagiu de imediato deixando sua capa (provavelmente, seu único bem material) de um salto e se aproximando de Jesus. Note-se mais uma vez sua atitude de fé proativa, que o impulsionou a ir a Jesus com a necessidade e o desejo de ser curado. Note-se também que ele soube responder com precisão e fé à pergunta de sondagem de Jesus: "Mestre, eu quero ver!" (gr. *Rabbouni, hína anablépsō*). Bartimeu "via" (entendia) com clareza que Jesus era o Messias ("Filho de Davi" é uma expressão messiânica) e que era Mestre ("Rabi" ou "Raboni", a mesma palavra usada por Maria Madalena no jardim [João 20.16], que significa "meu senhor" ou "meu dono"). Bartimeu reconheceu em Jesus alguém que podia dar visão aos cegos (v. Isaías 35.5). E Jesus o curou em resposta à sua fé confiante ("a sua fé o curou", gr. *hē pístis sou sésōkén se*).

Algumas questões sobre essa fé são interessantes e devem ser analisadas. Em primeiro lugar, era uma fé que pedia, semelhante à sua confiança ao pedir esmolas. Bartimeu aprendeu ao longo dos anos como mendigo que sempre há uma resposta para quem pede com insistência e confiança. Em segundo lugar, era uma fé perceptiva, pois, como Pedro, ele experimentou uma abertura assombrosa em sua compreensão sobre a pessoa de Jesus. Bartimeu formou uma imagem clara e precisa de quem era Jesus e foi por isso que reagiu daquela maneira. Nossa fé se torna mais forte quando passamos a ter uma percepção de Jesus fundamentada em uma compreensão profunda e experiencial de sua pessoa, não apenas baseada em uma crença ou em uma opinião tradicional, por mais ortodoxa que seja. Em terceiro lugar, era uma fé ousada, pois Bartimeu arriscou clamar a Jesus, quando o mundo inteiro queria silenciá-lo, e deixou tudo que tinha (sua vida de mendigo e sua capa) para se aproximar de Jesus. Uma forma de conhecer Jesus é aproximar-se dele com fé e estar disposto a deixar tudo para trás e segui-lo.

## Sua cura (10.52)

Jesus celebrou a fé de Bartimeu com o grande elogio de que a confiança deste o introduzira no processo de cura. Sua fé teve um relacionamento direto e material com o milagre. Bartimeu foi curado por Jesus por causa de sua fé. Por isso, "imediatamente ele recuperou a visão" (gr. *euthùs anéblepsen*) e decidiu seguir Jesus "pelo caminho" (gr. *en tēi hodōi*). Possivelmente, ele o fez como um novo discípulo ou talvez como um feliz peregrino em vez de continuar com a vida de mendigo abatido. É provável que ele tenha acompanhado Jesus a Jerusalém e ido ao templo oferecer um sacrifício de ação de graças.

O homem começou com uma necessidade, continuou com o exercício da fé e terminou com lealdade e gratidão. O elemento miraculoso, que foi a razão de Bartimeu não ficar preso a uma cegueira sem fim, acabou sendo uma manifestação do Reino de Deus, ao ilustrar a repugnância divina com o estado das coisas, e funcionou como um sinal de sua vontade definitiva. Deus não quer a cegueira de ninguém, e sua vontade é que todos os cegos enxerguem. Deus nos deu olhos para ver, não apenas para decorar o rosto. Portanto, os cristãos devem ser mais sensíveis às necessidades dos cegos e procurar fazer com que vejam, em nome de Jesus.

Além disso, Jesus incute esperança no ser humano. A fé em Jesus muitas vezes começa com uma reação pessoal diante dele, um sentimento instintivo de que ele pode satisfazer nossas e nossos necessidades e nossos desejos. Pode-se reagir positivamente a Jesus e encontrar a cura nele. Uma fé simples como a de Bartimeu pode ser o começo de um processo de salvação e cura que nos introduza em seu círculo familiar e de amizade e nos transforme em seguidores dele "pelo caminho".

CAPÍTULO 3

# O PODER DE JESUS SOBRE A NATUREZA

4.35-41; 6.1-6a,30-52; 8.1-9;
9.2-13; 11.12-14,20-26

Marcos dá especial atenção aos milagres na obra messiânica de Jesus. Podemos aceitá-los como reais? Há em nossos dias milagres como os mencionados em Marcos? Existem diferentes pontos de vista sobre essa questão. 1) Alguns afirmam que esses acontecimentos portentosos nunca ocorreram, porque tais fenômenos seriam uma violação das leis naturais impostas por Deus na criação. 2) Outros reconhecem a dificuldade que a questão apresenta e a contornam dizendo que isso não importa muito, pois o mais importante no evangelho é o ensino ético de Jesus. 3) Alguns admitem que os milagres ocorreram durante o ministério de Jesus como forma de abrir caminho para sua doutrina e para o anúncio do Reino de Deus, porém ressaltam que não tornaram a acontecer depois disso, porque não eram mais necessários. 4) Outros aceitam por fé os milagres de Jesus narrados no evangelho, embora não consigam explicá-los de maneira racional (Marcos 10.27). 5) Outros ainda não só aceitam a autenticidade do testemunho de Marcos em seu evangelho com relação aos milagres de Jesus, como também, confiando na promessa do Senhor (João 14.12-14), realizam hoje em seu nome milagres semelhantes e até maiores.

À luz dessas opiniões diversas, podemos fazer três afirmações. 1) Os relatos de acontecimentos sobrenaturais integram de forma natural o registro inspirado do evangelho de Marcos. Não podemos suprimi-los sem destruir a essência da mensagem que o evangelho pretende apresentar. 2) Muitos crentes fiéis, eruditos e consagrados os aceitam, embora não possam explicá-los cientificamente. Mas é fato que há muitas experiências e realidades no mundo natural que a ciência não consegue explicar. 3) O que de fato está em jogo aqui é nosso conceito de Deus e de Cristo. A questão é se Jesus foi apenas um homem ou se o poder de Deus operava nele. Os milagres relatados por Marcos foram tão reais quantos os que o poder de Deus, que nunca muda (Hebreus 13.8), continua a realizar nos dias de hoje.

Os pensadores cristãos não estão todos de acordo quanto à natureza dos milagres ou sobre como definir um milagre, de modo que o exame das convicções pessoais pode ser de grande ajuda. Alguns entendem que há um choque fundamental entre fé e ciência e escolhem uma ou outra. Outros não creem porque pensam que o milagre, por natureza, representa uma contradição da lei de causa e efeito. E, pelo fato de que toda lei da ciência é demonstrável, os milagres não podem acontecer. David Hume, filósofo empirista do século XVIII, popularizou esse conceito cético. Na teologia moderna, Adolf von Harnack argumentava que o que acontece no espaço e no tempo está sujeito às leis naturais do movimento, e, em consequência disso, os milagres são impossíveis. Ele concebia a natureza como uma ordem fechada e ordenada. Rudolf Bultmann, que advogava um processo de demitologização dos elementos sobrenaturais nos Evangelhos sinópticos, aparentemente partiu do pressuposto da impossibilidade dos milagres. Ele argumentava que os fenômenos da natureza são parte de um *continuum* fechado. Por isso, procurava encontrar um sentido pessoal e ético nos relatos de milagres, ao mesmo tempo que rejeitava qualquer intervenção sobrenatural.

No entanto, outros pensadores rejeitam o conceito de uma natureza fechada, por considerá-lo anacrônico, em razão de representar uma perspectiva científica dos séculos XVIII e XIX. Esses estudiosos afirmam que a natureza não é um sistema fechado, e alguns, com base na física atômica atual, defendem uma indeterminação subjacente que abre as portas a fenômenos incomuns. Décadas atrás, o interesse residia na terceira lei da termodinâmica, e mais recentemente os avanços no conhecimento da matéria impuseram certa humildade ao âmbito científico e mais abertura à consideração do sobrenatural como cientificamente válido e possível. Alguns teólogos veem Deus mais envolvido na natureza. Desse modo, a opinião popular de um Universo fechado e fixo, predominante até pouco tempo, está hoje sob escrutínio crítico.

> **José Ignacio González Faus:** "Ao abordar nos dias de hoje o estudo dos milagres de Jesus, devemos ter em mente as seguintes informações preliminares:
>
> 1. Cientificamente falando, parece não haver hoje muita certeza sobre o conteúdo e os limites das chamadas 'leis naturais', e sim a suspeita de que as conhecemos muito pouco, provisoriamente e apenas no espaço de margens limitadas.
>
> 2. Teologicamente, a ideia de que Deus age contra suas leis, as suspende ou faz exceções a elas é agora bastante questionável. Em todo caso, hoje entendemos melhor a opinião de Agostinho, que, amparado na eternidade de Deus, insistia em que o fato supostamente 'milagroso' também pertence à 'lei', embora não ao conhecimento que temos dela.
>
> 3. Seja qual for o caso, todas as reflexões anteriores nos permitem pensar que o assunto não pode ser tratado de forma abstrata, com base em milagres imaginados ou hipotéticos, concebidos como supostas realizações de uma noção genérica de milagre. Devemos proceder com mais modéstia, com base *nos fatos concretos* que têm a pretensão de ser reais. E, no nosso caso, essa norma significa: vamos estudar apenas os milagres de Jesus, atribuídos a ele pelos autores dos evangelhos. [...] Melhor dizendo, veremos o que os textos dos evangelhos entendem por milagres quando os mencionam. [...]
>
> 4. Como é justamente no caso dos organismos vivos (mais que no da natureza inanimada), em que se torna mais evidente a existência de energias naturais e de leis desconhecidas para nós, mas nem por isso inativas, não parece infundado no momento reter a antiga distinção entre 'curas' e milagres 'da natureza' para classificar o material evangélico".[1]

Neste capítulo, iremos considerar alguns dos milagres mais notáveis de Jesus, particularmente na esfera do mundo natural.

## JESUS ACALMA UMA TEMPESTADE (4.35-41)

Com esse relato, Marcos começa a desenvolver uma longa narrativa de milagres (4.35—8.26). Com esses atos portentosos, Jesus confirmou sua mensagem redentora. O primeiro milagre da série é mencionado em todos os Sinópticos

1. **Clamor del reino:** estudio sobre los milagros de Jesús, p. 32-34. Grito do autor.

(Mateus 8.18,23-27; Lucas 8.22-25). A passagem mostra Jesus iniciando uma nova jornada. Marcos informa que durante a viagem ele realizou quatro milagres, e esse foi o primeiro (os outros: a libertação do endemoninhado chamado Legião; a cura da mulher hemorrágica; a ressuscitação da filha de Jairo). Ao relatar a ação de Jesus controlando o vento, Marcos quer mostrar que ele fez algo que só Deus, o Criador, pode fazer. Nos capítulos anteriores, Marcos mostra o poder de Jesus na realização de milagres de cura e de libertação. Mas aqui temos um milagre diretamente relacionado com as forças da natureza. Essa ação de Jesus mostra-o como alguém com poder de controlar o vento e assim agindo como Deus. O mar (ou lago) da Galileia foi o cenário físico do episódio.

## Note-se que eles estavam indo para o outro lado do lago (4.35)

"Naquele dia" (gr. *ekeínēi tēi hēmérai*), o expediente foi muito longo e desgastante para Jesus e seus discípulos. O Mestre tivera de suportar ainda a acusação de operar "pelo príncipe dos demônios" e de estar possuído por ninguém menos que Belzebu (3.20-30). Mal acabara de sair dessa discussão quando sua mãe, seguida de todos os seus irmãos e talvez de suas irmãs, se apresentou com o propósito de "sequestrá-lo" e afastá-lo da loucura de seu ministério, pois temiam que o levasse à morte (3.31-35). Além disso, Jesus estava o tempo todo cercado de "muita gente", que na ocasião estava "assentada ao seu redor" (3.32). Tanto em casa quanto no mar, ele havia ensinado por parábolas quase sem parar, de modo que "ao anoitecer" (gr. *opsías genoménēs*) estava exausto e queria descansar. Então, planejou retirar-se com alguns dos discípulos para a margem oriental do lago, ou seja, a região da Pereia ou dos "gerasenos" (5.1; "gadarenos", em algumas versões da Bíblia). O propósito da viagem era que Jesus queria um pouco de tranquilidade, depois de ter atendido e ensinado "uma multidão" (4.1,2).

A viagem para o outro lado do lago durante toda a noite no barco embalado pelo movimento da água foi para Jesus o melhor tratamento para sua fadiga. Por isso, quase em desespero, ele disse aos discípulos: "Vamos para o outro lado". Além disso, diferentemente da margem ocidental do lago, a costa oriental tinha poucas aldeias, e a terra era menos fértil e, portanto, pouco cultivada ("lugar deserto"). Ir para um lugar assim representava uma promessa de descanso e relaxamento. No entanto, havia também ali um povo muito necessitado de seu ministério. De fato, do outro lado do lago, para onde estavam indo, novos desafios e oportunidades aguardavam Jesus manifestar seu amor poderoso.

## Note-se a presença de outros barcos (4.36)

Jesus e seu pequeno grupo de discípulos, "deixando a multidão", navegaram no barco de onde ele havia ministrado seus últimos ensinamentos naquele dia. É impressionante que o texto grego diga que "eles o levaram no barco" (gr. *paralambánousin autòn*) quase com urgência e sem qualquer preparação para a viagem, que, apesar de não ser muito longa, podia durar a noite inteira. Talvez tenham feito isso para se livrar da multidão, mas a estratégia não funcionou, porque "outros barcos também o acompanhavam".

Esse versículo contém detalhes que não são encontrados nos outros Sinópticos e suscitam algumas questões. Primeira: o que o texto grego quer dizer quando informa que Jesus foi levado "assim como estava"? O verbo grego *paralambánō* significa "levar consigo", "levar-se" (*BA*: "Levaram-no com eles no barco, como estava"; *BJ*: "Levaram-no no barco, como estava"; *VP*: "Levaram Jesus no barco em que já estava"; *NA*: "Levaram-no ao barco, assim como estava"). Três coisas se destacam aqui: 1) Jesus estava sentado no barco, de onde havia ensinado durante boa parte daquele dia; 2) foram os discípulos que agiram nesse momento, porque Jesus estava exausto, e eles eram os especialistas em navegação; 3) foram os discípulos que despediram a multidão e puseram distância entre ela e Jesus. Segunda: o que significa a frase "outros barcos também o acompanhavam"? Os que o seguiam nos outros barcos faziam parte do grupo apostólico de Jesus ou era gente da multidão que também sofreu com a tempestade imprevista?

Como se vê, era impossível para Jesus escapar da multidão que o seguia. Mas todas essas pessoas que se lançaram ao mar em "outros barcos" também foram vítimas da tempestade e por sua vez testemunharam o milagre que Jesus realizou. Dessa forma, não só os discípulos foram protagonistas da poderosa ação de Jesus, mas, como em outras ocasiões, uma multidão pôde experimentar coletivamente o fenômeno. Ao que parece, a mesma multidão também foi testemunha dos milagres que se seguiram.

## Note-se que uma tempestade se desencadeou (4.37)

"Levantou-se um forte vendaval." A excursão foi frustrada porque uma tempestade de vento forte surgiu de modo repentino (gr. *gínetai laĩlaps megálē anémou*). Os Sinópticos descrevem o fenômeno de maneiras diferentes. Marcos vividamente usa o presente histórico, ao passo que Mateus diz que a tempestade "se levantou" (gr. *egéneto*, 8.24) e Lucas observa que ela "caiu" (gr. *katébē*, 8.23). À semelhança de Marcos, Lucas fala de um "vendaval" (gr. *laīlaps*); já Mateus se refere a uma "tempestade" (gr. *seismós*, como num terremoto). Tempestades desse tipo eram frequentes no mar da Galileia, porque o espelho de água era cercado por montanhas, a topografia da região favorecia a canalização dos ventos e o lago ficava bem abaixo do nível do mar. Quando o vento soprava do norte, ficava sem saída e agitava consideravelmente a água do lago. Além disso, o ar quente na depressão fazia que se formassem tempestades no lago, que se precipitavam com grande força. O vento produzia ondas que cobriam o barco e o inundavam (Mateus 8.24). Como bons pescadores, os discípulos conheciam os riscos envolvidos nessas tempestades repentinas e a facilidade com que um barco podia virar.[2] No entanto, essa tempestade em particular deve ter sido muito violenta, porque homens experimentados em navegação, como esses pescadores que seguiam Jesus, ficaram aterrorizados com o fenômeno. E não era para menos, porque o barco "ia se enchendo de água".

## Note-se o comportamento de Jesus (4.38)

Marcos não exagera na descrição da tempestade, que por certo recebeu palavra por palavra de Pedro, que a vivenciou (talvez o barco que estava inundando fosse dele). Com grande habilidade, porém, o evangelista contrasta a imagem do barco inundado e dos discípulos desesperados com a de Jesus dormindo "com a cabeça sobre um travesseiro". A cena poderia muito bem ser intitulada "A tranquilidade de Jesus e o pavor dos discípulos". A imagem mostra um Jesus exausto, que se recostou ao assento de couro no qual estava sentado o piloto do barco. Esse detalhe mostra a autenticidade do relato, proveniente de uma testemunha ocular, provavelmente Pedro. Jesus estava mergulhado num sono profundo (não como se estivesse cochilando), quando foi despertado com um grito: "Mestre!" (gr. *Didáskale*). Os discípulos consideravam Jesus, acima de tudo, um rabino, um mestre da Palavra, mas ainda não estavam em condições de confessá-lo como Messias e Senhor. Talvez por essa razão estivessem tão apavorados e tensos: "Não te importas que morramos?", foi o clamor deles. Por isso, não podiam deixar de reprovar a atitude aparentemente

2. John HARGREAVES, **A Guide to St. Mark's Gospel**, p. 78.

alheia de amor e de carinho por parte de Jesus. A cena também mostra que Jesus era humano, pois adormecera profundamente.

## Note-se a autoridade de Jesus (4.39)

Diante dos gritos de seus discípulos, Jesus por fim acordou de seu sono profundo e, enquanto eles o censuravam por dormir no meio de tamanha tempestade, ele se levantou, "repreendeu o vento" e acalmou o mar. Foi uma demonstração assombrosa do poder e da autoridade de Jesus, que assim pôs ordem no caos da natureza. Jesus atendeu imediatamente ao pedido desesperado e não muito ortodoxo dos discípulos. Sua ordem ao mar ("Aquiete-se! Acalme-se!") foi um imperativo ativo presente (gr. *siōpa*) seguido de um imperativo passivo perfeito (gr. *pefímōso*). Jesus, como agente de Deus Pai na criação (v. João 1.3,10; 1Coríntios 8.6; Colossenses 1.16; Hebreus 1.2), possuía e possui todo poder sobre ela (Salmos 33.6,7; 65.6-13; 147.18).

O poder de Deus, que operava nele, manifestou-se na autoridade de suas palavras: "Aquiete-se! Acalme-se!". Note-se que Jesus usou exatamente as mesmas palavras que proferiu diante do endemoninhado de 1.25. Seu poder cobre todas as áreas da realidade. Nesse caso, seu poder atuou sobre as forças da natureza. No entanto, a tempestade passou não por causa do que Jesus disse, mas por causa do poder de Deus que operava nele. Só Deus pode acalmar o vento (Salmos 89.9; 107.29), de modo que sua ação deixou claro que ele era Deus, de acordo com a manifestação de poder expressa em suas palavras.

## Note-se a necessidade dos discípulos (4.40)

Imediatamente após deter a tempestade e acalmar o mar, Jesus voltou-se para seus discípulos a fim de acalmar a tempestade que se formou dentro deles por causa do pavor que os assaltara: "Por que vocês estão com tanto medo?". O medo dos discípulos era evidente. O motivo parecia ser o trauma que haviam acabado de experimentar. No entanto, Jesus foi ao fundo da questão, e sua segunda pergunta visava a um diagnóstico mais profundo: "Ainda não têm fé?". É uma boa pergunta para todo crente que esteja enfrentando alguma tempestade na vida ou navegando em um mar agitado. Dessa forma, Jesus estava dando aos discípulos uma das lições mais importantes que eles precisavam aprender se pretendiam continuar sua missão no mundo. E ele fez isso por meio de ações e palavras.

O problema dos discípulos era a falta de confiança em Deus. Isso não significa ficar de braços cruzados esperando que Deus faça as coisas que podemos e devemos fazer, e sim que, além das circunstâncias difíceis da vida, há sempre o Senhor e a grandeza de seu amor, prontos para atender às nossas necessidades (Isaías 26.3; Deuteronômio 33.27; Lucas 12.7-12). Jesus confiava que nenhuma circunstância, nem mesmo a tempestade mais violenta, podia frustrar os planos que o Pai havia traçado para ele. Por isso, ele podia descansar em paz na hora da angústia. Antes, os discípulos o haviam repreendido por sua falta de consideração. Agora, Jesus os repreendia por sua falta de fé.

### Note-se o espanto dos discípulos (4.41)

Esse versículo deixa evidente a infância teológica e a imaturidade espiritual dos discípulos de Jesus. O contexto põe em contraste vários tipos de incredulidade. Por um lado, havia a incredulidade da família nuclear de Jesus (3.31,32). Por outro lado, havia a incredulidade dos líderes religiosos (3.20-30). Por fim, havia a incredulidade dos discípulos mais próximos (4.40,41). No entanto, essas "incredulidades" ou carências de fé não eram as mesmas. Nos primeiro e no terceiro casos, tratava-se de uma espiritualidade imatura, mas que iria crescer e se fortalecer com o tempo e por obra do Espírito Santo (Atos 1.12-14). A falta de fé dos discípulos resultava de sua imaturidade espiritual e de sua ignorância. No segundo caso, a falta de fé era deliberada e perversa. Fariseus, mestres da lei e outros inimigos de Jesus haviam testemunhado sinal após sinal, verdade após verdade, mas por causa de seus preconceitos esses recalcitrantes líderes religiosos não só se recusavam a acreditar, como também atribuíam os milagres de Jesus ao poder de Satanás, e o único objetivo deles agora era matá-lo. Esse é o pecado imperdoável! (Marcos 3.28-30).

O resultado da interpelação dos discípulos foi a ação libertadora de Jesus. O resultado da repreensão de Jesus foi o espanto ou pavor ("medo", *RVR*) deles. Aqui a atitude de espanto é diferente do medo do v. 40. O pavor que sentiam era a sensação de pequenez e vulnerabilidade diante do infinito e do majestoso. Quando esse medo se apodera do coração humano, não há espaço para outro tipo de medo. Os discípulos ficaram atônitos diante da ação de Jesus, mas se mostraram mais perplexos diante dele próprio: "Quem é este que até o vento e o mar lhe obedecem?" (cf. 6.50; 9.6; 10.32; 16.8; Lucas 5.8).

A passagem sintetiza a atitude dos discípulos informando que eles "estavam apavorados". Marcos menciona com frequência o espanto ou o temor reverente que os ensinos e as ações de Jesus produziam: espanto na ressurreição da filha de Jairo (5.42); por seu ensino sobre os ricos (10.25,26); por sua sabedoria e seus milagres (6.2); pela cura de um paralítico (2.12); quando Jesus acalmou o vento (6.51); por suas palavras (10.24); pela libertação de um endemoninhado (5.20); por seu silêncio (15.5); por fazer os surdos ouvirem e os mudos falarem (7.37); por seus ensinos (11.18).

## Note-se a importância da experiência

Os discípulos ainda não entendiam tudo, e levaria algum tempo até Pedro manifestar algum nível de compreensão com sua confissão em Cesareia de Filipe (8.29). No entanto, a passagem apresenta mais um avanço nesse processo de encontro com Jesus e com sua ação messiânica. As viagens através do lago (4.35; 5.1-21; 6.32,45,53; 8.10,14) apresentam um denominador comum de experiências de iluminação para os discípulos. Marcos insiste na falta de compreensão deles sobre a pessoa e a obra de Jesus (4.13,33,40; 6.52; 7.18; 8.17,21). Nesse sentido, o barco era mais que um simples meio de transporte para esses homens. Era de fato uma sala de aula, isolada o bastante do mundo, de modo que sua agitação não perturbava o desenvolvimento do que Jesus queria ensinar ao círculo mais íntimo de seus seguidores. O ciclo letivo flutuante começa em 3.7 e termina em 8.29, quando Pedro, representando sua classe, responde corretamente à pergunta crucial de Jesus: "Tu és o Cristo [o Messias]".

Portanto, esse nível de entendimento foi a culminação de um processo de ir e vir no barco através do lago, durante o qual Jesus estava revelando a seus seguidores o fio condutor de sua prática, da qual eles eram testemunhas e participantes. É interessante que os discípulos não responderam às duas perguntas de Jesus: "Por que vocês estão com tanto medo?"; "Ainda não têm fé?" (v. 40). E, como Guillermo Hendriksen observa, é surpreendente que o texto também não registre uma resposta à pergunta dos discípulos: "Quem é este?". A esse respeito, Hendriksen comenta: "De maneira muito apropriada, a narrativa termina com a atenção voltada para a pessoa de Jesus Cristo, a fim de que todos que a leiam possam dar sua resposta, professar sua fé e adicionar uma doxologia própria".[3]

---

3. Guillermo Hendriksen, **El evangelio según San Marcos**, p. 193.

## JESUS NÃO PODE FAZER MILAGRES (6.1-6a)

Os primeiros versículos do cap. 6 registram um fato incomum e histórico, conhecido como "a rejeição a Jesus de Nazaré". É o relato de um incidente de grande significado para os escritores dos evangelhos, já que tanto Mateus (13.53-58) quanto Lucas (4.16-30) oferecem registros exclusivos sobre o fato. Obviamente, os três Sinópticos relatam o mesmo incidente, uma vez que a sequência da história, a expressão do Senhor e a localização cronológica são as mesmas.

### A rejeição de seus conterrâneos (6.1-3)

O texto indica que Jesus "foi para a sua cidade" (gr. *eis tēn patrída autoū*; v. Mateus 13.54). Isso quer dizer que ele foi para Nazaré (que significa "ramo"). Essa pequena cidade da Galileia estava situada a meio caminho entre o mar da Galileia e o Mediterrâneo, nas colinas ao norte da planície de Esdrelom. Tratava-se de uma aldeia marginal e vítima do preconceito e do escárnio do restante dos povos da Palestina (João 1.46). Mas foi ali que Jesus viveu até a idade adulta e foi onde começou seu ministério (Lucas 2.39,40; 4.16). Ali ele também foi rejeitado, no início de seu ministério na Galileia (Lucas 4.16-31), e ali foi rejeitado outra vez, nessa ocasião (6.1-6). Era natural que Jesus quisesse visitar sua mãe (provavelmente, viúva) e seus irmãos e irmãs. Era admirável que ele quisesse dar a Nazaré, a seus conterrâneos, uma segunda chance de aceitá-lo como o Messias. Mas acabou sendo rejeitado mais uma vez.

**A rejeição.** É interessante que, no arcabouço do ministério de Jesus, a rejeição em sua cidade, Nazaré, represente o clímax de uma série de fortes rejeições a ele e a seu ministério. O *establishment* religioso resistia a Jesus com oposição e questionamentos. A passagem de Marcos 2.1—3.6 registra essa rejeição por parte dos líderes religiosos. À medida que fazia suas afirmações radicais, lutando para neutralizar os poderes do mal e resistindo à religião rígida e formal com uma alternativa própria (o Reino de Deus), Jesus era confrontado com uma dolorosa rejeição, resultante da descrença de muitos.

**O escândalo.** Em Nazaré, os conterrâneos que haviam conhecido Jesus, primeiro como criança e depois como carpinteiro da cidade, mostraram-se céticos com relação a ele. Por isso, "ficavam escandalizados por causa dele" (v. 3), em face de suas reivindicações, ensinos e curas. Jesus respondeu ao assombro e ao questionamento deles com um provérbio: "Só em sua própria terra, entre seus parentes e em sua própria casa, é que um profeta não tem honra" (v. 4). Aqui Marcos faz um juízo de valor, aparentemente pouco generoso: "Não pôde fazer ali nenhum milagre" (v. 5a). Se os evangelistas quisessem apresentar Jesus apenas como alguém capaz de realizar ações sobrenaturais, eles teriam suprimido esse incidente. Além disso, se os registros dos Sinópticos tivessem sido afetados ou corrompidos por distorções intencionais das evidências ou mesmo pela fabricação de milagres impressionantes, como alguns têm sugerido, essa explicação deveria ter sido deixada de lado. Mas os três autores dos Sinópticos registram o fato com grande honestidade e integridade: Jesus não pôde fazer milagres. Não é o tipo de incidente que um especialista em relações públicas escolheria para promover um candidato. O texto parece reconhecer que os poderes de Jesus eram limitados, porém uma análise mais profunda nos trará uma compreensão mais crucial e construtiva. Ou seja, assim como o povo de Nazaré se escandalizou por causa dele, Jesus ficou escandalizado com a rejeição deles.

**O motivo.** Parece evidente que a raiz da rejeição a Jesus por seus compatriotas não se deu tanto por motivos religiosos ou políticos, mas por simples inveja e preconceito. O tom das perguntas denota menosprezo, como observa Alberto F. Roldán: "[...] revela o preconceito que tanto caracteriza a natureza humana. Não se pode aceitar que alguém que seja um simples carpinteiro possa ter a sabedoria que esse homem demonstra. Sem dúvida, foi um carpinteiro que as proferiu, mas suas palavras e obras excedem os limites de um mero artesão".[4]

> **Alessandro Pronzato:** "É o equívoco de sempre. A mania de 'fechar' as questões incômodas com o que já se sabe, em vez de deixá-las abertas numa postura de busca e de sofrida espera daquilo que ainda não se conhece. [...] Fala-se em disposição, mas o fato é que as pessoas estão 'dispostas' apenas a conhecer o inusitado em categorias preexistentes. A crise da rejeição, em certos casos, denuncia a incompatibilidade da 'programação' com base em nossas

4. **Jesús en acción:** un comentario dinámico al evangelio de Marcos, v. 1, p. 98.

exigências, não nas demandas da verdade. Em termos evangélicos, a rotulação é o oposto do interesse. A rotulação fecha, dá garantias ("O que se pode esperar dessa gente? O que pode sair dessa família? Todos sabemos quem eles são..."). Em contrapartida, o interesse mantém a ferida aberta, sempre cutucada pelas questões incômodas. Assim, os habitantes de Nazaré fazem a pergunta certa, mas se apressam em buscar a resposta na direção errada (a família de Jesus)".[5]

## A descrença de seus conterrâneos (6.4-6a)

Marcos não se furta a lidar com duas questões resultantes do contexto de incredulidade que saturava a atmosfera em Nazaré. Com traços nítidos e fortes, carregados de grande emoção, o evangelista põe Jesus no centro da cena, enquanto pinta uma paisagem dramática em torno dele.

**O fracasso.** A primeira coisa que se percebe ao contemplar a cena é o fracasso de Jesus: Ele "não pôde fazer ali nenhum milagre" (gr. *ouk edýnato ekeī poiēsai oudemían dýnamin*, v. 5a). O Senhor todo-poderoso, que tinha acabado de curar a mulher hemorrágica e ressuscitado a filha de Jairo, só pôde agora "impor as mãos sobre alguns doentes e curá-los" (v. 5b). Não obstante, cabe aqui a pergunta: o que aconteceu foi por impotência de Jesus ou de seus compatriotas?

> **José Ignacio González Faus:** "Marcos é o evangelista que dá mais destaque à 'impotência' de Jesus. O sumário de 6.5,6, em comparação com os outros evangelistas, deixa de ser um resumo dos milagres para se tornar uma declaração de deficiência. Nesse mesmo sentido, a presença do motivo das 'técnicas' às vezes apresenta Jesus como se ele estivesse progressivamente lutando contra a doença. O poder taumatúrgico de Jesus, portanto, não era para Marcos ilimitado, mas coexistente com sua fraqueza ou com seu anonimato".[6]

**A incredulidade.** A razão do fracasso de Jesus é apresentada com todas as letras, e o ingrediente que falta é implicitamente identificado dessa maneira,

5. **Un cristiano empieza a leer el evangelio de Marcos**, v. 1, p. 284.
6. **Clamor del reino**, p. 44.

o qual representa a chave para nossa longa busca do significado dos milagres e do necessário elemento da integralidade. Embora Jesus tenha curado alguns doentes em Nazaré, a barreira para uma ministração mais ampla veio claramente da descrença prevalecente (v. 6a). A fé é um requisito indispensável para que a cura e o milagre ocorram. Para que essa fé amadureça, foi preciso que o carpinteiro Jesus se tornasse Jesus, o Filho de Deus, que o Jesus familiar se tornasse o Senhor Jesus e que o Jesus amigo e conterrâneo se tornasse o Salvador Jesus. Não se veem mais milagres nem curas em muitas igrejas evangélicas de hoje. Estaria faltando a fé que catalisa a poderosa ação de Jesus? Não há milagres ou curas onde há incredulidade. Uma igreja que despreza o ministério profético e poderoso de Jesus, o carpinteiro de Nazaré, será incapaz de enfrentar as necessidades das pessoas que clamam por salvação, cura e libertação. Ela se mostrará impotente e pregará um Cristo incapaz de resolver os problemas críticos que abalam os indivíduos, as famílias e a sociedade como um todo.

**O espanto.** A passagem termina com um julgamento dramático de valor por parte de Jesus: ele "ficou admirado com a incredulidade deles" (gr. *ethaúmazen dià tēn apistían autōn*, v. 6a). O verbo grego *thaumázō* ("maravilhar-se", "admirar-se", "espantar-se") é uma ação pontual do passado (aoristo). Jesus tinha o dom da palavra de conhecimento e discernimento de espíritos para saber muito bem o que havia no coração humano. Mesmo assim, não pôde deixar de ficar espantado com a realidade da descrença de seus compatriotas. Assim como em outro momento Jesus "admirou-se" (gr. *ethaúmasen*) com a fé do centurião romano (Mateus 8.10; Lucas 7.9), quando o mais provável era que não houvesse, aqui ele se espanta com a falta de fé daqueles que ele supunha serem os que o conheciam melhor e podiam confiar mais nele. E isso incluía sua mãe e seus irmãos carnais.

Como historiador e estudioso das Escrituras, analisei cuidadosamente cada relato de cura nos Evangelhos sinópticos. Exceto nas várias ocasiões em que o registro de um milagre se mescla com uma controvérsia maior, os relatos demonstram repetidas vezes o papel fundamental da fé por parte da pessoa curada. A fé envolvia o que pode ser considerado confiança no poder de Jesus em operar maravilhas. Muitas vezes, essa fé assumia uma atitude de oração quando a pessoa envolvida caía de joelhos aos pés de Jesus e fazia seu humilde pedido de cura. Da mesma forma, é surpreendente a frequência de uma palavra de aprovação da parte de Jesus após a cura: "A sua fé o/a curou". O evangelho de Mateus também mostra uma sensibilidade excepcionalmente aguda ao papel da fé na operação de um milagre.

Desse modo, com base nesse registro de rejeição e dos vários relatos positivos de cura, aprendemos que a fé é o elemento crucial para que um milagre do Senhor aconteça. A incredulidade continua sendo o elemento que impede o ministério milagroso de Cristo em nossa vida. Quando vemos Cristo como um homem comum ou mesmo como objeto de menosprezo (v. 2,3), perdem-se as bênçãos que derivam de seu poder em ação.

## JESUS MULTIPLICA O ALIMENTO (6.30-44; 8.1-9)

A melhor maneira de obter uma compreensão plena do significado e da natureza dos milagres é interpretar os textos bíblicos que os relatam. Dessa forma, permitimos que a Bíblia explique por si mesma a questão. Quando fazemos isso, descobrimos que a soberania de Deus é afirmada em milagres. Jesus surge como o Senhor sobre toda a ordem criada. Portanto, os milagres são sinais da presença e da realidade do Reino de Deus. E essa é a razão pela qual Jesus os realizou e continua a realizá-los por meio de seus seguidores.

> **Helmut Thielicke:** "Os milagres de Jesus são [...] uma espécie de memorial do que Deus originariamente pretendia que fosse a criação num mundo em que sua criação se tornou desordenada. No mesmo sentido, as declarações escatológicas a respeito de um mundo vindouro, no qual não haverá mais sofrimento, choro ou morte, devem ser entendidas como alusões à restauração e à continuação das intenções originais do Criador".[7]

Desse modo, os milagres estão relacionados com a vontade de Deus, tanto original quanto escatologicamente, ou seja, em sua consumação futura. Esse entendimento se aplica às duas passagens que analisaremos nesta seção. Note-se que Marcos narra dois episódios de multiplicação de alimentos.

---

7. **The Ethics of Sex**, p. 282.

## Jesus alimenta 5 mil (6.30-44)

É interessante que esse milagre, como o da tempestade no lago, ocorreu após um período de grande atividade, quando Jesus estava querendo descansar (v. 30,31). Aqui também Jesus e seus discípulos se deslocam num barco (v. 32), e o povo vai atrás dele com suas necessidades (v. 33). Ao alimentar a multidão ao ar livre, Jesus fez duas coisas: 1) aumentou a quantidade de comida de modo sobrenatural; 2) ensinou o povo, por meio de sua ação, algo mais sobre o Reino de Deus. O episódio é tanto um milagre de alimentação quanto uma parábola encenada.

**Um milagre de alimentação (v. 30-44).** Jesus já havia demonstrado seu poder sobre os elementos da natureza (4.35-41). Agora, ele demonstra seu poder sobre as coisas que o ser humano precisa para sua subsistência. Com o retorno dos discípulos de sua missão a Israel e após a execução de João Batista (v. 14-29), Jesus levou seu pequeno grupo de seguidores para um período de retiro e descanso. Eles começaram essa retirada estratégica lançando-se ao mar num barco. A multidão ansiosa e faminta viu-os partir e correu para aguardar Jesus do outro lado do lago. Quando consideramos esse episódio um milagre na natureza, várias coisas devem ser levadas em conta.

*As necessidades humanas.* As carências humanas são a ocasião propícia para Deus manifestar seu poder amoroso. A necessidade básica mencionada na passagem é a de alimento. Jesus e seus discípulos eram os que mais precisavam se alimentar, pois chegaram "ao ponto de eles não terem tempo para comer", pelo fato de que "havia muita gente indo e vindo" (v. 31a). O outro grupo que também precisava se alimentar era a enorme quantidade de gente que os havia seguido por terra e também não tinha comida. Jesus planejou o descanso dos discípulos (v. 31b) e aproveitou a presença da "grande multidão" para "ensinar-lhes muitas coisas" (v. 34). No entanto, ao que parece, não pensou na necessidade logística de prover alimento suficiente para uns e outros. É interessante que, enquanto Jesus estava ocupado em fazer que os discípulos descansassem e o povo fosse pastoreado com seus ensinos ("eram como ovelhas sem pastor", gr. *ēsan hōs próbata mē échonta poiména*), foram os discípulos que expressaram preocupação com a falta de comida ao longo do dia (v. 35,36). Jesus estava tão alheio à necessidade de alimento que, para preocupação dos discípulos, deu-lhes uma resposta irracional e fora do lugar:

"Deem-lhes vocês algo para comer" (v. 37a). Não é de admirar a reação e a objeção dos discípulos, que pareciam muito lógicas: "Isto exigiria duzentos denários! Devemos gastar tanto dinheiro em pão e dar-lhes de comer?" (v. 37b).

*A atitude messiânica.* Uma observação importante, bem destacada no texto de Marcos, é a resposta tipicamente messiânica de Jesus quando viu a grande multidão que o rodeava: seu coração encheu-se de compaixão por eles (v. 34). Ele costumava atender às necessidades humanas com o coração de pastor (v. Mateus 9.35-38). Como não sofria resistência das multidões sempre presentes, recebia o povo com sua compaixão característica. A palavra "compaixão" (gr. *splagchnísthē*) é de grande importância no testemunho evangélico. Ser compassivo é sentir paixão por outra pessoa ou internalizar a dor e a tristeza de alguém. Vários termos gregos do Novo Testamento encerram esse significado. Nesse caso, o verbo *splagchnízomai* refere-se a um sentimento profundo (do estômago, gr. *splágchnon*, que, como se acreditava, era a sede das emoções). Jesus usou esse termo para definir a atitude que deveria governar a vida de todo crente (Mateus 18.27; Lucas 10.33; 15.20). Jesus tinha compaixão das multidões (Marcos 6.34), e o povo apelava para sua compaixão (Marcos 9.22; Mateus 9.35; 20.34).

A descrição do povo como "ovelhas sem pastor" é uma alusão a Números 27.17 e Ezequiel 34.5 no contexto do deserto. Moisés expressava preocupação com a necessidade de ter um novo pastor enviado por Deus para cuidar do povo antes de sua morte, a fim de que não fossem abandonados no deserto. Jesus, à semelhança de Moisés, também se importava com o povo. A reação messiânica de compaixão era a motivação interna por trás do milagre que realizou.

*Os recursos humanos.* A necessidade humana da multidão reunida naquele "lugar deserto" (gr. *érēmós estin ho tópos*; o v. 32 define-o como um "lugar solitário", *érēmon tópon kat' idían*) era grande demais para os parcos recursos dos discípulos, que, armados de bom julgamento prático, aconselharam o Mestre a dispensar a multidão antes do anoitecer, já que não havia comida disponível para tanta gente (v. 35,36). Ainda que juntassem todo o dinheiro disponível no grupo e estivessem dispostos a "gastar tanto dinheiro em pão e dar-lhes de comer", não seria suficiente. Além disso, onde encontrar uma padaria naquele "lugar deserto" e àquela hora com tantos pães ou com "algo para comer"? No entanto, quando Jesus retrucou: "Deem-lhes vocês algo para comer", com certeza havia percebido que alguns recursos humanos podiam estar à mão. De fato, parece que foi pensando nesses recursos que Jesus lhes perguntou: "Quantos pães vocês têm?" e lhes ordenou: "Verifiquem". O resultado foi magro: "cinco pães e dois peixes". Mas para Jesus aqueles recursos humanos superescassos eram o bastante para ativar o poder de Deus. O pouco se tornou muito nas poderosas mãos de Jesus, e assim os discípulos alimentaram 5 mil homens, além de mulheres e crianças.

*A ação divina.* Os discípulos colocaram nas mãos de Jesus os poucos alimentos que haviam conseguido. Então, ele orou e os devolveu para que pudessem distribuí-los entre as pessoas. É importante observar a oração de Jesus aqui como a chave para entender seus milagres. Marcos ressalta o ponto cardeal da ação divina pouco antes da multiplicação, quando Jesus, "olhando para o céu, deu graças" (v. 41). Antes de tudo, Jesus orou ao Pai. O milagre veio em resposta a essa oração. No relato de João sobre o milagre da ressurreição de Lázaro, Jesus agradeceu explicitamente ao Pai por ouvir sua oração (João 11.41c). Seriam os milagres a resposta divina às orações de Jesus? A resposta a essa pergunta é encontrada em Filipenses 2.5-11.

A questão é que depois de Jesus ter orado algo maravilhoso aconteceu. Deus operou uma incrível multiplicação, e os discípulos puderam distribuir muito mais comida que no começo. Eles iam e voltavam até Jesus, e ele continuou a lhes fornecer mais e mais comida. Foi um milagre, e não há maneira racional de explicá-lo. Jesus agiu pelo poder do Pai, que é o Criador. Naquela tarde, ele fez o mesmo que Deus fizera "no princípio" e continua fazendo todos os dias, quando germinam as sementes que se transformam em alimento para milhões de pessoas.

*A estratégia divina.* Como Jesus realizou esse milagre? Marcos não dá uma resposta; apenas diz *quem* o fez, ou seja, o Filho de Deus, por seu amor poderoso. Não há mal em perguntar *como* ele fez isso, mas convém lembrar que, se não podemos responder a essa pergunta, isso não invalida a realidade do que aconteceu. É um problema de nossa ignorância, não do poder de Deus para operar.

Em contrapartida, o Senhor faz o milagre com seu poder, mas precisou de seres humanos como agentes. "Deem-lhes vocês algo para comer" é uma ordem ainda em vigor. Precisamos fazer algo pelos famintos e pelos doentes (Tiago 2.14-17). Dois terços da humanidade sofrem de fome crônica. O que estamos fazendo por eles? Não podemos esperar que os outros ajam. Aqui Jesus diz claramente que isso é *nossa* responsabilidade ("vocês"). Mas temos dificuldade para aceitar isso. Os discípulos questionaram Jesus por causa disso (6.37b), como fizeram em outras ocasiões (4.38; 5.31). Nós o questionamos em silêncio toda vez que pensamos ser impossível fazer o que ele ordenou que fizéssemos em seu nome e com seu poder.

**Uma parábola encenada.** As ações poderosas de Jesus não se destinavam apenas a suprir uma necessidade imediata, mas também a ensinar algo sobre a realidade e as demandas do Reino de Deus.

*A realidade do Reino.* É bem possível que ao alimentar a multidão Jesus estivesse encenando a parábola do grande banquete, de Lucas 14.16-24. O Senhor estava mostrando ao povo, por meio da multiplicação milagrosa de alimento, que ele era o Messias profetizado por Isaías. Desse modo, a comida era uma forma de dizer a eles: "O Reino de Deus já começou a vir, e vocês podem usufruir dele com alegria. De fato, podem *desde já* receber a nova vida desfrutada por aqueles que pertencem ao Reino de Deus".

*As demandas do Reino.* Esse milagre também ensina que devemos repartir o que temos, ainda que seja muito pouco. Os discípulos compartilharam o que tinham e depois distribuíram o que Jesus multiplicou. O milagre ocorreu porque a comida foi voluntariamente oferecida a Jesus, e ele a aceitou. O mesmo acontece quando alguém se oferece ao Senhor: sua vida se torna muito mais valiosa para Deus e para o mundo. Temos pouco a oferecer, mas isso se torna muito em suas poderosas mãos. Jesus partiu os pães para mostrar que devemos compartilhar o que ele nos dá. Quando isso acontece, o que ele nos dá sempre é suficiente e satisfaz a todos.

## Jesus alimenta 4 mil (8.1-9)

Esse episódio é quase uma repetição de 6.30-44. Quando comparamos ambos os relatos, temos a impressão de que se trata do mesmo milagre em duas versões. De fato, há detalhes semelhantes: a compaixão de Jesus (6.34 e 8.2a); o povo que não tinha nada para comer (6.35,36 e 8.1,2b); a pergunta dos discípulos a Jesus (6.37b e 8.4); a pergunta de Jesus aos discípulos (6.38 e 8.5a); a quantidade de recursos (6.38 e 8.5b,7a); a ordem de Jesus ao povo (6.39 e 8.6a); a oração que produziu o milagre (6.41 e 8.6b,7b); a multidão satisfeita (6.42 e 8.8a); a quantidade de comida que sobrou (6.43 e 8.8b); o relatório sobre a quantidade de pessoas alimentadas (6.44 e 8.9a).

**Repetição?** A pergunta óbvia quando lemos esse relato é como se explica que Marcos tenha narrado duas vezes o que parece ser a mesma história (v. 6.30-44). De fato, as lições de ambos os episódios relacionados com alimento parecem ser as mesmas. Em suma, vemos em Marcos *dois* milagres gastronômicos ou apenas *um*, do qual Marcos apresenta duas versões? Alguns acreditam que foram dois milagres, como Marcos parece sugerir em 8.19,20, principalmente por causa das diferenças entre eles. Se for o caso, fica evidente quanto os discípulos demoraram para confiar em Jesus. De acordo com 6.35-44, eles viram Jesus alimentar uma multidão de 5 mil pessoas, mas em 8.4 eles ainda se apresentam com o mesmo questionamento e as mesmas dúvidas: "Onde, neste lugar deserto, poderia alguém conseguir pão suficiente para alimentá-los?".

Outros acham que Jesus fez apenas um milagre desse tipo. Marcos teve acesso a duas versões do milagre, uma que computava "cinco mil" pessoas alimentadas e outra que somava "quatro mil", e transcreveu ambas as versões. Em todo caso, cabe a pergunta: quem teria se encarregado de contar a multidão em cada caso, para estabelecer a única diferença mais ou menos significativa entre um episódio e outro? Alguns percebem elementos semelhantes o bastante para pensar num único milagre. Lucas parece levar isso em conta quando se limita a narrar um único milagre relacionado com alimento (Lucas 9.10-17). Talvez tenha sido o que aconteceu. Em todo caso, os dois relatos de Marcos sobre o que provavelmente foi um único milagre nos dão a garantia de que um fenômeno sobrenatural de fato ocorreu.

> **Alberto F. Roldán:** "As diferenças mais importantes não se referem de maneira especial ao fato de termos num caso 5 mil pessoas e em outro 4 mil. O pequeno detalhe do uso da palavra 'cesto' nos termos originais gregos é o que nos faz pensar em um propósito especial de Marcos. De fato, *kófinos* é uma palavra que se refere à cesta que os judeus usavam para carregar pão, enquanto *espurís* é a palavra que designava o recipiente que os gentios utilizavam para o mesmo fim. Com base nesse detalhe, aparentemente secundário, vários comentaristas chegaram à conclusão que pode ser resumida como segue: é provável que, levando-se em conta esse detalhe e, acima de tudo, o fato de que esse milagre narrado ocorre em Decápolis, região habitada por gentios, enquanto a alimentação dos 5 mil ocorreu em Betsaida (cf. Lucas

> 9.10), Marcos esteja tentando mostrar que o Reino de Deus trazido por Jesus não se destinava apenas aos 'filhos do Reino', os judeus, mas também aos gentios. Já a favor da ideia de dois acontecimentos distintos, há o contexto que mostra a prédica de Jesus na qual ele se refere a dois fatos (v. 14-21). Apesar dessas diferenças, em geral os estudiosos modernos e exegetas acreditam que estamos diante de uma duplicação de um único milagre, apenas com algumas variantes".[8]

**Interpretação.** A natureza desse milagre tem levado a diferentes reações e interpretações. Uma das análises mais populares e dramáticas põe sua ênfase numa explicação moral e espiritual. Essa teoria considera a possibilidade de a multidão ter ficado tão comovida com a disposição dos discípulos em compartilhar o pouco que possuíam que todos os que haviam trazido alguma comida a apresentaram também. Assim, participaram do espírito da nova comunidade, onde tudo é compartilhado com amor e solidariedade. É uma hipótese atraente, que leva em conta um milagre de caráter espiritual e moral. Para alguns, é uma perspectiva bastante útil, mas podemos nos perguntar se um acontecimento de dimensão puramente moral e espiritual teria causado uma reação tão veemente quanto a dos fariseus (v. 11-13).

Outra interpretação interessante associa o incidente com a ceia do Senhor e entende que o relato seja na verdade mais simbólico que literal. A ênfase sobre o pão ("Quantos pães vocês têm?", v. 5), a bênção ("ele deu graças igualmente por eles", v. 7) e a ordem aos discípulos para "que os distribuíssem" ao povo são todos elementos que lembram a consagração e o ato de participar da comunhão. É provável que a ceia do Senhor tenha vindo à mente de Marcos quando ele escreveu essa história, mas praticamente não há evidências convincentes que nos permitam reduzir esse milagre a uma simples questão simbólica ou representativa da ceia do Senhor.

**Ensino.** À luz desse relato, como Marcos o apresenta, é legítimo tomá-lo como o que pretende ser: um milagre de multiplicação de pães e peixes que resultou na alimentação sobrenatural de pelo menos 4 mil pessoas. É bem provável que Jesus tenha se imaginado um novo Moisés, acompanhando seu povo no

---

8. **Jesús en acción**, v. 1, p. 125.

deserto e fornecendo-lhes maná do céu para seu sustento. William Lane leva essa conclusão ainda mais longe quando relaciona a alimentação do povo com a promessa de Isaías, segundo a qual o Messias faria uma festa com seu povo no deserto (Isaías 25.6-9).[9] Em todo caso, o episódio ressalta a compaixão e o poder de Jesus a favor dos que sofrem com a fome.

## JESUS ANDA SOBRE AS ÁGUAS (6.45-52)

Logo depois de alimentar a multidão, Jesus teve de enfrentar o perigo que o levou a procurar se afastar do povo (6.30-32), ou seja, a tentativa de forçá-lo a se tornar seu líder político, especialmente numa rebelião contra os romanos (v. João 6.15). Até mesmo seus discípulos estavam dispostos a fazer isso, porque ainda não entendiam que tipo de Messias Jesus era. Então, ele "insistiu com os discípulos para que entrassem no barco" (v. 45) e saíssem dali rapidamente. É provável que ele tenha ficado para se despedir da multidão e assegurar-lhes que não os deixaria. Feito isso, ele "subiu a um monte para orar". Mais tarde, de madrugada, foi ajudar os discípulos, que estavam com problemas no meio do lago. Todo o episódio é dramático, como uma peça teatral extraordinária. Consideremos os principais atores desse drama.

### Os discípulos (6.45-50a)

Os discípulos obedeceram à ordem apressada de Jesus para deixar o local com o objetivo de ir a Betsaida, que ficava ao norte do lago e perto do lugar onde a multidão fora alimentada. No entanto, por causa da violência do vento norte, acabaram se desviando para o sudoeste e ficaram encalhados no meio do lago (mas por fim chegaram a Genesaré, v. 53). Note-se que o problema dos discípulos não era o perigo de o barco virar e eles se afogarem (como em 4.38), mas de estarem esgotados de tanto remar para o norte, enquanto "o vento soprava contra eles" (v. 48a). Eles haviam passado a noite toda (do anoitecer até o início da manhã) tentando levar o barco adiante, o que explica sua extrema fadiga.

Com as primeiras luzes da manhã, Jesus, que os tinha visto remar com grande esforço, "dirigiu-se a eles, andando sobre o mar" (v. 48b). Isso é o que

---

9. The Gospel of Mark. In: **The New International Commentary on the New Testament**, p. 232.

o texto grego diz literalmente (*peripatōn epì tēs thalássēs*). Não entendemos como ele pôde fazer isso, mas seria tolice dizer que não poderia fazê-lo. Se ele já havia demonstrado seu domínio sobre a natureza acalmando uma tempestade e horas antes havia multiplicado pães e peixes, podia muito bem controlar as águas do lago para não afundar. No entanto, sem negar o fato de que Jesus tinha poder para andar sobre a água, há quem sugira que ele não fez isso na ocasião. Afirmam que, do os discípulos viram Jesus, ele estava andando nas águas rasas perto da costa e que, à luz da lua ao amanhecer, não podiam enxergar com clareza e pensaram que ele estava caminhando sobre águas profundas. É uma ideia interessante, mas não explica a reação dos discípulos, que "ficaram atônitos" (v. 51b), nem a avaliação de Marcos quanto ao motivo de tal espanto: "Não tinham entendido o milagre dos pães" (v. 52). Ou seja, se tivessem entendido que Jesus era o Messias, cheio do poder de Deus, teriam compreendido, sem maior espanto, que Jesus podia andar sobre águas profundas.

De fato, as emoções dos discípulos, somadas a seu grande cansaço, deixaram-nos confusos, pois "pensaram que fosse um fantasma" e "então gritaram" e "quando o viram [...] ficaram aterrorizados". Só começaram a se acalmar depois que Jesus falou com eles, identificou-se, e os tranquilizou, subiu no barco e acalmou o vento. A experiência dos discípulos ensina (como em 4.40) que podemos nos livrar de nossas emoções negativas e paralisantes. No caso dos discípulos, eles não estavam com medo do vento, porque alguns eram marinheiros experientes, mas ficaram chocados ao ver alguém andando sobre as águas. Numa atitude irracional, pensaram que era um fantasma ou um espírito que queria lhes fazer dano.

### Jesus (6.50b-52)

A atitude de Jesus é surpreendente, pois, quando percebeu o susto de seus seguidores, "imediatamente" (gr. *euthús*, "em seguida", "no mesmo instante") falou com eles, a fim de lhes trazer serenidade e confiança. Em todo caso, é surpreendente que ele tenha feito isso de modo imperativo e com certa firmeza: "Coragem!" (gr. *Tharseîte*). Na verdade, é dessa forma que um psicólogo clínico ou psiquiatra geralmente tenta interromper um surto histérico em alguém. Os discípulos pareciam estar fora de controle e precisavam de alguém para fazê-los reagir.

Quando Jesus se identificou com "Sou eu" (gr. *egō eimi*), o grupo começou a se acalmar. A expressão não apenas serviu para que os discípulos o identificassem, como também se tratava de uma frase tipicamente messiânica. Foi a forma com que o próprio Deus se identificou diante de Moisés quando este também estava assustado e temeroso diante da sarça em chamas que não se consumia (cf. Êxodo 3.13-14). Depois de se identificar e acalmar suas emoções, foi mais fácil para Jesus mudar o tom de voz e falar-lhes com mais tranquilidade e ternura: "Não tenham medo!" (gr. *mē fobeīsthe*).

Eles sentiram mais segurança depois que Jesus entrou no barco e o vento se acalmou. A presença de Jesus em nossa vida é tudo de que precisamos para que nossas emoções não transbordem e causem danos. Toda vez que o Senhor diz "Sou eu!", ele sempre acrescenta algo que representa o recurso divino para tirar nossa vida do desespero e do medo. O "sou eu" de Jesus é como um cheque em branco de Deus para cobrir todas as nossas necessidades.

John Paul Heil, comentando essa passagem, disse: "A dimensão soteriológica vai além desse resgate particular no mar e se concentra no poder absoluto de Jesus para salvar. [...] Em Marcos, então, a epifania de Jesus caminhando sobre o mar convida seus leitores à fé no incrível poder de Jesus para salvá-los".[10]

> **Ernest Best:** "Nos dois incidentes em que Jesus está num barco no lago (4.35-41; 6.45-52), ele livra os discípulos dos perigos do mar. Para os judeus, o mar era um elemento hostil, a morada do Leviatã. O livramento no mar é a libertação do mal. Pouco tempo depois, o barco passou a representar para os cristãos a comunidade dos discípulos. Eles estavam reunidos com Jesus no barco, a igreja. O livramento no lago representava, portanto, a libertação que Jesus proporcionava aos crentes nas tempestades e perseguições que afetavam o barco da igreja em Roma".[11]

## JESUS É TRANSFIGURADO (9.2-13)

Nesse ponto do ministério de Jesus, já estava claro para ele que uma morte prematura e violenta o aguardava em pouco tempo (8.31-38). Seis dias depois

10. Jesus Walking on the Sea. **Analecta Biblica**, n. 87, p. 173.
11. **Mark:** The Gospel as Story, p. 61.

de ter pronunciado essas palavras, Jesus levou três de seus discípulos (Pedro, Tiago e João) a um alto monte e realizou diante deles um de seus milagres mais notáveis e singulares. O fenômeno demonstrou que ele era o próprio e único Filho de Deus (9.7), disposto a entregar sua vida voluntariamente. O fenômeno consistiu também numa expressão do poder do Senhor sobre a natureza — nesse caso, operando sobre os sentidos humanos de maneira palpável e surpreendente.

## O relato

Não é fácil entender o que aconteceu exatamente nesse episódio, mas é possível destacar alguns aspectos interessantes e marcantes. Quase uma semana já se havia passado desde que Jesus anunciara a seus discípulos que teria de sofrer e morrer e que eles mesmos também deviam estar preparados para enfrentar alguma experiência de dor e aflição (8.31-35). Jesus não se utilizou de linguagem elusiva ou metafórica para expressar essas circunstâncias, mas "falou claramente a esse respeito" (8.32). É interessante que os três Sinópticos situem o episódio da transfiguração logo após essas declarações de Jesus, especialmente seu pronunciamento em 9.1: "Garanto que alguns dos que aqui estão de modo nenhum experimentarão a morte, antes de verem o Reino de Deus vindo com poder".

**O lugar e as circunstâncias.** Marcos informa que "seis dias depois" dessas declarações (Lucas diz "oito dias depois", Lucas 9.28) Jesus decidiu se afastar do grupo maior de seus discípulos. Para que tanto ele quanto um grupo seleto deles pudessem se oferecer em obediência a Deus e orar por orientação e fortalecimento, Jesus partiu com três de seus seguidores para um lugar onde poderiam ficar sozinhos. Esses três foram os que provavelmente haviam alcançado uma compreensão maior de seus ensinos. Tratava-se de Pedro, Tiago e João, os discípulos mais próximos. Foi assim que escalaram uma das faldas do monte Hermom, a montanha mais alta da região e a única que retém a neve durante todo o ano em seu cume.[12] No lugar ao qual chegaram, talvez não muito longe de Cesareia de Filipe, Jesus e os discípulos encontraram quietude e solitude. Enquanto oravam, os discípulos provavelmente

12. No século IV, teve início a tradição segundo a qual o monte da Transfiguração era o Tabor, na Galileia.

tiveram uma visão: o Senhor "foi transfigurado diante deles". Eles ficaram espantados e com medo ao ver Jesus em roupas brilhantes e quando Elias e Moisés lhes apareceram.

**A nuvem e a voz.** Pouco depois, "apareceu uma nuvem e os envolveu". A presença da "nuvem" (gr. *nefélē*) projeta a experiência a um plano sobrenatural e sagrado. Há pelo menos 20 exemplos nas Escrituras em que uma nuvem aparece como evidência da presença e da manifestação de Deus (Êxodo 13.21; 16.10; 19.9; 24.15,18; 34.5; 40.34; Levítico 16.13; 1Reis 8.10,11; Salmos 78.14; 99.6,7; 104.3; Isaías 19.1; Naum 1.3; Mateus 17.5; Atos 1.9; 1Tessalonicenses 4.17; Apocalipse 1.7; 10.1; 14.14). Sem dúvida, o episódio oferece elementos suficientes para considerar o fenômeno uma teofania, ou seja, uma manifestação da glória de Deus, como acontecia com frequência no Antigo Testamento (Êxodo 20.18-21).

A experiência chegou ao ponto culminante quando eles ouviram uma voz dizendo: "Este é o meu Filho amado. Ouçam-no!". E, de repente, a visão terminou.

> **Ernest Best:** "Nela [na transfiguração], a voz divina disse aos discípulos 'Ouçam-no!', ou seja, a Jesus. Sem dúvida, isso não inclui apenas os discípulos históricos. Todos os discípulos devem ouvir as palavras de Jesus. Alguns poucos versículos antes do relato da transfiguração, lemos: 'Se alguém se envergonhar de mim e das minhas palavras nesta geração adúltera e pecadora, o Filho do homem se envergonhará dele quando vier na glória de seu Pai com os santos anjos' (8.38). Quando comparamos esse texto com as formas paralelas, especialmente Lucas 12.8-10, percebemos diversas variantes e adições. Entre estas, podemos talvez atribuir ao próprio Marcos a expressão "e das minhas palavras". Essa adição é muito semelhante à de 8.35: 'Quem perder a sua vida por minha causa e pelo evangelho a salvará', onde ele introduz a expressão 'e pelo evangelho'. Em cada caso, Marcos adicionou uma referência às palavras de Jesus a uma referência à sua pessoa. Todos esses versículos aparecem na seção central do ensinamento de Marcos quanto a Jesus, sua morte e ressurreição, e à exigência que ele faz a seus discípulos. As palavras de Jesus ainda estavam vivas e deviam ser ouvidas pela igreja dos

> dias de Marcos. Podemos expressar isso de forma alternativa, dizendo que Jesus está vivo em suas palavras".[13]

## A visão

O verbo principal em 9.1 é "ver" (gr. *ídōsin*), e o eixo no relato da transfiguração é a frase "quando olharam ao redor, não viram mais ninguém, a não ser Jesus" (v. 8). Isso significa que a chave para entender a experiência é considerá-la uma manifestação da glória e do poder do Reino de Deus encarnado na pessoa de Jesus. Os verbos usados nas frases "olharam ao redor" (gr. *periblefámenoi*) e "não viram mais" (gr. *oukéti oudéna eīdon*) levam-nos a pensar na transfiguração de Jesus como uma manifestação visível do poder do Reino e de sua antecipação escatológica.

**O que aconteceu?** Tratou-se de uma visão? Mateus diz simplesmente que sim, que foi isso mesmo (Mateus 17.9). O texto indica que a aparência de Jesus mudou, ou seja, "ele foi transfigurado diante deles". Mas a aparência de Jesus mudou de fato ou foi apenas na visão dos discípulos que isso aconteceu? É muito difícil dar uma resposta completa a essa pergunta. No entanto, é possível afirmar o seguinte: 1) uma vez que Jesus era o Filho de Deus, não seria estranho que sua aparência se tornasse diferente da de outros seres humanos; 2) os três discípulos viram a aparência dele mudar; 3) talvez a mudança tenha acontecido nesse momento por ele ter se oferecido integralmente em sua oração para cumprir a vontade de seu Pai, e assim foi cheio de paz e alegria; 4) muitos rostos, de homens e mulheres, já resplandeceram (v. Êxodo 34.30) como resultado de uma profunda e intensa comunhão com Deus. Conta-se que George Fox, fundador da Sociedade dos Amigos (*quacres*), estava pregando, quando foi hostilizado por um grupo de estudantes, os quais de repente notaram que o rosto dele resplandecia e, diante disso, fizeram silêncio.

**O que é uma visão?** Visão não é sonho: é algo que as pessoas podem ver ou ouvir estando bem acordadas, geralmente quando estão orando. Isaías e Ezequiel tiveram visões (Isaías 6.1; Ezequiel 1.1), e em Atos lemos vários relatos

13. **Mark**, p. 75.

de visões (9.3 e 26.19; 10.9-11; 16.9). Desde então e ao longo da história do testemunho cristão, muitos homens e mulheres realizaram grandes obras para Deus depois de terem experimentado alguma visão.

**As visões são enviadas por Deus?** Podemos confiar no que vemos numa visão? Às vezes sim, mas nem sempre. É possível que alguém tenha uma visão apenas porque está doente, afetado por algo que comeu ou bebeu, sob os efeitos de uma medicação ou de uma droga ou por causa de alguma alteração neurológica ou psíquica. Portanto, toda pessoa que experimenta uma visão deve se perguntar: "O que essa visão me ensina? É algo que sei que o próprio Jesus gostaria de me ensinar?". Se a resposta for positiva, então é possível confiar na visão e se orientar por ela como um meio de revelação divina para indicar a vontade do Senhor. Nesse caso, podemos afirmar com segurança: "Deus me enviou essa visão". No caso da transfiguração de Jesus, parece evidente que a visão era autêntica e sobrenatural, uma vez que os três discípulos de Jesus a experimentaram ao mesmo tempo e a descrição dos detalhes coincide. É precisamente nesse fato concreto que se deu o milagre.

**Como foi a visão?** Na visão, os discípulos viram "diante deles Elias e Moisés, os quais conversavam com Jesus". Elias era considerado o grande profeta de Israel, ao passo que Moisés era seu legislador por excelência. Os judeus acreditavam que, quando o Messias viesse, Elias viria com ele (v. Malaquias 4.5). Por isso, quando Pedro viu Jesus acompanhado de Elias na visão, soube imediatamente que acertara ao declarar que Jesus era o Messias ("Tu és o Cristo", 8.29). A presença de Moisés apontava para a mesma direção, visto que a Lei e os Profetas anunciaram a vinda do Messias (Mateus 5.17; v. Atos 24.14; 26.22,23; 28.23). De fato, a presença vívida dessas duas importantes personagens do Antigo Testamento sustenta a ideia de que se tratava de uma visão, pois seria difícil aceitar que Moisés e Elias tivessem voltado da sepultura. Caso contrário, essa passagem poderia ser usada para ensinar que os mortos podem voltar à vida a qualquer momento (como uma espécie de zumbis!).

## A compreensão

Na gramática tradicional, chama-se "modo" cada uma das maneiras gerais de expressar o significado do verbo. Analisar a experiência com base nos três modos verbais de nosso idioma pode nos ajudar a entender como os discípulos interpretaram o fenômeno.

**Modo subjuntivo.** Esse modo expressa a ação do verbo com a acepção de dúvida, possibilidade ou desejo. Foi precisamente a última coisa que os discípulos expressaram diante da assombrosa visão que experimentavam. Diante de uma experiência tão extraordinária, qual foi o entendimento dos discípulos com relação ao caráter e à missão de Jesus? Como de costume, o primeiro a reagir e a fazer uma proposta foi Pedro. Esse homem impulsivo e muitas vezes precipitado estava assustado e confuso com o que via. De maneira pouco sábia, disse a primeira coisa que lhe veio à mente: "Mestre, é bom estarmos aqui. Façamos três tendas: uma para ti, uma para Moisés e uma para Elias". Essas palavras mostram o desejo de Pedro no momento, mas também trazem à luz o fato de que ele tinha algumas concepções bem equivocadas. Por um lado, estava tratando as três personagens da visão como iguais, esquecendo-se de que Jesus era muito superior e transcendente aos outros dois. Por outro lado, tentava persuadir Jesus a que permanecesse com eles na montanha, a fim de escapar do sofrimento e da morte de que o Senhor havia falado (8.31). O próprio evangelista observa que Pedro "não sabia o que dizer", por causa da perturbação emocional que estava experimentando.

**Modo indicativo.** Esse modo é o que indica a ação do verbo como real. Assim, o texto diz que foi nesse momento de grande confusão que "uma nuvem apareceu e os envolveu". Para qualquer judeu minimamente familiarizado com a história e as tradições de Israel, a nuvem era um sinal e a lembrança da presença real de Deus (Êxodo 13.21; 24.15). Quando os discípulos viram Jesus cercado pela nuvem, sem dúvida se perguntaram se Deus não estava de fato presente em Jesus. Algum tempo depois, eles sustentariam essa convicção sem sombra de dúvida. O próprio Pedro daria testemunho disso (2Pedro 1.16-19):

> **Apóstolo Pedro:** "De fato, não seguimos fábulas engenhosamente inventadas, quando falamos a vocês a respeito do poder e da vinda de nosso Senhor Jesus Cristo; ao contrário, nós fomos testemunhas oculares da sua majestade. Ele recebeu honra e glória da parte de Deus Pai, quando da suprema glória lhe foi dirigida a voz que disse: 'Este é o meu filho amado, de quem

> me agrado'. Nós mesmos ouvimos essa voz vinda dos céus, quando estávamos com ele no monte santo. Assim, temos ainda mais firme a palavra dos profetas, e vocês farão bem se a ela prestarem atenção, como a uma candeia que brilha em lugar escuro, até que o dia clareie e a estrela da alva nasça no coração de vocês".

Da nuvem, ouviu-se uma voz que dizia: "Este é o meu Filho amado". A Bíblia está cheia de histórias de pessoas que ouviram a voz de Deus. Além do aspecto audível da mensagem comunicada, ouvir a voz de Deus significa ter plena convicção de que ele está nos revelando ou comunicando algo. Nesse caso, a experiência de "ouvir" é equivalente à de "ver" numa visão (v. Atos 9.3,4). O que os discípulos ouviram foi uma grandiosa declaração do caráter divino e messiânico de Jesus. Note-se que a voz declarou: "Este é o meu Filho amado" (gr. *Hoūtós estin ho huiós mou ho agapētós*), ou seja, "meu único Filho" (1.1; Gênesis 22.2). No entanto, não cremos que Jesus seja o Filho de Deus só porque os discípulos ouviram essas palavras. De fato, essas palavras, por mais afirmativas, não provam que Jesus é Deus. Não há palavras ou milagres que possam fazer alguém acreditar nisso. É pela fé que acreditamos que Jesus é Deus, de modo que só depois de termos dado um passo de fé poderemos entender declarações como essa e ter a firme convicção de que são verdadeiras. As declarações de fé e os credos não produzem fé, mas fortalecem e confirmam a fé que já possuímos.

**Modo imperativo.** Esse modo diz respeito ao verbo que exprime ordem, pedido ou exortação. Por fim, em nosso texto, a voz tornou-se imperativa quando admoestou os discípulos: "Ouçam-no!" (gr. *akoúete autoū*). É a Jesus que devemos ouvir, não a Moisés e Elias (cf. v. 8). Isso também significa que, na oração, devemos dedicar mais tempo a ouvir o próprio Jesus que em diálogo com a Lei e os Profetas. O Antigo Testamento não terá significado se não for lido à luz da revelação de Deus em Cristo registrada no Novo Testamento. por isso que devemos ler as Escrituras hebraicas à luz das Escrituras cristãs. Além disso, alguns crentes evangélicos muitas vezes são tentados a dar mais atenção à Bíblia que ao Cristo vivo por meio de seu Espírito Santo. Esse foi o pecado dos mestres da lei e dos fariseus e é o grave erro de muitos crentes fundamentalistas que, como eles, "estudam cuidadosamente as Escrituras, porque pensam que nelas [...] têm a vida eterna", mas se esquecem de que "são as Escrituras que testemunham" de Cristo (João 5.39, 40).

## O ensino

Por causa da visão que eles experimentaram, os discípulos passaram a entender duas verdades a respeito do próprio Jesus.

**O Jesus real.** Eles viram Jesus como de fato era. Ou seja, viram-no brilhar com um "branco resplandecente" único, como uma luz brilhante. É como se até estivessem usando óculos escuros, e então as lentes fossem removidas e eles pudessem ver sua glória (Lucas 9.32; v. tb. 2Coríntios 3.15-18). Em seguida, eles viram uma nuvem, que na mente dos judeus era sinal da presença de Deus (v. Êxodo 13.21; 24.15). Por fim, ouviram uma voz afirmando que Jesus era o próprio e único Filho de Deus. Nesses três modos verbais, eles viram Jesus tal como era, por isso caíram de joelhos e o adoraram (Mateus 17.6). É o melhor que podemos quando estamos diante de uma experiência como essa ou depois de ler essa história.

**O Jesus transcendente.** Os discípulos aprenderam que Jesus era transcendente, maior que a Lei judaica ou que os profetas mais exaltados. Na visão, Jesus apareceu na companhia de Moisés (o Legislador) e de Elias (o Profeta), mas permaneceu depois que essas duas distintas personagens partiram, e os discípulos "não viram mais ninguém, a não ser Jesus". Elias e Moisés desapareceram da visão, mas o Jesus real e transcendente permaneceu. Desse modo, os discípulos entenderam que Jesus havia tomado o lugar dos grandes profetas, como Elias, e da grandiosa Lei de Moisés. Isso não quer dizer que não precisamos mais ler o Antigo Testamento, mas significa que, se quisermos encontrar a vontade de Deus para nossa vida, o guia perfeito e primeiro deve ser o ensino de Jesus. Seu ensino é mais correto e seguro que o dos Profetas. Além disso, é mais importante amar e seguir Jesus que contabilizar as profecias já cumpridas e não cumpridas e guardar todos os preceitos da Lei (v. João 1.17). Muitos se denominam cristãos, mas na realidade, longe de seguir Jesus, orientam-se por um sistema de leis e normas, como as ensinadas por Moisés. É de pessoas assim que o apóstolo Paulo fala em Gálatas 3.2 e Colossenses 2.8,16,17.

## A advertência

Na segunda parte da perícope (v. 9-13), encontramos duas divisões. Por um lado, há uma séria advertência de Jesus (v. 9,10): eles não deveriam contar a ninguém o que tinham visto e ouvido "até que o Filho do homem tivesse ressuscitado dos mortos". Se os discípulos já ficaram confusos com o que acontecera no topo da montanha, agora revelam isso ainda mais depois que desceram: "Por que estás falando de morrer e ser ressuscitado? Tu és o Messias! Como pode o Messias morrer?". Por outro lado, nos v. 11-13 vemos como se instalou neles a preocupação com o tema da morte e da ressurreição e, de quebra, a dúvida sobre se Jesus era de fato o Messias aguardado ou não. Afinal, de acordo com as profecias, Elias teria de vir antes da chegada do Messias, mas eles o viram apenas em visão e parecia evidente que não estava na terra.

**Uma proibição (v. 9a).** Jesus ordenou a seus discípulos que ficassem em silêncio, por dois motivos. 1) para que o povo não soubesse que ele era o Messias e logo tratasse de elegê-lo como nada mais que um líder político numa rebelião contra os romanos; 2) para que os três discípulos tivessem tempo de digerir e compreender a experiência da transfiguração antes de comunicá-la aos outros. As boas-novas a respeito de Jesus foram de início conhecidas apenas por alguns, e era necessário que fossem mantidas em segredo por algum tempo. Quando o momento oportuno chegasse (gr. *kairós*), então seriam divulgadas o mais amplamente possível (v. Lucas 12.3; Marcos 4.22).

**Uma profecia (v. 9b).** A ordem de Jesus a seus três discípulos de manter silêncio sobre o que acontecera tinha um limite preciso: sua própria morte e ressurreição. Jesus profetizou a própria morte e ressurreição, embora não tenha sido a primeira nem a única vez (cf. 8.31). Os discípulos deviam manter silêncio sobre o assunto "até que o Filho do homem tivesse ressuscitado dos mortos" (gr. *ei mē hótan ho huiòs toũ anthrōpou ek nekrōn anastēi*). Assim, um elemento escatológico foi introduzido. De modo velado, mas direto, a transfiguração de Jesus está relacionada com a ressurreição, passando pela cruz. A linguagem é tipicamente profética, porque antecipa algo importante no tempo. Os três discípulos ainda pensavam que o Messias não podia ser derrotado nem morrer, e Jesus corrigiu as expectativas deles citando o Antigo Testamento, que afirma que ele teria de sofrer e morrer

(Isaías 53.4) para nos salvar. Não havia outro jeito. O caminho para a vida passa pelo vale da morte.

> **Enrique Nardoni:** "Jesus realiza sua transfiguração diante dos três discípulos em cumprimento da promessa cujo propósito era fortalecer o espírito dos que foram chamados para o caminho da cruz, descrito como o único meio de alcançar 'a vida' (8.34-38). Jesus mostra aos três sua imagem gloriosa como modelo e garantia da transformação futura dos discípulos que seguem o caminho dele. Aquele que convida ao sacrifício e à morte tem o poder divino da vida gloriosa".[14]

**Uma projeção (v. 13).** Os discípulos sabiam muito bem que Elias tinha de aparecer antes da chegada do Messias. Jesus declarou: "Elias já veio". Ele se referia a João Batista, que com seu ministério havia desempenhado o papel de Elias (Mateus 17.13). E acrescentou: "Podemos dizer que João seguiu os passos de Elias porque sofreu fisicamente como ele" (cp. 1Reis 19.1,2 com Marcos 6.19). O significado dessas palavras de Jesus é esclarecido em Mateus 11.7-15: João foi um profeta que fez o mesmo tipo de trabalho que Elias e com a mesma coragem e fidelidade a Deus. Nesse aspecto, João foi uma projeção do ministério preparatório de Elias e dos sofrimentos que aguardavam o Messias, porque com o último também "fizeram [...] tudo o que quiseram".

## JESUS AMALDIÇOA UMA FIGUEIRA (11.12-14,20-26)

Essa história, que começa nos v. 12-14, termina nos v. 20-26. Não é fácil entender exatamente o que Jesus fez, porque Marcos não relata tudo que aconteceu. O incidente ocorreu pouco antes de Jesus ser crucificado. Ele e seus discípulos estavam caminhando e sentiram fome. De repente, Jesus viu uma figueira com folhas. Todos ficaram surpresos, por dois motivos: 1) era raro uma figueira apresentar folhas naquela época do ano; 2) quando uma figueira tem folhas, é porque tem fruto também, mas essa tinha apenas folhas. Há quatro questões a serem observadas na análise do texto.

---

14. **La transfiguración de Jesús y el diálogo sobre Elías según el evangelio de San Marcos**, p. 203.

## A ação

Jesus não esperava encontrar figos fora da época, numa figueira como muitos pensam depois de ler a história. Ele havia sido criado no campo, amava a natureza e sabia muito sobre plantas, árvores e estações (Mateus 24.32). O que ele está dizendo por meio dessa ação era: "Olhem para esta árvore: criou folhas antes das outras figueiras. Isso faz que se espere que tenha frutos também. Só que não. É uma árvore doente e jamais produzirá frutos". Provavelmente, ao dizer isso, Jesus estava pensando nos líderes religiosos judeus, cujas palavras e costumes faziam pensar que eram homens piedosos e de bom comportamento, mas Jesus os classificava como "hipócritas". Eles estavam cheios de "folhagem" religiosa, mas não produziam frutos para Deus.

No outro dia, bem cedo de manhã, os discípulos depararam com a figueira completamente seca. Pedro disse: "Mestre! Vê! A figueira que amaldiçoaste secou!" (11.21). Se fosse assim, teria sido um ato de magia pelo uso de palavras, uma espécie de "abracadabra". Mas essa foi a explicação dada por Pedro. Não é dito que Jesus tenha explicado suas palavras dessa maneira. Na verdade, não foram as palavras que secaram a figueira, mas o poder de Deus que operava em Jesus — nesse caso, sobre os elementos da natureza.

> **Guillermo Hendriksen:** "O que surpreendeu tanto a Pedro e aos outros discípulos (Mateus 21.20) — de modo que ele exclamou: 'Mestre! Vê!' — foi o fato de em tão pouco tempo, provavelmente em menos de vinte e quatro horas, a árvore contra a qual Jesus havia pronunciado sua maldição ter mudado de planta frondosa e vigorosa para restos insignificantes, tornando-se apenas uma sombra de si mesma. Não é que Pedro culpasse Jesus pelo que fizera com a árvore, mas, como está implícito no versículo seguinte, ele não conseguia entender como era possível uma mudança tão radical, e isso num espaço de tempo tão curto".[15]

## A interpretação

Há outras duas questões interessantes nessa história. 1) Alguns intérpretes dizem que Jesus contou uma parábola sobre uma figueira estéril (Lucas 13.6-9), e depois o povo erroneamente pensou que ele havia encontrado

15. **El evangelio según San Marcos**, p. 470.

uma árvore sem figos e secou-a com sua maldição. Marcos, porém, registra o fato apenas cerca de trinta anos depois, e provavelmente seu relato é correto. 2) Outros entendem que, quando Jesus disse: "Ninguém mais coma de seu fruto", ele tenha proferido uma maldição. Segundo eles, Jesus secou a árvore com uma maldição para convencer os discípulos de que ele era Deus e para ensinar-lhes a lição de que, se alguém não pratica sua religião na vida cotidiana, não pode ter a vida eterna, e a maldição de Deus irá alcançá-lo. Mas em nenhum lugar é dito que Jesus apelou para as maldições, seja contra pessoas, seja contra coisas, para realizar seu trabalho ou para ensinar. Também não se lê em nenhum lugar que Jesus usou a magia ou utilizou palavras mágicas para convencer o povo de que ele era Deus. Isso foi o que Satanás tentou que Jesus fizesse (Lucas 4.9-12) e o que o povo queria que ele fizesse (8.12). Jesus, porém, rejeitou esse caminho. Ele era o Filho de Deus, não um mago ou feiticeiro.

## A lição

O que podemos aprender desse episódio? Duas coisas. 1) Toda falsa religião é como a figueira da história, que mostra "folhas", mas não tem "fruto". As "folhas" da religião e de certas igrejas hoje são regras, edifícios, credos, clero, prestígio, dinheiro, poder, e assim por diante. Quando vemos tais coisas, naturalmente esperamos ver também o "fruto", ou seja, o que Paulo chama de "o fruto do Espírito" (Gálatas 5.22,23). Mas os líderes judeus (e muitos crentes hoje) tinham apenas "folhas" (Isaías 5.4,7; Lucas 6.46; Tiago 2.24,26). Essa é a primeira lição dessa história. 2) As palavras de Jesus não significam que ele estava zangado com a árvore por estar faminto e não ter encontrado figos para comer. Em Mateus 4.2-4, aprendemos que o Mestre não agia dessa maneira. Com essas palavras, Jesus está dizendo que a religião ou a igreja que não produz "fruto" é inútil: está morrendo. Na verdade, não se trata de maldição, e sim de uma terrível advertência (Mateus 7.19,26,27; 21.43). Essa é a segunda lição da história.

## O imperativo

Na continuação da história dessa tremenda e poderosa ação, Marcos mostra Jesus proferindo um imperativo categórico: "Tenham fé em Deus" (gr. *échete pístin theoū*, v. 22). Convém observar que essa seção do evangelho está dividida em duas partes. A primeira (v. 20,21) conclui a história da maldição da figueira. A segunda (v. 22-26) contém alguns ensinos de Jesus. As duas partes aparecem juntas, mas é provável que os ensinos sobre a fé e a oração tenham sido ministrados em diferentes ocasiões e não tenham relação com a suposta maldição da figueira (v. Mateus 17.20). O v. 26 não aparece nos melhores e mais antigos manuscritos, e é provável que tenha sido extraído de Mateus 6.15 e adicionado aqui. A *NVI* registra uma variante na nota de rodapé. A passagem apresenta quatro imperativos, cuja obediência e acatamento possibilitam a operação de incríveis milagres como o da figueira.

**Fé em Deus (v. 22).** Diante do espanto de Pedro com a figueira que secou, Jesus respondeu: "Tenham fé em Deus". E nos perguntamos que relação tem a fé em Deus com uma figueira que secou. "A resposta de Jesus parece estar fora de contexto. [...] Contudo, é preciso descer até as raízes. As raízes afirmam a ideia da seiva vital. Só a fé é capaz de restaurar a vida à velha árvore condenada à morte. De agora em diante, qualquer árvore destinada à esterilidade receberá a maldição da falta de frutos, se não for permeada por essa seiva".[16] O autor da carta aos Hebreus parece ter a mesma ideia quando diz: "Sem fé é impossível agradar a Deus" (Hebreus 11.6). Ou seja, Jesus está desafiando seus discípulos a revigorar a fé, porque é ela, como seiva divina, que pode produzir frutos na vida.

Não obstante, note-se que se trata de "fé em Deus". No grego, a expressão para "ter fé" e "acreditar" é a mesma (*échete pístin*) e aparece três vezes nesse parágrafo. Significa "ter confiança" em alguém — nesse caso, em Deus. A Bíblia apresenta duas razões pelas quais podemos confiar em Deus: 1) ele nos ama e *quer* nos dar tudo de que precisamos (Lucas 12.32); 2) ele nos ama e *pode* nos dar tudo de que precisamos (Lucas 12.28). Mas convém observar que se trata de confiar em Deus, não em nós mesmos ou nos recursos humanos (Salmos 118.8,9). Podemos depender totalmente dele.

**Poder e autoridade (v. 23).** A fé em Deus dá acesso a seu poder e autoridade, de modo que é possível ordenar a uma montanha "Levante-se e atire-se no mar", e isso acontecerá. Aqui há duas coisas a se levar em conta. Primeira: a

---

16. Pronzato, **El evangelio de Marcos**, v. 1, p. 210.

expressão de Jesus é uma hipérbole, ou seja, um exagero para enfatizar uma verdade. Segunda: a expressão é acompanhada de uma condição: "crer que acontecerá o que diz, assim lhe será feito". Como Arquimedes disse: "Dê-me um ponto de apoio, e moverei o mundo", o crente pode dizer: "Depositei minha fé em Deus, meu ponto de apoio, e moverei essa montanha".

É possível que Jesus tenha proferido essas palavras no monte das Oliveiras. Dessa colina, é possível avistar o mar Morto, a cerca de 24 quilômetros. Jesus, porém, não estava falando sobre transportar o monte das Oliveiras. Em vez disso, estava dizendo: "Você realmente confia em Deus? Se for assim, será capaz de fazer coisas que parecem impossíveis. Será capaz de mover males do tamanho de montanhas". Uma pessoa de fé recebe do Senhor poder e autoridade para realizar o que parece impossível (Mateus 10.1; Marcos 3.15; 6.7; Lucas 9.1; 24.49; Atos 1.8) e transpor qualquer obstáculo que esteja no caminho do cumprimento da perfeita vontade de Deus.

**Oração de poder (v. 24).** A oração que recebe resposta é a que sempre acredita que há uma resposta de Deus à oração. Essa é a oração de poder. "Tudo" (gr. *pánta*) quer dizer todas as coisas boas, ou seja, as que estão de acordo com a perfeita vontade de Deus, não simplesmente tudo que pensamos em pedir. Deus sabe melhor que ninguém o que é melhor para nós. Orar por essas coisas é "pedir em nome de Jesus" (João 16.23b,24a) e ter a certeza de receber dele o que pedimos. Se o que pedimos é o que Deus quer que tenhamos, então o obteremos, porque o Senhor está pronto a nos dar isso. Ele é amor, portanto está sempre nos oferecendo o que precisamos mesmo antes de lhe pedirmos (Isaías 65.24).

**Perdão ao próximo (v. 25,26).** A oração eficaz está diretamente ligada ao perdão concedido aos outros. Quando oramos, não basta que nosso coração esteja cheio de confiança em Deus (v. 24): ele também deve estar cheio de amor e perdão pelo próximo. A pessoa que tem fé ora não apenas com confiança em Deus, mas também com amor por seu semelhante (v. 1Coríntios 13.2b). Note-se que o v. 26 não aparece nos melhores manuscritos, motivo pelo qual a *NVI*, que é uma versão crítica, coloca-o na nota de rodapé. Esses versículos suscitam duas questões.

*O que é perdão?* Perdoar é tratar quem nos ofendeu como se não o tivesse feito. Isso não significa ignorar a ofensa nem minimizar suas consequências, e sim renunciar ao desejo de vingança ou de pagar com a mesma moeda. A melhor prova do perdão é quando podemos desejar o melhor a quem nos ofendeu.

> **Alberto F. Roldán:** "Não há oração eficaz se não há perdão por parte de quem ora. Não há como desfrutar o perdão de Deus se não perdoamos a nosso irmão ou mesmo a um inimigo. Esse é o grande desafio de Jesus no evangelho. Aprendemos com ele que uma montanha de fé não é o bastante para obter as bênçãos de Deus, caso não perdoemos. A falta de perdão pode muito bem ser o maior obstáculo para conseguir o que pedimos.[17]

*Por que é preciso perdoar os outros?* Por que é importante perdoar os outros quando oramos a Deus? Porque a oração é basicamente nos unirmos espiritualmente a Deus, e ele é puro amor (1João 4.7,8). Então, se não amamos nem perdoamos, é impossível ter esse tipo de comunhão com ele (1João 4.20). Nesse ponto, Marcos cita a oração-modelo de Jesus, a Oração do Pai-nosso ou Oração do Senhor (v. Mateus 6.9-15). Isso não significa que Deus se recusará a nos perdoar até aprendermos a perdoar completamente os outros. Ele não leva em conta cada um de nossos pecados nem estabelece condições para seu perdão cheio de graça. Mas significa que, se tivermos recebido o perdão de Deus, mesmo quando não o merecemos, devemos oferecer perdão aos outros quando eles não o merecem. Ou seja, perdoamos o ofensor não com nosso perdão, mas com o perdão imerecido que recebemos de Deus. Isso é graça (v. Efésios 4.32; Mateus 18.21-35).

---

17. **Jesús en acción**, v. 2, p. 89.

CAPÍTULO 4

# O PODER DE JESUS SOBRE OS DEMÔNIOS

1.23-28; 3.20-27; 5.1-20; 3.13-15; 6.6b,7,12,13; 7.24-30; 9.14-29

É inevitável que a libertação de endemoninhados das garras de Satanás, pretendida por Jesus, nos leve a discutir o significado da ação sacramental da expulsão de demônios. Nem mesmo o Antigo Testamento põe muita ênfase nos demônios ou na expulsão deles, embora haja referências a Satanás em Jó 1 e 2, Zacarias 3.1 e 1Crônicas 21.1. Mais informações podem ser obtidas nos chamados escritos apocalípticos, nos quais os demônios são apresentados como instigadores do pecado e do mal. O próprio Jesus fez do ministério de libertação um aspecto fundamental de sua tarefa messiânica, aliado ao anúncio do Reino de Deus e ao ministério de cura (Marcos 6.7,12; Lucas 9.1; 10.1,9,17-19). Seu ministério de libertação era um sinal evidente da chegada do Reino (Lucas 11.20). Jesus comissionou seus discípulos e a igreja a levar adiante esse ministério, para o bem-estar integral dos seres humanos afligidos por Satanás (Marcos 16.15-18).

A expulsão de demônios também não é muito proeminente no Novo Testamento após a crucificação. Jesus lutou com o poder do mal desde a tentação e durante todo o seu ministério, pois sua mensagem do Reino de Deus atropelava o poder do caos e das trevas. Por fim, foi na cruz que se deu o maior embate com as forças do mal. E, com sua ressurreição, Jesus saiu vitorioso do último grande ataque das forças da criatura rebelde como o grande conquistador do pior dos inimigos satânicos — a morte. No entanto, de acordo com o testemunho bíblico, foi na cruz que ele venceu Satanás e as hostes do mal (Colossenses 2.13-15). O poder do pecado foi quebrado naquele momento para o discípulo cristão, que morre e ressuscita com Cristo (Colossenses 3.1-4).

A existência dos demônios foi desqualificada na modernidade. Ensinou-se que a demonologia do Novo Testamento correspondia a um mundo pré-científico e a uma cosmovisão desatualizada. Assim, os demônios passaram a ser interpretados como atitudes ruins, germes, vírus, mal corporativo ou coletivo, vícios (drogas, álcool, sexo), comportamentos compulsivos, doenças e distúrbios psicológicos. De acordo com os conceitos modernos, a resposta para esses "males" estava na ciência médica, que cura doenças e põe fim ao "mal" do corpo; na ciência psicológica e psiquiátrica, que resolve os "males" das emoções e da mente; em outras ciências, que abordam o "mal" de outras áreas da vida humana pessoal e social. No entanto, certas concentrações do mal, como as que encontram expressão no nazismo, no comunismo e no terrorismo de qualquer tipo, para mencionar apenas alguns dos males mais recentes e globalmente significativos, não podem ser explicadas por argumentos racionalistas. O mal ataca nações inteiras, estruturas de governos, culturas e povos, bem como indivíduos.

Na pós-modernidade, há mais abertura para entender a realidade do mundo sobrenatural da maldade. Em geral, as pessoas não têm muita dificuldade para aceitar a existência de Deus e de Satanás. Há uma consciência mais difundida de uma ordem transcendente à realidade que pode ser vista e sentida. Desse modo, existe uma abertura maior para aceitar a existência de uma ordem maligna, com seres ou entidades espirituais do mal, cujo interesse fundamental é "roubar, matar e destruir" (João 10.10a), sob a liderança de um ser perverso e pessoal — Satanás.

> **A. Scott Moreau:** "Embora as Escrituras não ofereçam um retrato nítido da origem dos demônios, estes são geralmente reconhecidos pelos cristãos como anjos que caíram com Satanás e agora são agentes que atuam em nome dele na terra. [...] No Novo Testamento, a imagem é mais clara [que no Antigo Testamento]. É possível perceber pelo menos cinco tipos de atividade demoníaca. Sob o controle de Satanás, eles resistiram, sem sucesso, a Jesus e tentaram expor a identidade dele durante seu ministério (Marcos 1.23-27), a

> fim de cegar os não crentes (2Coríntios 4.3,4), envolver os crentes na guerra (Efésios 6.10-18), desencadear uma grande destruição na terra como parte do fim dos tempos (Apocalipse 9) e incitar governos e nações a se rebelar contra Deus (Apocalipse 16.12-16)".[1]

Os evangelhos registram sete encontros de Jesus com os demônios durante os três anos de seu ministério público: o endemoninhado geraseno (Marcos 5.1-20 e paralelos); o menino com convulsões (Mateus 17.14-20 e paralelos); três exemplos de pessoas curadas de doenças específicas causadas por demônios (Mateus 9.32,33; 12.22,23 e paralelo; Lucas 13.10-17); dois casos em que Jesus silenciou os espíritos (Marcos 1.23-27 e paralelo; Mateus 8.16 e paralelos). Em cada caso, vemos a maneira pela qual Jesus confrontou os demônios e libertou as pessoas afligidas por eles. A libertação dos endemoninhados veio como resultado do exercício de sua autoridade sobre os demônios (Marcos 1.27,28), em contraste com os rituais religiosos dos exorcistas de ontem e de hoje.

A Bíblia é contundente na identificação de toda ação de origem demoníaca contrária à vida e ao bem-estar humanos (Salmos 41.8). O que fica evidente quando se considera toda a evidência do Novo Testamento a respeito do trabalho dos demônios é sua natureza destrutiva. Os demônios causam transtornos mentais (João 10.20); provocam ações violentas (Marcos 5.2-5); produzem doenças físicas (Lucas 13.11,16); instigam a rebelião dos reis do mundo contra Deus (Apocalipse 16.14b,16); realizam sinais milagrosos (Apocalipse 16.14a); têm o poder da adivinhação (Atos 16.16); atormentam os seres humanos (Atos 5.16); tratam as pessoas com violência (Atos 19.15,16); podem causar mudez (Mateus 9.32,33); causam convulsões epilépticas (Mateus 17.15); conseguem derrubar uma pessoa (Lucas 4.35). À luz dessa relação de males demoníacos e de padecimento humano, como poderiam os cristãos e as igrejas permanecer indiferentes e não agir com o poder e a autoridade que receberam em nome de Jesus?

Neste capítulo, iremos considerar alguns casos de libertação que Marcos registra em seu evangelho.

---

1. Demon, Demonization, in: **Evangelical Dictionary of World Missions**, p. 267.

## JESUS CURA UM HOMEM ENDEMONINHADO (1.23-28)

A campanha inicial de Jesus em Cafarnaum começou com um dia cheio de curas de todos os tipos (1.23-34), e isso pode ser reflexo do que Marcos ouviu de Pedro quando o apóstolo relembrou esse grande dia em sua vida como discípulo de Jesus. Talvez Marcos tenha posto essa história do homem possuído por um espírito maligno num lugar de grande proeminência com o objetivo de ressaltar o grande propósito do Messias, que era destruir os poderes do mal.

### A situação (1.23,24)

Durante o culto na sinagoga de Cafarnaum, Jesus estava ensinando quando foi interrompido por "um homem possesso de um espírito imundo". Na literatura rabínica, "espírito imundo" (gr. *pneúmati akathártōi*) é uma expressão judaica que denota os demônios. Talvez Jesus e os outros participantes do culto tenham percebido que o homem estava endemoninhado por causa dos gritos que interromperam a pregação da *Torá* e pelo que estava dizendo (v. 24). Evidentemente, não era o homem quem falava, e sim o espírito imundo. Caso contrário, por que em seus impropérios qualificaria a pregação da Palavra de Deus como intromissão? Além disso, como ele sabia o nome pessoal e completo de Jesus? E por que ficou na defensiva diante de Jesus como se ele quisesse destruí-los: ("Vieste para nos destruir?", gr. *ēlthes apolésai hēmās*)? Observe o plural nessa pergunta, o que indica uma estrutura social ou uma facção maligna da qual o espírito imundo fazia parte. Por fim, o homem (na verdade, o demônio) fez uma declaração que indicava um conhecimento que nenhum ser humano tinha ainda a respeito de Jesus, "o Santo de Deus" (gr. *ho hágios toū theoū*). Tratava-se de uma declaração totalmente messiânica.

### A libertação (1.25,26)

Jesus libertou o endemoninhado. Ele o fez com duas ordens enérgicas e claramente dirigidas ao demônio, não ao homem: ordenou que ele se calasse e depois o mandou sair. O que o demônio estava declarando era verdade, mas não era conveniente torná-la pública no estágio inicial do ministério de Jesus, pois ele ainda tinha de completar o grupo de apóstolos, ensiná-los sobre o Reino de Deus e prepará-los para continuar sua missão. Além disso, como ele mesmo ensinou mais tarde, ao confrontar os espíritos imundos na vida de alguém é preciso antes de tudo que se "amarre [...] o homem forte" (3.27; Mateus 12.29), ou seja, tirar a autoridade dele sobre a vida da pessoa. Portanto, é necessário repreender o espírito imundo rejeitando suas obras de destruição (9.25; Mateus 17.18; Lucas 4.35,41; 9.42; Atos 16.18). Por fim, o espírito imundo deve receber ordem de deixar a pessoa afetada ("Saia dele!", disse Jesus).

## O resultado (1.27,28)

Satanás obedece às ordens de Jesus ou as que são dadas em seu nome, mas procura fazê-lo de uma forma que chame a atenção ou cause escândalo. Ou seja, mesmo obedecendo à vontade redentora do Senhor, o Maligno tenta causar o maior mal possível à pessoa afetada ou aos que a rodeiam. Desse modo, o espírito maligno abandonou o homem, mas o fez "violentamente" e "gritando". O resultado foi duplo. Por um lado, os presentes ficaram aterrorizados com o que ouviram e viram. Duas coisas os assustaram: 1) o que parecia ser um novo ensinamento de Jesus, especialmente por causa da maneira com que o transmitiu, com uma autoridade singular; 2) que ele tenha dado ordens aos espíritos malignos e que eles lhe tenham obedecido (v. 27). Por outro lado, o poder de seu ensinamento unido a seu poder sobre os demônios tornou-o de imediato famoso "por toda a região da Galileia" (v. 28). Assim, foi demonstrado que seu evangelho tinha autoridade espiritual e podia enfrentar vitoriosamente as forças do mal.

> **Louise H. Farrior:** "O contexto dessa história mostra Jesus como mestre. Embora seja um milagre de cura, a passagem concentra-se no ensinamento de Jesus, bem como no poder e na autoridade que se manifestam nele. O v. 27 apresenta-o desta forma: 'O que é isto? Um novo ensino e com autoridade! Até aos espíritos imundos ele dá ordens, e eles lhe obedecem?'. O poder de Jesus, que o capacita a realizar tais atos de autoridade, também é encontrado em sua palavra quando ele ensina. Há sinais de seu poder tanto em seus ensinos quanto em seus atos de cura. Portanto, é importante que o primeiro dos milagres narrados por Marcos seja um que demonstre que os ensinos de Jesus participam do poder de suas ações".[2]

---

2. **Una dedicación valiente:** estudios sobre el evangelio de Marcos, p. 70-71. V. Paul ACHTEMEIER, **Mark** (Philadelphia: Fortress Press, 1975), p. 9.

## JESUS E OS DEMÔNIOS (3.20-27)

Na cosmovisão de Jesus, de acordo com o que se pode depreender dos Evangelhos sinópticos e em João, o mundo (a ordem da realidade que se opõe à vontade de Deus) está sob o controle de Satanás. Todo o ministério de Jesus é apresentado na estrutura do conceito de que Satanás tomou o mundo de maneira ilegal e assim passou a exercer uma influência controladora sobre ele. Três vezes no evangelho de João Satanás é qualificado como "o príncipe [gr. *árchōn*] deste mundo" (João 12.31; 14.30; 16.11).

### O desafio do reino de Satanás (3.20-26)

Nessa passagem, Jesus envolve-se numa discussão com os mestres da lei sobre sua prática regular de expulsão de demônios. Jesus argumentou sobre a unidade das forças do mal quando os mestres da lei (ou escribas) o acusaram de feitiçaria ("Pelo príncipe dos demônios é que ele expulsa demônios", v. 22). Imaginar que o mal estava em conflito com o mal era subestimar o poder do mal. Pelo contrário, Jesus via uma unidade letal no reino demoníaco e enfrentou o desafio com resolução e autoridade. Jesus alegou (pessoal e cristologicamente) ser maior que Satanás e em várias ocasiões declarou ser o único e verdadeiro Senhor sobre toda a ordem criada.

> **Gregory A. Boyd:** "Também de acordo com o pensamento apocalíptico da época, Jesus vê esse tirano a mediar e expandir sua autoridade sobre o mundo usando as multidões de demônios que formam um vasto exército sob suas ordens. Na verdade, Jesus intensifica essa convicção de alguma forma, em comparação com os conceitos apocalípticos de seus dias. Ao ser acusado de expulsar demônios dos seres humanos pelo poder de Belzebu (outro nome de Satanás), ele responde à plateia hostil: 'Se um reino estiver dividido contra si mesmo, não poderá subsistir' (Marcos 3.24). Sua resposta é construída sobre o pressuposto aceito por eles de que o reino demoníaco está unificado sob um 'príncipe' (*árchōn*), que é Satanás (Marcos 3.22; Mateus 9.34; 12.24; Lucas 11.15). Seu argumento é que esse reino do mal, como qualquer reino, não pode operar com propósitos contrários a si mesmo".[3]

---

3. **God at War:** The Bible & Spiritual Conflict, p. 181.

## A estratégia do Reino de Deus (3.27)

O confronto do cidadão do Reino de Deus com o reino das trevas não admite meias medidas. Nessa luta, é tudo ou nada. Diante dos demônios, Jesus não entabulava conversas amigáveis com eles nem se preocupava em saber por que estavam atormentando uma pessoa. O que ele fazia (e o que todo crente cheio do Espírito Santo deve fazer) era lançá-los fora (expulsá-los) da vida dos sofredores. Mas para isso, de acordo com a própria indicação de Jesus, é preciso antes de tudo que se "amarre [...] o homem forte" (cf. v. 27 na *RVR*). Jesus salienta que nenhum avanço significativo ocorrerá no processo de recuperação da "propriedade" perdida nas mãos desse "reino" sem que se "amarre" o ente perverso (demônio), qualificado como "forte" e que controla a pessoa humana por ele vitimizada.

De acordo com Lucas, esse objetivo só pode ser alcançado "quando alguém mais forte o ataca [o espírito maligno] e o vence, tira-lhe a armadura em que confiava e divide os despojos" (Lucas 11.22). Isso foi precisamente o que Jesus veio fazer. Todo o seu ministério consistia em atacar e impor-se ao "homem forte", que,"bem armado, guarda sua casa" tomada de forma ilícita e erroneamente considera que "seus bens estão seguros" (Lucas 11.21). Em nome de Jesus, todo crente cheio do Espírito Santo tem o mesmo poder e autoridade para amarrar o Inimigo e expulsá-lo da vida das pessoas que se tornaram suas vítimas.

No entanto, chama a atenção, como já se indicou, que a expulsão de demônios não tenha mais destaque no Novo Testamento. Também se deve observar que nada pode encher a vida de uma pessoa liberta (encher a casa vazia) mais que o Reino e a presença de Cristo. Somente a cruz pode romper com o poder do pecado e oferecer o perdão divino necessário para terminar com seu domínio. Somente o Espírito Santo que vive plenamente no crente pode enchê-lo de tal modo que nenhum espírito maligno tenha lugar em seu interior. Mas é necessário que o cristão salvo seja liberto de todas as amarras ou opressões demoníacas para que possa ser cheio do Espírito Santo (Efésios 5.18).

O próprio mistério de iniquidade parece pré-científico, antiquado ou quase animista para alguns cristãos. Quem pensa assim não presta atenção na mensagem do Reino proclamada nos evangelhos. Esse conceito agnóstico ou indiferente é ideal para Satanás, que se aproveita do descuido dos crentes para atacá-los e pôr diversas áreas da vida deles sob seu controle e domínio. Um crente com vícios (drogas, álcool, sexo, pornografia, jogo), ou em permanentemente estado depressivo que não seja de origem clínica ou psicológica, ou que manifeste em seu comportamento alguma "raiz de amargura" (Hebreus 12.15), ou ainda que não demonstre em sua vida o "fruto do Espírito" (Gálatas 5.22,23), pode ser alguém que sofre algum grau de demonização.

> **Ernest Best:** "Como alguém que se preocupa com a comunidade, Jesus é o conquistador do mal sobrenatural que confronta a comunidade. Quer acreditemos na natureza sobrenatural do mal, quer consideremos o mal pertencente de algum modo à estrutura do Universo e ao tecido de nossa personalidade, a igreja primitiva via nele um poder que vinha de fora. Não se tratava de uma força impessoal, mas, sim, de algo que emanava de um Diabo pessoal auxiliado por anjos e demônios malignos. O cristão deve garantir a vitória sobre essas forças sobrenaturais, caso contrário a qualquer momento pode sair das mãos de Deus e acabar nas mãos delas. Marcos chama continuamente a atenção para esse mal sobrenatural em seus relatos sobre os exorcismos de Jesus e a vitória dele sobre Satanás no deserto".[4]

## JESUS LIBERTA UM ENDEMONINHADO (5.1-20)

É difícil saber exatamente o que aconteceu no incidente narrado nessa passagem. Jesus foi para a margem oriental do lago a fim de descansar, mas deparou com um homem extremamente violento. Então, ordenou ao espírito imundo: "Saia deste homem" (5.8), mas o homem não foi liberto de imediato. Por isso, Jesus perguntou: "Qual é o seu nome?". E a resposta foi que eram muitos, não apenas um. Havia nas proximidades uma manada de porcos que pastava. Quando o endemoninhado foi liberto, os porcos precipitaram-se por um penhasco até o mar, onde se afogaram. A notícia da morte dos porcos chegou à cidade, e seus habitantes pediram a Jesus que deixasse a região. Enquanto se retirava, Jesus aconselhou que o homem voltasse para sua família.

Foi isso, em termos simples, o que aconteceu. Mas a história de Marcos suscita muitas interrogações, a que o autor não responde. Onde aconteceu esse

4. **Mark:** The Gospel as Story, p. 56.

incidente? Como o demônio sabia o nome de Jesus? Era apenas um demônio ou muitos? Como explicar o que aconteceu com os porcos? No entanto, essas questões não são a parte mais importante da história. As principais razões pelas quais Marcos registra o fato são: 1) o poder de Deus operando em Jesus era maior que o poder dos demônios; 2) Deus tem o mesmo poder hoje para libertar os seres humanos de Satanás e de suas hostes.

## Analisemos o problema (v. 1-5)

Jesus foi para a margem oriental do lago da Galileia para descansar e ajudar seus discípulos. Mas, assim que saiu do barco, apresentou-se a ele um endemoninhado (5.2). Eles não tiveram sequer um minuto de descanso!

**O problema do endemoninhado.** Na Bíblia, chama-se "endemoninhado" aquele que está sob o controle ou posse de um espírito mau ou imundo (demônio) com manifestações enfermiças ou estranhas no corpo. Nos tempos de Jesus, essas manifestações de comportamento eram atribuídas à influência de demônios e incluía certas doenças ou condições mentais e neurológicas, como a epilepsia. No episódio narrado nessa passagem, a expressão com que se descreve o sofredor é "um homem com um espírito imundo" (gr. *ánthrōpos en pneúmati akathártōi*, v. 2,8,13) e "endemoninhado" (gr. *daimonizoménōi*, v. 16,18). O verbo grego *daimonízomai* significa "agir como um demônio" ou "estar endemoninhado". A pessoa está demonizada quando na esfera de sua alma (mente, emoções, vontade) há comprometimentos demoníacos, como amarras e/ou opressão. Isso significa que um ou mais demônios controlam certas áreas dessa esfera do ser humano (as outras duas áreas são o corpo e a mente, 1Tessalonicenses 5.23). A pessoa demonizada manifestará no corpo o estado de sua alma ("manifestará" de várias maneiras). O caso do geraseno (ou gadareno) era muito mais grave que a demonização, pois estava totalmente alienado, ou seja, não só todas as esferas da alma e as manifestações do corpo estavam sob o controle de demônios, mas também o espírito. Em suma, ele fora "possuído" plenamente por Satanás, que era seu mestre absoluto. Daí o estado calamitoso em que se encontrava e que pode ser mais bem descrito como "possuído" ou "endemoninhado", não apenas como "demonizado". No caso do geraseno, percebemos alguns indícios dessa situação, que são os seguintes:

*Ele vivia nos sepulcros.* Três vezes Marcos assinala essa realidade ("veio dos sepulcros ao seu encontro", v. 2b; "vivia nos sepulcros", v. 3a; "andava [...] entre os sepulcros", v. 5a). Muitos endemoninhados manifestam uma inclinação mórbida para a morte (sonhos ou pesadelos, desejos suicidas, necrofilia, medo da morte etc.). Satanás tem soberania sobre o reino da morte (Hebreus 2.14). Sua finalidade é a destruição da criação de Deus e, particularmente, a aniquilação do ser humano. Quando alguém é possuído por Satanás, ele se comporta como um zumbi, ou seja, torna-se um morto-vivo. O corpo é um cadáver que anda, a alma está necrosada e insensível e o espírito (a essência de seu ser como criatura feita à imagem de Deus) está dominado por Satanás.

*Ele era uma pessoa violenta.* O geraseno possuía uma força que ultrapassava suas capacidades físicas, e sua agressividade tornava-o perigoso (v. 3b-5). Duas vezes Marcos menciona as "correntes" (gr. *hálusis*, v. 3, 4) e a impossibilidade de dominá-lo e prendê-lo. O endemoninhado rompia com qualquer elemento de restrição, e não havia força humana que pudesse subjugá-lo. Os endemoninhados tendem a ter uma força extraordinária, difícil de controlar (Atos 19.16). Trata-se de uma atitude típica de pessoas possuídas por espíritos de ódio e ressentimento. Pelo que se deduz do conselho de Jesus no v. 19, é provável que esses sentimentos, que haviam permitido a entrada do espírito impuro, tenham sido dirigidos a membros da família do homem. Esse é o pior dos ódios e dos mais perigosos.

*Ele gritava.* O texto diz que "noite e dia ele andava gritando e cortando-se com pedras entre os sepulcros e nas colinas" (v. 5a), como outros endemoninhados mencionados por Marcos (1.26; 3.11; 9.26). O grito é uma expressão do alto grau de agressividade do endemoninhado e da desordem que o Diabo provoca na vida dos que estão sob seu controle. A personalidade está dividida, e o indivíduo perde o controle de seus impulsos e a compostura. Há uma alienação do eu pessoal e da consciência de si mesmo. Em contrapartida, quando Jesus expulsava os maus espíritos, os endemoninhados recuperavam o autocontrole (Mateus 17.14-18). A pessoa experimenta paz, alegria, harmonia interior, discernimento e lucidez num grau até então desconhecido. Além disso, depois de liberta, a pessoa se entrega ao Senhor e recebe o Espírito Santo e os dons que ele traz consigo.

*Ele se feria.* O nível de lesões autoinfligidas era alto, pois ele se machucava não apenas se golpeando com as mãos, mas também "cortando-se com pedras" (v. 5b). O verbo grego *katakóptō* ("ferir", "machucar", "cortar"), mencionado só aqui no Novo Testamento, pode muito bem ser traduzido por "lacerar-se". Jesus ensinou que Satanás veio para "roubar, matar e destruir" (João 10.10; v. João 8.44). A agressividade demoníaca não é dirigida apenas aos outros, mas também à própria pessoa. A depreciação pessoal, o desprezo por si mesmo, o desleixo, o descuido consigo mesmo, a mortificação e a baixa autoestima são expressões da obra demoníaca, que se propõe destruir o indivíduo em todas as esferas da existência. É por isso que a ação dos demônios na vida de alguém normalmente se traduz em doenças, depressão, traumas complexos de todos os tipos, medos, fobias e hábitos destrutivos (álcool, tabaco, drogas). A possessão demoníaca é muitas vezes acompanhada de determinadas doenças, como a epilepsia (Mateus 4.24; 17.14,15; Lucas 9.38,39), a surdez e a perda da fala (9.17-25).

**O problema dos gerasenos (gadarenos).** Ter um endemoninhado como vizinho não é nada agradável. Quem já viveu uma situação desse tipo está ciente da dificuldade e do perigo que ela representa. Normalmente, pessoas nessas condições são enviadas para o manicômio, onde ficam em clausura e sob rígidas normas de segurança. Ou então as comunidades, para se livrar delas, acabam colocando-as na prisão pelo resto da vida. Na verdade, não se passa muito tempo até que um endemoninhado cometa um crime que o ponha fora da lei e torne possível sua exclusão do meio social. Essa era a situação enfrentada pelos gerasenos com o endemoninhado. E o problema deles era duplo.

*Eles não podiam controlar o endemoninhado.* O texto diz que "ninguém conseguia prendê-lo" (v. 3). A força e a violência de sua conduta iam além do que se poderia esperar de um ser humano. Não há sedativo ou droga que possa acalmar um endemoninhado quando ele se manifesta com toda a sua força e violência. Ninguém pode controlar Satanás, a menos que seja no poderoso nome de Jesus (Atos 16.18). Só o Filho do homem, que é mais forte que ele, pode amarrá-lo e segurá-lo (Marcos 3.27; Mateus 12.29; Lucas 11.21,22).

*Eles não podiam curar o endemoninhado.* O texto diz que "ninguém era suficientemente forte para dominá-lo" (v. 4). Problemas sobrenaturais não são resolvidos com soluções naturais ou humanas. Uma psicopatologia pode admitir tratamento médico, mas não há instrumento humano capaz de libertar um endemoninhado. Só o poder do amor de Deus pode fazê-lo.

Os gerasenos tentaram resolver a situação pela força e falharam. Jesus libertou-o com o poder de seu amor.

> **R. A. Cole:** "Essa expulsão de demônios em particular apresenta várias características peculiares, que merecem menção aqui. Por ser um homem 'em tratamento' por muito tempo (como a mulher hemorrágica, mencionada mais adiante no mesmo capítulo), foi no desespero e no fracasso do cuidado humano que o Senhor agiu decisivamente. O tratamento médico dado ao homem era o mesmo adotado nos 'manicômios' algumas gerações atrás. Ele foi acorrentado, na vã tentativa de conter a violência interior mediante a sujeição externa. Não é surpresa que tal medida tenha se mostrado inútil (v. 4). É provável que parte do 'tratamento' consistisse em retirá-lo do convívio humano, de modo que os cemitérios e as colinas desoladas passaram a ser sua 'cela de isolamento'. Mas o isolamento, voluntário (Lucas 8.29) ou forçado (como no caso dos leprosos), resultou apenas em que a força destrutiva do mal, em vez de direcionar os surtos de violência para fora, voltou-se contra o próprio homem já destruído, em atos de automutilação sem sentido, como dito aqui (v. 5)".[5]

**Nosso problema.** Se adotarmos a cosmovisão de Jesus, que entendia seu ministério redentor como um confronto com as forças do mal enquanto proclamava e vivenciava o advento do Reino de Deus, descobriremos a dimensão sobrenatural de nosso ministério como crentes e como igreja hoje. O racionalismo estéril e a obediência hipócrita levaram-nos a não crer na Palavra de Deus e a distorcer o que ela mostra com total clareza. O ministério de libertação faz parte do cumprimento da missão da igreja de proclamar o evangelho do Reino de Deus. Anunciar o Reino, curar os doentes e libertar os cativos de Satanás são os três elementos que definem a missão que o Senhor nos confiou no mundo, de acordo com o evangelho de Marcos (Marcos 16.15-18).

*O ministério de libertação nos tempos bíblicos.* Poucos crentes hoje questionariam a realidade do ministério de libertação de Jesus e de seus apóstolos, de acordo com o relato bíblico (Atos 5.16; 8.7; 16.16-18; 19.12). Fazer isso seria questionar a autoridade da Bíblia e deixar de lado fatos mencionados

---

5. **The Gospel According to St. Mark:** An Introduction and Commentary, p. 97.

com tanta frequência quanto a pregação do evangelho. No entanto, alguns cristãos pensam que esses fenômenos só aconteceram excepcionalmente naqueles tempos, mas agora deixaram de ocorrer. Tal afirmação carece de fundamento bíblico, teológico, missiológico e histórico. Basta ler com cuidado e sem preconceito os documentos históricos do testemunho cristão ao longo dos séculos para descobrir milhares de exemplos da fidelidade da igreja no cumprimento desse ministério.

Além disso, o Novo Testamento deixa muito claro que o Reino de Deus está em conflito com um enorme e muito bem organizado reino das trevas. A abundância de detalhes e a quantidade astronômica de menções a esse respeito não admitem dúvidas quanto à realidade dessa ordem do mal, que envolve os crentes e a igreja numa guerra espiritual sem quartel. No Novo Testamento, vários nomes são utilizados para designar os poderes demoníacos que compõem a ordem maligna liderada por Satanás. Desse modo, os corpos celestes são mencionados, literalmente "poderes celestes" (*dynámeis hai* en toīs ouranoīs, Marcos 13.25); "demônios" ou "poderes [celestes]" (*archaì*, Romanos 8.38 e nota de rodapé; 1Coríntios 15.24; Efésios 1.21; Colossenses 1.16); "Legião" (*legiōn*, Marcos 5.9); "autoridade" (*exousían*, 1Coríntios 15.24; Efésios 1.21; 6.12c; Colossenses 1.16); "dominadores deste mundo de trevas" (*kosmodrátoras toū skótous toútou*, Efésios 6.12d); "espírito imundo" (*pneúmati akathártōi*, Marcos 1.23); "forças espirituais do mal nas regiões celestiais" (*paumatiká tēs ponērías en toīs epouraníois*, Efésios 6.12e); "poderes" (*dynámeis*, Romanos 8.38g; 1Coríntios 15.24; Efésios 1.21); "Satanás" (*Satanās*, Marcos 3.23); "príncipe do poder do ar" (*árchonta tēs exousías toū aéros*, Efésios 2.2b); "ordem deste mundo" (*aiōna toū kósmou toútou*, Efésios 2.2a); "demônios" (*daimoníōn*, Romanos 8.38d); "anjos" (*aggélous*, Romanos 8.38c; Judas 6); "príncipe deste mundo" (*archōn toū kósmou toútou*, João 12.31); "espírito que [...] impede de falar" (*pneūma álalon*, Marcos 9.17); "espírito que agora está atuando nos que vivem na desobediência" (*pnéumatos toū nūn energoūntos en toīs uioīs tēs apeitheías*, Efésios 2.2b); "homem forte" (*ischurós*, Marcos 3.27); "tronos" (*thrónoi*, Colossenses 1.16); "Belzebu" (*Beelzeboúl*, Marcos 3.22a); "domínio" (*kyriótētos*, Efésios 1.21; Colossenses 1.16) ; o que governa as trevas (árjonta tēs exousías, Efésios 2.2c); "poderes" (*archás*, Efésios 6.12b).

*O ministério da libertação em nossos dias.* A exegese racionalista ensina que todos os casos de possessão demoníaca ou de demonização não passam de doenças naturais (histeria, esquizofrenia, epilepsia) e que, por seus sintomas extravagantes, eram em épocas primitivas atribuídos a demônios. Alega-se que Jesus assumiu tal conduta porque teria se acomodado à mentalidade popular sem prejulgar o problema teológico da suposta possessão ou influência diabólica e que realizava suas curas hipnotizando os pacientes com sua personalidade forte e excepcional. De acordo com essa teoria, era nada mais que sugestão psíquica. Essa explicação pode ser válida para alguns casos, mas em outros o próprio Cristo insistiu na intervenção do príncipe dos demônios, Belzebu (Mateus 12.22-30), o que pressupõe uma oposição ativa dos demônios ao estabelecimento do Reino de Deus. Em última análise, a questão é se acreditamos na Bíblia ou não, se reconhecemos a prática e a experiência de cristãos maduros e piedosos que exercem um ministério de libertação responsável e se levamos a sério a obra de Satanás na vida das pessoas.

## Analisemos o encontro (v. 6,7)

**O endemoninhado avistou Jesus.** Marcos observa que ele estava longe do local em que Jesus desembarcou. No entanto, correu para ele assim que o avistou: "Quando ele viu Jesus de longe [...]" (gr. *kaì idōn tòn Iēsoūn apò makróthen*). Note-se que ele viu Jesus "de longe" (gr. *apò kakróthen*, "desde longe", "de longe"). Esse advérbio mostra que, apesar da situação de alienação e total falta de controle na esfera natural, o endemoninhado foi capaz de reconhecer a presença de Jesus na esfera sobrenatural. Os demônios reconhecem a presença e o poder de Jesus e são agressivos com ele. Satanás está à frente de um reino que é hostil ao Reino de Deus e de Cristo (Atos 26.18; Colossenses 1.13). Na prática pastoral, é possível comprovar essa realidade quando se lida com pessoas demonizadas ou endemoninhadas.

**O endemoninhado correu para Jesus.** O texto diz que o homem "correu" (gr. *édramen*, o aoristo do *tréchō*, "correr"). A ideia do verbo é de ação rápida e imediata. O que o impeliu? Sem dúvida, não foi o homem, mas os demônios tentando impedir Jesus ou mesmo agredi-lo. A presença do Messias ameaçava o controle deles sobre a vida do endemoninhado, bem como a tarefa de perturbar toda a região. A mera presença de Jesus desestabilizava seu domínio (v. Lucas 10.17-20). Com certeza, a cena de um homem nu e alienado correndo aos gritos e com intenções hostis deve ter causado pavor aos pobres discípulos, que mal haviam conseguido reconquistar a autoconfiança após terem sobrevivido à terrível e perigosa tempestade durante a travessia do mar da Galileia (4.35-41).

**O endemoninhado reconheceu Jesus.** Os discípulos foram pegos de surpresa, mas não Jesus, que percebeu o endemoninhado vindo em sua direção. E algo curioso aconteceu: quando estava prestes a tocá-lo, o endemoninhado "prostrou-se diante dele" (gr. *prosekúnēsen autōi*; lit., "o adorou"). Ou seja, lançou-se a seus pés ou caiu a seus pés em atitude de adoração. O verbo grego *proskunéō* significa "adorar", "prostrar-se e adorar", "ajoelhar-se", "reverenciar", "cair aos pés de alguém". O endemoninhado geraseno não era judeu, mas pagão. Ele jamais iria confessar Jesus como o Messias, muito menos adorá-lo como Deus. No entanto, tal reconhecimento não veio dele, mas dos demônios que o possuíam. A teologia dos demônios é mais profunda que a da maioria dos crentes (Tiago 2.19). Eles temem o poder de Deus mais que muitos cristãos. Na presença da Divindade, não podem deixar de reconhecê-lo. Daí a qualidade de sua confissão teológica. Os demônios disseram: "Que queres comigo, Jesus, Filho do Deus Altíssimo?" (v. 7). Note-se a impecável confissão cristológica: "Jesus, Filho do Deus Altíssimo" (gr. *Iēsoū huié toū theoū toū hupsístou*). Pedro fez a mesma confissão, mas por revelação divina (Mateus 16.16,17). Os demônios são melhores "teólogos cristãos" que muitos crentes, uma vez que reconhecem o poder sobrenatural de Jesus e dão testemunho público disso (Marcos 1.34). Em contrapartida, é uma clara indicação de que ninguém é aprovado ou salvo por Deus com base numa boa declaração de fé ou por causa de uma teologia ortodoxa. Pensar que uma "sã doutrina" nos torna melhores filhos de Deus é pura falácia e um engano demoníaco.

## Analisemos a libertação (v. 8-13)

Libertação é o ato pelo qual, em nome de Jesus, os demônios recebem ordem para deixar a vida de alguém possuído ou afetado por eles. Com autoridade, Jesus ordenou ao demônio: "Saia deste homem, espírito imundo!". Notem-se os verbos geralmente usados com relação a esses casos: "sair", "enviar" e "entrar". Eles descrevem o ato de libertação. Note-se também a autoridade de Jesus no processo. É em seu nome que demonizados e endemoninhados são libertos. Alguns mestres que ensinam sobre o ministério de libertação acham necessário questionar os demônios no processo da cura (quem e quantos são, como se chamam, como entraram na vida da pessoa, o lugar que ocupam na hierarquia satânica, e assim por diante). Pelo que se percebe na prática de Jesus, tudo isso não tem lugar e não faz sentido. Pedir ao Diabo que diga a verdade sobre si mesmo é inútil e arriscado, já que é mentiroso por natureza e não faz outra coisa a não ser trapacear. Além disso, os demônios não se rendem pelo fato de terem dado mais informações sobre si, e sim com a unção maior de quem os expulsa. Contudo, algumas questões devem ser consideradas com respeito à libertação de endemoninhados em vários graus, particularmente no caso do geraseno.

**Um demônio ou muitos?** O texto parece um tanto confuso no uso do singular e do plural. Note-se que se trata de um "espírito imundo" (singular, v. 2,7,8,10a), mas também há expressões como "Legião", "somos muitos", "demônios", "manda-nos", "lhes deu permissão", "espíritos imundos", "legião de demônios" (plural, v. 9, 10b, 11, 12, 13, 15). O v. 10 é o mais confuso, porque usa o singular e o plural na mesma frase: "E implorava [o demônio] a Jesus que não os mandasse [os demônios] sair daquela região". É provável que os demônios fossem muitos, mas que um deles fosse o principal. Ele teria sido o primeiro a entrar e a conquistar poder sobre a vida do geraseno e então facilitou a entrada dos outros. A Bíblia faz menção de uma hierarquia demoníaca (Efésios 1.21; 3.10; 6.11,12; Colossenses 1.16; 2.10,15), da qual Satanás é o cabeça (Efésios 2.2; Mateus 12.24; 9.34; Lucas 11.14-18). No entanto, para expulsar demônios não é preciso ser ph.D em demonologia, e sim ter a autoridade concedida pelo Espírito Santo quando agimos em nome de Jesus.

**Psicose ou possessão?** Como já foi dito, alguns cristãos acreditam que os relatos bíblicos sobre endemoninhados são casos de patologias psíquicas. Eles argumentam que a crença em demônios era uma superstição primitiva, própria de uma cosmovisão pré-científica, ou seja, de uma época em que as doenças mentais eram desconhecidas. Afirmam que é impossível uma "personalidade" ocupar o lugar de outra, a menos que se trate de esquizofrenia, de epilepsia ou de algum quadro histérico. No entanto, pode-se argumentar a mesma coisa a respeito do crente "possuído [cheio] pelo Espírito Santo", ou seja, o crente em Cristo sob o controle do Espírito (Atos 2.15-21). Temos de reconhecer que muitos supostos "endemoninhados" são psicóticos ou histéricos. No caso do endemoninhado geraseno, porém, podem ser percebidas características apresentadas por algumas pessoas sem Cristo. Em todo caso, isso não significa desacreditar a contribuição positiva que a ciência da saúde mental e emocional pode oferecer para uma compreensão mais abrangente da situação desses sofredores. Em minha experiência pastoral, descobri que um profissional de saúde (psiquiatra, psicólogo clínico, psicoterapeuta) cheio do Espírito Santo e agindo como Jesus e os apóstolos é a pessoa que está em melhores condições de ministrar libertação em vários níveis. O ideal seria criar na igreja equipes interdisciplinares para ministrar às pessoas em necessidade, como parte de um ministério continuado e permanente.

**Libertação ou crueldade?** Não deixa de surpreender a questão dos porcos. Na confusão, o povo atribuiu aos demônios a precipitação do rebanho no mar e culpou Jesus por ter dado tal ordem. Note-se, porém, que Jesus "lhes deu permissão" (gr. *epétrepsen autoîs*) — não é dito que ele causou a morte dos porcos. Não era seu propósito destruí-los. Ele não era o tipo de pessoa que destrói a propriedade dos outros. Não podemos responsabilizar Jesus pela morte dos 2 mil porcos (uma quantidade por certo exagerada), pois teria sido um ato de crueldade para com animais criados por Deus. Também é errado dizer que, por ser judeu, não era um problema para ele matar os porcos, considerados animais imundos pela lei judaica. Não era assim que Jesus pensava (7.19). A questão é que "os espíritos imundos saíram [do homem]" (v. 13). Isso é o mais importante. Foi o poder de Deus em Jesus que libertou o homem. E é esse mesmo poder que hoje pode libertar qualquer pessoa endemoninhada, oprimida ou aprisionada (demonizada) por Satanás. A destruição dos porcos ilustra o propósito de Satanás: destruir as criaturas de Deus. Foram os demônios que lançaram os porcos no mar.

## Analisemos o resultado (v. 14-20)

É interessante que Marcos descreva em detalhes o que aconteceu com os diferentes atores desse episódio, além de Jesus e seus discípulos e, claro, dos demônios.

**Os guardadores dos porcos (v. 14).** Três coisas são ditas a respeito deles. 1) Eles fugiram. "Os que cuidavam dos porcos fugiram", diz o texto. Tinham mais medo do poder de Jesus que da violência do endemoninhado.

Muita gente hoje (até mesmo entre os crentes) tem mais objeções às manifestações do poder divino que às manifestações do poder satânico. 2) Eles assustaram o povo. "Contaram esses fatos na cidade e nos campos, e o povo foi ver o que havia acontecido", diz o texto. "Quando se aproximaram de Jesus [...] ficaram com medo" (v. 15). É uma constante do comportamento humano, tanto de crentes quanto de não crentes, assustar-se com a presença e a manifestação do poder divino. Mais uma vez, parece que Deus gera mais medo que o próprio Diabo. 3) Eles ficaram com raiva: "Os que estavam presentes contaram ao povo o que acontecera ao endemoninhado e falaram também sobre os porcos" (v. 16). Sem dúvida, os donos dos porcos estavam mais preocupados com o desaparecimento deles que com a libertação do endemoninhado. Eles ficaram furiosos com o que acontecera aos porcos e responsabilizaram Jesus pela perda. Haviam perdido sua fonte de lucro. No entanto, transformaram o que era um problema deles num problema da comunidade, ao anunciar "na cidade e nos campos" o que havia acontecido.

**A população local (v. 15-17).** Os habitantes do lugar foram impelidos pela curiosidade, especialmente por causa da morte de um grande número de porcos (provavelmente, todos os que existiam na região) e depararam com uma cena inesperada. Podemos destacar duas de suas atitudes. 1) Eles se importavam mais com porcos que com o endemoninhado. Mas para Jesus um ser humano era mais importante que qualquer animal ou tipo de propriedade (Lucas 12.7b). Um ser humano vale muito mais que nossos bens, lucros, preconceitos ou conceitos. Em vez de se alegrar por ver em bom estado aquele que antes estava endemoninhado, as pessoas ficaram assustadas diante do que não entendiam, por isso rejeitaram Jesus. A mesma coisa acontece em nossos dias. 2) Eles pediram a Jesus que deixasse sua terra. Trata-se de uma atitude tipicamente humana em face da manifestação do poder de Deus. Aqueles pecadores não suportaram ter Jesus por perto, porque ele era santo e eles não. Note-se que essa foi também a reação dos demônios (v. 7; 1.24).

**O homem liberto (v. 18-20).** Os detalhes dramáticos da condição desesperada do homem antes de seu encontro com o Senhor muitas vezes ofuscam os resultados surpreendentes na vida dele após seu encontro restaurador com Jesus. A mudança no homem foi notável.

*Ele queria seguir Jesus.* Quando alguém é liberto do poder de Satanás e do pecado e se torna uma pessoa cheia do Espírito de Jesus, seu desejo imediato é segui-lo e servi-lo. O homem liberto queria ser discípulo de Jesus e ir com ele. É interessante que, no caso de vários discípulos, foi Jesus quem os convidou a segui-lo. Mas nesse caso foi o homem liberto quem tomou a iniciativa de seguir Jesus como discípulo: "Suplicava-lhe que o deixasse ir com ele" (v. 18b).

*Jesus deu-lhe uma ordem.* Jesus não rejeitou o homem como discípulo, mas não permitiu que o acompanhasse (v. 19a). Por considerá-lo um discípulo, mandou que fizesse três coisas, as mesmas que ele ordena a cada crente hoje. 1) "Vá para casa, para a sua família" (19b). Jesus enviou o novo discípulo à família e amigos antes que este fosse pregar aos outros. Se fomos alvo do poderoso amor de Jesus, é com as pessoas a quem somos mais afeiçoados que devemos compartilhar o testemunho de nossa fé. Assim, a promessa de Atos 16.31 se tornará realidade. 2) "[A]nuncie-lhes quanto o Senhor fez por você [...]" (v. 19c). A mensagem mais poderosa a favor do evangelho do Reino é o testemunho de vidas transformadas pelo poder de Cristo. A Bíblia apresenta abundantes testemunhos da operação do poder de Deus ao longo da História. Em outros casos, Jesus ordenou o silêncio (1.44), mas agora estava em território pagão, não judeu. Não havia razão para o homem ficar calado, porque Jesus não estava em perigo ali. 3) "[...] e como teve misericórdia de você" (v. 19d). Não há testemunho mais poderoso que o da experiência pessoal. Não basta falar do poder de Deus de acordo com a Bíblia ou na vida de outras pessoas. O importante não é como Deus salvou os outros, mas como ele *nos* salvou.

Esta é uma boa oportunidade para pensar sobre a obra de Satanás na vida humana. O Diabo tem poder para agir maldosamente contra qualquer ser humano. De fato, ele nem cogitou interromper seu objetivo de roubar, matar e destruir diante de Jesus de Nazaré; portanto, sua obra e seus resultados nocivos não fazem acepção de pessoa. No entanto, há uma pequena (mas significativa) diferença entre sua obra nos crentes e nos não crentes. É a mesma diferença que se pode observar no resultado de suas tentativas de subjugar e destruir Jesus. No caso dos não crentes, a obra de Satanás se realiza num crescendo. Assim, o descrente pode ser tentado por Satanás simplesmente porque este é o tentador (Mateus 4.3; 1Tessalonicenses 3.5), oprimido por Satanás (Lucas 4.18; Atos 10.38), aprisionado por Satanás (Gálatas 5.1; 1João 5.19) e possuído por Satanás (Marcos 1.23-26; 5.2). No caso dos crentes, ou seja, os que foram regenerados pelo poder do Espírito Santo, quatro situações também são verificadas. O crente pode ser tentado por Satanás (Mateus 6.13; 26.41; 1Coríntios 10.13; Tiago 1.12-15; 2Pedro 2.9), oprimido por Satanás (Salmos 119.121,122), aprisionado por Satanás (Lamentações 1.14; Lucas 13.16), mas *não* possuído por ele (Colossenses 3.3; 1João 5.18). O motivo é que seu espírito (gr. *pneûma*) é ocupado pelo Espírito Santo.

## JESUS DÁ AOS DISCÍPULOS AUTORIDADE SOBRE OS MAUS ESPÍRITOS (3.13-19; 6.6b,7,12,13)

Jesus sabia desde o início de seu ministério que não teria muito tempo para realizar a missão, que o Pai lhe havia confiado, de "dar a sua vida em resgate por muitos" (Marcos 10.45). Para atender aos objetivos propostos, ele precisava de ajuda. Para esse fim, escolheu alguns homens para serem seus companheiros e assistentes. A partir do cap. 3 de Marcos e nos quatro capítulos seguintes, o evangelista mostra como ele os treinou e ensinou. Marcos revela também o nome de cada um dos escolhidos (3.16-19). Sem dúvida, Jesus fez isso para mostrar que a igreja é apostólica em seus fundamentos e que é ele, como Filho de Deus, quem a constitui. É por isso que os Doze (Lucas 9.1,2), os Setenta e Dois (Lucas 10.1,17) e todos os crentes (Marcos 16.15-18) receberam dele a comissão para proclamar o evangelho do Reino, curar os doentes e expulsar os demônios com o poder e a autoridade de seu nome.

### Jesus escolhe os Doze (3.13-19)

O texto diz que Jesus "subiu a um monte" (v. 13a; gr. *anabaínei eis tò hóros*) a fim de se afastar das multidões que o estavam seguindo. Ele queria pensar com calma sobre seu trabalho e planejar como outros lhe dariam continuidade. Lucas 6.12 informa que Jesus passou a noite inteira em oração buscando a orientação do Pai antes de decidir quais homens seriam as testemunhas imediatas de sua vida e de seu ministério. Depois de saber com certeza quem o Pai havia escolhido, Jesus passou a chamar "aqueles que ele quis". Note-se que foi Jesus, o Filho de Deus, quem os chamou. Foi o Messias quem fundou o corpo de crentes chamado "igreja" e deu-lhe uma base apostólica. Isso é o que torna a igreja cristã diferente de um clube social ou de qualquer outra sociedade fundada por seres humanos.

**Jesus os chamou (v. 13b).** O texto diz que Jesus "chamou a si aqueles que ele quis" (gr. *proskaleîtai hoùs ēthelen autós*). Foi Jesus quem convidou os Doze para se juntar a ele e acompanhá-lo em sua missão. O verbo grego *proskaléomai* significa "chamar para si", "convocar", "chamar" (para uma missão cristã). Não foram eles que se juntaram a ele e decidiram ajudá-lo em seu ministério. Sem dúvida, muitos devem ter se reunido a ele de bom grado, mas apenas 12 foram escolhidos (João 15.16). No entanto, a escolha não foi súbita. Vários dos homens que ele escolheu o conheceram alguns meses antes na Judeia (João 1.35-45). Quatro deles estavam com ele desde quando ele os chamou, num momento em que estavam ocupados em seus negócios de pesca (1.16-20).

**Jesus os reuniu (v. 13c).** O texto diz que Jesus os reuniu em torno de si, de modo que "vieram para junto dele" (gr. *apēlthon pròs autón*), ou seja, juntaram-se a ele. O verbo grego *apérchomai* significa "ir", "ir-se" (nesse caso, com ele). Dessa forma, Jesus integrou esses homens a seu ministério e montou uma equipe de trabalho com eles. Assim, desde o início de seu ministério Jesus deixou claro que a melhor estratégia para o cumprimento da missão da igreja é o trabalho em equipe. Não há lugar para cavaleiros solitários no ministério. As equipes ministeriais, organizadas e reunidas em torno de Jesus e com ele, são os melhores recursos humanos para realizar a obra do Reino. A sabedoria bíblica aconselha o trabalho em equipe (Eclesiastes 4.9-12). Se Jesus considerou necessário ter certo número de pessoas a seu lado para melhor cumprir sua missão, quem somos nós para questionar essa estratégia ministerial?

**Jesus os escolheu (v. 14a).** O texto diz que Jesus "escolheu doze" (gr. *epoíēsen dōdeka*). O verbo grego *poiéō* significa "designar", "escolher", "estabelecer", "nomear" (v. Hebreus 3.2). Nem todos os cristãos concordam quanto ao significado dessa frase, mas podemos afirmar algumas coisas. 1) Os Doze eram o fundamento da igreja, não de um clero religioso ou de um ministério ordenado. A designação dos Doze pelo Senhor é a mesma para todo crente que faz parte de seu corpo, que é a igreja. 2) Muitos cristãos concordam em que Deus chama e nomeia as pessoas certas para cumprir determinado ministério na igreja, que pode ser, entre outros, o ministério apostólico ou pastoral, profético, evangelístico ou missionário (Efésios 4.11). 3) Esse versículo não constitui de forma alguma uma base bíblica para falar de "ordenação" ao ministério. A palavra grega significa simplesmente "nomeado", "feito" ou "designado" para o cumprimento de uma tarefa específica, não para preencher um cargo ou um posto numa hierarquia específica.

O número "doze" (gr. *dōdeka*) não é casual e é pleno de significado. Além de ser uma referência às 12 tribos de Israel com todo o seu significado simbólico do Antigo Testamento, o número sugere uma religião organizada. Assim como as 12 tribos representavam Israel, os 12 apóstolos representam a igreja. Esses homens iriam constituir o fundamento da igreja, e Jesus Cristo seria a pedra angular. Os Doze tiveram uma função única e que não voltaria a se repetir. De fato, para ser considerado apóstolo, um dos requisitos era ter estado com Jesus ao longo de seu ministério terreno e ter testemunhado sua ressurreição (Atos 1.21,22; Efésios 2.20).

**Jesus os nomeou (v. 14b,15).** O texto diz: "[...] designando-os apóstolos" (gr. *hoùs kaì apostólos ōnómasen*). A *NVI* informa em nota de rodapé que alguns importantes manuscritos gregos não incluem essa frase. A versão grega que utilizamos inclui a frase entre parênteses. O verbo grego *onomázō* significa "nomear", "chamar" (no sentido de designar). Ele os nomeou para assuntos concretos. Três tarefas específicas são mencionadas no texto.

*Acompanhar Jesus.* "[...] para que estivessem com ele [...]". Para que pudessem continuar a obra de Jesus depois dele, eles deveriam estar com o Mestre. Eram como aprendizes de carpinteiro: aprenderiam trabalhando com ele e fazendo o que ele fazia. Mais tarde, as pessoas perceberiam que o comportamento deles era semelhante ao de Jesus: "[Os líderes de Jerusalém] ficaram admirados e reconheceram que eles haviam estado com Jesus" (Atos 4.13b). Não podemos fazer a obra de Cristo no mundo hoje, a menos que primeiro "estejamos com ele".

*Sair a pregar.* "[...] os enviasse a pregar [...]". A segunda razão pela qual Jesus os escolheu e nomeou foi prepará-los para sair e continuar a obra que ele havia começado. O objetivo principal desse trabalho era a proclamação do evangelho do Reino, tanto em palavras quanto em ações. Desde então, Jesus tem enviado todos os crentes com a mesma missão ao mundo inteiro (Mateus 28.19,20; Marcos 16.15-18; Lucas 24.47; João 20.21).

*Exercer autoridade.* "[...] e tivessem autoridade para expulsar demônios". Mais especificamente, menciona-se a autoridade espiritual para expulsar demônios. Os Doze já exerceriam essa autoridade em 6.7, seguramente porque para fazê-lo de modo efetivo era necessário primeiro manter um estreito contato com Jesus. Ernesto Trenchard comenta: "O Diabo estabeleceu sua autoridade sobre os homens por meio do pecado. Ao expulsar os demônios, o Senhor e os apóstolos demonstram de maneira palpável que a vitória sobre o poder de Satanás está se aproximando, de acordo com a ilustração do v. 27".[6]

**Jesus os identificou (v. 16-19).** Há quatro listas dos Doze no Novo Testamento: Mateus 10.1-4; Marcos 3.16-19; Lucas 6.12-16; Atos 1.13-26. Essas listas não coincidem 100% quanto aos nomes, apelidos e ordem em que são registrados. De acordo com nosso texto, a lista de 12 homens é a seguinte:

1. Simão, "a quem deu o nome de Pedro", aparece em primeiro lugar em todas as listas e foi, sem dúvida, o mais destacado de todos e porta-voz do grupo. Era filho de Jonas (Mateus 16.17) e irmão de André.

2. Tiago, "filho de Zebedeu" e irmão de João, ao lado de quem e de Pedro fazia parte do grupo de discípulos mais próximos de Jesus. Acabou assassinado a mando de Herodes Agripa I (Atos 12.2).

3. João, filho de Zebedeu e irmão de Tiago. Com seu irmão mais velho, foi chamado Boanerges, que significa "filhos do trovão".

4. André, irmão de Simão Pedro e discípulo de João Batista.

5. Filipe, que apresentou Natanael a Jesus e, com André, vários gentios.

6. Bartolomeu, cujo nome significa "filho de Talmai". João não o menciona, mas alguns o identificam como Natanael (v. João 1.43-51).

7. Mateus, cujo nome significa "dom do Senhor", era cobrador de impostos quando Jesus o chamou. Também conhecido como Levi, era filho de Alfeu, irmão de Tiago e filho de Maria (Mateus 27.55,56; Marcos 15.40) — desse modo, seria parente de Jesus.

8. Tomé, cujo nome significa "gêmeo".

9. Tiago, filho de Alfeu. Era parente de Jesus. Talvez seja "Tiago, o mais jovem", cuja mãe, Maria, estava entre as mulheres ao pé da cruz e com aquelas que foram ao sepulcro (Marcos 15.40). João 19.25 informa que essa Maria era esposa de Clopas, que pode ser identificado como Alfeu.

---

6. **Una exposición del evangelio según Marcos**, p. 46.

10. Tadeu, cujo nome em grego significa "dom de Deus" e em hebraico, "seio". É identificado como irmão de Tiago (Lucas 6.16; Atos 1.13) e também era conhecido como Lebeu (Mateus 10.3; Marcos 3.18).

11. Simão, "o zelote", também conhecido como "cananita" (Mateus 10.4).

12. Judas Iscariotes, "que o traiu". Todas as listas colocam seu nome no final. Iscariotes significa "homem de Queriote", cidade próxima de Hebrom. Era o único discípulo proveniente da Judeia: todos os outros eram da Galileia.

## Jesus envia os Doze (6.6b,7,12,13)

Como uma evidente reação direta à rejeição experimentada em Nazaré (6.1-6a), Jesus inaugurou um extenso itinerário pelas cidades da Galileia e "passou a percorrer os povoados, ensinando" (6.6b). Assim, reuniu e comissionou os Doze para percorrer essas localidades a fim de expulsar espíritos malignos em seu nome e com seu poder e autoridade. Antes disso, por ocasião de seu chamado, havia convidado pescadores a serem pescadores de homens (1.16-20). Também os havia designado para cumprir a tarefa integral da proclamação do evangelho do Reino, da cura de enfermos e da expulsão de demônios. Jesus havia preparado os discípulos expondo-os às ações dele, como também ao exaltar o Reino por meio das instruções que lhes deu. Em várias oportunidades, os Doze já haviam sido testemunhas da maneira pela qual Jesus realizava essas ações redentoras e agora tinham a oportunidade de pôr em prática o que haviam aprendido com ele.

**Os Doze receberam autoridade (v. 7,13).** Parte da comissão, de particular interesse para o enfoque nos milagres, incluía a autoridade sobre os "espíritos imundos" (gr. *tōn pneumátōn tōn akathártōn*, v. 7). Todo ato de libertação é uma limpeza de toda contaminação espiritual. A expulsão de demônios também representa outra forma de milagre, que devemos considerar com cuidado. Ao percorrer o evangelho de Marcos, encontramos quatro atos de expulsão de demônios (1.21-28; 5.1-20; 7.24-30; 9.14-29). Além disso, há vários relatos de milagres de Jesus que mencionam demônios e espíritos malignos (como em 1.32-34; 3.11).

É interessante que Marcos não só dá grande destaque à expulsão de demônios, como também retrata o grande conflito cósmico entre Jesus e Satanás por meio das tentações. Toda vez que Jesus expulsava demônios, o

Reino de Deus punha os poderes das trevas em retirada. Na cruz, Jesus lutou contra o mal e saiu triunfante. Esse conceito de expiação é classicamente conhecido como *Christus Victor* — Cristo como Conquistador ou Vencedor. Desse modo, cada expulsão de demônios representava uma vitória contra o mal e era uma demonstração da superioridade de Jesus em relação ao poder demoníaco. Trata-se de uma convicção muito necessária, uma persuasão para todos os crentes de hoje.

O próprio Jesus interpretou cada ato de libertação espiritual como um sinal do Reino de Deus, que irrompia poderosamente na história humana (Lucas 11.20). Essas ações eram o cumprimento da esperada vinda redentora de Deus aos seres humanos. Cada expulsão expressava as boas-novas. É interessante em 6.13 a maneira pela qual os discípulos "expulsavam muitos demônios", ou seja, como parte do resultado de sua obediência à missão do Reino confiada por Jesus.

> **Guillermo Hendriksen:** "Eles expulsaram *muitos* demônios. Você poderia dizer que eles foram muito bem-sucedidos nessa atividade. Mas 9.18 deixa claro que os discípulos nem sempre obtiveram êxito na expulsão dos espíritos imundos. À parte do poder concedido por Deus, eles nada possuíam em si mesmos. Isso mostra também por que a oração era de suma importância, uma lição que esses homens precisavam aprender".[7]

**Os Doze pregaram o arrependimento (v. 12).** Note-se que um componente fundamental do ministério de libertação realizado pelos discípulos sob as instruções de Jesus foi o chamado ao arrependimento. Os Doze "saíram e pregaram ao povo que se arrependesse" de seus pecados (v. 12a). Os missionários foram enviados com instruções precisas, que naturalmente foram memorizadas como parte da preparação, e essas advertências incluíam, sem dúvida, a mensagem de convite ao arrependimento. Arrepender-se é dar meia-volta, é mudar a mente e reorientar a vida em torno do Reino de Deus. Nesse contexto, o chamado universal ao arrependimento serve para lembrar que existe uma responsabilidade pessoal. Alguns, de maneira irresponsável,

---

7. **El evangelio según San Marcos**, p. 245. Grifo do autor.

negam que haja algum grau de responsabilidade pessoal em casos de envolvimentos com demônios e reconhecem apenas o mal externo e invasor como responsável pela situação de aprisionamento, opressão ou possessão. É bem comum alguém dizer: "Fiz isso por causa de um demônio"; "O Diabo me fez cair"; "Satanás me obrigou". A pessoa liberta do poder do mal participa do processo de libertação ao se arrepender do pecado que cometeu voluntariamente.

Para o cristão, o poder do mal foi rompido pela eficácia da cruz. Mas convém observar que a demonização e a enfermidade estão intimamente ligadas nos evangelhos. Isso significa que o salvo, ou seja, aquele que tem o Espírito Santo habitando em si plenamente, pode adoecer e também ser, em algum grau, afetado pela demonização, um problema que está mais ligado à doutrina da santificação que à doutrina da salvação. A pessoa pode ser salva, mas deve trabalhar por sua própria santificação. A cura espiritual e a emocional estão ligadas ao processo de santificação.

**Os Doze cumpriram uma tríplice missão (v. 12,13).** Esses versículos resumem a missão confiada por Jesus aos Doze: pregar o evangelho do Reino ("pregaram ao povo que se arrependesse"), curar os doentes ("ungiam muitos doentes com óleo e os curavam") e expulsar demônios ("Expulsavam muitos demônios"). O Novo Testamento deixa claro que essa era a tríplice missão dos Doze e que eles a cumpriram fielmente, como Jesus lhes havia ordenado. À luz do testemunho escriturístico, alguns fatos podem ser apontados como exemplos. 1) Eles receberam poder e autoridade para expulsar demônios e curar doenças (Lucas 9.1). 2) Eles foram nomeados "apóstolos" para acompanhar Jesus e ser suas testemunhas (Marcos 3.14). 3) Jesus deu-lhes instruções por intermédio do Espírito Santo (Atos 1.2). 4) Os Doze realizaram muitas maravilhas e sinais (Atos 2.43). 5) Eles foram enviados a pregar o Reino de Deus e a curar os doentes (Lucas 9.2). 6) Eles foram designados "apóstolos" para exercer autoridade na expulsão de demônios (Marcos 3.15). 7) O registro bíblico identifica-os pelo nome (Mateus 10.1-4). 8) Por meio deles, muitos sinais e maravilhas foram realizados entre as pessoas (Atos 5.12). 9) Com grande poder, deram testemunho da ressurreição do Senhor Jesus (Atos 4.33a). 10) Curaram todos os enfermos e atormentados por espíritos malignos (Atos 5.16).

## JESUS LIBERTA UMA MENINA (7.24-30)

Nessa passagem, encontramos Jesus viajando para o norte, pelos arredores de Tiro e Sidom, região habitada principalmente por gentios. Não foi a primeira vez que Jesus deixou o território judeu. Nesse caso, parece que fez isso apenas para descansar, ficar tranquilo, orar e se preparar para o sofrimento que ele sabia que viria em breve. Também pode ter havido razões secundárias para deixar a região da Galileia, como o fato de que Herodes e os fariseus queriam prendê-lo e o desejo do povo judeu de torná-lo rei.

Duas questões importantes surgem quando lemos essa história. 1) Jesus recusou-se a ajudar a mulher porque ela era gentia? 2) Como foi que Jesus curou a filha da mulher sem tê-la visto?

### O pedido da mulher (7.25,26)

**Sua necessidade.** O grande problema que afligia a pobre mulher era que sua filha "estava com um espírito imundo" (v. 25). Marcos diz "filhinha" no original (gr. *thugátrion*; cf. v. 26), termo que enfatiza sua tenra idade e o profundo amor de sua mãe por ela, talvez por ser viúva (seu marido não é mencionado). Assim que ouviu sobre a chegada de Jesus, ela o procurou para apresentar seu problema. Jesus não era mágico nem curandeiro cujo poder o habilitava a se tornar invisível ou desaparecer, como em alguns contos populares. Ele era um ser humano como qualquer um de nós e não podia escapar das pessoas que ficavam sabendo de sua presença numa cidade ou numa casa (v. 5.30; 6.5; 9.16; 13.32). Pelo contrário, ele havia se tornado totalmente humano e aceitado todas as limitações humanas (Filipenses 2.7) para atender a todas as nossas necessidades.

> **R. A. Cole:** "A história da cura da filha da mulher siro-fenícia lembra-nos de que o profeta Elias, quase no mesmo território, havia realizado um milagre na vida de outra viúva (1Reis 17.2-24). Talvez a lembrança desse fato tenha levado Mateus a acrescentar 'e de Sidom' (Mateus 15.21) em sua indicação geográfica. As duas cidades, Tiro e Sidom, aparecem com frequência mais ou menos relacionadas no Novo Testamento (v. Marcos 3.8). Isso mostra que Cristo era conhecido pelo menos pelos judeus estabelecidos naquelas

> localidades, e deve ter sido na casa de algum de seus discípulos judeus que ele até então permaneceu incógnito. Pode-se ver por Lucas 4.25,26 que o milagre de Elias esteve algumas vezes na mente do Senhor, quando, depois de ser rejeitado em Nazaré, ele fez um claro anúncio de sua missão seguinte entre os gentios usando a viúva de Sarepta e Naamã, o sírio, como ilustrações. Mostra também que o Senhor aceitava sem questionamentos o que tem sido chamado 'pedra de tropeço do particularismo' — Deus aparentemente negligenciou as muitas viúvas de Israel, mas se deu ao trabalho de enviar o profeta a uma viúva em terra estrangeira, de uma raça desprezada. Era esse aspecto do evangelho cristão que enfurecia os judeus (Atos 22.21,22)".[8]

**Sua atitude.** Marcos destaca o fato de que a mulher, tão logo soube da presença de Jesus, foi procurá-lo para apresentar-lhe seu problema. O evangelista também enfatiza que ela "veio e lançou-se aos seus pés" (gr. *elthoũsa prosépesen pròs toùs pódas autoũ*). O ato de prostrar-se diante de Jesus era uma expressão de sua humildade, reverência, submissão e ansiedade. Sua atitude foi semelhante à de Jairo (5.22), e, como este judeu notável, ela "rogava" que ele libertasse sua filha do demônio que a possuía. Seu comportamento também se assemelhava ao da viúva de Naim (Lucas 7.11-15), e como esta por fim recebeu a ajuda do Senhor, que é o socorro das viúvas e dos órfãos (Deuteronômio 10.18; Salmos 146.9 etc.). A ação de Jesus em prol dessa viúva foi também uma demonstração de seu caráter divino e de sua missão messiânica.

**Sua condição.** A mulher "era grega, siro-fenícia de origem" (Mateus a identifica como "cananeia", Mateus 15.22). A palavra traduzida por "estrangeira" (gr. *hellēnís*) em algumas versões provavelmente signifique "grega" ou "gentia" (helenística), como a viúva de Sarepta, de 1Reis 17. Ela falava a língua grega e adorava deuses pagãos, como os gregos faziam. Jesus conversou com ela, o que mostra que ele tinha pelo menos algum conhecimento do idioma da mulher, além de suas línguas nativas, que eram o hebraico e o aramaico. O versículo também diz que ela era "siro-fenícia" (gr. *surofoiníkissa*) e informa que essa condição era "de origem" (gr. *tōi génei*), ou seja, de nascimento.

---

8. **The Gospel According to St. Mark**, p. 122.

A Fenícia estabelecera uma grande colônia no norte da África, mas o país natal da mulher era a Síria.

## A resposta de Jesus (7.27)

**Uma resposta indelicada.** Diante da atitude tão desesperada e submissa da mulher, a resposta de Jesus parece despropositada, quase um insulto. A comparação entre "filhos" (gr. *tà tékna*) e "cachorrinhos" (gr. *toīs kunaríois*) parece totalmente deslocada. Da mesma forma, a aparente rejeição de Jesus ao pedido da mulher é surpreendente. De fato, de acordo com o relato de Mateus, a princípio "Jesus não lhe respondeu palavra" (Mateus 15.23), mas por fim se pronunciou: "Eu fui enviado apenas às ovelhas perdidas de Israel" (Mateus 15.24). Além disso, a mulher sabia que Jesus estava usando a palavra "filhos" para se referir aos judeus e "cães" para indicar os gentios, o que não era agradável.

**Uma resposta inesperada.** Por que Jesus se expressou assim? 1) Não foi por desprezar as mulheres. Ao contrário dos outros mestres judeus, ele as tratava com o mesmo respeito e deferência que demonstrava aos homens, como se vê em passagens como 1.30,31; 5.40-43; 10.7,8; João 4.1-30. 2) Não foi por desprezar os gentios. Ele curou o gentio endemoninhado de Gerasa (5.1-20), o servo de um centurião gentio (Lucas 7.1-10) e o filho de um nobre gentio (João 4.46-54). Dessa forma, com suas ações, ele demonstrou que não alimentava nenhum preconceito contra os gentios nem discriminava pessoas com base na raça ou etnia. 3) Não foi por estar cansado ou sem disposição para ajudar ou por ter de ser assediado até a exaustão para concordar em agir de forma redentora. 4) Foi porque na ocasião estava pensando num problema difícil de resolver. Ele precisava estar tranquilo e sozinho. Para isso, era necessário que não atraísse a atenção do povo com milagres ou com seu ensino, muito menos em terra estrangeira.

No entanto, quando ele fazia milagres ou ensinava o povo, era necessário que desse prioridade aos judeus. Deus havia escolhido esse povo (os judeus) e planejado divulgar seu propósito redentor por meio deles a todas as nações. Não que Deus tivesse favoritos ou discriminasse outras nações ou que a escolha deles fosse por serem superiores ou melhores que os demais povos, mas simplesmente foi o método que ele escolheu para alcançar *toda a humanidade* por meio de uns *poucos seres humanos* (v. Mateus 10.5,6; Romanos 1.16; 2.9-11). Assim, Jesus queria treinar seus poucos discípulos antes de ser preso para que pudessem dar continuidade à sua obra. E seu plano era que todas as nações fossem postas sob o governo soberano de Deus, ou seja, que todas tivessem a oportunidade de ouvir a pregação do evangelho (Marcos 13.10).

Por isso, quando falou com a mulher naqueles termos, era como se estivesse dizendo a ela: "Meu plano é ensinar e curar apenas os judeus nesta fase de meu trabalho, mas é claro que vou curar sua filha, porque será um sinal de que Deus ama todas as nações". Talvez a frase do v. 27 fosse um provérbio bem conhecido e, sem dúvida, Jesus o citou de uma forma que não soou ofensiva à mulher siro-fenícia.

**Uma resposta instrutiva.** A resposta de Jesus deixa-nos duas lições. 1) Ninguém pode fazer um trabalho eficaz para Deus, a menos que ponha limite aos próprios esforços (como Jesus fez). Aplica-se aqui o ditado popular: "Quem muito abarca, pouco abraça". Todo servo de Deus deve aprender a se concentrar em seu serviço ao Senhor e ao próximo. Ninguém pode fazer tudo nem tudo ao mesmo tempo. Paulo declarou: "Uma coisa faço [...]" (Filipenses 3.13), e é importante que a façamos bem. 2) A vontade de Deus é que todas as nações se submetam a seu domínio soberano. Não há nação mais sagrada que outra diante de seus olhos (Efésios 2.13). A doutrina do "destino manifesto", que predominou entre os anglo-saxões durante séculos, é uma negação da vontade de Deus e, portanto, uma forma de idolatria. Deus não tem nações preferidas ou que sejam um instrumento especial para seus planos e propósitos eternos. Ele quer que todas as nações convirjam para ele e para seu reinado.

## A importância do milagre (7.28-30)

**Um milagre da fé (v. 28).** A insistência inteligente da mulher diante da aparente rejeição de Jesus é impressionante (Mateus 15.23). Ela aceitou sua situação de desvantagem (era mulher, estrangeira, pagã e com um problema que não podia ser resolvido por meios humanos). Ainda assim, insistiu em pedir a Jesus a cura de sua filha. A argumentação da siro-fenícia foi muito inteligente, pois tomou as próprias palavras de Jesus e as devolveu numa reviravolta positiva e otimista. Mais importante que sua sagacidade, porém, era sua fé no poder amoroso de Jesus para resolver seu problema. Mateus registra que Jesus respondeu com espanto: "Mulher, grande é a sua fé!" (Mateus 15.28). A mulher demonstrou fé de várias maneiras: 1) ela confiou em Jesus; 2) ela foi humilde; 3) ela foi persistente; 4) ela usou a inteligência. Portanto, sua fé foi confiante, humilde, persistente e inteligente.

**Um milagre a distância (v. 29).** É interessante que Jesus não fez contato com a menina endemoninhada; apenas disse à mulher: "Por causa desta resposta, você pode ir; o demônio já saiu da sua filha". Foi em razão da afirmação de fé nele e do amor por sua filha que Jesus curou a menina naquela hora: "Naquele mesmo instante, a sua filha foi curada" (Mateus 15.28b). A mulher pediu a Jesus que curasse sua filhinha, e ele a libertou ao dizer essas palavras, embora ela estivesse ausente e não pudesse vê-lo nem ouvi-lo. É impossível tentar explicar como isso aconteceu. Mas podemos entender que, por estar em perfeita comunhão com o poder de Deus Pai, ele pôde, com suas orações (a expressão da perfeita vontade divina) libertar o poder de Deus para curar uma pessoa doente, não importava onde estivesse a pessoa afligida (v. João 4.49-51; Lucas 7.6,7,10). A mesma coisa acontece hoje quando oramos pela cura de alguém que não está ao nosso alcance. Sabemos que é o desejo e a vontade de Deus curar as pessoas de todas as suas doenças por seu poder. Por meio de nossas orações, o que fazemos é ajudá-las a receber esse poder.

**Um milagre espantoso (v. 30).** Podemos imaginar a alegria da mulher siro-fenícia ao chegar a casa e encontrar sua filhinha "deitada na cama", quieta, livre da possessão demoníaca ("o demônio já a deixara") e totalmente saudável. Essa mulher "pagã" (cananeia) iria se lembrar para sempre desse assombroso milagre. É interessante que o milagre ocorreu depois que houve uma combinação perfeita entre a vontade da mulher e a vontade de Jesus. De acordo com Mateus 15.28, Jesus disse ao fazer o milagre: "Seja conforme você deseja". Foi a coincidência entre a vontade da mulher — de que Jesus "expulsasse de sua filha o demônio — e a vontade de Deus — que quer ver suas criaturas libertas de todo espírito maligno — que produziu as circunstâncias apropriadas para a operação de um espantoso milagre. A fé dinâmica no amor e no poder do Senhor foi o que levou as duas vontades a se unirem, e esse também foi um milagre espantoso.

## JESUS CURA UM MENINO ENDEMONINHADO (9.14-29)

Essa passagem relata com muitos detalhes a maneira pela qual Jesus curou um menino. Sem dúvida, Marcos deve ter ouvido a sequência dos fatos da boca de uma testemunha ocular. O trajeto desde o "alto monte" (v. 2), onde Jesus se transfigurou diante de Pedro, Tiago e João, deve ter sido longo, já que haviam estado em um lugar solitário e depararam, provavelmente ao pé da montanha, com "uma grande multidão" (gr. *óchlon polỳn*, v. 14). Além disso, todas aquelas pessoas ficaram surpresas ao ver Jesus, talvez porque não esperassem que ele retornasse tão depressa de um lugar tão remoto (v. 15). É provável que Jesus em algum momento tenha tirado o menino e seu pai da multidão (como costumava fazer), porque no v. 25 lemos que as pessoas começaram a se aglomerar ao redor deles.

A história como um todo deixa-nos duas lições dignas de destaque: 1) Jesus tem poder para expulsar demônios; 2) como seus seguidores, recebemos dele o poder e a autoridade necessários para fazer a mesma coisa em seu nome, se tivermos fé suficiente.

### O fracasso dos discípulos (9.14-19,28,29)

Nesse quadro de confusão e conflito, destaca-se o fracasso dos discípulos em atender ao pedido do pai do endemoninhado. Pela perspectiva da atitude dos discípulos, o quadro é patético; pela perspectiva do desespero do pai, o quadro é dramático; pela perspectiva da situação do menino, o quadro é quase trágico; mas, pela perspectiva do poder de Jesus, o quadro é admirável.

**Uma realidade (v. 14-18).** Depois da paz e da alegria que Jesus desfrutou no cume do monte, ele desceu para enfrentar a confusão e o mal desencadeados na cidade. O mal estava manifesto de múltiplas maneiras: discussões inúteis entre os mestres da lei e os discípulos (v. 16), possessão e manifestação demoníacas em um menino (v. 17,18) e falta de fé de todos os presentes (v. 19). O contraste entre o que aconteceu no monte e o que ocorria no vale era notável.

Coisa semelhante aconteceu quando Jesus foi batizado e logo depois teve de enfrentar as tentações (1.11,12).

*Discussões inúteis (v. 14-16).* Jesus costumava utilizar-se de perguntas para fazer as pessoas reagirem, para afastá-las do círculo vicioso e inútil de seus problemas e angústias e levá-las à realidade de seu poder redentor e do que realmente importava (cf. v. 21). Jesus também perguntava para saber, já que não se gabava da ignorância. Quando Deus se fez humano, transformou-se num ser humano real, e para saber certas coisas ele tinha de perguntar. Quando Jesus conhecia de antemão algum fato, era porque havia usado o dom da palavra de conhecimento (1Coríntios 12.8) e outros dons de revelação, uma vez que vivia cheio do Espírito Santo (cf. 5.30; 12.35). Caso contrário, ele seria tão ignorante quanto qualquer ser humano.

Os nove discípulos haviam desistido de tentar curar o menino. Não oraram pedindo poder para fazê-lo, que Jesus já lhes havia concedido (3.15; 6.7) e que eles souberam usar com ótimos resultados (6.12,13). Mas aqui eles foram vítimas do poder do mal, que os seduziu até enredá-los numa discussão interminável com os mestres da lei (ou escribas). Ou seja, meteram-se em algo com que não sabiam lidar em vez de proceder como Jesus lhes ordenara e para o que haviam recebido seu e sua autoridade. O mesmo acontece hoje muitas vezes com crentes e igrejas. Quanto tempo perdemos em discussões estéreis, enquanto o povo continua perdido no pecado, sofrendo com toda espécie de doenças e cativo do Diabo!

*Um menino endemoninhado (v. 17-18,20-22a).* O filho da personagem anônima que falou do meio da multidão estava "com um espírito" (gr. *échonta pneũma*) que havia tirado sua fala (gr. *álalon*; cf. 7.31-37). De acordo com o diagnóstico do pai, o espírito maligno havia tomado posse de seu filho, ou seja, ele vivia no interior do menino e exercia controle total sobre ele. Esse espírito maligno podia falar e ver (v. 20,26; cf. 1.23), além de provocar convulsões muito semelhantes às de um surto epiléptico (v. 18,20,26).

> **Guillermo Hendriksen:** "Ao examinar cuidadosamente os vários sintomas da doença que a criança estava sofrendo, temos de concluir que estamos diante de um caso de epilepsia. Os v. 18, 20 e 26 mencionam as mesmas características associadas a essa doença: convulsões, quedas ao solo, formação de espuma na boca, rangido de dentes, rigidez. No entanto,

> apressamo-nos a acrescentar: 'Não era um caso *comum* de epilepsia. Era muito pior'. O menino, além de afligido por essa desordem convulsiva chamada *grande mal*, também era surdo e mudo. Ele 'está com um espírito que o impede de falar' (e de ouvir, como Jesus acrescenta no v. 25), diz o pai, fazendo uso do discurso abreviado. O menino, portanto, era epiléptico, surdo-mudo e, pior ainda, endemoninhado. Sua lamentável condição física fora produzida por um espírito impuro. Consequentemente, não era um caso normal de epilepsia. Não, era uma condição muito complexa que não só o fazia cair no chão, como era vez por outra lançado ao solo pelo espírito maligno".[9]

**Um motivo (v. 19,28,29).** É interessante que a pergunta direta de Jesus aos discípulos não foi respondida por eles (nem pelos mestres da lei), mas pelo pai do menino endemoninhado ("Um homem, no meio da multidão [...]", v. 17). E, em sua resposta, esse homem enfatizou o fracasso deles: "Pedi aos teus discípulos que expulsassem o espírito, mas eles não conseguiram" (v. 18). Os discípulos, além de não terem conseguido curar o menino, não sabiam o que responder a Jesus. O silêncio de seus seguidores provocou forte reação de Jesus, que exclamou: "Ó geração incrédula [...]" (gr. *ō geneà ápistos*). Essa expressão nos diz algo sobre os sentimentos do próprio Jesus. Doía-lhe estar entre tantas pessoas que não tinham fé (gr. *pístis*) e deparar com tantas outras que poderiam ser curadas e salvas, mas não eram porque não acreditavam que Deus pudesse fazê-lo. O "vocês" (gr. *hymās*) nesse versículo não se refere apenas aos discípulos, mas a toda a multidão que o rodeava. Os discípulos deveriam ter sido a exceção, mas não foi o caso.

Mais tarde, eles tiveram a oportunidade de refletir sobre o que aconteceu e perguntaram a Jesus: "Por que não conseguimos expulsá-lo?" (v. 28). Note-se a demora dos discípulos em perceber que o motivo de seu fracasso fora a falta de fé no poder de Jesus. Por isso, Jesus respondeu-lhes de maneira direta e precisa: "Essa espécie só sai pela oração e pelo jejum" (v. 29). Os discípulos haviam perdido contato com a única fonte de poder: Deus. Se tivessem ficado na dependência de Deus, poderiam ter curado o menino. Em todo caso, Jesus não está dizendo que tudo teria se resolvido com uma oração, porque o poder

9. **El evangelio según San Marcos**, p. 360-361.

também não estava na oração em si, como se fosse uma palavra ou fórmula mágica. Na verdade, Jesus está usando a palavra "oração" (gr. *proseuchēi*) no mesmo sentido de Lucas 18.1 (v. tb. 1Tessalonicenses 5.17), ou seja, como um estilo de vida. Não meras palavras dirigidas a Deus, mas uma comunhão permanente de fé e confiança plenas em Deus.

Talvez o êxito que tenham tido antes de expulsar demônios e curar os enfermos (6.13) os levasse a pensar que o poder para tal estava neles próprios. Provavelmente, a ausência de Jesus com os três do grupo apostólico no alta da montanha tivesse provocado nos outros nove certo ressentimento. Ocupados com seus sentimentos negativos, não tiveram ânimo nem tempo para orar e, sem se dar conta, perderam o poder e a autoridade que tinham. Diante da crise, encontraram-se sem os recursos espirituais necessários. Usaram as palavras para expulsar os demônios, mas não passaram de palavras sem poder ou autoridade.

## A fé do pai (9.17,22b-24)

O contraste entre a fé do pai do menino e a falta de fé dos discípulos é impressionante. A fé do pai manifestou-se de duas maneiras: primeiro em suas ações; depois em suas palavras.

**O pai reconheceu a autoridade de Jesus (v. 17,22b,23).** Essa confiança manifestou-se no fato de que o homem, de alguma forma, reconheceu a autoridade espiritual de Jesus ao chamá-lo de "Mestre" (v. 17). Também se manifestou no fato de ter trazido seu filho a Jesus. Note-se que ele não o trouxe aos discípulos, mas a Jesus ("eu te trouxe o meu filho", gr. *ēnegka tòn huión mou pròs sé*). O pedido do pai era também uma expressão de sua confiança em Jesus: "[S]e podes fazer alguma coisa, tem compaixão de nós e ajuda-nos" (v. 22b). Observe a condicional "se" e o substantivo "alguma coisa" (gr. *all' aí ti dýnēi*), que revelam certa dúvida no homem. Por esse motivo, Jesus responde: "Se podes?" — uma pergunta retórica que afirma o poder de Jesus para agir. Esse nível de fé elementar do homem levou Jesus a incentivá-la, uma vez que provavelmente havia se dissipado diante do fracasso dos discípulos: "Tudo é possível àquele que crê" (gr. *pánta dynatà tōi pisteúonti*, v. 23). "Tudo" aqui significa todas as coisas que Deus prometeu nos dar (como paz e alegria, João 14.13). "Tudo é possível" não se trata de um coringa que podemos aplicar ao que quisermos: é a promessa de que Deus sempre fará o melhor em nossa vida, de acordo com sua perfeita vontade. Mas para isso é preciso acreditar, ou seja, exercer a fé.

**O pai reconheceu sua pouca fé (v. 24).** Sua resposta imediata ao desafio de Jesus foi: "Creio!" (gr. *pisteúō*). O texto afirma que foi uma exclamação, um grito de reflexo (gr. *euthỳs kráxas*). Alguns manuscritos posteriores acrescentam "com lágrimas", o que expressa o estado emocional do homem. No entanto, embora soubesse que sua confiança no Senhor era o suficiente para que este, com seu poderoso amor, curasse e libertasse seu filho, o homem percebeu que havia um nível mais elevado de fé, que deveria alcançar não só para ajudar o menino, mas para transformar a vida dele próprio. E isso não podia ser feito por ninguém, nem mesmo pelos discípulos de Jesus, apenas pelo Senhor. Por essa razão, ele apelou: "Ajuda-me!" (gr. *boēthei mou*). A palavra grega *boēthei* é interessante. Provém de *boē*, que significa "grito" ou "clamor", e de *theō*, que significa "correr", ou seja, "correr gritando por ajuda", o que descreve muito bem a situação desse pai.

Além disso, quando Jesus fala de fé, não quer dizer fé nos discípulos, mas fé em Deus. É fácil questionar o poder de Deus apontando o fracasso de seus seguidores, mas essa não é uma boa maneira de avaliar o poder de Deus. A fé que Jesus exigiu do homem é a fé nele, com certas características. 1) É a fé que confia no poder de Deus. Essa fé não é uma atitude fanática, ingênua ou fantasiosa. O poder de Deus não é como a eletricidade, nem uma ideia vaga, nem algo remoto ou ambíguo. O poder de Deus tomou forma em Cristo, e é nele que confiamos. Trata-se de ter fé numa pessoa: Cristo. 2) É a fé que confia no Filho de Deus. Jesus é Deus revelando-se na arena de nossa vida (João 14.18). Ele está pronto para nos atender em qualquer circunstância de nossa existência, se recorrermos a ele com fé. 3) É a fé que confia na oração a Deus. Enquanto todos são tentados a içar a bandeira da rendição na batalha da vida, o cristão vitorioso ergue a bandeira da oração. Esse é o elo entre nossa vida finita e o poder infinito de Deus (v. 29). Quando já não podemos fazer nada, ainda resta algo muito importante a fazer: orar. Ou seja, apelar ao Senhor. Mas a oração, para ser eficaz, não deve ser o último recurso, e sim o primeiro.

## O poder de Jesus (9.25-29)

Esse parágrafo destaca o poder de Jesus para resolver os problemas humanos, sejam quais forem. O Senhor percebeu o momento e viu uma oportunidade de manifestar o poder do Reino diante de muitas testemunhas: "Quando Jesus viu que uma multidão estava se ajuntando [...]". O povo aglomerou-se (gr. *episuntréchei óchlos*) ao redor da cena protagonizada por Jesus, pelo pai e pelo menino endemoninhado. Quatro coisas podem ser observadas nesses versículos.

**A ordem (v. 25,26).** Jesus ordenou ao demônio que saísse: "Espírito mudo e surdo, eu ordeno que o deixe e nunca mais entre nele". O espírito imundo obedeceu, mas fez um grande escândalo e deixou o menino "como morto" (gr. *hōsei nekrós*). Aos olhos do povo, Jesus também falhou, porque o menino estava morto. De fato, muitos disseram: "Ele morreu" (gr. *hóti apéthanen*). O remédio fora pior que a doença. Agora, toda a esperança estava perdida.

**O contraste (v. 27a).** "Mas Jesus [...]" (gr. *ho dè Iēsoûs*). Marcos destaca o contraste entre as atitudes da fé duvidosa do pai, mas que de alguma forma confiava em Jesus, e a incredulidade dominante da multidão. Eles diziam: "Ele morreu", mas Jesus tratou o menino como se estivesse vivo. Para o povo, era um caso perdido; para Jesus, era o começo de uma nova vida para o menino e seu pai. Sem Jesus, todo caso é um caso perdido. É ele quem faz a diferença. A multidão incrédula (v. 19) viu apenas fracasso e morte; Jesus viu a fé do pai do menino e como essa fé fraca e abalada pela incerteza de algum modo o pôs em contato com o poder infinito de Deus. E isso resultou em vida e esperança.

**A sequência dos fatos (v. 27b).** "Jesus tomou-o pela mão e o levantou, e ele ficou em pé", O que Jesus fez com o menino? Em primeiro lugar, "tomou-o pela mão" (gr. *kratéras tēs cheiròs autoū*), ou seja, ativou sua confiança por meio do contato físico. Ele "o levantou" (gr. *ēgeiren autón*), ou seja, transmitiu-lhe poder e provou que o menino não estava morto. O que o menino fez por si mesmo? Ele "ficou de pé" (gr. *anéstē*), ou seja, fez uso da própria vontade. Note-se que ele fez isso depois que Jesus o levantou. Em suma, Jesus não fez tudo, porque sempre há algo que precisamos fazer para resolver nossos problemas.

**A autoridade (v. 28,29).** O texto enfatiza que, no ambiente mais privado da casa onde estavam hospedados, os discípulos quiseram saber o motivo de seu fracasso em libertar o menino. A resposta de Jesus foi franca: "Essa espécie [de demônio] só sai pela oração e pelo jejum" (v. 29). A expressão "e pelo jejum" não aparece nos melhores manuscritos (v. nota da *NVI*). Jesus já havia ressaltado a importância da fé como fator gerador de um milagre dessa natureza por parte de quem o deseja (v. 23,24), mas com o mesmo vigor destacou a necessidade de uma disciplina de oração por parte dos que ministram libertação ao endemoninhado. O propósito principal da oração, como demonstrado em toda a Bíblia, é mudar as realidades e as circunstâncias. Questões cruciais, inclusive grande parte da ação redentora de Deus, dependem de nossa oração.

> **Gregory A. Boyd:** "Numa cosmovisão de guerra, as coisas dependem genuinamente do que seres livres e moralmente responsáveis fazem ou deixam de fazer. O que esse conceito pode perder ao proporcionar segurança aos crentes ganha ao inspirá-los a assumir responsabilidade. No que diz respeito à construção do Reino, a coisa mais importante que devemos fazer, de acordo com o que Jesus ensina e demonstra, é exercitar a oração e a fé. Quando seus discípulos fazem isso, nenhum obstáculo demoníaco ao Reino, por mais formidável que seja, pode permanecer no caminho deles (Mateus 21.21)".[10]

---

10. **God at War**, p. 205.

CAPÍTULO 5

# O PODER DE JESUS SOBRE A MORTE

5.21-24,35-43

Uma rápida olhada nos milagres de Jesus, como aparecem nos evangelhos, revela fatos interessantes. Jesus nunca realizou um milagre em benefício próprio. No deserto, Satanás tentou-o nessa direção (Mateus 4.3), e houve, sem dúvida, outras ocasiões em que ele foi tentado da mesma forma. Todos os seus milagres, porém, foram realizados para atender às necessidades humanas, e muitos resultaram na autenticação de sua mensagem e de sua identidade como o Messias prometido. De modo particular, chama a atenção o poder de Jesus sobre a própria morte, uma vez que, de acordo com o apóstolo Paulo, ela é "o último inimigo a ser destruído" (1Coríntios 15.26). Na verdade, Jesus saiu vitorioso da morte na ressurreição, mas antecipou essa vitória definitiva erguendo várias pessoas da sepultura (o filho da viúva de Naim, Lucas 7.11-17; seu amigo Lázaro, João 11.1-44; a filha de Jairo, Marcos 5.21-24,35-43, dentre outros).

Marcos registra o episódio da filha de Jairo para mostrar que Jesus tinha poder sobre a morte. De fato, é o único caso de ressurreição registrado por esse evangelista em seu evangelho, além do grande destaque à ressurreição do Senhor. É sempre doloroso quando uma criança adoece, e muito mais dramática é a morte de uma delas, principalmente quando essa morte frustra sonhos e esperanças. A filha de Jairo estava começando a ser considerada mulher em Israel, uma vez que, de acordo com os costumes judaicos, uma menina tornava-se mulher aos 12 anos de idade mais um dia. Isso explica o desespero e a angústia de seu pai diante do quadro da doença de sua filhinha e do risco de morte.

À semelhança de outros grandes milagres realizados por Jesus, a ressurreição da filha de Jairo destaca não apenas o poder que operava em Jesus na condição de Messias enviado por Deus, como também o fato de que o Criador é o Deus da vida, não da morte; da salvação e da cura, não da condenação e do sofrimento. O triunfo sobre a morte, portanto, é a demonstração superlativa da presença e da operação do Reino de Deus no cenário humano.

> **Plutarco Bonilla:** "A diversidade dos milagres que Jesus realizou, e que Marcos narra com sua simplicidade característica, parece revelar a intenção do autor sagrado de enfatizar a natureza da mensagem que acaba de ser proclamada. De fato, Jesus concentrou sua pregação na soberania divina: Deus é o Senhor da História, e seu Reino entre os homens está próximo. A única maneira de se preparar para esse acontecimento é por meio de um novo ato crê que o próprio Deus realiza quando o ser humano se arrepende e crê nas boas-novas de sua libertação. Mas o narrador parece nos dizer que essa mensagem não é uma palavra vazia que pode ser levada pelo vento. A proximidade do Reino de Deus, à qual se faz referência direta, é uma realidade concreta que afeta a vida humana. Em suma, é o poder de Deus que desce até onde o homem está para salvá-lo".[1]

## O PEDIDO DE JAIRO (5.21-24)

Os gerasenos pediram a Jesus que deixasse seu território, e ele retornou à margem ocidental do lago (v. 21a). É interessante que o mar da Galileia simboliza, no evangelho de Marcos, uma espécie de barreira entre dois povos. Ali vemos Jesus atravessando repetidas vezes esse espelho de água em ambas as direções. Como já dissemos, essa "ponte" aquática era cruzada com um "barco" e que em Marcos esse meio de transporte tem grande significado simbólico, pois representa a igreja. Cada viagem de barco para um lado ou para outro é sinal de que, no cumprimento de sua missão, a igreja deve atender às necessidades nas duas "margens" (judeus e gentios) e conduzir todas as pessoas, sem distinção, às boas-novas do evangelho.

---

1. **Los milagros también son parábolas**, p. 36.

Assim, ao chegar à margem ocidental, Jesus encontrou-se outra vez com seu povo, os judeus. Lucas diz que "todos o esperavam" (Lucas 8.40). Marcos registra que "uma grande multidão se reuniu ao seu redor" (v. 21b). A essa altura de seu ministério, as multidões de ambos os lados do lago passaram a fazer parte do cenário no qual Jesus cumpriria sua missão. Da mesma forma, diante de tanta gente, Jesus continuou aplicando sua estratégia de ensinar e pregar no "púlpito" do barco "à beira do mar". Como já dissemos, esse cuidado cumpria o triplo propósito de lhe dar algum conforto em seu ministério de ensino quando ele se via espremido pela multidão, permitindo-lhe reunir o povo num lugar aberto e amplo como a praia e, por fim, dava-lhe a chance de fugir pelo mar no caso de seus inimigos tentarem um ataque à sua pessoa.

Foi nesse cenário que um homem daquela localidade (Cafarnaum) irrompeu num clamor desesperado. Jairo pediu que Jesus fosse à casa dele, porque sua filha estava morrendo. Esse homem tinha fé bastante para confiar que o contato das mãos do Senhor podia restaurar a saúde de sua filha, embora ela estivesse morrendo. Faltava-lhe, no entanto, a qualidade da fé do centurião, que acreditava que Jesus podia curar seu servo sem ir à sua casa (Lucas 7.6-9). Em todo caso, a entrada de Jairo em cena fez que toda a paisagem fosse apagada (o mar, o barco, a praia e a "grande multidão") — só Jesus permaneceu diante dele.

### O homem (5.22a)

Há várias características que podemos mencionar com relação ao homem que se aproximou de Jesus pedindo um milagre de cura para sua filha.

**Seu nome.** Jairo é um dos poucos nomes pessoais informados por Marcos (o outro é Bartimeu, 10.46). O nome Jairo (gr. *Iáïros*) significa "aquele que ilumina" ou "Jah iluminará" e aparece no Antigo Testamento como Jair (Números 32.41; Juízes 10.3). Alguns pensam que significa "aquele que levanta", com o qual, nesse contexto, poderia ter um significado simbólico, embora não tenha sido ele quem levantou a menina da morte, mas Jesus.

**Sua posição.** Jairo não era sacerdote, mas um líder do conselho de uma das sinagogas da região ("um dos dirigentes da sinagoga", gr. *tōn archisunagōgōn*), provavelmente da famosa sinagoga de Cafarnaum (cujas ruínas ainda estão de pé).

Era um homem de considerável importância em sua comunidade e talvez tenha atuado como chefe administrativo da sinagoga local, embora provavelmente não dirigisse as reuniões de adoração e ensino. Em todo caso, era um homem de grande dignidade e honra, alguém que usufruía de certa notoriedade. Mas tudo isso caiu por terra com ele quando se lançou aos pés de Jesus com um insistente apelo.

O nome de Jairo foi adicionado a uma lista interessante de pessoas destacadas que se relacionaram com Jesus. Além de Jairo, um dos líderes da sinagoga (Marcos 5.22), vale mencionar: o centurião em Cafarnaum (Mateus 8.5); Pilatos (Marcos 15.1,2; Mateus 27.11-14); Nicodemos (João 3.1); Anás, sogro de Caifás (João 18.12,13); Caifás, sumo sacerdote (Mateus 26.57); Herodes, o Grande (Mateus 2.1-12); Herodes Agripa I (Lucas 23.8); João Batista (João 1.29); o centurião ao pé da cruz (Marcos 15.39); José de Arimateia (João 19.38), dentre outros.

**Suas relações.** Jairo era um homem muito respeitado em Cafarnaum, responsável pela distribuição de tarefas e pelo desenvolvimento do programa na sinagoga. De certa forma, ele cumpria funções públicas e ocupava um cargo que o punha em contato praticamente com toda a comunidade. Ao que parece, pelo fato de seu nome ser bem conhecido, Jairo mantinha boas relações com todos, exceto com Jesus, pois, afinal de contas, pertencia a um grupo que em geral se opunha a ele (v. Marcos 3.1-6). Além disso, era, sem dúvida, bem conhecido por alguns dos discípulos de Jesus que viviam em Cafarnaum, como Pedro, André, Tiago e João. Esses homens também ocupavam um lugar de destaque na cidade como empresários da pesca, pois davam emprego a muita gente e forneciam alimento para a comunidade. Por isso, mantinham também boas relações com a instituição de maior prestígio da cidade: a sinagoga na qual Jairo servia como líder.

**Seus preconceitos.** É quase certo que Jairo teve de superar muitos preconceitos antes de se aproximar de Jesus. Seus colegas consideravam o Senhor um excêntrico e um herege perigoso, a quem estava vetado o acesso à sinagoga — ou pelo menos sua presença ali era tida como fonte de conflitos (1.21-28; 3.1-6). De fato, ele já contava com muitos seguidores em Cafarnaum, por causa das curas e dos milagres que havia realizado na cidade (2.1-12; 3.20-30).

Os ensinos de Jesus eram escandalosos e não se encaixavam na ortodoxia judaica tradicional, motivo pelo qual era melhor evitá-lo ou mantê-lo a distância. E, enquanto alguns dos amigos de Jairo "estavam procurando um motivo para acusar Jesus" e "como poderiam matá-lo" (Marcos 3.2,6), ele procurou Jesus para pedir ajuda diante de uma grande necessidade. Seu desespero pela filha moribunda era muito maior que seus preconceitos.

> **Guillermo Hendriksen:** "A sinagoga era governada por um corpo de anciãos. Uma de suas responsabilidades era manter a boa ordem nas reuniões. O homem que foi procurar Jesus e a quem Mateus não menciona pelo nome, porém Marcos e Lucas chamam de Jairo, era membro desse corpo. Uma vez que ele provavelmente vivia em Cafarnaum, podemos supor que tivesse ouvido falar de Jesus e talvez até mesmo testemunhado alguns dos milagres realizados por ele. O relato de Mateus sobre o duplo milagre é muito breve, 9 versículos; Lucas emprega 17 versículos; Marcos, 23. [...] Mateus omite o pedido do líder (v. Marcos e Lucas) para que Jesus cure a menina muito *doente*. De fato, Mateus, em seu texto resumido, deixa de fora vários detalhes mencionados por um ou outro dos Sinópticos. No entanto, ele é o único a dizer que o líder pede a Jesus que imponha as mãos sobre a menina morta e acrescenta a frase 'e ela viverá' (Mateus 9.18). Além disso, é o único a mencionar os flautistas na casa enlutada (Mateus 9.23). Só Marcos, em seu longo relato, apresenta Jairo usando o termo carinhoso 'minha filhinha' (v. 23), descreve uma grande multidão que 'seguia' e 'comprimia' Jesus (v. 24), registra que ele ignorou a mensagem que enviaram a Jairo: 'Sua filha morreu' (v. 35,36), *enfatiza* o choro e a lamentação dos presentes (v. 38,39), registra a frase em aramaico que Jesus disse à menina (v. 41) e acrescenta que a menina, de volta à vida, começou a andar (v. 42)".[2]

## A necessidade (5.22b)

Apesar de sua posição, Jairo "prostrou-se aos seus pés [de Jesus]" (gr. *píptei pròs toùs pódas autoû*) assim que o viu. Esse judeu proeminente fez o mesmo que o endemoninhado geraseno (v. 6) e a mulher siro-fenícia (7.25), que eram gentios. Com isso, esqueceu-se de sua posição e de sua origem étnica e

2. **El evangelio según San Marcos**, p. 215.

religiosa. Sua atitude lembra-nos de outro gentio necessitado, Naamã (2Reis 5). Não é raro que um homem esqueça sua posição, etnia ou religião para salvar sua vida e sua alma. Nesse caso, a vida de sua filha era mais importante que a dignidade ou identidade de Jairo. E com isso ele deixou de lado também seu orgulho. O que ele fez foi um ato de grande humilhação, e isso diante de um mestre itinerante quase desconhecido. Jairo, porém, sabia que precisava de ajuda diante do que parecia impossível aos olhos humanos e não se equivocou ao recorrer à fonte de todo poder e amor. Ao analisar sua necessidade, concluímos que era dupla.

**Sua necessidade primária.** A principal necessidade de Jairo no momento era evidenciada no insistente apelo por sua filha: "Minha filhinha" (gr. *tò thugátrión mou*). Note-se a ênfase na idade da menina. A palavra *thugátrion* ("filhinha") é o diminutivo de *thugatēr* (Mateus 9.18). Além da nota de ternura paterna, percebe-se no homem o desespero por causa da tenra idade da criança. Jairo apresentou a Jesus o diagnóstico com o qual deixara sua casa: "Está morrendo" (gr. *eschátōs échei*, "está prestes a morrer"). De acordo com Mateus 9.18, a menina já estava morta; de acordo com Lucas 8.42, a menina estava morrendo. Em todo caso, Jairo estava enfrentando a maior tragédia de sua vida com a morte exercendo domínio sobre sua filha. Essa era sua necessidade primária.

**Sua necessidade secundária.** Depois de relatar a Jesus sua situação desesperadora, Jairo fez um pedido específico, de acordo com Marcos: "Vem, por favor, e impõe as mãos sobre ela, para que seja curada e que viva". Esse pedido é de importância secundária, porque Jesus poderia curar e dar vida à menina ou a qualquer outro ser humano sem a necessidade de seguir um ritual de cura, como ungir com óleo ou impor as mãos sobre o doente. No entanto, Jesus não descartou o pedido e "foi com ele" (gr. *apēlthen met' autoū*). O verbo está no aoristo, o que expressa não só uma ação pontual, mas também imediata.

O respeitado Jairo era um homem em necessidade. O que o levou a procurar Jesus? 1) Sua necessidade. As pessoas que não atentam muito para Deus costumam orar a ele na hora da necessidade. Quando não há mais ninguém a quem recorrer diante da tragédia, Deus é o último recurso, embora devesse ser o primeiro. É então que os desesperados descobrem que ele esteve sempre pronto para ajudá-los com seu amor poderoso. 2) Sua filha. Foi o amor a ela que levou Jairo a Jesus (v. 23). Muitos pais já vieram aos pés de Jesus por causa dos filhos ou de uma situação semelhante à de Jairo.

## O pedido (5.23)

Quatro coisas aqui merecem ser observadas:

**Sua insistência.** O texto diz que Jairo se aproximou de Jesus "e lhe implorou insistentemente" (gr. *parakaleī autòn pollà*). O verbo *parakaléō* significa "rogar", "insistir", "suplicar", "pedir", "recorrer a". A expressão "implorou insistentemente" lembra a parábola de Lucas 18.1-8, o caso de Lucas 7.1-10 e as palavras de Jesus em Lucas 11.5-10. De acordo com Jesus, é preciso "orar sempre e nunca desanimar" (Lucas 18.1). Muitas de nossas necessidades são o resultado da falta de persistência na oração. Isso não significa fazer da oração uma ladainha com a intenção de vencer a Deus pelo cansaço ou pelo tédio. Significa, isto sim, orar ao Senhor com perseverança até receber a resposta para a necessidade.

> **John White:** "Para alguns, [a perseverança] significa confiar que Deus nos dará luz no meio da confusão, que nos ajudará a entender sua perspectiva e a modificar nosso ponto de vista. Essa perseverança na oração só pode ser boa. É o tipo de atitude que Abraão adotou por ocasião do julgamento de Sodoma. Para alguns, porém, perseverar em oração significa arremeter contra qualquer resistência até dobrar o próprio Deus. Significa bater com os nós dos dedos nos portões do céu até sangrar e por fim abri-los. Se esse tipo de oração perseverante não fosse mais que um exercício de vaidade ou masoquismo, não seria tão ruim. No entanto, na prática não só desanima a pessoa que ora levando-a ao desespero, como também desonra a Deus".[3]

**Seu convite.** É notável que Jairo não tenha enviado um mensageiro, uma vez que era um homem tão importante e distinto. Em vez disso, procurou Jesus pessoalmente e o convidou a ir a sua casa. E essa atitude se mostra mais notável ainda, se levarmos em conta que ele teve de deixar a filha moribunda para fazê-lo. Talvez não tenha encontrado alguém disposto a contatar alguém que os "eruditos" de Jerusalém (os mestres da lei) qualificavam como

3. **Oración:** un diálogo que cambia vidas, p. 97.

endemoninhado (3.30). Com a decisão de apelar pessoalmente a Jesus para a solução de seu problema, Jairo entrou na seleta lista de homens notáveis e revestidos de autoridade que renunciaram ao próprio prestígio e à posição social para se humilhar diante do Senhor em meio a uma necessidade. Foi também o caso do centurião romano (Mateus 8.5,6), Nicodemos (João 3.1,2) e muitos outros depois disso.

À luz das circunstâncias ("Minha filhinha está morrendo!"), o convite de Jairo foi claro, direto e contundente. "Vem" (gr. *hína elthōn*) é um convite pessoal, nascido da absoluta confiança no amor e no poder do Senhor. É repetido várias vezes nos evangelhos (7.25,26; Lucas 7.3), mas o uso de *hína* aqui com o verbo "vir" (no subjuntivo) confere também ao convite um tom imperativo ("Por favor, vem") e ressalta o desespero desse homem e a urgência de sua necessidade. Não há nada melhor que convidar Jesus para nossa vida, a fim de que ele possa nos ajudar a resolver nossos problemas e nossas necessidades.

**Sua proposta.** É interessante que Jairo tenha indicado a Jesus a metodologia a ser seguida para salvar sua filha da morte: "Impõe as mãos sobre ela, para que seja curada e que viva". Como chefe da sinagoga, ele entendia um pouco dessas coisas. Na verdade, o gesto de impor as mãos sobre os enfermos era comum entre os judeus, e Jesus fazia isso com frequência (8.23; Lucas 13.13). Mais tarde, os apóstolos fariam o mesmo (Atos 9.12), bem como todos os crentes (Marcos 16.15-18).

Vale ressaltar nas palavras de Jairo a relação entre dois verbos de grande conteúdo teológico no Novo Testamento: "salvar" e "viver". A palavra grega utilizada por Marcos é *sōzein*, que significa tanto "salvar" quanto "curar". O verbo *sōzein* é usado em várias outras passagens ligadas a milagres de cura nesse evangelho (v. 28; 6.56) e ao verbo "viver", como no presente caso (v. 23). Dessa forma, Marcos parece associar propositadamente os conceitos e ações de "salvar" e "viver". De fato, isso é o que acontece no final da história, quando Jesus ressuscita a criança. Como lembra Ernest Best: "Ele é a ressurreição e a vida. O testemunho comum dos primeiros cristãos foi que a nova vida veio por intermédio de Jesus".[4]

4. **Mark:** The Gospel as Story, p. 61.

**Sua fé.** Jairo não duvidou do resultado do poder de Jesus, e isso é refletido em suas palavras: "Minha filhinha está morrendo!", mas ela viverá (*RVR*). Foi preciso muita fé em Jesus para desafiar a opinião pública, e talvez a própria família, e convidar Jesus a agir com seu poder. A fé que move o poderoso amor de Jesus a nosso favor não é mero assentimento intelectual a algumas verdades teológicas, e sim confiança absoluta no poder do amor do Senhor e na disposição dele para nos ajudar.

> **R. A. Cole:** "Ele era um homem em necessidade, que não se envergonhou de tornar essa necessidade publicamente conhecida ('prostrou-se aos seus pés', v. 22). Sua fé pode não ter sido tão grande quanto à da mulher com hemorragia, mas assim foi uma fé salvadora: se Jesus apenas visse a menina e lhe impusesse as mãos, tudo ficaria bem, mesmo que ela já estivesse às portas da morte. Havia um propósito na própria lentidão do avanço através da multidão, o que deve ter incomodado Jairo dolorosamente; e havia um propósito em interromper o avanço para curar uma mulher no meio do povo, o que deve ter provado ainda mais a paciência de Jairo".[5]

## A resposta (5.24)

Há três coisas interessantes com relação a Jesus:

**A fé de Jesus.** O próprio Jesus precisou de grande confiança no poder do Pai para ir à casa de uma menina que já estava morta a fim de ressuscitá-la, e isso diante de tantas testemunhas e espectadores. A fé de Jesus no poder de Deus é o que incentiva nossa fé nele. Às vezes, parece que Jesus, por ser o Filho de Deus, podia ter e exercer fé sem a necessidade de decidir fazê-lo dessa forma, ou seja, sem a mediação de sua vontade humana. No entanto, durante toda a sua vida e ministério, Jesus também teve de aprender o significado da fé e precisou amadurecer no exercício dela. Ele era e é o Filho de Deus, mas também era e é o Filho do homem.

**A decisão de Jesus.** Quando Jairo se apresentou a Jesus com sua necessidade, este não estava desocupado, sem nada para fazer. Pelo contrário, ao redor dele

5. **The Gospel According to St. Mark:** An Introduction and Commentary, p. 103.

havia uma grande multidão, pronta para receber seus ensinamentos e ser abençoada com seus milagres. A presença de Jairo interrompeu sua ministração ao povo. Contudo, Jesus não hesitou em interromper seu trabalho com a multidão e acompanhar o homem que tinha uma necessidade. Para isso, precisou deixar de lado o plano de ensinar a multidão, que se havia reunido à beira do mar para ouvi-lo (v. 21). Dessa forma, Jesus manifestou uma atitude singular, própria de um autêntico agente do Reino de Deus. A necessidade imediata do ser humano é mais importante que nossos discursos, por mais significativos que sejam.

**A atitude de Jesus.** O homem que solicitou sua ajuda numa emergência era ninguém menos que um membro do bloco de oposição a seu ministério. Jairo não era discípulo de Jesus, e sim um integrante conspícuo de uma rede de pessoas que se apresentavam abertamente não apenas como seus oponentes, mas também como seus inimigos. Ou seja, Jesus se dispôs a ajudar um dos líderes da sinagoga local, embora eles procurassem não só impedir seu ministério, mas também acabar com sua vida (Romanos 12.21; 1Pedro 3.8,9). A atitude de Jesus é bem característica do Reino que ele proclamava e ilustrava com sua vida e ministério. Não há amor maior que ser uma bênção para nossos inimigos e para os que nos desejam o mal (Lucas 6.27-36).

**Guillermo Hendriksen:** "Não nos surpreende ler [o que ele diz] no v. 24: 'Jesus foi com ele'. Não é ele o Salvador não só da alma, mas da pessoa inteira, ou seja, alma e corpo? No entanto, a declaração que se segue também está intimamente relacionada com a que a precede e introduz o que está expresso nos v. 25-34: 'Uma grande multidão o seguia e o comprimia'. Isso não era novidade (cf. 3.9; 4.1). O que dá mais significado à presente situação é que [...] o tamanho da multidão, aliado ao fato de que o povo apertava Jesus, dificultou o avanço até a casa de Jairo".[6]

**Carlos Mraida:** "Devemos trabalhar por uma igreja em ação com uma liderança acessível ('Uma grande multidão o seguia e o comprimia', 5.24). Nos últimos anos, a televisão evangélica popularizou uma tendência no ministério: pastores e evangelistas distantes do povo. Eles se mostram

6. **El evangelio según San Marcos**, p. 217.

inacessíveis, rodeados de guarda-costas e de um séquito de assessores que não permitem nem mesmo que as pessoas toquem seu líder. Esse hábito está arraigado em todo o nosso continente, não só nos ministérios multitudinários, mas também nos que não alcançam impacto numérico. A América Latina precisa de uma igreja que experimente a reforma por meio de uma liderança acessível, 'tocável', presente".[7]

## O MILAGRE DE JESUS (5.35-43)

Enquanto Jesus se dirigia à casa de Jairo, uma mulher doente no meio da multidão tocou seu manto. Ele não sabia quem o havia tocado, mas se deu conta de que algum poder havia saído dele. A mulher foi curada, e Jesus, depois que a identificou, disse-lhe que a havia curado por causa de sua fé. Marcos apresenta esse relato para mostrar o poder de Jesus sobre o mal. Enquanto Jesus curava a mulher, Jairo estava esperando que ele também realizasse um milagre a favor de sua filha de 12 anos, que estava doente em casa.

### Como se produziu um milagre maior que o esperado? (5.35-43)

**Jesus e a morte (v. 35-40).** Enquanto Jairo aguardava que Jesus ficasse livre para ir a sua casa, um mensageiro chegou com más notícias, que foram ouvidas por Jesus (v. 35,36): a menina havia morrido. O verbo "ouvir" aqui significa "ouvir por acaso" e "ignorar". Ambos os significados fazem sentido no contexto da história, mas prefiro o segundo (como na *NVI*: "Não fazendo caso do que eles disseram, Jesus [...]", v. 36). Em segundos, o cenário mudou radicalmente. De uma situação de doença e possível cura, agora havia um caso de morte, de solução impossível. Não obstante, Jesus se dirigiu à casa de Jairo, acompanhado apenas por Pedro, Tiago e João (cf. 9.2; 14.33; 13.3). Ao chegar, dispensou a multidão, as carpideiras, os flautistas e todos os que estavam causando alvoroço. Transtorno, confusão, gritos e choro descontrolados são sintomas de morte, não de vida (5.5,13).

---

7. Marcos: rumo a uma igreja que mostra Jesus em ação, in: **Bíblia Nova Reforma:** edição de estudos e referência, p. 1472.

> **Guillermo Cook e Ricardo Foulkes:** "Jesus adentra o saguão da casa e censura a desordem. Ele repudia a morte (v. 39). Sua afirmação ('A criança não está morta, mas dorme'), apoiada no relato conciso de Mateus 9.18-26, tem dado lugar à interpretação de que a menina não estava morta, mas em coma. No entanto, a única coisa que Jesus queria era indicar a transitoriedade da morte e, talvez, proteger o 'segredo messiânico'. As piadas dos presentes demonstram a convicção de que a menina havia morrido e enfatizam a 'impossibilidade' da tarefa que Jesus tem diante de si. Contudo, ele não quer operar um milagre num contexto de incredulidade. Além disso, os milagres nesse 'sermão' destinam-se principalmente ao aproveitamento dos discípulos (a razão do 'segredo messiânico'). Marcos quer que entendamos isso. Portanto, Jesus obriga a multidão a se retirar. Só os pais da menina e três discípulos o acompanham".[8]

Os v. 34-40 lançam forte luz sobre a realidade da morte como experiência humana universal. A Bíblia é muito clara ao apontar vários fatos a respeito dela: todos os seres humanos morrem (Salmos 89.48; 144.4; 1Coríntios 15.22a); a morte entrou por meio do pecado (Romanos 5.12); a morte é voltar ao pó (Gênesis 3.19); ninguém tem poder sobre o dia de sua morte (Eclesiastes 8.8); há um tempo para morrer (Eclesiastes 3.1,2); a morte é o salário do pecado (Romanos 6.23); a morte será o último inimigo a ser destruído (1Coríntios 15.26); Deus aniquilará a morte para sempre (Isaías 25.8); a morte é a morada final dos vivos (Jó 30.23); a morte é o fim de tudo (Eclesiastes 7.2b); a morte ocorre apenas uma vez (Hebreus 9.27); a morte dos fiéis tem muito valor para Deus (Salmos 116.15); nosso Salvador Jesus Cristo destruiu a morte (2Timóteo 1.10); Cristo tem as chaves da morte (Apocalipse 1.18); a vitória sobre o aguilhão da morte é concedida por Cristo (1Coríntios 15.55-57); a morte foi devorada pela vitória (1Coríntios 15.54); em Cristo, a morte é lucro (Filipenses 1.21).

**Jesus e a vida (v. 41-43).** Jesus "entrou onde se encontrava a criança" e tomou-a pela mão. Com isso, ele se contaminou cerimonialmente, porque a menina estava morta, ou seja, tocou um cadáver (Números 5.2). Contudo, ele não

8. Marcos, in: **Comentario bíblico hispanoamericano**, p. 154.

pensava em outra coisa senão na menina e falou com ela de forma muito carinhosa em sua língua materna: "Talita cumi!" (gr. *Talitha koum*: "Menina, levante-se!"), que também pode ser traduzido por "Cordeirinho, levante-se!". Talvez fossem as mesmas palavras que o pai dela, Jairo, usava todos os dias para acordá-la. Marcos é o único dos evangelistas a registrar essa frase em aramaico, como o próprio Jesus provavelmente proferiu (v. casos semelhantes em 3.17; 7.11,34; 11.9,10; 14.36; 15.22,34). "Levantar" corresponde ao verbo grego *anístemi*, utilizado para se referir a "ressuscitar" (8.31; 9.9,31; 10.34; Atos 17.3,31). Note-se que a menina voltou à vida "imediatamente [...] e começou a andar" (v. 42). Em vez de gritos e medo, Jesus trouxe alegria e paz àquele lar. Foi um grande milagre de ressuscitação e uma grande vitória sobre a morte.

A notícia de que a menina estava andando com toda a normalidade vazou imediatamente para fora do quarto onde estavam Jesus, os três discípulos, a criança e os pais dela. O acontecimento causou forte impressão no povo que se aglomerava ali. Todos estavam "atônitos" (gr. *ekstásei*, que só aparece aqui e em 16.8, com relação à ressurreição de Jesus). O verbo *ekstásei* significa "estar fora de si" (cf. 3.21). O inesperado tende a levar o ser humano a experimentar um êxtase, a "sair de si mesmo". Esse impacto emocional contrasta com as "ordens expressas" de Jesus "para que não dissessem nada a ninguém" (cf. 1.25,44; 3.12 etc.). Em todo caso, foi impossível evitar o tumulto e a desordem, só que dessa vez não por causa da tristeza ou da morte, mas pela alegria na celebração da vida. É interessante que, em meio a uma enorme explosão emocional, Jesus estivesse mais interessado no pleno bem-estar da menina ("mandou que dessem a ela alguma coisa para comer") que em receber o aplauso e o reconhecimento da multidão.

## O que é necessário para produzir um milagre? (5.36b-41)

O texto revela quatro coisas necessárias para que um milagre, como a ressurreição de uma pessoa, ocorra.

**Fé no Senhor (v. 36b,37).** "Creia", nesse contexto, significa ter fé (confiar) em Deus, porque ele é mais poderoso que as coisas ruins que acontecem conosco. Essa fé consiste numa confiança total em seu amor poderoso e em que sua vontade é sempre a melhor coisa para nossa vida e para aqueles que amamos. "Não tenha medo; tão somente creia" (gr. *Mē foboū, mónon písteue*).

Essas palavras também nos animam e nos fazem lembrar de que nosso medo diante da morte e do sofrimento pode ser dissipado (1João 4.18). Talvez Jesus tenha escolhido Pedro, Tiago e João para acompanhá-lo até a casa de Jairo por ser a fé deles um pouco mais forte que a dos outros discípulos. Essa foi a primeira vez que Jesus os separou dos outros, mas houve outras ocasiões em que fez o mesmo (9.2; 14.33).

> **Guillermo Hendriksen:** "Embora Jesus tenha ouvido as palavras dos mensageiros (Lucas 8.50), não lhes dá atenção. Com majestosa calma, ele se recusa a ouvir os arautos da morte, os emissários do desespero. Ele quer que Jairo faça o mesmo. Jairo está com medo. E, de fato, não é fácil se livrar do medo. Só há uma forma de fazê-lo, ou seja, acreditar firmemente na presença, nas promessas, na misericórdia e no poder de Deus em Cristo. Consiste no positivo jogando fora o negativo (Romanos 12.21). Sempre foi assim ao longo da história da redenção. Quando parecia que tudo estava perdido, os crentes depositavam sua confiança em Deus, e eram libertos (Salmos 22.4; Isaías 26.3,4; 43.2)".[9]

**Uma atitude adequada (v. 38-40a).** É interessante o contraste entre a atitude do povo e a de Jesus diante da morte.

*A atitude do povo diante da morte foi inadequada.* Eles eram membros da família, amigos e talvez carpideiras profissionais. Podemos nos perguntar se Jesus considerava tal lamento e o luto equivocados. Em todo caso, ele fez cessar o alvoroço, que não ajudava na recuperação da criança. O mais provável, porém, foi porque todo aquele choro tinha motivações erradas. Vejamos algumas questões em torno desse assunto. 1) O cristão, como qualquer outro ser humano, sofre quando a morte o separa de um ente querido. O próprio Jesus chorou quando seu amigo Lázaro morreu. 2) Não há nada de mal em que vizinhos e amigos visitem os enlutados e expressem suas condolências e seu pesar. 3) No entanto, às vezes acontece que o choro e os gritos demonstram falta de fé no Deus de amor e de consolo. Tais expressões de desespero e angústia podem refletir a ausência da firme convicção de que ele irá cuidar

9. **El evangelio según San Marcos**, p. 225.

tanto de quem morreu quanto dos que ficaram. Em última análise, diante da realidade da morte há lamentos que parecem mais uma celebração desta que uma expressão de resistência a ela. Uma atitude de fé diante da morte não está isenta da dor nem da tristeza, mas segue celebrando a vida com esperança, por considerá-la mais poderosa que a morte, na certeza de que por fim obterá a vitória final em Cristo (1Coríntios 15.54-58).

Além disso, uma prova de que a atitude do povo era inadequada é o fato de que "todos começaram a rir de Jesus" (gr. *kai kategélōn autoū*). Eles já o haviam acusado de estar louco (3.21). Nesse caso, riram dele por vê-lo cheio de esperança quando todos estavam desesperados. Podemos lembrar ocasiões em que os crentes foram ridicularizados pelo mesmo motivo. Jesus, porém, não se intimidou com a zombaria deles, como às vezes fazemos. Ele estava sempre mais do lado da vida que do lado da morte e agia de acordo com essa perspectiva.

*A atitude de Jesus diante da morte foi adequada.* De acordo com ele, a menina não estava morta, mas dormindo. Jesus era mais realista e confiava mais no amor e no poder de Deus. Aqui podemos nos perguntar se a menina estava de fato morta ou apenas inconsciente ou em estado catatônico. Marcos apresenta a história para mostrar o grande poder de Jesus e sua capacidade de dar vida até mesmo a uma pessoa morta. Há várias razões para pensarmos que a menina estava morta. 1) Se ela estivesse adormecida, fraca ou inconsciente, o barulho dos enlutados a teria despertado ou a devolvido ao estado consciente. 2) As informações do v. 35 apresentam um diagnóstico confiável por parte de pessoas muito mais acostumadas à morte que nós hoje. 3) A surpresa dos presentes quando a menina despertou mostra que eles estavam convencidos de que ela estava morta.

Provavelmente, ao declarar: "A criança não está morta, mas dorme", Jesus estivesse considerando a morte de forma diferente das pessoas que o rodeavam. A maioria dos judeus acreditava que, quando alguém morria, deixava uma existência alegre para sempre e passava a existir num lugar escuro e sombrio chamado Sheol. Portanto, Jesus estaria dizendo que a morte é como um sonho, do qual pode haver um despertar glorioso (v. 1Tessalonicenses 4.13,14). É dessa ideia que derivamos a palavra "cemitério", que provém do grego e significa "lugar para dormir". Como observa Alessandro Pronzato: "Jesus não fala aqui como médico, mas quer enfatizar o contraste entre o 'ponto de vista dos homens' e o 'ponto de vista de Deus' — morte real de acordo com os homens, mas possibilidade de despertar da parte de Deus".[10]

**Muito amor (v. 40b).** Cada ação de Jesus descrita nesse versículo ressalta a grandeza e a profundidade do amor de Jesus pelo sofrimento. O contraste com a zombaria das pessoas ao redor é radical. Observamos duas coisas nesse versículo.

*Jesus expulsou os que tinham pouco amor.* Os v. 25-34 mostram que Jesus podia operar milagres no meio de uma grande multidão, mas dessa vez (v. tb. 7.33; 8.23) sentiu que as pessoas que causavam alvoroço não tinham fé nele nem amavam a menina e sua família o suficiente. Eram mais um obstáculo que qualquer outra coisa. Às vezes, a cenografia e o coro de uma peça são tão horríveis e dissonantes que distraem a atenção dos atores, a ponto de afetar seu bom desempenho. Da mesma forma, junto ao leito de um doente ou diante de alguém em necessidade pode haver pessoas cuja presença seja negativa, e é melhor afastá-las, pois são arautos da morte em vez de mensageiros da expectativa de vida.

*Jesus requisitou a presença dos que tinham muito amor.* Foi por isso que Jesus "tomou consigo o pai e a mãe da criança e os discípulos que estavam com ele". Só em um contexto de amor o poder do amor de Deus pode ser expresso em plenitude. É o amor de Deus que pode fazer tudo. É nesse amor que nada se faz impossível para ele.

**Autoridade e poder (v. 41).** As palavras de Jesus revelam sua autoridade e poder. "Talita cumi" é uma expressão em aramaico, como já foi explicado. É interessante notar que a maior parte do evangelho foi escrita em grego, mas essas duas palavras estão no vernáculo de Jesus. Aqui (como em 7.34; 14.36; 15.34) podemos encontrar as palavras textuais pronunciadas por Jesus (*ipsis verbis*). Ele falou com a criança em termos que ela podia entender muito bem. Além disso, "talita" significa "cordeiro" ou "pequena". Os discípulos devem ter estranhado que Jesus deixasse a multidão para visitar uma menina de 12 anos e que se dirigisse a ela com tanta ternura, como se fosse sua filha. Foi a autoridade e o poder de seu terno amor que ergueram a menina da morte.

---

10. **Un cristiano empieza a leer el evangelio de Marcos**, v. 1, p. 275.

Convém lembrar que as meninas não eram tidas como importantes e consideradas de pouco valor na época, embora essa fosse muito amada por seu pai. Para Jesus, porém, ela era mais que preciosa. De fato, o Senhor redimiu socialmente mulheres e meninas. O poder da verdadeira libertação feminina não está em uma ideologia ou causa política ou social, mas em Jesus.

> **R. A. Cole:** "O Senhor nunca teve medo da contaminação ritual por tocar um leproso, ou manchas de sangue, ou os mortos, precisamente porque seu toque era ao mesmo tempo purificador e revigorante e assim removia a fonte de poluição. Além disso, no Antigo Testamento tanto a 'santidade' quanto a 'contaminação' podiam ser contagiosas, de modo que estas contraíam a vida e a pureza dele, não a impureza delas. Isso também explica sua disposição de comer e beber com 'publicanos e pecadores', os moralmente contaminados (Mateus 11.19). As palavras que ele dirigiu à menina em aramaico ('*Talitha cumi*') e sua língua materna foram preservadas apenas em Marcos, dentre os evangelhos. Se Pedro foi o informante de Marcos, como mostra a tradição e a evidência interna confirma, então é óbvio que a cena causou tal impressão no apóstolo que as palavras do Senhor ainda eram lembradas muito tempo depois".[11]

## O que acontece quando se produz um milagre? (5.42,43)

Quatro resultados maravilhosos podem ser obtidos quando Deus opera um milagre no cenário humano.

**Vida.** Jesus é o Senhor da vida e onde ele reina a vida é expressa em sua plenitude. A morte é o resultado do pecado (Romanos 3.23) e da obra de Satanás (João 10.10a), mas Jesus veio para trazer vida em abundância, uma vida plena e verdadeiramente humana (João 10.10b). O v. 42 destaca a idade da menina e o fato de que ela "imediatamente [...] levantou-se e começou a andar", como um testemunho de sua vitalidade e vivacidade. Até encontrarmos Cristo como Salvador e Senhor, andamos como mortos pelo mundo (Efésios 2.1-7). A ressuscitação da filha de Jairo foi um grande milagre, mas não foi o único desse tipo no ministério de Jesus. Não foi o único caso de

11. **The Gospel According to St. Mark**, p. 105.

ressuscitação na Bíblia, uma vez que estão registrados casos similares no Antigo Testamento e no livro de Atos.

Portanto, a Bíblia registra vários casos de ressuscitação, ou seja, de pessoas mortas que voltaram à vida pelo poder de Deus para depois morrer outra vez. No Antigo Testamento, há pelo menos três casos registrados: o filho da viúva de Sarepta (1Reis 17.22); o filho da sunamita (2Reis 4.35); o cadáver que tocou os ossos de Eliseu no túmulo (2Reis 13.21). Em Atos, há o registro de dois casos: a ressurreição de Dorcas por meio de Pedro (Atos 9.40) e a ressurreição de Êutico por meio de Paulo (Atos 20.9,10). Nos evangelhos, são quatro casos: a filha de Jairo (Mateus 9.25; Marcos 5.21-24,35-43); muitos santos quando Jesus foi crucificado (Mateus 27.52); o filho da viúva de Naim (Lucas 7.15); Lázaro (João 11.44).

**Temor reverente.** O texto enfatiza que "isso os deixou atônitos". A irrupção do poder de Deus na experiência humana produz espanto e reverência. Podemos imaginar o tremor e a emoção dos pais da menina e dos discípulos que estavam com Jesus. Todos esperavam que ele fizesse algo pela menina, e o pai confiava que ela viveria se Jesus a curasse (v. 23). Diante da operação do milagre, porém, a reação de todos foi bem humana, pois "os deixou atônitos" (gr. *ekstásei megálēi*).

**Restauração.** É impressionante que Jesus tenha ordenado que os familiares "dessem a ela alguma coisa para comer" (gr. *eîpen dothēnai autēi faneīn*). Cabem aqui três observações. 1) Depois de ter realizado a grande obra da ressuscitação da menina, Jesus não se esqueceu de uma questão menor: dar-lhe algo para comer. Seu amor poderoso não se prende apenas às nossas grandes necessidades, mas também às pequenas coisas aparentemente insignificantes de nossa vida. O Deus que criou o Universo também está preocupado com nossas necessidades diárias e comuns. 2) Além disso, seu trabalho em nós é sempre completo. Ele não deixa nenhum detalhe ao acaso. A restauração que opera na vida dos que o seguem é total. 3) A restauração da vida foi real: a menina levantou-se, andou e comeu. Não poderia estar mais viva. É assim que se conhece a nova vida de quem nasceu de novo: ele ressuscita do estado de morte espiritual, começa a andar nos caminhos do Senhor e se alimenta da santa Palavra.

> **Guillermo Cook e Ricardo Foulkes:** "Em essência, a mensagem desse 'sermão' para a comunidade marcana e para nós só pode ser entendida à luz da cruz e da ressurreição de Jesus Cristo, da qual essa história é um antegosto. Assim como Jesus ignorou os mensageiros da morte (v. 36) pedindo coragem e fé, esconjurando e expulsando as forças do mal (v. 36,38), a igreja hoje deve se impor sobre a morte diante da morte. Devemos continuar a missão de Jesus Cristo com fé depois do 'êxtase'— confusão e reverência — da ressurreição".[12]

Entre os relatos relacionados com o ministério de nosso Senhor, nenhum é mais belo que o desse homem desesperado que veio a Jesus com sua dor. A história revela a sensibilidade do Servo de Deus diante do sofrimento humano e seu poder de ação diante da dor. Concentremos nossa atenção em Jairo e em Jesus, pois vemos representada neles a tragédia da vida e o poder do amor de Deus.

**Testemunho.** A última orientação de Jesus aos pais da menina causa certa estranheza: "Ele deu ordens expressas para que não dissessem nada a ninguém" (v. 43a). Parece uma ordem absurda, pois algo tremendo acontecera e já era por excelência uma informação de domínio público. Embora a ressuscitação em si tenha ocorrido diante de um punhado de testemunhas dentro do quarto onde estava a menina, o número de pessoas que enchiam o restante da casa e aguardavam ansiosamente do lado de fora era enorme. Todos sabiam que a criança estava morta e, assim que a viram sair do quarto, ficaram sabendo também que aquele que a ressuscitara era o Senhor. Além disso, como seus pais poderiam ficar calados diante desse tremendo milagre da vida? Uma ordem igualmente absurda foi dada por Jesus a um leproso a quem havia curado (1.44), cujo caso também era conhecido de muita gente e impossível de esconder. O aspecto paradoxal da ordem de Jesus reside no fato de que sua ação redentora produz nos beneficiários um forte impulso para dar testemunho da grandeza de seu amor poderoso (1.45). Sobre as razões de Jesus ter dado essa ordem estrita nesse contexto em particular, veja o que foi dito com relação ao caso do leproso.

---

12. Marcos, in: **Comentario bíblico hispanoamericano**, p. 158.

Quando analisamos toda essa bela passagem de Marcos (5.21-24,35-43), que mostra o poder de Jesus sobre a morte, vemos a maneira maravilhosa em que ele responde às tragédias da vida. Nesse caso, vimos que uma menina de 12 anos estava morrendo. Pode haver tragédia maior na vida de uma família? As desgraças que assolam a vida humana são numerosas e variadas, mas todas são graves e angustiantes. Nosso texto menciona Jairo e expressa muitos de seus sentimentos sobre a dor, mas não diz nada sobre a esposa dele, a mãe da menina. O silêncio dessa mãe é intrigante. Na verdade, a mãe da menina não havia acompanhado Jairo. Ficara onde uma boa mãe fica: junto ao leito de dor da filha pequena. Essa mulher é mencionada apenas uma vez no texto, e isso por causa da iniciativa de Jesus (v. 40). Se as mulheres entraram no cenário humano e ocuparam espaço como protagonistas da vida, foi precisamente graças a Jesus.

Em contrapartida, temos o amor de um pai. Jairo usa uma expressão que demonstra sua responsabilidade como pai: "minha filhinha" (v. 23). São palavras que emanam amor e ternura. O amor paterno contém um sentimento de responsabilidade terno e enorme que nos comove. Lucas diz que a menina era a única filha de Jairo e que tinha apenas 12 anos de idade. Pode-se imaginar o desespero desse pai diante da tragédia que se abateu sobre sua filha? Doze anos de esperanças, ilusões e sonhos pareciam cair ao chão de uma só vez.

No entanto, diante do silêncio carregado de angústia da mãe e do desespero marcado pela ansiedade do pai em face da tragédia, estava o poder do amor de Deus. Esse poder está sempre presente em Jesus e em sua ação a favor dos que choram e, nesse caso, de uma família mergulhada na tragédia. Isso é visto na resposta imediata de Jesus ao pedido de Jairo (v. 24). O grito de Jairo tocou o coração de Jesus. Não foi a morte da garota que o comoveu. O Senhor não se comove por quem morre, porque é o Senhor da vida e a própria Vida (João 11.25,26). Jesus sente compaixão pelos que estão vivos, por essa razão foi a agonia de Jairo e a de sua esposa que o impeliram a agir com poder e ressuscitar a menina.

UNIDADE DOIS

# A AUTORIDADE DO REINO

A autoridade do Reino de Deus não é outra senão a autoridade manifesta na pessoa e no ministério de Jesus. De modo muito particular, a maneira pela qual Jesus revelou a Deus como Pai proclamava cabalmente a majestade e o alcance de sua autoridade como uma expressão da autoridade do Reino. Ninguém falou a respeito de Deus nem se relacionou com ele como Jesus fez. O erudito bíblico Joachim Jeremias chama a atenção para um fato determinante na vida de Jesus: a forma em que ele se dirigia a Deus. Esse pesquisador mostrou de maneira bastante convincente que Jesus, ao se dirigir a Deus, usava uma palavra aramaica (*abbâ*) própria da linguagem das crianças. A tradução literal do termo seria "papai". Os estudos de Jeremias têm sido de grande ajuda para entender a relação de Jesus com Deus, especialmente sua forte inclinação a torná-lo conhecido como um Pai amoroso, que tem um relacionamento estreito com seus filhos.

Portanto, foi em sua vida, ministério, ensinos e ações que a autoridade do Reino de Deus se tornou evidente. Os ensinos de Jesus e seu modo de agir causavam grande admiração entre seus contemporâneos. Em muitos casos, seus ensinos não se ajustavam à sabedoria recebida dos anciãos e às vezes até pareciam contradizer a Lei mosaica, a mais alta autoridade entre os judeus. Especialmente interessante era a liberdade com que ele discorria sobre certas práticas, como a observância do sábado. Seu jeito de agir não era menos notável. O estilo de vida despojado, a proximidade com homens e mulheres que os judeus consideravam impuros (e, portanto, à margem da vida social e religiosa), a maneira de comer, o método de curar, o confronto com o reino das trevas e suas manifestações, tudo isso e muito mais chegavam a causar escândalo para muitos. Seu modo de falar e de agir provocava muitos questionamentos entre o povo e também entre os líderes religiosos do povo judeu. Muitos se perguntavam com que autoridade ele fazia e dizia tais coisas.

De onde procedia então a autoridade de Jesus? Onde ele encontrava forças para suportar a enorme pressão social causada por seus ensinos e pelo seu modo de agir? Quando observamos o testemunho do próprio Jesus, especialmente quando ele justificava esse tipo de comportamento, chegamos à conclusão de que tanto sua autoridade quanto sua resistência à pressão social provinham do estreito relacionamento que mantinha com Deus. Em seus ensinos e em sua atuação, ele se referia constantemente a um Deus a quem chamava Pai e com quem parecia ter uma proximidade muito especial. A fonte da autoridade de Jesus, portanto, era uma experiência religiosa: seu relacionamento com Deus. É essa relação que devemos conhecer, se quisermos entender o que está por trás dos ensinos e da vida de Jesus e alcançar a fonte dessa autoridade, que tão forte impressão causou em seus contemporâneos.

Por causa desse relacionamento íntimo com o Pai celestial, Jesus demonstrou a autoridade do Reino em muitas de suas ações, de acordo com o testemunho dos evangelhos. Marcos em particular destaca pelo menos quatro ações que nos chamam muito a atenção. Em primeiro lugar, a maneira pela qual Jesus chamava e enviava seus discípulos. Em segundo lugar, a maneira pela qual ensinava e proclamava o evangelho do Reino ao povo. Em terceiro lugar, a maneira pela qual encarava a cultura predominante de seus dias, com suas múltiplas expressões baseadas não tanto na vontade revelada de Deus, mas em tradições da construção humana. Em quarto lugar, a maneira pela qual respondia a seus oponentes e às constantes tentativas destes de contradizer seus ensinamentos e reprimir seu ministério, até mesmo uma possível condenação à morte. Essas são as questões que iremos analisar nos capítulos seguintes.

> **Charles H. Kraft:** "Preliminar a qualquer tentativa de comunicar [a mensagem do Reino], precisamos ter certeza de que estamos representando a mensagem correta e usando o método adequado. *Jesus demonstrou que trabalhar*

*sob a autoridade e a dependência de Deus é o ponto de partida tanto para a mensagem quanto para o método.* Ao vir à terra, Jesus tornou-se um ser diferente de Deus Pai. Contudo, ele se recusou a trabalhar separado do Pai. Em vez disso, praticava uma dependência íntima e infantil do Pai, a ponto de declarar que 'o Filho não pode fazer nada de si mesmo; só pode fazer o que vê o Pai fazer' (João 5.19) e que 'por mim mesmo, nada posso fazer; [...] pois não procuro agradar a mim mesmo, mas àquele que me enviou' (João 5.30)".[1]

1. **Culture, Communication and Christianity, p. 389.**

CAPÍTULO 6

# JESUS ESCOLHE E ENVIA SEUS DISCÍPULOS

1.16-20; 2.13-17; 3.13-19,31-35; 6.6b-13; 8.27–9.1

Já foi dito na Introdução que o evangelho de Marcos é caracterizado pelo dinamismo de sua narrativa. O Jesus que o evangelista apresenta é alguém sempre em movimento. Na primeira fase de seu ministério, segundo Marcos, esse movimento concentrava-se numa determinada região, a Galileia. E aqui um lago ou mar, como era comumente chamado de acordo com o uso semita, adquire destaque excepcional. Era um espelho de água que media cerca de 21 quilômetros de comprimento por 11 quilômetros de largura, com uma profundidade máxima de 45 metros, o que correspondia a 212 metros abaixo do nível do mar, e nos dias de Jesus era conhecido pela abundância de peixes. Cercado por uma série de montanhas, o lago representava um importante local de passagem aquática entre os territórios judaicos da margem ocidental e os territórios pagãos da margem oriental. Essas margens eram pontilhadas por inúmeras cidades e vilas de pescadores. É na costa ocidental do mar da Galileia que Marcos situa a cena do chamado e do envio dos primeiros discípulos.

É interessante a maneira cuidadosa e responsável pela qual Jesus escolheu seus assistentes: ele os selecionou com muito cuidado. Não havia mulheres entre os 12 escolhidos (como era de esperar, por questões culturais), e os primeiros a serem chamados eram na maior parte homens do povo e pescadores profissionais. O fato de ele ter escolhido apenas homens para fazer parte do grupo dos Doze não significa que não houvesse mulheres entre os seguidores de Jesus. Pelo contrário, é bem provável que a maioria de seus discípulos fosse constituída por mulheres, algumas das quais desempenhavam papéis e funções importantes, especialmente atendendo às necessidades materiais de Jesus. Além disso, algumas delas também acompanhavam Jesus e os Doze em suas viagens missionárias pelas cidades da Galileia (Lucas 8.1-3).

## JESUS ESCOLHE SEUS DISCÍPULOS (1.16-20; 2.13-17; 3.13-19,31-35)

De maneira singular, Marcos apresenta o resultado final do chamado de Jesus a homens simples destinados a um grande empreendimento. O evangelista apresenta os fatos e os resultados, não o que acontece na intimidade dos envolvidos. Ele acolhe a decisão final, não os estágios intermediários. Seu esquema e a interpretação da vocação apostólica são muito simples: um chamado-resposta. E a questão é tanto mais surpreendente quando poderia ter obtido de alguma das partes interessadas — Pedro, seu suposto informante — abundante material em primeira mão, o bastante para construir uma história mais completa. No caso do próprio Pedro, talvez a única coisa que tenha permanecido em sua memória foi o encontro decisivo com Jesus e o momento de sua resposta positiva ao convite para segui-lo como discípulo. O momento em que ele disse "sim" ao chamado de Jesus deve ter obscurecido o período de preparação. Alguns supõem, e com razão, uma cena ideal ou um tipo de chamada em que, precisamente na trama de uma narrativa reduzida ao essencial, cada um pode encontrar a si mesmo e nisso definir sua relação pessoal com Cristo.

### Jesus chama quatro homens (1.16-20)

O chamado dos primeiros discípulos ocupa um lugar importante em todos os Sinópticos (v. Mateus 4.18-22; Lucas 5.1-11). O Jesus sempre em movimento é também um Jesus que põe as pessoas em movimento: ele as mobiliza a favor do Reino. Assim, em todos os relatos evangélicos a narrativa é esquemática, descarnada e desprovida de conotações psicológicas. A informação é reduzida ao essencial. Note-se que são pescadores, homens que estavam cumprindo seu ofício e de repente se tornaram seguidores de Jesus.

O texto de Marcos conta duas histórias. Na primeira (v. 16-18), Jesus se aproxima de André e Simão (também chamado Pedro ou Cefas); na segunda (v. 19,20), ele chama Tiago e João enquanto estes estão consertando suas redes num barco com outros membros da família. O palco fica à margem do mar da Galileia, provavelmente perto da cidade de Cafarnaum, onde residiam Pedro e André. Entre as duas duplas, a única diferença é que os dois últimos desfrutavam de certa comodidade econômica, porque tinham empregados a seu serviço. Lucas situa o chamado dos primeiros discípulos após o episódio da pesca milagrosa (5.1-11). João mostra-se mais preocupado em explicar e acompanhar o desenvolvimento da vocação apostólica ao apresentar algo como uma gradação ou um processo. De fato, pelo menos dois discípulos (Simão e André) pertenciam ao círculo de João Batista e já haviam tido contato com Jesus (João 1.35-42). Seria, portanto, uma espécie de segundo chamado ou vocação explícita.

Com relação a esses quatro discípulos de Jesus, chama a atenção o fato de serem dois pares de irmãos carnais, além de parceiros na empresa de pesca. E eles não foram os únicos irmãos a servir ao Senhor, de acordo com o registro bíblico. Assim, no Antigo Testamento encontramos o caso de Moisés e Arão (Êxodo 4.10-16); Arão e Miriã (Êxodo 15.19-21); Ofni e Fineias (1Samuel 1.3); Aías e Icabode (1Samuel 14.3). No Novo Testamento, destacam-se: Simão e André (Marcos 1.16); Tiago e João (Marcos 1.19); Tiago e Jesus (Gálatas 1.19).

**O chamado de Simão e André (v. 16-18).** Esse primeiro chamado a dois indivíduos pode servir de modelo ou de exemplo para outros. Cinco coisas importantes podem ser observadas nessa experiência.

*Analisemos seus nomes.* Simão e André eram irmãos. Simão (gr. *Simōna*, "nariz chato"; heb. *Simeón*, "pequena hiena"). Era filho de Jonas (Mateus 16.17). Seu irmão André (gr. *Andréan*, significa "viril" — de *anēr* ou *andrós*, "varão", "homem") também era filho de Jonas. Ambos eram pescadores e administravam a indústria pesqueira no lago da Galileia. Como já foi dito, esse não foi o primeiro contato deles com Jesus (v. João 1.35-42). Eles já o haviam acompanhado algumas vezes durante seu ministério na Judeia, cronologicamente anterior ao ministério na Galileia, mas sem interromper em definitivo sua ocupação como pescadores. Antes do chamado, ambos já eram *amigos* e admiradores de Jesus. Agora, iriam se tornar seus *discípulos* para aprender com ele e então serem feitos seus *apóstolos*, aqueles que continuariam sua missão no mundo (3.13-19).

*Analisemos sua ocupação.* A profissão deles era a de pescadores.Eles estavam "lançando redes ao mar" (gr. *amfibállontas en tēi thalássēi*) porque eram pescadores (gr. *ēsan gàr halieīs*). Puxavam as redes dos dois lados do barco, primeiro de um lado e depois do outro. O verbo descreve muito bem a ação dos pescadores (gr. *hailieīs*). Seu local de trabalho era o mar da Galileia, rico em várias espécies de peixes. Além da pesca, eles provavelmente se dedicavam à conservação do pescado com sal. O peixe era o alimento básico na Palestina e a principal atividade econômica da região. Portanto, o negócio dos dois irmãos deve ter prosperado. De fato, é dito que eles possuíam vários barcos e tinham vários funcionários. Era um negócio de família, provavelmente fundado por Jonas, o pai deles. Talvez fossem sócios (gr. *metóchoi*) de Zebedeu e seus filhos, Tiago e João, como sugere Lucas 5.7.

*Analisemos seu chamado.* Vale a pena dividir o chamado deles em várias partes.

1) "E disse Jesus" (gr. *eīpen autoīs ho Iēsoūs*). Foi Jesus quem os escolheu, não eles a Jesus (João 15.16). Jesus tomou a iniciativa. Seguimos Jesus porque ele nos escolheu. Amamos a Deus porque ele nos amou primeiro (1João 4.19). Esse pensamento nos protege do orgulho e do desespero. Se ele nos chamou, então cuidará de nós. Ele nos tomou sob seu encargo. E assumiu a responsabilidade por nós.

2) "Venham" (gr. *deūte*). A expressão [que não consta na *NVI*] significa literalmente "venham aqui". É Jesus quem abre o caminho e toma a iniciativa. Ele não nos pede para suportar qualquer sofrimento ou tentação que ele não tenha enfrentado primeiro (João 10.4).

3) "Sigam-me" (gr. *opísō mou*). É a Jesus que devemos seguir. Sem dúvida, devemos obedecer aos ensinamentos da Bíblia e atentar para a pregação dos pastores, mas só se nos ajudarem a seguir Jesus. É possível ser um leitor fiel da Bíblia e submeter-se à disciplina da igreja e não ser um seguidor de Jesus. Só Jesus, de acordo com o testemunho da Bíblia, deve ser nosso guia e orientador (Hebreus 12.2).

4) "e eu os farei" (gr. *kaí poiēsō humās*). É Jesus quem molda seus servos e os "faz" de acordo com o propósito eterno que tem para cada um. Com essas palavras, Jesus estava dizendo aos dois homens: "Este será o seu trabalho no

futuro". Mas, antes de começar a trabalhar nisso, eles tinham de aprender o que Jesus estava ensinando e se preparar para ganhar outros. Quando Jesus chama alguém hoje, ele está pensando no que a pessoa se tornará por seu poder. Ele depositou sua confiança em Simão e André, e estes se tornaram o que ele planejou que fossem (Atos 2.41).

5) "pescadores". A expressão completa em grego é *genésthai halieîs* e significa literalmente "que se tornem ou cheguem a ser pescadores". Marcos incorpora o verbo *gínomai* ("chegar a ser", "ser"), omitido por Mateus. Sem dúvida, o processo seria lento e longo, mas Jesus era o único que podia levá-lo até o fim. Ele estava assumindo aqui a responsabilidade de fazer que esses simples pescadores de peixes se tornassem bem-sucedidos pescadores de pessoas para o Reino de Deus. Só ele tem a capacidade de tirar alguém do meio das pessoas comuns e transformá-lo em um servo do Deus Altíssimo, cheio de poder e autoridade. O pescador precisa de paciência e perícia. Também é necessário ter muita paciência e habilidade para pescar almas para Cristo (2Coríntios 12.16; Mateus 10.16).

6) "de homens" (gr. *anthrōpōn*). Simão e André foram chamados para chamar outras pessoas (e também por outros motivos, 3.13-15). Eles, que eram adeptos da captura de peixes, agora iriam capturar pessoas para o Reino. Essa é a missão da igreja hoje. Não nos devemos distrair com outras coisas, por mais interessantes ou importantes que sejam.. Devemos ter o cuidado de capturar o maior número possível de pessoas para o Reino de Deus, e para isso é necessário lançar a rede do evangelho no mundo. É preciso habilidade para lançar a rede (v. 16a). A rede de Simão e André não era muito grande. Tinha a forma arredondada, com pesos de metal nas bordas. Quando era bem lançada, os pesos atingiam o fundo, a rede cercava os peixes, e depois era puxada com uma corda. Se a tarefa fosse realizada com responsabilidade, a pesca era segura e os frutos, abundantes.

*Analisemos os componentes de seu chamado.* Alguns elementos caracterizam o chamado de Jesus a seus discípulos: um olhar, uma iniciativa e uma urgência.

1) O olhar. O texto diz que "Jesus viu [...]" (gr. *eîden*, aoristo de *horáō*, "ver", "observar", "fixar-se", v. 16). Não foi uma observação casual, uma vez que para se dirigir a alguém é preciso vê-lo, mas um olhar do tipo que encanta o indivíduo, um olhar que escolhe e elege, que tira algo da pessoa. É como se

Jesus dissesse: "Esta é a pessoa que me interessa, a que importa para o que pretendo fazer". Em suma, o encontro com Jesus começa com ele "vendo" alguém de maneira pessoal. Desse modo, seu olhar torna-se uma mensagem e uma proposta de comunhão. Seria assim também com o chamado de Levi (2.14). No episódio do jovem rico (10.21), o olhar expressava uma nota de afeto.

2) A iniciativa. No judaísmo da época, eram os discípulos que procuravam e escolhiam seu mestre. O rabino não chamava os discípulos: era "chamado" ou "escolhido" por eles. Jesus, no entanto, tomou a iniciativa. O chamado partia dele e só dele, e seu convite era sinal de gratuidade absoluta, ou seja, da não motivação (por parte do ser humano). O chamado divino, portanto, é uma experiência desconcertante. Desse modo, a vida cristã é sempre uma resposta à manifestação da graça divina, não uma decisão da autonomia humana. Se decidimos por ele, é porque fomos convidados para isso por alguém que já decidiu por nós. O ser humano só pode se pôr a caminho depois que Deus começa a trilhar os caminhos do ser humano. Não somos nós que buscamos a Deus. É ele quem começa a nos procurar, como disse Miguel de Unamuno: "Quando andamos dentro de nós mesmos em busca de Deus, acaso não é ele que nos está procurando?". Ou como alguém comentou: "O ato de seguir não é uma conquista: é um ser conquistado". O discípulo não captura o mestre, mas é capturado por ele.

3) A urgência. Diz o v. 20 que Jesus "logo os chamou" (gr. *euthùs ekálesen autoũs*). É porque o chamado sempre vem no "momento favorável" ou no "tempo oportuno" (gr. *kairós*) e assume um caráter de urgência. Jesus estava impaciente: ele queria que seus seguidores aproveitassem de imediato a oportunidade que lhes era oferecida. O convite foi categórico, incisivo e urgente. Não havia lugar nem tempo para especulações. Era melhor rejeitá-lo explicitamente que hesitar. E, nesse apelo urgente, a eficácia da palavra foi revelada. Trata-se de uma palavra divina "criadora", que criava discípulos.

*Analisemos a reação deles.* "No mesmo instante [gr. *euthús*] eles deixaram as suas redes e o seguiram". Parece uma decisão muito repentina, mas convém lembrar que eles provavelmente já haviam conversado com Jesus (João 1.35). Embora tenham abandonado o trabalho para segui-lo, isso não é obrigatório a todo cristão. Há coisas mais difíceis de renunciar que o trabalho, se de fato queremos ser seguidores de Jesus. Para seguir o Senhor, eles corriam alguns riscos, mas mesmo assim resolveram segui-lo.

> **John Hargreaves:** "Por que foram com ele? Em parte porque ele era uma pessoa incomum e em parte porque eles ainda esperavam que ele pudesse começar uma revolução contra os romanos (Atos 1.6). Podemos dizer que eles se juntaram a Jesus em parte por uma razão errada, mas mesmo assim ele os acolheu. Sem dúvida, Deus não espera até que sejamos perfeitos para nos chamar e nos usar".[1]

**O chamado de Tiago e João (v. 19,20).** Algumas questões importantes devem ser analisadas aqui.

*Analisemos sua situação.* Tiago e João não eram homens desocupados. Eles não estavam sem fazer nada quando o Senhor os chamou. De acordo com o texto, eles estavam "num barco [...] preparando as suas redes", ou seja, bem ocupados em desempenhar seu ofício, que era seu modo de vida, e em cuidar de suas ferramentas de trabalho. Jesus precisa de gente ativa, não de parasitas do evangelho. Simão e André estavam pescando. Tiago e João estavam se preparando para pescar. Eram trabalhadores muito ocupados e estavam em plena atividade quando Jesus os chamou.

*Analisemos sua entrega.* Simão e André deixaram "suas redes" (gr. *tà díktua*), mas Tiago e João deixaram "seu pai" (gr. *tòn patéra autōn*). A entrega destes foi mais difícil e custosa. Muitos hoje precisam decidir se obedecerão a Cristo ou à família. Jesus sabia muito bem quão difícil era tal decisão, porque ele mesmo teve de fazê-la em um momento decisivo de sua vida (Marcos 10.29; Lucas 14.26). Contudo, devemos nos lembrar do dever de cuidar dos pais, especialmente quando estão mais velhos. Os filhos de Zebedeu cuidaram para que o pai deles não fosse deixado sozinho, mas "com os empregados" (gr. *metà tōn misthōtōn*).

*Observemos sua reação.* "Eles o seguiram" (gr. *apēlthon opísō autoū*). Como no caso anterior, é possível destacar alguns componentes da reação desses homens. Da parte dos discípulos, podemos destacar: fé, desprendimento, acompanhamento e disposição para "deixar-se fazer".

1) Fé. O discípulo é caracterizado pela fé, que é "fiar-se" em alguém, respondendo a seu chamado, sem avaliar todas as consequências desse ato. É aceitar viver uma aventura para a qual não foram calculados os riscos nem

1. **A Guide to St. Mark's Gospel**, p. 22.

a dimensão. Quando Jesus nos convoca para o serviço, ele não apresenta uma lista detalhada de exigências nem diz o que pretende ou para onde nos levará. Ele exige uma adesão resoluta e incondicional, e o discípulo não pede explicações. Jesus, o Mestre, em vez de ficar se explicando, prefere designar tarefas. As explicações, em qualquer caso, virão mais tarde, depois que o discípulo tiver "feito" o que lhe foi pedido. O significado do que aconteceu ou do que foi vivido só será descoberto depois que o trabalho estiver concluído.

2) Desprendimento. O advérbio "logo" (gr. *euthús*, "em seguida", "no momento"), com relação ao chamado (v. 20), corresponde à expressão "no mesmo instante" (gr. *euthús*) da resposta (v. 18). E a decisão deles encontrou expressão na separação ou distanciamento — das redes, da profissão, das coisas e dos laços familiares. Assim, a resposta se traduziu em separação e renúncia e no afastamento de tudo que até o momento da chamada era para eles o centro da vida ou a razão de viver. Quando o Senhor chama alguém, todas as coisas anteriores são pausadas, postas de lado ou abandonadas em definitivo, para que se possa seguir Jesus.

3) Acompanhamento. Contudo, não se enfatiza tanto o "deixar" (v. 18,20), mas o "seguir" ("o seguiram", v. 18; "eles o seguiram", v. 20). O discípulo de Jesus não é aquele que abandona alguma coisa, e sim aquele que encontrou Alguém. A "perda" é mais que compensada pelo ganho. A descoberta de Jesus empalidece o que é deixado para trás. Jesus foi muito claro quando disse: "Se alguém quiser acompanhar-me, negue-se a si mesmo, tome diariamente a sua cruz e siga-me" (Lucas 9.23). Seguir ou acompanhar é precisamente o que justifica a separação e a renúncia. O discípulo, portanto, é alguém que vai com Cristo, põe-se em sua companhia e estabelece uma comunhão de vida com ele. É o verbo "seguir" que caracteriza o discípulo de Jesus, não o verbo "aprender". O discípulo não está aceitando uma doutrina, mas um projeto de vida. Ele não discute com o Mestre, tão somente o segue. Cristo se tornará conhecido à medida que o discípulo caminha com ele. Trata-se de aceitar sua práxis.

4) "Deixar-se fazer". Jesus já havia dito a Simão e André: "Eu os farei pescadores de homens" (v. 17), e, sem dúvida, esse foi também o desafio a Tiago e João. Eles conheciam o ofício de pescadores de peixes. Não sabiam fazer outra coisa. Mas, ao se dispor a seguir Jesus, um novo horizonte de vida e de ação lhes foi aberto. Assim, temos aqui o último componente que caracteriza o discípulo: "deixar-se fazer" pelo Mestre, que prometeu: "Eu os farei [...]". É difícil,

se não impossível, encontrar um discípulo já totalmente formado, perfeito ou maduro. Discípulo é simplesmente aquele que está se tornando, ou melhor, alguém que está "se deixando fazer" por Jesus.

## Jesus chama um homem (2.13-17)

É óbvio que Marcos não conta todas as histórias que conhecia a respeito de Jesus. Em vez disso, o evangelista escolheu aquelas que lhe pareceram mais úteis aos crentes de sua época. E ele, sem dúvida, escolheu o episódio do chamado de Levi para responder às perguntas de muitos: quem pode ser admitido na igreja: qualquer pessoa, sem distinção, ou apenas certo tipo de pessoa (cf. v. 15-17)? O cenário do chamado de Levi é outra vez a costa do mar da Galileia, perto de Cafarnaum. Dois detalhes merecem atenção aqui.

**O chamado (v. 13,14).** O texto será mais bem compreendido se nos basearmos em três perguntas.

*Quem era?* Seu nome era Levi (gr. *Leuin*; é assim que Marcos e Lucas o chamam). De acordo com Gênesis 29.34, esse nome significa "unir", "amar". Alguns acreditam que se trata de Tiago, filho de Alfeu (3.18), ou de alguém que não fez parte do grupo dos Doze. A tradição mais popular diz que se trata da mesma pessoa de Mateus, o autor do evangelho (Mateus 9.9-13). Mateus significa "dom do Senhor". O importante não é tanto seu nome, mas o fato de que, apesar de ser desprezado por todos, foi escolhido por Jesus.

*O que fazia?* Seu trabalho era cobrar impostos dos pescadores de Cafarnaum e dos comerciantes de todos os tipos e nacionalidades que passavam por ali. Seu escritório ficava perto do lago. Estava cercado de dinheiro, livros, peixes e registros, mas não tinha amigos. Por quê? A maioria dos publicanos ou cobradores de impostos (gr. *telōnai*) obrigava o povo, até mesmo os mais pobres, a pagar mais do que a lei exigia e retinha a diferença para si. Os impostos iam para Herodes Antipas, governador da Galileia. Esse governante não era romano, mas era um homem cruel, que não teria governado sem o apoio dos romanos. Era alguém a serviço dos estrangeiros. Além disso, por causa de seu trabalho, Levi era obrigado a manter contato com os gentios, o que o contaminava, uma vez que os judeus consideravam os gentios "impuros".

É interessante o testemunho dos Sinópticos com relação aos cobradores de impostos. Certo Zaqueu é mencionado como chefe deles (Lucas 19.2), e Mateus ou Levi, como alguém da mesma profissão (Mateus 9.9; 10.3). Esses funcionários faziam suas cobranças atrás de uma mesa (Lucas 5.27), onde costumavam cobrar mais que o devido (Lucas 19.8) e com isso se enriqueciam (Lucas 19.2). Sua condição de excluídos da sociedade e da religião era crítica. De fato, o termo "publicano" é às vezes traduzido por "renegado" (Mateus 18.17, cp. *RVR*) e geralmente nomeado com os "pecadores" (Lucas 19.7), ou seja, uma categoria de pessoas desprezíveis. Eles amavam apenas os que os amavam (Mateus 5.46), e não havia muitos fora do pequeno círculo de colegas e de outros transgressores. Parece que alguns creram na mensagem de João Batista (Mateus 21.32) e chegaram a ser batizados por ele (Lucas 7.29). Muitos vinham ouvir Jesus (Lucas 15.1), porque o Senhor não os rejeitava. Por essa razão, Jesus era considerado "amigo" deles (Mateus 11.19) e criticado por comer com eles (Mateus 9.11). É interessante que Jesus veio a conhecê-los e os amava profundamente, a ponto de salientar que alguns deles entrariam no Reino de Deus antes de muitos religiosos (Mateus 21.31b).

*O que decidiu?* Marcos diz brevemente que, diante do convite de Jesus, Levi "o seguiu" (gr. *ēkoloúthēsen autōi*). Recordemos três coisas. 1) Jesus provavelmente estava trabalhando junto ao mar havia algumas semanas. Levi já o escutara muitas vezes e por certo analisara com cuidado a possibilidade de segui-lo. Assim, já estava pronto quando Jesus veio falar com ele pessoalmente e o convidou a ser seu seguidor. 2) Não foi fácil para Levi deixar o emprego. Os quatro discípulos de 1.16-20 poderiam retornar a seus barcos, mas Levi jamais teria a chance de reassumir seu escritório (gr. *telōnion*, "repartição alfandegária"). Além disso, os quatro irmãos de Cafarnaum podiam delegar seu trabalho a terceiros, mas Levi era o primeiro e único responsável pela cobrança de impostos. Quando tomamos a decisão de seguir Jesus, devemos entender que é para sempre e calcular bem o custo do discipulado (Juízes 11.35). 3) É interessante comparar a tarefa realizada por Levi com o trabalho que ele faria como discípulo de Jesus. Antes, ele impunha cargas sobre o povo; no futuro, mostraria a eles como se livrar de seus fardos (Mateus 11.28).

> **Guillermo Hendriksen:** "Levi [...] era cobrador de impostos ou 'publicano'. Para cobrar o imposto *público* sobre importações e exportações de uma província, alguns romanos, geralmente da classe equestre [cavaleiros], arrecadavam grandes somas de dinheiro para o tesouro romano. Esses 'contratistas', como eram chamados, costumavam sublocar o privilégio de 'chefe dos

publicanos', como Zaqueu (Lucas 19.2), que por sua vez designava 'publicanos' de nível inferior para realizar a cobrança em si. O termo 'publicanos', que provavelmente a princípio era o equivalente a 'empreiteiros', começou a ser usado em sentido secundário para designar cobradores de impostos de qualquer categoria. Nessa parte do Império Romano, os principais postos de cobrança ficavam em Cesareia, Cafarnaum e Jericó.

Os publicanos costumavam fazer suas cobranças segundo os limites indicados pelo mercado, e eram grandes quantias. Assim, adquiriram a reputação de *extorsionários*. Os publicanos judeus eram ainda considerados *traidores*, infiéis ao próprio povo e à religião deles. Afinal, não estavam a serviço do opressor estrangeiro e do pagão imperador romano? Não o estavam ajudando a enriquecer? O baixo conceito que se tinha deles é visto em passagens como Marcos 2.15,16; Mateus 9.10,11; 11.19; 21.31,32; Lucas 5.30; 7.34; 15.1; 19.7. 'Publicanos' e 'pecadores' são mencionados juntos algumas vezes. No entanto, foi a um indivíduo tão odiado, a um certo publicano, que Jesus chamou para torná-lo um de seus discípulos".[2]

**Aquele que chama (v. 15-17).** Se alguém perguntasse o que é o cristianismo e houvesse apenas tempo para responder com uma ou duas histórias extraídas dos evangelhos, essa deveria ser uma delas. A passagem conta que Levi convidou Jesus para ir a sua casa e mostra que Jesus se misturava com pessoas de condição e estima social muito baixas, bem como com os que se consideravam os melhores. Aquele que chama tem uma mensagem tanto para os justos quanto para os pecadores.

*Seu chamado aos pecadores.* Os "publicanos e pecadores" eram um grupo social constituído por pessoas que os fariseus consideravam os piores transgressores da Lei, tanto pelo estilo de vida quanto pela profissão.

1) Os publicanos. Entre os cobradores de impostos mencionados aqui deviam estar alguns colegas de Levi, provavelmente seus subordinados na agência de arrecadação de impostos. É interessante que ele os tenha convidado para apresentá-los a Jesus. Levi começou a ser um "pescador de homens" imediatamente após conhecer Jesus e seu amor.

---

2. **El evangelio según San Marcos**, p. 104.

2) Os pecadores. Assim eram chamados pelos fariseus. A palavra era aplicada aos não judeus ("gentios") e a todos os que não observavam as leis cerimoniais e tradicionais. Jesus não concordava com a ideia farisaica de que quem violava alguma dessas leis ou normas cerimoniais era uma pessoa má. A palavra, portanto, não indica "ímpios" aos olhos de Deus. No entanto, eles precisavam do Senhor (v. 17), porque, como qualquer ser humano, eram pecadores (Romanos 3.23).

*Seu juízo a respeito dos justos.* Assim como os "pecadores" não eram tão "ímpios" quanto os fariseus os consideravam, os "religiosos" não eram tão "justos" quanto pensavam.

1) Os mestres da lei e os fariseus. Talvez seja mais apropriado referir-se a eles como "os escribas dos fariseus" (*BA*; *RVR*). Esses homens eram líderes de uma seita legalista que ensinava a adesão estrita à Lei e a necessidade de se manter afastado das práticas pagãs. Sua ética hipócrita e sua teologia fundamentalista fizeram que se tornassem pessoas insuportáveis e orgulhosas. Eles se opunham a Jesus por achar que ele agia como se os pecados do povo não importassem. De acordo com eles, ao comer com aquela gente Jesus parecia encorajá-los a continuar pecando.

2) Os publicanos e os pecadores. Os "justos" fariseus consideravam os dois grupos o flagelo da sociedade. À aversão que facilmente produziam os abusos de suas ações corruptas somava-se a acusação de serem traidores da pátria e alheios ao sistema religioso-cerimonial. Em suma, tinham-nos como pessoas a quem Deus e todos os humanos deveriam evitar e marginalizar. Eles estavam na lista dos indesejáveis e no catálogo dos que iriam para o inferno em primeiro lugar.

*Sua identificação com qualquer pessoa.* Quatro coisas merecem ser observadas aqui.

1) Muitos relatos nos evangelhos mostram Jesus comendo e bebendo com vários tipos de pessoas (14.3; João 2.2; 12.2; 21.13 etc.). De fato, seus inimigos o chamavam de "comilão e beberrão" (Mateus 11.19). A ideia que os fariseus tinham de um profeta era a de alguém separado do povo e caracterizado por uma vida ascética e solitária. Mas Jesus gostava de comer com pessoas como Levi, por isso os pecadores se sentiam confortáveis com ele.

2) Jesus era capaz de se misturar com pecadores sem se contaminar. São vários os exemplos encontrados nos evangelhos. E nós, somos capazes de

fazer o mesmo? Há ocasiões em que é melhor evitar as más companhias (1Coríntios 15.33). Mas, se nos sentimos fortes, podemos nos aproximar dessas pessoas para conduzi-las a Jesus sem que venhamos a nos perder.

3) Alguns "publicanos e pecadores" talvez não fossem pessoas más; apenas gente desprezada e marginalizada pelo preconceito dos que se consideravam justos. Tornaram-se, porém, bons amigos de Jesus. Também devemos nos mostrar amigáveis com os que são socialmente marginalizados ou excluídos do sistema social.

4) Havia também os sãos e os doentes. Aqueles eram aceitos; estes eram impedidos de ter visibilidade social. Tratava-se também de categorias de pessoas aceitas ou excluídas socialmente. Nos dias de Jesus, acreditava-se que os doentes eram pessoas punidas por algum pecado cometido, portanto segregadas de qualquer contato social, especialmente se a doença era grave e evidente. Mais uma vez, a maneira de Jesus lidar com uns ou com outros diferia em muito dos critérios humanos predominantes em seus dias.

*Seu amor por todos.* Convém observar aqui três coisas importantes que nos ajudarão a entender o motivo de Jesus ter vindo ao mundo e consequentemente nos permitirão perceber seu amor por todos os seres humanos, sem exceção.

1) Jesus veio chamar todas as pessoas. Ele não acolheu apenas os que vieram a ele, mas saiu a procurar e chamar os pecadores para comer com ele na casa onde estava hospedado. Isso nos ensina algo a respeito de Deus que os seres humanos não sabiam. O Antigo Testamento ensina que Deus pode perdoar os pecadores se eles se arrependerem, mas jamais alguém ensinou que ele busca os pecadores para que se arrependam (exceto Oseias 11.4); pelo contrário (1Crônicas 28.9). Mas Jesus, que é Deus, saiu em busca dos pecadores.

2) Jesus não veio chamar os que acreditam ser "justos". Isso não significa que ele rejeita pessoas boas. O que está dizendo é: "Não posso ajudar quem já se considera bom. Tal pessoa é como o doente que pensa estar bem e não precisa de médico". Foi por isso que Jesus não pôde ajudar muitos fariseus (João 9.41).

3) Jesus veio chamar os pecadores. Ele se misturou com eles, mesmo enquanto ainda viviam em pecado. Os fariseus queriam que Jesus aguardasse até que os pecadores se regenerassem para que comessem juntos, assim como os judeus pensavam que Deus esperava que a pessoa se tornasse boa antes de abençoá-la (Salmos 15.1,2). Jesus, porém, com seu amor, não esperou. Do contrário, estaria esperando até hoje, porque todos nós pecamos (Romanos 5.8).

## Jesus chama os Doze (3.13-19)

Jesus estava ciente de que não iria demorar muito até ele ser morto. Por isso, escolheu alguns homens para serem seus companheiros e colaboradores. Os quatro capítulos seguintes de Marcos mostram como ele os treinou e ensinou. Essa passagem apresenta seus nomes e comissões. Para entender melhor o significado teológico e missiológico dessa chamada, faremos três perguntas fundamentais.

**Quem chamou? (v. 13).** Jesus "subiu a um monte" (gr. *anabaínei eis tò hóro*) para fugir das multidões. Ele queria pensar com calma sobre seu trabalho e planejar sua continuação por terceiros. Lucas 6.12 diz que ele orou a noite toda sobre o assunto (Lucas 6.12). A escolha não foi fácil. Analisemos dois aspectos dessa questão.

*Quem chamou foi Jesus, o Filho de Deus.* Ele é o fundador da igreja. É isso que a torna diferente de qualquer organização humana. Ele os convidou. Não foram os Doze que se uniram e decidiram ajudar Jesus em sua missão, ou que o escolheram como Mestre. Muita gente gostaria de acompanhá-lo, mas apenas 12 foram escolhidos (João 15.16). Hoje há quem pense que merece a gratidão do Senhor por ajudá-lo em sua obra, mas o verdadeiro discípulo agradece ao Senhor o privilégio de ter sido escolhido. Deus pode fazer seu trabalho sem nós, mas prefere nos convidar para sermos seus parceiros na tarefa (Efésios 2.8-10).

*Quem atendeu ao chamado foram homens escolhidos.* Não foi um convite repentino. Vários deles já se haviam encontrado com Jesus meses antes, na Judeia (João 1.35-45). Quatro deles estiveram com ele e atenderam a seu chamado (1.16-20). Como não atender ao chamado dele, se é o único que nos escolheu de acordo com seu propósito desde a eternidade (Efésios 1.3-6)?

**Quem foi chamado? (v. 14a,16-19).** Essa pergunta suscita outras quatro, cujas respostas nos ajudam a entender melhor o texto.

*Qual é o significado dessa escolha?* Os 12 apóstolos são o alicerce da igreja. No entanto, Jesus disse a eles o mesmo que diz a todos os cristãos. A igreja foi fundada sobre o testemunho dos Doze a respeito de Jesus, e esse testemunho está registrado no Novo Testamento. A verdadeira igreja é apostólica. E será assim enquanto sua fé estiver fundamentada na doutrina dos apóstolos, conforme registrado nas Escrituras, mas também enquanto continuar atuando fielmente na proclamação do evangelho do Reino de Deus, exatamente como os apóstolos fizeram.

*Quem eram os Doze?* Não sabemos com precisão quem eram esses homens, porque Marcos, Lucas e João não apresentam exatamente os mesmos nomes. É provável que Bartolomeu (v. 18) seja Natanael (João 1.45) e que Tadeu (v. 18) seja Judas, irmão de Tiago (Lucas 6.16). As listas de Marcos e Lucas não coincidem, mas isso não significa que não se possa confiar nos evangelhos. Podemos ter certeza de que Jesus fundou sua igreja e o fez sobre o testemunho de seres humanos como nós.

*Por que apenas 12?* Eram 12 as tribos de Israel. Essas tribos, que deveriam ter sido mensageiras do Messias ao mundo, o rejeitaram. Por isso, Jesus lançou os alicerces de um novo Israel com "doze fundamentos" (Apocalipse 21.14). O Novo Israel é a igreja, a mesma à qual gente de todas as nações, raças e povos pertencem hoje.

*Como eram os 12 escolhidos?* Eram muito diferentes uns dos outros. Suas profissões ou ofícios eram distintos. Um havia sido publicano (cobrador de impostos), quatro foram pescadores. Simão, o zelote (não "o cananita"), era membro de uma associação de caráter nacionalista e subversivo. Tomé era desconfiado, os irmãos Tiago e João eram violentos e Pedro era ingênuo e precipitado. A única coisa que os mantinha unidos era o fato de seguirem o Senhor. Assim é a igreja. A divisão ocorre quando deixamos de seguir o Senhor e nos concentramos nas diferenças humanas.

**Para que foram chamados? (v. 14,15).** O texto afirma que Jesus "escolheu doze, designando-os apóstolos". Alguns manuscritos não incluem a última frase, mas, em todo caso, ela é coerente com a qualificação que a igreja primitiva mais tarde atribuiu a esses homens. Esses versículos apontam para três questões importantes sobre a pergunta acima. Jesus chamou esses 12 homens:

*Para que estivessem com ele.* Jesus queria que esses homens o acompanhassem para que por meio deles pudesse continuar seu trabalho depois de sua morte. Eles eram como aprendizes: aprendiam com o que ouviam o Mestre dizer e o viam fazer. O povo percebia isso (Atos 4.13). Não podemos fazer a obra de Deus no mundo sem primeiro ter estado "com Jesus".

*Para enviá-los a pregar.* Jesus queria prepará-los para que saíssem pelo mundo e continuassem o trabalho que ele havia começado. Desde então, o Senhor tem "enviado" cristãos a todos os lugares para proclamar as boas-novas.

Ele faz seu trabalho por meio de nós. É com nossas palavras e ações que fazemos o mundo saber que ele é o Rei.

*Para agir em seu nome.* Jesus queria dar-lhes autoridade espiritual e poder para que pudessem agir em seu lugar. Nossa missão não se resume a "falar de Cristo", mas também a curar e libertar as pessoas em nome dele. Se a pregação da mensagem não foi uma tarefa limitada a esses 12 homens, a cura e a libertação também não deveriam ser tarefas restritas a um período da História e deixadas de lado. Os apóstolos faziam isso (6.13) e também outros crentes (Atos 9.12). Por que não nós?

## Jesus chama a todos (3.31-35)

Chama-nos a atenção nesses versículos a maneira com que Jesus valorizava e dava prioridade a seus discípulos. No evangelho de Marcos, é muito raro encontrarmos Jesus sozinho. Quase sempre o vemos na companhia dos discípulos. Calcula-se que, dos 671 versículos que compõem o evangelho de Marcos, 498 (ou seja, 76%) referem-se a palavras e ações de Jesus de que os discípulos são testemunhas. Já nas passagens paralelas de Mateus e Lucas, há muitos casos em que eles se esquecem dos discípulos e mencionam apenas Jesus. Na verdade, a única ocasião em que Jesus aparece sozinho é no Getsêmani. Durante a Paixão, ele ficou sozinho, porque os discípulos haviam fugido. Essa visão do Jesus solitário então se torna dramática, porque desde o início de seu ministério ele sempre esteve acompanhado dos discípulos. Marcos não consegue dizer nada a respeito de Jesus sem a presença daqueles. Isso explica por que o chamado dos discípulos aparece no início de seu evangelho, o que foi uma escolha deliberada do autor.

Assim como os discípulos foram convidados por Jesus a deixar "casa, irmãos, irmãs, mãe, pai, filhos, ou campos" por amor dele e de seu evangelho (Marcos 10.29; Mateus 19.29; Lucas 18.29,30), o próprio Jesus fez a mesma coisa no início de seu ministério. Consciente e voluntariamente, ele renunciou a todas essas boas coisas da vida para se concentrar no cumprimento da missão redentora para a qual o Pai o havia enviado. Em seu chamado a todos os que querem ser seus discípulos, porém, Jesus não exige tanto a renúncia quanto uma reordenação de prioridades — o mesmo tipo de reordenação que ele adotou ao longo de sua vida e especialmente durante seu ministério.

## JESUS ENVIA SEUS DISCÍPULOS (6.6b-13; 8.27–9.1)

Jesus estava ciente de que poderia ensinar muito bem seus discípulos por meio de instruções orais, mas sabia também que eles precisavam aprender no campo da experiência pessoal. Um de seus propósitos ao enviá-los a servir era dar-lhes experiência ministerial. Claro, ele estava profundamente interessado no ministério que exerceriam como seus obreiros. Por uma perspectiva realista, o trabalho do Reino dependia de seus auxiliares.

### Jesus envia os Doze (6.6b-13)

É interessante que, logo após a rejeição experimentada em sua cidade natal, Nazaré (6.1-6a), Jesus iniciou uma extensa jornada de ensino do evangelho do Reino de povoado em povoado (v. 6b). E o mais interessante é que ele convocou os Doze que havia escolhido e os enviou de dois em dois, em seu nome e com seu poder, a proclamar a mensagem do Reino, curar os enfermos e expulsar demônios. Em seu chamado anterior, ele convidara pescadores a se tornarem pescadores de homens (1.16-20). Jesus preparou seus discípulos expondo-os a suas próprias ações e também instruindo-os a respeito do Reino de Deus. Observemos as ações de Jesus e dos discípulos nesse processo de envio.

**As ações de Jesus (v. 7-11).** Sem dúvida, o interesse e a ênfase de toda a passagem estão concentradas nas ações de Jesus. Ao analisar cada ação em particular, é possível descobrir questões muito interessantes para nossa consideração.

*Jesus reuniu os Doze (v. 7a).* É interessante que, antes de enviar seus seguidores em missão ao mundo, Jesus os reuniu ao redor de si. A missão sempre começa com Jesus, porque na realidade é a missão dele. O envio dos Doze foi uma expressão do próprio ministério de Jesus e uma forma de multiplicá-lo. Na verdade, era esse o principal propósito quando ele os reuniu pela primeira vez (3.14). Acompanhar Jesus e sair a pregar é exatamente o que ele fez com relação a seu ministério: estar em perfeita comunhão com o Pai e proclamar seu evangelho. Estar na presença dele (ação intensiva) é a chave para a proclamação (ação extensiva). É preciso conhecer Jesus antes de começar a fazer a obra em nome dele.

Desse modo, Marcos une intimamente o Mestre com os discípulos. Quase sempre Jesus está com eles. É a imagem preferida do evangelista: Jesus atuando com os discípulos. Há uma exceção, no entanto, quando ele envia os Doze em uma missão. Nessa circunstância, podemos dizer que Marcos nada tem a nos contar a respeito de Jesus. Ou seja, ele deixa de falar das ações de Jesus quando os protagonistas da missão são os discípulos, que agem em seu nome e com sua autoridade. Na ausência dos discípulos, Marcos se vê estranhamente incomodado — na verdade, parece estar com falta de assunto. Então, preenche a lacuna com referências às conjecturas de Herodes relacionadas com Cristo e com o martírio de João Batista (cf. v. 14-29). Só depois que os Doze retornam é que o evangelista consegue retomar a narrativa interrompida (v. 30-56). Assim, Jesus se faz presente pela presença de seus discípulos.

*Jesus enviou os Doze (v. 7b).* Essa foi a primeira missão para a qual Jesus os enviou. Era uma missão de caráter limitado, pois provavelmente não se estendeu além das cidades vizinhas da Galileia, e seria o significado da frase "e começou a enviá-los" ["enviou-os", na *NVI*]. De acordo com William Hendriksen,"uma das interpretações de *começou* é que essa obra é de natureza preliminar, a missão a Israel, seguida [mais tarde] do encargo de pregar o evangelho ao mundo inteiro. Contrastar Mateus 10.5,6 com 18.19,20 (v. Marcos 16.15; Lucas 24.47) pode apoiar esse ponto de vista".[3]

É digno de nota que ele os tenha enviado de dois em dois. Nesse caso, como no envio dos setenta e dois (Lucas 10.1-16), tem-se a impressão de que Jesus não queria mandar os discípulos sozinhos, ou seja, de um em um. As razões podem ser de natureza prática (companhia, apoio, encorajamento, testemunho, cuidado mútuo). O serviço e o testemunho em pares ou em pequenos grupos são mencionados com frequência na Bíblia (Números 35.30; Deuteronômio 19.15; Mateus 18.16; João 8.17; 2Coríntios 13.1; 1Timóteo 5.19; Hebreus 10.28), que destaca em particular algumas duplas como testemunhas do evangelho (Pedro e João, Atos 3.1; 4.1,13,19; Barnabé e Saulo, Atos 13.1-3; Paulo e Silas, Atos 15.40; Barnabé e Marcos, Atos 15.39). Essa associação de discípulos em pares também pode explicar a prática difundida nos evangelhos de apresentar as listas de discípulos em pares (v. Mateus 10.2-4).

---

3. Ibid., p. 240.

*Jesus concedeu autoridade aos Doze (v. 7c).* Marcos destaca em sua narrativa uma parte importante da comissão de Jesus aos Doze. O texto diz que Jesus "deu-lhes autoridade sobre os espíritos imundos" (v. 7c). Cada ato de expulsão de demônios corresponde à purificação da corrupção espiritual que reina no mundo. Libertar alguém dos demônios é uma verdadeira ação milagrosa ou milagre. Quando estudamos esse evangelho, encontramos quatro atos de libertação (1.21-28; 5.1-20; 7.24-30; 9.14-29). Além disso, vários resumos de milagres feitos por Jesus mencionam demônios e espíritos imundos (como 1.32-34; 3.11).

Note-se que Marcos não só dá grande destaque ao ministério de libertação de demônios, como também apresenta o grande conflito cósmico entre Jesus e Satanás por meio das tentações. Toda vez que Jesus expulsava demônios, o Reino de Deus punha os poderes das trevas em retirada. Na cruz, Jesus lutou contra o poder do mal e saiu vencedor. Já mencionamos que esse conceito de expiação é tradicionalmente conhecido como *Christus Victor* — Cristo, o Conquistador. Assim, cada expulsão de demônios foi uma vitória sobre o mal e uma demonstração de que Jesus é maior que qualquer poder demoníaco. Essa convicção é muito necessária e tem de ser persuasiva no cotidiano de todo crente hoje.

O próprio Jesus interpretava cada ato de libertação como sinal da chegada do Reino (Lucas 11.20) e como o cumprimento da esperada e poderosa intervenção de Deus na história humana. Cada expulsão de demônios era uma expressão das boas-novas do evangelho de Jesus. Foi por isso que, ao enviar os Doze em seu nome e com sua autoridade e poder para curar os enfermos e proclamar o evangelho do Reino de Deus, Jesus também os mandou expulsar demônios. Essas ações de poder faziam parte da tarefa de proclamar a mensagem de arrependimento. Assim, Jesus deu-lhes instruções precisas (v. 8-11), que com certeza eles cumpriram à risca, e foi o que lhes assegurou os bons resultados obtidos (v. 12,13).

*Jesus instruiu os Doze (v. 8-11).* São interessantes os detalhes da lista que Jesus apresenta do equipamento mínimo necessário para o cumprimento da missão que nos foi confiada. E é surpreendente que a lista tenha sido ajustada ao estritamente necessário para a viagem, supondo que Deus providenciaria o que fosse necessário. A confiança dos discípulos não devia estar em seus recursos materiais, mas em Deus. Parte dos recursos devia vir das próprias pessoas que se beneficiavam de seu ministério (v. Mateus 10.10). Que diferença notável das várias estratégias missionárias adotadas no presente!

**As ações dos Doze (v. 12).** Que tipo de tarefas os Doze realizaram em sua primeira viagem missionária? Que ações expressaram seu compromisso com a missão de proclamar o evangelho do Reino, dada por Jesus? A lista de Marcos é bem ampla.

*Os Doze saíram ao campo de trabalho.* É bom reunir-se com Jesus para receber dele inspiração, poder e autoridade para a tarefa a ser realizada. Mas a missão consiste em sair, ir e semear o evangelho. Nesse sentido, a missão é cumprida "fora dos muros", ou seja, fora das quatro paredes do templo, onde muitas vezes a encerramos. É interessante notar que todo o equipamento indicado por Jesus aos discípulos enfatiza um ministério peripatético, não sedentário. Hospedagem, pão, sacola, dinheiro e roupas extras são elementos necessários e apropriados para o cumprimento de um ministério sedentário, quando alguém permanece durante um tempo ministrando. Mas o equipamento que os discípulos agora iriam levar consigo restringia-se ao mínimo necessário para percorrer o campo de trabalho: um bordão e sandálias.

*Os Doze exortavam ao arrependimento.* Nesse aspecto, eles agiram como arautos da mensagem de Jesus. A pregação é a fervorosa proclamação das boas-novas a respeito de Jesus Cristo. Não é um discurso especulativo, que se esgota na tentativa de alcançar a mente do povo com argumentos persuasivos (v. 1Coríntios 2.13). A pregação cristã é a proclamação do evangelho, que "é o poder de Deus para a salvação de todo aquele que crê" (Romanos 1.16). Um elemento fundamental dessa mensagem é o chamado ao arrependimento, à mudança de vida. O termo não encerra uma conotação negativa, no sentido de tristeza pelo pecado ou remorso, e sim uma ênfase positiva numa decisão sincera de romper com o pecado e mudar radicalmente o comportamento (v. Lucas 3.13,14).

> **Guillermo Hendriksen:** "A palavra usada no original tanto olha para a frente quanto para trás. Significa 'converter', ou seja, submeter-se a uma mudança radical de coração e de vida, uma reviravolta total. No lado positivo da conversão, põe-se mais ênfase nas palavras que se seguem [em Marcos 1.15]: '[...] e creiam nas boas-novas'. Essa crença ou fé inclui conhecimento, assentimento e confiança. [...] A pessoa aceita uma mensagem quando age de acordo com ela".[4]

4. Ibid., p. 66.

*Os Doze expulsaram demônios.* Marcos informa que os demônios expulsos eram "muitos" (gr. *daimónia pollá*). Acontece com frequência que, quanto mais profunda e radical a proclamação do evangelho, mais grave é a oposição do reino das trevas e mais evidentes as manifestações dos agentes dessa ordem maligna. Parece haver uma relação direta entre a proclamação fiel do evangelho do Reino de Deus e a manifestação do reino das trevas. O sucesso na proclamação do primeiro garante a vitória sobre o segundo. Mais tarde, alguns discípulos amargaram o fracasso quando não foram capazes de lidar com um demônio (9.18), e talvez tenha sido por não terem tomado o cuidado de permanecer fiéis ao evangelho que Jesus lhes havia confiado.

*Os Doze curaram muitos enfermos.* Mais uma vez, Marcos destaca o número de pessoas beneficiadas com o ministério de cura dos Doze, que eram "muitos doentes" (gr. *polloùs arrōstous*), e indica a metodologia seguida. Para isso, "ungiam [...] com óleo" (gr. *ēleifon elaíōi*). Na verdade, o método não era novo. Nos tempos bíblicos, o óleo (geralmente azeite de oliva) era utilizado para diferentes propósitos, dentre os quais como recurso terapêutico (Lucas 10.34). No caso de nosso texto, os discípulos, sem dúvida, o usaram por seu valor simbólico, mais que como remédio. O óleo era considerado um símbolo da presença curadora e revigorante do Espírito de Deus (Zacarias 4.1-6). Sempre que um doente era ungido com óleo e alguém orava por sua cura, isso significava invocar o poder de cura do Senhor sobre a pessoa enferma. Parece ser esse também o entendimento em Tiago 5.14.

## Jesus envia a todos (8.27–9.1)

O estudo dessa passagem reflete quão radical é a demanda pelo discipulado comprometido. Seguir Jesus e ser enviado por ele com uma missão ao mundo é mais que um compromisso religioso. O discipulado cristão significa ir ao mundo disposto a dar tudo por Cristo. O tema geral desses versículos está relacionado com a vocação do Filho do homem e com as implicações naturais para quem pretende ser um discípulo enviado por ele. Da perspectiva prática do discípulo, a pergunta que surge e é respondida enfoca o que de fato significa confessar a fé, quando o objeto desta é Jesus crucificado. Afinal, o objeto define o caráter da fé que se espera.

A estrutura de toda a passagem pode ser dividida em três partes. Primeira: uma profecia apaixonada que prevê a morte; segunda: o registro de um mal-entendido no grupo dos discípulos; terceira: a instrução aos discípulos. Uma estrutura semelhante aparece em duas outras passagens de Marcos (9.30-37; 10.32-45).

**A vocação de Jesus (v. 27-31).** A vocação ou chamado de Jesus é o fundamento da vocação ou chamado de todos os seus discípulos. Os discípulos são enviados por ele ao mundo pela mesma vocação com a qual ele foi enviado ao mundo pelo Pai (João 17.18; 20.21). Assim, há uma correspondência entre a vocação de Jesus e a de seus seguidores como continuidade entre sua missão e a dos discípulos. Isso é ilustrado com clareza nessa passagem.

O episódio, ocorrido em Cesareia de Filipe, tornou-se uma experiência crucial no ministério histórico de Jesus. A passagem começa com o foco direcionado para uma questão teológica: a identidade de Jesus (8.27b-29). Na intenção de se retirar com seus discípulos a uma distância segura das multidões que o buscavam (cf. v. 26b), Jesus foi visitar algumas aldeias de Cesareia de Filipe. No caminho, perguntou-lhes com alguma ansiedade, como se fosse uma inquirição: "Quem o povo diz que eu sou?" (gr. *tína me légousin hoy ánthrōpoi eīnai*, v. 27b). Pelo fato de que, desde o início, Jesus havia se identificado com João Batista e era considerado profeta, os discípulos, na condição de entrevistados, responderam de acordo com a opinião popular, que ia desde o próprio João até Elias ou um dos profetas (v. 28). Ou seja, o povo havia percebido que Jesus viera de Deus e falava de Deus e classificava em geral sua vocação como a de um profeta. De fato, Jesus era profeta, mas essa classificação profissional era insuficiente, de modo que ele pressionou seus associados mais próximos por um veredicto mais preciso. A resposta de Pedro, de alguma forma, foi a que chegou mais perto da verdadeira vocação de Jesus, quando afirmou que ele era "o Cristo" (o Messias, v. 29b).

De acordo com James L. Mays, o v. 31 enfatiza a vocação divina do "Filho do homem", e os v. 30 e 32a servem de transição.[5] Em seguida, vem a discussão com Pedro, precisamente com relação ao chamado ou vocação de Cristo (v. 32b,33). Para Jesus, sua vocação pessoal como Messias estava muito bem definida: "Era necessário que o Filho do homem sofresse muitas coisas e fosse rejeitado pelos líderes religiosos, pelos chefes dos sacerdotes e pelos mestres da lei, fosse morto e três dias depois ressuscitasse" (v. 31). A precisão dos fatos e sua sequência são surpreendentes.

---

5. Expository Articles: Mark 8.27—9.1, **Interpretation**, n. 30, p. 174-178.

> **Guillermo Cook e Ricardo Foulkes:** "A frase de Marcos 'começou a ensinar-lhes' (v. 31) indica que Jesus ensinaria algo novo a partir de então. O Mestre ensina 'claramente' (v. 32); ou seja, diretamente, sem dar voltas. O Filho do homem será reprovado pelos mestres da lei e também por toda a cúpula religiosa do judaísmo. Os discípulos não conseguem assimilar informações, pois elas contradizem tudo que dizia sua tradição sobre a missão do Messias. Até mesmo o anúncio de que seu Mestre ressuscitará dentro de três dias (v. 31; cf. 9.31; 10.34) passa despercebido".[6]

**A vocação dos discípulos (v. 32-38).** Essa série de declarações está relacionada com a vocação de Jesus e a de todos os que pretendem segui-lo. A verdade central ou afirmação básica de toda a passagem é: "Se alguém quiser acompanhar-me, negue-se a si mesmo, tome a sua cruz e siga-me" (v. 34b). Aqui encontramos um chamado simples ao discipulado, que por sua vez se baseia na vocação particular do Filho do homem. É interessante a localização estratégica de toda a passagem, já que está situada no centro do evangelho. Os capítulos anteriores registram o segredo messiânico, e os capítulos que se seguem descrevem o sofrimento messiânico. A profissão de fé em Cesareia de Filipe e a predição de morte e ressurreição determinam o rumo dos acontecimentos. Como já foi dito, historicamente acha-se aqui o ponto central no ministério de Jesus. Para todos os seus discípulos, a essência do discipulado ou vocação cristã consiste em três expectativas. O evangelho de Marcos, que é um manual para mártires e um livro didático para os discípulos, põe o "discipulado sob a cruz" no centro de sua composição. O v. 34 exige autonegação, aceitação da cruz e seguimento de Jesus.

*Negar a si mesmo.* "Negue-se a si mesmo" (gr. *aparnēsásthō heautòn*): o que significa esse chamado à autonegação? O imperativo apresentado por Jesus aos potenciais discípulos provocou uma séria consideração quanto a seu pré-requisito: negar a si mesmo. Um exame cuidadoso dos termos gregos do Novo Testamento revela a radicalidade da expressão. Seu significado é a negação ou renúncia completa de si mesmo. Quer dizer "não" (v. Marcos 14.30,31,71,72). C. E. B. Cranfield explica: "Negar a si mesmo é repudiar não simplesmente os pecados de alguém, mas de si mesmo; é abandonar a

---

6. Marcos, in: **Comentario bíblico hispanoamericano**, p. 217.

idolatria da concentração em si mesmo".[7] O tempo verbal no grego enfatiza uma decisão definitiva com respeito ao eu.

No que concerne a pessoas reais como ilustrações emblemáticas, podemos considerar a abnegação exigida dos quatro primeiros discípulos um modelo a ser imitado. Como já vimos, Jesus aproximou-se de Pedro e André enquanto eles estavam lançando suas redes (Marcos 1.16-20). Quando Jesus os convidou a segui-lo, ofereceu-lhes uma nova vocação sem promessa alguma de apoio material. A decisão de segui-lo envolveu, em primeiro lugar, uma decisão que implicava autonegação, porque ao segui-lo estavam deixando suas redes para trás. Eles renunciaram a seu sustento e à segurança financeira de seu trabalho, e isso lhes custou muito. A tendência a cuidar de si mesmos foi descartada pela primeira vez graças a uma grande vitória do espírito. Eles se afastaram da idolatria da concentração em si mesmos. Diz-se que na história humana encontramos apenas dois tipos de pessoas: os que querem tornar o mundo um lugar melhor para todos e os que querem fazer do mundo um lugar melhor para si mesmos.

Os v. 35-37 permitem uma compreensão mais ampla da autonegação. O paradoxo do v. 35 ("Quem quiser salvar a sua vida a perderá; mas quem perder a sua vida por minha causa e pelo evangelho a salvará") remete-nos à essência da abnegação. Jesus parece ter em mente um tribunal onde o discípulo decide se deve associar-se ou dissociar-se de sua missão e companhia. Pouco depois, em seu primeiro julgamento, Pedro, um dos mais destacados discípulos, escolheu salvar a pele e negar seu relacionamento com Jesus (Marcos 14.66-72). A negação de Jesus por Pedro mostrou a fraca disposição deste para praticar a abnegação. Se tivesse admitido que pertencia ao grupo de Jesus, poderia ter sido preso ou executado com ele. O desespero pela sobrevivência foi tão forte que Pedro chegou a mentir e a amaldiçoar. Na hierarquia de valores estabelecida pelo psicólogo A. H. Marlow, a sobrevivência e a segurança são necessidades primárias e primitivas. O ensino cristão leva em conta não só a vida terrena, mas também a vida extraterrena; não só a existência limitada neste planeta, mas uma forma de existência mais completa que só pode ser descoberta por aqueles que se comprometem radicalmente com Jesus e sua mensagem. Em primeira instância, nesse caso, a autonegação não é outra coisa senão o martírio.

---

7. The Gospel According to Saint Mark: An Introduction and Commentary, in: **Cambridge Greek Testament Commentary**, p. 281.

No v. 35, é interessante a referência idiomática à boa-nova ou ao "evangelho". Do ponto de vista de Marcos, isso pode refletir a situação dos crentes para quem ele escreve, que talvez sofressem perseguição na Roma de Nero. Também pode se referir à proclamação do evangelho a respeito de Jesus, ou seja, sua morte, ressurreição e chamado à fé. Nos tempos de Jesus, o "evangelho" referia-se às boas-novas proclamadas por ele sobre a irrupção do Reino (Marcos 1.14,15). Portanto, o que se percebe aqui é um compromisso positivo com Cristo, não a simples rejeição ética ao egoísmo.

No v. 36, o valor incomparável da vida fornece a chave corretiva e orientadora no que concerne aos investimentos espirituais. O ser humano criado à imagem de Deus, como distintivo de singularidade, não possui nada mais valioso que a própria vida. Os v. 36 e 37 usam uma linguagem mais ou menos comercial, que incorpora o conceito de lucros e perdas. Seria sábio, do ponto de vista estritamente comercial, negar Jesus para obter a aprovação de todo o mundo e acabar perdendo o que temos de mais valioso? É possível que esses versículos ecoem o salmo 49 e suas ponderações sobre os que confiam no dinheiro e se gabam das posses pessoais. O próprio Jesus, durante as tentações no deserto, considerou a opção de governar o mundo inteiro, mas a rejeitou em prol de aspirações mais elevadas (Mateus 4.8-10). Assim, ele falou como alguém que havia lutado, mas abriu caminho para uma resposta de acordo com a vontade de Deus.

O valor da vida, enfatizado pela pergunta retórica e direta "O que o homem poderia dar em troca de sua alma?" (gr. *ti gàr doī ánthrōpos antállagma tēs psuchēs autoū*), tem exercido enorme influência em nosso mundo quanto à importância do ser humano além da cor de sua pele ou de sua nacionalidade. Também conduziu à fé em Jesus Cristo muita gente duvidosa. Gastar todas as energias da vida fazendo dinheiro e morrendo de maneira egoísta em pecados não redimidos é algo que não vale a pena.

> **João Calvino:** "Daí se segue outro ponto que indicamos; não buscar o que nos agrada e satisfaz, mas o que agrada ao Senhor e contribui para promover sua glória. A grande maneira de progredir é que, quase esquecidos de nós mesmos, ou pelo menos tentando ignorar nossa razão, nos esforcemos com toda a diligência para servir a Deus e guardar seus mandamentos. Pois, quando a Escritura ordena que não nos preocupemos com nós mesmos, não só a ganância, o desejo de possuir bens e o apetite por honras e dignidades

> são arrancados de nosso coração, como também são desarraigados a ambição, o apetite pela glória mundana e outros defeitos ocultos. Porque é necessário que o cristão esteja disposto e preparado, de modo que esteja ciente de que, enquanto viver, deve se entender com Deus".[8]

*Tomar a cruz.* Jesus continua na mesma direção quando anuncia que seus potenciais discípulos deviam estar dispostos a aceitar uma cruz (gr. *staurón*, v. 34). A vocação do Filho do homem de ser Messias sofredor torna-se parte fundamental do papel de qualquer um que deseje segui-lo. Antes de tentar espiritualizar ou amenizar essa dura demanda, precisamos reconhecer seu imediatismo com relação aos primeiros discípulos. O Mestre deles estava a caminho de Jerusalém para propor um grande desafio à Cidade Santa e a seu *establishment* religioso. Ele mesmo previu resistência, rejeição e a própria morte. O aviso que deu aos discípulos era muito realista: "Se vocês forem comigo a Jerusalém e ficarem do meu lado, correm o risco de morrer numa cruz romana". Está manifesto aqui o custo do discipulado e a necessidade de calcular o preço de seguir Jesus. É preciso estar preparado para perder a vida por amor do Senhor. O discípulo autêntico é alguém comprometido com os ensinos de Jesus e com sua verdade, a ponto de estar disposto a pagar qualquer preço por isso. Na época, os criminosos eram literalmente obrigados a carregar a estaca da cruz nos ombros enquanto caminhavam para o local da execução.

Nos v. 31-33, Jesus revela a vontade do Pai, segundo a qual "era necessário" que o Filho do homem sofresse. A designação "Filho do homem" (gr. *tòn huiòn toũ anthrōpou*) era a favorita de Jesus. O título não tem uma relação particular com a humanidade de Jesus, como às vezes se advoga. Na verdade, é um título apocalíptico e sublime que remete a uma pessoa poderosa, que, por sua vez, manifesta-se de maneira dramática e culminante em Daniel 7.13,14, vindo sobre nuvens de glória como juiz do povo e das províncias. Seus matizes de humildade e humilhação aparecem no livro profético de Ezequiel com grande regularidade. Também se trata de uma figura proeminente no livro não canônico de *Enoque*, como uma personagem do fim dos tempos que vem redimir seu povo.

Jesus adotou esse título e o aperfeiçoou para seus propósitos. Falava da autoridade do Filho do homem para perdoar pecados (Marcos 2.10), de sua

8. **Institución de la religión cristiana, 3.7.2.**

paixão ou sofrimento (Marcos 9.31), de sua vindicação e vitória pela ressurreição (Marcos 9.9) e de seu eventual retorno em glória sobre as nuvens (Marcos 13.26). O que se destaca em todo o Novo Testamento é o paradoxo de que esse Filho do homem, cheio de poder e autoridade, cumpriria sua missão redentora por meio do sofrimento e da morte. O Filho do homem é o Servo sofredor de Isaías 53. A nuvem de glória que o cercava não podia esconder a realidade da cruz, que sempre o acompanhou. Desse modo, a frase "tome a sua cruz" (gr. *apátō tòn staurón*) refere-se à disposição de morrer por amor a Jesus ou de ser tão comprometido como cristão que o venha a fazer, se necessário. Espiritualmente, significa morrer com Cristo para o egoísmo e o pecado (Romanos 6; Colossenses 3.1-17). O espírito de Gálatas 2.19,20 expressa a apropriação e a interiorização espiritual desta declaração paulina: "Fui crucificado com Cristo".

*Seguir Jesus.* As condições estabelecidas aos primeiros discípulos para seguir Jesus, literalmente numa jornada fatal até Jerusalém, foram muito rígidas. Eles viraram fumaça diante de tal compromisso, pois excedia as possibilidades de respaldo de um eu pessoal ainda demasiado centrado em si mesmo. Uma dedicação como a que foi exigida deles requer uma mudança no centro de gravidade da vida, uma reorientação fundamental da existência. Seguir Jesus não é o mesmo que seguir uma celebridade da moda, um político de plantão ou um líder espiritual carismático. Seguir Jesus significa colocar toda a vida pessoal em movimento numa determinada direção. Seguir Jesus representa uma decisão crucial. As palavras de Jesus para os que desejam ser seus discípulos ("e siga-me", gr. *kaí akoloutheítō moi*, v. 34) constituem um convite pessoal. Ou seja, é como se Jesus estivesse dizendo: "Aceite-me. Aceite meu ministério e minha missão. Reconheça a vontade de Deus". É um desafio à vontade e um convite para tomar uma decisão radical: seguir Jesus ou salvar a pele. Segui-lo significa comprometer-se com ele, e isso põe o discípulo de Jesus do lado oposto de onde estão os que escolheram rejeitá-lo como o Salvador enviado por Deus.

O v. 38, o último dessa passagem, refere-se ao juízo final e apresenta a questão pela perspectiva escatológica. Promessa e advertência se correspondem no relacionamento que temos com Jesus na História e na eternidade. Se alguém "se envergonhar" (gr. *eán epaischunthēi me*) de ostentar seu nome agora, é porque não está disposto a ser rejeitado e prefere a aprovação do mundo, e uma decisão tão débil terá consequências definitivas e eternas. Seguir Jesus é uma decisão corajosa, apoiada em promessas. Cabem aqui duas observações. Em primeiro lugar, a determinação pessoal é necessária para resistir às tempestades da vida como cristão. O chamado para seguir Jesus convida-nos a assumir uma atitude de coragem, de compromisso total e radical. Isso está em nítido contraste com a atitude de autoconsciência e de dedicação ao eu pessoal. No entanto, seguir Jesus nos ajuda a formar uma personalidade forte. Em segundo lugar, a perspectiva escatológica da consumação de todas as coisas ("na glória de seu Pai com os santos anjos", gr. *tēi dóxēi toū patròs autoū metà tōn aggélōn tōn hagíōn*) é poderosa para reorganizar as prioridades do cotidiano.

Em suma, as três expectativas relacionadas com a vocação dos discípulos garantem, com seu radicalismo, a existência duradoura. A negação de si mesmo, a disposição pra sofrer e a decisão de seguir Jesus é o que o Senhor espera de cada um de nós.

**Uma palavra de ânimo (9.1).** Toda a passagem (8.27-38), que apresenta Jesus enviando seus discípulos com uma missão ao mundo, encerra-se com uma estranha profecia (9.1). A perspectiva escatológica de 8.38 faz que muitos entendam a frase "antes de verem o Reino de Deus vindo com poder" (gr. *héōs àn ídōsin tēn basileían toū theoū elēluthuīan en dynámei*) como uma referência ao fim dos tempos. Entretanto, não é a isso que ela se refere, uma vez que em 13.32 Jesus declara que nem ele sabe quando virá o fim. Essa profecia é na verdade uma mensagem de ânimo. Jesus ensina em 1.15 e em outras passagens que o governo (ou "Reino") de Deus sobre os corações humanos já estava chegando com ele e com o desenvolvimento de seu ministério. Aqui ele está dizendo que alguns de seus seguidores veriam esse domínio operando poderosamente durante sua vida.

A partida do Messias, após sua morte e ressurreição, não significaria o fim da manifestação do Reino de Deus. Na verdade, o que havia começado com ele continuaria a se manifestar poderosa e plenamente por meio de seus seguidores. Talvez naquele momento, pelo fato de Jesus ter anunciado a própria morte e também durante as perseguições subsequentes, isso parecesse algo difícil ou mesmo impossível de crer, mas tudo aconteceu de maneira maravilhosa. Trinta anos depois, havia fortes congregações cristãs, até mesmo em grandes cidades como Roma, Alexandria e Antioquia. Na época em que Marcos escreveu seu evangelho, o evangelho cristão estava se expandindo em todas as direções e havia alcançado centenas de milhares de pessoas. Os apóstolos que ainda viviam puderam ver com os próprios olhos a chegada do Reino de Deus com poder.

CAPÍTULO 7

# JESUS ENSINA O POVO

1.27,28; 2.18-28; 4.1-34

Uma das atividades mais agradáveis em muitas famílias é ler histórias para as crianças, especialmente na hora de dormir. E a leitura pode ser variada: de *Alice no País das Maravilhas* a aventuras do Homem-Aranha e histórias da Bíblia. Todos nós gostamos de histórias. Os grandes pregadores sabem o valor de uma boa história para ganhar o interesse de seu auditório. Jesus se utilizava com frequência de parábolas e curtos relatos em seu ministério de ensino ao povo.

> **David Wenham:** "O fato de Jesus ter ensinado tão claramente por meio de histórias e declarações que refletiam a vida na Palestina do primeiro século diz muito sobre o tipo de pessoa que ele era. Jesus não era um teólogo numa torre de marfim a expor teorias abstratas e obscuras. Era alguém com os pés bem firmados no chão, capaz de falar com pessoas comuns em termos comuns. A doutrina cristã da encarnação é que, em Jesus, Deus se fez humano. Fica evidente, com base no ensino parabólico de Jesus, que ele não era apenas um ser humano, mas também um homem que se identificava com o mundo e com a situação de seus contemporâneos de uma forma nem sempre característica de líderes religiosos Isso tem sentido teológico: a encarnação não era simples questão de identificação, mas também de comunicação. As parábolas de Jesus revelam-no um grande comunicador".[1]

1. **The Parables of Jesus**, p. 13.

## O MESTRE E SUA AUTORIDADE (1.27,28)

A surpreendente autoridade de Jesus, manifesta em seu ensino e na pregação do Reino de Deus, baseava-se no fato de que tal proclamação não consistia apenas em palavras, mas também em ações (1.22,27; Lucas 4.32,36). Jesus não só falava do Reino, mas também o incorporava e representava e o tornava real por meio de suas ações, especialmente seus milagres de cura e libertação (Atos 10.38), como vimos. Seu método de ensino era bem diferente das práticas dos mestres da lei de sua época. Tudo nele era novo, e ele apresentava coisas novas com grande autoridade. De fato, a manifestação de seu poder na sinagoga de Cafarnaum, quando libertou o homem possuído por um espírito maligno (1.21-26), confirmou a impressão daqueles que tinham ouvido seu ensino: ele era alguém investido de autoridade. Embora o milagre com o endemoninhado não os tenha levado a crer, seus ensinamentos os deixavam surpresos e amedrontados.

> **Carlos Mraida:** "Devemos trabalhar por uma igreja em ação que interprete a Palavra e o poder [...]. O ensino de Jesus — sua mensagem — era inseparável de suas ações: ele curava, libertava e alimentava as multidões. Nosso continente aguarda uma igreja capaz de mostrar de que maneira sua mensagem está adequada às necessidades do povo. Nós separamos o ensinamento do poder. A doutrina de Jesus, porém, era indissociável de sua autoridade. O evangelho é poder e sabedoria de Deus. Nicodemos teve a oportunidade de reconhecer isso quando declarou: 'Mestre, sabemos que ensinas da parte de Deus, pois ninguém pode realizar os sinais milagrosos que estás fazendo, se Deus não estiver com ele' (João 3.2). O ministério docente inclui a autoridade e o poder para fazer os sinais do céu".[2]

### Novo espanto

O texto diz: "Todos ficaram tão admirados [...]" (gr. *ethambēthēsan hápantes*). O vocábulo "admirados" é muito forte e denota um medo enorme. A frase "ficaram maravilhados" (gr. *ekplēsō*, v. 22; *thambéō*, v. 27; cf. 6.2; 10.24,26-32;

---

2. Marcos rumo a uma igreja que mostra Jesus em ação, in: **Bíblia Nova Reforma:** edição de estudos e referência, p. 1471.

11.18) transmite a conotação de descrença e pânico que sentimos diante de qualquer alteração da ordem estabelecida.[3] O espanto carregado de medo entre os presentes foi o resultado de algo que não esperavam, como a libertação de um endemoninhado naquele local e naquele dia. Guillermo Cook e Ricardo Foulkes observam: "Apesar da familiaridade do povo com os exorcismos taumatúrgicos, o público ficou surpreso pelo fato de Jesus não ter usado artes ou fórmulas mágicas. Apenas uma palavra foi suficiente. No ministério de Jesus, 'palavra', 'ação' e 'autoridade' estão inseparavelmente entrelaçadas".[4]

Esse espanto mesclado de medo é o elemento que acompanha quase todas as histórias de milagres, como a libertação e a cura do homem possuído por um espírito maligno na sinagoga de Cafarnaum. A irrupção da esfera sobrenatural na esfera natural é sempre causa de assombro e de medo. Talvez seja a primeira razão pela qual muitos bons crentes evangélicos não aceitem os sinais e maravilhas como autênticos, nem os milagres como verdadeiros, nem os dons do Espírito Santo como atuais. Não há outra explicação para entender os argumentos racionalistas e contraditórios impostos à simples aceitação da autenticidade do testemunho bíblico, que dizem crer e aceitar como infalível. O desconhecido sempre nos sobrecarrega de ansiedade e nos desestabiliza. No entanto, não tem de ser assim. Em Cristo, o poder e a autoridade sobrenaturais de Deus se manifestaram e continuam a se manifestar, e esse mesmo poder e essa mesma autoridade continuam a operar nos crentes que atuam em nome de Jesus (Marcos 15.15-18; Lucas 9.1).

## Novas perguntas

O texto diz: "Todos ficaram tão admirados que perguntavam uns aos outros: 'O que é isto?'" (gr. *hóste syzētein pròs heautoùs légontas, tí estin toũto*). A pergunta partiu dos que viram e ouviram. As poderosas ações de Jesus e seus ensinamentos eram provocativos e suscitavam questionamentos. Além disso, a partícula consecutiva *hōste* ("[de modo] que") mais o verbo no infinitivo (gr. *suzētein*) — literalmente, "de modo que perguntar" — expressa um resultado e encerra a ideia de uma discussão ou debate. Ou seja, as ações e os ensinos de Jesus causaram uma troca (se não um conflito) de opiniões entre eles (gr. *pròs heautoús*).

---

3. Ched Myers, **Binding the Strong Man:** A Political Reading of Mark's Story of Jesus, p. 142.
4. Marcos, in: **Comentario bíblico hispanoamericano**, p. 68.

O ser humano é a única criatura de Deus que tem a alma construída com perguntas. Jesus é o único capaz e disposto a responder a tantas perguntas para as quais ninguém tem respostas. A vida humana transcorre ao longo de um interminável rosário de perguntas, uma infinita ladainha de interrogações que jogamos para o ar sem que ninguém pareça apto a nos responder. A pergunta dos espectadores na sinagoga de Cafarnaum é na verdade uma questão "coringa", pois engloba muitas outras ("O que é isto?"). Mas assim como aconteceu naquele sábado na sinagoga, diante de cada pessoa em dúvida, quando ninguém espera, aparece alguém com respostas, anuncia um mundo novo e diferente e as convida à aventura de recebê-lo e construí-lo.

> **José Luis Martín Descalzo:** "Esse Alguém [...] não traz respostas teóricas, mas está disposto a embarcar na vanguarda da grande aventura, a inaugurar em sua carne e em sua pessoa o novo Reino que anuncia. Seus contemporâneos, por força das circunstâncias, sentiram espanto, depois ficaram desnorteados e por fim se entusiasmaram. Finalmente, havia surgido algo diferente, com que todos sonhavam, mas sem se atrever a esperá-lo em sua plenitude. Sim, soou como um clarim na batalha. Um clarim cujo toque não morreu e ainda soa para cada um dos seres humanos. Para mim. Para você".[5]

## Novo ensino

O texto diz "um novo ensino" (gr. *didachē kainē*). O ensino de Jesus era novo com relação a qualidade ou caráter, mas não em termos temporais, pois nesse caso Marcos teria usado o termo grego *néos* (cf. 2.21). Ele comunicava assuntos novos, renovados, "originais como o orvalho da manhã sobre os brotos recém-florescidos. Isso era novidade naquela sinagoga, onde apenas as regras rabínicas formais e pomposas ecoavam até então. Esse novo ensino encantou o povo, mas logo seria considerado heresia pelos rabinos".[6]

Jesus apresentou-se como a nova *Torá*, que supera a antiga *Torá* de Moisés. Ele assumiu o lugar de autoridade que no judaísmo era ocupado pela Lei mosaica, mas foi além dela: não só cumpriu de modo pleno a antiga Lei, como seu trabalho era muito mais importante que o de Moisés. A autoridade espiritual

5. **Vida y ministerio de Jesús de Nazaret**, v. 2, p. 16.
6. Archibald T. Robertson, **Word Pictures in the New Testament**, v. 1, p. 261.

com a qual ele administrava a *Torá* de Moisés era clara evidência disso. Ele falava com autoridade, não como os intérpretes ou mestres da lei. Seus ouvintes ficavam maravilhados com o que eles próprios reconheciam ser "um novo ensino" (gr. *kainē didachē*, v. 22,27), uma nova *Torá* que ele mesmo denominava de "a palavra de Deus" (gr. *ho lógos toū theoū*, 7.13). De fato, esse novo ensino tinha como objetivo corrigir as adaptações e alterações que haviam sido incorporadas à antiga *Torá* para ajustá-la aos caprichos e limitações pecaminosas do ser humano, dada a dureza do coração do povo (10.5). O propósito de seu novo ensino, portanto, era a restauração do significado original da lei de Deus e seu cumprimento (Mateus 5.17), a fim de demonstrar que era possível ao ser humano cumprir a vontade revelada de Deus.

Ele não veio ao mundo para abolir a *Torá*, porque, de acordo com suas palavras: "Enquanto existirem céus e terra, de forma alguma desaparecerá da Lei a menor letra ou o menor traço, até que tudo se cumpra" (Mateus 5.18). Foram justamente esse respeito e essa consideração pela *Torá* que levaram seus seguidores a considerá-lo um profeta semelhante a Moisés (Deuteronômio 18.15,18), que estava por vir (Mateus 21.11,46; Lucas 7.16; 13.33; 24.19; João 4.19; 6.14; 7.40; 9.17). O próprio Jesus dava "sinais" que demonstravam essa verdade aos que tinham olhos para ver e ouvidos para ouvir.

## Nova autoridade

O texto diz que ele ensinava "com autoridade" (gr. *kat' exousían*). Causava espanto aos seus ouvintes não só as coisas que Jesus fazia, mas também o que ele ensinava. O que os surpreendeu não foi apenas a novidade de seu ensino, mas a marca de autoridade que o acompanhava. Tratava-se de um novo ensino, apresentado, porém, com uma nova autoridade, que lhe dava sustentação.

**A autoridade de Jesus.** Ao contrário dos mestres da lei e dos rabinos, que tinham sua autoridade alicerçada em Moisés e na *Torá* (quando não apenas na "tradição dos líderes religiosos"), a autoridade de Jesus tinha suas bases nele mesmo.

> **D. M. Baillie:** "As ordens de Jesus não exigiam legitimação maior que seu mandamento pessoal. Seus discípulos tinham de fazer isto ou aquilo não por alguma razão que pudessem compartilhar com ele, mas tão somente por respeito a ele, porque ele pedia ('em meu nome'). Durante seu ministério,

> seus esforços nunca foram direcionados a dar aos homens uma doutrina ou um conceito de mundo, e sim a levá-los a um relacionamento pessoal com ele, como o líder a quem Deus concedera plenos poderes. [...] Ele falava com uma autoridade muito diferente da autoridade ditatorial [...] que impõe sua vontade e exige obediência cega e baseada na ignorância. Sim, é preciso dizer que nem mesmo Jesus, a despeito da imensa autoridade com a qual se pronunciava, abordou os homens dessa maneira. Ele falava com a autoridade que se presta à verdade e nisso estava confiado. Seu propósito era fazer que o povo enxergasse a verdade por si mesmo. Ele não pedia aos homens que desistissem de pensar, pelo contrário: parecia ter deliberadamente despertado a mente deles fazendo-lhes perguntas incisivas".[7]

**Nossa autoridade.** Em termos espirituais, autoridade é aquilo que pode, com justiça, exigir aceitação, respeito e obediência. É o direito ou a capacidade de ordenar a ação ou a livre submissão de outro ou de outros, ou de orientar a conduta e as decisões, esperando obediência e acompanhamento por parte dos que estão sob essa autoridade, os quais devem prestar contas de modo responsável. Nesse sentido, não há na igreja autoridade separada de Cristo. Toda autoridade que existe foi delegada por ele. A vida não pode se sustentar na anarquia ou com cada um fazendo o que bem entende. Para os cristãos, a autoridade final repousa em Deus por intermédio de Jesus Cristo. A única autoridade absoluta é a que reside em Deus. Uma das questões-chave da Reforma era se a autoridade de Deus vinha ao ser humano por meio da igreja (como os católicos romanos acreditam) ou pela Bíblia (de acordo com o ensino dos reformadores). Em tempos mais recentes, a razão e a intuição espiritual foram transformadas em autoridades alternativas. Nos círculos pentecostais e carismáticos, a orientação do Espírito Santo é considerada autoritativa. No campo evangélico, a autoridade do ministro para pregar, ensinar, oficiar ou cuidar das almas vem de Deus por meio das Escrituras e do reconhecimento da igreja (2Coríntios 10.8; 13.10). Mas em todos os casos a autoridade do servo de Deus é aquela que Cristo lhe confere por intermédio do Espírito Santo e é recebida pela fé.

---

7. **Dios estaba en Cristo:** un ensayo sobre la encarnación y la obra expiatoria de Cristo, p. 96.

**Guillermo Cook e Ricardo Foulkes:** "Qual é a autoridade do mensageiro de Deus? A julgar pela experiência de Jesus, a autoridade do testemunho cristão se dá na constante tensão entre caminhar com Deus e caminhar com os seres humanos em suas necessidades. A prova de que nossa autoridade vem de cima depende de descermos até onde estão as pessoas em necessidade. A autoridade de Jesus é liberdade também: liberdade para anunciar e denunciar; para enfrentar Satanás e as expectativas humanas, quando elas se interpõem no caminho da missão de Deus. A eficácia da proclamação não deriva de nossa autoridade como ministros do evangelho. Nossa autoridade vem da Palavra de Deus: do que dizemos, de como dizemos e dos frutos que produzimos".[8]

## Novas ordens

O texto diz: "Até aos espíritos imundos ele dá ordens" (gr. *toīs pneúmasi toīs akathártois epitássei*). Note-se que Jesus dá ordens, mas com autoridade (gr. *kat' exousían* [...] *epitássei*). Ele ordena com autoridade, e essa é a mesma autoridade que ele nos concede por meio de seu Espírito Santo. A autoridade espiritual que nos capacita a dar ordens aos demônios provém de Cristo, não nasce em nós. Mas convém observar que essa autoridade é para dar ordens aos demônios, não aos crentes. É verdade que muitos líderes cristãos entendem sua tarefa como individualista e autoritária. Talvez isso explique seu fracasso ou os frutos limitados. O Senhor não nos envia para cumprir uma missão heroica e ditatorial. Quando ele nos confia um rebanho para pastoreio, está falando de pastorear "ovelhas". Contudo, não está pensando num pastor valente, autônomo, arrogante e autoritário, que cuida de um grande rebanho de ovelhas obedientes e sem personalidade obrigando-as a segui-lo pela força de sua vara. Na verdade, a vara não deve ser aplicada às ovelhas, mas ao lobo; para guardar as ovelhas e evitar que elas se percam, existe o cajado (Salmos 23.4). O líder cristão deve ser um pastor, não um cão ovelheiro.

## Nova obediência

O texto diz: "eles lhe obedecem!" (gr. *hupakoúousin autōi*; cf. 4.41). Esse era o fato mais surpreendente sobre a autoridade de Jesus. Os demônios se sujeitavam ao que ele ordenava com autoridade (ouviam sua voz de autoridade

8. Marcos, in: **Comentario bíblico hispanoamericano**, p. 70.

e obedeciam, atendiam à sua ordem e se submetiam). Não era o que queriam fazer, mas não tinham escolha, porque estavam sob as ordens de alguém superior. O povo estava habituado às fórmulas e aos rituais mágicos usados pelos exorcistas judeus para expulsar demônios (Mateus 12.27; Atos 19.13). Jesus, porém, agia de modo bem diferente, e seus seguidores devem fazer o mesmo. Simão, o mago, não conseguia entender como Simão Pedro podia realizar milagres sem recorrer a nenhum truque e até propôs comprar o poder secreto deles (Atos 8.19).

A autoridade de Cristo sempre demanda obediência, porque é a autoridade de Deus. Essa autoridade era manifesta em seu ofício messiânico (Gênesis 3.15; Deuteronômio 18.18,19; Salmos 2.6-12; Isaías 9.6,7; Mateus 26.63,64), em seus juízos (Mateus 11.22,23; João 5.27; Apocalipse 19.11-21), em seus ensinos (Mateus 7.28,29), em seu ministério e em seus milagres (Mateus 8.23-27; Lucas 4.36), em seu controle sobre a natureza (Marcos 4.39-41) e em sua poderosa ação de ressuscitar os mortos (Marcos 5.35-43; Lucas 11.11-17). Acima de tudo, porém, suas palavras e ações manifestavam sua autoridade para perdoar pecados (Mateus 9.6), assim como as exigências éticas e missionárias feitas a seus discípulos (Mateus 28.19,20; Lucas 14.26-33; Atos 1.8). Sua morte e sua ressurreição (João 10.18) ocorreram por causa de sua autoridade sobre a vida. Portanto, ele tem autoridade para dar a vida eterna (João 17.2) e governar em seu Reino (Apocalipse 1.5; 11.15; 12.10; 17.14; 19.16; 20.4-6). Cada crente deve ser um reflexo da autoridade do Senhor sobre sua vida (Gálatas 2.20; Colossenses 1.27).

## Nova fama

O texto diz: "As notícias a seu respeito ['fama', em outras traduções] se espalharam rapidamente" (gr. *exēlthen hē akoē autoū euthùs*). "Fama" (gr. *akoē*) aqui traz a ideia de um informe ou relatório (a *Vulgata* diz "boato"; v. Mateus 14.1; 24.6), ou seja, o que foi dito a respeito de Jesus e de seus ensinos e ações circulou rapidamente por toda a Galileia. O efeito foi como o de certas notícias nas redes sociais de hoje. Os fatos se espalharam de boca em boca e de pessoa para pessoa a uma velocidade incrível. Nessa cláusula, é enfatizada a rapidez com que as notícias sobre Jesus se espalharam, enquanto a palavra grega *pantachoū* ("por toda") descreve o alcance da notícia. Vincent Taylor observa: "O principal interesse de Marcos é sugerir a profunda impressão causada por

Jesus sobre o povo, e provavelmente a declaração resumida pertence ao relato original, uma vez que nele a narrativa atinge seu clímax natural".[9]

## O MESTRE E SUAS CONTROVÉRSIAS (2.18-28)

Jesus apresentou-se a seus contemporâneos não tanto com um novo ensino, mas como alguém que questionava os antigos ensinamentos, especialmente conforme ensinado pelos fariseus e mestres da lei. Pelo menos, era assim que seus inimigos entendiam. Em seu ministério de ensino na Galileia, Jesus atacou duramente os tradicionalismos da moda e desnudou a hipocrisia moral e espiritual de seus fomentadores. Esses confrontos com o conservadorismo judaico e seus representantes renderam-lhe de início alguma oposição. Os cinco relatos de Marcos 2.1—3.6 estão relacionados com controvérsias. Um segundo grupo de cinco controvérsias aparecerá mais tarde, em Jerusalém (11.27—12.37), e será analisado no cap. 9 deste comentário. É evidente que Jesus apresentava conflitos constantes com o *status quo*. De fato, um quarto do ministério público de Jesus era de natureza conflituosa.

Assim, Jesus foi posto à prova já no início de seu ministério. Essas cinco controvérsias em Marcos respondem a uma questão fundamental: por que os inimigos de Jesus o mataram. Eles se opunham a Jesus porque: 1) ele alegava perdoar pecados, 2) comia com os pecadores 3) e violava as regras do sábado. O conflito contínuo com os líderes religiosos ao longo dos cinco episódios pode ser percebido nas perguntas que estes faziam uns aos outros (2.6), nas perguntas que fizeram aos discípulos (2.16), nas perguntas que fizeram a Jesus (2.18), nas críticas direcionadas a Jesus (2.24), na vigilância maliciosa de Jesus (3.2) e na conspiração contra a vida dele (3.6).

É provável que alguns dos primeiros pregadores cristãos tenham pregado essas histórias em um sermão, que muito bem poderia ser intitulado: "As cinco razões pelas quais mataram Jesus", e que tenham feito isso por alguns anos antes que Marcos utilizasse esse material para escrever tal parte de seu evangelho. Na verdade, qualquer resumo semblanza biográfico de Jesus que não explique por que ele foi crucificado é inadequado e incompleto. Jesus rompeu intencionalmente com a tradição e o fez por causa do Reino de Deus. As lutas que ele travou valeram a

9. **The Gospel According to St. Mark**, p. 177.

pena e os resultados foram bastante produtivos. Muitas vezes, quando algo novo se introduz no ministério da igreja, isso provoca resistência e rejeição. Mas, se o propósito é servir melhor às necessidades das pessoas, toda mudança vale o esforço e a perseverança, apesar da oposição e da rejeição que possa causar.

## Jesus rompe com a tradição do jejum (2.18-22)

A passagem mostra dois grupos religiosos que expressam cada um sua perspectiva do jejum. Um terceiro grupo entra no debate — o de Jesus e seus seguidores, que chamam a atenção por não seguirem essa prática. Os fariseus jejuavam, como também os discípulos de João (v. 18). Os últimos talvez jejuassem por causa da prisão de seu líder e do perigo que a vida dele corria. De qualquer modo, o estilo de vida de João Batista era bastante ascético e inclinado à abstinência, pelo menos com relação à comida regular, o que não era o caso de Jesus.

**A pergunta de algumas pessoas (v. 18).** Em certa parábola, Jesus fez referência a um fariseu que jejuava duas vezes por semana (Lucas 18.12), quando em geral o jejum era praticado uma vez ao ano, por ocasião do ano-novo (Yom Kippur), ou no Dia da Expiação. O último envolvia toda a população, num dia de arrependimento nacional (Levítico 16.29). Além disso, o Antigo Testamento registra vários jejuns individuais importantes, como o de Moisés por 40 dias antes de receber os Dez Mandamentos (Êxodo 34.28).

*O jejum tradicional.* A evidência dessa prática nos dias de Jesus não é muito clara, mas ao que parece era bastante difundida. Seu significado também não é evidente, embora houvesse alguma ênfase no arrependimento e na penitência. Os discípulos de João e os fariseus provavelmente jejuavam por diferentes razões: os primeiros como expressão de arrependimento; os últimos, como expressão de piedade. Mateus associa o jejum ao luto (9.15).

*O comportamento de Jesus.* Marcos ressalta que Jesus não ajustava seu comportamento às tradições e práticas populares sancionadas como obrigatórias. Desde o início de seu evangelho, Marcos descreve a maneira poderosa pela qual o Reino de Deus se manifestou no mundo por meio do ministério de Jesus. As coisas que ele fazia demonstravam a ação de um novo poder divino entre os seres humanos. Jesus expulsou demônios (1.21-28), curou muita gente das mais variadas doenças (1.29-34), tocou e curou doentes considerados impuros (1.40-45), declarou perdoados os pecados de uma pessoa (2.1-12), rompeu com os tabus da tradição religiosa ministrando aos marginais religiosos e morais da sociedade (2.13-17). Jesus surpreendeu a todos pelo que fez, mas também pelo que deixou de fazer, como é o caso da prática do jejum (2.18-20).

Muitos acreditavam que o jejum (gr. *nēsteía*, "jejum", "abstenção de comida como dever religioso") deveria fazer parte do estilo de vida de Jesus se, como alegava, fosse verdade que ele era o Messias. Sem dúvida, essa era a expectativa dos discípulos de João Batista (Mateus 9.14 indica que foram os discípulos de João que iniciaram a discussão sobre o jejum). Era também o caso dos fariseus, que se destacavam precisamente por sua fidelidade e meticulosidade em todos os tipos de jejum (Lucas 18.11,12). No entanto, em ambos os casos o jejum que praticavam e esperavam que Jesus praticasse era o jejum tradicional e religioso. Esse jejum era um sinal de arrependimento e dor, de contrição e remorso. Mas Jesus se afastou da tradição dos fariseus e de João Batista e passou a se destacar mais por sua disposição para festas que pela inclinação ao jejum. Ele mesmo se definiu, dizendo: "Veio o Filho do homem comendo e bebendo [...]" (Mateus 11.19), e seus críticos o acusaram de ser "comilão e beberrão" (Lucas 7.34). De acordo com Jesus, a era do Reino não é de lamento, mas de festa. A era do Reino inaugura um tempo de celebração e de júbilo, um tempo de tanta alegria quanto a que acompanha um casamento (v. 19).

É preciso ter em mente que a parábola dos convidados para o casamento não tem como propósito discutir a validade atual do jejum na vida da igreja e dos crentes. Não era objetivo de Jesus ensinar sobre o jejum, mas ilustrar a alegria que ele trouxe com o anúncio do Reino de Deus. A parábola não constitui fundamento para a piedade nem para a espiritualidade cristãs; visa apenas descrever vividamente o Reino e o papel que Jesus representa nele.

> **David Wenham:** "A vinda de Jesus é a chegada de uma alegre revolução, da grande festa de Deus para o fim dos tempos. A festa era uma ocasião mais importante para o palestino médio do primeiro século que para os que vivem na afluência bem alimentado do século XXI (pelo menos no Ocidente): era algo realmente aguardado e apreciado. A vinda do Reino no ministério de Jesus foi uma ocasião semelhante, só que muito superior, porque a festa anunciada por Jesus era a grande e definitiva festa de Deus, *a* festa que poria fim a todas as festas, aquela que não se pode perder, custe o que custar".[10]

10. **The Parables of Jesus**, p. 30. Grifo do autor.

**A resposta de Jesus (v. 19,20).** Em defesa de seu pequeno grupo, Jesus responde com uma breve parábola sobre um casamento. Sua pergunta retórica pressupõe uma resposta negativa (gr. *mē dýnantai*, "seriam capazes de [...]?"). A referência é a um casamento comum e à incoerência do jejum em tal ocasião (v. 19). É interessante que Jesus use a mesma metáfora utilizada por João Batista (João 3.29), embora aqui ele se refira aos "convidados do noivo" (gr. *hoi huioì toũ numfōnos*) em vez de ao "amigo do noivo" (gr. *ho dè fílos toũ numfíou*). A expressão grega *huioì toũ numfōnos*, que literalmente significa "os filhos do noivo", tem dado margem a discussão, já que alguns a traduzem por "convidados do noivo" (*NVI*; *VP*; *BJ*) ou "os acompanhantes" (*BA*). Outros a traduzem por "assistentes do noivo", "amigos do noivo [responsáveis pelos preparativos do casamento]" (*NA*) ou "os padrinhos da festa". A *RVR* traduz a expressão por "aqueles que estão no casamento", e a *RVR Contemporânea*, por "os convidados".

Com esse exemplo, Jesus levou seus inquisidores a pensar sobre o assunto de outra forma. Os casamentos da época giravam em torno do noivo, e a comemoração costumava durar uma semana. Essas festividades não eram ocasiões para jejuar. Pelo contrário, o noivo e seus amigos desfrutavam certos privilégios. Não precisavam recitar as Escrituras pela manhã e à noite, como era o costume, de modo que o casamento era uma ocasião para celebrar e festejar, não para lamentar ou exercer a piedade. E isso era algo com que todos concordavam.

Há também nas palavras de Jesus certa pretensão messiânica, embora velada. Alguns profetas haviam previsto que a era messiânica seria como uma festa de casamento (Oseias 2.14-23), e o próprio Jesus anunciou que esse tempo já havia começado. O tempo que muitos esperavam havia chegado (1.14,15). Com essa parábola, Jesus parece estar dizendo que ele é o Noivo e que está propondo um comportamento diferente e uma nova realidade: a alegria messiânica. Mais tarde, o apóstolo Paulo escreveria: "O Reino de Deus não é comida nem bebida, mas justiça, paz e alegria no Espírito Santo" (Romanos 14.17).

**A explicação de Jesus (v. 21,22).** Jesus amplia sua resposta com uma explicação ilustrada por meio de outras duas parábolas. O grupo de Jesus era novo demais para acomodá-lo a padrões religiosos tradicionais. Os discípulos de João e os fariseus aparentemente não se aperceberam da novidade que se apresentava com Jesus e seus discípulos, e foi necessário que ele lhes contasse duas parábolas para expressar as dimensões de sua ruptura radical com o judaísmo e suas tradições. O par de parábolas ensina a mesma ideia, embora com símbolos e imagens diferentes. Ambas foram extraídas da vida doméstica.

*A parábola do pano novo (v. 21).* Com a primeira parábola, Jesus explicou a seus inquisidores que o Reino de Deus é como um "pano novo" (gr. *chrákos agnáfou*), que não pode ser colocado como remendo sobre uma "roupa velha" (gr. *himátion palaión*). O verbo "remendar" (gr. *epiráptō*, "costurar") só aparece aqui em todo o Novo Testamento, mas se refere a uma prática doméstica comum. Esse tipo de remendo arruinaria o vestido, que acabaria se rasgando. O argumento não é apenas óbvio, mas também revolucionário. Com sua vinda, Jesus não estava oferecendo o remendo para uma roupa velha, mas fornecendo uma nova vestimenta. Esse elemento radicalmente novo exigia um estilo de vida próprio. O antigo e o novo eram incompatíveis.

*A parábola do vinho novo (v. 22).* A segunda ilustração é semelhante à primeira. Assim como ninguém pensa em remendar uma roupa velha com um pano novo, ninguém coloca "vinho novo em vasilha de couro velha" (gr. *oînon néon eis askoùs palaioũs*). Se alguém fizer isso, o vinho afetará os odres com duplo resultado: o vinho e o odre serão arruinados. Marcos registra com clareza o princípio que Jesus quer ensinar: o vinho novo requer odres novos (gr. *kainoús*). Mais uma vez, Jesus apresenta uma compreensão radical do procedimento de Deus com seu povo. Por essa razão, muitos estudiosos consideram esse ensino de Jesus o mais importante de todos, e ele estava bem ciente da inovação que introduzia. As velhas formas eram rígidas demais para conter a novidade trazida por ele. O Sermão do Monte está repleto de exemplos desse contraste, expresso na fórmula: "Vocês ouviram o que foi dito aos seus antepassados [...]. Mas eu digo a vocês [...]" (Mateus 5.21-48). Portanto, Jesus se apresenta não como um rabino convencional, nem mesmo como um reformador, mas como o Messias.

## Jesus quebra a tradição do sábado (2.23-28)

Num dia de sábado, os discípulos cortaram algumas espigas de trigo enquanto caminhavam com Jesus através de um campo semeado (v. 23). Alguns fariseus perceberam isso e avisaram Jesus, na esperança de que ele os repreendesse por violarem o sábado com essa ação. No entanto, longe disso, Jesus respondeu-lhes que os discípulos não haviam agido mal e lhes ensinou sobre o sábado e todos os regulamentos religiosos. Esse episódio pôs Jesus na contramão de uma das instituições religiosas mais amadas pelos judeus:

o sábado. Com suas ações, Jesus pôs em pauta o propósito divino para o sábado e justificou sua missão redentora.

**O que dizia a tradição (v. 24).** Os fariseus estavam mais preocupados em manter a tradição dos líderes religiosos (ou dos anciãos) que qualquer outra coisa. De acordo com essa tradição, colher espigas de trigo no sábado era uma ação proibida. Note-se que eles não estavam acusando os discípulos de roubar trigo ou de pegar o grão que pertencia a outro, já que de acordo com Deuteronômio 23.25 qualquer estranho podia pegar algumas espigas para comer. Eles também não os estavam acusando de cruzar a propriedade de alguém para encurtar a distância em vez de usar os caminhos laterais, que eram mais longos — e, de acordo com Marcos, era o que eles faziam (gr. *dià tōn sporímōn*). A acusação dos fariseus tinha relação com o fato de os discípulos serem culpados de "trabalhar" no sábado, o dia do descanso. O verbo aqui é "fazer" (gr. *poiéō*), que também se traduz por "efetuar", "levar a cabo" e "trabalhar". Na opinião deles, cortar algumas espigas era o mesmo que "colher", o que era proibido segundo suas tradições. No entanto, essa ação não era proibida em nenhum lugar da Lei: tratava-se, sim, de uma regra estabelecida pela tradição dos líderes religiosos.

**O que dizia a Lei (v. 25,26).** Em sua resposta à acusação dos fariseus, Jesus não recorreu à tradição dos líderes religiosos, mas à Lei, ou seja, ao que a Bíblia diz. No entanto, ao mencionar Davi, ele parecia admitir certa razão dos fariseus na acusação de que os discípulos haviam ignorado uma regra do sábado com base na interpretação dos mestres da lei. Contudo, Jesus imediatamente justificou a alegada violação da lei tradicional citando a experiência pontual de Davi e seus companheiros, de acordo com 1Samuel 21.6. Dessa forma, Jesus respondeu à pergunta capciosa dos fariseus com outra questão, que os obrigou a tomar uma decisão moral em vez de legal. É como se Jesus estivesse perguntando a eles: "Que ação humana melhor ajuda a santificar e guardar o dia do Senhor e agrada mais a Deus: observar a tradição dos mestres da lei ou ajudar os necessitados?". A resposta à pergunta de Jesus forçosamente era: ajudar os necessitados. E de fato era assim. Em primeiro lugar, porque o sacerdote Abiatar aparentemente nada fez para impedir que Davi e seus famintos companheiros entrassem no templo e comessem os pães da Presença. Em vez disso, o próprio Abiatar "lhe deu os pães consagrados" (1Samuel 21.6).

Em segundo lugar, porque o agente daquela ação não era ninguém menos que o herói nacional por excelência, Davi, que foi quem distribuiu entre seus companheiros os pães consagrados a Deus.

Os fariseus não puderam refutar os argumentos de Jesus, mas não estavam totalmente convencidos em seu coração. E não estavam porque, na realidade, o mais importante para eles não era fazer apologia da lei do sábado, mas apanhar Jesus em alguma contradição que lhes permitisse acusá-lo diante de seus seguidores. Também é provável que alguns deles sinceramente pensassem que, se Jesus ensinava o povo a violar o sábado, não poderia ser o Messias prometido.

Além disso, os fariseus eram legalistas e fundamentalistas quando isso atendia a seus interesses. Hoje muitos religiosos dão mais valor à letra da lei que ao espírito dela. Por falar em texto, é interessante que haja no v. 26 uma contradição bem difícil de explicar. De acordo com 1Samuel 21.1, o sumo sacerdote da casa de Deus (gr. *tòn oĩkon toũ theoũ*) na época era Aimeleque, não Abiatar. Seria um erro no texto bíblico? Talvez na versão do Antigo Testamento que Jesus está citando o episódio tivesse ocorrido no tempo de Abiatar. Nem todas as cópias do Antigo Testamento (nem as do Novo!) contêm exatamente as mesmas palavras. Talvez Marcos tenha se equivocado ao escrever essa parte de seu evangelho, mas também é provável que alguém, ao copiar o evangelho de Marcos, tenha cometido um erro. Qualquer dessas possibilidades pode ter ocorrido, mas esse erro não faz diferença quanto à nossa fé em Jesus. Não deixaremos de amá-lo só por descobrir que esse versículo contém um nome errado. Seguimos Cristo porque ele nos amou e se entregou por nós, não pela ausência de erros na Bíblia. Devemos ter cuidado com o fundamentalismo e com a ideia da inerrância bíblica, porque nos podem aproximar mais dos fariseus que de Jesus!

**O que Deus dizia (v. 27,28).** Só Marcos registra a profunda afirmação que submete o sábado ao bem-estar humano. "O sábado foi feito por causa do homem, e não o homem por causa do sábado" (gr. *Tò sábbaton dià tôn ánthrōpon egéneto kaì ouch ho ánthrōpos dià to sábbaton*). A palavra *anthhrōpos* é precedida de um artigo genérico, que não designa o varão, mas a humanidade, o ser humano. O Senhor faz duas afirmações contundentes a respeito do sábado (ou do dia de repouso) que expressam o sentimento de Deus ou sua vontade.

*O sábado foi feito para o ser humano (v. 27).* A pergunta a ser respondida aqui é: o que foi criado primeiro, o ser humano ou o sábado? De acordo com Gênesis

1.26—2.3, o ser humano foi criado primeiro. O sábado foi uma consequência desse ato criador fundamental e para sua bênção. O dia de repouso é funcional ou instrumental com referência ao ser humano. Foi estabelecido para descanso, tranquilidade, alegria e deleite, recuperação integral das forças, oportunidade de atender a outras ordens da criação e especialmente para servir ao Criador (Isaías 58.13,14). O sábado não é um fim em si mesmo, mas, sim, uma forma de tornar a vida humana mais humana. O dia de repouso é também uma ocasião para meditar, refletir sobre as obras de Deus e especialmente sobre o "descanso sabático para o povo de Deus" (Hebreus 4.9,10), que aguarda os que lhe obedecem.

*O Filho do homem é Senhor do sábado (v. 28).* A pergunta a ser respondida aqui é: quem governa minhas decisões: as tradições religiosas ou a vontade do Senhor? As tradições religiosas têm a extraordinária capacidade de obscurecer ou distorcer a vontade de Deus, pois acrescentam às expressões de sua vontade revelada inúmeras aderências humanas, na maior parte caprichosas e absurdas. Esse foi o efeito da tradição dos líderes religiosos sobre a lei do sábado. Agregaram a ela tantos regulamentos secundários e pontuais que acabaram distorcendo o propósito original que o Senhor havia estabelecido para esse dia especial. A ideia e a criação desse dia pertenciam ao Senhor, não aos seres humanos. Portanto, o Filho do homem (o Messias), como depositário de toda autoridade e dono de todas as coisas no céu e na terra (Mateus 11.27; 28.18), que era um com o Pai (João 10.30), aquele de quem o Pai muito se agradava (Marcos 1.11), que havia sido enviado ao mundo pelo Pai, ele, sim, era o dono ou Senhor "até mesmo do sábado" (gr. *kaì toũ sabbátou*). Na verdade, ele é o Senhor de qualquer criação religiosa, seja o sábado ou dia de repouso (Mateus 12.8; v. Lucas 6.6-10), seja o templo (Mateus 12.6), seja qualquer personagem da Bíblia (como Jonas, Mateus 12.41; como Salomão, Mateus 12.42).

> **Ernesto Trenchard:** "O sábado tinha dois sentidos principais: 1) com relação ao homem em geral, foi instituído para seu bem e a fim de que descansasse de seu trabalho um dia em cada sete (2.27); 2) com relação a Israel, foi um sinal da aliança entre Deus e seu povo, para testar sua obediência (Ezequiel 20.12). Os fariseus legalistas não viam no sétimo dia outra coisa senão um mandamento externo, que tentavam defender com regulamentos rigorosos, como o que proibia alguém de colher uma espiga de trigo no sábado para saciar a fome (2.23,24). O Senhor ensina: 1) há momentos de crise em

> que o mandamento externo tem de se submeter a uma necessidade maior, como no caso de Davi quando comeu dos pães da Presença; 2) uma vez que o Filho do homem havia chegado, coube a ele definir o que era para o bem do homem, e assim deixou o sábado relegado a um lugar de subordinação; 3) o sábado, podemos acrescentar, havia perdido o sentido como sinal do pacto com Israel, uma vez que esse pacto fora rasgado em pedacinhos pelas rebeliões e pela dureza do coração dos judeus".[11]

A Bíblia faz certas declarações a respeito do sábado que devemos ter em mente: o sábado é o dia de repouso consagrado ao Senhor (Êxodo 16.23); ninguém deve ser julgado por causa do sábado (Colossenses 2.16); o sétimo dia é o dia de repouso (Gênesis 2.2,3); o Filho do homem é o Senhor do sábado (Mateus 12.8); há um descanso especial para o povo de Deus (Hebreus 4.9); é preciso lembrar do dia de repouso para consagrá-lo (Êxodo 20.8); quem observa o dia de repouso é bem-aventurado (Isaías 56.2); quem respeita o dia de repouso encontra alegria no Senhor (Isaías 58.13,14); é preciso ser cuidadoso em observar o descanso do sábado (Jeremias 17.21,22); é permitido fazer o bem no dia de repouso (Mateus 12.12).

## O MESTRE E O POVO (4.1,2)

O período do ministério de Jesus que desfrutou maior popularidade foi o que se tornou conhecido como o ministério na Galileia. A região era densamente povoada. O povo era receptivo e respondia bem. O tipo de ministério desenvolvido por Jesus atraía as multidões com facilidade e basicamente girava em torno de seus ensinos ao povo. O cap. 4 começa com um texto introdutório: "Ele lhes ensinava muitas coisas por parábolas" (v. 1,2). E encerra de maneira muito parecida: "Com muitas parábolas semelhantes Jesus lhes anunciava a palavra" (v. 33,34).

### O contexto do ensino de Jesus ao povo (4.1a,c)

No v. 1, o mar da Galileia é mencionado duas vezes como o contexto físico (cf. 2.13; 3.7), assim como a presença da multidão como o contexto humano,

---

11. **Una exposición del evangelio según Marcos**, p. 40-41.

e duas vezes a ação de ensinar de Jesus (v. 1,2) como o contexto ministerial. Note-se que o ensino de Jesus não teve lugar no centro do mundo (Roma) nem no centro de Israel (Jerusalém), mas numa área isolada e insignificante como a Galileia, que, no entanto, contava com importantes vias de comunicação. Note-se também que a "cadeira" de Jesus era extremamente humilde e precária: "Ele teve que entrar num barco e assentar-se nele. O barco estava no mar, enquanto todo o povo ficava na beira da praia". O "barco" (gr. *ploīon*) era seu púlpito, e a "praia" (gr. *epì tēs gēs*), sua sala de aula. Ensinar sentado era a postura usual de um mestre. Em certo sentido, do barco Jesus espalhava a semente de seu ensino sobre seus ouvintes na praia. E qual seria o resultado dessa "semeadura" tão limitada, que aparentemente não foi além daquele dia (v. 35)?

## Motivos para a popularidade de Jesus como Mestre (4.1b)

Note-se a ordem das ações. Em primeiro lugar, Jesus começou a ensinar (gr. *ērxato didàskein*) na margem do lago ("à beira-mar", Mateus 13.1); em segundo lugar, uma grande multidão (gr. *óchlos pleīstos*os) começou a se reunir (gr. *sunágetai*) para vê-lo; em terceiro lugar, ele subiu e sentou-se num barco; em quarto lugar, ele ensinou a todos (gr. *edídasken autoùs*) por meio de parábolas. A imagem é a de alguém que atrai grandes multidões como um ímã e que é forçado a improvisar uma metodologia de ensino para poder transmitir sua mensagem a todos. Sem dúvida, Jesus ainda podia ensinar muita gente e reunir multidões, embora já houvesse certa resistência contra ele e sua mensagem (3.6,22,30). Na época, nem mesmo sua família concordava com o que ele fazia (3.31-35).

Havia pelo menos quatro motivos para a popularidade de Jesus. 1) Ele fazia muitos milagres. O contexto anterior imediato mostra Jesus realizando milagres de cura e libertação. Isso atraía muita gente (3.7,20). 2) Ele trazia uma mensagem nova, desafiadora e inspiradora. Seu ensino era muito diferente do discurso tradicional e esmagador dos fariseus (Lucas 12.1). 3) Ele falava a língua do povo. Jesus não usava os tecnicismos religiosos que caracterizavam a retórica dos mestres da lei e dos fariseus. O povo entendia o que ele queria lhes ensinar. 4) Ele ensinava com autoridade e magnetismo. Sua palavra inspirava respeito. Era possível contestar ou rejeitar o que ele dizia, mas ninguém podia acusá-lo seriamente de ser mentiroso (João 7.46; 8.46).

## Jesus ensinava o povo por meio de parábolas (4.2)

Uma das observações mais interessantes sobre o ministério de Jesus está registrada neste versículo: "Ele lhes ensinava muitas coisas por parábolas" (gr. *kaì edíkasken autoùs en parabolaîs pollá*). O grande educador norte-americano Charles William Eliot (1834-1926), reitor da Universidade de Harvard durante quarenta anos, observou: "As parábolas, como são chamadas, são a sabedoria de Jesus aplicada à vida cotidiana do ser humano". Outro grande americano, Abraham Lincoln (1809-1865), afirmou: "Deus diz a verdade em parábolas porque são mais fáceis de entender e de lembrar pelas pessoas comuns".

O que é uma parábola? "Parábola" significa "colocar uma coisa ao lado da outra". A parábola é praticamente uma comparação. As parábolas são como raios de luz que iluminam conceitos abstratos e direcionam a mente para realidades profundas concernentes ao relacionamento entre Deus e os seres humanos. Nesse sentido, nossa abordagem a essas histórias simples que Jesus contava pode nos levar a descobrir o que Deus quer que descubramos e a viver aquele relacionamento com mais sinceridade e intensidade. Dessa forma, Jesus continua a nos ensinar por meio de suas parábolas sobre questões que permanecem inalteradas, mas que têm grande poder para nos transformar. As parábolas falam com eloquência dos fracassos e sucessos humanos no dia a dia, de nossos medos e esperanças, do amor e do poder que Deus nos concedeu para vivermos como ele quer que vivamos. Ou seja, as parábolas constituem o ensino mais eloquente de Jesus acerca do Reino de Deus às pessoas e sua apresentação mais convincente.

> **C. H. Dodd:** "[As parábolas] são a expressão natural de uma mente que enxerga a verdade em imagens concretas, mais que concebida em abstrações. [...] Em sua expressão mais simples, a parábola é uma metáfora ou um símile extraído da natureza ou da vida comum que atrai o ouvinte por sua vivacidade ou por seu fascínio e deixa na mente dúvida suficiente quanto à sua aplicação precisa, como para impulsioná-la ao pensamento ativo".[12]

Há cinco tipos de parábolas. 1) Na forma de ditos figurativos ou símiles, como: "Sejam astutos como as serpentes" (Mateus 10.16). 2) Na forma de

12. **The Parables of the Kingdom**, p. 16.

provérbios, como: "Médico, cura-te a ti mesmo" (Lucas 4.23). 3) Na forma de paradoxos, como: "É mais fácil passar um camelo pelo fundo de uma agulha" (Mateus 19.24). 4) Na forma de metáfora, como: "Tenham cuidado com o fermento dos fariseus e dos saduceus" (Mateus 16.6). 5) Na forma de uma narrativa ou relato (a mais comum), que não precisa ser uma história real, mas algo correto ou possível, como a parábola da colheita em Marcos 4.3-9.

**Qual é a lição de uma parábola?** Um elemento distintivo da parábola é que, seja uma metáfora simples, seja uma similitude mais elaborada, seja um relato completo, ela sempre apresenta apenas um ponto de comparação. Cada parábola contém *uma* verdade central ou ponto de comparação. Os detalhes não encerram nenhum significado particular. No entanto, nas parábolas dos evangelhos os detalhes não são estranhos à natureza nem à vida. Pelo contrário, os elementos que compõem a imagem em torno da verdade ou da lição central são corretos e de alguma forma refletem a realidade. Cada similitude ou parábola representa a imagem de algo que pode ser observado no mundo da experiência.

> **C. H. Dodd:** "Há uma razão para esse realismo das parábolas de Jesus. Ele surge da convicção de que não há mera analogia, e sim uma afinidade interna entre a ordem natural e a ordem espiritual; ou, como poderíamos expressar na linguagem das próprias parábolas, o Reino de Deus é intrinsecamente semelhante ao processo da natureza ou à vida cotidiana dos seres humanos. Portanto, Jesus não sentia a necessidade de elaborar ilustrações artificiais para as verdades que queria ensinar. Elas já tinham sido disponibilizadas pelo Criador do ser humano e da natureza".[13]

No entanto, nem sempre é fácil reconhecer o ponto de comparação em uma parábola. Em parte, a dificuldade reside no fato de que as parábolas não foram escritas exatamente da mesma forma em todos os evangelhos. Mesmo assim, a primeira coisa a fazer depois de ler uma parábola é perguntar: "Qual é a lição que ela ensina?". A resposta estará relacionada com o que Deus é ou com o que ele espera de nós.

---

13. Ibid., p. 20.

**Qual é a diferença entre uma parábola e uma alegoria?** A parábola é diferente da alegoria. Trata-se de duas formas bem diferentes de ensinar. Essa diferença pode ser percebida em cinco aspectos fundamentais.

*Os detalhes.* Há diferenças com relação aos detalhes. Em uma alegoria, cada detalhe da história é uma metáfora separada e tem sua contrapartida no significado, ou seja, cada parte contém uma lição ou significado e estabelece uma comparação. Na parábola, a história e o significado não se encontram em cada ponto, mas num único ponto central. Na parábola, há uma única lição principal.

*Os pontos de comparação.* Há diferenças nos pontos de comparação. A alegoria contém vários pontos de comparação. É uma espécie de "descrição em código" e deve ser decifrada ponto por ponto. Na alegoria, cada parte da história apresenta uma lição em separado. A parábola, por sua vez, apresenta um único ponto de comparação. Há um ponto principal de semelhança entre a história e seu significado. Os detalhes não importam, e há uma lição principal ou central.

*A realidade.* Há diferenças quanto à realidade. A alegoria não se ajusta à vida real, está mais relacionada com um mundo imaginário ou de fantasia ou com acontecimentos insólitos. Na alegoria, as coisas não são o que são. Animais podem ser pessoas, e personagens representam virtudes ou pecados. Já a parábola, para cumprir seu propósito, deve estar baseada na vida real e ser um reflexo dela. Na parábola, as coisas são o que são e como são: pão é pão, pedras são pedras, fermento é fermento, moedas são moedas. As parábolas são um verdadeiro espelho da vida e da natureza.

*O tamanho.* Há diferenças no tamanho. A alegoria é bem extensa, enquanto a parábola geralmente consiste em uma declaração curta ou em um breve relato. A alegoria pode compor um livro inteiro (como *O peregrino*, de John Bunyan). Já a parábola, mesmo as mais extensas, pode ser sintetizada em poucos parágrafos.

*A essência.* Há diferenças quanto à essência. A alegoria é uma ilustração de caráter meramente decorativo de um ensino aceito por outros motivos. A parábola consiste em um argumento, uma vez que induz o ouvinte a emitir um julgamento sobre a situação descrita e depois o desafia, direta ou implicitamente, a aplicar esse julgamento ao assunto em pauta e a tomar uma decisão.

Não devemos interpretar as parábolas como se fossem alegorias. Marcos 13.34 é uma pequena parábola, cuja verdade central é que devemos estar preparados para a vinda de Jesus. Mas não é uma alegoria, portanto não devemos concluir que o dono da casa é Deus. Essa conclusão está errada, porque nos leva a pensar que Deus está se afastando de nós, o que não é verdade.

**Por que Jesus fazia uso de parábolas?** Várias razões podem ser consideradas válidas para entender o uso das parábolas por Jesus na comunicação de seus ensinos sobre o Reino de Deus. Sem dúvida, por trás desse método havia uma intencionalidade muito particular em Jesus. Ele escolheu propositadamente ensinar seu evangelho por meio de parábolas. Por que o fez? Com que finalidade fazia uso de parábolas em seus ensinos? Há várias razões.

*Um propósito natural.* A razão mais óbvia pela qual Jesus fazia uso de parábolas para comunicar seus ensinos sobre o Reino de Deus é que ele era um narrador excepcional. É óbvio que ele amava contar histórias. O Mestre era dotado de uma impressionante capacidade para criar imagens verbais ricas em conteúdo e atraentes na forma. Além disso, devemos lembrar que esse método de ensino era muito popular na época. Há uma longa tradição de uso de provérbios, ditos figurativos e relatos parabólicos no Antigo Testamento, mas esse método também era comum no ensino religioso nos dias de Jesus. A literatura rabínica está repleta de exemplos desse tipo. Os mestres judeus eram mais inclinados a espalhar a verdade por meio de imagens e parábolas que por argumentos especulativos, como faziam os mestres gregos.

No entanto, enquanto Jesus de alguma forma dava continuidade à tradição do ensino rabínico com seu uso preferencial de parábolas como forma de comunicar sua mensagem, seu desenvolvimento do método era único. Os rabinos usavam parábolas em seus ensinamentos, mas o ensino parabólico de Jesus era distinto do dos rabinos, por duas razões. Por um lado, as parábolas de Jesus destacavam-se por seu vigor, simplicidade e criatividade, enquanto as dos rabinos eram mais pesadas e pedantes. Por outro lado, as parábolas de Jesus tinham relação direta com a chegada do Reino de Deus, enquanto as parábolas dos rabinos se concentravam na *Torá* e em suas múltiplas implicações.

> **William O. E. Oesterley:** "Apesar de quão interessantes e instrutivas geralmente são (as parábolas dos rabinos), elas estão num nível muito inferior (às parábolas dos evangelhos). Não é o preconceito que nos leva a dizer tal coisa, longe disso, pois temos um caloroso sentimento de simpatia por boa parte do ensinamento rabínico; contudo, estamos convencidos de que qualquer

> leitor imparcial das duas coleções de parábolas, as dos evangelhos e as rabínicas, será forçado a admitir que as últimas se comparam muito desfavoravelmente com as primeiras.[14]

Jesus não inventou o método parabólico, mas se valeu de algo que já se usava e era popular na época. No entanto, ele deu novo uso a esse recurso de comunicação. Basicamente, Jesus recorria às parábolas porque o reino da natureza e do mundo real das pessoas, do qual extraía suas histórias, era para ele um sacramento das coisas divinas. Jesus podia ver a mão de Deus nas experiências do cotidiano. Para ele, o mundo espiritual e o mundo natural eram produtos da mesma mente e dos propósitos divinos.

> **C. H. Dodd:** "Que a vida humana, inclusive a vida religiosa, faz parte da natureza, é distintamente declarado na conhecida passagem que começa dizendo: 'Observem as aves do céu [...]' (Mateus 6.26-30; Lucas 12.24-28). A natureza e a supernatureza são uma ordem, por isso podemos tomar qualquer parte dessa ordem e encontrar nela iluminação para as outras partes. Desse modo, a chuva que cai é algo religioso, porque é Deus quem faz a chuva cair sobre o justo e o injusto. A morte de um pardal pode ser contemplada sem desespero quanto à bondade da natureza, porque os pássaros são alimentados pelo 'Pai celestial'. O amor de Deus está presente na afeição natural de um pai pelo filho incorrigível. O senso da divindade da ordem natural é a premissa principal de todas as parábolas e o aspecto no qual Jesus diferia mais profundamente do ponto de vista dos apocalipcistas judeus, com cujas ideias ele simpatizava bastante em alguns aspectos".[15]

*Um propósito prático.* Jesus fazia uso de parábolas para atrair a atenção de seus ouvintes e despertar a compreensão deles apresentando a verdade de maneira vívida, memorizável e desafiadora. Jesus era o mensageiro de Deus que anunciava a Israel a inauguração de seu Reino, e suas parábolas evidenciavam um método extraordinário para comunicar a verdade e uma forma de fazê-lo que a tornava fácil de ser lembrada. Suas parábolas eram como toques

14. **The Gospel Parables in the Light of their Jewish Background**, p. 11.
15. **The Parables of the Kingdom**, p. 20-21.

de alarme, que apontavam para verdades eternas, por isso deviam ser claras e compreensíveis (1Coríntios 14.8). Quando Jesus contava essas histórias, não as apresentava como charadas obscuras ou enigmas herméticos para confundir as multidões. O objetivo que ele tinha em mente era persuadir seus ouvintes a mudar de comportamento (Lucas 10.37).

Jesus não queria explicar o Reino de Deus como um especialista ou um doutor, mas de maneira que até as crianças pudessem entender. Sua perícia e sabedoria residia na simplicidade. Jesus pretendia ser muito claro em seus ensinamentos, para que seus ouvintes entendessem tudo que ele dizia (Mateus 13.51,52). Com suas parábolas, ele provou que era possível ensinar as verdades mais profundas de maneira muito simples. Essa foi a metodologia que ele escolheu para divulgar o mistério do Reino de Deus (Mateus 13.34,35). Em suma, as parábolas eram como um forte raio de luz sobre assuntos obscuros e questões que permaneceriam ininteligíveis se não fossem iluminadas pela simplicidade.

Mais adiante (4.10-12), veremos que Marcos parece entender as intenções das parábolas de maneira exatamente oposta à de Mateus. Em Marcos 4.11,12, é sugerido um elemento de mistério ou sigilo nas parábolas, o que as transforma num mecanismo para esconder a verdade em vez de esclarecê-la. Marcos apresenta a questão da pergunta dos discípulos a Jesus e sua resposta. Dessa forma, o evangelista parece afirmar que as parábolas eram enigmáticas e substituíam deliberadamente a mensagem direta e clara que Jesus anunciara no início de seu ministério: "Arrependam-se e creiam nas boas-novas!" (Marcos 1.15), isso com o aparente propósito de desencorajar possíveis seguidores superficiais e concentrar-se em alguns discípulos que o sucederiam em sua missão. Entretanto, a despeito da interpretação de Marcos, parece claro que Jesus tinha um propósito prático em mente ao contar suas parábolas: que sua mensagem pudesse ser recebida por qualquer pessoa.

> **Len G. Broughton:** "Uma parábola é simplesmente uma história contada com o propósito de ilustrar uma verdade, de elucidá-la, de deixar claro seu significado. Nosso Senhor, ao se utilizar das parábolas, na maioria das vezes escolhia coisas comuns, coisas que aconteciam ao redor dele. Ele as selecionava e usava para apresentar a verdade que queria ensinar e que não podia ser entendida com facilidade. A relação entre uma parábola e a verdade que explica é muito semelhante ao uso de vidros enfumaçados para ver o sol.

> Quando há um eclipse do Sol, queremos vê-lo, mas não podemos olhar para ele diretamente. Nenhuma pessoa tem olhos resistentes o bastante para fitar o Sol por longo tempo. A luz é forte demais. Então, para observar um eclipse parcial, temos de usar lentes escurecidas, que amenizam os raios solares e mesclam as cores para que o olho natural, mediante essa mistura de cores e da suavização da luz, possa contemplar aquilo que desejamos".[16]

*Um propósito didático.* As parábolas nem sempre são tão claras e não devem ser reduzidas ao nível de meras "ilustrações" de verdades teológicas mais profundas. Elas foram idealizadas para levar o povo a pensar e apelar para a inteligência por meio da imaginação. Como já foi dito, às vezes funcionam como as lentes enfumaçadas que se usam para observar um eclipse do Sol, ou seja, cobrem a luz para que possamos ver melhor. As parábolas, porém, não são muletas para a mente ociosa ou fraca, e sim um incentivo à percepção espiritual. Jesus usou parábolas para ensinar com clareza algumas lições de vida. Seu objetivo era incentivar a reflexão e a análise de verdades profundas. Ele queria persuadir seus ouvintes a pensar por si mesmos sobre seus ensinos. Por isso, frequentemente iniciava suas parábolas com uma pergunta (3.23).

Com sua simplicidade narrativa, as parábolas abrigam verdades profundas que incentivam a reflexão sobre as questões mais transcendentes da vida. Nesse sentido, são uma expressão insuperável de um discurso inteligente em que, com grande economia de palavras, é possível alcançar uma eloquência surpreendente. O fato de que tanta gente, até mesmo não crentes, se lembre dessas histórias e repita seu conteúdo é uma demonstração do êxito de seu perfil didático.

> **Hugh Martin:** "Parábolas não são anedotas morais agregadas a sermões para ilustrar uma verdade principal e torná-la mais agradável. São retratos precisos da vida da natureza e dos hábitos dos seres humanos, ou, se às vezes um retrato se mostra surpreendentemente impreciso, é porque o objetivo é a própria imprecisão. É por causa de sua fidelidade à natureza que as parábolas revelam a verdade sobre o mundo espiritual. Jesus leva os seres humanos a aprender sobre o mundo desconhecido do espírito pelo que podem ver ao redor deles no mundo conhecido do lar e do campo. As parábolas são

16. **Kingdom Parables and their Teaching**, p. 12-13.

> o resultado de uma observação ampla da natureza e dos seres humanos e do amor de Jesus por eles. Ele tinha o olhar atento e os ouvidos abertos que também pede que tenhamos, e nas parábolas ele está nos dizendo: 'Olhem!'. Ele não argumenta, mas nos ajuda a ver".[17]

Definitivamente, as parábolas eram a estratégia didática usada por Jesus para comunicar o evangelho do Reino. Como recurso de ensino, as parábolas são difíceis de superar em termos de eficácia e clareza comunicativa. A síntese do ministério de ensino de Jesus está bem expressa no comentário com o qual Marcos acompanha o registro dos ensinos de Jesus (4.33,34a).

*Um propósito apologético.* As parábolas, por natureza, são difíceis de contradizer. Elas exigem uma opinião pessoal e comprometida. A parábola soa a princípio como uma história afável, até que nos golpeia com força e nos põe no chão. Mas as parábolas também mostram a misericórdia e o amor de Deus. O teor apologético que muitas delas revelam deve ser interpretado à luz desse outro lado da moeda, que é a atitude amorosa de Deus para com o pecador arrependido.

No entanto, devemos ter em mente que as parábolas não eram meras observações amorosas nem reflexões imaginativas sobre a natureza e a vida cotidiana usadas como elementos decorativos para enfeitar generalizações morais ou espirituais. Jesus não era um simples professor de moral ou de religião. Pelo contrário, um de seus ditos parabólicos era este: "Vim trazer fogo à terra, e como gostaria que já estivesse aceso!" (Lucas 12.49; Mateus 10.34-36). Poucos provérbios de Jesus são mais difíceis de interpretar que esse, mas também poucos são tão claros em expressar seu propósito. Jesus não era um mestre de verdades espirituais e morais expondo seus ensinamentos de maneira doce e tranquila. Sua mensagem era revolucionária e provocativa e gerava oposição. Ele não ensinava como Confúcio, Gautama Buda ou Sócrates. Suas parábolas eram apresentadas como dardos que penetram profundamente na consciência e na mente dos ouvintes e os põem diante da necessidade de tomar partido e agir de alguma forma.

> **Sydney M. Sowell:** "Ninguém é capaz de ensinar tão claramente quanto Jesus o que ele sustentava quanto à doutrina e à obra na presença de inimigos tão ardilosos e determinados. Convém observar que no caso dos judeus oficialmente

17. **The Parables of the Gospels and their Meaning for Today**, p. 18-19.

> reconhecidos tratava-se de grandes mestres apoiados pelo mesmo governo. A oposição a Jesus era tal que eles se tornaram amigos para combatê-lo, membros de diferentes partidos políticos que se odiavam até a morte, como os fariseus, os saduceus e os herodianos, os quais eram os principais partidos entre os judeus na época do Senhor. Foram esses os inimigos, tão numerosos e fortes, que Jesus teve de enfrentar durante seu ministério público. Vê-se que em muitas ocasiões ele tentou evitar o aumento de sua popularidade, em parte por causa dos milagres que realizava, dizendo aos beneficiados que não contassem a ninguém o que lhes havia feito. Jesus tinha um trabalho a fazer e não permitiria que os inimigos impedissem seus planos ou frustrassem sua missão. E isso ele evitaria graças a seu grande dom de Mestre, que lhe permitia escolher palavras que instruíam os que vinham em busca de instrução e confundiam os que o escutavam apenas para descobrir algo de que acusá-lo".[18]

*Um final escatológico.* As parábolas de Jesus eram tingidas com um tom escatológico muito profundo. Ou seja, seus ensinos apontavam para o futuro e a plena manifestação do Reino de Deus na História e no além. Se fosse possível sintetizar numa única palavra o caráter geral do ensino parabólico de Jesus, essa palavra seria "escatologia". Ao longo da história da interpretação das parábolas, houve momentos em que era comum presumir que elas ensinavam uma espécie de melhoramento progressivo da condição humana por meios humanos. No entanto, essa não parece ser a compreensão de Jesus sobre seus relatos parabólicos. Pelo contrário, Jesus ensinava a irrupção iminente do propósito soberano e redentor de Deus no mundo. O Reino de Deus tomou de assalto a história humana, não por algum processo evolutivo ou pelo desenvolvimento da gestão humana.

Em contrapartida, como já foi dito, Jesus não contava suas histórias com metas intelectuais em mente, como se estivesse formulando algum tipo de verdade abstrata e atemporal de maneira enigmática. Seu interesse não era entreter os ouvintes com charadas e jogos mentais, e sim deixá-los impressionados com o Reino de Deus, que amanhecia para um novo dia de redenção por meio de sua pessoa e ministério.

Além disso, quatro características do Reino escatológico de Deus chamam a atenção mais uma vez nos relatos parabólicos de Jesus. 1) De acordo com

18. **Las parábolas de Jesús**, p. 10-11.

Jesus, a vinda do Reino estava próxima, e isso exigia uma mudança radical de vida em obediência à vontade de Deus. 2) A iminência do Reino de Deus implicava uma separação dentro da família humana. Haveria aqueles que, por causa de sua rejeição ao senhorio de Cristo, estariam a caminho do juízo e da dor eterna e aqueles que, por reconhecer Cristo como Senhor e ter ingressado em seu Reino, estariam a caminho da redenção final e da vida eterna. 3) O caráter escatológico do Reino de Deus significava que ele teria um começo humilde, insignificante e pouco promissor, mas que por fim se tornaria extraordinariamente abrangente, poderoso e transcendente. 4) O Reino de Deus era uma realidade presente e futura, que viera com a manifestação de Jesus, mas iria se consumar no futuro.

> **Hugh Martin:** "Não há dúvida quanto ao duplo elemento nos ensinos de nosso Senhor sobre o Reino. O Reino já está presente e também é algo que está por vir. Está aqui em forma germinal na realidade histórica, mas virá plenamente no futuro, quando a semente semeada tiver chegado à colheita. Não há contradição aqui. Os dois conceitos andam naturalmente juntos".[19]

**Como interpretar uma parábola?** Embora não haja regras fixas ou rígidas que nos ajudem a fazer uma boa interpretação das parábolas de forma inexorável, algumas questões prévias devem ser levadas em conta, alguns princípios orientadores podem ser úteis e algumas medidas concretas podem ser tomadas.

*Questões prévias.* Há três questões a considerar previamente ao interpretar uma parábola de Jesus. 1) Devemos sempre tentar entender a linguagem das parábolas. 2) Cada parábola deve ser estudada e interpretada em sua estrutura ou contexto. Devemos descobrir o que Jesus queria ensinar aos que estavam presentes quando ele contou a parábola pela primeira vez. 3) Como regra básica, Jesus procurava apresentar uma verdade principal. É preciso descobrir essa verdade.

*Princípios orientadores.* Há três princípios orientadores a levar em conta na interpretação das parábolas. 1) Atente para o contexto da parábola. Essas histórias não foram lançadas no vácuo, mas compartilhadas com pessoas que viviam em determinado lugar e em circunstâncias históricas e culturais específicas.

---

19. **The Parables of the Gospels and their Meaning for Today**, p. 43.

2) Descubra o tema central da parábola. Cada parábola tem uma lição principal, que é relevante para uma situação em que a história foi contada. Os detalhes funcionam como acessórios, e não devemos ser enredados por eles. 3) Reconhecer o narrador da parábola. A personalidade e a missão de Jesus são os elementos fundamentais para entendermos suas parábolas. O Mestre é maior que seus ensinamentos e muito maior que o método utilizado para transmiti-los.

*Medidas concretas.* Há três medidas concretas a se tomar no estudo das parábolas. 1) Devemos ler ou ouvir a parábola. Isso significa estabelecer contato com o conteúdo geral da parábola conforme a encontramos nos evangelhos e entender seus componentes. Para isso, é preciso ter conhecimento de seu conteúdo, imaginar a cena que descreve, perceber as emoções que encerra e desfrutar a narrativa. 2) Devemos tentar visualizar a situação original. Por um lado, devemos tentar conhecer as circunstâncias ou a situação original. Por outro lado, devemos tentar perceber a aplicação da parábola. 3) Devemos olhar para nossa situação. Isso significa abordar a parábola como uma descrição de nossa vida, de nossa situação, para a qual Deus oferece uma mudança e quer nos transformar.

## O MESTRE E SEU ENSINO (4.3-20)

Nos cap. 2 e 3, Marcos apresenta relatos de como Jesus foi perseguido por seus inimigos e até mesmo rejeitado pelos amigos. Os primeiros leitores do evangelho tinham muito interesse nisso, porque eles mesmos estavam sendo perseguidos na época. Talvez seja por essa razão que em 4.1-34 Marcos tenha reunido um grupo de parábolas em que Jesus incentiva seus seguidores a continuar a obra do Reino, apesar da oposição e da rejeição. A passagem constitui uma unidade. O capítulo começa com um texto introdutório: "Ele lhes ensinava muitas coisas por parábolas" (v. 1,2). E encerra de maneira muito parecida: "Com muitas parábolas semelhantes Jesus lhes anunciava a palavra" (v. 33,34).

Em 4.3-20, encontramos uma das mais conhecidas parábolas de Jesus: a parábola do semeador. Trata-se de um ótimo exemplo do bom uso que Jesus fazia das histórias populares. Sem dúvida, ele sabia muito bem que as imagens deixam uma impressão mais profunda e duradoura na mente que as abstrações. Uma boa ilustração vale mais que mil definições ou equações. Jesus dominava o gênero narrativo e sabia usá-lo de maneira brilhante para comunicar a mensagem do evangelho do Reino. Sua narrativa, porém, tinha como roupagem as histórias populares, que conseguiam penetrar profundamente na interioridade de seus ouvintes; não só tocar a mente deles, mas também afetar suas emoções e dar impulso à sua vontade. O nível da popularidade de suas histórias pode ser visto no fato de que, por trás do texto grego em que hoje registramos as parábolas, podemos identificar traços da língua materna original de Jesus, que era o aramaico. Ou seja, ele contava essas histórias não só utilizando material da vida cotidiana da Palestina, mas também na língua comum falada por seus compatriotas.

Além disso, as imagens utilizadas por Jesus eram como retratos do que acontecia ao redor. Algumas dessas imagens são desconhecidas, estranhas ou bastante exóticas para nós hoje, mas para os que ouviram Jesus pela primeira vez os quadros que ele pintava eram as situações mais comuns que se podiam imaginar. As imagens refletidas nas parábolas eram extraídas da vida cotidiana da Palestina.

## O ensino (4.3-9)

A parábola com a qual Jesus começou seu ensino é a mais importante de todas as que ensinam a respeito do Reino de Deus. A história é muito simples e evoca uma imagem comum a todos os povos do mundo em todos os tempos. "O semeador saiu a semear" (gr. *idoù exēlthen ho speírōn speīrai*) era uma cena bem conhecida nos dias de Jesus. Todos sabiam também dos riscos que implicava (Salmos 126.5) e das dificuldades enfrentadas (Gênesis 3.17-19). Ninguém ignorava que era preciso muita confiança e esperança para levar a cabo a tarefa do semeador, a qual dependia quase inteiramente da natureza e cujos resultados eram fortuitos. Semear a semente sempre envolve riscos (Eclesiastes 11.4). As dificuldades que Jesus menciona são reais, embora um pouco exageradas.

**Uma parábola magnífica (v. 3).** Essa história poderia ser intitulada de "A parábola da colheita". O ensino nela contido tem relação direta com a obra de Jesus — e especialmente com suas parábolas. O texto mostra que, embora alguns rejeitassem seus ensinos e parábolas, outros os aceitavam. Mas seu trabalho por fim obteria êxito. A grande colheita do v. 8 é a parte mais importante da parábola. Portanto, é melhor chamá-la de "A parábola da colheita" em vez de "A parábola do semeador".

Além disso, na explicação de Jesus a ênfase não recai no semeador, mas nos diferentes tipos de solo. De fato, o semeador não se sai bem na história, porque sua semeadura parece irracional e desajeitada. Há um desperdício de grande quantidade de sementes, aparentemente por estar distraído e não perceber onde elas caem. Essa é a nossa impressão do pouco que sabemos sobre o procedimento adequado para o plantio na Palestina dos tempos de Jesus. Contudo, apesar de nosso resumido conhecimento do assunto, sabemos que uma das primeiras coisas a fazer antes de espalhar as sementes é afofar a terra, remover as pedras, arrancar as ervas daninhas e limpar bem o solo. No entanto, não era esse o procedimento para a semeadura nos dias de Jesus. Procedia-se exatamente como Jesus descreve: primeiro, semeava-se e, depois, lavrava-se a terra. Desse modo, a parábola do semeador era um retrato fiel do que se fazia na época e que os primeiros ouvintes de Jesus conheciam muito bem.

> **Joachim Jeremias:** "Na parábola [do semeador], o semeador aparece andando sobre o campo não arado, e isso nos permite entender por que ele semeia 'à beira do caminho': ele o faz intencionalmente no lugar pisoteado pelos passantes porque pretende enterrar a semente quando vier arar a terra daquele caminho. Ele semeia intencionalmente entre os espinhos que teimam em brotar no campo porque eles serão puxados para cima quando o arado passar. Também não nos deve surpreender que alguns grãos tenham caído em solo pedregoso. O calcário abaixo, coberto por um solo fino, raramente aflora à superfície, a menos que o arado o atinja. O que parece ser má agricultura para a mente ocidental é simplesmente o uso costumeiro sob as condições palestinas".[20]

**Uma grande variedade de solos (v. 4-7).** Há duas coisas interessantes nesses versículos. Em primeiro lugar, note-se que Jesus ensinava importantes verdades discorrendo sobre coisas comuns, que as pessoas presenciavam todos os dias. Essa é a diferença entre a parábola e a fábula. Jesus, especialmente, falava das coisas que Deus faz crescer. É como se dissesse: "O mesmo Deus que fez essas coisas fez você também, e você pode aprender acerca de Deus e de você mesmo se as observar com cuidado".

Em segundo lugar, note-se que os diferentes resultados são consequência da variedade de solos. Na parábola, Jesus distingue três tipos de solo relacionados com três resultados negativos diferentes. Em todos os casos, porém, a

---

20. **The Parables of Jesus**, p. 11-12.

semente era a mesma. 1) A semente caiu sobre um solo tão duro que não pôde penetrar, de modo que os pássaros a comeram antes que germinasse. 2) A semente caiu "em terreno pedregoso". Isso significa que era uma terra bastante rasa, espalhada sobre a rocha. A semente começou a germinar, mas não conseguiu criar raízes, e o sol logo queimou a pequena planta. 3) No terceiro caso, a semente caiu "entre espinhos". O solo não era ruim, a germinação foi perfeita e o crescimento era bom, até que as ervas daninhas sufocaram a plantinha, que não pôde frutificar nem amadurecer.

**Uma grande colheita (v. 8).** Jesus menciona um último caso, em que o grão encontrou o solo bem preparado e não só germinou, mas cresceu e deu frutos abundantes, com um rendimento variado, mas bom. Três coisas chamam a atenção nesse versículo.

*Um bom terreno.* O semeador só obteve boa colheita no solo bom e bem preparado ("boa terra", gr. *tēn gēn tēn kalēn*). Assim, Deus semeia a semente do evangelho entre nós, mas não obriga ninguém a aceitá-la contra a vontade. Mas, quando os seres humanos a aceitam, o mal é derrotado.

*Uma colheita abundante.* A semente "germinou, cresceu e deu boa colheita" (gr. *edídou karpòn anabaínonta kaì auxanómena*). A obra cristã sempre produz frutos, porque a semente do evangelho é muito boa. Embora muita pregação cristã seja rejeitada, a obra do Senhor e da sua igreja sempre alcançarão êxito (Isaías 55.1; João 4.35; 1Coríntios 15.58). Haverá uma colheita maravilhosa, como indicam as cifras de rendimento que Jesus menciona na parábola: "trinta, sessenta e até cem por um" (gr. *hén triákonta kaì hén hexēkonta kaì hén hekatón*).

*Um grande alento.* A parábola nos encoraja. Somos inclinados a pensar que, por falharmos muitas vezes, estamos perdendo a batalha contra o mal. Convém lembrar, porém, que o sucesso coroa apenas parte de nossos esforços, mas vale a pena continuar semeando. O próprio Jesus não obteve maior êxito do que nós, em seu nome, podemos alcançar hoje.

**Um séria advertência (v. 9).** A frase "Aquele que tem ouvidos para ouvir, ouça!" (gr. *hos échei ōta akoúein akouétō*) é repetida várias vezes nos Sinópticos (4.9,23; 7.16; Mateus 11.15; 13.9,43; Lucas 8.8; 14.35), quase sempre associada a parábolas contadas por Jesus. Essas parábolas são desafios que demandam uma resposta e um veredicto. São histórias que exigem uma resposta de quem as ouve. Assim, muitas parábolas parecem começar com a pergunta: "O que você acha?". Essa questão, explícita ou implícita, é seguida de um relato verídico ou da descrição de uma cena familiar. Desse modo, o Mestre sempre apresenta um desafio ao se iniciar o julgamento do caso apresentado. Por fim, o ouvinte é convidado ou desafiado a transferir o juízo formado sobre o fato ou sobre a história para as questões candentes do Reino de Deus, que é o assunto de todas as parábolas. "Aquele que tem ouvidos para ouvir, ouça!" é uma expressão frequente e funciona como uma luz vermelha que alerta o ouvinte (ou leitor): "Isso é mais que uma história agradável e interessante. Vá e ponha isso em prática!". Assim, o ouvinte é desafiado a ir além da mera história.

Portanto, nesse versículo Jesus está dizendo: "Eu não contei essa história para entreter vocês. Há um ensinamento encerrado nela, que alguns de vocês serão capazes de 'ouvir' e 'receber' ". Jesus falava com mais frequência da necessidade de "ouvir" que da necessidade de falar. A pessoa que "ouve" a mensagem de Jesus pode recebê-la de duas maneiras: 1) permitindo que a mensagem penetre em sua mente e meditando profundamente sobre ela; 2) permitindo que a mensagem mude sua forma de vida. Tal pessoa é como a "boa terra" (v. 8), na qual a semente penetra fundo e cria raízes em todas as direções.

Pode ser que existam aqueles que não têm "ouvidos para ouvir". Ou seja, pessoas que ouvem o evangelho, mas não permitem que ele entre em sua vida para transformá-la. Não basta ler a Bíblia, ouvir um bom sermão ou memorizar versículos. Ler, ouvir e memorizar é como comprar comida: ela é inútil até que a levemos para casa e a comamos. "Ouvimos" quando permitimos que Jesus entre em nossa vida e a transforme (Salmos 95.7,8).

## A interpretação (4.10-20)

Por ser uma parábola mais ampla e bem conhecida, tem sido objeto das mais diversas interpretações ao longo dos séculos. Embora se trate de uma história simples extraída da vida real da Palestina dos dias de Jesus, apresenta certas complexidades que desafiam as melhores tentativas de interpretação. De fato, isso depende, antes de tudo, de onde se põe a ênfase: no semeador, na semente, nos diferentes tipos de solo ou nas várias dimensões da colheita. Além disso, é preciso definir o que significa uma "boa terra". Direcionaremos para esse último ponto nossa compreensão geral da parábola.

**A parábola distingue as pessoas (v. 10-12).** Essa abordagem hermenêutica é coerente com o significado geral das parábolas do Reino. Como já foi dito, essas parábolas tinham um propósito escatológico. Talvez tenha sido por isso que, em seu ensino, Jesus escolheu as parábolas como veículo de comunicação de sua mensagem: fez isso para que seus seguidores entendessem seu ensino, ao passo que seus inimigos não o compreendiam. Desse modo, Jesus fez uma distinção entre os que vinham a ele buscando instrução e os que só queriam ver um milagre (4.10-12). Esses versículos mostram a diferença entre os seguidores de Jesus e os "que estão fora" (gr. *ekeínois dè toīs éxō*). Seus seguidores não são melhores que os outros, mas seguimos um Mestre melhor, e isso faz a diferença. Uma razão pela qual Jesus contava suas parábolas era para separar os que sinceramente o seguiam daqueles que apenas o procuravam por causa de seus milagres. Analisemos aqui duas questões.

*O mistério é para os que estão dentro (v. 11a).* As parábolas representam não tanto as respostas de Jesus às grandes questões humanas, mas suas perguntas aos seres humanos em busca de uma resposta. Como os milagres de Jesus, suas parábolas eram provocativas e suscitavam uma ampla gama de respostas. Em face dos milagres e das parábolas, o povo reagia de maneiras diferentes. Alguns o faziam com uma atitude de zombaria e rejeição; outros, com contrição e fé. Nesse versículo, Marcos deixa claro o que Jesus disse a seus discípulos: "A vocês foi dado o mistério do Reino de Deus, mas aos que estão fora tudo é dito por parábolas". Essa declaração e outras passagens similares dão a impressão de estar ensinando que Deus fez o possível para endurecer o coração de alguns ouvintes do evangelho e tornou a compreensão dos outros mais receptiva para que pudessem reagir com fé. No entanto, não se trata de causalidade, mas de realidade, e a realidade é que algumas pessoas rejeitam a semente do evangelho e outras a recebem com alegria.

"O mistério do Reino de Deus" significa a boa-nova de que o governo de Deus sobre os corações humanos já começou a vir. Chama-se "mistério" (gr. *mustērion*, "mistério", "segredo"; refere-se a algo antes oculto e agora revelado) porque só os que começaram a seguir Jesus podem entendê-lo (João 7.17). Estes, por sua vez, têm o dever de compartilhar com outros o segredo (4.21-25) que transformou a vida deles.

*As parábolas são para os que estão fora (v. 11b,12).* Já falamos da diferença de interpretação quanto ao uso de parábolas por Mateus (13.13-15) e Marcos

(4.11,12). Nesse ponto, convém observar que a expressão aramaica "ainda que" (gr. *hína*), no v. 12, tem tantos significados quanto a expressão "para que" em nosso idioma. Talvez, por essa razão, Mateus, que segue Marcos em seus escritos (Mateus 13.13-15), substitui o "ainda que" por "porque" ou "por causa disso" e assim modifica o significado da citação de Isaías 6.9,10. Desse modo, de acordo com Mateus, Jesus se utilizava de parábolas não para encobrir ou esconder a verdade do povo, mas desvendá-la ou revelá-la. De fato, podemos dizer que o Senhor escolheu esse método porque a verdade do Reino é tão profunda que só pode ser comunicada às mentes simples por meio de linguagem figurada. Contudo, isso não significa que Jesus usava as parábolas apenas para ensinar os "que estão fora". Ele também ensinava seus discípulos por meio de parábolas (13.33,34). Esse fato suscita duas questões que exigem resposta.

1) Jesus queria esconder o significado das parábolas de alguns de seus ouvintes? É possível que o próprio Marcos tenha achado as parábolas tão difíceis de entender que tenha pensado que Jesus não tivesse a intenção de ser compreendido. Mas os v. 21 e 22 mostram que Jesus queria que todos entendessem o que ele ensinava. Ele usava as parábolas da mesma forma que os outros mestres judeus, ou seja, para esclarecer seu ensino.

2) O que Jesus estava propondo ao citar o texto de Isaías 6.9,10? O profeta havia ficado desiludido com a quantidade de pessoas que não acatavam os ensinos de Deus, a ponto de pensar que a vontade dele era que os rejeitassem. Mas o Novo Testamento não diz isso (1Timóteo 2.4). Não era o propósito de Deus que alguns rejeitassem Jesus. É certo que as pessoas pecam e que Deus sabe disso desde a eternidade, mas ele nunca obrigou ninguém a pecar. Somos livres para escolher entre o bem e o mal. O que Jesus está dizendo é: "Quando conto uma parábola, alguns aceitam o ensino e muitos o rejeitam. E, quanto mais ensino, mais eles me rejeitam. Foi isso que aconteceu com Isaías, cujas palavras sobre os descrentes vocês conhecem. Quero que minhas parábolas sejam um meio pelo qual se perceba quem é sincero e quem não é".

> **Pablo A. Deiros:** "Uma compreensão correta dessas passagens toma as palavras de Jesus como uma afirmação muito clara sobre um fato: a fé vem àqueles cujo espírito está disposto e aberto, mas não floresce nas pessoas orgulhosas que rejeitam o evangelho. As parábolas não pretendem discutir os mistérios do livre-arbítrio humano, mas apontam para a evidente realidade

> de que os seres humanos reagem de formas diferentes ao evangelho do Reino: alguns aceitam e outros o rejeitam; alguns respondem afirmativamente com fé e outros resistem por descrença. Para alguns, o 'mistério do Reino' foi revelado e compreendido, ao passo que para outros permanece oculto e é incompreensível".[21]

**A interpretação alegórica da parábola (v. 13-20).** É digno de nota que em sua recapitulação da parábola da colheita (v. 3-9) e na explicação que deu a seus discípulos quando ficou a sós com eles, o Senhor tenha apresentado uma interpretação alegórica, na qual cada elemento da história parece ter um significado particular. Talvez o que tenha acontecido foi que Jesus contou uma parábola simples, como a da colheita (v. 3-9), sendo mais tarde interpretada pela igreja primitiva como uma alegoria e assim registrada pelo autor do evangelho (v. 13-20). De fato, o método alegórico de interpretação e as próprias alegorias eram muito populares na época, como já foi dito.

*"À beira do caminho" (v. 4,15).* A trilha que atravessava o campo havia endurecido tanto com o tráfego que a semente caiu sobre ela e não pôde penetrar no solo. Da mesma forma, o ensino de Jesus não pode ser recebido por aqueles que estão "endurecidos" pelo pecado. Então, "Satanás vem" (gr. *érchetai ho Satanãs*) até "onde a palavra é semeada" (gr. *hópou speíretai ho lógos*; essa frase ou detalhe explicativo só aparece em Marcos). Satanás é "o Maligno" (gr. *ho ponēros*) em Mateus 13.19 e "o Diabo" (gr. *ho diábolos*) em Lucas 8.12. Isso ocorre porque as forças do mal estão ativamente à espreita para tentar nos impedir de seguir Jesus e fazer a vontade de Deus (cf. 1.13). Note-se que a semente da Palavra foi "nelas [nas pessoas] semeada" (gr. *esparménon eis autoús*), ou seja, no interior delas ("em seu coração", Mateus 13.19), não apenas "entre elas".

*"Em terreno pedregoso" (v. 5,6,16,17).* Esse solo consiste em uma pequena camada de terra boa sobre um leito de pedra. A terra é fértil, mas não tem profundidade. A semente penetra, mas não consegue criar raízes profundas e firmes. Há pessoas assim: aceitam o ensino de Jesus com alegria, mas não o consideram com seriedade. Por isso, não estão preparados para as dificuldades e tentações, nem para ser ridicularizados pelos amigos, nem para a perseguição dos inimigos. Em tais circunstâncias, elas perdem a fé em Jesus e deixam de segui-lo.

---

21. **El evangelio del reino**, p. 109.

*"Entre espinhos" (v. 7,18,19).* Os espinheiros e outras ervas daninhas impedem o crescimento da jovem planta porque absorvem os nutrientes do solo e bloqueiam a luz solar. Da mesma forma, a alma humana pode estar tão sobrecarregada com outras coisas que não há possibilidade de receber a luz e a nutrição do evangelho. O v. 19 diz que essas coisas são: 1) "as preocupações desta vida" (gr. *hai mérimnai toū aiōnos*), ou seja, o medo do que pode acontecer no futuro; 2) "o engano das riquezas" (gr. *hē apátē toū ploútou*), ou seja, o desejo de ter poder sobre outras pessoas por meio do dinheiro; 3) "os anseios por outras coisas" (gr. *hai perì tà loipà epithunmíai*), ou seja, o desejo por outras coisas, o que inclui todas as paixões e desejos sensuais e mundanos, os "prazeres desta vida" (Lucas 8.14). Todos esses desejos carnais nos fazem esquecer de que Jesus é a coisa mais importante da vida. Desse modo, o mundo dos sentidos acaba por sufocar o mundo do espírito.

*"Em boa terra" (v. 8,20).* Nesse último tipo de terreno, a semeadura da semente da Palavra produz uma colheita abundante, porque o coração do ouvinte está preparado pela convicção de pecado e pelo desejo ardente de conhecer e fazer a vontade de Deus. Em tal condição, a Palavra divina pode realizar de forma plena seu trabalho abençoado. Essa interpretação, de acordo com Marcos, é a do próprio Mestre.

## O MESTRE E SEUS ALUNOS (4.21-34)

Grande parte do ensino de Jesus girava em torno da concreção do Reino de Deus. Esse problema ainda existe hoje. Alguns consideram o Reino de Deus o equivalente religioso de um processo evolutivo e analisam as parábolas através das lentes de um idealismo social em processo. De acordo com essa concepção, o Reino de Deus é uma realidade construída pouco a pouco, à medida que, por meio da educação popular, do exercício responsável da liberdade, da implementação dos valores democráticos ou da consolidação do processo gradual de mudança e de desenvolvimentos econômicos, políticos e sociais, os seres humanos e a sociedade como um todo vão se reformando ou se transformando de acordo com um ideal particular. Desse modo, o Reino dos céus seria o governo de Deus permeando lentamente a sociedade, melhorando-a pouco, a pouco até que chegue a uma situação ideal de progresso e bem-estar. Mas isso é apenas modernizar ou secularizar Jesus, não compreendê-lo devidamente.

Os ensinos de Jesus acerca do Reino de Deus não parecem sugerir um processo evolutivo ou um desenvolvimento histórico baseado em esforços humanos. A linguagem de Jesus sobre a questão não é idealista nem a de uma utopia social em particular, mas a de uma visão profética. O ponto principal dessas parábolas (como a da semente que cresce sozinha ou a do grão de mostarda) é a incrível desproporção entre os estágios iniciais do Reino de Deus e seu resultado final. A mensagem reside no contraste dos extremos, não no que acontece no meio.

Esse fato suscita a questão da maneira concreta pela qual o Reino de Deus está se tornando uma realidade diante dos olhos humanos. Ou seja, como o Reino de Deus está vindo? Que evidências temos de que esse processo está em andamento e já pode ser notado? Jesus parece não se importar muito com o "quando" humano da vinda do Reino de Deus, mas com o "futuro de Deus" e com o destino do ser humano que dele participa. A ideia principal que ele parece desenvolver é que "inícios insignificantes têm finais inimagináveis". A nova ordem de Deus já está em andamento e caminha para um desfecho que supera todo entendimento e cálculo humanos.

Outros consideram o Reino de Deus o equivalente religioso de um processo revolucionário e analisam as parábolas através das lentes de uma utopia baseada em ideologias. À semelhança dos zelotes do tempo de Jesus, sempre houve os que desejam acelerar o processo de avanço do Reino por meio de ações diretas e às vezes violentas. Ao longo da história do testemunho cristão, vários movimentos tentaram fazer exatamente isso, ou seja, trazer o Reino de Deus à terra pelo uso da força e da violência.

A esse tipo de pessoas, com projetos graduais ou repentinos, reformistas ou revolucionários, pacifistas ou violentos, Jesus responde com uma série de parábolas breves, porém contundentes.

## Seus ensinamentos para os discípulos (4.21-32)

Temos visto a obra dos semeadores que vieram depois do Grande Semeador e sabemos os efeitos de plantar a Palavra no coração humano. Marcos continua com belas ilustrações do crescimento de sementes em um coração preparado (4.26-29). A parábola do grão de mostarda completa o quadro e mostra o resultado da pregação do Reino no mundo (4.30-32). A essas imagens do ambiente rural, Jesus acrescenta uma cena doméstica que ilustra o poder do evangelho para afugentar as trevas e a responsabilidade de seus discípulos em compartilhar com os outros a mensagem que receberam (4.21-25). Nesses versículos, pode-se perceber que Jesus adaptou seu ensino e sua metodologia à capacidade de seus ouvintes, tanto os discípulos quanto o povo em geral.

**A parábola da candeia (v. 21-25).** A imagem evocada por Jesus era bem conhecida de todos e contém uma lógica inquestionável. O lugar da candeia ou lâmpada é aquele que permite irradiar mais luz no ambiente. Desse lugar, seu brilho pode beneficiar a todos na sala. Convém lembrar que a "candeia" (gr. *ho lúchnos*) em questão era um pequeno recipiente de barro que continha um pouco de óleo. Esconder a lâmpada significava deixar todos no escuro. Foi exatamente isso que os judeus fizeram com a mensagem que Deus lhes deu por meio dos profetas. Eles a guardaram para si em vez de proclamá-la às outras nações e chamá-las ao arrependimento (v. Jonas 3.10—4.1; Mateus 23.13).

O Senhor espera que seus discípulos proclamem o evangelho entre aqueles que ainda não o conhecem. Não podemos contentar-nos em apenas desfrutar das bênçãos de Deus, pois é errado pensar que elas nos são dadas como recompensa por nossa bondade ou mérito (Mateus 10.8). Pelo contrário, se vivermos da maneira que o Senhor deseja que vivamos, os outros perceberão que somos diferentes. Uma comunidade cristã que viva em plena comunhão de amor, serviço e reconciliação irá se tornar uma luz que não poderá ficar oculta (Mateus 5.14-16).

Como seguidores de Jesus, somos repositórios do "mistério do Reino de Deus" (v. 11). Trata-se de um mistério (ou segredo), porque só quem "tem ouvidos para ouvir" o evangelho a respeito de Jesus (v. 9) pode conhecê-lo. Mas no v. 22 as palavras de Jesus nos incentivam a tornar esse segredo conhecido de todos os que estão dispostos a ouvi-lo (Efésios 3.4-6; Colossenses 1.26). Nesse sentido, somos responsáveis pelo evangelho que recebemos e muito mais, porque o recebemos de graça. O v. 24 ressalta essa responsabilidade espiritual e moral. Isso não significa que, se formos bons para os outros, eles também serão bons para nós. Ninguém era melhor que Jesus, e nós, humanos, o matamos. Tampouco significa que, se formos generosos com os outros, especialmente com a igreja, Deus nos fará prósperos e bem-sucedidos. A verdade dessas palavras é que, se exercermos uma boa mordomia cristã sobre o que Deus nos deu, ele continuará a nos dar mais, como prova de nossa fidelidade (v. Mateus 25.14-30). Se compartilharmos com os outros o que entendemos do evangelho, começaremos a nos entender melhor. Dar não é perder (Mateus 10.39b); é ganhar mais bênçãos de Deus.

> **James Montgomery Boice:** "Geralmente, quando a Bíblia fala de algo oculto que será mostrado ou de algo encoberto que será exposto, está se referindo aos pecados secretos de homens e mulheres e dizendo que todos serão revelados no dia do juízo final de Deus. Isso é apropriado a uma história que trata da luz, porque entendemos que a luz de Deus pode brilhar nas dobras escuras de nosso coração pecaminoso e expor o que está lá. Mas não é isso que Jesus está dizendo nessa parábola. Nesse contexto, as coisas trazidas à luz não são pecados, e sim o ensino do evangelho. Ele deveria ser plenamente conhecido por meio do ministério de Cristo. Seus discípulos deveriam ouvir atentamente, a fim de que pudessem manter a luz da salvação diante do mundo".[22]

**A parábola da semente que cresce sozinha (v. 26-29).** Essa comparação é uma das menos conhecidas de Jesus, mas que ilumina nossa compreensão do crescimento do Reino e fala significativamente sobre a experiência cristã. É uma das várias parábolas sobre sementes com as quais Jesus intentou despertar a fé, embora o texto não se limite a apresentar um requisito para ela. Em vez disso, a parábola expressa a própria fé de Jesus, que ele mesmo possuía no poder de Deus. Desse modo, a parábola nos aproxima do Nazareno para vermos sua fé vulnerável e sob risco. E assim, para os discípulos, a fé inclui o compartilhamento da visão dessa parábola como nossa, se permitirmos que ela nos desafie.

O Reino de Deus, diz a parábola, é como a semente que cai sobre a terra e, sem que o semeador saiba como, brota e cresce. Mais uma vez, o Senhor não está dando uma aula de botânica. A primeira lição que estudei no primeiro ano do ensino médio foi precisamente sobre como a semente brota. Em vez disso, Jesus está se referindo a uma realidade de seu tempo, na qual o agricultor dependia inteiramente da natureza para que o ciclo da semeadura e da consequente colheita fosse cumprido.

> **Enrique Vijver et al.:** "Aparentemente, com essas palavras Jesus está criticando aqueles judeus segundo os quais o Reino viria de maneira espetacular e violenta.

22. **The Parables of Jesus**, p. 141.

> Ele fala de um crescimento misterioso e invisível. Fala também de um semeador e de sua iniciativa inevitável, igualmente para ilustrar a própria simplicidade e pacifismo. É bem provável que Jesus esteja pensando nos zelotes, que se julgavam capazes de estabelecer o Reino por meio da luta armada. Supõe-se que alguns ex-zelotes pertencessem ao grupo de discípulos (Marcos 3.18)".[23]

*Uma semeadura normal.* O texto fala de alguém que "lança a semente sobre a terra" (gr. *bálēi tòn spóron epì tēs gēs*, v. 26). Essa é a última das parábolas sobre sementes e o Reino, e só é encontrada no evangelho de Marcos. O semeador é aquele que espalha a semente, mas não pode fazer nada uma vez que a tenha espalhado. Tudo que ele pode fazer agora é esperar. Por isso, vai dormir e se levantar, enquanto os dias e as noites vão passando. Enquanto isso, a semente não fica inerte, mas brota e cresce. A terra produz o fruto por si só. O texto grego diz literalmente que ela brota e cresce porque "a terra por si própria produz o grão" (gr. *automátē hē gē karpoforeī*, v. 28). Ou seja, faz isso "automaticamente" (gr. *automátē*). O processo passa por todos os estágios normais: tronco, espiga e grão. A única coisa que resta ao semeador é aguardar com paciência (Tiago 5.7). A semente não cresce por causa dos esforços do semeador, mas por si mesma.

*Uma semente autônoma.* A parábola é um símile sobre a semente lançada ao solo por um semeador, que depois do trabalho realizado deixa de participar ativamente do processo, "estando ele dormindo ou acordado". A semente germina, mesmo sem o semeador saber como, porque ela age por conta própria. Assim, a primeira chave para a interpretação é a palavra grega *automátē*, da qual deriva a palavra "automática" em nosso idioma, que pode ser traduzida por "sem causa visível" ou "sem trabalho humano". No Antigo Testamento, essa palavra com frequência denota o crescimento de uma planta "por si" (2Reis 19.29). Em outros casos, refere-se diretamente a um ato divino (v. Jó 24.24). Assim, os processos da natureza concretizam a obra maravilhosa do Criador, enquanto a semente e o solo trabalham juntos.

É assim que o Reino de Deus cresce e se desenvolve. O Reino aparentemente está situado no período entre o tempo da semeadura e a época da colheita. E o que o semeador pode fazer? Nada além de semear confiando que os resultados estão nas mãos de Deus. O Reino não depende do trabalho

---

23. **Las parábolas del reino**, p. 26.

nem do esforço dos seres humanos, mas está crescendo por dinâmica e poder próprios. Desse modo, a parábola é um chamado à paciência, com uma promessa: é Deus quem faz a obra em seu Reino. Nós, seus discípulos, semeamos e regamos, mas ele dá o crescimento (1Coríntios 3.6,7). O estabelecimento do Reino depende de Deus. Palmo a palmo e de maneira tranquila, mas irresistível, a semente cresce rumo à maturação, a despeito do que desejam ou fazem os seres humanos.

*Um contraste intencional.* Além disso, há na parábola um contraste intencional. Geralmente, vemos nas parábolas o que podemos chamar de "justaposição interna". Nesse caso, a justaposição ou contraste é entre a semente e o semeador. Um é ativo, enquanto o outro é passivo. A diferença entre a semente que brota e o semeador que dorme pode ser percebida (v. 27). Jesus, o exímio narrador de parábolas, chama a atenção para a diferença, enquanto começa a comunicar o Reino como uma ação maravilhosa de Deus.

*Uma situação progressiva.* Também é possível observar que a parábola contempla uma situação progressiva e uma realidade recorrente na agricultura. A estrutura da parábola é vista em três movimentos distintos: 1) semeadura (v. 26); 2) crescimento (v. 27,28); 3) colheita (v. 29). À luz dessa estrutura literária, podemos identificar os locais de participação. O agricultor está ativamente envolvido na semeadura e chama os ceifeiros para a colheita, mas é radicalmente descomprometido com o que acontece no segmento central, relacionado com o crescimento. A proeminência e a extensão maior da seção intermediária (v. 27,28) sugerem que essa é a ênfase da parábola. É interessante que as duas principais observações interpretativas estão na forma de comentários internos. Alguém confessa que o semeador não sabe como a semente cresce (v. 27), e o outro afirma ou responde com a revelação-chave, já mencionada, de que "a terra por si própria produz o grão".

*Uma mensagem clara.* A parábola falava e fala às multidões e aos discípulos impacientes cativados por uma expectativa febril pelo Reino. Os zelotes da época, patriotas radicais que emergiram dos ensinos nacionalistas dos fariseus, pressionavam Jesus a se declarar um messias político e queriam impor um reino à espada. No entanto, Jesus ensinava que o Reino viria *automátē*, mesmo enquanto o semeador dormisse. Não havia nada que o semeador pudesse fazer ou tivesse de fazer para que a semente crescesse. A parábola afirma pela fé que Deus trará seu Reino como um milagre. Podemos ter certeza de que Deus terminará o que começou. A parábola nos convida a confiar em Deus em vez de nutrir uma confiança louca na ação humana. Sua finalidade é despertar a fé e evocar a confiança no poder de Deus, enquanto abriga a esperança da chegada do Reino vindouro mediante a soberania divina.

Assim, encontramos uma mensagem encorajadora para os cristãos e um chamado à paciência na obra do Senhor. Deixemos os resultados do Reino nas mãos de Deus. Nosso dever é semear, e semear tanto quanto pudermos. Nisso devemos nos esforçar. Nenhum de nós, por mais que queira, pode fazer o que só Deus é capaz de fazer. Portanto, façamos nossa a convicção do autor do hino evangélico tradicional:

Eu vou semear a preciosa semente
Do glorioso evangelho do amor
Eu vou semear, vou semear enquanto viver
Deixarei o resultado para o Senhor
Vou semear, vou semear
Enquanto viver, semente de amor
Segarei, segarei
Quando estiver na casa de Deus.[24]

**A parábola do grão de mostarda (v. 30-32).** Essa parábola tem cheiro de campo e pertence às ilustrações mais conhecidas de Jesus, o que prova ser uma palavra duradoura de Deus. O fato de ser bem conhecida não nos deve enganar, como se já a entendêssemos. A comparação do Reino com um grão de mostarda aparece nos outros dois Evangelhos sinópticos (Mateus 13.31,32; Lucas 13.18,19), portanto pertence ao que os estudiosos chamam de "tríplice tradição". A parábola também aparece no chamado *evangelho de Tomé*, um escrito apócrifo, ou seja, que não faz parte do cânon do Novo Testamento. Esse livro contém mais de uma centena de declarações atribuídas a Jesus. Mateus diz que a semente foi semeada num "campo", Lucas afirma que foi numa "horta" e Marcos indica que ele estava "na terra" (gr. *epì tēs gēs*).

A própria parábola, que começa com uma questão geral que aponta para o Reino de Deus, envolve imediatamente os ouvintes. A semente é a da

24. **Himnos selectos evangélicos** (6. ed., Buenos Aires: Junta Bautista de Publicaciones, 1958), p. 261.

mostarda preta (*sinapis nigra*), cujos grãos são de sabor forte, e as folhas podem ser cozidas como legumes. A semente é pequena e proverbialmente descrita como "a menor semente que se planta na terra" (gr. *mikróteron on pántōn tōn spermátōn*), o que parece um exagero, mas é proposital. Para se ter uma ideia de seu tamanho, deve-se levar em conta que são necessárias 725 sementes para atingir o peso de 1 grama. O tamanho dessa semente seria mais ou menos este: °. Essas pequenas sementes produzem um arbusto de cerca de 3 metros de altura, que ainda hoje crescem às margens do mar da Galileia. Seus ramos fornecem sombra e sementes para as aves. A última imagem pode ser uma alegoria referente aos gentios, que assim foram incluídos por Jesus como candidatos a ingressar no Reino. A imagem de um arbusto alto que produz sombra e comida lembra várias passagens do Antigo Testamento (p. ex., Daniel 4 e Ezequiel 17 e 31). O texto, que se assemelha mais a Ezequiel 17.22-24, descreve um reino messiânico e a soberania de Deus.

> **David Wenham:** "Com essa parábola, Jesus está mais uma vez encarando as dúvidas de quem tinha dificuldade para reconhecer o Reino de Deus em seu ministério. Eles acreditavam que o Reino fosse maciçamente poderoso e abrangente, mas a revolução de Jesus não tinha essa característica: era pequena. A parábola de Jesus reconhece esse fato, mas compara o Reino com um pequeno grão de mostarda, que cresce notavelmente até se tornar uma planta delgada".[25]

Podemos perceber que há várias parábolas de origem rural e doméstica em Marcos, como: o vinho novo em vasilha de couro velha (2.22); a candeia (4.21-23); a semente que cresce sozinha (4.26-29); o remendo de pano novo em roupa velha (2.21); a medida com que se mede (4.24,25); o grão de mostarda (4.30-32); o semeador ou a colheita (4.3-9); o sal que deixa de ser salgado (9.50); os lavradores (12.1-9); a figueira (13.28,29).

## Seu ensino ao povo (4.33,34)

Esses versículos chamam a atenção para três questões acerca do ensino de Jesus às pessoas.

---

25. **The Parables of Jesus**, p. 54.

**Jesus ensinava a Palavra ao povo com muitas parábolas (v. 33a).** Sem dúvida, as parábolas eram seu método preferido para comunicar a Palavra de Deus às pessoas, e as histórias registradas em Marcos 4 são um exemplo do tipo de parábolas que ele utilizava. A bateria de recursos que ele tinha à disposição devia ser enorme. Isso mostra, por sua vez, que Jesus contou muito mais parábolas que as registradas nos evangelhos. Elas eram seu método preferido de comunicar as verdades do evangelho às pessoas comuns.

**Jesus ensinava a Palavra até onde o povo podia entender (v. 33b).** O Mestre utilizava parábolas porque era a melhor maneira de fazer que as pessoas comuns entendessem seus ensinos. Os cristãos devem procurar constantemente métodos que permitam às pessoas "ouvir" e entender a mensagem que pregamos. Os métodos que foram bons para nossos avós ou utilizados em outros países podem não ser os melhores para nós hoje no lugar em que exercemos nosso ministério. Além disso, para falar ao povo de modo que ele nos entenda precisamos primeiro conhecer profundamente suas necessidades e, sem dúvida, a mensagem que desejamos comunicar. Foi isso que Jesus fez.

**Jesus ensinava a Palavra ao povo e somente o fazia por meio de parábolas (v. 34).** Isso quer dizer que a maior parte de seu ensino foi ministrada com o auxílio de parábolas. Isso não significa que ele nunca ensinou sem usar uma parábola. Jesus também usava outros recursos para ministrar seus ensinos. O Mestre era um grande comunicador e sabia como adaptar seus métodos a suas circunstâncias imediatas. Ele sabia que a comunicação genuína é uma arte que requer, da parte de quem fala, um alto grau de identificação com seu público. Mas Jesus também era criativo e para as multidões voláteis que o seguiam contava histórias impactantes que permaneceriam na memória deles para sempre.

CAPÍTULO 8

# JESUS EM CONFRONTO COM A CULTURA

7.1-23; 9.33-50; 10.1-31

Uma das imagens mais impressionantes de Jesus no evangelho de Marcos é a de uma personagem contracultural. Isso pode ser visto com clareza em suas atitudes e especialmente em seus ensinos. São chamados de "contracultura" os valores, as tendências e as formas sociais que se chocam com o que já foi estabelecido em uma sociedade. O termo foi cunhado pelo historiador americano Theodore Roszak em seu livro *A contracultura*, de 1968. Embora existam tendências contraculturais em todas as sociedades, o termo "contracultura" costuma ser mais usado para se referir a algum movimento organizado e visível cuja ação afeta muitas pessoas e se mantém por um período considerável. Contracultura, portanto, é a realização mais ou menos plena das aspirações e dos sonhos de um grupo social marginal ou revolucionário. É nesse sentido que podemos considerar como contracultura as atitudes e os ensinamentos de Jesus.

O viés contracultural de Jesus pode ser visto em dois sentidos. Por um lado, sua vida e ministério constituíam uma agressão à cultura religiosa judaica, predominante em seus dias. Por outro lado, sua cultura era "do contra" e se manteve (pelo menos de início) fora do mercado, dos meios de formação de massa e do que era aceito como correto e necessário pelas classes dominantes. Jesus desafiava permanentemente o *establishment* moral e religioso de seus dias e, de maneira muito clara, contrastava os ideais do Reino de Deus com as tradições humanas construídas como acréscimos à Lei, revelada por Deus. Se lermos o evangelho com atenção, perceberemos Jesus o tempo todo na contramão dos regulamentos, das disposições, dos comportamentos aprendidos, dos costumes e valores que prevaleciam na sociedade judaica de seu tempo.

Esse caráter "subversivo" ou "contracultural" da vida e do ministério de Jesus foi o que o levou à morte, uma vez que seus adversários, expoentes da liderança religiosa e cultural dominante, não podiam tolerar que um profeta popular questionasse o que para eles eram as tradições que mantinham seu mundo de pé e em ordem. Jesus questionava as conclusões éticas dos líderes religiosos de seus dias, especialmente a compreensão do que era puro ou impuro. O Senhor fazia clara distinção entre piedade e hipocrisia religiosa, obediência a Deus e mera conformidade com a Lei, além de uma atitude humana e misericordiosa para com os seres humanos e uma postura legalista e injusta com relação a eles. Acima de tudo, ele dava destaque à responsabilidade pessoal com relação ao pecado. Em suas respostas às questões éticas e aos desafios lançados por seus oponentes, Jesus desafiava a hipocrisia deles, mostrava a superioridade das Escrituras como guia moral eficaz e lembrava a prioridade das atitudes interiores no ser humano.

Seu perfil contracultural também podia ser visto na discussão dos problemas cotidianos mais comuns, como divórcio, tratamento de crianças e mulheres, lugar da riqueza e uso do poder. Nesses casos, Jesus foi além da Lei e da cultura, a fim de destacar o propósito divino original para os seres humanos como criaturas de Deus. E, acima de tudo, Jesus estabeleceu o amor — tanto o amor a Deus quanto o amor ao próximo — como o princípio orientador do comportamento humano, de acordo com a vontade divina. Nos cap. 7, 9 e 10 do evangelho de Marcos, encontramos ilustrações interessantes do caráter contracultural do ensino de Jesus.

## JESUS E A PUREZA (7.1-23)

Com base na situação de conflito apresentada por Marcos 7, que Jesus transformou em um momento oportuno para ensino, é possível extrair algumas chaves para uma ética especificamente cristã. Marcos 7 mostra Jesus agindo com "agressividade criativa", apesar da intimidação e do confronto por parte de seus oponentes, os fariseus e alguns mestres da lei. Com grande autoridade, ele discorre sobre um de seus assuntos preferidos: a intenção divina original. A ética de Jesus parece revolucionária, ameaçadora da mentalidade comum, contracultural, além de desafiar o mundo e a igreja de nossos dias. É nesse sentido que Marcos 7 é relevante para a religião e a ética religiosa até hoje.

São várias as opiniões quanto à natureza dessa passagem. No contexto de Marcos, a passagem aparece no centro, entre 6.7 e 8.26, e serve de prelúdio a três milagres, pelos quais Jesus estendeu sua graça aos gentios (7.24—8.13). O relato se soma a outras duas histórias de grandes conflitos em Marcos (2.1—3.6; 11.27—12.40). Além disso, temos algumas explicações do autor, que podem ser vistas especialmente em 7.3,4,19. Alguns estudiosos acreditam que a versão estendida reflete um composto de três incidentes ou uma coleção de declarações sobre temas paralelos. De modo geral, o material está dividido em três partes: a questão das mãos impuras (v. 1-8); a questão do voto de Corbã (v. 9-13); a questão da impureza ritual (v. 14-23). Essa divisão parece clara. A seção também é classificada como um relato centrado em um pronunciamento (por causa do v. 15), bem como uma história de conflito.

No entanto, é melhor considerar a passagem como um todo, porque Marcos intencionalmente concentra a atenção de seus leitores originais na questão da impureza, ou do puro *versus* o impuro. O relato paralelo de Mateus 15.1-20 dá uma impressão ainda mais forte de unidade. Ao analisar o relato como um todo, é possível discernir três coisas ou três desenvolvimentos inter-relacionados: 1) uma mudança (v. 1-5); 2) uma contramudança (v. 6-13); 3) uma explicação sobre a verdadeira impureza (v. 14-23). Além disso, os três auditórios distintos (os fariseus e alguns mestres da lei, v. 1-13; a multidão, v. 14,15; os discípulos, v. 17-23) passam por cima das divisões naturais do texto. Os v. 1-8 e 14-23, por sua vez, lidam com a impureza ritual, ao passo que os v. 1-8 e 9-13 estão fundamentados nas Escrituras e os v. 9-13 e 14-23 parecem estar conectados naturalmente. Talvez a passagem, tomada como um todo, seja uma discussão escriturística (*midrash*) baseada em Isaías 29.13 (citado em 7.6,7), que atinge o clímax no importante princípio mencionado por Jesus no v. 15.

A situação de conflito deve ser situada no contexto religioso do século I, antes de seu ensino ser aplicado às questões que nos preocupam no século XXI.

## Uma situação de conflito (7.1-5)

**A cena (v. 1).** A cena mostra alguns fariseus galileus e mestres da lei (ou escribas), vindos de Jerusalém, reunidos em torno de Jesus. Os judeus de Jerusalém eram mais rígidos nas questões éticas, em comparação com os judeus da Galileia, mais expostos às influências de outras culturas, especialmente do helenismo. Eles tinham vindo de Jerusalém evidentemente para investigar as atividades e os ensinos de Jesus (cf. 3.22).

**O fato (v. 2).** Os fariseus e os mestres da lei notaram que os discípulos de Jesus comiam com as mãos impuras (sem lavá-las antes de comer) e ficaram ofendidos em seu senso religioso. É possível até que os discípulos tenham lavado as mãos antes de comer, mas não de acordo com as prescrições farisaicas sobre a lavagem ritual (v. a explicação de Marcos sobre esse particular nos v. 3,4). A lavagem ritual, de acordo com a tradição dos líderes religiosos, era bem complexa.

> **William Barclay:** "Havia regras rígidas e bem definidas para lavar as mãos. Note-se que essa lavagem de mãos *não* tinha relação alguma com a higiene; trata-se de uma *limpeza cerimonial* que estava em jogo. Antes de cada refeição e entre um prato e outro, as mãos tinham de ser lavadas, e isso devia ser feito de determinada maneira. Para começar, as mãos precisavam estar livres de qualquer resíduo de areia, cascalho ou substância similar. A água para a lavagem tinha de estar armazenada em jarros de pedra grandes e especiais, de modo que ela mesma estivesse limpa no sentido cerimonial, para que se pudesse ter certeza de que não fora usada para outro propósito e que nada havia caído nela ou se misturado a ela. Então, as mãos deveriam estar com as pontas dos dedos *para cima*, e a água era derramada sobre elas e tinha de escorrer pelo menos até o pulso.A quantidade mínima de água era um quarto de um logue, que equivale ao volume de água de uma casca e meia de ovo. Enquanto as mãos ainda estavam molhadas, cada uma tinha de ser esfregada com o punho da outra. É isso que a frase sobre as mãos significa. O punho de uma mão era esfregado contra a palma e o dorso da outra. Isso significava que a essa altura ambas as mãos estavam molhadas, mas a água agora estava impura porque tocara em mãos impuras. Por isso, as mãos tinham de ser viradas com as pontas dos dedos apontando para baixo enquanto a água era derramada sobre elas, para que, começando pelos pulsos, escorresse até as pontas dos dedos. Só depois de tudo isso, as mãos estavam limpas".[1]

---

1. **El Nuevo Testamento comentado**, v. 3, p. 164-165. Grifo do autor.

Esses líderes religiosos e comunitários consideravam as refeições ocasiões sagradas e investiam tempo e energia suficientes para proteger a mesa de qualquer participação impura. De acordo com o Antigo Testamento, os sacerdotes eram obrigados a passar por rigorosa lavagem antes de entrar no tabernáculo (Êxodo 30.19; 40.12). A lei oral, sob a tutela da maioria dos mestres da lei, fazia que as regras originais fossem obrigatórias apenas para os sacerdotes, uma obrigação para todo o mundo. Os fariseus tinham uma paixão pela pureza que beirava o fanatismo, uma vez que o propósito deles era santificar todos os fatos comuns da vida, a fim de serem santos diante de Deus (Levítico 20.26).

A questão subjacente em Marcos 7.1-23 está relacionada com a natureza da contaminação, com o puro e o impuro, com a pureza ritual. A palavra grega para "impuro" (*koinós*) aparece em 7.2,5,18,20,23 e significa "comum", "impuro" ou "profano", em oposição a "santo", e passou a implicar impureza ritual (como em Atos 10.14,28; 11.8). Uma vez que a diferença entre o santo e o profano feita pelos judeus não seria entendida pelos leitores gentios, o autor abre parênteses para explicar a situação (v. 3,4). A *VP* interpreta corretamente a frase quando traduz: "sem ter cumprido a cerimônia de lavá-las".

**O contexto (v. 3,4).** Os fariseus se recusavam a comer sem lavar as mãos à maneira sacerdotal e de acordo com as regras da tradição dos líderes religiosos. No *Talmude*, uma compilação posterior de leis e normas judaicas, fala-se de várias lavagens rituais, o que nos ajuda a entender melhor Marcos 7. Havia uma ablução mais simples, talvez a mencionada no v. 3, em que era necessário unir as mãos em taça e lavá-las com uma pequena quantidade de água. Uma lavagem mais elaborada exigia que se submergissem as mãos até os pulsos, talvez a mencionada no v. 4. Além disso, os fariseus não comiam nada comprado no mercado, a menos que aspergissem o produto com água. O propósito não era higiênico nem profilático. Eles temiam qualquer contato contaminador por causa da presença de gentios ou do povo da terra no mercado público.

Os fariseus (*parushim*, que significa "os separados"), na essência de sua compreensão religiosa, consideravam a pureza algo supremo. O fariseu acusado de impureza pelas normas levíticas podia ser expulso da irmandade. Dos três casos de expulsão citados em todo o *Talmude*, dois estavam relacionados com indivíduos que não levaram a sério a lavagem das mãos. Os famosos manuscritos do mar Morto também refletem um intenso compromisso com a pureza sacerdotal, especialmente a obra conhecida como *Manual de disciplina*. Os cristãos de hoje não devem ridicularizar essa prática de purificação, por mais inadequada que seja à luz de Cristo. Os judeus haviam sofrido um cativeiro ignominioso na Babilônia, durante o qual se achavam isolados de seu templo e desarraigados de sua terra natal. Para manter sua condição de povo, eles zelavam por seu caráter distintivo e preservavam teimosamente os costumes que os diferenciavam dos povos pagãos. Contudo, o risco de promover uma piedade puramente externa se concretizou, e a colisão entre o judeu autenticamente puro e Jesus provou-se inevitável.

**O conflito (v. 5).** O fato de os discípulos não se terem lavado de acordo com as orientações sacerdotais e farisaicas levou a uma ruptura radical com os fariseus. Eles verbalizaram sua objeção alegando violação da autoridade religiosa: "Por que os seus discípulos não vivem de acordo com a tradição dos líderes religiosos em vez de comerem o alimento com as mãos impuras?" (v. 5). A questão da autoridade da tradição dos líderes religiosos tornou a atmosfera carregada, uma vez que uma das diferenças fundamentais entre Jesus e os fariseus estava relacionada com a autoridade da lei oral. "A tradição dos líderes religiosos [ou anciãos]" (gr. *tēn parádosin tōn presbutérōn*) eram tradições judaicas à parte da Lei ou da *Torá*, mas consideradas tão obrigatórias quanto a Lei escrita.

Essas tradições eram máximas e regulamentos criados pelos rabinos, considerados dignos de serem preservados. Flávio Josefo, historiador judeu do século I, faz referências ocasionais às tradições dos líderes religiosos. Os mestres da lei acreditavam que todas as interpretações dos anciãos derivavam da Lei e até mesmo tinham origem em Moisés. A lei oral buscava aplicar a Lei escrita a situações não contempladas diretamente nos textos originais e queria salvaguardar a santidade da Lei e o bem-estar moral do crente "levantando um muro de defesa ao redor da Lei". Essa muralha impediria que alguém quebrasse a própria Lei. Assim, a tradição tratava de questões sobre as quais a Lei fazia silêncio.[2]

A tradição oral exigia a lavagem ritual das mãos. Os discípulos de Jesus evidentemente não reconheciam a autoridade da tradição sobre seu estilo de vida pessoal. A resposta de Jesus ao desafio da tradição manifesta aspectos

2. William L. Lane, The Gospel of Mark, in: F. F. Bruce (Org.), **The New International Commentary on the New Testament.**, p. 245.

fundamentais de sua ética revolucionária e revela seu interesse em uma responsabilidade e coerência mais substanciais. Em nenhuma outra esfera a contracultura de Jesus se tornou mais evidente.

**A tradição (v. 1-13).** Cabe aqui uma síntese do conteúdo de toda a passagem, que tem como fio condutor o questionamento das tradições humanas por Jesus. Três coisas se destacam nesses versículos.

*A citação (v. 6,7).* A tradição é a tentativa humana, em certos momentos de crise, de cristalizar as verdades em frases e termos que possam ser facilmente lembrados e repetidos. Quando é assim, a tradição pode ser uma bênção, como era o Shemá para os judeus (Deuteronômio 6.4-9). Quando a tradição, qualquer que seja, torna-se obrigatória perpetuamente, passa a ser uma maldição, como a tradição judaica acerca do templo e das leis cerimoniais (Atos 6.12-14). A tradição remove a alma da comunhão direta e pessoal com Deus, especialmente quando a conformidade a ela é considerada necessária para a salvação (Atos 15.1).

*A ilustração (v. 8-12).* Nesses versículos, o caso é o de alguém que tinha o dever de ajudar os pais, mas fugiu a essa responsabilidade alegando que o auxílio material fora dedicado ao templo, como se o dever pessoal para com Deus violasse o dever para com os pais (Mateus 15.4-6). Desse modo, a tradição secou as fontes da compaixão e tornou-se um fim em si mesma, como aconteceu com o fanatismo judaico de Saulo de Tarso (Gálatas 1.13,14). Os fariseus invalidaram o mandamento divino com uma engenhosa invenção dos rabinos, que chamavam de "Corbã".

> **Edward Mally:** "Em escritos rabínicos posteriores, *qorban* figura como uma fórmula de juramento. Na ausência de paralelos contemporâneos, os comentaristas sugerem que Marcos 7.11 deve ser traduzido por: 'Eu solenemente juro que nada meu servirá a ti'. No entanto, em 1955 uma inscrição foi encontrada perto de Jerusalém em um ossuário do século I d.C., na qual o termo *qorban* é empregado exatamente no sentido da declaração de Marcos. Trata-se de uma fórmula de dedicação que oferece o conteúdo do ossuário a Deus, para que quem o encontre não possa usá-lo para fins profanos. Jesus, portanto, refere-se a uma prática que permitia a um indivíduo, pela consagração de seus bens a Deus, burlar o cumprimento da Lei escrita, que o obrigava a sustentar os pais:

> bastava que a pessoa os declarasse sagrados pronunciando sobre eles a fórmula *qorban* (termo aramaico que significa 'presente' oferecido a Deus), uma ficção legal que lhe permitia reter a posse do dinheiro".[3]

*Injustiça (v. 13).* Nenhuma norma, costume, uso ou conveniência aceita pelos seres humanos (ou seja, nenhuma tradição) nos isenta da devida obediência aos mandamentos de Deus (Mateus 15.2,3,7,8). Quando as tradições humanas são postas acima da vontade de Deus conhecida em Cristo, cometemos um grave pecado (Colossenses 2.8).

> **Alberto F. Roldán:** "O problema dos fariseus era que por meio da tradição eles desprezavam e invalidavam o mandamento de Deus. Era uma espécie de substituição do permanente (o mandamento) pelo mutável (a tradição). [...] Deus tinha sido muito claro ao estipular que devemos honrar pai e mãe. Honrar pai e mãe faz parte do Decálogo. Quanto à segunda parte do versículo, pode ter sido inspirada em Êxodo 21.17, que em uma formulação negativa vem a representar o que é apodíctica e positivamente indicado no Decálogo de Êxodo 20.12, o qual, repetido por Paulo em Efésios 6.2, representa o primeiro mandamento com a promessa de uma longa vida na terra".[4]

## As respostas éticas de Jesus (7.6-23)

**Primeira resposta ética: o desafio à hipocrisia (v. 6-13).** Jesus não se calou diante do desafio imposto pelos fariseus e mestres da lei, mas "respondeu".

*Jesus responde como alguém que fala por Deus (v. 6,7).* Jesus quer conduzir os fariseus e mestres da lei de volta ao básico, para que percebam a própria cegueira e fraqueza espiritual. Na escala de valores de Jesus, *parecer* é inferior a *ser*. Apoiado em Isaías, Jesus acusa os escribas de serem "hipócritas". A palavra significa uma pessoa que usa máscara. O termo grego *hupocritōn* veio a significar "um ator", depois "aquele que exagera" e por fim "alguém que finge". Jesus acusou-os de incoerência na piedade e incongruência na vida. A contradição

---

3. In: Raymond E. Brown; Joseph A Fitzmyer; Roland E. Murphy (Org.), **Comentario bíblico San Jerónimo:** Nuevo Testamento, v. 3, p. 99.
4. **Jesús en acción:** un comentario dinámico al evangelio de Marcos, v. 1, p. 116.

está entre o que a pessoa parece ser na opinião de seus pares e o que realmente é diante de Deus. Suas palavras não combinavam com seu coração. Há hipocrisia quando o exterior e o interior não coincidem.

*Jesus responde denunciando a pecaminosidade deles (v. 8,9).* Ao cumprir suas tradições, os religiosos não apenas negligenciavam o mandamento de Deus (v. 8), mas também o invalidavam (v. 9). A Lei revelada ficava em segundo lugar em sua escala de valores e consequentemente era violada a serviço do purismo religioso. Jesus condenava a hipocrisia como pecado, como quando advertia as pessoas de não tocarem a trombeta quando davam esmola aos necessitados, como faziam os "hipócritas nas sinagogas e nas ruas a fim de serem honrados pelos outros" (Mateus 6.2). Jesus apontou o pecado dos hipócritas nos termos mais duros, como quando lhes disse que eles eram "como sepulcros caiados " (Mateus 23.27). A hipocrisia é um pecado que não admite a contemporização, porque neutraliza e descarta a vontade revelada de Deus.

*Jesus responde ilustrando a arbitrariedade da acusação (v. 10-13).* Com justa indignação, Jesus destacou o despropósito da acusação quanto à lavagem das mãos ao denunciar o repúdio silencioso deles ao quinto mandamento (Êxodo 20.12). Moisés ordenou que se honrasse pai e mãe (v. 10), mas a lei oral desenvolveu um modo elegante e insensível de evitar esse compromisso por meio de um voto. Um bem material podia ser separado de seu uso previsto se fosse declarado Corbã. O Corbã, que no v. 11 é mencionado como "ajuda", na verdade denota sempre uma oferta dedicada a Deus. A ideia aparece 80 vezes no Antigo Testamento (mas apenas em Levítico, Números e Ezequiel). Por definição, o Corbã era proibido para uso comum, era usado como voto que selava uma promessa de cumprimento obrigatório (Números 30.2). Pouco a pouco, a ideia do voto ganhou proeminência e o conceito de oferta se perdeu.

Como resultado, os recursos que deviam ser usados para ajudar os pais não estavam mais à disposição deles, porque o dinheiro fora "dedicado" a Deus por meio de um voto. Desse modo, os pais acabavam legalmente excluídos do benefício, e o propósito divino era violado pela lei oral. Jesus acusou os fariseus e os mestres da lei de esconder essa cruel violação à Lei revelada atrás de sua montanha de regulamentos sobre lavagem ritual. É possível que não tenham enxergado essas contradições óbvias enquanto se ocupavam do cisco nos olhos alheios. Com isso, "estavam enganando a si mesmos enquanto enganavam os outros, e a situação era mais grave".[5]

A hipocrisia nos assuntos religiosos persiste até hoje. Os cristãos ficam incomodados com a acusação de hipocrisia, mas é uma realidade que não podemos evitar. Alguns cristãos são bons para falar e professar com emoção uma fé que nunca viveram. Muitas vezes, escondemos o mal e o pecado por trás do manto de uma profissão de fé ortodoxa e de um comportamento aparentemente impecável. É bem comum mostrarmos na vitrine de nossa vida o que não temos nas prateleiras. Os crentes zelosos de sua etiqueta parecem mais numerosos que os preocupados em manter a ética.

Vamos inverter nossa reflexão. Enquanto alguns hipócritas se pintam de branco para cobrir a podridão interior (Mateus 23.27), muitos parecem piores do que são. Às vezes, queremos tanto evitar a hipocrisia que escondemos o cristianismo que há em nosso interior e deixamos de mostrar ao mundo o melhor de nós. Jesus disse que não devemos colocar a lâmpada acesa debaixo de uma vasilha, e sim em uma prateleira, a fim de que ilumine a todos os que estão na casa (Mateus 5.15). De uma forma ou de outra, a hipocrisia afugenta as pessoas que pensam e decepciona os jovens, bem como as pessoas mais sensíveis. Ser real e autêntico, que é uma convicção que vale a pena manter, está na essência da ética de Jesus. Para alguns, Jesus diria: "Ponha-se à altura das ideias que você defende". Outros diriam: "Mostre o cristão que você é".

**Segunda resposta ética: a superioridade das Escrituras (v. 8,9,13).** A ética de Jesus apelava específica e diretamente para as Escrituras e o propósito original de Deus revelado nelas.

*Jesus rejeitou as tradições humanas.* Note-se que ele não considerava obrigatória a autoridade da lei oral, ou seja, a tradição dos líderes religiosos. Note-se também o que Jesus respondeu a seus críticos. Eles disseram: "Seus discípulos não vivem de acordo com a tradição dos líderes religiosos". Ou seja, eles não eram "tradicionais" o bastante. Jesus respondeu: "Vocês negligenciam os mandamentos de Deus". Ou seja, eles não eram "bíblicos" o bastante.

---

5. C. E. B. Cranfield, The Gospel According to Saint Mark: An Introduction and Commentary, in: **Cambridge Greek Testament Commentary**, p. 235.

Note-se ainda como Jesus citou Isaías para caracterizar a invalidação da autoridade da Bíblia pelos fariseus. Em primeiro lugar, ele citou Isaías 29.13 (v. 6,7) como palavra de Deus e a reconheceu como autoridade (v. a fórmula "como está escrito", v. 6). Em segundo lugar, ele presumia que a passagem não perdera sua autoridade diante de novas circunstâncias com novas aplicações. A ética de Jesus não era situacional ou acomodatícia.

*Jesus guardava os mandamentos divinos.* Note-se que Jesus claramente considerava a Lei escrita superior à lei oral. Ele se pronunciava como alguém que tinha autoridade, até mesmo como alguém que era e se reconhecia como o fim da Lei (Romanos 10.4). De forma soberana, ele reconhecia a soberania das Escrituras. Note-se também que, para Jesus, a força ética do quinto mandamento ainda estava em vigor, e as tradições humanas não eram suficientes para corrigir o rumo dos corações afastados de Deus. A Bíblia de Jesus era uma carta viva, não letra morta; era a Palavra de Deus, não apenas um texto escrito ou impresso. A Bíblia de Jesus era dinâmica e não se esgotava no texto escrito. O que torna a Bíblia única é que nela encontramos a Palavra viva. A ética bíblica de Jesus resiste à forte tentação humana de transformar a Palavra de Deus em mera piedade e em moralidade convencional, em algo administrável ou controlável. Pelo contrário, se aceitarmos a soberania da Bíblia, a Palavra viva influenciará nossa vida e nossos valores morais.

Os cristãos de hoje precisam submeter-se à soberania e à autoridade da Bíblia, se não quiserem ser presas fáceis do relativismo ("não há verdade absoluta"), do secularismo (tendência a deixar de lado tudo que é religioso), do materialismo, do individualismo e do hedonismo (a busca do prazer como objetivo final), predominantes em nossa cultura pós-moderna. A ética desenvolvida por Jesus, especialmente no Sermão do Monte, desafia a moralidade individual e a ética social. Isaías 29.13 declara que é o espírito, não a letra, que conta, e a reflexão final de Jesus sobre a ética está mais direcionada ao interior que ao exterior da vida humana.

**Terceira resposta ética: a prioridade do interior (v. 14-23).** É impressionante nesses versículos o discernimento psicológico de Jesus e a profundidade de sua percepção sobre a interioridade humana.

*A importância do interior (v. 14-19).* Embora grande parte do comportamento moral seja condicionado por tradições culturais, e os fatores externos exerçam muitas vezes um impacto decisivo nas questões morais, Jesus concentrava-se no coração humano (o ser interior mais profundo), o início de todo bem e de todo mal. A ética cristã começa no coração, não nas diretrizes que governam a cultura do momento. Jesus declarou um princípio que ainda é válido: nada que entre no ser humano pode contaminá-lo: são as coisas que saem dele que o tornam impuro (v. 15,20).

No v. 19, Marcos amplifica o princípio e chega à importante conclusão de que para o cristão, do ponto de vista moral, não existem alimentos impuros. Por isso, não há comida que contamine, e as regras sobre alimentos puros e impuros (Levítico 11.1-47; Deuteronômio 14.3-21) estão ultrapassadas (v. 18,19). Mais tarde, a igreja primitiva teve de lidar com a questão do puro e do impuro, do limpo e do imundo (Atos 10.1-33; 15.22-29), e a ética revolucionária de Jesus, reinterpretada e sustentada por Paulo (Gálatas 2.11-21), acabou prevalecendo. O Reino de Deus não é questão de comida ou bebida (Romanos 14.17).

*A importância da pureza interior (v. 20).* De uma só vez, Jesus afirmou a bondade da criação e a prioridade da pureza moral e espiritual interior. Com isso, varreu para longe centenas de regulamentações tradicionais. A verdadeira pureza é a do ser humano, não a das coisas. O ser humano não se contamina com coisas; contamina a si mesmo. O Antigo Testamento reconhece o coração como a sede dos poderes e das capacidades espirituais. Por isso, Deus diz: "O homem vê a aparência, mas o SENHOR vê o coração" (1Samuel 16.7). O impulso mais íntimo provém do coração (Êxodo 36.2), e nele está arraigada a atitude da vontade, ou seja, o caráter (Jeremias 11.20). O justo é puro de coração (Salmos 24.4). O próprio Jesus bendisse a pureza de coração (Mateus 5.8), e Paulo recomendou cultivá-la (Filipenses 4.8).

*A importância do que vem de dentro (v. 21-23).* Nesses versículos, Jesus destaca o poder dos maus pensamentos e adverte sobre os danos que uma imaginação doentia pode causar (v. 21). O que polui não são as mãos sujas, e sim a mente poluída; não uma refeição impura, mas pensamentos impuros. São os pensamentos impuros que estão por trás de todas as ações humanas impuras. Era é o que Jesus entendia, de acordo com a antítese que ele apresenta no Sermão do Monte (Mateus 5.21-48). De acordo com Jesus, o pecado pode ser rastreado até os recônditos do coração humano, ou seja, até a parte mais profunda de nosso ser interior.

Jesus internalizou o problema do pecado. Entre os pecados específicos e as atitudes pecaminosas apontados nos v. 21 e 22, estão incluídos "os maus pensamentos, as imoralidades sexuais, os roubos, os homicídios, os adultérios, as cobiças, as maldades, o engano, a devassidão, a inveja, a calúnia, a arrogância e a insensatez". Essas ações e disposições surgem de um coração em franca rebelião contra Deus, e essas são as coisas que de fato contaminam a vida humana, como diz 1Samuel 24.13: "Dos ímpios vêm coisas ímpias". Paulo expressa a mesma ideia com estas palavras: "Para os puros, todas as coisas são puras; mas, para os impuros e descrentes, nada é puro. De fato, tanto a mente como a consciência deles estão corrompidas" (Tito 1.15).

W. E. Sangster, em seu livro *He is Able* [Ele é capaz], fala de uma visita que fez à costa marítima da Inglaterra e a uma cidade chamada Bexhill-on-Sea. Ele menciona uma bela avenida em que as árvores eram altas e exibiam bela folhagem. Enquanto caminhava por aquela rua, percebeu algo estranho. Duas árvores que estavam uma ao lado da outra estavam mortas — e não apenas mortas, mas bem secas. Algo sinistro e maléfico parecia ser a causa de sua condição. O congelamento não poderia explicá-la, porque as árvores vizinhas pareciam saudáveis. Nada parecia sugerir uma praga, pois não foram encontradas moscas nem outros insetos em suas folhas. Ambas as árvores desfrutavam o mesmo sol e a mesma chuva que as outras. No entanto, estavam secas e sem vida. À primeira vista, tudo era favorável a elas, pois eram tocadas pela chuva suave e refrescante, pelos raios do sol e pela brisa. Sangster indagou sobre o fenômeno e descobriu que um grande cano de gás corria por baixo delas, e que havia nele um vazamento. As árvores estavam mortas porque haviam sido envenenadas por baixo.

Alguns são como essas duas árvores. As circunstâncias parecem bastante favoráveis. No entanto, a vida deles está misteriosamente danificada. Em muitos casos, foram envenenados por maus pensamentos. Permitiram que pensamentos ruins os perturbassem e subjugassem. Nenhum fator externo foi responsável pelo dano. Jesus respeitava o ser humano o suficiente para considerá-lo pessoalmente responsável. A história das árvores mortas pode ilustrar o que Jesus queria ensinar sobre os efeitos mortais de um coração ruim.

A ética revolucionária de Jesus vai de encontro às diretrizes que governam nossa cultura. Sua ética denuncia a farsa da hipocrisia religiosa, reconhece o valor da Bíblia para encontrar uma orientação ética na vida e aponta o coração do ser humano como a fonte responsável pela pureza e pela impureza.

Em suma, que tipo de pureza Deus espera de nós? A Bíblia oferece uma boa orientação a esse respeito quando diz que o crente é purificado pela obediência à verdade (1Pedro 1.22); quando pergunta quem pode estar na presença do Senhor (Salmos 24.3,4); quando afirma que Deus quer que o crente seja puro e sem defeitos (2Pedro 3.14), porque os de coração puro verão a Deus (Mateus 5.8); quando avisa que o servo de Deus deve se manter puro (1Timóteo 5.22), porque Deus espera que nossa religião seja pura e imaculada (Tiago 1.27). Nossa esperança em Cristo nos purifica (1João 3.3), e o sangue de Cristo pode purificar nossa consciência (Hebreus 9.14). Além disso, devemos pedir a Deus que nos purifique (Salmos 51.2,7) e temos de nos purificar de tudo que contamina o corpo e o espírito (2Coríntios 7.1). O Senhor espera que sua igreja seja pura, santa e irrepreensível (Efésios 5.27). A Palavra de Deus purifica a igreja (Efésios 5.26).

## JESUS E AS OPÇÕES ÉTICAS (9.33-50)

Uma das frases mais conhecidas de toda a literatura universal é atribuída à caneta de William Shakespeare, na fala de sua personagem Hamlet: *To be or not to be, that is the question* ("Ser ou não ser, eis a questão"). A vida humana é construída ao longo de uma série de opções éticas. Conforme as decisões que vamos tomando, estaremos vivendo determinado tipo de vida. É por isso que a cultura com frequência se encarrega de facilitar esse processo inevitável ditando nossas opções. Se a cultura estiver iluminada pelos valores do Reino, não haverá grandes conflitos, mas acontece que geralmente nossa cultura é orientada por valores opostos aos do Reino de Deus. Na cultura predominante das sociedades de hoje, somos ensinados que devemos ser servidos, não servir, e que devemos nos esforçar para ser os primeiros, não os últimos. Essa mesma cultura exige que nos consideremos os donos da verdade, que discriminemos os outros, que não admitamos nossos erros e que sejamos autossuficientes, ou seja, refratários à ajuda ou à assistência de outros. A cultura pós-moderna, por sua vez, não dá muita importância ao pecado e suas consequências. Na verdade, essa cultura secularizada não admite que se fale do inferno, muito menos exige coerência de vida ou integridade.

Nas passagens a seguir, Jesus destaca os valores do Reino de Deus e delimita o caminho das escolhas éticas corretas para os que desejam viver de acordo com elas. O radicalismo de Jesus nos surpreende e nos faz pensar mais uma vez que, sem a ajuda dele, não será fácil ajustar nosso comportamento para atender às exigências desses valores sublimes.

## Primeiro ou último? (9.33-37)

Os discípulos estavam discutindo pelo caminho sobre qual deles era o mais importante e quem ocuparia as posições mais elevadas quando Jesus se tornasse rei em Jerusalém, como parece que pensavam. Talvez alguns deles estivessem com inveja, porque apenas três deles haviam sido escolhidos para subir no monte com Jesus (v. 2). Jesus, no entanto, mostrou-lhes quem é de fato importante no Reino de Deus. Esse ensino está dividido em duas partes.

**Os que servem os outros são os mais importantes (v. 33-35).** A "casa" em Cafarnaum mencionada aqui é provavelmente a residência de Pedro (como em 1.29; 2.1). Ali Jesus fez uma pergunta, como no v. 16, só que dessa vez ele sabia a resposta. Talvez os tivesse ouvido discutir no caminho, mas eles não ousaram responder, porque estavam com vergonha de terem discutido para determinar "quem era o maior". Os discípulos aspiravam a posições nas quais pudessem receber honra. Queriam dar ordens e ter poder sobre as pessoas. Achavam que, se o conseguissem, seriam importantes e grandes. É isso o que prevalece em nossa cultura hoje e infelizmente também na igreja, com mais frequência entre os pastores. O ensino contracultural de que os discípulos precisavam está no v. 35 e, de maneira mais completa, em 10.41-45.

A declaração de Jesus no v. 35 é exatamente o oposto do que todos pensam hoje (cf. 10.43). É realmente grande ou importante ("o maior") não aquele que acumulou riqueza, fama, poder e prestígio, nem aquele que comanda, governa, domina ou explora os outros, mas quem serve o próximo sem buscar honra ou reconhecimento. A palavra grega traduzida aqui por "servo" é *diákonos*. Não se trata nesse caso de um ofício eclesiástico (diácono ou ministro), mas de alguém a serviço incondicional de outros. Assim deve ser com relação a qualquer tarefa que realizamos na vida, especialmente no ministério cristão (v. Romanos 12.16).

**Os que servem os necessitados são os mais importantes (v. 36,37).** Nesses dois versículos, Jesus especifica a quem devemos servir para nos tornarmos importantes. Devemos servir os mais fracos, os carentes e os marginalizados à nossa volta, como eram as crianças nos dias de Jesus. Ele ensinou essa verdade não apenas com suas palavras, mas também com suas ações. Dessa vez, Jesus não está dizendo que devemos ser como crianças (cf. 10.13-16), mas que devemos servir aqueles que são como crianças, ou seja, vulneráveis. As crianças eram tratadas com desprezo nas culturas antigas, porque faltava a elas valor e utilidade material. Elas eram marginalizadas; Jesus, no entanto, pegou uma criança, "colocou-a no meio deles" e a abraçou. Com esse gesto, fez algo que nenhum mestre antes dele havia feito. Não havia interesse na cultura pelo cuidado das crianças — na verdade, nem pelo cuidado de quem parecia fraco, incapaz, fragilizado ou limitado. Jesus ressaltou o valor de pessoas desse tipo e tinha o serviço a elas como a tarefa mais nobre.

Quando alguém entende isso e recebe os necessitados "em nome de Jesus" (ou seja, como se ele mesmo os estivesse recebendo com um abraço), descobre o significado da verdadeira grandeza e se torna verdadeiramente uma "pessoa importante". Isso porque quando servimos alguém com necessidade estamos servindo o próprio Jesus ("está me recebendo") e manifestando nosso sincero amor por ele (Mateus 25.40; 1João 4.20). Se dissermos que estamos na obra de Deus e não servimos os necessitados, estaremos mentindo, porque servi-los é como servir Jesus, e servir Jesus é servir aquele que o enviou (v. 37b).

## Contra ou a favor? (9.38-41)

**A atitude dos discípulos (v. 38).** Nem sempre é fácil discernir quem está em harmonia com o Reino de Deus e quem não está. No presente caso, os discípulos de Jesus provaram não ser muito a favor dos valores do Reino que o Senhor proclamava quando viram um suposto exorcista independente ministrando com um poder que evidentemente era o do Reino ("em teu nome", gr. *en tōi onómatí sou*). De acordo com os discípulos, ele estava expulsando demônios em nome de Jesus, quando não fazia parte do grupo dos Doze. Note-se que os discípulos não o criticam por falta de eficácia em seu ministério, mas por fazê-lo em nome de Jesus (em lugar dele e com seu poder) e aparentemente sem sua autorização. Dá-se a impressão de que os discípulos se consideravam donos da franquia ou administradores da concessionária do Reino. De fato, João declarou: "não era um dos nossos" (gr. *ouk ēkoloúthei hēmīn*; lit., "não nos segue"), como se o grupo dos Doze fosse o proprietário da companhia do Reino e o povo tivesse de segui-los, em vez de seguir Jesus.

Sempre que questionamos outros cristãos pelo simples fato de não pertencerem à nossa congregação ou denominação, estamos manifestando a mesma atitude. E, sem dúvida, fazemos isso por inveja, por temer que tenham mais poder e eficácia que nós no ministério ou por pertencerem a uma congregação maior e mais atraente. Cometemos o erro de pensar que todos devem adorar a Deus da mesma forma que nós, sem levar em conta que a Cidade Santa, a nova Jerusalém, não possui apenas uma porta de acesso, mas 12 (Apocalipse 21.12)!

**A atitude do exorcista anônimo (v. 39-41).** Jesus, de forma indireta, classificou como correta a atitude desse servo do Reino. Por isso, ordenou a seus discípulos que não abusassem de uma autoridade que não possuíam para impedir o que estava sendo feito em seu nome e com seu poder. A frase "quem não é contra nós está a nosso favor" (gr. *hos gàr ouk éstin kath' hēmōn, hupèr hēmōn estin*, v. 40) difere de Mateus 12.30: "Aquele que não está comigo está contra mim". No entanto, elas se complementam. Em Marcos 9.40, o significado é: "Quando alguém fizer o bem, não o impeça, porque ele está do lado de Deus". Em Mateus 12.30, o significado é: "Quando alguém se recusa a fazer o bem e a ajudar no tempo da necessidade, na verdade está contra Deus". No v. 41, Jesus ilustra ambos os aspectos (positivo e negativo) dessa verdade. Um pequeno gesto feito pelo motivo correto é uma ação importante. A razão apresentada por Jesus aqui ("por vocês pertencerem a Cristo", gr. *hóti Christoū este*) aplica-se às circunstâncias de perseguição ou de oposição que os primeiros leitores de Marcos enfrentavam. Era como se tal ação fosse feita diretamente a favor de Cristo (v. Mateus 25.37-40). Desse modo, uma ação dessa natureza torna-se um sacramento, ou seja, um sinal externo de amor. Deus quer nos ver pregando o evangelho, mas também dando um copo de água a um necessitado. E aquele que age como esse servo anônimo do Reino "de modo nenhum perderá a sua recompensa" (gr. *mē apolésēi tòn misthòn autoū*; cf. 10.28-31).

## Pecar ou não pecar? (9.42-50)

Essas palavras de Jesus não foram escritas no momento em que ele as pronunciou. Os que as ouviram lembraram mais tarde do que ele disse (ou parte disso) e o transmitiram oralmente a outros cristãos. Anos depois, os mestres cristãos, que talvez nem tivessem conhecido Jesus pessoalmente, encontraram dificuldades para reproduzir todos os seus ensinamentos e assim reuniram uma variedade de diferentes declarações e as agruparam em temas para lembrá-los melhor. Foi o que provavelmente aconteceu com as declarações de Jesus que encontramos nessa passagem. Seu pronunciamento acerca da indução ao pecado (v. 42) trouxe à memória dos compiladores o que ele disse sobre cair em alguns pecados e a condenação ao inferno (v. 43-48), e tudo isso os fez recordar do seu ensino a respeito do sal e do fogo (v. 49), bem como de outras declarações sobre o sal (v. 50).

**O pecado e suas consequências (v. 42-49a).** O v. 42 dá prosseguimento ao ensino do v. 37 e significa: "É melhor ser afogado no mar que fazer um filho espiritual ('um destes pequeninos que creem em mim') perder a confiança em Deus". Como no v. 37, os "pequeninos" (gr. *tōn mikrōn*) representam os fracos na fé, mas a expressão também se refere às crianças. Trata-se de um alerta para quem se considera mais maduro (em idade ou na fé) com relação aos mais vulneráveis ou imaturos.

Em seguida, Jesus muda o elemento de sua ilustração, e a condenação do pecado não está mais na água ("lançado no mar", gr. *béblētai eis tēn thálassan*), e sim no fogo ("inferno" ou geena, gr. *tēn géennan*).[6] Também muda o foco da ação, do perigo de prejudicar outros induzindo-os a pecar (v. 42) para o perigo de prejudicar a si mesmo pecando e acarretando condenação para si (v. 43-48). No primeiro caso, o tipo de pecado não é especificado, mas no segundo há três áreas específicas da vida humana, identificadas como "mão" (gr. *cheír*), "pé" (gr. *poús*) e "olho" (gr. *ofthalmós*). Nos três casos, Jesus repete uma fórmula: a área na qual o pecado é verificado, a ação a tomar para evitá-lo, a advertência de fazer isso para entrar no Reino de Deus e as consequências de não fazê-lo.

**O pecado e sua purificação (v. 49b,50).** No v. 49b, Jesus enfatiza que um dos muitos usos do fogo é limpar ou purificar. O sal funciona da mesma forma, por ser um dos minerais mais adequados a esse função, pois purifica e evita a deterioração. Com essa frase, Jesus está dizendo: "Todos serão purificados ou santificados pelo sofrimento". Antes de tudo, o cristão é purificado de todos os seus pecados pelo sacrifício de Jesus na cruz (1João 1.7), mas também é certo que, após o Pentecoste, os cristãos foram purificados pelo fogo da perseguição, de acordo com a qualidade de seu serviço no Reino (v. 1Coríntios 3.10-15). O fogo do sofrimento (de Cristo ou nosso) opera como o sal: purifica.

---

6. Geena era o nome de um vale íngreme em Jerusalém onde se queimava o lixo. Entre os judeus, chegou a ser o símbolo do fogo eterno, por isso pode ser traduzido por "inferno".

O sal tem muitas utilidades. Serve para limpar, evitar a deterioração e dar sabor, mas para ser eficaz ele tem de ser puro, ou seja, sem mistura (como a areia branca). De acordo com essa metáfora, Jesus deu a cada congregação cristã uma tarefa específica a ser realizada em seu nome na cidade em que está situada. Os crentes deveriam viver em amor uns para com os outros e lembrar a todos a vontade de Deus para a humanidade. Contudo, havia a possibilidade de que alguns membros se misturassem demais com os que não pertenciam a Cristo e seu Reino. Nesse caso, eles pareceriam cristãos, mas não conseguiriam levar adiante a obra que Cristo lhes havia confiado.

Além disso, nos tempos antigos o sal era símbolo de amizade e confiança. Era considerado um presente valioso e muitas vezes apresentado como tal. Por fim, ao chegar à mesa, quando se colocava sal na comida, as pessoas em torno dela expressavam confiança mútua, por acreditar que não se tratava de uma substância venenosa. Talvez Jesus tenha dito essas palavras em um momento em que os discípulos estivessem discutindo (p. ex., 9.33,34).

## JESUS E O DIVÓRCIO (10.1-12)

Jesus e seus discípulos, na longa viagem a Jerusalém, passaram pela Pereia, região a leste do Jordão, hoje conhecida como Jordânia. Em uma cidade, os fariseus, que talvez tivessem ouvido falar que alguns dos ensinamentos dele não correspondiam à interpretação da Lei mosaica, vieram lhe perguntar se o divórcio era permitido. Provavelmente, a intenção deles era denunciar Jesus às autoridades sob a acusação de não respeitar a Lei ou de ensiná-la em desacordo com a interpretação oficial, que era permissiva com relação ao divórcio (Deuteronômio 24.1-4).

Jesus fez mais que responder à pergunta de seus oponentes sobre o divórcio quando chamou a atenção deles para uma questão muito mais importante. Em vez de se referir à maneira de terminar um casamento, Jesus preferiu mostrar como fortalecê-lo de acordo com o propósito de Deus. Sua pergunta foi: que tipo de casamento Deus quer que tenhamos? De acordo com ele, o plano de Deus para todo homem e toda mulher que se casam é ficarem juntos para sempre. Além disso, a fidelidade esperada da mulher é a mesma que se espera do homem. Por fim, em toda a passagem Jesus tem em mente o relacionamento monogâmico, ou seja, o casamento entre um homem e uma mulher.

## O preceito (10.1-5)

"Essa lei" (gr. *tēn entolēn taútēn*) a que se refere a passagem é encontrada em Deuteronômio 24.1-4. Jesus não está insinuando que Moisés estava errado ao permitir ao marido se divorciar da esposa, mas ensinando que, na criação, o propósito original de Deus era que os casados permanecessem juntos a vida toda e para sempre. Na verdade, a relação entre um homem e uma mulher estabelece um pacto diante do Criador, que não pode terminar com a morte, pois se baseia no amor, e o amor "nunca morre". Além da fé e da esperança, é a única coisa que permanece para sempre (1Coríntios 13.8,13). De acordo com o autor do livro de Cântico dos Cânticos, "o amor é tão forte quanto a morte e o ciúme [paixão] é tão inflexível quanto a sepultura" (Cântico dos Cânticos 8.6b).

Lamentavelmente, o ser humano, criado em amor, por amor e para o amor, desobedeceu a seu Criador e rebelou-se contra sua vontade com relação ao amor. Esse pecado criou uma situação de pecado que acabou corrompendo o amor humano, impondo-lhe limites e condições. O egoísmo começou a tomar o lugar do amor. Jesus chamava a isso "dureza de coração" (gr. *sklērokardían*, v. 5). Por esse motivo, Deus concedeu a Moisés que desse permissão para o divórcio, sob a condição de que a mulher recebesse uma certidão de divórcio. Esse documento visava proteger a mulher e seus filhos de qualquer arbitrariedade em uma sociedade patriarcal, na qual pelos ditames da cultura as mulheres e as crianças não tinham valor, reconhecimento nem direitos. Mas o preceito de Moisés não é necessariamente aplicável aos cristãos, porque não estamos "debaixo da lei, mas debaixo da graça", e pertencemos ao Reino de Deus. O Reino de Deus já começou a se manifestar, e nós, como seus cidadãos, devemos seguir o plano original de Deus para sua criação, não a lei de Deuteronômio.

Ao analisar a questão do divórcio, deve-se considerar tudo que a Bíblia diz sobre o assunto. De acordo com as Escrituras, Deus odeia o divórcio (Malaquias 2.14-16), mas Moisés, pela obstinação do povo, o permitiu (Mateus 19.8) mediante a entrega de uma certidão de divórcio (Deuteronômio 24.1). Por essa razão, quem é casado não deve tentar se divorciar (1Coríntios 7.27). A Bíblia menciona a necessidade de se divorciar das mulheres pagãs (Esdras 10.2,3) e permite o divórcio apenas no caso de infidelidade conjugal (Mateus 5.32). O divórcio pode ser causa de adultério (Lucas 16.18). A mulher divorciada que fazia um voto era obrigada a cumpri-lo (Números 30.9). O sacerdote não podia se casar com uma mulher divorciada (Levítico 21.14). O novo casamento dos divorciados contamina a terra (Jeremias 3.1). O divórcio só é admitido quando há infidelidade conjugal (Mateus 19.9).

## O propósito (10.6-8)

O v. 6 e os dois seguintes foram extraídos de Gênesis 1.27 e 2.24 e mostram o plano original de Deus para homens e mulheres. Esse plano consiste basicamente em dois pontos. 1) Seu plano é que homens e mulheres se casem e tenham filhos, porque é na condição de filhos de uma família humana que aprendemos a amar os outros. 2) Seu plano é que marido e mulher permaneçam juntos por toda a vida (v. 1Coríntios 7.10,11). Esse é o plano para toda a humanidade. Assim como toda máquina só funciona bem se for utilizada conforme projetada pelo fabricante, todos os que participam da aliança matrimonial devem seguir o plano original de seu Criador, se quiserem viver felizes desde agora e para sempre. Ninguém deve se casar com outra intenção além de viver com o mesmo cônjuge para sempre.

De acordo com o v. 8, o casamento entre um homem e uma mulher é consumado quando se tornam "uma só carne" (gr. *eis sárka mían*, Gênesis 2.24). Na verdade, a união de ambos vai além do meramente físico. Trata-se de uma união que envolve corpo, mente e espírito. Os dois estarão mais unidos entre si que com qualquer outro membro da família ou a qualquer outro tipo de relacionamento social. O v. 8 (e tb. o v. 9) mostra que Jesus tinha em mente um casamento monogâmico, ou seja, de um homem e uma mulher. No v. 7, a frase "se unirá à sua mulher" (gr. *kaì proskollēthēsetai pròs tēn gunaîka autoū*, omitida em alguns manuscritos) não é "se unirá a cada esposa". Na verdade, Jesus nunca proibiu a poligamia, talvez por não ser necessário, uma vez que os judeus não a praticavam havia muito tempo, o que era comum nos dias de Abraão.

## O começo (10.9-12)

Por trás das palavras de Jesus nesses versículos está um princípio fundamental: "O que Deus uniu, ninguém o separe". Com essa declaração, Jesus está ensinando que o divórcio é sempre errado? A resposta de muitos cristãos é "sim", que essa é uma das poucas regras claras estabelecidas por Jesus. De acordo com esse conceito, o divórcio é contra o plano que Deus tinha em mente quando nos criou (v. 6), mas, em contrapartida, a experiência parece mostrar que essa regra é necessária. Duas pessoas só irão considerar sua união mais segura se na hora do casamento estiverem convictas de que jamais poderão se divorciar e que seu compromisso perante o Senhor é para sempre. Se admitirem o divórcio como possibilidade, há sempre a chance de menos confiança entre eles. Qualquer um dos dois pode temer que o outro vá embora quando surgirem dificuldades ou quando uma oportunidade se apresentar.

No entanto, há cristãos que interpretam de forma diferente essa declaração de Jesus. Segundo eles, trata-se apenas de uma resposta aos fariseus, que não pretendia estabelecer uma regra para todos os cristãos. Além disso, embora o divórcio seja uma ação contrária ao plano original de Deus e deva ser evitado com firmeza pelos crentes, pode haver situações em que seja mais conveniente permiti-lo ou aconselhá-lo. Mateus 19.9 é citado muitas vezes pelos que apoiam esse conceito. Nesse versículo, Jesus se manifesta dizendo que um homem pode se divorciar da esposa se ela tiver cometido "imoralidade sexual". Mas é improvável que o relato de Mateus seja inteiramente correto, porque se Jesus dissesse isso estaria tomando partido entre dois grupos de fariseus que tinham opiniões divergentes. Um dos dois grupos seguia os ensinamentos do rabino Hillel, que permitia o divórcio mesmo por motivos tão absurdos quanto a mulher queimar a comida ou o marido não se agradar do prato que ela preparou. No outro extremo, estavam os que seguiam os ensinamentos do rabino Shammai, que só permitia o divórcio em caso de adultério. Aliás, nas duas escolas a mulher era sempre condenada e estava em desvantagem, não o homem. Sem dúvida, Jesus não tomou partido na controvérsia dos fariseus, porque rejeitava a maneira pela qual as duas linhas de pensamento e de ação consideravam o serviço a Deus e a obediência à sua vontade. Para qualquer fariseu, o cumprimento estrito da Lei era mais importante que o ser humano. Para Jesus, nesse caso e em vários outros, as pessoas eram mais importantes que a Lei.

Portanto, é provável que seja Marcos quem apresenta, nos v. 9 e 11, o verdadeiro ensino de Jesus sobre o divórcio. De acordo com o v. 11, Jesus proíbe os crentes de se casarem outra vez enquanto o primeiro cônjuge estiver vivo. Em suma, para encontrar uma resposta para a questão do divórcio, hoje é preciso levar em conta os ensinamentos de Paulo em 1Coríntios 7.1-7 e especialmente os v. 10-16

Na declaração do v. 12, Jesus põe homens e mulheres igualmente sob a lei da fidelidade, exigida de ambos. Portanto, mais uma vez, Jesus defendia algo bem diferente do que era ensinado pela lei judaica. De acordo com Deuteronômio 24.1-4, havia uma lei para homens e outra para mulheres: ele podia se divorciar dela, mas ela não podia deixá-lo. Ainda hoje, em algumas culturas, quando a mulher comete adultério, ela é severamente punida, enquanto o homem que comete a mesma ofensa continua livre. Mas o cristão que espera receber amor e fidelidade da esposa sabe, por esse versículo, que ela tem o direito de esperar as mesmas coisas do marido.

## JESUS E AS CRIANÇAS (10.13-16)

### A atitude dos pais (10.13a)

Os pais traziam seus filhos a Jesus para que ele tocasse nas crianças. Talvez porque desejassem que Jesus as curasse de alguma doença (3.10; 5.27,30; 6.56). É mais provável, porém, que quisessem uma bênção para a vida futura delas (Gênesis 48.13-19). Naturalmente, podemos pressupor que, dos pais que traziam os filhos, eram as mães que mais se destacavam, embora o gênero utilizado no texto grego seja masculino e indique o homem. Em todo caso, as crianças em questão deviam ser bem pequenas, uma vez que a palavra grega (*paidía*, "crianças") indica menores de 12 anos.

### A atitude dos discípulos (10.13b)

Os discípulos reagiram de imediato ao grupo que se aproximava de Jesus negando-lhe acesso a ele. Talvez pensassem que Jesus estava muito ocupado e que eram os responsáveis por protegê-lo de inconvenientes desnecessários. Essa atitude provavelmente estava alinhada com os padrões culturais da época, que consideravam as crianças seres de pouca importância. Os discípulos, dessa maneira, tentavam estabelecer as prioridades de Jesus, mas receberam dele uma severa repreensão. Jesus não deixaria que os discípulos impedissem as crianças de vir a ele.

Parte da missão da igreja é educar as crianças, ajudá-las a desenvolver o melhor de seu potencial e amá-las. Há uma grande necessidade de ação comprometida por parte das igrejas contra o abuso e a exploração sexual das crianças, a utilização delas como meros consumidores de produtos, a opressão do trabalho infantil, o envolvimento precoce no crime e no consumo de drogas, a falta de proteção e a destruição emocional pelo desmantelamento da família, o deslocamento psicológico ao ser tratadas como adultos, a lavagem cerebral pelo uso abusivo da televisão e da publicidade, e assim por diante. As igrejas também devem se comprometer ativamente em lhes fornecer assistência médica e sanitária, educação, promoção social e, acima de tudo, o Salvador Jesus.

## A atitude de Jesus (10.14-16)

**Jesus e as crianças.** A maneira pela qual Jesus agiu com relação às crianças era radicalmente contracultural. Em uma das épocas que mais desprezaram a infância, Jesus tratou as crianças com extraordinário amor e respeito. Em um mundo em que as crianças não eram consideradas pessoas e em que a dignidade pessoal era medida em anos, Jesus deu atenção preferencial às crianças. As crianças eram ignoradas na vida pública, enquanto Jesus, em público, as reuniu, abraçou, abençoou e demonstrou ternura por elas.

> **José Luis Martín Descalzo:** "Mais uma vez, o paradoxo: esse Jesus radicalmente varão tinha verdadeira paixão por crianças. Vivendo em uma época que creditava a perfeição à velhice e desprezava a infância, ele ousou apresentar os pequenos como modelos; ele, que não queria ter filhos carnais, possuía infinitos rios de ternura interior; e repartiu — como explicar? — seu amor simultaneamente entre pecadores e crianças".[7]

*Jesus conhece as crianças.* Por meio de seus ensinamentos, especialmente de suas declarações, é possível detectar que Jesus tem um profundo conhecimento de seus jogos, músicas e brincadeiras. Obviamente, ele também conhece o idioma delas, porque se comunica diretamente com as crianças e com grande alegria. A parábola de Mateus 11.16,17 é uma boa ilustração de tudo isso.

*Jesus valoriza as crianças.* De acordo com ele, as crianças têm grande capacidade para a oração de fé e o louvor sincero (Mateus 21.14-16). Jesus considera-as mais sábias que os mestres da lei, mais inteligentes que os fariseus e mais perspicazes que os chefes dos sacerdotes, uma vez que foi às crianças que Deus revelou sua palavra (Mateus 11.25).

*Jesus ama as crianças.* Existem apenas duas passagens em todo o Novo Testamento nas quais o verbo "abraçar" (gr. *enagkalízomai*, "pegar nos braços") se aplica ao tratamento de Jesus às crianças. Em Marcos 9.36, vemos

---

7. **Vida y ministerio de Jesús de Nazaret**, v. 2, p. 222.

Jesus "pegando [...] nos braços" uma criança (gr. *enagkalisámenos autò*). Na passagem paralela de Mateus 18.2, vemos Jesus "chamando uma criança" (gr. *proskalessámenos paidíon*). Nesse caso, o verbo grego é *proskaléomai* e significa "chamar a si", "convocar". A frase seguinte, "colocou-a no meio deles" (gr. *éstēsen autò en mésōi autōn*), pressupõe (seguindo a passagem paralela de Marcos) que ele abraçou a criança. Esse abraço foi um gesto de profunda ternura e a expressão de um profundo amor. Não vemos esse gesto de amor de Jesus direcionado a qualquer outro ser humano, nem mesmo à sua mãe ou a algum dos discípulos. Supomos que esse terno amor fosse correspondido pelas crianças, que correriam em sua direção confiantes e seguras. Em nenhum momento durante seu ministério, Jesus teve seguidores tão fiéis e afetuosos quanto as muitas crianças que devem ter alegrado sua vida.

*Jesus se preocupa com as crianças.* Sua preocupação não é circunstancial, mas permanente. Por isso, repreendeu aqueles que as tratavam com desprezo e queriam afastá-las dele (Mateus 18.10a). De fato, Jesus previu punições severas para os que escandalizam ou desprezam uma criança: "Mas, se alguém fizer cair no pecado um destes pequeninos que creem em mim, melhor lhe seria amarrar uma pedra de moinho no pescoço e se afogar nas profundezas do mar" (Mateus 18.6). Jesus apresenta até mesmo uma razão misteriosa para essa preocupação preferencial de Deus com as crianças: "Pois digo que os anjos deles nos céus estão sempre vendo a face de meu Pai celeste" (Mateus 18.10b). É interessante a relação que Jesus parece estabelecer entre as crianças e os anjos, e não quaisquer anjos, pois esses são muito privilegiados, uma vez que desfrutam a bênção de estar o tempo todo na presença de Deus. Trata-se de uma ilustração clara e real da preocupação permanente de Deus com as crianças. Jesus reforça o conceito quando declara: "Da mesma forma, o Pai de vocês, que está nos céus, não quer que nenhum destes pequeninos se perca" (Mateus 18.14).

**As crianças e Jesus.** O Mestre apresenta uma de suas maiores lições sobre o Reino de Deus usando como metodologia uma dramatização de alto conteúdo emocional. O Senhor ilustra o conceito mais profundo do Reino tomando como ilustração viva as atitudes das crianças e suas características gerais. Isso nos leva a três questões fundamentais sobre o Reino de Deus.

*De quem é o Reino? (v. 14).* Jesus aproveitou a ocasião para ministrar um grande ensinamento. Ele transformou um incidente menor em uma oportunidade especial para fazer um pronunciamento importante e fez acompanhar suas palavras de um gesto muito singular: abraçar crianças. De acordo com Jesus, a razão pela qual as crianças podiam se aproximar dele era que "o Reino de Deus pertence aos que são semelhantes a elas" (gr. *tōn gàr toioútōn estin hē basileía toū theoū*, v. 14). As opiniões diferem quanto à tradução precisa dessa frase. A expressão pode significar "pertence aos tais" ou "consiste nos tais". Obviamente, Jesus tratava as crianças "não como cidadãos, mas como símbolos do Reino".

O episódio revela uma clara e forte exigência com respeito à necessidade de um cuidado cristão especial e definido pelas crianças. Isso pode muito bem indicar uma paternidade responsável. Para o cristão, a paternidade é uma vocação sublime e santa, maior que a vocação com a qual se ganha a vida. Os pais são responsáveis por garantir o bem-estar dos filhos e devem dedicar o tempo necessário para demonstrar um interesse especial por eles e por seu futuro. Os pais precisam estar profunda e seriamente interessados no bem-estar espiritual dos filhos, dando-lhes oportunidades de conhecer o amor do Senhor, estudar sua Palavra, aprender a se comunicar com ele por meio da oração e adquirir os valores do Reino, os quais lhes permitirão viver uma vida plena, de acordo com o propósito eterno de Deus para eles.

Parte da herança cristã tem sido apoiar e defender os direitos das crianças. Nos séculos anteriores à propagação da fé cristã, havia flagrantes abusos contra as crianças, que eram expostas a perigos físicos, emocionais, morais e espirituais, às vezes a ponto de lhes causar a morte. Os primeiros cristãos opunham-se fortemente a essas práticas. Hoje o abuso de crianças ainda não acabou. Elas continuam expostas a todo tipo de abuso, muitos deles sutis e domésticos, mas com grande impacto destrutivo em sua vida. O abuso psicológico, a humilhação e a negligência (emocional, física, intelectual e espiritual) parecem se multiplicar. Os cristãos devem estar na linha de frente com aqueles que se opõem e resistem a qualquer tipo de abuso infantil.

*Como o Reino é recebido? (v. 15).* De acordo com Jesus, ninguém pode receber o Reino de Deus, a menos que o faça como uma criança. A frase "receber o Reino de Deus" (gr. *déxētai tēn basileían toū theoū*) é semelhante a "entrar no Reino de Deus" (9.47), "entrar na vida" (9.43) ou "ser salvo" (10.26). Essas expressões se referem a "viver o melhor e mais alegre tipo de vida". A frase significa receber esse tipo de vida (como um presente de Deus) mediante a aceitação de um compromisso pessoal com a soberania de Deus na vida. É crucial que o dom divino do Reino seja aceito e recebido voluntária e livremente. A frase "receber [...] como uma criança" (gr. *déxētai* [...] *hōs paidíon*) significa "receber da maneira que uma criança recebe alguma coisa". Em todo caso, a frase aparece em Marcos sem ser explicada, o que deixa alguma dúvida quanto à sua intenção ou significado. No entanto, Mateus 18.4 deixa claro que Jesus tinha em mente a humildade dos que estavam cientes de que dependiam totalmente de Deus, assim como as crianças pequenas são totalmente dependentes dos pais.

Algumas teorias enfatizam outras características além da humildade. Por exemplo, há quem observe que uma criança normal vive pela graça, não pelas obras. Por exemplo, uma criança comum não pensa que pode obter o amor e o cuidado dos pais adulando-os ou se comportando bem. Ela apenas tem como certo que será recebida e amada por eles, a menos que a condicionem a pensar e sentir de outra maneira. Portanto, o pronunciamento de Jesus sobre o Reino é uma parábola de pura graça. Não é algo que alguém possa pretender ou reivindicar como direito adquirido. Na importante passagem de João 3, o líder religioso Nicodemos teve de aprender que não seria aceito nem ingressaria no Reino apenas por ser um teólogo erudito ou um líder religioso respeitado, e sim por um grande milagre do amor de Deus (João 3.3-5). Outra teoria ressalta que Jesus tinha em mente a simplicidade e o frescor de uma criança. Ou seja, uma criança pode reter uma imaginação original e tem grande capacidade de receber impressões não condicionadas. Outros intérpretes apontam para a receptividade, a confiança, a inocência e a modéstia das crianças.

De acordo com a Bíblia, as crianças manifestam algumas características próprias, como: precisam de cuidados (Gálatas 4.2); são imaturas (Efésios 4.14); são dependentes (Hebreus 5.12); são inconstantes (Números 11.12); precisam ser alimentadas (Hebreus 5.13); a insensatez está relacionada a elas (Provérbios 22.15); precisam de disciplina (Provérbios 13.24); são afeitas a brincadeiras (Zacarias 8.5); devem aprender a obediência (Efésios 6.1) e o respeito aos pais (Levítico 19.3).

De todas essas observações, parece que a humildade está no centro, mas a ênfase na graça e na receptividade também deve ser levada em consideração. Desse modo, o episódio consiste em uma rejeição ao orgulho de todos os tipos. É preciso ser recebido no Reino como o cobrador de impostos da parábola, que clamou por misericórdia, diferentemente do fariseu que acreditava não precisar de nada (Lucas 18.9-14). A humildade de uma criança, para sermos mais exatos, é objetiva. Ou seja, a criança é realmente fraca e desamparada. E Deus escolheu os fracos do mundo (1Coríntios 1.27).

> **John Hargreaves:** "De que maneira devemos ser como crianças? Precisamos confiar e depender tanto de Deus quanto elas confiam e dependem dos mais velhos. As crianças sabem que dependem da bondade e do conhecimento deles. Não se importam com o futuro, porque confiam que os mais velhos irão cuidar delas. Sabem que têm pouco conhecimento e querem saber mais. Desse modo, o Reino de Deus é para os que reconhecem que são fracos, ignorantes pecadores e, agradecidos, aceitam o perdão, a força e a orientação que Deus lhes oferece (v. Mateus 5.6; Efésios 2.8)".[8]

*Como o Reino se manifesta? (v. 16).* O Reino de Deus sempre vai além de nossas expectativas. Os pais pediam a Jesus que ele "tocasse" (gr. *hapsētai*) em seus filhos, mas o Messias foi mais longe.

1) Ele as abraçou. A frase "tomou as crianças nos braços" (gr. *kaì enagkalisámenos autà*) indica que, antes de abençoá-las (ação formal), Jesus expressou grande amor por elas (ação informal). Ele repreendeu os discípulos quando tentaram impedir que os pais "trouxessem" seus filhos (Lucas acrescenta que ele "chamou a si as crianças", Lucas 18.16). Dessa forma e por meio do contato físico, Jesus expressou sua afeição por eles. O abuso sexual contra crianças levou algumas culturas à negação de qualquer contato físico afetivo com elas — um grande ludíbrio de Satanás. As crianças precisam que lhe digam que são amadas, mas também necessitam de expressões físicas desse amor: beijos, carícias, abraços. O abraço de Jesus não só lhes comunicava afeição, mas também segurança e proteção, elementos fundamentais para o desenvolvimento saudável das crianças.

2) Ele as abençoou. Jesus ministrou sua bênção de duas maneiras. Em primeiro lugar, "impôs-lhes as mãos" (gr. *titheìs tàs cheîras ep' autá*); em segundo lugar, orou por elas abençoando-as (Mateus 19.13). A bênção (gr. *kateulógei*) nesse caso é muito semelhante à que um pai deveria ministrar em favor de seus filhos (v. Gênesis 48.15,16; 49.1-28; Deuteronômio 33.1-29). A bênção "patriarcal" consistia em quatro partes. Primeira: havia contato físico. O pai abraçava o filho, sentava-o sobre os joelhos e colocava as mãos sobre ele como

---

8. **A Guide to St. Mark's Gospel**, p. 162.

expressão de intimidade e carinho. Segunda: havia palavras boas. O pai destacava as virtudes, os talentos ou as habilidades do filho. Terceira: havia uma palavra profética. O pai profetizava sobre o que o filho se tornaria de acordo com a vontade do Senhor e sobre permanecer fiel a Deus. Quarta: havia uma bênção. O pai fazia uma declaração formal da bênção de Deus sobre o filho, geralmente por meio de uma fórmula religiosa.

Todo pai cristão deveria fazer isso pelo menos uma vez na vida de seu filho. O mesmo se aplica ao pastor de uma congregação com respeito a cada membro. Os católicos romanos chamam seus sacerdotes de "pai". Nós, protestantes, rejeitamos esse qualificativo, mas esquecemos que um bom pastor é um pai espiritual para suas ovelhas e deve se comportar como tal. A bênção paterno-pastoral aos crentes é uma oportunidade magnífica de demonstrar amor por todos os filhos de Deus, além do imenso valor da própria bênção.

## JESUS E AS RIQUEZAS (10.17-31)

Em algum ponto da viagem de Jesus e seus discípulos a Jerusalém, um homem rico apareceu em cena com uma pergunta fundamental. Lucas diz que essa pessoa era "certo homem importante" (Lucas 18.18), e Mateus ressalta que ele era "jovem" (Mateus 19.22). Ele era também um homem bom e piedoso, consciente de não ser perfeito. Essa era sua motivação ao se aproximar de Jesus, a quem de alguma forma admirava por seu comportamento impecável ("Bom mestre", gr. *didáskale agathé*; v. 17b).

### Uma pergunta e várias respostas (10.17-22)

A inquietação existencial do jovem rico manifestou-se em uma pergunta muito séria: "que farei para herdar a vida eterna?" (gr. *tí poiēsō hína zōēn aiōnion klēronomēsō*). É evidente que sua vida já era bem-sucedida aos olhos dos demais (jovem, rico, importante, inquiridor, piedoso, humilde); contudo, ele aspirava a um nível de vida mais elevado. O desejo era tão profundo que ele não hesitou em correr atrás de Jesus e se prostrar a seus pés como uma criança. Ele queria o melhor tipo de vida humana possível e acreditava que Jesus poderia ensiná-lo a obter essa vida. Nisso ele não se enganou, pois Jesus veio precisamente para nos dar essa vida plena (João 10.10b).

Jesus parece responder à preocupação do jovem com três perguntas: 1) "Ao me chamar 'bom', você está falando sério?" (v. 18); 2) "Você já vive de acordo com as leis de Deus até onde as entende?" (v.19); 3) "Você está disposto a dar um passo adiante e abandonar as coisas que o impedem de viver essa vida plena?" (v. 21).

**"Por que você me chama de bom?" (v. 18).** Jesus queria medir o grau de sinceridade do jovem. Queria saber se o que ele estava dizendo era apenas lisonja ou se realmente pensava assim. Além disso, Jesus esclareceu que toda bondade provém de Deus e que a dele imitava a do Pai celestial (João 5.19). Com essas palavras, Jesus não estava negando que era perfeitamente bom (João 8.46) nem afirmando que não era Deus (João 10.30). Devemos tomar cuidado para não ler esse versículo como uma afirmação dogmática ou a base para o estabelecimento de uma cristologia acabada. Como Ched Myers observa: "Os teólogos passaram verdadeiras agonias diante das implicações cristológicas do aparente autoaniquilamento de Jesus em 10.18. O problema desaparece assim que percebemos que Jesus repele e desfaz as esperanças do homem de algum agrado em troca. Ao contrário deste, o que vem é uma reprovação: há somente 'um' que é bom".[9]

> **Alessandro Pronzato:** "Além disso, Jesus provavelmente sugere que o interlocutor, mesmo de forma inconsciente, chegou perto da verdade. De fato, precisamente nele, Deus, o único bom (por sua misericórdia, perdão, compaixão das misérias), fez-se próximo do homem. Na verdade, como observa E. Schweizer, nesse episódio Jesus se comporta como 'na posição do próprio Deus; em seu chamado para segui-lo, a vida eterna. O próprio Deus vem a esse homem, e seu sim ou seu não para Jesus são na verdade um sim ou um não para Deus'. Paulo diria: 'Ele é a imagem do Deus invisível' (Colossenses 1.15)".[10]

**"Você conhece os mandamentos" (v. 19,20).** Os "mandamentos" eram a lei judaica, que Jesus não ensinou a seus discípulos a cumprir em sua totalidade (v. 5,6), mas a obedecer aos mandamentos mencionados aqui, que dizem respeito ao dever para com o próximo. Esses mandamentos são como o fundamento

9. **O evangelho de São Marcos**, p. 329-330.
10. **Un cristiano empieza a leer el evangelio de Marcos**, v. 1, p. 130.

necessário para uma vida boa, mas não são tudo (v. 21; Mateus 5.20). Jesus continua a interrogar o jovem, para saber quanto este era sincero e medir a boa disposição de sua piedade. O jovem parece não ter entendido totalmente o que Jesus estava pedindo, porque alegou cumprir todos os mandamentos. No entanto, "não matarás" deve ser entendido como um mandamento que envolve muito mais que tirar a vida de uma pessoa. Amar e ajudar alguém em necessidade, como os pobres, é cumprir de forma positiva o mandamento originariamente formulado de maneira negativa.

**"Vá, venda tudo o que você possui e dê o dinheiro aos pobres" (v. 21,22).** Antes de fazer essa proposta fulminante, "Jesus olhou para ele e o amou" (gr. *Iēsoûs emblépsas autôi ēgápēsen autòn*; lit., "olhando para ele, Jesus o amou"). A palavra *ágape* descreve esse tipo de amor, que Jesus mostrou durante toda a sua vida e em sua morte. Se tivermos esse tipo de amor, podemos nos entregar com alegria ao serviço do próximo e estaremos dispostos a sofrer por ele. Jesus amou o jovem porque este era como uma criança: sabia que precisava de ajuda (v. Mateus 19.20). Podia ver nele alguém com grande potencial para ser seu discípulo. Mas o jovem rico precisava deixar as riquezas de lado para seguir Jesus sem lastro e com absoluta fidelidade. A riqueza era um obstáculo a seu desejo de amar a Deus e ao próximo. Quando lhe pediu para vender tudo, Jesus não estava estabelecendo uma regra para todos os seus seguidores, apenas para os que precisassem aprender o que significa desapegar-se dos bens deste mundo a fim de obter o tesouro de uma vida plena e feliz. Essa é a maneira de conseguir um "tesouro no céu" (gr. *thēsauròn en ouranōi*), ou seja, no lugar da presença de Deus e em comunhão com ele. Infelizmente, o jovem tomou a decisão errada, por isso "ficou abatido e afastou-se triste" — sem a vida eterna e na mesma situação em que se aproximara de Jesus.

> **John Hargreaves:** "Há nessa [passagem] [...] um ensinamento que é para todos. 1) Há momentos em nossa vida que, para obedecer a Deus, temos de viver sem algo do qual gostamos. Por exemplo: um homem ou uma mulher de boa formação pode receber um chamado de Deus para trabalhar em um lugar solitário por um salário ínfimo, a fim de ajudar as pessoas desse lugar; um cristão pode achar necessário abandonar seu partido político (ao qual seus amigos pertencem) por estar operando de maneira não crista. 2) Isso

é mais que guardar os Dez Mandamentos: é o resultado de amar a Deus de todo o coração. O general Booth (fundador do Exército de Salvação) declarou: 'Desde o momento em que entreguei meu coração a Cristo, ele passou a ter tudo que era meu'. 3) Essas ações são ousadas e realizadas apenas por aqueles que estão dispostos a correr um risco, ou seja, para quem tem fé. 4) Contudo, não 'herdamos a vida eterna' simplesmente por uma ação desse tipo. Esse é apenas o primeiro passo para seguir Jesus".[11]

## Uma dificuldade e vários significados (10.23-27)

As declarações contidas nos v. 23-25 seguem a história de um jovem ilustre que se aproximou de Jesus, prostrou-se diante dele e perguntou-lhe o que fazer para herdar a vida eterna. O homem tinha um comportamento exemplar, de acordo com as exigências dos Dez Mandamentos. Também era dono de uma fortuna considerável. Jesus, porém, disse-lhe que algo ainda estava faltando, por isso não podia herdar a vida eterna. Ele teria de vender tudo que possuía e distribuir o dinheiro entre os pobres; então, poderia segui-lo. Provavelmente, esse homem tinha potencial para ser outro apóstolo Paulo, mas sua vida estava concentrada nas riquezas. É bem provável que a compreensão que tinha de si mesmo se baseasse na quantidade de seus bens. Seu prestígio e seu poder estavam vinculados ao poder do dinheiro. Jesus pediu-lhe que fizesse um sacrifício radical, mas ele não pôde fazê-lo. Não conseguia se livrar de suas riquezas, que evidentemente o mantinham sob controle e era para ele a coisa mais importante da vida. Dessa forma, o jovem rejeitou a pérola de grande valor (Mateus 13.45,46).

**Algo difícil (v. 23,24).** As pessoas comuns que ouviram Jesus, inclusive os discípulos, pensavam que era fácil para quem possuía bens levar uma vida melhor, ou seja, "entrar no Reino de Deus". No entanto, era algo que Jesus considerava difícil para os ricos. Sua declaração surpreendeu os discípulos (v. 24) porque, como todo mundo, eles consideravam as riquezas um sinal da aprovação divina sobre a vida humana (Gênesis 24.35) e o resultado de uma vida piedosa. Ou seja, quanto maior a piedade, maior a bênção divina, e isso não poderia resultar em outra coisa senão em maior riqueza. Embora o próprio judaísmo tivesse apreço pelos devotos pobres (Salmos 9.18; 10.9; 12.5) e

11. **A Guide to St. Mark's Gospel**, p. 165.

soubesse dos perigos e das tentações das riquezas, também havia uma forte linha de pensamento que sugeria que as riquezas eram um sinal do favor de Deus, uma espécie de recompensa pela bondade da pessoa (Jó 42.10).

Jesus tinha um conceito oposto a esse tipo de "evangelho da prosperidade". Ele estava entre os que consideravam as riquezas uma fonte de grande perigo espiritual (v. Lucas 1.53; Tiago 5.1-6; 1Timóteo 6.6-10,17-19). Na parábola do rico insensato (Lucas 12.16-21), Jesus, sem dúvida, expôs a dura realidade de que o amor ao dinheiro desqualifica efetivamente o ser humano para o Reino. Ele sabia que a pessoa muito ligada à riqueza podia se esquecer das coisas infinitamente mais importantes da vida. Por confiar no próprio poder, quem possui grande riqueza pode perder todo o senso de prioridade e sentir uma falsa segurança ao descansar em seus bens. Jesus, com a forte declaração sobre a dificuldade de um rico entrar no Reino de Deus e com a radical exigência feita ao jovem rico, pôs em pauta essa questão. Alguns atacavam verbalmente os ricos com críticas egoístas e carregadas de inveja. Jesus, porém, amava os ricos, preocupava-se com eles e procurou libertar aqueles que se haviam deixado aprisionar pelo apego ao dinheiro. Ele proclamava um evangelho de absoluta confiança em Deus. Uma declaração tão forte quanto essa pretendia provocar uma séria reflexão pessoal. Convém lembrar que Jesus demonstrava um interesse especial por indivíduos como o rico Zaqueu, que veio a se arrepender e reorientou a própria vida (Lucas 19.1-10).

**Algo impossível (v. 25,26).** Nas palavras desses versículos, Jesus parece dobrar a aposta, pois o que era "difícil" (gr. *duskólōs*) no v. 23 passou a ser "impossível" no v. 25. Diante disso, não é de estranhar o espanto ainda maior dos discípulos e o desespero da pergunta deles (v. 26). A surpreendente metáfora de "um camelo" (gr. *kámēlon*) atravessando o "fundo de uma agulha" é categórica. O espanto crescente é explicável, pois uma coisa é ser "difícil" para os ricos entrar no Reino de Deus (v. 23b) e outra coisa é ser impossível, tão impossível quanto um camelo passar pelo buraco de uma agulha. O movimento da dificuldade para a impossibilidade foi o que deixou "perplexos" os seguidores de Jesus e os levou a fazer a pergunta do v. 26.

Valendo-se de uma autêntica hipérbole oriental (exagero; como em Marcos 11.23 e Mateus 7.3-5), Jesus apresenta com humor refinado o exemplo de uma situação impossível. Naturalmente, os discípulos resistiram à afirmação sobre a dificuldade de os ricos entrarem no Reino e estavam inclinados a rejeitar a segunda, sobre a impossibilidade disso, pois contrariava suas pressuposições culturais. Ao que parece, quando os discípulos expressaram espanto diante de declaração, Jesus respondeu com uma advertência ainda mais absoluta e radical. Sem dúvida, ao longo da História tem se tentado suavizar as declarações de Jesus a respeito das riquezas. No entanto, ele sempre advertiu contra elas.

Um débil esforço de interpretação, que conquistou alguns adeptos, tem sido a sugestão de que a palavra grega normalmente traduzida por "camelo" (gr. *kámēlos*) deve ser traduzida por "corda" (gr. *kámilos*). Esse argumento baseia-se no fato de que no grego a palavra "corda" difere em apenas uma letra da palavra "camelo". No entanto, não há base suficiente para isso. Além do mais, também é impossível que uma corda passe pelo buraco de uma agulha! Outros argumentam que o fundo da agulha é na verdade uma porta. A sugestão é que em Jerusalém havia uma pequena porta chamada "Olho de uma Agulha", ainda em uso nos dias de Jesus. De acordo com essa interpretação, ele estaria se referindo a essa porta em sua metáfora. Vários estudiosos, porém, dizem que essa porta existe apenas na imaginação dos guias turísticos de Jerusalém.

Jesus confrontou a realidade de muitos ricos que não entraram no Reino de Deus ou tiveram sérias dificuldades espirituais para fazê-lo, dado o seu apego à riqueza. Ele também reconheceu a necessidade de essas pessoas se aproximarem do Reino como crianças (v. 15). A graça e o poder de Deus são evidentes no diálogo entre Jesus e seus discípulos (v. 26-31). Jesus escolheu a incrível ilustração do camelo para acentuar a dificuldade do ingresso dos ricos no Reino. O camelo era o maior animal da Palestina, e Jesus contrastou esse tamanho com uma abertura muito pequena: o buraco de uma agulha. Jesus queria chocar seus ouvintes e levá-los a reconhecer o que estavam se recusando a acreditar por inclinações naturais ou culturais. O homem rico, com toda a sua aparência de poder e prestígio, estava em uma situação muito perigosa. A cultura o admirava ou invejava, mas Jesus demonstrou com franqueza que os ricos precisam ser especialmente orientados para entrar no Reino.

A preocupação de Jesus com os ricos deve ser assumida por seu povo. Mas temos a coragem e a confiança para dizer aos ricos que eles correm grande perigo espiritual? Ousamos aceitar e proclamar isso? A igreja cristã foi chamada para testemunhar também a ricos e famosos. Podemos facilmente admirar quem parece ter tudo e imaginar que não precisa de nada e que consequentemente não estará aberto à promessa do evangelho. Tanto o aristocrata rico, com suas antigas relações monetárias, quanto o novo rico, muitas vezes com sua ostentação irritante, precisam entrar no Reino de Deus. As pessoas no topo da pirâmide corporativa e os membros de clubes exclusivos precisam de redenção.

Jesus não apenas surpreendeu seus discípulos originais, mas também seus seguidores contemporâneos, com declarações restritivas e rigorosas sobre o perigo do dinheiro. Ele era ousado o bastante para pedir a um rico que abandonasse tudo que possuía. O rico tem a mordomia da abundância a seu cargo. A riqueza dedicada ao Reino tem grandes possibilidades, e muitos fizeram e estão fazendo enorme diferença por causa das decisões e do comprometimento resultantes de suas experiências de graça. A obrigação de todo crente renunciar à sua riqueza em favor do Reino é muito clara e desafiadora. O verdadeiro crente jamais será possuído por suas posses, mas saberá como desenvolver uma atitude de desapego dos bens deste mundo.

**Algo possível (v. 27).** O significado dessas palavras cheias de esperança é: "Um rico pode 'ser salvo', mas apenas com a ajuda de Deus e por causa de sua 'graça' (seu amor generoso)". Essas palavras são encorajadoras. Deus nunca nos pede algo que ele não nos tenha dado primeiro, nem nos ordena uma ação sem nos dar a força necessária para executá-la (v. 1Coríntios 10.13; 2Coríntios 12.9a; Filipenses 4.13). Isso não significa que, por sermos cristãos, somos todo-poderosos ou que Deus possa fazer o que bem quiser. Ele decidiu se relacionar conosco de certa maneira e não quebra as regras que estabeleceu. Ele não irá forçar ninguém a se arrepender e a confiar em Jesus Cristo como Senhor e Salvador.

A Bíblia geralmente descreve as riquezas de maneira negativa e aponta os males que acometem uma pessoa que perde a vida por elas. Segundo a Bíblia, as riquezas são transitórias (Provérbios 27.24); são incertas (1Timóteo 6.17); estragam-se (Tiago 5.1,2); são perecíveis (1Pedro 1.18); não existem (Provérbios 23.4,5); são enganosas (Mateus13.22); podem ser roubadas (Mateus 6.19); desaparecem (Jeremias 48.36); estão sujeitas a desapropriação (Habacuque 2.6,7); não satisfazem (Eclesiastes 5.10).

> **José Luis Martín Descalzo:** "A entrada no Reino [...] será um novo nascimento, uma nova ontologia, uma regeneração. Agora, o rico — seja rico em

> dinheiro, seja em termos de ambições ou sonhos — está de tal modo apegado às realidades deste mundo que permanece entorpecido para o novo nascimento. Não pode embarcar nessa aventura libertadora que é a gênese de uma nova humanidade porque está apegado à sua riqueza como a criança, à sua mãe. E, para se tornar adulto no novo Reino, ele terá de aprender a abandonar pai e mãe, ou seja, as riquezas, independentemente do tipo a que pertençam".[12]

## Uma preocupação e várias certezas (10.28-31)

**Uma preocupação (v. 28).** Observe-se a crescente inquietação dos discípulos. De início, "ficaram admirados com essas palavras" (v. 24). Depois, "ficaram perplexos" e passaram a questionar a salvação de toda a humanidade (v. 26). Por fim, ficaram desesperados com a própria situação diante das declarações de Jesus (v. 28). Na verdade, o que mais os preocupava era que seu entendimento cultural das recompensas e punições de Deus parecia desmoronar ou virar de cabeça para baixo. Se haviam entendido direito o que Jesus estava dizendo, o que consideravam recompensa (riqueza) era uma punição e o que consideravam punição (pobreza) parecia ser uma recompensa. Desse modo, a afirmação de Pedro não é estranha: "Nós deixamos tudo para seguir-te". Que recompensa teriam? Obviamente, Pedro ainda não tinha muita clareza sobre o significado do Reino de Deus.

**Várias certezas (v. 29-31).** Jesus não responde com enigmas nem com evasivas. "Digo a verdade" (gr. *Amēn légō humīn*) soa como a voz autorizada de alguém capaz de fazer grandes promessas e prometer recompensas extraordinárias.

*Uma promessa diferente (v. 29,30).* A promessa de Jesus é firme e fundamentada em coisas concretas. Tal promessa não pode ser conquistada ou merecida. Uma recompensa desse calibre seria concedida por Jesus aos que deixaram a vida humana terrestre mais valiosa a fim de segui-lo e servi-lo. De fato, são coisas que não têm preço e precisamente aquelas a que o próprio Filho do homem renunciou por amor ao Pai, a seu Reino e a nós (Mateus 8.20; Lucas 9.58). A recompensa prometida é enorme ("cem vezes mais", gr. *eàn mē lábēi hekatontaplasíona*). Seu valor excede em muito as coisas que fomos capazes de abandonar (Romanos 8.18). E não se trata de uma recompensa projetada

---

12. **Vida y ministerio de Jesús de Nazaret**, v. 2, p. 41.

para um futuro incerto, mas começa agora, deste lado da eternidade. Quem se entrega totalmente a Cristo começa a desfrutar aqui e agora uma nova família e uma rica comunhão fraterna (Efésios 2.19). Embora essa recompensa possa conter elementos materiais, não significa prosperidade incondicional, como promete o "evangelho da prosperidade". Esses valores imensuráveis podem ser apreciados mesmo "com [...] perseguição" (gr. *metà diōgmōn*). A propósito, a expressão mais completa dessas recompensas prometidas ocorrerá "na era futura" (gr. *en tōi aiōni tōi erchoménōi*), onde a vida abundante e plena se desenvolverá para sempre ("a vida eterna", gr. *zōēn aiōnion*).

*Uma fórmula diferente (v. 31).* Contra as fórmulas mundanas de sucesso, segundo as quais a única maneira de alcançá-lo é ocupar o primeiro lugar em tudo, Jesus propõe um princípio inverso: "Muitos primeiros serão últimos, e os últimos serão primeiros" (gr. *polloì dè ésontai prōtoi éschatoi kaì hoi éschatoi prōtoi*). Isso significa que as recompensas prometidas não serão dadas àqueles que a cultura predominante considera serem os primeiros a merecê-las. Nos dias de Jesus, pensava-se que os ricos eram os primeiros da lista de bênçãos divinas, mas Jesus afirmou que os pobres têm prioridade, por causa da opção que o Pai faz por eles, pois são os mais carentes de uma vida humana verdadeiramente humana. Quem não tem nada deste mundo, mas tem Cristo como Senhor em sua vida, tem tudo, ao passo que os ricos do mundo, sem Cristo, nada possuem.

CAPÍTULO 9

# JESUS ENFRENTA SEUS OPOSITORES

3.28-30; 8.10-21; 11.27–12.44

No mundo de Jesus, a autoridade guardava íntima relação com o prestígio e com o valor publicamente reconhecido, ou seja, com a honra. A honra, o principal valor da cultura mediterrânea tradicional, consiste no reconhecimento público do valor e da capacidade de influência de uma pessoa. Nos tempos de Jesus, como nas sociedades mediterrâneas tradicionais, a pessoa podia ter honra por pertencer a uma família honrada (esse tipo de valor é chamado de "honra atribuída") ou porque alguém que tinha poder para isso lhe havia concedido ("honra adquirida"). Isso significa que na época de Jesus havia basicamente dois tipos de autoridade. Por um lado, havia a autoridade adscrita, aquela que a pessoa possuía por pertencer a uma família investida de autoridade em um campo concreto ou em determinada área da vida. É o tipo de autoridade desfrutada pelo rei nas monarquias hereditárias, ou pelos descendentes dos sacerdotes em Israel quanto aos assuntos religiosos. Por outro lado, havia a autoridade adquirida, que a pessoa possuía por delegação de outra pessoa. No mundo de Jesus, os funcionários romanos tinham esse tipo de autoridade com relação à vida política, assim como os líderes judeus (mestres da lei e fariseus) no campo da religião, os quais invocavam a autoridade e o conhecimento que possuíam da Lei mosaica.

Se atentarmos para o que os evangelhos registram, veremos que a autoridade de Jesus não provinha de sua família. Na verdade, suas origens humildes eram escandalosas para seus contemporâneos. Eles não conseguiam entender como um mestre do calibre dele podia proceder de uma vila desconhecida na Galileia pagã: "Como pode o Cristo vir da Galileia? A Escritura não diz que o Cristo virá da descendência de Davi, da cidade de Belém, onde viveu Davi?" (João 7.41,42). Muitos também se perguntavam: "Nazaré? Pode vir alguma coisa boa de lá?" (João 1.46). O fato de ele ter nascido em uma família de artesãos tampouco era considerado algo honroso: "Não é este o carpinteiro, filho de Maria e irmão de Tiago, José, Judas e Simão? Não estão aqui conosco as suas irmãs?" (Marcos 6.3; v. Mateus 13.55).

A autoridade de Jesus também não provinha de seu conhecimento da Lei mosaica, a principal fonte de autoridade religiosa para os que não haviam nascido em uma família sacerdotal. Seus ensinos, além de não se basearem nela, às vezes pareciam contradizer seus mandamentos. E o mesmo acontecia com seu comportamento. A atitude de Jesus com relação à Lei era muito ilustrativa nesse ponto.

Não é de estranhar então que muita gente, por motivos diversos, tenha questionado sua autoridade para ensinar e agir daquela forma. Com relação a isso, de modo muito especial, a maior parte dos questionamentos de seus oponentes dizia respeito à pessoa e obra de Jesus. Marcos apresenta vários incidentes de pessoas que questionaram Jesus (3.28-30; 8.10-21; 11.27-33; 12.12-17,18-27,28-34). O objetivo dos que o interrogavam ou questionavam era fazer que as pessoas comuns perdessem a fé nele. Em todas as ocasiões, porém, Jesus surpreendeu com sua atitude. 1) Ele provou que o poder que operava nele provinha de Deus. 2) Ele não tentava responder apenas para dar satisfação ao povo, mas falava a verdade. 3) Ele mostrou que era o Messias, embora não usasse esse título. 4) Ele acusou os líderes religiosos, embora eles pensassem que o estavam acusando. 5) Ele derrotou seus oponentes com argumentos poderosos.

## A QUESTÃO SOBRE O PODER (3.28-30; 8.10-21)

As surpreendentes ações de Jesus inevitavelmente provocaram muitos questionamentos a respeito do poder divino que operava nele. A única maneira de entender tais ações poderosas era contemplá-las através das lentes da fé autêntica. Os mestres da lei e os fariseus, por mais religiosos, careciam da chave hermenêutica para entender as ações milagrosas de Jesus, e essa chave era a fé. Por não acreditar que Jesus era o Messias e por rejeitar seu amor redentor, esses líderes religiosos caíram na armadilha de questionar o poder de Jesus em vez de apreciá-lo e ser abençoados por ele. Marcos apresenta dois incidentes que ilustram esse questionamento do poder que operava em Jesus.

## A blasfêmia contra o Espírito Santo (3.28-30)

As palavras de Jesus nessa passagem foram dirigidas a uma delegação de mestres da lei vindos de Jerusalém à casa onde Jesus estava, provavelmente em Cafarnaum (v. 22a). Eles estavam procurando um meio de parar o ministério de Jesus. Aproveitando o fato de que algumas pessoas próximas a ele o consideravam louco ou fora de si, apegaram-se a isso e começaram a espalhar entre o povo que Jesus estava possuído por Belzebu (v. 22b,30). Jesus confrontou-os com argumentos baseados em seu poder sobre as forças do mal (v. 23-27), mas foi além e denunciou o grave pecado de não reconhecerem o poder de Deus operando por meio dele.

De acordo com Jesus, todos os pecados e blasfêmias podem ser perdoados por Deus, sem discriminação de pessoas (v. 28). Existem apenas dois casos em que não é possível receber o perdão de Deus: quando não nos arrependemos e quando nos recusamos a perdoar os outros (1João 1.7,9). Nesse contexto, porém, Jesus revela o cerne da questão, que é a descrença.

**A descrença é um pecado contra o Espírito Santo.** Os mestres da lei haviam testemunhado as boas e poderosas ações de Jesus, que era cheio do Espírito Santo, contudo afirmavam que tais ações eram obra do Diabo. Isso era uma blasfêmia contra o Espírito e, como tal, consistia no pecado de confundir o bem com o mal e o mal, com o bem. Quando Jesus declarou isso, porém, ele não estava pensando em um erro de apreciação ou em uma palavra ofensiva. A blasfêmia contra o Espírito é resultado daquilo que a pessoa permitiu governar toda a sua vida e natureza, ou seja, um mau hábito da mente. Trata-se da incapacidade de ver a mão de Deus trabalhando de forma redentora e, portanto, a incapacidade de confiar em seu poder. Esse hábito mental é adquirido de maneira gradual. A princípio, a pessoa consegue distinguir entre o certo e o errado, mas, quando faz algo errado, ela se convence de que fez algo de bom e então se convence de que essa ação foi realmente boa, até finalmente não saber mais a diferença entre o bem e o mal. Tal hábito mental é uma blasfêmia contra o Espírito Santo (Isaías 5.20), que sempre opera o bem no poder de Deus. Acima de tudo, é um pecado contra o Espírito porque é ele quem produz fé no ser humano.

**A descrença é um pecado que não pode ser perdoado.** Se uma pessoa se torna incapaz de ver a diferença entre o bem e o mal e, como resultado, perde a capacidade de confiar no poder redentor de Deus, "nunca terá perdão" (gr. *ouk échei áfesis eis tòn aiōna*). Não que Deus não queira perdoá-la, mas porque ela se tornou incapaz de se arrepender e confiar no Senhor. O arrependimento é uma mudança de opinião; é sair de um caminho ruim para seguir o bom caminho. Mas, se o bem e o mal lhe são iguais, como sentir a necessidade de mudar e confiar no poder de Deus para fazer essa mudança? Ela está condenada à morte eterna por ser culpada de um pecado eterno (gr. *énochós estin aiōníou hamartēmatos*; v. Tiago 1.15; 1João 5.16; Hebreus 6.1; 10.26,27). A única maneira de reverter esse destino é aceitar a poderosa obra do Espírito Santo por meio do arrependimento e da fé no poderoso amor de Deus.

> **R. A. Cole:** "[Encontramos aqui] um dos pronunciamentos ou das advertências mais solenes de todo o Novo Testamento, vinculado, como costuma ser o caso, a uma das grandes promessas. Deus perdoa todos os pecados e blasfêmias, exceto um, que parece ser o pecado mortal que João menciona com muita preocupação em 1João 5.16. Esse é o pecado daqueles que são cegos porque querem ser cegos, que rejeitam de modo persistente a iluminação do Espírito, que se opõem à obra do Espírito e que justificam a si mesmos por agir assim, difamando-o deliberadamente. Para os tais [...] não pode haver perdão, porque rejeitaram o único meio de perdão que Deus oferece. No entanto, como sempre ocorre na Bíblia, não somos incentivados a observar com satisfação a queda de ninguém, e sim a examinar nosso coração com temor, de modo que não caiamos da mesma forma (v. 1Coríntios 10.12)".[1]

## A exigência de um sinal do céu (8.10-21)

Parece que pedir sinais do céu era um hábito bem difundido entre os judeus nos dias de Jesus. De fato, o próprio João, ao escrever seu evangelho, enfatiza os "sinais milagrosos" como uma expressão característica do ministério

---

1. **The Gospel According to St. Mark**, p. 85-86.

messiânico de Jesus, e é assim que ele designa seus milagres mais notáveis (João 2.11; 3.2; 6.2). Mais tarde, o próprio apóstolo Paulo confirmou essa inclinação particular dos judeus: "Os judeus pedem sinais milagrosos" (1Coríntios 1.22). No entanto, a mania de esperar e querer ver sinais entre os fariseus chegou a um nível quase proverbial.

O milagre da alimentação dos 4 mil foi tão impressionante que Jesus praticamente se viu forçado a fugir do lugar para a região de Dalmanuta (v. 10). Ali ele deparou com os fariseus (Mateus 16.1 informa que havia alguns saduceus também), que começaram a discutir com ele. Eles sabiam que Jesus havia feito grandes milagres, mas se recusavam a acreditar que ele era o Messias enviado por Deus ou não queriam dar ouvidos a ele, a menos que realizasse algumas ações sobrenaturais e extraordinárias para eles (v. 11). Jesus rejeitou a proposta, pois não era a mais apropriada para demonstrar o poder que operava nele.

**A pergunta (v. 12).** Com um suspiro profundo (lit., "ele respirou fundo em seu espírito", gr. *anastenáxas tōi pneumati*), Jesus respondeu ao desafio de seus oponentes. O verbo com o prefixo *ana* intensifica a ação, ou seja, o suspiro veio das profundezas de seu ser, do fundo do coração. O espírito humano de Jesus ficou profundamente comovido, e ele perguntou: "Por que esta geração pede um sinal milagroso?" (gr. *Tí hē geneà haútē zēteī sēmeīon*). E nós nos perguntamos: por que Jesus disse isso? Seus muitos milagres não eram "sinais" suficientes? Há três maneiras de responder a essa pergunta.

*Jesus fez essa pergunta porque os fariseus estavam pedindo o tipo errado de sinal.* De alguma forma, os milagres eram "sinais". Para alguém que já amava Jesus e queria que seus pecados fossem perdoados, os milagres eram sinais de que ele tinha poder para pôr fim a todo tipo de mal. Assim, a pessoa tinha "fé" e "olhos para ver" o amor poderoso do Senhor. Note-se que a fé vinha primeiro, e os milagres, depois, funcionavam como um sinal para o crente (João 2.11). Os fariseus pretendiam exatamente o oposto. Eles disseram a Jesus: "Primeiro faça um milagre ou um sinal incrível, e depois teremos fé em você". Era esse tipo de sinal milagroso espúrio que Jesus se recusava a realizar. Ele já havia sido tentado a levar o povo a crer nele por tais meios, mas vencera essa tentação (Mateus 4.5-7; Marcos 1.13). Jesus não queria nada com o sensacionalismo.

> **Alberto F. Roldán:** "Existe outra aplicação que ainda permanece atual nos ambientes religiosos. Trata-se da clara tendência ao sensacionalismo e ao espetacular. Muitos parecem ter contraído a febre pela novidade, pelo grandioso, como se Deus só operasse na forma de milagres que atraem a atenção, não nas circunstâncias diárias da vida. Sem negar o fato de que Deus faz milagres ainda hoje, não se deve praticar a fé como uma constante busca por 'sinais e maravilhas', exatamente como a mídia tem instigado maciçamente hoje em dia. O evangelho foi transformado em um tipo de mercadoria a ser oferecida. Por isso, é oportuno não cair na tentação de transformar o evangelho em produto comercial".[2]

*Jesus fez essa pergunta porque desejava que as pessoas o seguissem pelas razões corretas.* Jesus não queria que ninguém o seguisse por causa de portentos apocalípticos ou milagres que pudessem ser interpretados como operados diretamente por Deus, como fazer cair maná do céu ou parar o Sol em seu curso. Ele sabia muito bem que um único sinal seria suficiente para alguém que está disposto a acreditar, mas que nem mil sinais convenceriam quem não crê. Portanto, ele esperava que o seguissem pelos motivos corretos: 1) pela fé, ou seja, assumindo o risco de fazê-lo e obedecendo-lhe mesmo sem presenciar nenhuma ação extraordinária ou milagrosa; 2) por vontade própria, ou seja, sem serem forçados a isso por tê-lo visto fazer algum sinal que o elevasse ao nível de uma pessoa extraordinária; 3) por amor, ou seja, que não o seguissem por considerá-lo um mágico ou um milagreiro, mas por crer nele como o Salvador e Senhor que os amava.

*Jesus fez essa pergunta porque espera que estejamos dispostos a segui-lo com fé.* Hoje não há muita gente disposta a fazer isso. Preferem correr atrás de sinais milagrosos, em vez de ser seguidores fiéis de Jesus. A diferença está na fé. O homem ou a mulher de fé não precisam de sinais milagrosos para seguir Jesus, porque confia nele e em seu amor. Os que procuram se deslumbrar com sinais cada vez mais espetaculares não os encontrarão, porque o sinal mais maravilhoso é o fato de Deus ter enviado seu Filho, que viveu uma vida de perfeita bondade e ressurgiu triunfante logo depois de sua morte redentora.

---

2. **Jesús en acción:** un comentario dinámico al evangelio de Marcos, v. 1, p. 128.

Se após um sinal tão poderoso do amor de Deus não estivermos dispostos a segui-lo, não haverá milagre que nos possa convencer.

**A advertência (v. 13-15).** Jesus deixou seus descrentes interlocutores (os fariseus) e cruzou o lago outra vez (v. 13) rumo a um território gentio. Ali uma situação se repetiu: a falta de previsão dos discípulos, que não levaram o alimento necessário para a viagem, e a permanência em uma área menos povoada que a margem ocidental (v. 14). Talvez o fato de haver apenas um pão no barco tenha levado Jesus a fazer sua severa advertência aos discípulos ao pensar na massa do pão ("estejam atentos", gr. *horāte*; "tenham cuidado", gr. *blépete apò*). Ao relacionar "o fermento dos fariseus" (gr. *tēs zúmēs tōn farisaíōn*) com "o fermento de Herodes" (gr. *tēs zúmēs Hērōidou*, v. 15), Jesus estava dizendo que os primeiros eram tão incrédulos e mundanos quanto o segundo. O "fermento", ou seja, o ensino, refere-se à mentalidade às atitudes das várias seitas judaicas, as quais contrariavam o evangelho do Reino proclamado por Jesus. No caso dos fariseus, era o fermento do tradicionalismo (7.4,8). No caso dos saduceus (de acordo com Mateus 16.1, eles estavam com os fariseus quando estes pediram um sinal do céu a Jesus), era o fermento do ceticismo (12.18; Atos 23.8). No caso dos herodianos (seguidores de Herodes), era o fermento do secularismo (6.17-20).

**A confusão (v. 16).** Obviamente, os discípulos tinham o corpo no barco, mas a mente navegava por outra dimensão. Eles interpretaram de forma equivocada a advertência de Jesus, esquecidos do que havia acontecido horas antes e de outros ensinos de Jesus, como a parábola do fermento (Mateus 13.33). Assim, pensaram que Jesus, ao mencionar o fermento, estava se referindo à falta de pão no barco. Nesse contexto, porém, o fermento significava ensino para Jesus, uma vez que ambos operam de forma invisível, são poderosos em seus efeitos e tendem a aumentar gradualmente sua esfera de influência. A mentalidade e as atitudes dos fariseus, saduceus e herodianos eram perniciosas, em razão da sua capacidade de se infiltrar entre o povo para corrompê-lo. Longe de captar a seriedade do aviso, os discípulos pensaram que Jesus estava irritado por terem se esquecido de trazer mais pão. Desse modo, os discípulos acrescentaram às leveduras do tradicionalismo dos fariseus, do ceticismo dos saduceus e do secularismo dos herodianos seu próprio fermento: o pessimismo.

**O esclarecimento (v. 17-21).** O diálogo de cegos e surdos, de ofuscados e de amnésicos, entre os discípulos provocou uma resposta direta de Jesus, por meio de uma bateria de perguntas, cujo objetivo era tirá-los do pessimismo indesculpável e restaurar neles a fé em seu Mestre. As perguntas de Jesus tiveram aparentemente o efeito de um tapa, o que levou seus seguidores a reagir de forma positiva, os quais, de acordo com Mateus 16.12, conseguiram por fim entender o que o Senhor estava falando.

> **R. A. Cole:** "Eles reconheceram que o Senhor tinha discernimento espiritual, sim, e vislumbraram em seus comentários uma percepção sobrenatural, mas limitaram essa percepção a objetos materiais. Eles estavam tão cegos por suas necessidades físicas imediatas que se esqueceram de buscar o Reino de Deus em primeiro lugar, com a convicção de que, enquanto o fizessem, aquelas necessidades seriam atendidas. Contudo, apesar da falta de percepção espiritual, esses mesmos discípulos foram mais tarde capazes de dar um alegre testemunho do cuidado providencial de Deus (Lucas 22.35: 'Faltou alguma coisa? [...] Nada'). Todo cristão é chamado a uma fé como essa".[3]

## A QUESTÃO SOBRE A AUTORIDADE (11.27-33; 12.1-12)

A purificação do templo por um galileu comum não poderia acontecer sem uma reação. Jesus incomodou muito os líderes religiosos judeus. Ele os havia despojado da liderança moral da nação e os deixara de mãos vazias. Com sua ação, acusou a classe sacerdotal do templo de corrupção no exercício de seu ministério e de não cumprir suas responsabilidades de mordomos da casa do Senhor. De maneira corajosa, Jesus exerceu forte liderança pessoal e reorganizou as prioridades do templo, mesmo sem fazer parte de seu efetivo. Portanto, a purificação do templo foi o catalisador imediato de sua crucificação.

Jesus retornou ao templo abertamente e em plena luz do dia e deparou ali com um comitê de recepção formado pelos "chefes dos sacerdotes, os mestres da lei e os líderes religiosos" (v. 27). Assim, três grupos de pessoas, todos membros do Sinédrio (ou Conselho judaico) e normalmente inimigos uns

---

3. **The Gospel According to St. Mark**, p. 131-132.

dos outros, uniram-se para atacar Jesus. Quem eram? A delegação incluía representantes dos principais sacerdotes, dos escribas e dos anciãos. Os líderes judeus estavam furiosos com o que Jesus havia feito no templo (v. 15-19) e queriam pegá-lo. Se Jesus dissesse que agira daquela maneira porque era o Messias, eles poderiam acusá-lo de subversão diante dos romanos. Se dissesse que era um simples mestre, poderiam alegar que ele não tinha o direito de interromper o comércio no templo, que tinha sido autorizado pelos sacerdotes. A resposta dele foi um severo juízo, porque na verdade não respondeu à pergunta de seus interlocutores.

Dessa forma, o julgamento público de Jesus teve início muito antes do julgamento oficial. Jesus provavelmente passava por um dos vários pórticos do templo quando foi interceptado pelo grupo, que parecia estar esperando por ele. A presença de vários membros do Sinédrio demonstra a extensão do alarme que Jesus havia causado no ambiente sagrado do templo.

## A pergunta dos líderes religiosos (11.28)

Logo de início, os líderes religiosos contestaram o direito de Jesus agir oficialmente no templo, porque ele não detinha nenhum cargo religioso reconhecido nem função oficial. Por isso, exigiram que justificasse sua ação indefensável e ousada declarando a fonte de sua autoridade. Sem dúvida, ele foi bombardeado com perguntas;Marcos, contudo, registra apenas duas, que podem ser resumidas em uma: "Com que autoridade estás fazendo estas coisas?" (gr. *En poíai exousíai taũta poieĩs*); "Quem te deu autoridade para fazê-las?" (gr. *ē tís soi édōken tēn exousían taútēn hína taũta poiēis*). Essas perguntas podem ser mescladas em uma: "Qual é a fonte de tua autoridade?". Três coisas se destacam na pergunta que fizeram a Jesus.

**A pergunta deles era mal-intencionada.** Tratava-se de uma pergunta capciosa, porque não estavam interessados em uma resposta. Eles já haviam decidido pôr fim à obra de Jesus. Não queriam saber se a vida deles estava de acordo com a vontade de Deus ou não. A consciência lhes teria mostrado a bondade de Jesus, mas eram surdos à sua voz interior. Eram surdos porque estavam com ciúmes e com muito medo. Além disso, não foram eles que deram autoridade a Jesus para fazer o que fizera e se consideravam a autoridade máxima do templo. A única coisa que lhes interessava era desacreditá-lo na frente dos peregrinos reunidos ali por ocasião da Páscoa, pô-lo na defensiva ou forçá-lo a fazer uma declaração imprudente ou blasfema.

**A pergunta deles era válida.** Se a atitude deles tivesse sido outra, ou seja, se tivessem perguntado com o desejo sincero de saber, a pergunta seria válida. Quem com sinceridade pergunta a Cristo: "Como posso saber se você é mesmo Deus?" não ficará sem resposta se perguntar com fé (João 17.7). Entretanto, não foi essa a atitude dos líderes judeus. Nem todos os que falam em nome do Senhor têm autoridade para fazê-lo (Deuteronômio 18.18-22). É preciso saber se a pessoa fala com a autoridade de Deus ou não. Quando alguém fala por conta própria e sem a autorização de Deus, a desordem se estabelece. É o que acontece hoje na América Latina com um bom número de falsos apóstolos e falsos profetas, que alegam agir com autoridade concedida por Deus, mas têm interesse apenas no próprio reino, não no Reino de Deus.

**A pergunta deles era duvidosa.** Em vez de perguntar: "É bom fazer isto ou aquilo?", eles perguntaram: "O que a Lei diz sobre isso?". Não deixavam espaço para que o Espírito de Deus os guiasse. Muitos líderes caem na tentação de dizer: "Nunca fizemos isso, portanto é errado fazê-lo". Contudo, acreditamos no Espírito Santo, e ele nos dá autoridade no presente, de acordo com o testemunho da Bíblia. Esse também é o problema de um bom número de líderes evangélicos latino-americanos, que preferem sua interpretação particular da Bíblia e a põem acima da voz do Espírito Santo. Se "o que o Espírito diz às igrejas" hoje (Apocalipse 2.7,11,17,29) não coincide com a leitura personalizada que fazem da Bíblia, eles rejeitam a voz do Espírito para ouvir apenas a própria voz, lendo algum texto retirado de seu contexto ou interpretado como desejam. Desse modo, a Lei, ou melhor, a interpretação caprichosa da Lei, impõe-se à Palavra de Deus revelada pelo Espírito Santo e sempre atual. A primeira é qualificada como "sã doutrina", enquanto a segunda é considerada "subjetivismo".

### A pergunta de Jesus (11.29-33)

Jesus fez-lhes outra pergunta. Não foi para escapar de uma pergunta difícil nem algum tipo de manobra para evitar controvérsias. Em vez de ficar na defensiva, sua resposta continuou com a criativa afirmação da autoridade espiritual. Jesus poderia ter respondido simplesmente apelando para autoridades bíblicas reconhecidas, como Isaías ou Jeremias, os quais ele havia citado convicto enquanto expulsava os mercadores do templo (v. 17), mas preferiu pressionar firmemente a comitiva com uma pergunta própria, que os pegou de surpresa e desmantelou sua manobra. A pergunta estava relacionada com a deles, e ambas tratavam da autoridade espiritual e da natureza da autoridade religiosa, o que deixou ainda mais exposta a real atitude de seus inquiridores. Com sua pergunta, ele estava julgando os que o questionavam.

A pergunta de Jesus foi: "Vocês acham que João pregou uma mensagem de Deus ou apenas as próprias ideias?". Com isso, estava dizendo duas coisas. 1) "Vocês por certo concordam que João era considerado um verdadeiro profeta de Deus pelo nosso povo, mas vocês, os líderes, não o trataram como tal. Consequentemente, nossa nação não aceitará vocês como juízes para julgar se sou um profeta verdadeiro ou não". 2) "João afirmou que eu era o Messias" (1.8; João 1.36). O argumento de Jesus tem uma lógica forte: "Se João era um verdadeiro profeta, então é certo que sou o Messias e tenho a autoridade do próprio Deus. Mas vocês não me aceitam. Então, como Deus poderá aceitá-los?".

Dessa maneira, a pergunta-resposta de Jesus pôs os líderes do templo em um dilema: aceitar ou rejeitar o ministério batismal e profético não oficial de João Batista. "[...] era do céu ou dos homens?" (gr. *ex ouranoū ēn ē exanthrōpōn*, v. 30). A pergunta implicava o seguinte: se reconhecessem sua autoridade legítima, iriam se incriminar, pois haviam se recusado a aceitar sua mensagem e a ser batizados por ele; se não o reconhecessem e julgassem espúrio o ministério de João, corriam o risco de ser vítimas da ira das massas, que tinham o Batista em grande estima. Os pobres líderes religiosos ficaram encurralados, como em um xeque-mate, e a reação deles foi fraca: admitiram que não sabiam a resposta para a pergunta de Jesus. Ao que parece, não haviam previsto essa pergunta e não se mostraram seguros em rejeitar João publicamente ou em aceitar seu ministério.

**Jesus não lhes deu uma resposta.** A pregação e o batismo de João são os temas da discussão aqui, não a autoridade por trás das ações de Jesus. Se fosse estabelecido um denominador comum no debate com os representantes do Sinédrio, é provável que Jesus tivesse dado uma resposta direta à pergunta deles.

Talvez ele tivesse respondido com seu testemunho sobre a voz e a visão que teve durante o batismo (1.9-11). Na ocasião, ele viu o céu aberto e o Espírito de Deus descendo como uma pomba. Também ouviu uma voz do céu com esta declaração: "Tu és o meu Filho amado; de ti me agrado" (1.11; v. tb. Salmos 2.7; Isaías 42.1). Mas os chefes dos sacerdotes e líderes religiosos não foram ao Jordão para aceitar a mensagem profética com arrependimento nem para ser batizados pelo rude e marginal João. Não estavam dispostos a seguir suas orientações nem a cuidar da própria consciência.

Jesus também não tem resposta para nós se continuamos chamando de bom algo que sabemos ser ruim em nossa vida ou se consideramos ruim algo que é bom. Como podemos ouvi-lo, se nos recusamos a ouvir nossa consciência? Como podemos orar se somos desonestos com nós mesmos?

**Jesus foi hábil em sua resposta.** A pergunta de Jesus mostra quão habilidoso ele era em usar o raciocínio em uma discussão. Estamos falando de um homem real e extremamente inteligente. Sua mente brilhante estava a serviço do Pai. A natureza da genuína autoridade religiosa é um tema que exige profunda reflexão. Não pode ser confinada a procedimentos de rotina, a rituais de ordenação ou a reconhecimentos oficiais, nem resolvido por meio da aceitação cega do verticalismo religioso, da sucessão apostólica ou da imposição carismática. A autoridade religiosa autêntica repousa sobre uma revelação direta de Deus e manifesta-se toda vez que há clara obediência à sua vontade revelada. Portanto, nossa mente deve ser treinada e posta a seu serviço. Devemos ter capacidade intelectual suficiente "para responder a qualquer pessoa que pedir a razão da esperança que há em vocês" (1Pedro 3.15b).

**Jesus valeu-se da pergunta que ele mesmo fez.** Jesus utilizava as perguntas como forma de ensinar e convencer seus ouvintes (2.9,19; 3.33; 10.18; 11.29; 12.35). Aprendemos mais quando somos instigados a dar uma resposta pessoal a uma pergunta difícil. De acordo com a Bíblia, Deus costumava interpelar o ser humano com perguntas e lhe dava liberdade de resposta (Marcos 8.29; Gênesis 3.9; Jonas 4.4; Atos 9.4). No presente caso, Jesus usou de maneira inteligente sua pergunta para desmascarar seus oponentes. Aliás, aproveitou a oportunidade para autenticar o ministério de João Batista.

> **Alberto F. Roldán:** "Muitas vezes, visualizamos imagens distorcidas de Jesus. Esse capítulo [11], em duas cenas-chave, como a purificação do templo e esse diálogo sobre autoridade, mostra-nos um Jesus com poder, autoridade e energia, que de maneira alguma se permitirá ser um joguete na mão de alguém. Isso nos deixa uma lição importante: não devemos confundir misericórdia com frouxidão. Mas talvez também seja verdade que Jesus não respondeu à pergunta deles pelo fato de que, sem verdadeira fé e sem desejo autêntico de segui-lo, não faz sentido continuar comunicando mensagens e revelações".[4]

Em suma, os evangelhos refletem a autoridade de Jesus nas palavras e afirmações dele próprio: 1) "Eu o ressuscitarei no último dia" (João 6.40); 2) " [Eu] os levarei para mim" (João 14.3); 3) "Não seja como eu quero, mas sim como tu queres" (Mateus 26.39); 4) "Se eu quiser que ele permaneça vivo até que eu volte, o que importa?" (João 21.22); 5) "Quando for levantado da terra, atrairei todos a mim" (João 12.32); 6) "Quero. Seja purificado!" (Marcos 1.41); 7) "Quero que os que me deste estejam comigo onde eu estou" (João 17.24); 8) "Sigam-me" (Marcos 1.17); "Filho, os seus pecados estão perdoados" (Marcos 2.5); "O Filho do homem é Senhor até mesmo do sábado" (Marcos 2.28); "Ele [...] repreendeu o vento e disse ao mar [...]" (Marcos 4.39). E a lista continua.

## A ilustração de Jesus (12.1-12)

A resposta direta à pergunta dos líderes religiosos e a defesa da autoridade do ministério de João Batista foram ilustradas por Jesus com a alegoria dos maus lavradores. Como já vimos, as parábolas contêm uma verdade central, mas essa história é diferente, porque cada elemento tem um significado particular.

**A parábola (v. 1-9).** Na verdade, como sugerimos, trata-se de uma alegoria, não de uma parábola. A vinha (v. 1) é o povo judeu (Isaías 5.1-7). O homem que plantou a vinha (v. 1) é Deus, que escolheu o povo judeu e deu-lhes todo o necessário para que produzissem frutos. Os agricultores (v. 1) são os líderes religiosos judeus. Os servos ou mensageiros (v. 2-5) são os profetas, inclusive João Batista, enviados por Deus para lembrar os líderes judeus de seus deveres

4. **Jesús en acción**, v. 2, p. 91.

e que muitas vezes foram maltratados ou mortos por eles (Jeremias 7.25,26; Lucas 13.34a). O filho do proprietário (v. 6-8) não é outro senão Jesus, o Messias (cf. 1.11; 9.7). Os novos lavradores, aos quais a vinha foi entregue (v. 9), são pessoas de outras nações que formam a igreja cristã e o novo povo escolhido de Deus (Mateus 8.11,12; 21.42).

Durante toda a vida, Jesus foi solidário com João e na alegoria dos fazendeiros maus ele denuncia outra vez a maldade dos líderes religiosos no tratamento que dispensaram a João e aos outros profetas enviados por Deus. Como no episódio da figueira que secou, nesse debate ficou evidente o fracasso dos líderes religiosos em produzirem os frutos que se esperavam deles. Nesse sentido, levando-se em conta o contexto imediato em que Jesus narrou essa alegoria, alguns intérpretes consideram que a vinha é o templo e que os lavradores maus são os mordomos de Israel, ou seja, sua liderança religiosa. Jesus estava muito contrariado com a cegueira espiritual deles, por não conseguirem perceber que a autoridade de João provinha de Deus e consequentemente a dele também. Além disso, a cegueira deles era persistente, porque agora relutavam em ver uma parábola divina na ação de Jesus quando ele purificou o templo e declarou: "A minha casa será chamada casa de oração para todos os povos" (11.17).

Jesus manteve-se firme no templo e demonstrou com obras — não com palavras — sua autoridade divina. Ele sabia como era crucial uma experiência religiosa genuína como a oração. Nós, que estamos em uma posição melhor que a comissão do templo, podemos enxergar a verdadeira fonte da autoridade religiosa de Jesus. Podemos embasá-la em visões religiosas, em sua transfiguração e na preeminência de sua proximidade com o Pai demonstrada na oração. Em resposta obediente à sua autoridade como Senhor do templo, podemos aceitar sua fórmula de poder baseada na oração exercitando uma fé confiante e expressando o pleno perdão de sua graça.

> **John Hargreaves:** "Outras lições importantes [da alegoria narrada por Jesus] são:
>
> *1. Deus espera que sejamos mordomos (v. 1c).* Os líderes judeus eram como arrendatários ou mordomos, e Deus esperava que eles 'dessem os frutos'. Isso significa agir com justiça e compartilhar seu conhecimento da misericórdia de Deus com os não judeus; contudo, eles foram maus mordomos. Espera-se que sejamos mordomos de nosso tempo, de nossas propriedades,

de nossos filhos, de nossa terra e do evangelho (que o comuniquemos a outros). Essas coisas não nos pertencem.

*2. Deus é nosso juiz.* Ele nos dá a liberdade de lhe obedecer ou desobedecer, assim como o proprietário deixa os lavradores à vontade para trabalhar. Mas está chegando o dia em que teremos de prestar contas ao 'dono da vinha', quando ele chegar (v. 9). Dessa forma, a história é um aviso tanto para nós quanto para os judeus. Disseram aos judeus que seria um desastre se eles se recusassem a ouvir Jesus. Eles o rejeitaram e crucificaram, e o desastre aconteceu. Eles deixaram de ser o povo escolhido de Deus; e Jerusalém, que todos os judeus consideravam seu lar, foi destruída em 70 d.C.

*3. Deus é paciente.* Ele continuava enviando profetas aos judeus, assim como o 'dono' continuava enviando um servo após outro (v. 4-6; v. 1Timóteo 1.16). Deus continua a nos dar oportunidades para nos arrependermos do pecado e para o servirmos melhor. Ele não considera nenhum de nós um caso perdido.

*4. Deus não está derrotado.* Embora os líderes judeus tivessem matado Jesus, o plano de Deus para salvar a humanidade não foi frustrado. Depois de sofrer uma decepção com o primeiro grupo de lavradores, o 'dono' encontrou quem os substituísse (v. 9). Assim, Deus chamou não judeus para fazer o trabalho que havia confiado primeiramente aos judeus".[5]

**A palavra (v. 10,11).** Para reforçar seu argumento, Jesus cita uma passagem da Escritura (Salmos 118.22,23). "[...] esta passagem das Escrituras" (gr. *tēn grafēn taútēn*) é uma expressão repetida várias vezes no Novo Testamento (Lucas 4.21; João 19.37; Atos 1.16). A citação é muito eloquente e evoca a imagem das equipes de construtores empenhadas em erguer a estrutura do templo de Salomão, as quais cometeram um erro incrível ao descartar a pedra angular, que sustentava a parte principal dessa estrutura. Era algo impensável entre os construtores dos dias de Jesus, que seguiam à risca as técnicas romanas de construção, especialmente na adoção do arco romano, cujas linhas de força eram distribuídas pela pedra angular. Esse recurso técnico permitiu aos romanos construir estruturas enormes, como o Coliseu de Roma, o aqueduto de Segóvia, na Espanha, e o templo de Herodes, o Grande,

5. **A Guide to St. Mark's Gospel**, p. 195-196.

em Jerusalém. Descartar a pedra de esquina ou pedra angular era um convite ao desastre. Pois era exatamente isso que os líderes religiosos judeus estavam fazendo com relação a Jesus.

Esses pretensos peritos na construção do templo de Deus haviam rejeitado a pedra angular (ou principal) que Deus havia escolhido para a construção de sua casa, de seu povo escolhido. No entanto, é Deus quem dá a última palavra, e ele deixou de lado os falsos construtores e arquitetos e pôs seu Filho como a única pedra angular (Atos 4.11; Romanos 9.32,33; Efésios 2.20; 1Pedro 2.4-8). Não é mais apenas a palavra de Jesus que condenava os falsos líderes religiosos, mas também a palavra da própria Escritura. Mais uma vez, assim como os milagres de Jesus provocaram o espanto de seus beneficiários e testemunhas (Marcos 1.27; 2.12; 6.51; 9.15; 10.24,26,32), agora era a palavra da Escritura que os deixava assombrados (lit., "é maravilhoso aos nossos olhos", gr. *éstin thaumastē en ofthalmoīs hēmōn*).

**A paranoia (v. 12).** Os psicólogos e psiquiatras definem paranoia como um distúrbio ilusório de natureza psicótica, caracterizado pelo desenvolvimento de ideias delirantes. A pessoa afetada por esse distúrbio pode ser bastante funcional e não manifesta um comportamento estranho, exceto quando alguma pessoa ou circunstância entra no campo de seus delírios. No caso dos fariseus e dos mestres da lei, a ideia que os deixava transtornados era a rejeição à autoridade de Jesus, especialmente como Filho de Deus e Messias. A alegoria narrada por Jesus não poderia ser interpretada de outra forma senão como dirigida "contra eles" (gr. *hóti pròs autoūs tēn parabolēn eīpen*). Essa interpretação das palavras de Jesus e especialmente a reação deles ("começaram a procurar um meio de prendê-lo", gr. *aféntes autòn apēlthon*) revelam o nível de sua paranoia. A única coisa que os deteve foi o fato de que "tinham medo da multidão" (gr. *efobēthēsan tòn óchlon*), outro indício de seu transtorno delirante.

A alegoria pode ter sido um reflexo de uma situação real na época, bem como uma expressão do descontentamento dos camponeses contra o *status quo* naquele momento. No entanto, a parábola ou alegoria contém uma mensagem direta de juízo contra os interlocutores de Jesus. Esse relato preserva a última advertência de Jesus ao Conselho judaico (Sinédrio) por sua rejeição ao Messias (11.27). Na verdade, a alegoria "era contra eles". No entanto, a reação dos oponentes de Jesus não foi apenas contra ele, mas principalmente contra o que ele dissera, e foi uma reação doentia.

**O propósito.** Por um lado, com sua alegoria Jesus fez uma síntese da história de Israel através dos séculos. De várias maneiras, Deus, por sua graça, havia tratado com seu povo. E, também de várias maneiras, o povo desobediente reagira contra os mensageiros enviados a eles (Mateus 23.27). Por outro lado, a alegoria também corresponde a uma autobiografia de Jesus. O homem que a narrou era a personagem principal, e alguns dias depois a história tornou-se realidade. Deus enviou seu "Filho Unigênito" a Israel como um último apelo, e eles o mataram. Não há outra parábola que nos diga como o Messias concebeu o propósito de sua morte. No entanto, três outras parábolas em miniatura (provérbios ou ditos populares) de alguma forma revelam esse segredo. São as seguintes: 1) parábola sobre o cálice: ele estava bebendo o cálice que nossos pecados haviam enchido (10.38; 14.36); 2) parábola sobre o batismo: ele estava passando por um batismo de sangue para que pudéssemos ser lavados nele (10.38; Lucas 12.50); 3) parábola sobre o resgate: ele estava dando a vida "em resgate por muitos" (10.45).

> **Hugh Martin:** "A parábola lança uma luz impressionante sobre a autoconsciência de Jesus, e a afirmação implícita é ainda mais comovente, porque ocorre de forma quase incidental no decorrer da história. A citação que se segue à parábola é do salmo 118, considerado pelos rabinos como aplicável ao Messias, e, portanto, é em si uma afirmação das reivindicações de Jesus. Também é uma dura advertência a seus interlocutores de que eles não irão se livrar dele matando-o".[6]

## A QUESTÃO SOBRE OS IMPOSTOS (12.13-17)

Nessa etapa da vida de Jesus, a estratégia dos fariseus e de outros líderes religiosos judeus para levá-lo à morte já era evidente, mediante acusações de pretensa blasfêmia contra a religião judaica ou de sedição contra o governo romano. A pergunta sobre a fonte de sua autoridade religiosa os

6. **The Parables of the Gospels and their Meaning for Today**, p. 226.

havia deixado sem palavras (11.33), de modo que tentaram apanhá-lo em um delito de cunho político.

> **R. A. Cole:** "Se ele os havia posto em um dilema, quando qualquer resposta seria perigosa por causa da multidão, agora eles tentavam fazer o mesmo com ele. Os herodianos não eram uma seita com a mesma coerência dos fariseus e dos saduceus, e sim um grupo político, que cruzava transversalmente todas as outras divisões. Era constituído por pessoas que davam apoio ao inescrupuloso — porém externamente ortodoxo — Herodes, a esperança de Israel, e por pessoas que pretendiam a aceitação de Roma como soberana".[7]

**Os impostos.** O relato do debate sobre o pagamento de impostos consta dos três Sinópticos, com muito poucas variantes, e nenhum deles especifica onde e quando ocorreu. Provavelmente, foi no final do ministério de Jesus, quando os fariseus já estavam determinados a levá-lo à morte. No entanto, talvez por terem sido humilhados em ocasiões anteriores, dessa vez preferiram enviar alguns de seus discípulos para confrontar Jesus. Assim, serão esses "seminaristas" ainda não graduados com o título de *rabi* que, acompanhados de alguns sequazes herodianos, tratarão da questão dos impostos.

**Eram impostos que todo judeu tinha de pagar.** Os impostos são contribuições regulares feitas ao governo. Nos dias de Jesus, Herodes aplicara um imposto sobre a produção agrícola e outro sobre itens comerciais. A Judeia, cuja capital era Jerusalém, era uma colônia romana desde 6 d.C. Isso significava que a maioria dos impostos era paga ao Império Romano. Entre as obrigações, estavam os impostos sobre a terra, a pessoa, os bens pessoais e a moradia (em Jerusalém), além de uma espécie de imposto de renda progressivo. É provável que os fariseus tenham questionado Jesus sobre esse último tributo (Mateus 22.17). Esse tributo era enviado ao imperador romano (na época, Tibério César), para os fundos gerais do império. Os judeus não tinham controle sobre os fundos arrecadados, e nem um centavo retornava para eles na forma de algum benefício. É por isso que a cobrança de impostos para as autoridades

7. **The Gospel According to St. Mark**, p. 187.

romanas os deixava tão revoltados. Muitos judeus zelosos consideravam o pagamento de tributos a Roma uma traição a Deus.

**Eram impostos odiados por todos os judeus.** Esses "impostos a César" eram muito impopulares, e alguns judeus se recusavam a pagá-los, por considerar que davam a Roma o direito de governar. Os judeus eram lembrados de seu *status* de nação dominada. Como se não bastasse, além desses impostos os judeus tinham de pagar outros tributos a seus líderes religiosos para a manutenção do templo (Mateus 17.24-27): os homens judeus de todo o mundo tinham de contribuir para o templo com uma dracma (meio siclo, Mateus 17.24). Outro imposto era cobrado pelos levitas e correspondia ao dízimo, ou seja, 10% de toda a produção agrícola. Era uma carga tributária insuportável. Não é de estranhar, portanto, que os oponentes de Jesus o abordassem com um problema que afetava dessa forma a maior parte do povo. No entanto, quando perguntaram a Jesus sobre o tributo individual, ele respondeu que a lei deveria ser obedecida e assim, surpreendeu os que o interrogavam com a intenção de fazê-lo cair em uma armadilha (v. 13).

## A armadilha (12.13,14)

**Quem a preparou?** O Sinédrio, como já foi dito, enviou alguns jovens fariseus e herodianos para falar com Jesus. Eles estavam com inveja, porque o povo admirava Jesus e queriam induzi-lo a dizer algo que o fizesse perder o respeito do povo e assim se pôr em conflito com as autoridades romanas. Esses homens tentaram enganar Jesus com lisonjas (v. 14). Pensavam que com isso poderiam fazer Jesus baixar a guarda e cometer alguma imprudência ou dizer algo comprometedor. Por um lado, ao observar que o Senhor não se prendia às aparências, estavam tentando fazer que ele dissesse algo contra a autoridade de César. Por outro lado, se Jesus afirmasse a obrigação de pagar impostos aos romanos, eles o poriam contra os zelotes e os muitos peregrinos galileus que estavam na cidade por ocasião das festividades. Mas as palavras deles eram mais verdadeiras do que pensavam. Jesus era absolutamente íntegro e sincero. Não temia o que os outros pudessem pensar. Não usava de favoritismo e ensinava o que de fato era o caminho de Deus.

**Quem a colocou?** Alguns eram fariseus; outros, herodianos. Marcos e Mateus chamam a atenção aqui para o fato de o grupo que o interpelou ser uma combinação dessas duas facções (v. 3.6). Mateus fala de "discípulos" ou alunos dos fariseus, enquanto Lucas os denomina "espiões" (gr. *egkathétous*). Os fariseus sempre trataram os romanos como inimigos. Portanto, se Jesus dissesse: "Paguem os impostos", eles o acusariam de ser simpático ao inimigo, e o povo lhe daria menos atenção. Os herodianos cooperavam com os romanos. Se Jesus dissesse: "Não paguem os impostos", eles o acusariam de sedição perante os romanos. Ambos os grupos estavam certos de que Jesus seria apanhado de um lado ou de outro. Com seu questionamento, eles o deixaram em um beco sem saída, em um verdadeiro paradoxo, do qual só poderia sair como perdedor. O conluio fora armado "para o apanharem em alguma coisa que ele dissesse" (v. 13). A expressão grega é *agreúsōsin lógōi*, que literalmente significa "caçá-lo em palavras", ou seja, montar uma armadilha linguística para fazer Jesus se contradizer.

## A resposta (12.15-17)

**Jesus percebeu a hipocrisia deles (v. 15a).** "Hipocrisia" significa dizer uma coisa e acreditar em outra. Mas Jesus enxergava tudo. Ele podia ver a hipocrisia deles (gr. *eidōs autōn tēn hupócrisin* ). Mateus diz que ele notou "a má intenção deles" (Mateus 22.18), e Lucas 20.23 observa que Jesus "percebeu a astúcia deles". Cada uma dessas frases lança luz sobre o espírito e a atitude desses homens, que eram desonestos, astutos e melosos, mas não podiam enganar Jesus com sorrisos falsos. Ele sabia o que estava na mente das pessoas (João 2.25). Jesus tinha o dom da "palavra de conhecimento [ou da ciência]" (1Coríntios 12.9) e percebeu a armadilha que lhe estavam preparando. Ele sabia muito bem que eles estavam fingindo. Portanto, a acusação mais forte que formulou contra os fariseus e os mestres da lei foi que eles não eram sinceros (Mateus 23.13). Contudo, a Bíblia ensina que não devemos apressar-nos em julgar os outros, mas examinar a nós mesmos com comedimento, para que não caiamos na mesma condenação (1Coríntios 10.11,12).

> **Ched Myers:** "Na realidade, eles provocam Jesus para que se comprometa nessa complicada situação política — *é por isso* que Marcos os chama de 'hipócritas' (12.15). Contudo, ao mesmo tempo, embutido na provocação deles está o autêntico interesse pelo discipulado por parte da comunidade

de Marcos. Na verdade, qual é 'o caminho' que deve ser tomado na questão crucial que enfrentam?".[8]

**Jesus pede uma moeda (v. 15b).** Na época, havia dois tipos de moedas romanas em uso na Judeia: uma de cobre, usada naquela parte do Império Romano, e uma de prata, que circulava por todo o império. O imposto em questão deveria ser pago com uma moeda de prata chamada denário, cujo valor era equivalente ao de um dia de trabalho de um diarista (Mateus 20.2; v. Marcos 6.37; Mateus 22.19). O pedido de Jesus deve ter desconcertado seus interlocutores, que provavelmente não esperavam aquele contra-ataque. Fiel a seu estilo, Jesus apresentou uma parábola em ação ou uma ação instrutiva. Sua resposta dramatizada com a moeda que havia solicitado era muito mais comprometedora que um "sim" ou um "não". Com o "sim", ele teria incomodado os judeus, ao passo que com o "não" teria irritado os romanos. Com sua resposta dramatizada, ele poderia ter desagradado a ambos, já que iria contra os judeus, para quem Deus era César, e contra os romanos, para quem César era Deus. Os primeiros regulavam a política com a religião, ao passo que os últimos regulavam a religião com a política. No entanto, com sua ação, Jesus anulou as duas possibilidades.

**Jesus faz uma pergunta (v. 16).** No denário, estavam gravados o nome e a imagem do imperador. Nesse caso específico, a efígie do imperador Tibério estava em uma das faces da moeda. A outra face trazia a inscrição: "Tibério César Augusto, filho do divino Augusto" (em latim). A moeda era cunhada pelo imperador e usada para pagar os impostos imperiais. Toda vez que alguém usava uma dessas moedas, estava reconhecendo a autoridade do imperador. Jesus ordenou que lhe trouxessem um denário, pois com certeza ninguém carregava uma dessas moedas, uma vez que estavam em um dos pátios do templo, e era impróprio ter ali uma moeda com a imagem de um imperador pagão. Por trazer a imagem e a inscrição do imperador, a moeda era propriedade do Estado romano. Ao aceitar o uso da moeda, os judeus também aceitavam o governo que a produzia.

---

8. **O evangelho de São Marcos**, p. 372. Grifo do autor.

> **José Luis Martín Descalzo:** "A primeira parte de sua sentença havia sido a morte do clericalismo típico das civilizações antigas. Jesus, com uma palavra, dessacraliza as realidades políticas. Diante do problema moral dos judeus, que pensavam que pagar tributo aos romanos era um pecado religioso, Jesus afirma que o problema não existe e não entra no problema político que eles apresentam. Aceita a situação tal como é, sem a superestimar. O que ele responde é ao problema religioso por trás da pergunta. E responde afirmando que a aceitação do poder político exercido de fato por César é algo que não tem significado religioso. Submeter-se ao domínio de César, aceitar ou não suas leis tributárias, será em qualquer caso um problema político e não significa ser infiel às demandas da fé em Deus. Jesus não abençoa nem rejeita a resistência política, tampouco legitima ou desqualifica a ocupação romana; limita-se a salientar que, se eles aceitam o domínio romano, é natural que paguem seu tributo, que o 'devolvam' — como o texto literalmente diz — a César. César investe na organização da vida pública. A resposta não é, portanto, nem colaborativa nem revolucionária: é parte de um realismo político elementar".[9]

**Jesus dá uma resposta (v. 17).** Nesse versículo, "César" representa o Estado ou o governo romano. César era o título dado aos imperadores romanos na época. A resposta de Jesus é tranquila e surpreendentemente simples, mas contundente e com uma lógica irresistível: "Se a moeda é de César, devolvam-na para ele". As lições aqui são as seguintes:

*Temos deveres tanto com o Estado quanto com Deus.* É como se Jesus dissesse: "A imagem na moeda mostra que ela pertence ao imperador, portanto a devolvam a ele. A imagem sobre a alma mostra que vocês pertencem a Deus (Gênesis 1.26,27), portanto se entreguem a ele". Com essas palavras, Jesus estabelece os fundamentos da doutrina cristã do Estado como instituição ordenada por Deus, que o apóstolo Paulo mais tarde elaborou extensivamente (Romanos 13.1,2). Se aceitamos os benefícios do Estado, não podemos evitar os encargos que ele nos impõe (Romanos 13.7). Há obrigações com o Estado que não interferem nas obrigações que temos com Deus (1Timóteo 2.1-6; Tito 3.1,2; 1Pedro 2.13-17).

---

9. **Vida y ministerio de Jesús de Nazaret**, v. 2, p. 242.

*Os impostos que pagamos não são um presente ao Estado, mas uma dívida que pagamos.* No grego, o v. 14 diz literalmente: "É lícito *dar* tributo?" (gr. *éxestin doūnai kēson Kaísapi ē oú*), porém no v. 17 Jesus diz: "*Devolvam* a César" (gr. *tà Kaísaros apódote Kaísari*). Recebemos os serviços do Estado (estradas, hospitais, escolas) e devemos pagar por isso. Devemos ser cidadãos leais (Romanos 13.1-7). Isso não significa que Jesus estava justificando o sistema tributário romano nem que aprova a opressão. O que ele diz é: "Enquanto um governo estiver no poder, pague por aquilo que ele dá a você, mesmo achando que ele o trata com injustiça".

*Essas palavras não significam que em um momento de nossa vida devemos obedecer a Deus e em outro, ao Estado.* É incorreto dizer: "Em questões políticas e sociais, dou minha lealdade ao Estado, mas em minha igreja sou leal a Deus". Devemos ser leais a Deus em todos os aspectos de nossa vida. Nosso dever com o Estado faz parte de nosso dever com Deus. Deus é Rei sobre toda a nossa vida. Além disso, há nas palavras de Jesus uma advertência velada aos herodianos, que, por estarem tão ocupados com seu pequeno "César" local ou com o poder temporal (Herodes), haviam se esquecido de Deus e de suas exigências fundamentais. O cristão deve ter sempre em mente que sua primeira cidadania é a do Reino de Deus e depois a dos reinos deste mundo. Ele deve se lembrar constantemente de que deve sua primeira obediência a Deus e depois aos seres humanos, inclusive ao governo (Atos 4.19; 5.29). Assim, dar a Deus o que é de Deus é muito mais importante que dar a César o que é de César. Não se trata de lealdades iguais ou de uma fidelidade rotacional. O dever com Deus é prioridade para quem pertence a ele, enquanto o dever com o Estado é secundário, provisório e intermediário e findará em breve. O reino de César passa, mas o Reino de Deus chega e é eterno.

*Há momentos em que o cristão não pode nem deve obedecer ao Estado.* Quando o Estado nos ordena a ir contra a vontade de Deus (Atos 4.19; Apocalipse 18.1-4), não somos obrigados a obedecer. O próprio Estado será julgado por Deus.

> **R. A. Cole:** "Um balanço das duas cláusulas explica a atitude aparentemente distinta com relação ao poder imperial, manifestada, por exemplo, nas epístolas paulinas (como em Romanos 13.1) e em Apocalipse, onde o império deixa de ser um poder policial e se torna uma prostituta embriagada com

sangue cristão (Apocalipse 17.5,6). A perseguição à igreja pelo Estado ocorreu no meio; e, quando César exige coisas que são próprias de Deus, o cristão pode se recusar a fazê-las, por causa dessa mesma atitude com relação a Deus que normalmente o leva a obedecer a César. Mas não se pode esperar que César aprecie isso".[10]

## A QUESTÃO SOBRE A RESSURREIÇÃO (12.18-27)

Os inimigos de Jesus fracassaram em fazê-lo cair em uma armadilha de natureza política. Por isso, tentavam agora apanhá-lo com uma questão de caráter mais legal que teológico. Com essa pergunta, o que eles queriam era fazer que a verdade espiritual contida na Lei mosaica parecesse ridícula, ao ser ela interpretada nos moldes de um literalismo grosseiro. Dessa maneira, os saduceus esperavam que todo o conceito da ressurreição fosse ridicularizado, e Jesus, que ensinava sobre o assunto e falava da própria ressurreição, ficasse mais exposto à zombaria pública.

### A seita dos saduceus (12.18)

**Que eram?** As origens dessa seita e de seu nome são um tanto incertas. Supõe-se que eram descendentes de Zadoque, contemporâneo de Davi e um dos dois sacerdotes mais famosos da Antiguidade (2Samuel 8.17; 15.24; 1Reis 1.8). O pouco que sabemos a respeito deles é por meio dos fariseus, seus inimigos, e alguma coisa por Flávio Josefo, pois seus escritos desapareceram com a seita durante a Guerra dos Judeus.[11] A seita dos saduceus era a mais poderosa entre os grupos ou partidos que compunham o Conselho judaico (Sinédrio). Sua facção representava as classes aristocráticas, a maior parte estabelecida em Jerusalém, e seu principal interesse estava voltado para o templo e sua administração. O sumo sacerdote era sempre um saduceu. Tudo que fosse relacionado com o templo era controlado por esse grupo. Seu enriquecimento se devia em parte aos lucros do comércio realizado no átrio do templo. Eles odiavam os fariseus, que enfatizavam a importância das tradições, desenvolvidas por estes de forma paralela ao Antigo Testamento. Embora fossem poucos em número,

10. **The Gospel According to St. Mark**, p. 189.
11. **Antiguidades judaicas**, 13.10.6.

na época de Jesus exerciam poderosa influência política e religiosa (v. Mateus 3.7; Lucas 20.27; Atos 4.1).

**Em que acreditavam**? Diferentemente dos fariseus, eles afirmavam não poder acreditar na vida após a morte, porque era um ensino novo e não se cria assim nos dias de Moisés. Os saduceus negavam a ressurreição da carne (Lucas 20.27), reconheciam apenas os cinco livros de Moisés como autoridade inspirada e rejeitavam categoricamente a tradição oral dos fariseus (como a de Mateus 15.2). Além disso, não acreditavam em um Messias pessoal. Em vez disso, argumentavam que a era messiânica, para eles uma era ideal, já estava presente e devia ser mantida. O que mais se destacava neles era a rejeição da doutrina da ressurreição. Podemos imaginar por que escolheram fazer essa pergunta a Jesus.

> **H. E. Dana:** "Várias características dos saduceus muito bem definidas:
>
> 1. Era o partido *aristocrático*. [...] A principal característica dos fariseus surgiu de sua *tendência legalista*, enquanto a dos saduceus vinha de sua *posição social*. Ou seja, sua situação aristocrática era sua característica fundamental. Assim, a seita abarcava todos os políticos e funcionários públicos. A política era uma questão de grande importância para eles, em virtude de sua participação na vida nacional. [...] A grande maioria dos sacerdotes também fazia parte da seita. Dessa maneira, os saduceus encontraram sua principal força no templo, enquanto os fariseus operavam principalmente nas sinagogas.
>
> 2. Os saduceus tinham uma *concepção muito baixa de Deus* e da religião e negavam que Deus dedicasse um único minuto de atenção aos acontecimentos e ações humanos.
>
> 3. Eles *rejeitavam a doutrina da imortalidade*, não criam na ressurreição e negavam a existência de anjos e espíritos.
>
> 4. Aceitavam como autoridade apenas o *Antigo Testamento escrito* e se opunham à tradição rabínica, que os fariseus tinham em tão alta consideração. Contudo, embora teoricamente rejeitassem a tradição, na prática os saduceus viam-se compelidos a obedecer a muitas de suas disposições rituais, pois a influência dos mestres da lei e dos fariseus era tão grande que muitas de suas interpretações da Lei acabaram instituídas como normas que nem os próprios saduceus ousavam ignorar.

5. Formavam um *grupo desconfiado*: não apenas cauteloso com os outros, mas desconfiados entre si e sem nenhuma lealdade ao grupo.

6. Sua crença na aplicação rígida e literal da Lei, sem interpretação ou modificação, resultou em uma extrema *severidade judicial* em suas relações com o povo, o que fez aumentar sua impopularidade".[12]

## A pergunta dos saduceus (12.19-23)

**O contexto jurídico (v. 19).** Os saduceus tinham grande respeito pela Lei mosaica, como a maioria dos judeus. De fato, nesse particular eram os mais conservadores de todos os partidos judaicos. Foi por isso que citaram uma lei judaica, a lei do levirato (Deuteronômio 25.5-10), que tinha como propósito 1) preservar a propriedade de uma pessoa e 2) preservar a continuidade do nome dessa pessoa. A maioria dos judeus não acreditava na ressurreição, por isso tinha muito interesse em ter o nome perpetuado de alguma forma após a morte. Note-se que o teor da discussão é mais legal que teológico.

**Guillermo Cook e Ricardo Foulkes:** "De acordo com a lei do levirato (heb. *levir*, 'cunhado'), a mulher deveria receber proteção e ajuda em seu plano de ter pelo menos um filho e herdeiro. Portanto, de acordo com os conceitos judaicos, se ela tivesse a infelicidade de perder o marido antes de dar à luz um homem, em vez de ficar uma viúva 'infrutífera', deveria contar com a cooperação do cunhado, se houvesse algum por perto. Em um ato de misericórdia, o irmão do falecido deveria 'dar descendência' a ela, e a criança (homem, é claro; nesses casos, as filhas não são levadas em conta) que nascesse dessa união seria considerada filho legítimo do falecido irmão. Essa ficção legal garantia a herança da mulher naquela família. Fica por aqui o caso de Deuteronômios; o problema supõe assim estar resolvido".[13]

**O caso é apresentado (v. 20-22).** Os saduceus apresentam um caso hipotético para Jesus (o número sete o sugere), talvez conhecido por ele e também pelo

12. **El mundo del Nuevo Testamento,** p. 129-130. Grifo do autor.
13. Marcos, in: **Comentario bíblico hispanoamericano,** p. 295.

povo, porque era uma história popular sobre sete irmãos.[14] Cada um se casou com a mesma mulher e morreu. Note-se que a situação é quase impossível na vida real. Trata-se de um caso hipotético e exagerado de propósito. De fato, para os próprios saduceus, a história era ridícula do começo ao fim, porque não acreditavam na ressurreição. Eles queriam, isto sim, apresentar o conceito de ressurreição de forma caricata e depois desmoralizar Jesus e reduzir seus ensinos a pedaços. Os saduceus acreditavam que haviam encurralado Jesus com a caricatura de uma situação trágica.

**A questão real (v. 23).** Em suma, eles estavam perguntando: "Sabemos que você ensina que há vida após a morte. Caso afirmativo, de quem essa mulher será esposa após a morte?". Essa pergunta (como as de 10.2; 11.28; 12.15) não foi feita com o objetivo de saber a verdade, mas para atacar Jesus. Os que apresentaram a questão queriam que o povo o ridicularizasse. Por quê? Porque estavam com medo. Sabiam que, a menos que o parassem, ele exigiria uma mudança de vida, e eles não estavam dispostos a fazê-lo. Além disso, o povo daria mais crédito a Jesus que a eles como líderes religiosos, se o êxito que acompanhava seu ministério continuasse.

## A resposta de Jesus (12.24-27)

**Jesus denuncia o erro jurídico dos saduceus (v. 24,25).** Há duas questões a serem analisadas aqui. 1) Eles ignoraram que as disposições legais contidas nas Escrituras (inclusive a lei do levirato) eram apenas de validade temporal e terrena. Ou seja, Jesus estava dizendo que as leis terrenas não podem ser aplicadas à vida celestial. Ser como anjos significa estar tão sujeito à vontade de Deus que não há necessidade de um código legal para regular o comportamento. No céu, não há leis nem existe contrato de casamento, muito menos registro civil. Deus é soberano, e sua vontade é obedecida, como fazem os anjos do céu (Mateus 6.10b).

2) Eles ignoravam que o poder de Deus está acima da Lei e do pecado. O casamento (contrato humano e legal) é realizado na terra, mas o matrimônio

---

14. Uma história semelhante aparece no livro apócrifo de Tobias 3.8,15; 4.12; 6.9-13; 7.11-12. Esse é o arquétipo popular da "viúva negra".

(compromisso moral e de amor) ocorre no céu. Sexualidade e amor são elementos substanciais da imagem de Deus no ser humano (Gênesis 1.27). A primeira permite que o ser humano se associe a Deus na tarefa criadora; o segundo permite que ele tenha um relacionamento íntimo com o Criador e com suas criaturas. Não é de estranhar que o pecado tenha injetado seu veneno mortal ali e que, por causa disso, a Lei tenha concentrado também nesse ponto seu maior poder repressivo e regulador. Mas na ressurreição (a redenção final e definitiva), Deus, com seu poder, fará que a sexualidade e o amor voltem a cumprir o propósito original que ele tinha como objetivo desde a eternidade ao introduzi-los no ser humano.

**Jesus destaca a verdade teológica das Escrituras (v. 26,27).** Os saduceus diziam que só o que era ensinado nos cinco primeiros livros da Lei (o Pentateuco) tinha valor. Foi por isso que Jesus citou Êxodo 3.6 em sua resposta: "O episódio da sarça em chamas diz que Abraão pertencia a Deus, mas ele ainda pertence a Deus. Quem é de Deus não está morto, mas vivo".

Quando Deus faz de alguém seu amigo, ele o faz seu amigo para sempre. A morte do corpo não mata a amizade nem pode liquidar o amor. Não acreditamos na vida após a morte porque vimos fantasmas ou porque somos espíritas. Acreditamos na vida após a morte porque cremos em Deus e porque seu amor por nós não pode ser desfeito pela morte de nosso corpo. Se pertencemos a ele agora, acreditamos que em seu amor ele nunca nos abandonará (Romanos 8.31-39; João 14.19).

## A QUESTÃO SOBRE O MANDAMENTO MAIS IMPORTANTE (12.28-34, 41-44)

A vida cristã vitoriosa consiste em estabelecer as prioridades certas. Para o cristão, é imperativo ser guiado pelas coisas que importam e permanecem. Precisamos descobrir nossas prioridades e intencionalmente estabelecer as melhores. Essa passagem diz respeito a prioridades confusas, procuradas e postas em prática.

Duas prioridades cristãs essenciais são destacadas no texto: amar e dar. Essa é a essência do evangelho cristão, de acordo com João 3.16: "Deus tanto *amou* o mundo que *deu* o seu Filho Unigênito". Note-se que o resultado do amor de Deus é o que ele deu. Amar é dar. Amar a Deus e amar o próximo em obediência ao mandamento mais importante é a chave para receber o dom divino mais maravilhoso: fazer parte do Reino de Deus. Assim, estabelecemos boas prioridades para nossa vida à medida que praticamos a verdade de que amar é dar.

## Prioridade um: amar (12.28-34)

O evangelista Marcos registra cinco controvérsias na Galileia e também inclui cinco conflitos em Jerusalém. Cada série de cinco acontecimentos serve para esclarecer a missão e a intenção de Jesus e mostrar as fontes e as causas da resistência que ele enfrentou. Esses conflitos são todos religiosos e, de alguma forma, estão relacionados com as prioridades religiosas. Na pergunta sobre o mandamento mais importante, Jesus examinou as prioridades das Escrituras em sua resposta, uma resposta que alcançou o princípio central de toda a lei.

**A pergunta (v. 28).** Um dos mestres da lei entrou em cena. Depois de ouvir o diálogo entre os saduceus e Jesus, ficou impressionado e tinha também uma pergunta (v. 28). No teste anterior, os saduceus haviam apresentado um enigma a Jesus. É provável que o curioso mestre da lei tenha concordado com a resposta de Jesus aos saduceus e o reconhecido como colega e abalizado erudito bíblico. Esse homem, que aparentemente pensava por conta própria, pode representar o sincero inquiridor de hoje. Em busca de perspectiva para suas preocupações, perguntou ao homem de Nazaré qual mandamento ele indicava como o mais importante (v. 28). Afinal, a Lei continha nada menos de 613 estatutos, 248 mandatos positivos e 365 proibições. Alguns mestres da lei tendiam a reconhecer certa gradação nessas disposições, ou seja, faziam distinção entre leis maiores e menores e entre mandamentos de maior ou menor importância, enquanto outros se opunham a essas distinções.

Certa ocasião, um gentio temente a Deus procurou o famoso rabino Hillel com a proposta de se tornar prosélito, se o religioso fosse capaz de lhe ensinar toda a Lei no tempo que permanecesse de pé. Hillel aceitou o desafio e respondeu: "O que é odioso para você, não faça ao próximo. Essa é toda a Lei. O resto é comentário. Vá e aprenda". A resposta de Hillel é uma formulação negativa da Regra de Ouro (Lucas 6.31). O salmista reduziu os 613 estatutos da Lei a 11 (salmo 15). Isaías reduziu-os a seis (Isaías 33.15) e Miqueias concentrou a essência da vontade de Deus em três (Miqueias 6.8). O mestre da lei, com sua pergunta, queria saber se Jesus expressaria toda a Lei em um único mandamento: "Qual é o mais importante?". O Senhor respondeu sabiamente apontando dois deles, que são na verdade um só, embora em duas dimensões.

**A resposta (v. 29-40).** Jesus tomou o partido de Moisés e citou a primeira parte do Shemá: "Ouça, ó Israel, o SENHOR, o nosso Deus, é o único SENHOR", o credo central do judaísmo (Deuteronômio 6.4). Era recitado diariamente pelos judeus piedosos. O monoteísmo, a crença em um único Deus, é a suprema contribuição do judaísmo para a história da religião. No mundo greco-romano, muitos eram politeístas e adotavam panteões com muitos deuses. Alguns eram henoteístas: adotavam um deus tribal, mas aceitavam a existência de outros deuses. Os judeus opunham-se à idolatria e advogavam a fé em um único Deus. O judaísmo ajudou o mundo pondo fim à idolatria, enquanto o cristianismo pôs fim aos sacrifícios. Em todo caso, o monoteísmo radical tornou-se o pressuposto teológico básico da resposta de Jesus quanto ao amor. E esse mesmo monoteísmo está ligado à missão mundial da igreja. Se é verdade que existe apenas um Deus, a mensagem a respeito dele deve ser compartilhada com o mundo inteiro, porque não há pluralidade de deuses verdadeiros. Um missiologista experiente apontou como imperativos para a missão cristã não só a natureza do evangelho e a natureza dos seres humanos, mas também a natureza de Deus como um e único.

*A dimensão vertical do amor (v. 29,30).* Assim, Jesus listou como primeiro mandamento amar a esse Deus uno e único, o Senhor, com todo o ser (v. 30). A impressionante lista de quatro substantivos ("coração", "alma", "entendimento" e "força") e a repetição de "todo" em cada caso ressaltam a natureza integral da resposta que se espera. De forma imperativa, essa integralidade na devoção surge em resposta ao amor prévio de Deus, um indicativo. Toda a vida pessoal deve ser posta a serviço de Deus. Afinal, a pessoa inteira é amada por Deus. Jesus estava enfatizando uma devoção unidirecional à causa do Reino. A resposta surge do amor da aliança de Yahweh por seu povo. É exigida uma resposta sem reservas, na qual a pessoa ama a Deus desde o centro de seu ser e também com a mente, com a vontade e com as emoções.

Jesus já havia alertado que o dinheiro, o materialismo e o egoísmo podiam usurpar o lugar de Deus (Mateus 6.24; Marcos 10.43-45). Ele também esclareceu que o amor a Deus podia ser confundido com uma moda ou estilo religioso. Com severidade, criticou o apreço dos líderes religiosos por "roupas especiais", saudações respeitosas e reconhecimento público na esfera religiosa (v. 37-39). Com suas prioridades confusas, os mestres da lei haviam chegado ao ponto de valorizar mais que tudo seu longo manto cerimonial, o *talit*. Essa toga era a insígnia dos eruditos. Era um manto feito de linho branco e com longas franjas, que chegavam aos pés. Os mestres da lei amavam esse uniforme religioso e esperavam que, ao usá-lo, o povo nas praças os cumprimentasse com especial deferência. As pessoas se levantavam quando um rabino passava. Eles também ocupavam os primeiros assentos no culto, em um banco diante da arca e de frente para o povo. Faziam também longas orações, mais para agradar os que os observavam que como uma oferenda a Deus.

> **Vincent Taylor:** "A hipocrisia [...] é o perigo permanente de líderes religiosos, mais especificamente em uma religião baseada no legalismo. A única crítica real que se pode fazer aos v. 38-40 é o caráter generalizado das responsabilidades e a ausência de qualquer especificação delas. De alguma forma, nesses versículos, uma atitude hostil com relação ao judaísmo e aos rabinos é refletida na escolha e no uso dessas declarações, apesar da probabilidade de que representem as verdadeiras afirmações de Jesus".[15]

Jesus poucas vezes se referiu ao amor de Deus como tal, embora sua doutrina de Deus como Pai (*abba*) e a parábola do Pai compassivo (Lucas 15.11-32) o descrevam como um Deus de amor. Tampouco falou com frequência sobre o amor de Deus pelo lado humano; no entanto, mencionava-o como um componente interessante e desafiador do mandamento mais importante. Apenas algumas passagens nas epístolas paulinas falam do lado humano do amor a Deus (Romanos 8.28; 1Coríntios 2.9; 8.3; 16.22; Efésios 6.24). O crente ama a Deus como uma resposta natural ao fato de ser amado por ele. Trata-se, portanto, de um crescimento relacional no amor. De início, nosso amor a Deus pode ser apenas uma amizade que requer o expurgo de toda motivação egoísta. Com o tempo, nosso amor inicial por Deus pode ser transformado em *ágape*, pelo *ágape* de Deus sobre o qual está fundamentado.

---

15. **The Gospel According to St. Mark**, p. 495.

*A dimensão horizontal do amor (v. 31a).* Jesus acrescentou um segundo mandamento, inseparável, que complementa e desenvolve o primeiro, citando Levítico 19.18, com seu chamado a amar o próximo. Ele foi além da pergunta inicial do mestre da lei, como resultado de uma necessidade pessoal e íntima. Jesus acrescentou um segundo mandamento, ainda que seu inquiridor só houvesse pedido um. Mas o primeiro estaria incompleto sem o segundo. A ética de Jesus e sua devoção religiosa são teocêntricas e se desenvolvem com base na natureza revelada de Deus.

No contexto da proclamação de Jesus, o amor pelo próximo assume especificidade. De acordo com a Regra de Ouro, formulada de maneira positiva, significa tratar os outros como gostaríamos de ser tratados (Lucas 6.31). Isso envolve perdoar setenta vezes sete (Mateus 18.21,22). Em termos cristãos, portanto, amar o próximo requer um espírito de perdão e pode envolver tolerância com os não conformistas (Marcos 9.40). E o mais impressionante: pode incluir o próximo que se tornou nosso inimigo (Mateus 5.44). O mandamento impossível consiste em amar um inimigo, e quem o conseguiu durante a própria execução e martírio ofereceu uma libertação radical aos que o seguissem.

A prioridade que Jesus deu ao mandamento do amor influenciou mais tarde a pregação apostólica. Romanos 13.8,9 resume a segunda parte do Decálogo. Gálatas 5.14 afirma que o amor é o cumprimento de toda a Lei. Tiago 2.8 caracteriza o amor como a lei suprema. Por todo o Novo Testamento, o amor de Deus pode ser praticamente igualado ao amor ao próximo (Hebreus 6.10; 1Pedro 2.17; 1João 1.6,7). No evangelho de João, Jesus fala de um novo mandamento. É uma espécie de "décimo primeiro mandamento", porque em João 13.34 ele diz: "Um novo mandamento dou a vocês: Amem-se uns aos outros. Como eu os amei, vocês devem amar-se uns aos outros". O significado aqui não é tanto o "próximo" ou o "inimigo", mas o "irmão em Cristo". O mandamento do amor é o amor recíproco. É o amor que deve caracterizar a nova comunidade. Na verdade, o pequeno rebanho que peregrinava com Jesus aprendeu um estilo de relações interpessoais com ele e uns com os outros, parte da essência do que eram como comunidade de fé.

> **Pablo A. Deiros:** "Para Jesus, os dois grandes princípios do amor a Deus e ao próximo, com a Regra de Ouro, estão muito acima dos demais mandamentos e constituem o grupo completo para a aventura de uma vida boa.

> Certa ocasião, quando um mestre da lei afirmou a primazia do amor, Jesus declarou que ele tinha a disposição moral correta para fazer parte do Reino (Marcos 12.28-34). Jesus ensinou seus discípulos a encontrar a essência da religião nos dois grandes mandamentos de amar a Deus e amar o próximo".[16]

*A dimensão central do amor (v. 31b).* A expressão "como a si mesmo" ressalta a dimensão central do amor na pessoa que ama a Deus e ao próximo. Essa dimensão nem sempre é suficientemente levada em consideração. As pessoas que costumam apontar a autoestima como parte de uma personalidade saudável utilizam esse texto como comprovação. Alguns comentaristas mais cautelosos, porém, lembram que Jesus aqui está citando um texto do Antigo Testamento ao pé da letra e que em outras passagens a ética de Jesus vai além. Esses estudiosos insistem em que a expressão "como a si mesmo" não dá legitimidade à autoestima. Uma versão mais ponderada do conceito conduz à ideia de Deus se dirigir a nós como pecadores que se amam de maneira egoísta e exigir de nós, pecadores, que amemos o próximo. Dessa forma, a autoestima é elevada por se estender a outros. É um ponto importante o suficiente para se pensar e desejar conhecer outras opiniões. Acaso a Regra de Ouro (Mateus 7.12) não implica interesse em si próprio estendido positivamente aos outros? Não é inútil o amor tipo autoestima, como também o egoísmo dos ladrões, do sacerdote e do levita na parábola do bom samaritano (Lucas 10.25-37)? Não é a autoestima/o amor ao próximo que Jesus ensinou mais semelhante à compaixão do samaritano, que se preocupou e se sacrificou para ajudar um desconhecido?

A alta prioridade do amor é atraente ao cristão e ajuda a definir as prioridades com relação a tudo o mais em nossa agenda pessoal. Para Jesus, a religião era *ágape* e, como tal, amor a Deus e ao próximo. O discípulo que aceita o amor como a mais alta prioridade na vida cristã também é levado ao dar como sua expressão máxima.

*A dimensão total do amor (v. 32-34).* Só Marcos registra a resposta do mestre da lei a Jesus, que é mera repetição do que Jesus havia dito sobre o primeiro e o segundo mandamentos, com uma alusão adicional a 1Samuel 15.22 sobre o amor como superior à totalidade de uma oferta queimada.

---

16. **El evangelio del reino**, p. 197.

A pureza da teologia desse homem é impressionante e se encaixa com perfeição na ortodoxia judaica. Sua reação um tanto espantada ("Muito bem", gr. *kalōs*) dá a impressão de que é o aluno (o homem) quem está submetendo o Mestre (gr. *didáskale*) a um teste de teologia e avaliando sua resposta. No v. 34, encontramos a avaliação de Jesus sobre o mestre da lei, e foi positiva: "Ele tinha respondido sabiamente" (gr. *hóti nounechōs apekríthē*), embora não tenha sido aprovado. A resposta do mestre da lei ao Mestre de Justiça foi racional, embora incompleta. Ele não havia levado em conta a dimensão total do amor. O amor perfeito não consistia apenas em amar a Deus e amar o próximo, mas principalmente em amar a Jesus naquele momento e reconhecê-lo como Messias e Filho de Deus. Esse homem, um fariseu perito na Lei, interrogou Jesus com o claro propósito de o apanhar em uma armadilha (Mateus 22.34,35). Ele era hábil e inteligente o bastante para dar respostas teologicamente corretas, ainda que eticamente falhas.

**A lição (v. 28-34).** A passagem ilustra a tragédia de alguém que não está longe do evangelho nem da verdade do Reino de Deus. Jesus disse ao mestre da lei: "Você não está longe do Reino de Deus" (gr. *ou makràn eī apò tēs besileías toū theoū*). Alguns cristãos mais obtusos por certo não pensariam assim de uma pessoa que confessadamente não só está sem Cristo, como ainda faz obstinada oposição a ele. Temos ouvido muita gente se referir a pessoas desse tipo como se fossem cadáveres, mortos igualmente em suas transgressões e pecados. Mas isso não traduz toda a verdade. Pelo menos nessa passagem, Jesus não pensa isso de seu interlocutor. Ele pensa nos pecadores como doentes, não como mortos sem remédio. Ele é o Médico amado e está ciente de que algumas pessoas têm mais esperança que outras, de acordo com seu diagnóstico espiritual. Metade do Planeta neste momento está em trevas; algumas partes, entretanto, estão mais próximas do amanhecer. Da mesma forma, toda pessoa sem Cristo está em trevas, ao passo que algumas estão mais próximas da luz.

No entanto, embora houvesse ternura nas palavras de Jesus ao mestre da lei, havia também gravidade. Jesus disse: "Você não está longe", em vez de: "Você não está dentro". Embora o mestre da lei não estivesse longe do Reino de Deus, poderia acontecer de nunca estar dentro. Era como um navio que, depois de cruzar metade do Globo pelo oceano, afundasse na última noite da travessia, enquanto os passageiros já preparavam sua bagagem, e todos perecessem com o continente à vista. Da mesma forma, há pessoas que chegam bem perto de Cristo, mas depois se perdem e nunca mais desfrutam essa proximidade sagrada. Não estar longe do Reino de Deus é algo tremendo. E o que Jesus viu nesse mestre da lei, para dizer que este não estava longe do Reino de Deus?

*O mestre da lei era alguém que tinha ouvido o evangelho (v. 28a).* Nós o encontramos no meio da multidão que cercava Jesus e ouvia suas palavras. O fato de ele estar ali indica seu interesse em ouvir Jesus. Convém lembrar que ele era uma pessoa conhecida, talvez um aristocrata. Hoje também encontramos esse tipo de pessoa. Pode ser alguém que de domingo a domingo ouve a mensagem do evangelho, mas não se decide por Cristo. Ou alguém que se deleita com os sermões ou mesmo com a adoração cristã, mas não entende ou não quer entender que a fé em Cristo é a mais importante. O que o Senhor diz sobre esse tipo de pessoa? Cristo a ama e diz: "Você não está longe do Reino de Deus". Contudo, não estar longe não significa estar dentro do Reino de Deus. E estar fora do Reino, mesmo que muito próximo, significa a condenação eterna. Cristo é o único canal pelo qual a vida de Deus inunda a alma humana (João 17.3).

*O mestre da lei era alguém que buscava a verdade (v. 28b).* Nós o encontramos perguntando algo a Jesus. Naquele dia, Jesus fora alvo de muitas perguntas astutas sobre sua autoridade, sobre o pagamento de impostos e sua ressurreição. Mas esse homem se apresentou com uma pergunta fundamental: "De todos os mandamentos, qual é o mais importante?". Ninguém poderia entender a grandeza dessa pergunta sem ter lido a pesada ampliação da Lei no *Talmude*. Evidentemente, esse fariseu e mestre da lei havia lido o *Talmude* e queria ir além do que este ensinava. Pretendia chegar à essência e ao âmago da verdadeira religião. Por isso, quando Jesus respondeu com o glorioso epítome da lei divina (o Shemá, Deuteronômio 6.4,5), contribuiu com uma resposta correta e estimulante (v. 32,33). Jesus percebeu que, por trás da intenção de enganar que impelia esse homem, havia uma inquietação espiritual muito forte e genuína. Daí a resposta dele (v. 34).

Hoje também encontramos esse tipo de pessoa. É alguém que tem dúvidas profundas e sinceras sobre sua vida religiosa e espiritualidade. Charles Spurgeon parecia condenar a dúvida honesta, pois dizia: "O que a 'dúvida honesta' fez pelo mundo? Que igrejas construiu? Que nações fundou? Quais hospitais edificou? Que batalhas venceu?". Mas devemos ter em mente que, embora a dúvida honesta não tenha feito nenhuma dessas coisas, realizou algo talvez mais importante: fez os seres humanos. Os grandes heróis da fé, em algum momento, eram pessoas com profundas dúvidas. Como diz Miguel de Unamuno: "Não te ama, ó Verdade, quem nunca duvida". É por isso que Jesus amava as pessoas com dúvidas honestas, como seu discípulo Tomé. No entanto, a dúvida, por mais honesta, não pode salvar ninguém. A dúvida não é um pecado, mas uma doença do espírito, e ninguém pode ser salvo por uma doença.

Mesmo assim, note-se que essa é a pessoa que tem dúvidas sinceras e honestas. Jesus rejeitava categoricamente os hipócritas. E qual era a situação do mestre da lei? Quão honestas e transparentes foram suas perguntas? Ele não parece um hipócrita, porque nesse caso Jesus o teria rejeitado. Seria um covarde espiritual, que queria fazer boa figura diante de Deus e do Diabo, de Jesus e de seus inimigos? A questão é que, até onde sabemos pelo testemunho bíblico, esse homem nunca entrou no Reino de Deus.

## Prioridade dois: dar (12.41-44)

O episódio da viúva pobre, que depositou tudo que possuía nos cofrinhos do templo, destaca a segunda prioridade, que é dar. Há três questões a serem consideradas nesses versículos.

**As ofertas (v. 41,42).** A oferta da viúva como sua prioridade de vida é bem evidente. Jesus, sentado no templo, observava atentamente pessoas de diferentes níveis econômicos trazerem suas ofertas. Assim, viu pessoas ricas fazendo grandes contribuições. Ao que parece, as ofertas eram colocadas em um dos 13 receptáculos em forma de trombeta encostados na parede do pátio das mulheres. Cada um deles representava uma necessidade diária no templo.

Uma viúva aproximou-se dos cofrinhos. Tomou dois leptos, pequenas moedas de cobre de muito pouco valor, e lançou-os no receptáculo. As moedas valiam apenas um quarto de um shekel, algo como um oitavo de um centavo ou a sexagésima quarta parte da remuneração diária de um trabalhador. O lepto era chamado "moeda fina" por motivos óbvios, e o texto equipara os dois leptos a um quadrante romano (v. nota da *NVI*). Esse fato é um argumento interessante a favor da ideia de Roma como o contexto da escrita do evangelho de Marcos.

**As lições (v. 43,44).** Jesus chamou seus discípulos e ministrou-lhes um ensino sobre doações baseado no gesto da viúva. Ele manifestou grande interesse e sensibilidade com relação às viúvas durante todo o seu ministério, como demonstram a parábola da viúva persistente (Lucas 18.1-8) e a forte acusação contra os advogados que astuciosamente se apossavam das propriedades de viúvas indefesas (v. 40). Nesse caso, porém, Jesus deu destaque à viúva com uma revelação especial e radical.

*Dar por amor.* Longe de pensar em certa quantia ou em uma quantia legalmente estabelecida, como o dízimo, Jesus valorizou a atitude por trás da ação. Ele já havia declarado que o mandamento mais importante era amar integralmente a Deus, e a viúva, com sua oferta, mostrou que amava a Deus de todo o coração, toda a alma, toda a mente e toda as suas forças. Jesus considerou a oferta da mulher a doação mais extraordinária daquele dia. Ao contrário do senso comum, ele julgou o que a mulher lançou no tesouro quantitativamente superior a tudo que os outros haviam doado (v. 43).

Essa avaliação foi baseada em uma dupla realidade. Por um lado, a realidade de que as ofertas abundantes dos ricos mestres da lei eram o resultado de sua vanglória e paixão ("Eles fazem questão de andar com roupas especiais, de receber saudações nas praças", v. 38); de sua ambição de poder e honra ("[...] e de ocupar os lugares mais importantes nas sinagogas e os lugares de honra nos banquetes", v. 39); de sua pretensão de piedade exemplar e influência religiosa ("para disfarçar, fazem longas orações", v. 40b). E o pior: todas as suas riquezas vinham da exploração cruel e insensível das viúvas ("Eles devoram as casas das viúvas", v. 40a). Por tudo isso, esses homens estavam destinados à "condenação mais severa" com suas ofertas. Por outro lado, a realidade de que a oferta da viúva veio de uma mulher "pobre", punida duplamente com o *status* de viúva e pobre. Essa mulher carecia absolutamente de tudo que sobrava aos mestres da lei, e isso era o que davam como oferta. No caso dela, a única coisa que ela possuía eram duas moedas, que nem eram suficientes para comprar o pão diário; ela, porém, as ofereceu, ou seja, "deu tudo o que possuía para viver". Isso não tem explicação, a menos que seja interpretado como prova de profundo amor.

*Dar estando em necessidade.* Jesus destacou o que estava na raiz das doações da mulher pobre e das ofertas das demais pessoas, especialmente os ricos. Ela ofertou estando em necessidade, enquanto outros ofertaram de sua abundância. Jesus baseou sua avaliação da oferta da viúva dizendo que os outros "deram do que lhes sobrava", mas ela havia ofertado "da sua pobreza". Esse conceito é contrário à sabedoria convencional, que ostensivamente considera as ofertas vultosas mais desejáveis que as pequenas, por causa do que se pode fazer com esses valores. No entanto, o espírito com que se dá é importante, não apenas o valor da oferta. Aqui, mais uma vez, o Novo Testamento ensina que a doação excede certa medida, como o dízimo, porque surge do mandamento mais importante, que é amar. João Calvino, respondendo a essa questão da viúva extravagantemente generosa, observa que, embora os pobres pareçam não ter recursos para fazer o bem, o dom dos pobres é tão valioso quanto todos os tesouros de Creso, o lendário rei da Lídia.

*Dar tudo que possui.* O contraste entre a oferta da viúva pobre e o que o povo doava é incrível. A viúva deu as duas únicas moedinhas que possuía. Ela poderia ter ficado com uma. Os outros ficaram com dinheiro suficiente, mesmo tendo feito magníficas contribuições. A prova da generosidade de uma pessoa não é quanto ela dá, mas com quanto fica depois de ofertar. William Barclay capta muito bem a prioridade de Jesus: "O valor da doação nunca importa tanto quanto o custo para quem dá; não é o tamanho do presente, mas o sacrifício [que importa]. A verdadeira generosidade dá até doer".[17]

Só uma oferta de vida desse calibre se mantém através do tempo. As "roupas especiais", as "saudações nas praças", os "lugares mais importantes nas sinagogas", os "lugares de honra nos banquetes", as "casas das viúvas" e as "longas orações" acabariam por receber a "condenação mais severa". Até a beleza das "pedras" e das "construções magníficas" do templo (13.1) desapareceram sem deixar vestígio, porque não ficou "pedra sobre pedra", foram "todas derrubadas" (13.2). E o que foi que não se perdeu com o tempo? Pois foi a lembrança da oferta generosa e sacrificial dessa viúva pobre e anônima. Por séculos e séculos e até o retorno do Senhor, ela será lembrada como a pessoa que "deu tudo o que possuía para viver".

## Prioridades de Jesus

É interessante observar as questões implícitas no texto, para discernir a respeito do próprio Jesus e de suas prioridades. Ele ousa falar em nome de

17. **El Nuevo Testamento comentado**, v. 3, p. 302.

Deus com autoridade, pela perspectiva do Reino de Deus, que é contrária à opinião predominante. A fórmula introdutória no v. 43 ("Afirmo", gr. *Amēn légō*; "Em verdade vos digo", *RVR*) representa seu solene "amém". Essa fórmula aparece 13 vezes em Marcos. Trata-se de uma frase sem paralelo, um método especial para endossar suas palavras e afirmar que elas são confiáveis e verdadeiras. Jesus é a verdadeira testemunha de Deus, e a fórmula indica uma inspiração direta de Deus e afirma sua autoridade e seu direito de falar da parte de Deus. Nos primórdios da igreja, Jerônimo captou isso quando disse: "Cristo jura: devemos crer no juramento de Cristo, uma vez que 'Amém, amém digo a vocês' no Novo Testamento é o equivalente a 'Vivo eu, diz o SENHOR' no Antigo Testamento".[18] De modo que a autoridade assumida por Jesus é esclarecida, sua autocompreensão do papel de seu ministério de ensino é refletida e seu senso da prioridade relativa de uma rendição total é poderosamente apresentado. Ele exemplificou com sua vida e sua morte que amar é dar. E isso é tão verdadeiro quanto dizer "amém" três vezes.

## A PERGUNTA SOBRE O FILHO DE DAVI (12.35-40)

Nessa passagem, Jesus cita Salmos 110.1 e aplica-o diretamente ao Messias, ou seja, a si mesmo. Esse mesmo salmo chegou a ter uma importância essencial na teologia cristã primeva. De fato, trata-se da passagem do Antigo Testamento citado com mais frequência no Novo Testamento. A explicação dada por Jesus é, na verdade, uma das mais difíceis de interpretar registradas pelos Evangelhos sinópticos. De forma alguma, a explicação de Jesus significa que ele negasse ter ascendência davídica, ou que Davi era seu antepassado. Em todo caso, foi motivo de discussão tentar descobrir se Jesus falava de si mesmo ou se simplesmente estava fazendo uma declaração geral sobre o Messias. Em ambos os casos, a hipótese de Rudolf Bultmann, segundo a qual esse trecho se trataria de um relato criado pela igreja primeva para enriquecer sua cristologia, não parece ter sustentação suficiente.[19] É difícil crer que uma palavra como esta tenha sido inventada,

18. Apud C. E. B. CRANFIELD, The Gospel According to Saint Mark: An Introduction and Commentary, in: **Cambridge Greek Testament Commentary**, p. 140.

19. **Teología del Nuevo Testamento**, p. 67-69.

pois inevitavelmente provocaria dificuldades teológicas de grandes proporções. É muito mais simples e claro pensar que Jesus se refere a si mesmo. Nesse caso, o contexto e a intenção de Jesus, ao citar este salmo, são importantes para conhecer mais profundamente a consciência que Jesus tinha de si mesmo como Messias.

## O que dizem os mestres da lei (12.35-37)

Todo o relato consiste em uma série de declarações com uma breve introdução de caráter editorial. O fio que alinhava tais declarações é a reação de Jesus à atitude agressiva dos mestres da lei. A atitude de Jesus não é menos combativa e firme, a ponto de desnudar ética e espiritualmente seus oponentes e terminar por expor suas incoerências.

**Jesus ensinava (v. 35a).** Jesus tinha começado esse dia ensinando no templo e confrontando a inquirição traiçoeira dos chefes dos sacerdotes, dos mestres da lei e dos líderes religiosos (11.27), que o questionaram sobre a autoridade dele (11.27-33; 12.1-12), sobre os impostos (12.13-17), sobre a ressurreição (12.18-27) e sobre o mandamento mais importante (12.28-34, 41-44). A essa altura, os oponentes de Jesus ficaram sem palavras e não se atreveram a continuar interrogando-o. Agora é Jesus quem contra-ataca com uma pergunta que se baseia nas declarações dos mestres da lei ("Como... dizem que...?", gr. *Pōs légousin hoi grammateis*). Segundo Mateus 22.41, os fariseu também estavam participando desse episódio no templo. Dessa vez, é Jesus quem sugere o debate ("lhes perguntou", gr. *Apokritheis*, responder, dizer, declarar). Com essa pergunta, Jesus não está concebendo uma espécie de quebra-cabeça escritural nem um enigma bíblico. Sugere, sim, uma dificuldade apresentada pelo próprio texto bíblico e que na solução de tal dificuldade se encontra a chave para entender quem ele é e para que veio ao mundo.

**Os mestres da lei diziam (v. 35b).** Na realidade, esses estudiosos da Lei (gr. *Grammateīs*) que se opunham a Jesus estavam em silêncio nesse momento. Jesus, porém, responde a seus ensinamentos e ataques da mesma manhã (11.27). Observe-se que eram os mestres da lei os que afirmavam que "Cristo é filho de Davi" (gr. *ho Jristos huios Davíd estin*). O que eles queriam dizer com isso? Todos os escribas ensinavam que o Messias seriam descendente do rei Davi (João 7.42). De fato, o povo reunido na entrada triunfal de Jesus em Jerusalém o tinha aclamado como "Filho de Davi" (Mateus 21.9). No entanto, os rabinos não haviam dado atenção para o fato de que Davi também chamava o Messias de Senhor (Salmos 110.1). De modo que a divindade e a humanidade do Messias estavam em jogo nessa passagem bíblica inspirada pelo Espírito Santo (v. 36a). O dilema hermenêutico não parecia ser fácil de resolver para os mestres da lei, que, a essa altura, estavam tão confundidos que "Ninguém conseguia responder-lhe uma palavra" (Mateus 22.46a).

**Davi disse (v. 36).** Essa declaração está inserida no meio das palavras de Jesus, as quais são difíceis de interpretar e que foram explicadas de várias maneiras. Parte da dificuldade consiste reside no fato de as expressões registradas pelos evangelistas sinópticos serem muito concisas, dando a impressão de que eles também não as compreendiam muito bem. Segundo determinada explicação, hoje desconsiderada, Jesus aqui negava sua origem davídica. Os próprios evangelistas estavam persuadidos de que Jesus tivesse filiação davídica e dificilmente teriam transmitido uma declaração do Senhor que tivesse sido questionada. O que Jesus parece negar não é sua ascendência davídica, mas sim a importância cristológica estabelecida pelos judeus a tal origem para a obra de salvação que ele levava a cabo. Em outras palavras, sua ascendência carnal não é determinante para definir o Messias e sua obra redentora. O messias, a quem Davi chama "o meu Senhor" é maior que Davi, porque a origem dele está em Deus, não em um rei humano, por grande que tenha sido este na história de seu povo. Ele é o dono do trono do Reino de Deus, não o que está sentado em um trono humano, mesmo que seja o trono do rei Davi.

> **Oscar Cullmann:** "Jesus usa aqui o método de demonstração em voga em sua época. Cita o célebre salmo real 110 [...] Segundo a tradição, todos os salmos são obra do rei Davi, e é nisso que Jesus fundamenta sua argumentação. Segundo a intenção primitiva do salmista, a palavra *Kurios* no nominativo significa naturalmente "Deus"; a palavra *Kurios* no dativo designa "ao rei"; é exatamente a este último a quem chama "meu Senhor". Originalmente, o sentido do salmo era tão somente: 'Deus disse ao rei: Senta-te à minha direita [...]'. O sentido, porém, do salmo em hebraico muda a partir do momento em que alguém não se convence de que tenha sido composto para *honrar* o rei, mas *pelo* próprio rei, ou seja, por Davi. O *Kurios*, no nominativo, continua sendo

> Deus, mas, no dativo, não pode se considerado o rei, já que se identifica com o falante. As palavras "meu Senhor" devem, pois, designar o Messias."[20]

Dessa maneira, podemos concluir que Jesus não rejeitou diretamente o título de "filho de Davi", quando outros o usavam para se referir a ele. Rejeitou, porém, de forma categórica a ideia de uma realeza política, associada a esse título, que era o conceito popular judaico predominante na época. Ele não era o herdeiro, por direito de sucessão, ao trono de Davi. No entanto, é oportuno esclarecer que, assim como acontece com o título de Messias, Jesus deu um novo significado ao título "filho de Davi e, como consequência, ao de "Rei dos judeus". Uma vez que Jesus estava consciente da tarefa de cumprir a missão do povo de Israel, a ideia da realeza não era contraditória à sua vocação messiânica e redentora. Jesus, porém, confere à expressão um novo sentido e conteúdo. Segundo a expressão do evangelista João, trata-se de uma realeza que "não é deste mundo" (João 18.36).

**A multidão ouvia (v. 37).** Tratava-se do povo, das pessoas comuns (gr. *ho polus ójlos ēkouen autoū hedéōs*), em grande número, que o seguiam para escutar (imperfeito) com prazer. Somente Marcos menciona esse detalhe. Deve-se considerar que o Conselho dos judeus (Sinédrio) já havia começado a atacar formal e diretamente Jesus naquele manhã no templo, cujo objetivo era destruir sua influência e prestígio em meio às multidões. Para a multidão, Jesus era um herói, ainda mais a partir de sua entrada triunfal à cidade de Jerusalém. No entanto, todas as manobras astutas das autoridades religiosas judaicas fracassaram em silenciar Jesus e tapar os ouvidos da multidão. Pelo contrário, ocorreu o efeito oposto, ou seja, as multidões não apenas escutavam Jesus com mais atenção, como também o faziam desfrutando o que ele dizia.

## O que fazem os mestres da lei (12.38-40)

Marcos resume nesses três versículos um longo discurso (cf. Mateus 23), no qual Jesus analisa e condena duramente a hipocrisia dos mestres da lei e dos fariseus. Desse modo, portanto, diante de uma multidão atenta, Jesus lança uma série de denúncias diretas contra seus opositores, especialmente aos mestres da lei, aos quais acusava de dizer: "Faça o que eu digo, mas não o que eu faço".

---

20. **Cristología del Nuevo Testamento**, p. 154-155.

Na síntese apresentada por Marcos, Jesus destaca a ridícula ostentação desses guias cegos, cujas pretensões ambiciosas de predomínio também são testemunhadas por Flávio Josefo. Jesus aqui faz uma severa advertência: "Cuidado com os mestres da lei" (gr. *blépete apo tōn grammatéōn*). Jesus fala à multidão e a seus discípulos (Mateus 23.1) e adverte-os contra os mestres da lei e contra os fariseus, ao passo que estes continuam ali e escutam as duras palavras de Jesus. O Mestre finaliza sua intervenção com uma condenação decisiva: "Esses receberão condenação mais severa!". São três os pecados que Jesus denuncia e condena aqui.

**Orgulho (v. 38).** O orgulho nasce da necessidade psicológica de estima própria e de terceiros. Suas raízes são legítimas, mas, como ocorre com outros pecados, se corrompem e desvirtuam para gerar uma atitude egoísta e centrada no eu, que termina sendo pecado, com todas as consequências decorrentes desse fato. O orgulho, portanto, caracteriza-se por levar o indivíduo a ter "de si mesmo um conceito mais elevado do que deve ter" (Romanos 12.3). Que é o orgulho? O orgulho ou a altivez (Provérbios 21.4) é o estado mental e moral que precede a praticamente todos os demais pecados. Agostinho de Hipona considerava o orgulho a razão fundamental da queda de Adão e Eva. Em certo sentido, todo pecado é egoísmo de uma forma ou outra e consiste, em essência, em uma estimação própria indevida. É deleitar-se em se considerar a si mesmo o centro do Universo e superior aos demais. A Bíblia é inflexível em condenar essa atitude (Provérbios 16.5; 29.23). Deus aborrece o tipo de amor próprio que se estima a si mesmo de forma desmedida em relação ao que realmente valemos, que se denomina orgulho. O orgulho pode se manifestar de diferentes maneiras, mas sempre emana da altivez do coração humano. Alguns se orgulham de sua fisionomia, outros de sua etnia, outros de seus negócios, outros de sua cultura, posição social, educação, relacionamentos ou influência. Em outras palavras, o orgulho pode ser de índole variada: espiritual, intelectual, material, social, relacional, estética, entre outras.

Como era o orgulho dos mestres da lei? Era duplo. Por um lado, o orgulho deles era fazer "questão de andar com roupas especiais" (gr. *tōn thelóntōn en stolaīs peripateīn*). As estolas ou togas longas que se arrastavam pelo solo (gr. *stolaīs*) eram as vestes de altos cargos, como reis e sacerdotes. Pensavam que, disfarçados de dignitários, eram grandes pessoas. Para eles, o valor de uma pessoa e sua dignidade dependiam da roupa que usava. Por outro lado, o orgulho deles caracterizava-se em gostar de "receber saudações nas praças" (gr. *aspasmous en taīs agoraīs*). A saudação em questão devia-se ao reconhecimento de sua dignidade em público. Consideravam que o valor de uma pessoa em nos títulos, graus acadêmicos ou tratamento que recebiam em público. Os mestres da lei na época de Jesus eram muito parecidos aos fidalgos espanhóis do início do século XVI, descritos por Francisco Giucciardini, embaixador de Florência na corte de Fernando de Aragão, em 1513:

> **Francisco Giucciardini:** "O reino está densamente povoado. [...] O país, porém, é mais pobre, não por falta de recursos naturais, mas pela indolência das pessoas. São orgulhosas e pensam que nenhuma outra nação se compara a eles. [...] Não gostam dos estrangeiros e lhes tratam com indelicadeza. [...] São provavelmente mais belicosos que qualquer outra nação cristã, ágeis, rápidos e bons no manejo das armas, fazem da honra uma questão fundamental e preferem morrer a se submeter à vergonha. [...] Os espanhóis são considerados astutos e inteligentes, mas não são bons nas artes liberais e mecânicas. [...] Todos os espanhóis olham com desprezo para o comércio e têm ar de fidalgos e preferem ser soldados ou salteadores de estradas a ocupar-se do comércio ou de qualquer outra função parecida. [...] Os espanhóis gostam do exibicionismo; vestem roupas finas em público e cavalgam elegantes cavalos, ao passo que, em casa, vivem de forma miserável, difícil de crer. [...] Na aparência, são muito religiosos, mas não de fato. São muito de guardar cerimônias, com palavras elegantes e beijos nas mãos; todos são "senhor" para eles e "estão à disposição" de quem seja, mas suas palavras elegantes não devem ser tomadas literalmente. São avaros e grandes hipócritas."[21]

**Vaidade (v. 39).** É enorme a quantidade de passagens, tanto no Antigo quanto no Novo Testamento, que tratam da vaidade humana. Essa atitude de arrogância, presunção e envaidecimento, característica da pessoa que vive em rebeldia contra Deus, é condenada em toda a Bíblia (Jó 15.31; 35.13; Salmos 31.6; Provérbios 30.8; Eclesiastes 1.1,2). Os crentes são advertidos a se afastar de Deus para ir em busca de coisas vãs (1Samuel 12.21; Atos 14.15; Efésios 4.17), porque isso equivale a provocar o Senhor (1Reis 16.13; 2Reis 17.15). O próprio ser humano não redimido é pura vaidade (Salmos 39.5,11; 62.9; 144.4; Isaías 41.24, 29), bem como todo os que

21. Apud Pablo A. Deiros, **Historia del cristianismo en América Latina**, p. 72-73.

faz e fala (Isaías 59.4; Ezequiel 13.8,9; 21.29; 22.28; Efésios 4.17; Tito 1.10). Nesse sentido, os mestres da lei eram grandes mestres da vaidade; em dois sentidos. Por um lado, matavam-se para "ocupar os lugares mais importantes nas sinagogas" (gr. *prōtokathedrías en taīs sunagōgaīs*). Dos assentos que ficavam exatamente em frente do púlpito, conhecidos como *prōtokathedrías*, era de onde se lia e explicava a Lei (a "cátedra"), que, por sua vez, ficava diante da arca, ou armário, depósito, caixa, onde se guardavam os rolos da Lei e dos Profetas. Depois do púlpito, esse era o lugar de maior destaque e visibilidade no recinto da sinagoga. Por outro lado, tinham um vivo interesse em ocupar "os lugares de honra nos banquetes" (gr. *prōtoklisías en toīs deípnois*). Ou seja, dos nove divãs que se dispunham em formato **U** em um banquete, o lugar mais proeminente era o que ocupa exatamente o meio desse formato. Tal desejo de ocupar o lugar VIP a qualquer preço expressava a vaidade dos mestres da lei. É importante enfatizar que os discípulos foram vítimas desse pecado (Lucas 22.24).

**Hipocrisia (v 40).** Jesus qualificou de hipócritas os mestres da lei e os fariseus de sua época (Mateus 15.7-9; Marcos 7.6). A intenção de Jesus era que voltassem a praticar o básico, a ver sua cegueira e pouca solidez moral e espiritual. Na escala de valores de Jesus, parecer é inferior a ser. Por isso, baseando-se em Isaías 29.13, acusou-os de hipócritas. A palavra significa uma pessoa que usa máscara. O vocábulo grego *hupokritēs* chegou a significar "ator", depois "pessoa que exagera" até finalmente passar a significar "pessoa que finge". Jesus acusou-os de incoerência em sua piedade e incongruência em relação à vida que tinham. A contradição está entre o que uma pessoa parece ser na opinião dos demais e o que realmente é diante de Deus. Não havia coincidência entre as palavras e o coração. A hipocrisia existe sempre que o exterior e o interior não se encaixam. No caso do mestres da lei que Jesus diante em frente de si mesmo, a hipocrisia era dupla. Por um lado, transmitiam às multidões uma imagem de piedade, ao passo que " devoram as casas das viúvas" (gr. *hoi katesthíontes tas oikías tōn jērōn*). Provavelmente faziam isso expropriando-as de suas casas por dívidas a pagar ou pressionando-as a dar sua propriedade ao tesouro do templo, embora acabassem ficando com tudo. Por outro lado, "para disfarçar, fazem longas orações" (gr. *Profásei makra proseujómenoi*). O espetáculo religioso de suas longas orações era a cortina de fumaça com a qual pretendiam tapar o crime de despojar as viúvas do único bem que tinham.

## UNIDADE TRÊS

# O CUMPRIMENTO DO REINO

O evangelho de Marcos é uma unidade e começa com a frase: "Princípio do evangelho de Jesus Cristo, o Filho de Deus" (1.1). Perto do final, apresenta um centurião romano reconhecendo: "Realmente este homem era o Filho de Deus" (15.39). Do início ao fim, Marcos apresenta Jesus, o Messias, como o poderoso Filho de Deus, que trouxe consigo e deu cumprimento ao prometido Reino de Deus.

Como já foi dito, o ponto de transição em Marcos ocorre durante um retiro de Jesus, quando ele levou seus discípulos para a região de Cesareia de Filipe. Ali perguntou quem eles pensavam que ele era. Pedro confessou que Jesus era o Messias. Então, Jesus começou a explicar a diferença entre quem ele era e as expectativas populares com relação ao Messias. Nesse contexto, Jesus enfatizou que ser discípulo do Messias significava seguir o mesmo caminho de sofrimento e carregar a cruz que ele iria tomar (8.27—9.1).

Os últimos seis capítulos do evangelho marcam o início de uma nova etapa no ministério de Jesus. O cap. 10 mostra um translado da Galileia para a Judeia, que prepara os leitores para a Semana da Paixão (cap. 11—15) e a ressurreição (cap. 16). Marcos deixa de lado muitos detalhes na transição de Jesus da Galileia para Jerusalém. Quase 40% do evangelho de Marcos está concentrado na Semana da Paixão e na ressurreição de Jesus.

Marcos retrata Jesus como um homem que vivenciava todas as emoções humanas. Jesus ministrou entre seu povo movido por compaixão, indignação, frustração, misericórdia e tristeza (1.41; 3.5; 8.17; 14.6,33). Marcos apresenta sem reservas imagens da plena humanidade de Jesus (cf. 3.21; 4.38; 6.3-6; 13.32). Desde o início de seu ministério terrestre (2.20), Jesus viveu sob a sombra ameaçadora da cruz, e a agonia do Getsêmani quase conseguiu dobrá-lo (14.34). Ao mesmo tempo que ele era totalmente humano em todas essas experiências, era também o poderoso Filho de Deus que sofreu e chegou a morrer. Jesus foi vitorioso em sua vida, em sua morte e, o mais importante, em sua ressurreição.

O evangelho de Marcos foi escrito para evocar a fé dos crentes na divindade de Jesus: a voz divina anunciou-a desde o céu, enquanto os demônios a proclamavam aos gritos, Pedro confessou-a abertamente e até um centurião romano a reconheceu em público. Os leitores de Marcos estavam passando por provações e sofrimentos, mas aprendendo a respeito do Senhor e seguindo-o também podiam ser vitoriosos.

De todos os fatos redentores narrados nesses capítulos, os dois mais importantes são a morte e a ressurreição de Jesus. Jesus, o Filho de Deus, realmente morreu e ressuscitou. Os evangelhos narram a morte de Jesus de forma bem concisa. Seu objetivo é apenas dizer que ele estava morto e que houve muitas testemunhas desse fato. Sem dúvida, os primeiros leitores se perguntavam por que ele havia morrido, e havia outros questionamentos como esse. O mais importante, porém, não era que todas as perguntas encontrassem no relato evangélico uma resposta definitiva, e sim o fato de ser demonstrado que a história era verdadeira, ou seja, não era uma fábula nem um mito religioso. A morte de Jesus foi tão real quanto a de qualquer outro ser humano.

De natureza bem diferente é a história da ressurreição de Jesus. Ressuscitar não é uma experiência normal ou rotineira da condição humana. As questões suscitadas por esse fato associado a Jesus não são fáceis de responder. No entanto, todos os evangelhos falam da ressurreição de Jesus como um acontecimento tão real e concreto quanto sua morte. Além disso, tem-se a impressão de que sua morte adquire certa relevância, à luz do evidente triunfo de Jesus sobre ela. Nesse sentido, sua morte é única, porque foi seguida de uma experiência única: a ressurreição.

Desse modo, a última seção do evangelho de Marcos narra os sofrimentos, a morte, a ressurreição e a ascensão de Jesus como fatos que ocorreram em um tempo histórico específico e em um local preciso. Talvez por esse motivo o registro desses fatos históricos apresente muito mais detalhes que qualquer outra parte do evangelho. Realmente, em três capítulos (14, 15 e 16) o evangelista conta o que aconteceu em apenas cinco dias. É óbvio que Marcos e seus informantes consideravam os acontecimentos narrados aqui os mais importantes com relação à vida e ao ministério de Jesus. É provável que esses episódios tenham sido os primeiros a ser redigidos. A descrição dos acontecimentos é uma unidade que começa em 14.1,2.

CAPÍTULO 10

# O CUMPRIMENTO NO PASSADO (I)

8.31-33; 9.30-32; 10.32-34;
11.1-11,15-19; 14.1—15.20

Por que os primeiros cristãos consideravam esses acontecimentos tão significativos? Porque sabiam que Jesus havia feito mais pela humanidade em sua morte e ressurreição do que fizera por meio de seus ensinos e milagres. Foi por sua morte e ressurreição que ele destruiu o poder do pecado sobre a humanidade e tornou possível a reconciliação com Deus (Romanos 5.10-11). Por isso, é importante darmos especial atenção a esses capítulos. Em certo sentido, podemos considerar tudo que Marcos narrou até agora uma introdução aos capítulos finais de seu evangelho.

De modo muito particular, a passagem mais importante que iremos analisar neste capítulo (14.1—15.20) trata dos acontecimentos que tiveram lugar na celebração da Páscoa judaica e antes do sábado. A Páscoa era a festa do Antigo Testamento que comemorava a libertação do povo hebreu da escravidão no Egito. De acordo com o relato bíblico, o anjo do Senhor feriu mortalmente os primogênitos dos egípcios, mas passou longe dos lares dos hebreus (Êxodo 12.12,13,21-27). Deus lhes ordenou, por meio de Moisés, que no dia 14 de nisã (março-abril) eles sacrificassem um cordeiro e o comessem na mesma noite, entre o pôr do sol e a meia-noite. Uma vez que o dia judaico começava com o aparecimento da primeira estrela no céu (às 6 horas da tarde), a festa da Páscoa ou ceia pascal era realizada no dia 15 de nisã, quando se celebrava a festa dos pães sem fermento. Essa festa acontecia após a Páscoa e se prolongava por sete dias (Êxodo 12.15-20; 23.15; 34.18; Deuteronômio 16.1-8).

As perícopes ou parágrafos que se seguem no evangelho de Marcos apresentam-nos uma sequência de acontecimentos na experiência de Jesus que, como em um crescendo dramático, chega ao desfecho inevitável de sua morte, na condição de Cordeiro de Deus, e sua subsequente ressurreição.

## A PREDIÇÃO DE JESUS (8.31-33; 9.30-32; 10.32-34; 11.1-11,15-19; 14.1-26)

A partir da confissão de Pedro em Cesareia de Filipe, Marcos apresenta uma série de acontecimentos que antecedem os sofrimentos do Messias como Servo sofredor do Senhor. O próprio Jesus profetizou esses sofrimentos em três ocasiões. Sua chegada a Jerusalém acelerou seus passos em direção à morte, e a purificação do templo o pôs em confronto direto com o *establishment* religioso, que por fim conspirou contra ele até levá-lo à cruz.

### As profecias de Jesus (8.31-33; 9.30-32; 10.32-34)

Até que ponto Jesus tinha ciência de que era o Messias e que como tal deveria sofrer e ser morto? É provável que ele estivesse bem ciente de sua condição messiânica e de qual era sua missão no mundo. De fato, no início de seu ministério e por ocasião de seu batismo, a voz celestial esclareceu isso muito bem (1.9-11). Jesus nunca esqueceu essas palavras. No entanto, de acordo com o registro de Marcos, ele declarou que era o Messias prometido apenas uma vez, isso durante seu julgamento (14.61,62). Em todo caso, Jesus profetizou a própria morte como Servo sofredor em três ocasiões e o fez em termos bem semelhantes, o que demonstra plena consciência de sua tarefa divina no mundo.

**Primeiro anúncio (8.31-33).** Em 8.29, Pedro confessa que Jesus é o Messias. Em 8.31-33, Jesus explica que o Messias é alguém que terá de sofrer e morrer antes de começar a reinar. A passagem inteira (v. 27-33) faz parte de uma unidade e deve ser lida como tal. Duas coisas se destacam nesse parágrafo.

*A necessidade de Jesus (v. 31).* De acordo com Jesus, "era necessário que o Filho do homem sofresse muitas coisas" (gr. *tòn huiòn toū anthrōpou pollà patheīn*). Com isso, o Senhor queria dizer: 1) que era da vontade do Pai que a humanidade fosse salva por meio dos sofrimentos do Messias (14.36); 2) que as Escrituras (ou seja, o Antigo Testamento) haviam previsto que seria assim (Isaías 53; Lucas 24.46). Para Jesus, não havia um poder chamado Destino, mais forte que Deus e que sujeitasse Jesus ao sofrimento. Esse poder não existe. Ele escolheu o caminho do sofrimento como algo necessário para trazer redenção à humanidade; não foi apanhado de surpresa pelas circunstâncias dolorosas pelas quais passou. Ele era o Filho do homem e, como tal, deveria morrer pelos pecadores.

Nenhum judeu jamais havia ensinado que o Messias deveria sofrer e morrer para cumprir sua missão. Como já vimos, os judeus consideravam o Messias um conquistador. No entanto, passagens bíblicas como Isaías 53 falavam de um Servo sofredor, embora os judeus não identificassem essa personagem com o Messias. Portanto, parecia contraditório Jesus afirmar que o Servo sofredor e o Messias fossem a mesma pessoa e que ele era o Messias porque tinha de sofrer e morrer. Eles também não entendiam que esse Messias, uma vez morto, ressuscitaria três dias depois. Na verdade, o Messias era o conquistador que os judeus esperavam, só que sua conquista não seria a do poder político, e sim a da morte e do pecado.

**A confusão de Pedro (v. 32,33).** A atitude de Pedro é um claro exemplo da confusão predominante entre os judeus com relação ao caráter e à missão do aguardado Messias. Pedro "começou a repreendê-lo" (gr. *ho Pétros autòn ērxato epitimān autōi*) e com isso tinha duas coisas em mente. 1) Estava tentando Jesus para que fugisse do sofrimento. Foi por isso que Jesus o repreendeu: "Para trás de mim, Satanás!" (gr. *húpage opísō mou, Satanā*). O que Pedro estava lhe dizendo era a mesma coisa que Satanás já havia sugerido nas tentações do deserto (1.13). Isso mostra que Jesus, na condição de ser humano pleno, foi tentado ao longo de sua vida terrena. 2) Estava presumindo que entendia a situação melhor que Jesus e que ele precisava de sua ajuda e do seu conselho (6.37).

Quando Jesus lhe devolveu a repreensão — "Você não pensa nas coisas de Deus, mas nas dos homens" —, estava confrontando Pedro com duas questões importantes. 1) O método redentor de Deus é diferente dos métodos humanos (Isaías 55.8,9). Quantas vezes nós, cristãos, ao fazermos planos para a vida ou para a igreja, pensamos como seres humanos e seguimos algum método humano em vez de pensar "nas coisas de Deus" (gr. *tà toū theoū*) e seguir os métodos dele. Os caminhos de Deus são muito diferentes dos nossos, assim como os pensamentos dele não são iguais aos nossos. 2) Os métodos redentivos humanos buscam a redenção sem sofrimento. Essa é a grande diferença entre os planos humanos e os planos de Deus. Ele sabe que os humanos só podem ser salvos por alguém disposto a sofrer por eles. Jesus sabia que tinha de morrer para salvar os homens. Não bastava ensiná-los e curá-los. Essa é uma das lições do evangelho cristão mais difíceis de entender e de aplicar. Muitos cristãos são inimigos não tanto de Jesus, mas de seus métodos (Filipenses 3.18).

**Segundo anúncio (9.30-32).** Essa é a segunda profecia de Jesus sobre sua morte e ressurreição. Duas coisas se destacam nessa passagem.

*A viagem (v. 30).* Esses versículos (e o restante do cap. 9) narram o início da longa jornada de Jesus a Jerusalém para morrer (v. Lucas 9.51). A viagem provavelmente durou cerca de seis meses, de setembro do ano 28 até março do ano 29, porque Jesus não se dirigiu diretamente a Jerusalém. Durante esse período, fez as últimas visitas à Galileia e ensinou nas aldeias das regiões da Judeia e da Pereia (9.30—10.31). É provável que também tenha feito algumas rápidas visitas a Jerusalém (descritas em João 7—11) e ensinado em Samaria e em outras localidades, descritas em Lucas 9—18. Jesus pretendia fazer essa longa jornada em segredo (v. 30), por duas razões: 1) queria evitar ser preso por Herodes, governador da Galileia; 2) queria paz de espírito para poder ensinar aos Doze. Não era seu plano morrer ainda, senão em Jerusalém e no tempo (*kairós*) escolhido por Deus para isso.

*O ensino (v. 31,32).* Na passagem de 9.30—10.52, Marcos reúne várias histórias que mostram as principais lições ensinadas por Jesus a seus discípulos nesse período. Basicamente, o ensino central por trás desses registros é que o valor de um ser humano ou de um objeto é diferente do valor que o mundo geralmente lhes atribui. Por exemplo, a humanidade será salva por alguém que fará isso por meio do sofrimento, ou seja, o Messias Jesus (9.30-32; 10.32-34,45). Para os discípulos, tratava-se de uma realidade difícil de aceitar. Como seria possível que o Messias fosse "entregue nas mãos dos homens"? Jesus estava dizendo que o Pai o "entregaria" para ser morto por mãos humanas, porque não havia outra maneira de a humanidade ser salva? Isso parecia loucura para eles (8.31-33; Romanos 8.32). Tão absurdo lhes parecia o que Jesus estava profetizando que "eles não entendiam o que ele queria dizer" (gr. *hoi dè ēgnóoun tò hrēma*; cf. 9.32). Embora fosse a segunda vez que o ouviam afirmar com clareza a mesma coisa, não entrava na cabeça deles que tamanha tragédia poderia acontecer. Foi por isso que Jesus, com muita paciência, tornou a ensinar a verdade central do evangelho. Ele continua a fazer pacientemente a mesma coisa conosco hoje, pois continuamos inclinados a pensar em Jesus como um conquistador invencível em qualquer circunstância humana negativa ou como alguém que distribui bênçãos celestes sem restrições. Também somos um pouco lentos para entender a natureza de sua missão redentora.

**Terceiro anúncio (10.32-34).** Na seção final do cap. 10, estão registradas a terceira predição da Paixão de Jesus e a última parte da viagem a Jerusalém. O clímax da vida e do ministério do Senhor estava se aproximando. Jesus caminhava sozinho mais à frente, enquanto os discípulos o seguiam temerosos. Os discípulos e o restante do grupo estavam "subindo para Jerusalém" (gr. *anabaínontes eis Hierosóluma*). O vale do rio Jordão fica abaixo do nível do mar, e Jerusalém, a uma altitude de 920 metros. Era literalmente uma cidade santa sobre uma colina. Eles marchavam para a cidade como alguém com um objetivo em mente. De fato, essa é a primeira menção de Jerusalém como destino do grupo. Depois de um tempo, Jesus os avisou pela terceira vez (v. Mateus 16.21; Lucas 12.33) de que morreria em pouco tempo.

Temos aqui um quadro muito vívido do evangelho. As palavras evocam a imagem de um poderoso Salvador que lidera seu povo e do Senhor determinado a fazer a vontade de Deus. Jesus parecia uma grande figura solitária, que avança para seu santo destino. Os discípulos, por sua vez, caminhavam atrás dele e estavam "maravilhados" (gr. *ethamboūnto*) e "com medo" (gr. *efoboūnto*). Talvez já estivessem desanimando, depois de saber que mais adiante iriam deparar com a crucificação e a morte. A imagem de Jesus andando à frente deles deve ter resultado em grande alento para os leitores romanos do evangelho de Marcos, que talvez estivessem experimentando certo medo diante das circunstâncias de perseguição que vivenciavam. Ao mesmo tempo, eles também devem ter sentido alguma admiração e uma consciência maior do numinoso na presença do transcendente.

À luz desses três versículos, vejamos duas questões importantes sobre a entrega do Senhor.

*Sua entrega foi voluntária (v. 32).* A natureza voluntária de sua entrega pode ser vista em duas claras imagens nesse texto.

1) Note-se que Jesus está liderando. O texto diz que "Jesus ia à frente" (gr. *ēn proágōn autoùs ho Iēsoūs*). Em Hebreus 12.2, lemos que precisamos ter "os

olhos fitos em Jesus, autor e consumador da nossa fé". Assim como caminhou à frente do grupo na estrada, ele tomou a dianteira no caminho do sofrimento redentor pelos pecados do mundo. Ele sabia que não poderia salvar ninguém, senão morrendo em Jerusalém. Seus discípulos ainda não sabiam disso, mas depois entenderam e também estavam prontos a sofrer por amor a ele. A igreja deve imitar Jesus em sua rendição voluntária e estar disposta a se render totalmente no cumprimento de sua missão redentora no mundo.

2) Note-se que os discípulos caminham atrás de Jesus. O texto diz que "os discípulos estavam admirados, enquanto os que o seguiam estavam com medo". Convém lembrar o convite de Jesus aos discípulos registrado no início do evangelho: "Sigam-me, e eu os farei pescadores de homens" (1.17). Aqueles que agora o viam caminhar em direção à morte começaram a sentir que algo terrível estava prestes a acontecer. Ficaram admirados por não entender por que ele tinha de morrer e com medo porque, se Jesus morresse, eles ficariam sem seu Mestre e Guia. Mas eles o amavam e confiavam tanto nele que ainda o seguiam, apesar de tudo. Se caminharmos atrás de Jesus no cumprimento da missão, ele nos ajudará a segui-lo, apesar das provações e mesmo diante da morte.

*Sua entrega foi sacrificial (v. 33,34).* Jesus chamou os Doze de lado e começou a contar em detalhes o que iria acontecer. Suas palavras eram dramáticas e cheias de dor. Mais uma vez, Jesus anunciou em termos muito precisos que o resultado da marcha para Jerusalém seria a morte. Três coisas nessas palavras merecem uma análise mais detalhada.

1) Sua identidade messiânica (v. 33a). Jesus se referia a si mesmo com o título "Filho do homem" (gr. *ho huiòs toū anthrōpou*). A expressão não significa apenas "homem" ou "ser humano". Jesus a usava como nome próprio. Era um título conhecido pelos judeus, embora não saibamos ao certo o que significava para eles. Jesus deu novo significado à expressão. Ele usou esse título ou expressão de três maneiras. a) O título refere-se a alguém que possui a mesma *autoridade* que Deus (2.10,28). Era como dizer que ele era o próprio Deus. b) O título refere-se a alguém que salva outros por meio do *sofrimento* e da *morte*. É semelhante ao título "Servo de Deus", de Isaías 53. Jesus usou esse título dessa maneira quando o tempo de sua morte se aproximava (8.31; 9.12; 10.33,45; 14.21). c) O título refere-se a alguém que chegará ao fim do mundo como juiz (8.38) e com grande poder (13.26) para derrotar os inimigos de Deus e libertar seu povo (14.62). O título "Filho do homem" é utilizado dessa

forma em Daniel 7.13,14. Portanto, a expressão "Filho do homem" significa quase o mesmo que "Messias" (14.62).

2) Sua entrega sacrificial (v. 33b,34a). Jesus sabia muito bem tudo o que teria de sofrer para redimir a humanidade. Seu sacrifício redentor começou antes da *via crucis*, na expectativa do que estava por vir. Ele sabia que iria morrer em Jerusalém (já o havia previsto duas vezes; Mateus 16.21; Lucas 12.33). Jesus já conhecia o processo injusto ao qual seria submetido pelas autoridades judaicas e a sentença final pelas mãos dos romanos ("gentios", gr. *toīs éthnesin*). Jesus relaciona detalhes de sua aflição que não havia mencionado antes (v. 34a).

3) Sua vitória final (v. 34b). A frase final de Jesus é contundente: "Três dias depois ele ressuscitará" (gr. *kaì metà treīs hēméras anastēsetai*). Este era um anúncio que os discípulos não conseguiam entender (como em 9.10). Provavelmente, pensavam que a predição de Jesus era algo como uma ressurreição figurativa, pois estavam confusos. Ele era o Messias, mas tudo era diferente das ideias que nutriam a respeito da missão do Messias. Isso explica por que se esqueceram da promessa de que ele ressuscitaria ao terceiro dia de sua morte.

## A entrada triunfal de Jesus (11.1-11)

Os cap. 11 e 12 de Marcos descrevem o que Jesus fez em Jerusalém durante os dias que antecederam sua prisão e subsequente crucificação. Textos como 14.49 dão a entender que esse período provavelmente durou mais de uma semana. Na verdade, não sabemos com certeza quando ocorreu a entrada de Jesus em Jerusalém, mas é certo que a prisão ocorreu em abril, e a igreja cristã sempre celebra o domingo anterior à Páscoa como Domingo de Ramos. Durante esse tempo, Jesus quis dar aos judeus a última chance de mudar sua atitude com relação a ele e aceitá-lo como o Messias enviado por Deus, o que essa passagem deixa muito claro. Mas os líderes não o aceitaram. Em vez disso, o desejo de acabar com Jesus aumentou.

O que aconteceu? Na longa caminhada de Jericó a Jerusalém, Jesus e seus seguidores provavelmente descansaram em Betânia, a cerca de 3 quilômetros de Jerusalém. É possível que estivessem exaustos, pois a viagem era na maior parte morro acima e exigia umas doze horas de caminhada. Em Betânia, Jesus enviou dois de seus discípulos para buscar um jumentinho em uma cidade próxima, provavelmente Betfagé. Essa cidade ficava a 1,5 quilômetros de Jerusalém e, como Betânia, também situada no monte das Oliveiras. Não era a primeira vez que Jesus passava por ali, e, ao que parece, ele conhecia alguém que possuía um jumentinho.

Eles trouxeram o animal, e ele montou nele. Assim, cavalgou rumo a Jerusalém, provavelmente acompanhado de outros peregrinos que estavam chegando para a festa da Páscoa. Eles desceram o monte das Oliveiras, atravessaram o vale de Cedrom e passaram por uma das portas do muro pelo lado norte da cidade. Enquanto se deslocava, Jesus foi aclamado como se fosse rei, tanto pelos peregrinos vindos da terra dele (Galileia) quanto por outros peregrinos. Ao pôr do sol, ele retornou a Betânia. O motivo era 1) evitar que alguém o matasse em uma das ruas escuras de Jerusalém antes que estivesse pronto para morrer e 2) ter a chance de orar em silêncio. À luz dos acontecimentos desse dia na vida dele, perguntamo-nos se a entrada triunfal de Jesus em Jerusalém foi mesmo triunfante.

**Para Jesus, sua entrada em Jerusalém foi triunfal (v. 1-8).** Os detalhes da história expressam essa realidade por meio de elementos simples, mas de grande importância.

*O jumentinho (v. 1,2).* Jesus fez sua entrada triunfal em Jerusalém montado num jumentinho (gr. *pōlos*). A frase "encontrarão [...] amarrado" (gr. *heurēsete* [...] *dedeménon*, "atar", "sujeitar"; v. 2) é intrigante pela precisão das instruções de Jesus. Sem dúvida, ele não foi apanhado de surpresa pelas circunstâncias. Ele tinha um plano e o executou. Ao que parece, Jesus conhecia o dono do jumentinho e combinara o empréstimo para quando precisasse. Os discípulos não encontraram o jumentinho por acaso ou por milagre. Jesus sabia que eles o encontrariam e onde, quando fossem procurá-lo. Mas era necessário que os discípulos tivessem fé na palavra de Jesus. Eles agiram por obediência a essa palavra e em total dependência e obediência a ele. Em certo sentido, tratava-se de uma fé compartilhada, uma vez que o Senhor enviou "dois de seus discípulos" (gr. *apostéllei dýo tōn mathētōn autoū*), como fizera em outra ocasião (6.7). Seríamos capazes de tal fé?

Eles iriam encontrar um "jumentinho" amarrado. Se Jesus tivesse a intenção de se apresentar como o general de um grande exército (de acordo com o conceito judaico popular do Messias), ele teria usado um cavalo. Usar um jumentinho era sinal de que ele queria salvar a humanidade com amor, não com violência. Mas também era sinal de que ele era o Messias. Os judeus conheciam os textos de Zacarias 9.9 e 14.4. Jesus queria ensinar-lhes essas coisas por meio de suas ações, não por palavras. O interessante é que esse jumentinho nunca havia sido montado por ninguém. Ou seja, era um animal jovem. Jesus usou um animal em perfeitas condições. Por quê? Ele usou algo não contaminado, assim como os judeus sempre sacrificavam a Deus um animal livre de toda contaminação (Deuteronômio 21.3; 1Samuel 6.7; Lucas 23.53). É nesse desejo de oferecer o melhor a Deus que muitos cristãos oram de manhã cedo, antes que a mente comece a lidar com outras coisas. O que estamos oferecendo ao Senhor?

*O discípulo anônimo (v. 3-6).* Parece claro que o dono do jumentinho conhecia Jesus e talvez até o chamasse de "Senhor" (v. 3). Ele prometera emprestar o animal quando Jesus precisasse, e Jesus prometeu devolvê-lo. A frase "O Senhor precisa dele" (gr. *Ho kúrios autoū chreían échei*) expressa a realidade de que não foi a primeira vez que Jesus precisou de ajuda para cumprir sua missão (4.1; 14.14). O Senhor diz o mesmo sobre nossos talentos, nossas posses, nosso tempo, nossas habilidades, nossos filhos e nosso lar. À semelhança do dono do jumentinho, devemos oferecer tudo ao Senhor, para que ele o use de acordo com seus propósitos. Cristo deve ser o dono absoluto de toda a nossa vida. É interessante que essa é a única vez que Jesus é chamado de "Senhor" no evangelho de Marcos.

*Os mantos (v. 7,8).* Os discípulos colocaram suas capas sobre o jumentinho, para que o Senhor pudesse montar nele confortavelmente, e também "muitos estenderam seus mantos pelo caminho" (gr. *polloì tà himátia autōn éstrōsan eis tēn hodón*). Por que fizeram isso?

1) Sem dúvida, alguns o fizeram porque o reconheciam como profeta. Queriam mostrar a ele seu amor e não se preocuparam em sujar seus mantos. A melhor demonstração de amor ao Senhor é depositar o que é nosso a seus pés e esquecer-nos disso, a fim de honrá-lo incondicionalmente. Cada um contribuiu com algo de valor: um jumentinho, os mantos, os "ramos que haviam cortado nos campos". Ninguém considerou seu pequeno sacrifício por Jesus uma perda. Você já depositou aos pés de Jesus algo caro ou de valor sentimental?

2) Outros o fizeram porque tinham ouvido falar de seus milagres e estavam curiosos para ver mais ações desse tipo realizadas por Jesus (João 12.9). Sempre há quem se aproxime do campo religioso ou espiritual disposto a "pagar o ingresso" para assistir a um bom *show*. Não é o que acontece com muitos que frequentam os cultos evangélicos? Fazem-no simplesmente porque há boa música, uma palavra que entretém e a possibilidade de aparecer na televisão se o culto for transmitido ao vivo. Para tal experiência, vale a pena deixar uma pequena oferta, de preço menor que o de uma entrada de cinema, de teatro ou de um jogo de futebol.

3) E não há dúvida de que a maioria o fez porque esperava que Jesus liderasse uma rebelião contra os romanos. Os ramos tinham um significado puramente honorário. Jesus foi saudado como deveria ser um conquistador ao entrar triunfalmente em sua capital. Na América Latina, muitos são os que veem Jesus apenas como um líder político, sindical ou de organizações sociais. O "Cristo dos pobres" mimetizou-se no rosto clássico da famosa fotografia de Che Guevara, tirada por Alberto Días em 1960. Desde a Revolução Cubana, esse Cristo revolucionário e rebelde passou a chamar a atenção de muita gente, especialmente dos jovens, até hoje.

**Para o povo, a entrada de Jesus em Jerusalém não foi triunfal (v. 9-11).** E não o foi porque o povo tinha expectativas equivocadas. Eles não entenderam a natureza da missão messiânica de Jesus.

*O povo estava errado ao esperar um Messias político.* Quando Jesus entrou na cidade, eles começaram a gritar: "Hosana!" (v. 9). A palavra significa "salve-nos agora". Certamente, o povo acrescentaria: "[...] dos romanos". Nessas aclamações, estavam repetindo palavras que todo judeu conhecia muito bem (Salmos 118.25,26). Esse salmo era cantado na festa dos tabernáculos e na Páscoa. Em ambas as festas, os judeus louvavam a Deus por tê-los libertado da escravidão no Egito. Depois que foram conquistados por outras nações, esses festivais eram ocasiões para clamar a Deus pela almejada liberdade. Com seus brados, o povo estava dizendo: "Aí vem aquele que irá liderar a rebelião contra os romanos! O reino de nosso antepassado Davi será restaurado!".

O povo estava errado ao pedir a Jesus que os ajudasse a obter a liberdade política que desejavam? É errado o cristão orar pela libertação política de seu país? O cristão faz bem quando ora por tudo que considera melhor para seu país. Ao fazer isso, porém, devemos lembrar que só Deus sabe o que é realmente bom para nós. Além disso, ao orar pelo nosso país, devemos orar também para que outros países tenham o que é melhor para eles. O povo estava errado ao pensar que Jesus faria isso apenas pelos judeus, porque ele tinha um propósito diferente. Ele tinha vindo para libertar a humanidade, não apenas os judeus. Viera para libertá-los do poder do pecado, não do poder dos romanos. O cristão sabe que o tipo de liberdade que Jesus oferece é mais precioso que libertar-se do domínio de um governo estrangeiro ou de qualquer outro tipo de opressão.

O povo estava errado ao querer usar Jesus para atender a suas expectativas terrenas. Eles queriam que Jesus fizesse a vontade deles em vez de buscar e fazer a vontade de Deus. Nós, cristãos, podemos cometer o mesmo erro. Em nossas orações, dizemos a Deus o que queremos que ele faça por nós em vez de nos dedicarmos a fazer o que ele planejou para nossa vida. "Seja feita a tua vontade" (Mateus 6.10) deve ser o foco de qualquer oração que fizermos ao Pai, seguida pela expressão sincera: "Não seja o que eu quero, mas sim o que tu queres" (Marcos 14.36b).

## A purificação do templo por Jesus (11.15-19)

A primeira coisa que Jesus fez ao entrar em Jerusalém foi ir ao templo (v. 11) e lá observou "tudo", ou seja, percebeu que muitas coisas eram feitas naquele ambiente, exceto aquelas para as quais o templo existia — a oração. Tratava-se de um templo sem oração, mas com muita atividade religiosa. Ao entardecer, Jesus achou prudente deixar a cidade e ir para Betânia com "os Doze" (v. 11). No dia seguinte, Jesus retornou à cidade e, mais uma vez, a primeira coisa que fez foi se dirigir ao templo para agir de acordo com o que havia observado no dia anterior.

**Observemos o lugar.** A cena da ação purificadora de Jesus não era o templo em si, mas o pátio dos gentios, que circundava o templo e era o espaço aberto com que deparavam os peregrinos mal atravessando a porta do muro oriental da cidade, por onde necessariamente se ingressava na parte norte de Jerusalém. Quanto ao templo em si, só os judeus podiam entrar. Os gentios eram proibidos de fazê-lo, sob pena de morte. Assim, o pátio dos gentios era o único lugar, no âmbito do templo, onde eles podiam circular. As autoridades religiosas dos judeus, porém, começaram a usar esse grande espaço para outros fins.

*Venda de animais para o sacrifício.* Eles compravam e vendiam os animais e as aves que o povo sacrificava diante do templo. Os sacerdotes consideravam as ofertas compradas no mercado imperfeitas ou impuras e obrigavam os adoradores a comprar os animais "aprovados" para o sacrifício que eles mesmos vendiam. Assim teve início o comércio no templo, que resultou em grandes lucros para a classe sacerdotal. A oferta dos pobres eram dois pombos, que custavam umas poucas moedas no mercado, ao passo que eram muito caros no templo.

*Troca de dinheiro para as ofertas.* Os comerciantes trocavam dinheiro. A moeda em uso durante o governo romano trazia a efígie do imperador pagão e não podia circular no templo por ser considerada um sacrilégio e uma violação ao segundo mandamento (Êxodo 20.4-6). Essas moedas tinham de ser trocadas pelas velhas moedas hebraicas, que não continham imagens e eram usadas para pagar o imposto do templo. Com as especulações, os cambistas obtinham grandes lucros. Ou seja, os judeus usavam o pátio dos gentios para atender a seus interesses e propósitos mesquinhos, não à finalidade para a qual o templo fora construído. Deus queria que os judeus compartilhassem sua fé com outras nações (Isaías 56.6-8), mas eles haviam se apoderado das bênçãos de Deus sem reparti-las com ninguém. Jeremias declara que nisso eram tão maus quanto os ladrões (Jeremias 7.11). O cristão deve evitar isso. Devemos compartilhar as boas-novas que recebemos com os descrentes e especialmente ajudá-los a crer por meio de nosso modo de viver em vez de tornar o evangelho um artigo comercial (1Timóteo 3.3,8; 6.5,6; Tito 1.7,11; 1Pedro 5.2).

*Atalho para os transeuntes.* O pátio dos gentios era usado por toda a população como uma espécie de atalho para a parte oriental da cidade e para o monte das Oliveiras. Além disso, o tráfico ilegal de mercadorias geralmente seguia uma rota que atravessava esse pátio, tanto para a entrada quanto para uma rápida saída da cidade. Havia uma lei que proibia o transporte de mercadorias pelo pátio dos gentios, mas não era respeitada. As pessoas que faziam isso estavam usando a religião para a própria conveniência, e foi isso que Jesus tentou impedir (v. 16). Até que ponto nós mesmos fazemos isso? Muitas vezes, chegamos ao templo de Deus por qualquer motivo (para ter vida social, fazer negócios, promover-nos), não com a única intenção de adorá-lo e servi-lo.

**Observemos a cena.** Jesus chegou ao pátio, interrompeu a compra e a venda de animais e a troca de dinheiro, e não permitiu mais "que ninguém carregasse mercadorias pelo templo". No meio de sua ação, Jesus citou Jeremias 7.11, para lembrar ao povo que aquele era o pátio dos gentios e que Deus estava interessado neles também, não apenas nos judeus. O resultado de sua ação foi chocante. Os líderes judeus, que havia muito o odiavam (3.6), agora estavam decididos a matá-lo. Eles temiam que, se Jesus continuasse a agir e a ensinar daquela forma, viessem a perder seu poder e sua influência sobre o povo (v. 18). Além disso, o povo admirava sua coragem, sua autoridade e seu interesse pelos gentios e talvez tivessem visto com bons olhos aquele ataque contra os líderes religiosos.

**Observemos a atitude de Jesus.** Por que Jesus fez isso? Obviamente, ele queria pôr fim às injustiças cometidas no ambiente do templo. Mas seu principal objetivo, mais uma vez, era convidar os judeus a mudar de ideia e aceitá-lo como o verdadeiro Messias. Com essa atitude, Jesus fez o que Malaquias 3.1-6 previu que o Messias iria fazer. Marcos situa esse episódio no final do ministério de Jesus e em seus últimos dias, o que deu aos líderes religiosos uma boa razão para "procurar uma forma de matá-lo, pois o temiam" (gr. *ezētoun pōs autòn apolésōsin efoboūnto gàr autón*). No entanto, por algum motivo, o evangelho de João situa o incidente no início do ministério de Jesus (João 2.14).

**Observemos o ensino.** De acordo com o v. 15, "Jesus entrou no templo e ali começou a expulsar os que estavam comprando e vendendo". Quatro coisas merecem mais atenção aqui.

*Sua ira.* A emoção aflorou por causa do mal que estavam fazendo ao povo, não por algum dano ou ofensa contra ele. Em todo caso, a ira de Jesus foi uma emoção humana mantida sob controle. Há momentos em que devemos sentir também uma ira santa (Efésios 4.26). No entanto, nossa raiva nem sempre é igual à de Jesus, porque perdemos o controle das emoções e acabamos ferindo ou ofendendo alguém em vez de expressar nossa contrariedade ou defesa da justiça.

*Seu uso da força.* Jesus usou a força, mas não do tipo que os obrigava a obedecer. Sua força foi aplicada às coisas, não às pessoas. Não há como um único homem expulsar uma multidão de comerciantes pelo uso da violência, mesmo assustando os animais com um chicote de corda (João 2.15). A força aplicada por Jesus não foi a da violência física, e sim a de sua irresistível autoridade moral e espiritual.

*Sua autoridade.* Os comerciantes obedeceram porque Jesus agia com aquela autoridade que lhe era própria (1.22), mas também com uma bondade que só os iníquos não conseguiam perceber ou reconhecer. Uma vez que ele era o Messias e o Filho de Deus, tinha autoridade para julgar os seres humanos, e essa autoridade se tornou evidente aqui.

> **José Luis Martín Descalzo:** "Não é difícil imaginar o que Jesus sentiu quando viu aquilo. Se em visitas anteriores havia sofrido a amargura de ver a casa de Deus tratada daquela forma, agora algo explodiu dentro dele. Desde que começara a anunciar o Reino, passou a se sentir mais forte e mais determinado.

> Poderia aquele que proclamava a salvação dos pobres tolerar tal ofensa contra a pobreza de Deus e dos homens? [...] Ele pegou do chão algumas das cordas usadas para amarrar os animais e juntou-as com um nó. Então, lançou-se contra os cambistas. Várias mesas rolaram, e as moedas tilintavam no chão. Alguém gritou, como todos os avarentos: 'Meu dinheiro! Meu dinheiro!'. Depois da primeira mesa, veio a segunda, a terceira e a quarta. Houve um terrível silêncio. O gesto do Profeta foi tal que ninguém se atreveu a detê-lo. Com seu chicote improvisado, bateu no lombo dos carneiros e dos bois, que saíram em debandada na direção dos pórticos. Sem dúvida, houve um momento de terror coletivo. Mas Jesus não parou. Virou-se para os vendedores de pombos e, apontando para as gaiolas, gritou: 'Tirem isso daqui! Não transformem a casa de meu Pai em covil de ladrões!'. Algumas pessoas fugiam, e outras assistiam à cena aterrorizadas, em um silêncio dramático. Lá no melhor da alma, porém, entenderam a ira do desconhecido Profeta e se perguntavam quem ele era e quem lhe dera aquele poder e majestade, porque ninguém ousava impedi-lo".[1]

*Sua defesa dos despossuídos.* Nesse caso, os despossuídos eram os peregrinos enganados não só pelos mercadores do templo, mas também pela família de Anás, sogro do sumo sacerdote. Jesus os atacou por abusarem de sua posição de líderes religiosos. Eles se sentiram tão ameaçados que foram "procurar uma forma de matá-lo, pois o temiam" (v. 18). Com isso, aprendemos duas coisas. 1) Assim como Jesus defendeu a gente explorada pelo templo, a igreja deve fazer o mesmo hoje com as multidões enganadas por políticos corruptos, comerciantes desonestos, falsos mestres, religiosos hipócritas e líderes opressores. 2) Os líderes religiosos que abusam de sua posição devem ser denunciados e julgados com severidade. O corpo de Cristo não pode permitir que pessoas imorais e corruptas passem por líderes religiosos impecáveis, quando a única coisa que os impele são os "lucros desonestos" e o "amor ao dinheiro". Os que se ocupam de cometer todo tipo de pecado público e privado deveriam estar presos, não atrás de um púlpito cristão (2Timóteo 1-5).

> **Carlos Mraida:** "Devemos trabalhar por uma igreja em ação que adora a Deus, não a Mamom: 'Jesus entrou no templo e ali começou a expulsar os

1. **Vida y ministerio de Jesús de Nazaret**, v. 2, p. 49-50.

que estavam comprando e vendendo' (11.15). Se há uma pedra de tropeço que dificulte à igreja latino-americana experimentar o mesmo favor do povo que a igreja de Atos desfrutava, é o chamado 'evangelho da prosperidade'. Quando alguém recebe Cristo como Senhor de sua vida, experimenta como consequência desse senhorio certa prosperidade e progresso na vida, mas o centro não é Mamom: é Cristo. É tempo de uma urgente reforma em nosso continente, que retire Mamom do altar e ponha Cristo de volta como o centro da vida dos crentes e do culto público".[2]

## A conspiração contra Jesus (14.1,2)

Os judeus tinham dois feriados principais. A Páscoa era a festa que lembrava a libertação dos hebreus do cativeiro no Egito (Êxodo 13.3; Levítico 23.5). A festa dos pães sem fermento era um festival agrícola celebrado no momento em que brotavam as primeiras espigas da colheita (Levítico 23.6). A primeira era comemorada no décimo quarto dia do mês de nisã, e a segunda, nos dias 15 a 21. Ambos eram considerados feriados muito importantes.

O contexto dessa passagem está resumido em 14.1,2 (cf. 3.6; 11.18; 12.12). Os líderes judeus já estavam determinados a pôr fim ao ministério de Jesus e procuravam um meio de matá-lo. Os mais determinados eram os chefes dos sacerdotes e os mestres da lei. Nem todos os membros do Conselho judaico (Sinédrio) concordavam com esse objetivo. O plano deles, contudo, enfrentava um problema. Por um lado, se Jesus fosse preso durante a festa da Páscoa, o povo poderia ficar do lado de Jesus e causar um tumulto. Se isso acontecesse, as autoridades romanas poderiam estabelecer um regime militar e tirar todo o poder dos líderes judeus. Por outro lado, se eles esperassem o feriado acabar, isso daria a Jesus a oportunidade de pregar a milhares de peregrinos em Jerusalém.

O fato é que eles tinham apenas um dia para prender Jesus. Eles haviam se encontrado na quarta-feira à noite, e a Páscoa começaria na quinta-feira. Os "dois dias" mencionados no v. 1 referem-se à quarta e à quinta-feiras. A única maneira de fazê-lo era se alguém do grupo de seguidores de Jesus o traísse, de modo que eles pudessem agir em segredo. Nenhuma dessas maquinações, no entanto, escapou ao conhecimento prévio de Jesus. O texto mostra-o no controle

2. Marcos rumo a uma igreja que mostra Jesus em ação, in: **Bíblia Nova Reforma:** edição de estudos e referência, p. 1472.

dos acontecimentos durante esses dias. Como ele havia previsto, foi morto no momento exato que havia determinado, ou seja, quando Jerusalém estava com o maior número de visitantes. Jesus não foi apanhado de surpresa (João 10.17,18).

## A unção de Jesus (14.3-9)

Na quarta-feira à tarde, Jesus participava de um jantar em uma residência em Betânia, a cerca de 3 quilômetros de Jerusalém. Uma mulher aproximou-se e expressou sua devoção a Jesus derramando perfume sobre a cabeça dele. Era provavelmente uma mulher diferente da "pecadora" que ungira Jesus na casa de um fariseu (Lucas 7.36-50).

**Uma unção muito cara (v. 3).** O texto indica que a casa em que esse incidente ocorreu foi a de Simão, conhecido como "o leproso". A mulher, cujo nome não sabemos (João 12.3 afirma que era Maria, irmã de Marta), aproximou-se com um frasco de alabastro cheio de um perfume muito caro, porque o nardo era uma planta importada da Índia. Custava mais de 300 moedas de prata, ou seja, quase o salário de um ano inteiro de um diarista. A unção de Jesus foi duplamente cara, pois não só a mulher derramou todo o perfume de grande valor sobre a cabeça dele, como também para isso teve de quebrar o frasco, que era feito de um material muito fino e valioso. Mas a unção não foi uma perda, porque era uma expressão de amor, e, quando demonstramos amor a ele com uma rendição tão radical, nada fazemos além de honrar aquele que é "digno de receber a glória, a honra e o poder" (Apocalipse 4.11).

**Uma unção questionada (v. 4,5).** Nunca falta quem questione as ações mais nobres e sagradas. Há quem diga que Maria e Marta de Betânia eram esposas secretas de Jesus e que foi por isso que Maria ungiu Jesus. Não há evidências no Novo Testamento que apoiem essa teoria. Se assim fosse, os fariseus teriam sido os primeiros a explorar essa situação contra a integridade de Jesus. Além disso, é provável que as críticas tenham vindo do grupo de seguidores de Jesus (talvez de Judas Iscariotes), que estavam dominados por um espírito egoísta de lucro e de cálculo materialista. É como se de repente alguns dos discípulos fossem assaltados por um impulso de grande sensibilidade social. É interessante o argumento comovente usado para questionar a unção: "Ele poderia ser vendido por trezentos denários, e o dinheiro ser dado aos pobres" (gr.

*ēdýnato gàr toũto tò múron prathēnai epánō dēnaríōn triakosíōn*), o que, sem dúvida, não tinha base na prática daqueles que assim opinavam. O denário era o salário de um diarista, de modo que o perfume custava o equivalente a 300 dias de trabalho, ou seja, quase um ano.

**Uma bela unção (v. 6,7).** É interessante que os críticos não atacaram Jesus por receber essa unção dispendiosa, e sim a mulher que a ministrara. Jesus, porém, respondeu como se ele próprio fosse o alvo das críticas. Ele avaliou aquela ação de tal forma que suas palavras soassem muito agradáveis à mulher: "Ela praticou uma boa ação para comigo" (gr. *kalòn érgon ērgásato en emoí*). Essa mulher não foi a única pessoa a receber um reconhecimento tão importante de Jesus (v. Mateus 15.28; Marcos 10.14c; 12.34; Lucas 7.9). O que Jesus levou em consideração no gesto dessa mulher?

*Sua generosidade.* Ela quebrou o frasco, que agora não poderia ser usado outra vez, e todo o perfume se derramou. Ela não apenas deu algo sem medir o custo, mas deu tudo. Além disso, sua oferta foi anônima, pois não sabemos quem era essa mulher. Ela não estava tentando ganhar notoriedade; apenas queria corresponder ao grande amor de Jesus por ela.

> **Guillermo Cook e Ricardo Foulkes:** "Esse relato mostra o outro lado da moeda da cena que envolve a pobre viúva (12.41-44). Como pastores, não podemos exigir enormes sacrifícios dos indigentes. Mas, quando os irmãos de qualquer classe social querem ofertar para 'servir aquele que se nos deu sem reservas na cruz', temos de defender seu direito de fazer alarde".[3]

*Sua adoração.* Ela agiu assim porque amava, não por querer alguma recompensa. Na verdade, recebeu uma grande recompensa (v. 9), mas não fez o que fez para obtê-la. O contraste entre a atitude da mulher e a de Judas é impressionante (v. 10,11).

*Sua sabedoria.* Ela teve de tomar uma decisão e agiu de acordo com a vontade de Deus. Sabia que estava oferecendo a Jesus algo muito valioso e que muito poderia ser feito com esse dinheiro para ajudar os pobres. Mas, sem dúvida, já havia entendido a sabedoria das palavras de Jesus no v. 7. A mulher

3. Marcos, in: **Comentario bíblico hispanoamericano**, p. 326.

soube discernir que, naquele *kairós*, era necessário honrar Jesus em vez de ajudar os necessitados.

**Uma unção profética (v. 8,9).** Sua libação de perfume foi muito mais que um gesto de apreço e devoção. Jesus considerou a ação da mulher mais que uma expressão de amor. 1) O perfume derramado era um sinal profético de que ele era o Messias. A palavra "Messias" é um termo hebraico que significa "o Ungido". Os judeus ungiam seus reis (2Reis 9.1-13), e o Messias era o grande Rei que eles esperavam que um dia governasse e resgatasse o povo. 2) O frasco de alabastro quebrado foi um sinal profético de que Jesus iria morrer. Quando os judeus ungiam um cadáver, geralmente quebravam um frasco de perfume, que era derramado sobre o morto. Aos olhos de Jesus, a mulher, com esse gesto, estava dizendo: "Você é o Messias, mas vai para a sepultura, não para o trono de um rei conquistador" (cf. 8.29). 3) As palavras de Jesus também eram um sinal profético. Dessa vez, não apenas com relação a si mesmo, mas também com respeito às mulheres: por gerações, o que ela fez seria lembrado, o que de fato aconteceu.

## A traição de Jesus (14.10,11)

O relato da conversa de Judas Iscariotes com os chefes dos sacerdotes é na verdade a segunda parte da história da traição de Jesus. A primeira parte está nos v. 1 e 2. Há uma terceira parte, nos v. 17-21. Cabem aqui três perguntas:

**O que Judas disse aos chefes dos sacerdotes?** De fato, por que lhe ofereceram dinheiro? Provavelmente, Judas informou o local onde poderiam encontrar Jesus à noite (João 18.2; Lucas 22.6). Por causa da festa da Páscoa, Jerusalém e toda a região em volta estavam abarrotadas de visitantes. Flávio Josefo, antigo historiador judeu, estima que cerca de 3 milhões de peregrinos se reuniam ali, o que talvez seja um exagero. Muitos dormiam fora dos muros da cidade, em cabanas feitas com galhos. Era impossível para os chefes dos sacerdotes encontrar Jesus, a menos que alguém os informasse com exatidão onde ele estava ou se hospedava.

**Por que Judas traiu Jesus?** Ou melhor, o que ele estava pensando quando procurou os chefes dos sacerdotes? Há várias respostas para essas perguntas.

*Judas queria dinheiro.* O evangelista João qualifica-o como um ladrão inescrupuloso (João 12.6) que acompanhava Jesus e administrava os escassos fundos do grupo de seguidores. Nesse caso, foi também motivado pela ganância. Ele não aceitava a pobreza evangélica como estilo de vida. Mateus 26.15 diz que Judas pediu dinheiro, e "fixaram-lhe o preço: trinta moedas de prata" (gr. *hoy dè éstēsan autò triákonta argýria*). Cumpriu-se assim a profecia de Zacarias 11.12. De acordo com Êxodo 21.32, era o preço pago pelo sangue de um escravo que morria em um acidente de trabalho. Não era uma grande quantia (apenas 6 dólares!). Judas mandaria Jesus e seus amigos à morte por apenas 6 dólares? Ao que parece, ele tinha medo de ser preso se Jesus fosse apanhado e pensava em escapar do tormento se prestasse um bom serviço aos chefes dos sacerdotes. Além disso, Judas pensava que podia enganar esses líderes e ficar com o dinheiro. Talvez tivesse a esperança de que Jesus desaparecesse por milagre quando os soldados fossem prendê-lo (Lucas 4.30). Por causa de sua ambição, porém, ele ficou sob o domínio de Satanás, que o inspirou e o induziu a fazer o que fez (João 13.2,27).

*Judas estava decepcionado com Jesus.* Ele estava inconformado porque Jesus não lutava ou nada fazia para estabelecer um reino terreno. Contudo, não era o único a se sentir assim. Os outros discípulos também se sentiam frustrados com suas expectativas messiânicas (Lucas 24.21). Judas estava decepcionado por ver suas esperanças messiânicas frustradas e pelo que considerava passividade de Jesus diante da oposição. Portanto, queria salvar o que pudesse do desastre de sua esperança. Queria obrigar Jesus a agir com seu poder a favor de uma causa mundana, mas tudo que conseguiu foi a própria destruição, quando os acontecimentos tomaram um rumo que não era o de suas aspirações e ambições. Em todo caso, Judas agiu voluntariamente. Ninguém o forçou a fazer o que fez. Note-se os verbos que indicam suas ações: Judas "dirigiu-se aos chefes dos sacerdotes [...] ele procurava uma oportunidade" (v. 10,11).

**Judas deve ser condenado por sua traição?** Essa pergunta encontra uma resposta completa nos v. 17-21. No entanto, é apenas uma tentativa de responder à pergunta. Os evangelhos não dão uma resposta clara. É evidente que Judas foi culpado de vários pecados, pelo menos de ira, covardia e orgulho por pensar que sabia mais que Jesus. Há quem não o considere particularmente culpado pela traição de Jesus. Dizem que, se fosse assim, Jesus estaria errado quando o chamou para ser seu discípulo. Mas Jesus não estava errado. Judas poderia ter se tornado o tipo de discípulo que Jesus precisava para o fundamento de sua igreja. Jesus ofereceu a ele o mesmo que ofereceu aos outros seguidores e oferece a cada um de nós hoje: oportunidades de serviço e a vida eterna. Podemos tirar proveito dessas oportunidades ou, como Judas, temos liberdade para rejeitá-las. Ou seja, não somos diferentes de Judas. De fato, como ele, corremos o mesmo perigo de desfrutar grandes privilégios espirituais e deixar de corresponder ao que o Senhor espera de nós (Hebreus 6.4-8). Judas não conseguiu tirar proveito do privilégio de ser um discípulo especial de Jesus, "um dos Doze" (gr. *ho eīs tōn dōdeka*, v. 10). E nós?

## A última ceia de Jesus (14.12-26)

No sentido mais literal da expressão, era a última ceia pascal de Jesus com seus 12 discípulos. Em primeiro lugar, porque logo depois Judas cometeu suicídio; em segundo lugar, porque Jesus foi crucificado; em terceiro lugar, porque os outros 11 discípulos não comemoraram mais a Páscoa dali em diante, mas a ceia do Senhor. Foi o cumprimento cristão da Páscoa. O antigo sistema de sacrifícios do Antigo Testamento, cuja maior representação era a festa da Páscoa, seria agora celebrado por meio da ceia do Senhor, de acordo com o Novo Testamento. Era a nova aliança de Cristo, selada com o sangue do Cordeiro de Deus. Essa passagem pode ser dividida em várias perguntas importantes.

**Onde? (v. 12-16).** É de admirar que pareça haver certo grau de improvisação no local escolhido por Jesus para a celebração da ceia da Páscoa. Afinal, não era um pouco tarde para fazer os preparativos de uma refeição tão importante? De fato, o feriado já havia começado, e os discípulos não faziam ideia de onde iriam jantar. E, se não perguntassem, Jesus não parecia muito preocupado com uma celebração tão tradicional (v. 12). Note-se, porém, que não foram os discípulos que pensaram nos detalhes da preparação, e sim Jesus. Embora não tenha dito nada sobre o assunto, está claro que ele tinha tudo bem pensado e preparado, até o último detalhe (v. 13-15). Jesus está sempre adiante de nós nos preparativos (v. 16).

O local escolhido foi uma sala ampla, bem mobiliada e arrumada, no último andar de uma grande casa em Jerusalém (v. 15). Provavelmente se tratasse da mesma casa e do mesmo lugar onde o Jesus ressuscitado apareceu mais tarde a seus discípulos (João 20.19-23). Talvez seja a mesma casa e a mesma sala em que os futuros apóstolos se alojaram e onde oravam "com as mulheres, inclusive Maria, a mãe de Jesus, e com os irmãos dele" (Atos 1.13,14). Nesse caso, era o lugar onde os 120 discípulos estavam reunidos no dia de Pentecoste (Atos 2.1-4) e provavelmente onde a primeira igreja de Jerusalém se reuniu por um tempo (Atos 12.12-17). Se for de fato o mesmo lugar, isso explica por que Marcos é tão meticuloso em sua descrição. Tratava-se da casa dele!

**Quem? (v. 17-21).** Obviamente, a ceia foi celebrada no início da noite ou no "crepúsculo", ou seja, quando a primeira estrela apareceu no céu, após as 18 horas. É interessante ver quais são as personagens nessa cena dramática.

*Os Doze (v. 17).* Era um grupo muito especial de seguidores. Provavelmente, os dois discípulos que Jesus enviou com antecedência para preparar a ceia não fizessem parte dos Doze (cf. v. 13). De fato, ele considerava os Doze um grupo único e especial de seguidores (cf. v. 20). É interessante que Judas Iscariotes fizesse parte desse grupo selecionado.

*Jesus (v. 18-21).* O Senhor sabia muito bem o que iria acontecer, e não foi por informação natural, mas sobrenatural, ou seja, porque ele tinha o pleno dom da palavra de conhecimento (v. 1Coríntios 12.9). Portanto, podia ver e saber o que havia no coração de Judas. O tempo todo, Jesus procurou redimi-lo. Assim, ofereceu a Judas duas coisas. 1) Fez-lhe um último apelo de amor (v. 20). 2) Deu-lhe o último e sério aviso (v. 21). Note-se que não há compulsão ou pressão nas palavras de Jesus.

**O quê? (v. 22-26).** O simples ato da ceia pascal de Jesus com seus discípulos girava em torno de três elementos universais e muito simples: pão, vinho e uma promessa.

*O pão (v. 22).* Tratava-se do pão comum dos judeus, redondo como um bolo achatado, bastante duro e com cerca de 15 centímetros de diâmetro. Era o tipo de comida que todos podiam comprar ou assar e que estava presente tanto na mesa dos ricos quanto na dos pobres. Jesus usou um elemento comum e bem conhecido, acessível a todos, porém lhe agregou valor ao usá-lo como símbolo de seu corpo oferecido por amor a nós e por nossa salvação. Note-se que antes de parti-lo ele o abençoou, provavelmente fazendo a oração de agradecimento que o dono da casa costumava fazer em um lar judeu: "Graças te dou, ó Senhor, nosso Deus, Rei do mundo, que fazes que a terra produza pão".

Em seguida, Jesus partiu o pão para que pudesse ser distribuído entre os discípulos, e cada um deles pegou um pequeno pedaço. Com essa ação, ele os estava tornando partícipes da bênção que resultaria de sua morte: perdão, salvação e participação na comunhão com Deus. Ele também os fez participantes de seus sofrimentos (1Pedro 4.12-14). É por isso que consideramos comunhão a ceia do Senhor ou o partir do pão (Atos 20.7), porque é o serviço por meio do qual os crentes continuam a dividir essas bênçãos.

*O vinho (v. 23,24).* Entre os judeus, o vinho era uma bebida comum, em parte porque a água era geralmente contaminada. O vinho era considerado um presente de Deus para o desfrute da humanidade (Salmos 104.15). Ao tomá-lo e usá-lo, Jesus também mostrou que nossas satisfações comuns podem ser dedicadas a ele e usadas de modo correto. Além disso, assim como havia apenas um pedaço de pão, havia apenas um copo de vinho. Mais tarde, Paulo ensinou que os cristãos, ao beber de um só cálice e ao comer do mesmo pão, acham-se em comunhão mútua com o sangue e o corpo de Cristo (1Coríntios 10.16,17).

Toda vez que nos reunimos para celebrar a comunhão do pão e do cálice, afirmamos nossa unidade essencial no corpo de Cristo. Jesus apresentou a taça de vinho como "meu sangue da aliança" (gr. *tò haîmá mou tēs diathēkēs*). Por serem judeus, os discípulos sabiam que havia um pacto entre eles e Deus e que esse pacto fora selado com sangue (Êxodo 24), por meio do sacrifício de animais. Moisés derramou metade do sangue dos animais abatidos no altar (que representava Deus), e a outra metade aspergiu sobre o povo. Como o sangue era considerado a vida do animal, Deus e seu povo passaram a compartilhar a mesma vida. A ação de Moisés e suas palavras em Êxodo 24.8 serviram para mostrar que Deus e seu povo estavam unidos em estreita comunhão por um acordo ou "aliança". Mas essa aliança não era permanente, porque os judeus falharam em obedecer a Deus, e a criação de uma nova aliança se fez necessária (Jeremias 31.31; Hebreus 10.4).

Na última ceia pascal com seus discípulos, Jesus previu e anunciou a anulação da antiga aliança e o estabelecimento de uma nova, mas dessa vez fundamentada no derramamento de seu sangue e na entrega de seu corpo à morte. Além disso, a nova aliança seria estabelecida não apenas com o povo judeu, mas com toda a humanidade. Seu sangue seria "derramado em favor de muitos" (gr. *tò ekchunnómenon hupèr pollōn*).

*A promessa (v. 25).* Jesus encerrou a dramatização de sua rendição redentora e morte com os elementos da ceia deixando uma promessa maravilhosa a todos os seus seguidores de todos os tempos. Nessas palavras, estavam implícitas certas coisas. 1) Ele estava prestes a morrer, porém morreria com muita fé no futuro, no momento em que derrotaria definitivamente a morte e estaria para sempre com o Pai. 2) À semelhança dos outros mestres judeus, pensava que estar com Deus ou participar de seu Reino era como desfrutar um grande banquete (6.35-44). Esse banquete, porém, será diferente, com um vinho diferente, o "vinho novo" (gr. *hótan autò pínō kainòn*, "em que o beba novo"), o que não significa que não será um bom suco de uva fermentado. 3) Mateus 26.29 acrescenta: "[...] até aquele dia em que beberei o vinho novo com vocês", ou seja, os crentes participarão com ele da alegria do Reino. 4) De igual modo, a ceia do Senhor é uma antecipação simbólica do "grande banquete" que nos espera. Toda vez que nos reunimos para partir o pão e beber juntos do cálice, não só anunciamos a morte de Jesus até que ele venha, mas também afirmamos nossa esperança de comer e beber com ele no céu por toda a eternidade.

*Os salmos (v. 26).* Deve ter sido difícil para os discípulos cantar naquela noite. Fora uma ceia pascal diferente. Coisas estranhas haviam acontecido. Jesus fizera declarações enigmáticas em um clima de profunda emoção. A atmosfera estava carregada de presságios sombrios, o que tornava a incerteza dos seguidores de Jesus mais dramática. Quem teria ânimo para cantar uma hora daquelas?

A ceia da Páscoa dos judeus termina com o canto da segunda parte do Hallel (salmos 115—118) e com o quarto e último cálice, antes de se cantar o Grande Hallel (salmo 136). Foi com esse hino que Jesus e seus discípulos encerraram a ceia antes de partir para o monte das Oliveiras. Depois do último cálice, era a hora de cantar, mas em tais circunstâncias quem estaria em condições de conduzir o cântico? Mergulhado na tensão que impregnava o ambiente, quem ainda teria a voz firme para ser o maestro? João estava triste demais. Pedro estava processando a recente informação de que negaria Jesus três vezes antes do amanhecer. Judas Iscariotes já se havia ausentado para concretizar sua traição. Os outros discípulos careciam de ânimo e estavam bastante preocupados em saber qual deles seria "o maior" quando o Senhor estabelecesse seu Reino (Lucas 22.24). O único que podia cantar nessas circunstâncias dramáticas era Jesus, e provavelmente foi ele quem quebrou o silêncio com sua voz, clara, firme e emocionada e conduziu seus discípulos um por um e todos juntos na última canção que cantaria antes de morrer.

## A AGONIA DE JESUS (14.27-42)

Quando a ceia pascal terminou, Jesus e seus onze discípulos cantaram alguns salmos e em seguida deixaram a cidade. Depois da muralha oriental, desceram ao vale de Cedrom e o atravessaram para chegar ao pé do monte das Oliveiras. Então, Jesus os informou de que iria sofrer e que estaria sozinho, porque nenhum deles manteria a lealdade a ele. Jesus sabia que eles não entendiam nada do que ele estava dizendo. Precisavam da ajuda de Deus para entender e aceitar as palavras proféticas de Jesus. Pedro e os outros estavam longe de imaginar o que Jesus estava prevendo. Não podiam acreditar que ele iria morrer. Continuavam alimentando a esperança de que ele se tornaria detentor de poder político, como um grande rei.

## A agonia diante dos discípulos (14.27-31)

Os seres humanos são contraditórios. O contraste entre a atitude de Jesus e a de Pedro no episódio narrado nesses versículos é notável. Enquanto vemos em Jesus expressões de grande amor, em Pedro e nos outros vemos apenas uma retumbante incapacidade moral e espiritual para entender a situação.

*A atitude de Jesus (v. 27,28).* É impressionante em Jesus que não havia nada para o qual ele não estivesse preparado, e o combustível que lhe permitia continuar operando, apesar da oposição, das inimizades, da traição, da dor e da agonia não era outro senão o amor. No entanto, o que mais lhe pesava talvez fosse a incapacidade de seus seguidores e amigos em permanecer fiéis a ele, além do fato de que seria abandonado por eles na hora de maior necessidade. Contudo, Jesus não deixou de amá-los nem de considerá-los uma parte substancial de seu plano redentor.

*Atitude de Pedro (v. 29-31).* Em contraste direto com a atitude de Jesus, o comportamento de Pedro foi lamentável, mais ainda à luz do contexto. Quando Jesus alertou Pedro sobre sua negação, o pescador galileu não conseguia acreditar ou não entendia o que estava acontecendo. O verbo grego utilizado por Pedro em sua réplica (*skandalízein*, v. 29; o substantivo é *skándalon*, "pedra de tropeço") significa "preparar uma armadilha", "fazer (alguém) cair em pecado", "fazer alguém abandonar a fé". Pedro sentia-se moralmente seguro (v. 1Coríntios 10.12), até demais, mas havia se esquecido das armadilhas da vida. Esquecera as próprias fraquezas como ser humano e a força das tentações de Satanás. No entanto, seu coração era correto. Em certo sentido, é melhor ser como Pedro, ou seja, amar muito e falhar com a possibilidade de ser restaurado, que ser como Judas, que não amava e errou de modo irremediável. Pedro amava Jesus, e, mesmo quando seu amor fracassou, esse mesmo amor o ajudou a erguer-se outra vez com arrependimento e fé.

## A agonia no Getsêmani (14.32-42)

**O jardim (v. 32).** Ao pé do monte das Oliveiras ficava o Getsêmani, nome que significa "um jardim de oliveiras". O jardim ficava do outro lado do vale de Cedrom e era cercado por um pequeno muro de pedra (João 18.1). Jesus se dirigiu a esse lugar com seus 11 discípulos. João 18.2 diz que Jesus estivera muitas vezes ali com eles. Não havia jardins na cidade, e esse devia ser propriedade de um amigo rico. De imediato, ele anunciou: "Vou orar." Em seguida, deixou oito de seus discípulos na entrada do jardim, levou consigo três deles, afastou-se alguns metros e contou-lhes de sua profunda tristeza. Por fim, afastou-se um pouco mais, a fim de orar sozinho. Quando Jesus se dirigiu ao Getsêmani, procurava duas coisas: a companhia dos homens e a companhia de Deus.

**A luta (v. 33).** Jesus levou consigo três de seus discípulos mais chegados, por duas razões. 1) Ele era um ser humano real e precisava da companhia deles, ou seja, precisava de sua amizade e apoio. 2) Ele queria que eles orassem com ele e por ele, enquanto tinha início sua luta pela decisão final. Sempre lhes dera a oportunidade de servi-lo, ainda que com frequência o decepcionassem. Contudo, mesmo tendo necessitado deles por um momento, agora precisava ficar sozinho. Sem dúvida, essa era a luta dele, e tinha de lutar sozinho. Há momentos na vida em que temos de lutar sozinhos também, principalmente diante da dor da morte, embora nunca estejamos sós, porque Deus nos acompanha.

**A angústia (v. 34).** Essa é uma das três expressões que descrevem o grande sofrimento mental e emocional de Jesus. É um momento da vida de Jesus em que vemos quão reais foram as tentações no deserto (1.12,13) e por que ele repreendeu Pedro quando este lhe sugeriu que evitasse a morte (Mateus 16.22,23). Por que ele estava angustiado? Podemos pensar em algumas prováveis razões. 1) Jesus estava pensando no mal no mundo. Ele sabia que em breve teria de assumir a responsabilidade por todo esse mal e por amor a nós (2Coríntios 5.21). Alguns se perguntam por que ele não enfrentou a morte como Sócrates, ou seja, com calma resignação, e este é o motivo: Sócrates morreu por si mesmo; Jesus morreu por todos. No entanto, ele encontrou a paz e não continuou angustiado (v. 41,42). 2) Jesus estava passando pela mais terrível das tentações. O Inimigo estava descarregando sobre ele todos os recursos espirituais negativos para frustrar o desígnio redentor de Deus por meio de seu Messias. 3) Jesus estava pensando em toda a dor que teria de sofrer se fosse crucificado, e isso o encheu de medo e tristeza. Como ser humano real, ele de fato sofria, porque não queria morrer. 4) Jesus estava pisando o terreno da angústia e estava sozinho, porque seus discípulos não o acompanharam nessa dolorosa peregrinação.

**O paradoxo (v. 35).** De acordo com Lucas 22.41, Jesus "se afastou a uma pequena distância" dos três discípulos, "ajoelhou-se e começou a orar". A postura usada para orar era de pé, com as mãos levantadas (Lucas 18.11). Nesse caso, prostrar-se era indicação de grande angústia espiritual (Números 16.22). Como podemos ver, foi um momento de luta contra a tentação de escapar ao sofrimento e à morte. Em sua oração, Jesus rogou que, "se possível, fosse afastada dele aquela hora". A expressão "se possível" (gr. *hína ei dunatón estin*) representa um grande paradoxo divino, porque todas as coisas são possíveis à onipotência de Deus. Contudo, não era possível Jesus ser o Cristo e evitar beber o cálice do sofrimento e da morte. O plano de Deus não podia ser frustrado.

**A tentação (v. 36).** Na oração de Jesus ("*Aba*, Pai, tudo te é possível. Afasta de mim este cálice"), encontramos expressa a tentação à qual ele foi submetido nesse momento. A luta foi tão intensa que "seu suor era como gotas de sangue que caíam no chão" (Lucas 22.44).

*Qual foi a tentação de Jesus?* O Senhor foi tentado a quê? O que era o "cálice" (ou "bebida amarga") ou "o tempo" (João 13.1; "a hora", em algumas traduções) que ele se sentiu tentado a recusar? A palavra "cálice" era símbolo de sofrimento (10.38,39) e de sua missão de tomar sobre si os pecados do mundo. Tratava-se de um sofrimento físico e moral. O "tempo" (João 13.1) não era outra coisa senão o momento de sua experiência de morte e de grande provação. Desse modo, Jesus foi tentado a salvar a humanidade sem a necessidade de sofrer ou morrer.

*Como Jesus enfrentou a tentação?* 1) Ele enfrentou a tentação com a oração. "Pai, estou sendo tentado e, por ser teu Filho, é que estou dizendo isso". Note-se a maneira afetuosa, íntima e familiar com que Jesus orou. *Aba* significa "meu pai" em aramaico e é uma expressão familiar de confiança ("papai"). Jesus depositou sua confiança em alguém que o amava. Se podemos dizer que Deus é nosso "papai", tudo se torna possível. Além disso, o texto ressalta que

Jesus foi tentado, indicação de que ele era um ser humano real (Hebreus 2.18; 4.15). 2) Ele enfrentou tentação com uma atitude obediente: "Não seja o que eu quero, mas sim o que tu queres" (gr. *all' ou tí egō thélō allà tí sú*). Essa frase é um resumo da vida de obediência de Jesus na terra. Sua obediência foi aperfeiçoada quando ele persistiu "até a morte" (Filipenses 2.8). Em sua oração-modelo (o Pai-nosso), Jesus orou: "Seja feita a tua vontade" (Mateus 6.10). Agora, ele punha em prática o que orava. Desse modo, resistiu à tentação de escapar ao sofrimento e obteve uma vitória retumbante sobre Satanás.

*Como Jesus obteve a vitória sobre a tentação?* Ele conseguiu essa vitória por meio da oração (Hebreus 5.7), com um ato da vontade e por decisão própria. Jesus não foi obrigado por Deus ou pelo destino. Ao desistir de seus desejos, ele obteve a vitória à custa de si mesmo. Que importância tem essa obediência e vitória para nós? Foi essa obediência que nos tornou aceitáveis a Deus, que nos trouxe a salvação (Hebreus 10.9,10). Deus nos aceita em Cristo, graças à sua obediência. Sua vitória mostra o que é possível a todo crente que se encontra sob o fogo da tentação. Que importância tem essa obediência e vitória para Jesus? Ele encontrou a paz ao aceitar a vontade de Deus. Como disse Dante Alighieri: "Em sua vontade está nossa paz". Jesus foi capaz de encarar a morte na cruz por obediência, porque já havia conquistado sua vitória no Getsêmani e demonstrado ali sua obediência à vontade do Pai.

**A solidão (v. 37,38).** No entanto, seus discípulos não entenderam nem estavam cientes do que estava acontecendo. Três vezes Jesus foi até eles e os encontrou dormindo. Durante sua oração, ele venceu a "batalha" e decidiu, de forma triunfal, oferecer-se em completa obediência ao Pai, mas fez isso sozinho, porque seus seguidores estavam "dormindo". Então, Jesus fez três declarações nas quais quase implorava a seus seguidores que fossem solidários com ele em algumas de suas aflições naquele momento crucial.

*"Vigiem e orem"*. Pedro não conseguiu ficar acordado nem uma hora. Será que ele havia bebido muito vinho durante o jantar, irresponsavelmente alheio à solenidade da celebração e à dramaticidade do momento? Então, Jesus ordenou a todos os seus seguidores que acordassem, se levantassem e permanecessem vigilantes em oração. Por que os aconselhou a permanecer vigilantes? Para que pudessem se juntar a ele em sua luta contra o mal. Jesus acreditava que estar unidos em oração diante do poder das trevas nos fortalece. Além do mais, só a

oração nos permite vencer a tentação, de qualquer natureza. Sobre esse assunto, Dietrich Bonhoeffer se perguntava: "Que tentação ameaçava os discípulos naquela hora no Getsêmani, se eles não se mostravam escandalizados pela paixão de Cristo, ou seja, não queriam participar de suas tentações?".[4]

*"O espírito está pronto"*. Em meio à sua imensa solidão, Jesus ainda valorizava a atitude de seus seguidores até então: estavam espiritualmente dispostos a segui-lo e servi-lo, ainda que tivessem todas as fraquezas peculiares de um ser humano. O contraste que Jesus estabelece entre o "espírito" (gr. *pneũma*) e a "carne" (gr. *sárx*), em termos de boa disposição e péssima fraqueza, mostra a fragilidade humana e sua vulnerabilidade em grau superlativo.

*"A carne é fraca"*. Por serem fisicamente fracos, esses homens adormeceram. Mas como puderam dormir em uma hora tão dramática? Estavam muito cansados ou, como alguns sugerem, talvez tivessem bebido demais na ceia pascal. Eles não haviam aprendido ainda a controlar e disciplinar o corpo. Não entenderam que Jesus estava passando por uma luta terrível, a maior de toda a sua vida terrena.

> **Alberto F. Roldán:** "Não parece apropriado traduzir 'corpo' [como em algumas versões], já que o termo grego é *sárx*, não *sõma*. A maioria das traduções consultadas traz a palavra 'carne' [*RVR*; *RV95*; *BJ*; *NBE*]. *Sárx* é um conceito equivalente ao hebraico *basar*, que alude ao ser humano em sua temporalidade, fragilidade e fraqueza. Traduzir a palavra por 'corpo' talvez limite seu significado. O problema dos discípulos era de natureza espiritual, não físico. Trata-se de derrotar a carne, que tende a pecar, é negligente e busca o caminho do conforto. Trata-se de subordiná-la ao espírito. O problema dos discípulos era 'a carne, a velha carne', para citar a expressão recorrente da narrativa de William Faulkner".[5]

**O desfecho (v. 39-42).** Depois de várias tentativas de introduzir seus discípulos no círculo de sua angústia, Jesus retornou sozinho para a batalha. Parece que, quanto mais se aprofundava a luta espiritual de Jesus, mais aumentava a fraqueza humana dos discípulos. Então, na terceira vez em que se aproximou deles, ele perguntou: "Vocês ainda dormem e descansam?". Eles já haviam dormido o suficiente. "Eis que o Filho do homem está sendo entregue nas

---

4. **Tentación**, p. 29.
5. **Jesús en acción:** un comentario dinámico al evangelio de Marcos, v. 2, p. 147.

mãos dos pecadores" (v. 41). As lanternas em movimento dos que haviam sido enviados para prendê-lo podiam agora ser vistas através das árvores, mas Jesus saiu ao encontro delas com paz no coração.

Dois fatos merecem atenção aqui. 1) Podemos saber muito pouco sobre o que Jesus estava pensando, sentindo e sofrendo naquele momento, mas existe algo que sabemos com certeza. Os três discípulos estavam perto o suficiente, antes de adormecer, para ouvir o que Jesus estava dizendo e depois lembrá-lo, e alguns deles o registraram por escrito. Com base em outros pronunciamentos de Jesus, podemos deduzir o tipo de oração que ele costumava fazer ao Pai. 2) Esse é um dos relatos que nos asseguram que os evangelhos são autênticos. Os primeiros membros da igreja não teriam inventado uma história como essa, que mostra sem rodeios a fraqueza dos discípulos e a tristeza de Jesus.

À luz desses versículos, podemos entender algo da tremenda crise que Jesus enfrentou quando decidiu seguir a vontade do Pai. É uma das passagens mais emocionantes e dramáticas desse evangelho. O relato pinta em cores fortes um dos pontos culminantes da vida de Jesus e também o fundo do poço da experiência humana: o confronto com a tragédia.

## A PRISÃO DE JESUS (14.43-52)

> **Ernesto Trenchard:** "Finalmente, a 'hora' tão temida e desejada soou, e o Senhor começa a beber do 'cálice' que acabara de receber do Pai. Finalmente, os seres humanos poderão levá-lo a seus tribunais infames, a caminho da cruz, pois serão esses os meios culpáveis de cumprir o que 'está escrito'. O Deus-homem haverá de ser o 'Cordeiro que foi morto', mas o grande sacrifício será feito de acordo com o plano determinado desde a eternidade (Atos 2.23; 1Pedro 1.19,20; Apocalipse 13.8). Seguiremos seus passos com sagrado espanto e com o espírito humilhado. O Senhor da vida será deixado nas mãos de suas criaturas, e a perfeição de seu amor eterno se destacará no fundo preto da maldade de homens perversos e rebeldes".[6]

O bando guiado por Judas Iscariotes aproximava-se do lugar onde o Senhor acabava de despertar os discípulos, depois de ter velado o sono deles

6. **Marcos**, p. 189.

em oração. Com base no texto bíblico, podemos analisar as personagens que atuam nessa cena tão estranha e trágica. Como se fosse uma tragédia grega, a apresentação de cada personagem no palco é eloquente e mostra grandes diferenças nas atitudes de cada um.

## O Senhor (14.43a)

O Senhor ocupa o centro da cena. A vigília sobre os seus acabou. Sua luta contra a tentação e o tentador terminou com vitória. Ele se adianta ao encontro com seus inimigos (João 18.4). Jesus avança com um gesto protetor para com seus discípulos. Ele falou pouco, mas suas palavras foram poderosas. Para completar a cena, devemos recorrer ao relato do evangelista João (João 18.4-6). Jesus perguntou: "A quem vocês estão procurando?". A resposta veio imediatamente: "A Jesus de Nazaré". Então, ele fez uma afirmação categórica e muito significativa: "Sou eu" (trata-se de um eco da sarça em chamas que não se consumia no deserto). A presença divina era tão poderosa e manifesta em Jesus e na afirmação de sua identidade divina que o resultado foi surpreendente: "Eles recuaram e caíram por terra".

## O traidor (14.43b-45)

No palco de um teatro, Judas provavelmente entraria em cena pelo canto esquerdo. Aquele que havia sido apóstolo tornou-se agora traidor. Ele beijou Jesus como discípulo, para dar o sinal delator que facilitasse sua prisão. A magnitude de sua traição pode ser vista no fato de ele ter combinado uma senha com os inimigos de Jesus (v. 44), a fim de identificá-lo e entregá-lo entre as sombras do jardim. Os detalhes do relato mostram a crueldade e a insensibilidade das ações de Judas. "Dirigindo-se imediatamente" (gr. *proselthōn autōi*) a Jesus, ele o tratou por "Mestre" e "o beijou" (efusiva e repetidamente, de acordo com o gr. *katefílēsen autón*; v. 45).

Em evidente contraste com o comportamento de Judas, o evangelista descreve a atitude de Jesus. Longe de condená-lo, amaldiçoá-lo ou expor sua baixeza diante de várias testemunhas, Jesus se dirigiu a ele com amor. De acordo com Lucas 22.48, ele perguntou: "Judas, com um beijo você está traindo o Filho do homem?". Podemos acreditar que essa pergunta soou como o toque fúnebre de um sino durante o curto período do estéril remorso de Judas, antes de sua vergonhosa morte. As palavras de Jesus despiram o coração hipócrita do traidor e revelaram sua baixeza.

## Os tumultuadores (14.46,48,49)

**Que eram?** O v. 43 indica que havia muita gente "armada de espadas e varas" (gr. *metà machairōn kaì xúlōn*). Os que portavam varas pertenciam ao Conselho judaico (Sinédrio). Eram guardas do templo e serviam sob as ordens do "capitão da guarda do templo", encarregado de manter a ordem da casa. As autoridades romanas reconheciam sua autoridade policial, mas apenas na esfera do templo, além de não poderem carregar armas. Por isso, apresentaram-se com o único instrumento que possuíam para reprimir e forçar o cumprimento das regras do templo, uma espécie de bastão de madeira. Havia também alguns servos do sumo sacerdote, como Malco, que com certeza estavam desarmados, embora dispostos a usar a força física contra Jesus, caso seus superiores o ordenassem. Por fim, havia alguns soldados romanos, que portavam espadas e lanças e tinham permissão para usá-las se fosse necessário reprimir alguma ação de desacato ou de resistência à sua autoridade. João fala de um tribuno e de soldados que atuavam como policiais nos lugares públicos. Os soldados estavam ali apenas para manter a ordem, uma vez que o caso de Jesus ainda não estava sob sua jurisdição nem no âmbito de sua competência.

**A quem procuravam?** Eles estavam procurando um réu. O texto expressa sua ação abusiva, pois diz que eles "prenderam Jesus" (gr. *epébalon tàs cheíras*; lit., "lhe puseram as mãos", v. 46). Assim, eles prenderam aquele que sempre usara as mãos para curar, libertar ou confortar os necessitados. Jesus evidenciou a injustiça da ação deles: "Estou eu chefiando alguma rebelião?" (gr. *Hōs epì lēistēn exēlthate*, v. 48). Ele havia exercido seu ministério à luz do dia e à vista de todos. Agora, era preso à noite, em retiro com seus discípulos, por um ato de traição e delação (v. 49). Foi preso como se fosse um ladrão, quando os ladrões eram eles (11.17). Em vez de se arrepender de terem rejeitado o Messias, usaram a falsa presunção de que Jesus era bandido como mecanismo de defesa. Antes de investigar o caso, eles já haviam proclamado a sentença. Dessa forma, o reclamante acabou condenado, e os culpados saíram livres. No entanto, Jesus se entregou sem oferecer resistência, porque sabia muito bem que tudo aquilo era cumprimento das Escrituras (v. 49b).

## Pedro (14.47)

Sem dúvida, ele estava à direita de Jesus. Começou com coragem e força (v. 47), embora mal orientadas. Com isso, queria justificar suas repetidas promessas de fidelidade até a morte. Seu gesto, porém, estava fora de lugar e sem a direção do Mestre. Por isso, era inútil e ineficaz. Em contraste com a ação impulsiva e impensada de Pedro, Jesus agiu com misericórdia. Curou a orelha de Malco (João 18.10), um verdadeiro milagre testemunhado por todos ao redor, mas os olhos daqueles que o prenderam haviam sido cegados pelas trevas. O fato de João informar o nome do servo do sumo sacerdote leva-nos a pensar que talvez ele tenha se tornado cristão e fizesse parte da comunidade cristã em Jerusalém.

### Os discípulos (14.50)

Os discípulos deviam estar atrás e à esquerda de Jesus. Após o ato impulsivo de Pedro, porém, fugiram. Com exceção de Pedro e provavelmente João (João 18.15), que o seguiram de longe, os demais o deixaram sozinho, abandonando o local. Com isso, mostraram indesculpável covardia. No entanto, precisamos nos pôr no lugar dos discípulos em um momento de tão grande confusão e dor. Eles se desesperaram com a prisão de Jesus. Até então, dependiam dele para tudo, inclusive para resolver seus problemas. Assim, não conseguiam entender o que estava acontecendo, porque não haviam entendido o que Jesus lhes dissera sobre sua morte e ressurreição. Por não terem recebido a palavra do Senhor, perderam seu valor moral e espiritual diante da crise e fugiram (v. 50).

### O jovem (14.51,52)

"Um jovem" (gr. *neanískos*) é alguém que não deveria participar da cena. O incidente é estranho, mas ilustra a ineficácia da intervenção humana e a solidão do Senhor na hora da angústia. É provável que o jovem fosse o próprio João Marcos, que escreveria o evangelho em estudo. Por quê? Porque é quase certo que a última ceia de Jesus com seus discípulos foi celebrada em sua casa, em Jerusalém, que tinha um grande salão no andar de cima. A casa pertencia a "Maria, mãe de João" (Atos 12.12). O jovem Marcos teria testemunhado a ceia e se esgueirado em trajes menores ("vestindo apenas um lençol de linho") atrás de Jesus e de seus discípulos até o Getsêmani. Ali deve ter espionado tudo o que aconteceu, quando foi descoberto e escapou nu. De fato, Marcos é o único evangelista a registrar esse detalhe, por isso deve ter sido uma experiência pessoal. Anos depois, ele escapou mais uma vez (Atos 13.13), mas por fim se tornou um servo fiel e útil ao Senhor (2Timóteo 4.11).

Depois de repassarmos todo o drama da prisão de Jesus, a pergunta que nos devemos fazer é: com qual dessas personagens nos identificamos? Com o traidor? Isso significa trocar Jesus por uma ideologia ou por lucro material. Com a multidão? Isso significa pôr Jesus em grilhões por ordem de gente insensível. Com Pedro? Isso significa negar Jesus depois de lhe prometer fidelidade. Com os discípulos? Isso significa abandonar Jesus por medo. Com o jovem? Isso significa seguir Jesus de longe, sem compromisso. Ou com o Senhor? Isso significa estar disposto a dar a vida por amor de outros.

## O JULGAMENTO DE JESUS (14.53–15.15)

> **William Hendriksen:** "Para entender Marcos 14.53-65 e o que se segue no cap. 15, é preciso ter em mente que Jesus teve de se submeter a dois julgamentos. O primeiro é mais conhecido como julgamento eclesiástico; o segundo, como julgamento civil. O primeiro consistiu em três etapas, assim como o segundo. As três etapas do julgamento eclesiástico foram: 1) audiência preliminar perante Anás (João 18.12-14,19-23); 2) julgamento no Sinédrio, ou seja, perante o sumo sacerdote, os chefes dos sacerdotes, os líderes religiosos e os mestres da lei (Marcos 14.53); 3) julgamento diante do mesmo grupo logo após o amanhecer (Marcos 15.1). As três etapas do julgamento diante das autoridades civis foram: 1) julgamento perante Pilatos; 2) julgamento perante Herodes; 3) retomada do julgamento perante Pilatos. Assim como a audiência preliminar perante Anás só é encontrada no evangelho de João, o julgamento perante Herodes é registrado apenas por Lucas (23.6-12)".[7]

### Jesus perante o Conselho judaico (14.53-65)

O processo do primeiro julgamento de Jesus, ou seja, sua submissão ao interrogatório pelos líderes religiosos, é apresentado como um ato dramático dividido em três cenas.

**A primeira cena (v. 53,54).** A primeira cena do longo processo marca um forte contraste no comportamento de seus dois principais protagonistas: Jesus e Pedro. Enquanto o primeiro estava diante das autoridades (gr. *pròs tòn*

---

7. **El evangelio según San Marcos**, p. 613.

*archieréa*), particularmente do sumo sacerdote; o segundo estava no pátio do sumo sacerdote, mas sentado "junto ao" fogo (gr. *pròs tò fōs*). O fato de o sumo sacerdote ser mencionado sem nada ser dito sobre sua ação, apenas sobre a presença de Pedro, são detalhes que diferenciam a primeira cena do julgamento (v. 53,54) da segunda (v. 55-65), na qual o sumo sacerdote atua e Pedro não aparece. A primeira cena, portanto, destaca o contraste entre a postura de Jesus e a de seu discípulo Pedro diante das autoridades.

*Jesus e as autoridades (v. 53).* Note-se que eram as autoridades dos judeus, não do governo romano. Essas autoridades não podiam matar Jesus. Só os romanos podiam fazê-lo. Contudo, desde o sumo sacerdote (Caifás) até o último assistente e delatores das autoridades judaicas, eles estavam coletando "depoimentos contra Jesus, para que pudessem condená-lo à morte" (gr. *ezētoun katà toū Iēsoū marturían eis tò thanatōsai autón*, v. 55b), e passá-lo ao braço executor dos romanos.

*Pedro e os guardas (v. 54).* Pedro "seguiu" Jesus de longe (gr. *apò makróthen ēkoloúthesen autōi*), provavelmente motivado pela lembrança de sua fanfarrice (v. 29-31) e também por pura curiosidade (Mateus 26.58). De algum modo, ele conseguiu entrar no pátio do sumo sacerdote (João 18.15,16), onde foi se sentar com os servos do palácio e os guardas do templo. Esse não era o mesmo Pedro que havia declarado que jamais iria abandonar o Senhor ou negá-lo e que, em um arroubo de presunção, cortou a orelha de um dos servos do sumo sacerdote (v. 47; João 18.10). Esse é o Pedro domesticado pelo medo.

**A segunda cena (v. 55-65).** A segunda cena mostra o comportamento de Jesus com relação ao sumo sacerdote e aos líderes judeus introduzidos na primeira cena (v. 53). O fato de a segunda cena começar com os líderes judeus procurando um meio de matar (gr. *thanatōsai*) Jesus (v. 55) e terminar com essas autoridades considerando-o digno de morte (gr. *thanátou*, v. 64) estabelece a unidade do episódio. O comportamento do sumo sacerdote com relação a Jesus (v. 60,61,63) e a ausência de Pedro distinguem a segunda cena (v. 55-65) da terceira (v. 66-72), na qual Pedro é o ator principal, enquanto o sumo sacerdote e Jesus são mencionados, sem nada ser dito sobre a ação deles.

**A terceira cena (v. 66-72).** A terceira cena começa onde termina a primeira, ou seja, com o comportamento de Pedro com relação ao sumo sacerdote e Jesus (v. 54). Na primeira cena, Pedro estava no pátio do sumo sacerdote aquecendo-se junto ao fogo; na terceira cena, ele ainda está "no pátio" (gr. *kátō en tēi aulēi érchetai*, v. 66) "a aquecer-se" (gr. *thermainómenon*, v. 67), quando "uma das criadas do sumo sacerdote" (gr. *mía tōn paidiskōn toū archieré*) o vê e o identifica (v. 66). As aparições de Pedro (v. 66,67,70,72) e suas três negações de Jesus, o qual está ausente da cena, unificam a terceira cena e a distinguem da quarta (15.1-5), na qual Jesus reaparece, mas sem Pedro.

## Jesus diante de Pilatos (15.1-15)

**Uma síntese do que aconteceu.** O texto apresenta o relato do que aconteceu entre 5 e 7 da manhã de sexta-feira. Não são registrados todos os detalhes, e os acontecimentos em Marcos não parecem estar na ordem certa. No entanto, lendo todos os evangelhos, podemos listar os fatos na ordem em que provavelmente aconteceram.

*O primeiro episódio.* O primeiro episódio da série de acontecimentos, que inclui o julgamento de Jesus, foi sua apresentação perante o Sinédrio, por volta das 5 horas da manhã. O Sinédrio era o Conselho dos líderes religiosos judeus. No decorrer da noite, muitos de seus membros já haviam decidido condenar Jesus por blasfêmia e concordaram em pedir a Pilatos que o mandasse executar. A audiência das 5 horas, porém, reuniu "todo o Sinédrio" (v. 1), composto por 71 membros. O sumo sacerdote convenceu-os a acatar a decisão que já haviam tomado em particular (v. 1a).

*O segundo episódio.* Foi o encontro entre Pilatos e os chefes dos sacerdotes. Pilatos encontrou-os em um lugar aberto, diante da casa onde havia pernoitado. Ficaram enfurecidos quando Pilatos sugeriu que eles mesmos julgassem Jesus (João 18.28-31). Os sacerdotes sabiam que precisavam acusar Jesus de crimes graves perante os romanos, por isso disseram: "Encontramos este homem subvertendo a nossa nação. Ele proíbe o pagamento de imposto a César e se declara ele próprio o Cristo, um rei"(Lucas 23.2).

*O terceiro episódio.* Foi o primeiro encontro entre Pilatos e Jesus, por volta das 6 horas da manhã. Pilatos reuniu-se com Jesus em particular e, orientado pela acusação que acabara de receber dos líderes judeus, perguntou: "Você é o rei dos judeus?" (gr. *sỳ eī ho basileùs tōn Ioudaíōn*?, v. 2). Jesus respondeu: "Tu o dizes" (gr. *sù légeis*). Sobre esse breve diálogo, Ched Myers observa: "Repetida nada menos do que cinco vezes em Marcos 15, a acusação emerge como a irônica 'confissão' da coroação". E acrescenta: "É o representante do imperador que confere a Jesus o *status* político a que tem direito, embora o faça em vista de executá-lo por causa de sedição (15.26). Mas, para Pilatos, o sardônico título de 'rei dos judeus' (oposto a 'rei de Israel', cf. 15.32) é uma expressão de desprezo".[8]

*Quarto episódio.* Foi o encontro entre Pilatos e os sacerdotes com Jesus presente. Os chefes dos sacerdotes mantinham sua acusação de natureza política e possivelmente acrescentaram alguns detalhes ("o acusavam de muitas coisas", v. 3). O argumento básico em torno do qual baseavam suas acusações era a suposta alegação de Jesus ser "rei dos judeus". Se ele se declarasse rei político, não podia ser leal a César e, consequentemente, era um subversivo. Seu crime não era religioso, mas político, e como tal era de interesse dos romanos. Mais uma vez, Pilatos interrogou Jesus, mas ele permaneceu em silêncio (v. 3-5). O comportamento de Jesus deixou Pilatos intrigado. Em todo caso, o silêncio eloquente de Jesus foi tomado por ele como sinal de inocência. Por isso, declarou: "Não encontro motivo para acusar este homem" (Lucas 23.4b).

*Quinto episódio.* Foi o encontro entre Jesus e Herodes Agripa I. Ao saber que Jesus era galileu, Pilatos enviou-o a Herodes, governador judeu por um breve período que, por circunstâncias, estava em Jerusalém. Herodes era a autoridade política responsável pela Galileia, de onde Jesus viera. No entanto, o encontro com Herodes não foi um julgamento, mas uma oportunidade para ele satisfazer sua curiosidade sobre Jesus (Lucas 23.6-12).

*Sexto episódio.* Foi o retorno de Jesus a Pilatos e a decisão deste de libertá-lo. Pilatos fez duas propostas aos líderes religiosos que acusavam Jesus. Primeira: "Ele nada fez que mereça a morte. Portanto, eu o castigarei e depois o soltarei" (Lucas 23.13-16). Segunda: deixá-lo ir e executar Barrabás. Mas, diante da pressão dos chefes dos sacerdotes e da multidão reunida no momento, ele acabou libertando Barrabás, "mandou açoitar Jesus e o entregou para ser crucificado" (v. 6-15).

*Sétimo episódio.* Foi a terceira reunião de Pilatos com Jesus, na qual o procurador romano mais uma vez reconheceu a inocência do acusado de todos os crimes políticos alegados contra ele e tentou lançar a responsabilidade de sua morte sobre os chefes dos sacerdotes. Com o ânimo exaltado, os acusadores revelaram a verdadeira razão do desejo de ver Jesus morto: "[Ele] se declarou Filho de Deus" (João 19.7). Isso assustou ainda mais Pilatos, que tornou a se

---

8. **O evangelho de São Marcos**, p. 449.

encontrar com Jesus em particular, mas não obteve dele nenhuma palavra em legítima defesa (João 19.8-11).

*O oitavo episódio.* Foi de Pilatos a decisão final de matar Jesus. Os sacerdotes temiam que Jesus fosse posto em liberdade e pressionaram o procurador de todas as maneiras. "Se deixares esse homem livre, não és amigo de César. Quem se diz rei opõe-se a César" (João 19.12b). Então, Pilatos mandou açoitar Jesus e permitiu que o levassem para ser crucificado (v. 15). Em seguida, lavou as mãos como sinal de não ter nada que ver com o assunto (Mateus 27.24).

**Uma análise do texto.** O que essa passagem nos diz? Como sintetizar a intensidade de cada ação nesse processo dramático, prolongado e de crescente agonia para o Senhor?

*Em primeiro lugar, os chefes dos sacerdotes e Pilatos foram responsáveis pela morte de Jesus (v. 1).* Por um lado, temos os principais sacerdotes. Talvez eles tenham sido sinceros ao acreditar que Jesus era culpado de bruxaria ou de blasfêmia pelas coisas que declarava ou fazia. Pilatos, por sua vez, não podia mandá-lo executar por isso, e o Conselho não tinha autoridade para matar ninguém, mesmo por supostos crimes religiosos. Por isso, acusaram Jesus de deslealdade ao imperador, que era um crime político para o qual os romanos não tinham escolha senão condenar a pessoa à morte.

Por outro lado, temos Pilatos, o governador colonial romano, encarregado da província da Judeia entre 26 e 36 d.C. Ele vivia em Cesareia e só ia a Jerusalém quando havia um conflito com líderes judeus ou algum alvoroço popular. Era corrupto, e fora enviado para a rebelde Palestina, um verdadeiro rincão infame do Império Romano, como punição por suas intrigas e crimes em Roma. Era gentio, de modo que gentios e judeus mataram Jesus, e este morreu por todos.

*Em segundo lugar, Pilatos queria libertar Jesus (v. 6).* Os judeus sobre quem Pilatos governava odiavam o domínio romano. As rebeliões populares eram frequentes. As prisões romanas estavam cheias de nacionalistas sediciosos. Pilatos tentava ganhar o favor dos judeus libertando de tempos em tempos um prisioneiro político. Ele achava que a multidão pedia a vida de Jesus em razão da reputação de ser um benfeitor do povo e um líder popular bastante pacífico. Mas não foi assim. Como a norma estabelecida era que apenas um prisioneiro podia ser libertado, os líderes religiosos e o povo tiveram de escolher. E eles escolheram alguém que havia tirado com violência a vida de muita gente, em vez de escolher aquele que estava disposto a dar a própria vida por amor de todos. Escolheram o nacionalista violento em vez do Salvador de todo o mundo e Príncipe da Paz.

*Em terceiro lugar, os chefes dos sacerdotes incitaram a multidão (v. 11).* Note-se que eram os principais sacerdotes. O pecado deles foi grande, pois sabiam que estavam incitando a multidão para o mal e fazendo isso com mentiras bastante ruidosas. A multidão foi facilmente enganada, apesar de terem todas as evidências de quem era Jesus e do que ele havia feito por muita gente. As massas não têm consciência e costumam agir sem pensar, especialmente uma turba daquele quilate. Quem eram? Eram pessoas sem objetivo, marginais e desocupados que vendiam a própria vontade por algumas moedas, alguns deles militantes do grupo de Barrabás. Não é que desejassem a morte de Jesus, mas queriam que Barrabás fosse liberto. O pecado deles consistia em condenar sem ao menos pensar em quem estavam condenando. As massas fazem coisas que pessoas individualmente nunca fariam.

*Em quarto lugar, a inocência de Jesus era evidente (v. 14).* Note-se a perfeita bondade de Jesus. O próprio Pilatos reconheceu essa inocência ao perguntar: "Por quê? Que crime ele cometeu?". Essa pergunta foi a mesma que Jesus fizera certa vez diante das acusações de seus oponentes: "Qual de vocês pode me acusar de algum pecado?" (João 8.46). Jesus é o único ser vivo que poderia fazer uma pergunta desse calibre moral. Ele não tinha pecado. Além disso, note-se a lealdade de Jesus ao Estado. Pilatos fez a pergunta com outro objetivo, no sentido político, ou seja, Jesus não era culpado de trair César. Em suma, os líderes religiosos e o líder político violaram as leis em vigor condenando Jesus à morte, porque ele havia cumprido todas as leis, religiosas e civis.

*Em quinto lugar, Pilatos estava com problemas (v. 15).* É provável que esse servidor político-militar de fronteira nunca tenha enfrentado uma situação tão complicada e difícil de resolver como o caso de Jesus. Seu dever número um era manter a ordem, mas tinha perdido o controle da situação. Agora, não era ele quem geria os subordinados: estes é que estavam no controle. Há duas coisas a serem observadas sobre Pilatos.

1) De um lado, estavam as dificuldades. Basicamente, o problema era que Pilatos queria satisfazer todos. Ele sentiu que tinha de agradar aos judeus, tanto os líderes religiosos quanto a multidão, porque era uma pessoa odiada por todos. Tinha também de satisfazer o imperador, que não aceitaria que um

sedicioso continuasse vivo, mas também rejeitaria a morte de um inocente. Tinha ainda de contentar a esposa, que aparentemente era mais esclarecida que ele com relação à singularidade de Jesus (Mateus 27.19). Por fim, tinha de acalmar a própria consciência, que estava dividida.

2) Do outro lado, estava seu caráter. Havia coisas boas em Pilatos. Por exemplo, ele tentou libertar Jesus repetidamente, ficou interessado nele e em conhecer suas ideias e percebeu que os verdadeiros motivos dos líderes religiosos eram espúrios (v. 10). Mas também havia nele muita coisa ruim. Ele era covarde, pois tinha medo da multidão e não queria assumir sua responsabilidade moral diante do conflito. Além disso, perguntou à multidão: "Então que farei com aquele a quem vocês chamam rei dos judeus?" (v. 12). Pilatos não condenou Jesus, mas "o entregou para ser crucificado" (v. 15). Ele queria se manter neutro, mas acabou sendo cúmplice de um crime imperdoável. Não estava disposto a pagar preço algum para salvar Jesus, ao passo que Jesus estava disposto a sofrer tudo para salvar Pilatos e o mundo inteiro.

Todos os dias, Jesus é julgado por nós. E qual é o nosso veredicto? Para os chefes dos sacerdotes, a religião deles era mais importante que Jesus. A multidão mostrou-se volúvel e descompromissada, pois se deixou levar pelo julgamento e pelos interesses de outros. E Pilatos julgou Jesus com uma atitude quase indiferente, típica de quem assume a postura do "Não se meta" ou do "Não é problema meu".

## O SUPLÍCIO DE JESUS (15.16-20)

### O relato

Quando Pilatos, o governador romano, visitou Jerusalém, trouxe consigo seus soldados, homens oriundos de diferentes países. Eles estavam alojados em um setor da Fortaleza Antônia, onde Pilatos também residia com sua família. Foi ali que eles açoitaram Jesus (v. 15). Quando terminaram, chamaram os outros soldados que estavam no palácio. Eles tinham ouvido que Jesus fora condenado à morte por se chamar rei. Ele ainda estava nu na presença dos soldados, quando, para zombar dele, o vestiram com uma capa vermelha (símbolo de nobreza e de autoridade real) e lhe puseram uma coroa de espinhos.

Provavelmente, os soldados vestiram Jesus com uma velha capa vermelha que fora usada por algum deles, pois parecia com a capa da mesma cor usada pelos imperadores. A coroa de espinhos foi confeccionada com pequenos galhos de um arbusto espinhoso. Em seguida, eles o saudavam com expressões que usariam para cumprimentar um rei. Ao qualificá-lo como "rei dos judeus", eles o estavam insultando duplamente. Em primeiro lugar, zombaram de sua pretensão de ser rei, o que de acordo com eles Jesus não era. Em segundo lugar, chamavam-no "rei dos judeus", quando na verdade os judeus não tinham rei, porque eram um povo conquistado e subjugado. Depois colocaram uma vara em suas mãos, como se fosse um cetro (Mateus 27.29), e com ela lhe golpeavam a cabeça. Também cuspiam nele. Por fim, prostraram-se diante dele, da mesma forma que as pessoas se ajoelham diante de alguém importante. Quando chegou a hora da crucificação, livraram-no de todas essas coisas e o levaram para fora do palácio vestido com as próprias roupas. Nesse momento, Jesus estava muito machucado por causa dos golpes e provavelmente coberto de sangue. Convém lembrar que os servos do sumo sacerdote também já o haviam maltratado (14.65).

## As lições

Essa passagem ensina algumas coisas importantes a respeito de Jesus, dos soldados e de nós mesmos.

**Sobre Jesus.** Isaías havia dito que o "servo do SENHOR" seria enviado por Deus e desprezado pelos homens (Isaías 53.3). É provável que Jesus acreditasse ser esse "servo" e aceitou o sofrimento como parte de sua missão como tal (Lucas 24.25-27). Ele realmente sofreu dores físicas, zombaria e solidão, mas entendeu que, ao passar por isso, estava fazendo a vontade de Deus. Em seus insultos, os soldados tratavam-no por "rei", e ele é exatamente isso, "o Rei dos reis". Mas ele também é o "Senhor dos senhores", o Soberano sobre todo o nosso mundo e sobre nós mesmos, a quem toda lealdade e honra é devida (Filipenses 2.9-11).

**Sobre os soldados.** Quando chicotearam Jesus, os soldados estavam cumprindo ordens. A pessoa responsável por esse ato de humilhação e dor era Pilatos, não os soldados. Mas eles foram responsáveis pela crueldade com a qual agiram. Ninguém lhes ordenou que fossem tão cruéis. A ação deles foi uma expressão de abuso de autoridade, totalmente injustificada. O que eles fizeram consistiu em uma situação de abuso de poder. Isso se repete milhões de vezes todos os dias em todo o mundo, especialmente na América Latina, onde policiais, funcionários públicos, políticos, líderes sindicais, professores e outros detentores de certa cota de poder abusam daqueles que dependem de seu voto, decisão, favor, consideração, interesse ou serviço. Há uma expressão em inglês que os descreve muito bem: *Big power for small people* ("Grande poder para pessoas pequenas").

**Sobre nós mesmos.** Muitas vezes, nossa atitude com relação a Jesus não difere muito da dos soldados que o torturaram. Nós o chamamos "Senhor" e cantamos "Coroai-o [...]", mas não lhe obedecemos como Senhor nem fazemos as coisas que ele deseja que façamos em obediência à sua vontade soberana (Lucas 6.46). É como vesti-lo com uma capa vermelha e colocar uma coroa de espinhos na sua cabeça. Em certo sentido, porém, somos piores que os soldados, porque eles não sabiam quem era Jesus, mas nós sabemos. Em contrapartida, essa passagem nos incentiva a seguir o exemplo de Jesus de duas maneiras. Primeira: aceitando os insultos daqueles que não creem sem replicar (1Pedro 2.23). Segunda: permanecendo fiel a Deus, mesmo quando alguém zomba de nós e de nossa fé.

CAPÍTULO 11

# O CUMPRIMENTO NO PASSADO (II)

## 15.21–16.20

Com o relato da crucificação, da morte, do sepultamento, da ressurreição e da ascensão de Jesus, o evangelho de Marcos atinge seu clímax. A longa passagem que iremos analisar neste capítulo começa com o drama da crucificação do Senhor. Os quatro evangelhos oferecem detalhes diferentes desse episódio fundamental. O relato de Lucas é quase duas vezes mais extenso que o de Marcos, enquanto o de João é mais extenso que o de Mateus e um pouco menor que o de Lucas. Quando comparamos esses relatos, obtemos a visão completa dos acontecimentos. A semelhança entre a versão de Mateus (27.32-44) e a de Marcos (15.21-32) é notável. No entanto, há outros trechos nos quais existem variações ou diferenças entre os evangelhos.

> **Guillermo Hendriksen:** "*Mateus* declara que foi quando a procissão ia saindo da cidade que Simão de Cirene foi forçado a ajudar. Quando Jesus foi crucificado, os soldados, sentados, o observavam. Às palavras de escárnio ditas pelos principais sacerdotes, Mateus acrescenta as encontradas em Mateus 27.43.
>
> *Marcos* informa seus leitores (romanos) que um 'homem de Cirene, chamado Simão', estava 'chegando do campo' (Lucas também) quando os soldados o obrigaram a carregar a cruz de Cristo e que esse Simão era pai de Alexandre e de Rufo (provavelmente de Roma; v. Romanos 16.13). Ele também relata que Jesus foi crucificado na 'hora terceira'.

> *Lucas* apresenta como principais distintivos de sua contribuição (23.26-43) o fato de Jesus falar às mulheres de Jerusalém que choravam, o relato sobre os dois criminosos, o impenitente e o penitente (v. 34-43), e as duas primeiras frases proferidas na cruz. Esse evangelista acrescenta que os soldados se juntaram à zombaria e ofereceram vinagre a Cristo.
>
> *João* (19.17-27) afirma que no início Jesus carregou a cruz. Na verdade, João não menciona Simão de Cirene. A 'placa' fixada na cruz foi escrita em aramaico, latim e grego. Muitos judeus a leram, porque o local onde Jesus foi crucificado ficava perto da cidade. João dá a conhecer a objeção dos chefes dos sacerdotes à redação da placa e também a resposta de Pilatos. Esse evangelista registra mais alguns detalhes, como a descrição da maneira pela qual as roupas de Jesus foram divididas, inclusive sua túnica sem costura. Ele preservou para nós a terceira frase proferida na cruz (v. 27)".[1]

Quanto à ressurreição (16.1-8) e ao que aconteceu em seguida (16.9-20), o relato de Marcos se destaca por apontar as ações mais relevantes. O evangelista registra a preocupação das mulheres com a pedra que fechava o sepulcro, a surpresa ao verem que ela fora removida, a entrada no sepulcro, a constatação de que Jesus não estava ali, o jovem que lhes deu a notícia da ressurreição e a ordem, deixada por Jesus, de que os discípulos fossem para a Galileia. Marcos, porém, não registra esse encontro, narrado por Mateus (Mateus 28.16-20). O relato de Marcos termina com as palavras do v. 8: "Tremendo e assustadas, as mulheres saíram e fugiram do sepulcro. E não disseram nada a ninguém, porque estavam amedrontadas". Outros detalhes sobre o ocorrido devem ser procurados nos outros dois Sinópticos e em João. No entanto, Marcos expressa nos versículos finais (v. 19,20) a fé firmemente arraigada da igreja primitiva na ascensão de Cristo e o subsequente ato de sentar-se à direita de Deus. O evangelho termina com palavras cheias de esperança e resume o curso da igreja até o presente: "Os discípulos saíram e pregaram por toda parte; e o Senhor cooperava com eles, confirmando-lhes a palavra com os sinais que a acompanhavam".

---

1. **El evangelio según San Marcos**, p. 654.

## A MORTE DE JESUS (15.21-41)

José Santos Chocano, o renomado poeta peruano, diz em um de seus versos:

Livro Sagrado:
Aberto na página em que começa
Seu evangelho Jesus crucificado [...]

É o que fazemos quando abrimos o evangelho de Marcos e começamos a ler essa passagem. Entre os romanos, a crucificação era o castigo reservado aos escravos. Essencialmente, consistia em expor o condenado ao rigor do sol diurno e da noite fria. A vítima geralmente morria de exaustão em um dia ou dois. O condenado, nu, era obrigado a carregar a trave horizontal da cruz até o local da execução, onde tinha os braços amarrados ou as mãos pregadas. Em seguida, era levantado e preso a um poste permanente, erguido para esse fim. No poste, havia uma cunha que suportava o peso da vítima, cujos pés eram pregados ou os tornozelos amarrados na parte baixa do poste. Utilizavam-se também outras formas de cruzes, com diferentes maneiras de manter o condenado preso a elas.

A história da crucificação e morte de Jesus apresentada por Marcos foi, sem dúvida, baseada na tradição, ou seja, na narrativa que é provavelmente a mais antiga sobre a paixão do Senhor, uma história repetida inúmeras vezes nas assembleias cristãs. A fonte original, ao que parece, são as mulheres mencionadas no v. 40. Talvez o centurião também tenha fornecido alguns detalhes, caso tenha se convertido e feito parte da comunidade cristã (v. 39). Há também o testemunho de Simão de Cirene.

### O que aconteceu

Na Igreja católica romana e na Igreja anglicana, segue-se uma antiga tradição instituída pelos frades franciscanos do século XIV, conhecida como *via crucis*, o caminho da cruz. Trata-se de uma devoção muito difundida que consiste em uma série de pinturas ou esculturas que representam 14 episódios das últimas horas de Jesus antes de seu sepultamento. Esses quadros ou imagens são colocados ao redor das paredes dos templos e usados nas orações populares durante a Quaresma ou na Semana Santa. Os devotos, guiados pelo sacerdote, passam de uma imagem a outra lembrando a jornada de Jesus nas horas que antecederam sua morte na cruz. As "estações da cruz", como também são conhecidas, são: 1) Pilatos condena Jesus à morte; 2) Jesus recebe sua cruz; 3) Jesus cai pela primeira vez; 4) Jesus encontra sua mãe; 5) Simão de Cirene carrega a cruz; 6) Verônica limpa o rosto de Jesus; 7) Jesus cai pela segunda vez; 8) Jesus diz às mulheres de Jerusalém que não chorem por ele; 9) Jesus cai pela terceira vez; 10) Jesus é despido; 11) Jesus é pregado na cruz; 12) Jesus morre na cruz; 13) o corpo de Jesus é tirado da cruz; 14) o corpo de Jesus é colocado em um sepulcro. A *via crucis* é apenas uma síntese do que aconteceu naquelas horas fatídicas. Não temos como saber tudo que aconteceu naquela sexta-feira, véspera da Páscoa, mas, pelo que consta nos quatro evangelhos, é possível reconstruir alguns fatos.

**Às 8h30.** Por volta dessa hora, os soldados romanos puseram a cruz sobre Jesus e o obrigaram a atravessar a cidade. Jesus estava muito fraco por causa do flagelo daquela noite. Um estranho foi forçado a ajudá-lo (15.20,21). Enquanto caminhava, ele continuou demonstrando seu interesse pelas necessidades humanas (Lucas 23.27-31). Finalmente, chegaram ao Gólgota, uma pequena colina ao norte da cidade e fora dos muros. Ali alguém lhe ofereceu mirra para beber (15.23), que é um soporífero.

Na tradição cristã, o percurso entre a Fortaleza Antônia e o local da crucificação, fora dos muros de Jerusalém na época, é conhecido como Via Dolorosa. Na verdade, há uma rua em Jerusalém, na cidade velha, com esse nome. A tradição cristã a considera parte do itinerário que Jesus percorreu carregando a cruz a caminho da crucificação. Estão marcadas nessa rua nove das 14 estações da *via crucis*. As outras estações estão dentro da Igreja do Santo Sepulcro. O itinerário tradicional começa na porta dos Leões (ou porta de Santo Estêvão), perto do local da antiga Fortaleza Antônia, e segue para oeste através da cidade antiga até a Igreja do Santo Sepulcro, que, acredita-se, está no local da crucificação. Hoje é um local importante de peregrinação para todas as vertentes do cristianismo.

> **Guillermo Cook e Ricardo Foulkes:** "A tradição cristã preencheu o caminho da cruz com muitas personagens — Verônica e as samaritanas, por exemplo —, embora Marcos mencione apenas um: Simão de Cirene. O evangelista tem um propósito diferente para a *via crucis*; não o das procissões hispano-americanas, o fenômeno da angústia pessoal e da piedade individual, mas

o do contraste entre a intenção romana (humilhação dos inimigos políticos) e a intenção cristã (lições sobre discipulado). Sem dúvida, a prática romana de exibir seus adversários conquistados em desfiles públicos (Colossenses 2.15) servia como aviso para outros revoltosos, uma espécie de 'teatro ao ar livre' muito eficaz. De acordo com o costume, o condenado estava sujeito à ignomínia de carregar a própria viga transversal".[2]

**Às 9 horas.** Jesus foi crucificado entre dois ladrões (15.24,25). Ao contemplar os soldados e os outros que o estavam matando, pediu a Deus que os perdoasse (Lucas 23.34). Os soldados, porém, estavam ocupados repartindo as roupas dele entre si, e os demais zombavam enquanto ele morria. Mais uma vez, Jesus demonstrou interesse pelo ser humano, quando disse a um dos ladrões: "Hoje você estará comigo no paraíso" (Lucas 23.43).

O local tradicional da crucificação de Jesus, no âmbito da Igreja do Santo Sepulcro, provavelmente é autêntico. Mas é discutível a rota da Via Dolorosa, do Arco do Ecce Homo até a igreja. Seria correto se Pilatos tivesse estabelecido seu comando e moradia na Fortaleza Antônia (onde hoje fica o mosteiro de Nossa Senhora de Sião). No entanto, muitos estudiosos consideram que, em visitas ocasionais a Jerusalém, Pilatos se hospedava no palácio de Herodes, no muro ocidental da cidade (onde fica hoje a Cidadela, ao lado do portão de Jafa).[3]

**F. F. Bruce:** "O local da execução era chamado 'a Caveira', por motivos que podemos muito bem suspeitar. Os dois nomes pelos quais é mais conhecido por nós, Gólgota e Calvário, representam respectivamente as palavras aramaica e latina para 'crânio'. Ali então Jesus foi crucificado. Era costume que um condenado à crucificação carregasse a própria cruz — ou pelo menos a viga transversal — sobre os ombros até o local da execução. Esse é o contexto das palavras de Jesus a seus discípulos sobre tomar a própria cruz e segui-lo".[4]

**Das 12 às 15 horas.** O céu escureceu durante todo esse período (15.33), e em meio às trevas Jesus clamou ao Pai: "Por que me abandonaste?" (15.34). Mais uma

2. Marcos, in: **Comentario bíblico hispanoamericano**, p. 349.
3. **Jesus and the Gospels**, v. 1, p. 167-188.
4. **The Real Jesus**, p. 107-108.

vez, o povo zombou dele, por pensar que estava chamando o profeta Elias. De acordo com João, ele pediu para beber (João 19.28), e alguém teve pena dele e lhe deu algo (talvez um soldado). Jesus continuou a se preocupar com os outros, e, quando viu sua mãe e João perto da cruz, dirigiu a ambos palavras muito pessoais (João 19.25-27).

> **Floyd V. Filson:** "Os crucificados ficavam horas na cruz, às vezes dias, antes de morrer. De acordo com Marcos 15.25,33,34, Jesus não resistiu mais que seis horas depois de ser pregado na cruz. Os evangelhos apresentam as sete 'últimas palavras' que ele proferiu nesse espaço de tempo: uma delas é encontrada em Mateus 27.46 e em Marcos 15.34: 'Meu Deus! Meu Deus! Por que me abandonaste?' (Salmos 22.1, citado com fé, mas sem a capacidade desesperada de entender plenamente o que estava acontecendo). Três são encontradas apenas em Lucas (23.34,43,46): 'Pai, perdoa-lhes, pois não sabem o que estão fazendo'; 'Eu garanto: Hoje você estará comigo no paraíso'; 'Pai, nas tuas mãos entrego o meu espírito'. Três são encontradas apenas em João (19.26-28,30): 'Aí está o seu filho. [...] Aí está a sua mãe'; 'Tenho sede'; 'Está consumado!'. A discordância dos evangelhos quanto ao que Jesus disse têm levado alguns a duvidar da autenticidade dessas declarações. É pouco provável que a citação angustiada de Salmos 22.1 seja uma adição posterior".[5]

**Às 15 horas.** Nesse momento, Jesus proferiu suas últimas palavras e morreu (v. 37). Os soldados romanos perfuraram seu lado com uma lança, para ver se ele já estava morto (João 19.33,34). Quando ele morreu, o véu do templo rasgou-se em duas partes (15.38). Esse fato não foi de pouca importância, pois encerrava significados profundos. Por um lado, era símbolo da expiração do templo e de seu culto, que com a morte de Jesus perdeu todo o significado como local de encontro com Deus. Por outro lado, era símbolo da remoção de todas as barreiras que separavam os seres humanos de Deus. Não havia mais um pátio para os gentios, um Lugar Santo para os membros do povo escolhido nem um Lugar Santíssimo para os representantes do povo entrarem uma vez por ano a fim purificar seus pecados. Agora, Deus estava em toda parte e, graças a Cristo, habitava todo ser humano regenerado pelo Espírito Santo.

---

5. **A New Testament History**, p. 147.

Desse modo, o amor que Deus manifestou na cruz de seu Filho passava a ser acessível a todos, até aos gentios. Por fim, um oficial romano, vendo-o morrer, exclamou: "Realmente este homem era o Filho de Deus!" (15.39).[6]

> **Xabier León Dufour:** "O véu do templo rasgado é a resposta real, não dos judeus que balançam a cabeça, mas do judaísmo como tal. Deus não está mais restrito ao templo, mas é apresentado ao Universo e, mais especialmente, ao paganismo: este, na pessoa do centurião, acolhe a Deus, que deixou seu templo e morreu, mas que já vive em seu coração".[7]

O relato da crucificação contém reminiscências de passagens do Antigo Testamento. Os que contaram a história enxergaram paralelos com as declarações encontradas nos salmos 22 e 69 e em outras passagens das Escrituras.[8] Era uma maneira de dizer que esse acontecimento fazia parte do plano eterno de Deus registrado nas Escrituras e, portanto, não desacreditar Jesus em seus avanços nem insinuar que a causa de Deus e seu Reino fora derrotada ou frustrada diante do que estava ocorrendo.

## A Via Dolorosa (15.20b,21)

Pela ordem dos episódios que compõem a tragédia da morte de Jesus, é possível captar o verdadeiro significado dessa experiência. Ao considerar o que foi chamado Via Dolorosa e tentar interpretar seu significado teológico e espiritual, podemos distinguir três tipos de cruz.

**Encontramos Jesus e sua cruz (v. 20b).** Marcos refere-se a ela de maneira sucinta: "Então o levaram para fora, a fim de crucificá-lo" (gr. *exágousin autòn hína staurōsōsin autón*). João amplia o quadro com mais detalhes: "Levando a sua própria cruz, ele saiu [...]" (João 19.17a). Foi uma tortura adicional para ele, porque estava com as costas dilaceradas pelos açoites recebidos. "Pilatos mandou açoitar Jesus" (Mateus 27.26) e "entregou Jesus à vontade" dos soldados (Lucas 23.25). As forças de Jesus estavam esgotadas, e ele não conseguiu

---

6. Gmilka, **El Evangelio según San Marcos**, 379-380.
7. **Los Evangelios y la historia de Jesús**, p. 453.
8. C. H. Dodd, **According to the Scriptures**, p. 57-60, 96-98, 108.

carregar a cruz. Por isso, os soldados requisitaram Simão de Cirene. No entanto, Jesus carregou a cruz por decisão própria (João 10.17,18). Cabe aqui perguntar se essa cruz era a cruz dele ou a que deveríamos ter carregado pelos nossos pecados. Sua cruz era a de um inocente, mas a que deveríamos ter carregado é a cruz dos malfeitores e condenados.

> **Leon Morris:** "A cruz significa sofrimento e, na verdade, os escritores dos evangelhos atribuem importância fundamental aos sofrimentos de Cristo. Estão escrevendo sobre sofrimentos significativos, que visavam à salvação do povo de Cristo. Assim, os evangelistas deixam claro que sua morte não foi de forma alguma em razão de um demérito pessoal. Sua morte foi pelos nossos pecados, não pelos dele, simplesmente porque não os tinha. Eles o descrevem como inocente de qualquer crime ou pecado, como aquele sem mancha. Esse ponto é importante porque, a menos que estivesse sem pecado, Jesus não poderia ter sido o Salvador do ser humano pecador. Ele próprio precisaria ser salvo. Portanto, nossos evangelistas mostram alguém qualificado para ser nosso Salvador. [...] Particularmente na história da Paixão, eles chamam a atenção para a ausência de qualquer crime que possa lançar sobre Jesus. [...] Também é possível que as repetidas referências de Marcos a Jesus como 'rei dos judeus' em conexão com a crucificação se destinem a ensinar a mesma coisa (Marcos 15.2,9,12,18,26,32). Jesus foi crucificado como criminoso. Ele era na verdade um Rei. Sua inocência poderia ter sido afirmada com mais ênfase?".[9]

**Encontramos Simão de Cirene e sua cruz (v. 21).** Jesus começou a carregar sua cruz, mas não pôde continuar. Simão, que "passava por ali, chegando do campo", um estrangeiro curioso e circunstancial, foi obrigado a fazê-lo. Talvez fosse um judeu do norte da África (Cirene) que viera a Jerusalém para a celebração da Páscoa. Também é possível que residisse em Jerusalém, pois, segundo Marcos, ele estava "chegando do campo" (gr. *erchómenon ap' agroū*). Simão não conhecia Jesus e teve de ajudá-lo contra a vontade. Mas é possível que mais tarde tenha aceitado o fardo e se tornado cristão. Seus filhos, Alexandre e Rufo, que Marcos conhecia, eram cristãos (Romanos 16.13). Portanto, parece

9. **The Cross in the New Testament**, p. 37-38.

que a geração seguinte da família de Simão era bem conhecida na igreja para a qual Marcos escreve (Roma) e que passava por um período de perseguição, a ponto de vários crentes terem sido crucificados. Simão foi obrigado a carregar a cruz de Jesus. Ele a levou porque o forçaram a isso e não lhe deram alternativa. Como carregamos a cruz de Jesus? Por obrigação ou por que decidimos fazê-lo em atendimento a seu convite (Lucas 9.23)?

> **Guillermo Cook e Ricardo Foulkes:** "Por que [...] contar a história de um estrangeiro que é forçado a carregar a cruz do Senhor? Talvez Marcos esteja querendo demonstrar a debilidade de Jesus como resultado de tanta tortura. Ou talvez quisesse apontar várias ironias na forma de narrativa. 1) Simão estava 'chegando do campo' (v. 21, da área rural), assim como a multidão da Galileia rural 'espalharam ramos que haviam cortado nos campos' ao entrar em Jerusalém (11.8). Isso destaca a rivalidade entre o campo e a cidade, entre a periferia e o centro. Agora, Jesus involuntariamente deixa a capital acompanhado por um camponês. 2) Vários detalhes sugerem aqui a presença do subtema do discipulado. Também não se chama Simão o primeiro discípulo convidado por Jesus? E, apesar da exortação de 'tomar a sua cruz' (8.34), Pedro não abandonou essa vocação? É de fato irônico que, no final, esse outro Simão tome a cruz de Jesus, um estranho que também (a julgar pelos nomes de seus filhos, Alexandre e Rufo) é gentio, enquanto os Doze não são vistos em lugar algum. 3) A menção inexplicável de Alexandre e Rufo sugere que pelo menos esses dois (e talvez Simão) sejam conhecidos pelos leitores em Roma. Eles podem muito bem ser membros dessa congregação cristã".[10]

**Encontramos as mulheres e sua cruz (cf. v. 40,41).** Lucas apresenta a dor de muitas mulheres do povo (Lucas 23.27-31), a quem Jesus proferiu uma tremenda palavra profética. Perto da cruz de Jesus, estavam também outras mulheres, que haviam participado de grande parte de seu ministério na Galileia e cujos nomes são informados por Marcos (v. 40). Além delas, havia ainda outras mulheres, que "tinham subido com ele para Jerusalém" (gr. *hai synanabāsai autōi eis Hierosólyma*, v. 41). O último grupo entrara na cidade com ele em meio ao entusiasmo popular e à grande alegria, mas agora o viam

---

10. Marcos, in: **Comentario bíblico hispanoamericano**, p. 349-350.

desfilar derrotado, magoado, humilhado e rejeitado pela turba, e isso lhes causou enorme tristeza e frustração. A compreensão não encontrou lugar no círculo dos discípulos, e apenas o amor permaneceu, e assim as mulheres se destacaram mais que os homens.

## A crucificação (15.22-28)

**O lugar (v. 22).** O local da crucificação não é conhecido com precisão. Talvez seja a elevação que esteja hoje em dia dentro da Igreja do Santo Sepulcro em Jerusalém. Esse lugar era conhecido como Gólgota ("lugar da Caveira"; gr. *Kraníon*; lat. *Calvarium*; port. crânio), talvez por ser um cemitério ou porque, a distância, se parecesse com um crânio. Tratava-se de uma colina rochosa e nua ao norte da cidade, fora dos muros na época, mas hoje impossível de identificar.

**O narcótico (v. 23).** Algumas pessoas queriam aliviar Jesus das dores da crucificação e ofereceram a ele "vinho misturado com mirra" (gr. *edídoun autōi esmurnisménon oînon*). Era um líquido obtido de uma árvore que ajudava a amortecer a dor (Provérbios 31.6). O vinho com mirra era um narcótico usado para mitigar a dor. O sabor era amargo, mas eficaz (Mateus 27.34). A tradição diz que o vinho com mirra era fornecido por mulheres piedosas de Jerusalém aos condenados à morte, para mitigar seus sofrimentos. Nesse incidente, os evangelistas viram o cumprimento de uma profecia messiânica (Salmos 69.21). Então, por que Jesus o rejeitou? Por que "ele não o bebeu" (gr. *hos dè ouk élaben*)? Ele queria ter a mente lúcida tanto quanto possível para orar ao Pai. Ele se havia proposto viver e sofrer como qualquer outro ser humano (Hebreus 2.9), e seu sofrimento tinha de ser completo. Jesus queria manter a promessa que fizera a seus discípulos na última ceia (14.25).

**O procedimento (v. 24a).** Quando um prisioneiro era crucificado, adotava-se o seguinte procedimento. A viga transversal que o condenado havia carregado era pregada a um tronco mais longo (cerca de 2,8 metros), de modo que formavam um **T**. O condenado era deitado nu na cruz e amarrado ou pregado a ela. Em seguida, fixava-se uma pequena placa, na qual se registrava o motivo de sua sentença. A cruz era levantada com cordas, e deixava-se a extremidade inferior cair em um buraco. Esse era o momento mais doloroso. O prisioneiro era deixado ali até morrer, pendurado pelas mãos e com a cabeça no peito. A morte geralmente ocorria por causa da perda de sangue, da dor e da exaustão. Também era possível que o quadro fosse agravado por asfixia, em razão de o condenado ficar com os braços estendidos por um longo tempo e com a cabeça abaixada. Era assim que os romanos puniam os escravos ou criminosos violentos que não fossem romanos. Jesus foi pregado na cruz às 9 horas da manhã e morreu depois de ficar pendurado cerca de seis horas.

**Os carrascos (v. 24b).** Era costume os quatro soldados que crucificassem um prisioneiro montarem guarda e cuidarem para que os amigos do condenado não o resgatassem. Enquanto cuidavam de Jesus, eles pegaram suas roupas e as sortearam entre si. Nisso, agiam com toda a frieza, e era o cumprimento de uma profecia (Salmos 22.18), assim como os insultos dos v. 29-31 (Salmos 22.7,8) e a sede do v. 36 (Salmos 69.21). Isso prova que a morte de Jesus não foi um improviso nem um acidente. Deus a planejou desde a eternidade.

**A hora (v. 25).** A hora exata da crucificação é um problema. Há diferenças de horários entre Marcos 15.25 e João 19.14, e percebe-se uma incoerência temporal aparente no relato de Marcos. Em todo caso, o texto de Marcos assinala que foi às "nove horas da manhã" (gr. *ēn dè hōra trítē*; lit., "era a hora terceira") como o momento da crucificação, quando começa a primeira das três vigílias da cruz: a do "meio-dia", a das "três horas da tarde" (v. 33) e, no v. 42, a da "véspera do sábado". Para os romanos, as 9 horas da manhã correspondiam à hora terceira, já que contavam as horas do dia em blocos de uma hora que iniciava com a saída do sol às 6 horas da manhã.

**A acusação (v. 26).** Sempre que os romanos iam crucificar alguém, escreviam a acusação contra o condenado em uma pequena prancha, que depois era amarrada em volta do pescoço da vítima ou conduzida à frente dele até o local da crucificação. Em seguida, era pregada na cruz. Pilatos escreveu: "O REI DOS JUDEUS" (gr. *Ho basileùs tōn Ioudaíōn*), para zombar dos líderes judeus (João 19.19,20). Dessa forma, quis se vingar publicamente deles, por tê-lo posto em uma situação tão embaraçosa. Era como se lhes dissesse: "Esse pregador moribundo é o único tipo de rei que vocês merecem". Os judeus reclamaram, mas Pilatos não os ouviu (João 19.21,22). A acusação também refletia o fato de que, para os romanos, o crime de Jesus era uma traição contra o imperador de Roma, embora judeus e romanos soubessem que ele era inocente. No entanto, esse foi o motivo da execução anunciado na placa. Convém lembrar que Jesus foi executado pelos romanos, não pelos judeus, embora a queixa que o levou à morte tenha sido feita por um grupo de líderes religiosos judeus. Jesus foi executado sob a acusação de pretender ser rei. Para os crentes, não se trata de uma ironia, mas da reivindicação de Cristo operada por Deus.

**Os companheiros de cruz (v. 27,28).** Os romanos achavam conveniente crucificar vários prisioneiros ao mesmo tempo. Sem dúvida, havia mais execuções agendadas. A cruz de Jesus estava entre outras duas. O Senhor tomara o lugar de Barrabás, "o justo pelos injustos" (1Pedro 3.18). Durante todo o seu ministério, ele esteve na companhia de párias e de pessoas de reputação duvidosa (2.15,16) — e no momento supremo de sua morte também. A execução de Jesus entre dois criminosos ou rebeldes mostrou o que Pilatos pensava de Jesus (v. 7-9). Em todo caso, esse fato cumpriu as profecias messiânicas (v. 28; v. nota da *NVI*; Isaías 53.12).

## A zombaria (15.29-32)

Provocações verbais e escárnio sempre acompanharam os condenados à morte, qualquer que fosse o crime. Ao sofrimento que o carrasco oficial e institucional aplicava era adicionada a tortura pela população, que atuava como múltiplos carrascos cuja língua era dilacerante. As palavras cruéis geralmente doíam mais que os cravos ou que o suplício da cruz. Jesus teve de suportar tripla zombaria na cruz.

**A zombaria dos transeuntes (v. 29,30).** Isso também ocorreu como cumprimento de profecias messiânicas (Salmos 22.7,8; 109.25). Que insultos eram esses? Eram gestos ("balançando a cabeça", gr. *kinoūntes tàs kefalàs autōn*), exclamações ("Ora", gr. *oua*) e palavras ofensivas. As frases irônicas eram variadas e visavam humilhar Jesus em aspectos específicos, especialmente com relação a suas reivindicações messiânicas. Alguns diziam: "Você que destrói o templo e o reedifica em três dias [...]" (gr. *ho katalúōn tòn naòn kaì oikodomōn en trisìn hēmérais*). Tratava-se de uma alusão ao que ele dissera, de acordo com 14.58. "[...] desça da cruz!" (15.32) (gr. *katabátō nūn apò toū stauroū*) era um desafio ao poder do Senhor, que se manifestara de várias formas durante todo o seu ministério. "[...] e salve-se a si mesmo!" (gr. *sōson seautón*) consistia em uma zombaria de sua pretensão de querer salvar os demais (Lucas 23.35). Essa foi também a zombaria dos soldados perto da cruz, "oferecendo-lhe vinagre" (Lucas 23.36,37).

**A zombaria dos chefes dos sacerdotes e dos mestres da lei (v. 31,32a).** Note-se que a zombaria deles era muito semelhante à dos transeuntes. Por que eles o estavam insultando? Sem dúvida, os líderes religiosos visavam em seu ataque às reivindicações de Jesus: de ser o Salvador, o Messias e o Rei de Israel. Não deixa de surpreender que, após terem conseguido por um momento se livrar de Jesus e levá-lo à morte, esses homens ainda demonstrassem tal crueldade e continuassem a atacá-lo. Talvez tenham agido assim ao comparar a extrema debilidade física de Jesus (que estava morrendo enquanto eles viviam) com sua pretensão de ser rei. Em todo caso, a zombaria era em si uma contradição, porque esses homens maus reconheciam que Jesus "salvou os outros" (gr. *állous ésōsen*). Além disso, o pedido deles era arbitrário e absurdo, porque queriam ver para acreditar ("para que o vejamos e creiamos", gr. *hína ídōmen kaì pisteúsōmen*), quando haviam tido inúmeras oportunidades para isso e não o fizeram.

A zombaria deles também expressava uma verdade profética, da mesma forma que as palavras de Caifás (João 11.50,51). Se o Cristo queria salvar os outros, ele não deveria descer da cruz. Descer da cruz não era uma impossibilidade física, e sim moral e espiritual. Além disso, a zombaria deles expressava ainda sua dureza de coração. Faziam uma exigência impossível de atender, porque ver para crer não é a ordem em que Deus trabalha. Seria uma negação da regra da fé (João 11.40). Tal exigência também era inútil porque, como ensina a parábola do rico e Lázaro (Lucas 16.31), mesmo tendo presenciado os maiores milagres, eles não haviam crido.

**A zombaria dos dois criminosos (v. 32b).** Marcos afirma que "os que foram crucificados com ele" também o insultavam (gr. *kaì hoi sunestaurōmenoi sùn autōi ōneídizon autón*; v. Mateus 27.44). Lucas 23.39 diz que apenas um dos que foram condenados com Jesus zombava dele. É provável que um e outro tenham imitado ou repetido as injúrias proferidas pelos líderes religiosos, por causa de seu conteúdo teológico. De fato, os termos utilizados eram os mesmos: "Salve-se a si e a nós!" (Lucas 23.39). Assim, de todas as provocações, a mais dolorosa, irônica e repetida foi: "Salvou os outros, mas não é capaz de salvar a si mesmo!". Os transeuntes, os soldados, os chefes dos sacerdotes, os mestres da lei e até os dois criminosos que o acompanharam na tragédia, todos concordaram em insultar Jesus, dizendo mais ou menos a mesma coisa. Parecia-lhes que Jesus havia fracassado, porque não podia salvar a si mesmo. Por isso, ele não podia ser o Messias que alegava ser. Mas 1Coríntios 1.23-27 demonstra o oposto. Jesus é poderoso para nos salvar precisamente porque se dispôs a morrer como criminoso. Os judeus não quiseram acreditar nele porque ele não desceu da cruz; nós acreditamos nele porque ele decidiu ficar ali até a morte.

## As trevas (15.33)

**Explicações naturais.** A última cena do drama da cruz foi tão terrível que o céu escureceu, como se a própria natureza não pudesse suportar a visão do que estava acontecendo. A ocorrência das trevas não foi resultado de um eclipse, porque era período de lua cheia, e esta não aparece durante o dia; como consequência, não pode passar entre a Terra e o Sol. Alguns sugerem uma tempestade de poeira, que geralmente ocorre durante o dia nos meses de março e abril em Jerusalém. Os árabes a chamam de "siroco" (vento leste). Se fosse assim, Marcos a teria chamado pelo nome. Outros acreditam que era poeira em suspensão, por causa da quantidade de peregrinos na cidade. Em ambos os casos, é difícil o pó suspenso causar uma escuridão tão densa sobre "toda a terra" (gr. *ef' holēn tēn gēn*, v. 33), "do meio-dia às três horas da tarde" (v. Mateus 27.45; Lucas 23.44). Além disso, o fenômeno não poderia ser causado por nuvens de tempestade, já que o vento as dissiparia em algum momento.

**Explicação metafórica.** Os três Sinópticos concordam em que houve trevas sobre "toda a terra" do meio-dia às 3 horas da tarde (Marcos 15.33; Mateus 27.45; Lucas 23.44) e utilizam quase as mesmas palavras. É interessante tanta coincidência no relato de um fenômeno tão estranho. Se Marcos foi a fonte de onde os outros dois extraíram esse detalhe impressionante, isso talvez explique esse dado literário. Também é de supor que um fato tão transcendente quanto a morte do Messias merecia ser registrado em um cenário dramático e sombrio. E o que seria melhor que criar um conjunto com as imagens mais tétricas que as próprias Escrituras oferecem? Na tradição literária do Antigo

Testamento, as trevas estão presentes em muitos acontecimentos dramáticos (Gênesis 1.2,5; 15.12; Êxodo 10.21; 14.20; Josué 24.7; Isaías 45.7). As trevas simbolizam o império da morte e são uma metáfora do castigo divino (Jó 10.21,22; 17.13; Salmos 88.6) e de sua inescrutabilidade (2Samuel 22.10,12; 1Reis 8.12; Salmos 97.2). De acordo com essa interpretação, as "trevas" que acompanharam Jesus em sua morte não eram reais, e sim metafóricas ou simbólicas, cujo significado é mais literário que testemunhal.

**Explicação espiritual.** Talvez seja mais conveniente procurar uma explicação espiritual em vez de astronômica, meteorológica, física ou de qualquer outra ordem natural. A Bíblia afirma que Satanás é o poder "das trevas" (Efésios 6.12; v. Lucas 22.53; Atos 26.18; 2Coríntios 4.3,4; Colossenses 1.13). É provável que no momento crucial da morte de Jesus houvesse uma presença demoníaca tão intensa no Gólgota que um fenômeno espiritual resultou em uma manifestação física observável, como a referida no relato. Em todo caso, as trevas foram uma expressão do juízo de Deus sobre os que mataram Jesus e não se arrependeram (Amós 8.9).

## O sofrimento (15.34-36)

O *Credo de Calcedônia* (451 d.C.) confessa que Cristo era totalmente humano e totalmente divino. Ao contemplar a cena da cruz, costumamos esquecer essa realidade, que vai além de qualquer confissão de fé cristológica. Ele era totalmente humano e, como tal, sua personalidade era composta pelos três elementos que formam a personalidade de qualquer ser humano: corpo, alma e espírito (1Tessalonicenses 5.23). Isso significa que seu sofrimento na cruz também foi triplo: físico, emocional e espiritual.

**Sofrimento físico.** O texto informa que, às 3 horas da tarde, Jesus "bradou em alta voz" (gr. *ebóēsen ho Iēsoûs fōnēi megálēi*). Convém lembrar duas coisas ao interpretar as últimas palavras de Jesus registradas por Marcos. 1) Podemos entender muito pouco do que se passava na mente de Jesus quando ele as pronunciou. Há um mistério por trás desse clamor que não podemos penetrar. 2) Ele estava sofrendo intensas dores físicas naquela hora, e sua exclamação deve ser entendida à luz dessa circunstância. No entanto, suas palavras revelam algo sobre seu sofrimento. Ele se fez um com toda a humanidade e assumiu a culpa de todos os pecados humanos. Por esse motivo, sentiu-se separado do Deus Santo, assim como nos sentimos quando pecamos. Contudo, havia uma diferença entre Jesus e o restante da humanidade: ele não tinha pecado (2Coríntios 5.21). Ele se identificou com os seres humanos em tudo, exceto na rebelião contra o Criador. Jesus passou por todas as experiências da vida humana, exceto uma: jamais conheceu as consequências do pecado. O pecado separa o ser humano de Deus.

**Sofrimento emocional.** A alma é a esfera das emoções, da mente e da vontade. O sofrimento de Jesus nessa esfera manifestou-se quando ele "bradou em alta voz" (gr. *fōnēi megálēi*). Esse grito foi a explosão de todas as emoções contidas nos dias anteriores e nas últimas horas, especialmente desde a agonia no Getsêmani até esses momentos cruciais. O impacto emocional das promessas de fidelidade de Pedro, a traição de Judas, a indiferença dos outros discípulos, a humilhação dos interrogatórios por pessoas que mentiam descaradamente e só queriam eliminá-lo, as contradições de Pilatos, a ironia da acusação na pequena placa acima de sua cabeça, o abandono de seus seguidores e muito mais aplicaram um golpe insuportável em sua alma. Suas emoções, pensamentos e vontade estavam sendo esmagados implacavelmente em seu ser interior. Assim, como se uma válvula de escape explodisse, Jesus "bradou em alta voz".

**Sofrimento espiritual.** Ele sofreu no espírito muito mais que no corpo ou na alma. Há pessoas que sofreram dores físicas muito mais intensas que ele e experimentaram todo tipo de tensão no nível emocional, no entanto ninguém sofreu no espírito o que ele sofreu. A expressão desse tormento espiritual é vista em seu grito na cruz: "Meu Deus! Meu Deus! Por que me abandonaste?" (gr. *Ho theós mou ho theós mou, eis tí egkatélipés me*). A separação do Pai foi o maior sofrimento que ele teve de suportar. Na esfera emocional, ele havia sofrido o abandono da mãe e dos irmãos, dos discípulos, das multidões a quem servira e de todo o mundo. O abandono do Pai, porém, partiu seu "coração", seu ser mais íntimo, a esfera de seu espírito. Não se tratava de um problema de fé, porque evidentemente ela estava intacta ("Meu Deus!"). Contudo, a verdade era que nesse momento Jesus sentia profundamente o abandono do Pai celestial ("Por que me abandonaste?", gr. *eis tí egkatélipés me*).

Vincent Taylor examina a passagem e diz corretamente que "parece uma inferência inevitável Jesus ter se identificado tão intimamente com os pecadores e experimentado o horror do pecado, a ponto de, por um momento, ter-se rompido a proximidade de sua comunhão com o Pai, de tal modo que seu rosto escureceu".[11] Jesus se sentiu abandonado pelo Pai. Há muitas interpretações diferentes para essa expressão, mas não é possível liquefazer a dramaticidade de seu significado. A percepção do abandono do Pai celestial quebrantou, sob intensa dor, o espírito de Jesus. Assim como era real nele o peso do fardo dos pecados do mundo e sua total identificação com os pecadores, tal era o abandono do Pai.

Isso nos mostra quanto ele nos ama, pois estava disposto a sofrer assim. De fato, Jesus ouviu com muita dor os comentários dos que estavam ali perto, quando especulavam sobre seu pretenso pedido de ajuda a Elias ou se ainda poderia ocorrer um espetáculo digno de ser assistido. A atitude deles deve ter ferido Jesus profundamente. Eles confundiam suas palavras, manifestavam uma curiosidade indiferente e mórbida e simplesmente tentavam aumentar sua agonia enquanto ele estava morrendo. Todos ao redor da cruz ouviram seu grito angustiante e as palavras que proferiu, mas ninguém entendeu ou se deu conta da intensidade de seu sofrimento no mais profundo de seu espírito.

## A morte (15.37-41)

**O "alto brado" (v. 37).** No momento em que morreu, Jesus gritou ("com um alto brado, expirou", gr. *afeìs fōnēn megálēn exépneusen*; v. 37). Esse grito pode ter sido seu último suspiro, quando exclamou: "Está consumado!" (João 19.30), ou seja: "Concluí o trabalho que meu Pai me confiou". Também pode ter sido a declaração: "Pai, nas tuas mãos entrego o meu espírito" (Lucas 23.46), no momento em que se entregou aos cuidados de Deus. Em todo caso, Jesus morreu com um grito de triunfo nos lábios.

**O véu do templo (v. 38).** No momento em que Jesus morreu, o véu do templo foi rasgado em dois, de cima a baixo (v. 38). Era uma cortina que separava o Lugar Santíssimo do restante do templo. Só o sumo sacerdote podia transpor esse limite e apenas no Dia da Expiação (Levítico 16.33,34). Essa foi uma parábola dramatizada do que Jesus estava fazendo ao morrer. Ele estava

---

11. **Jesus and His Sacrifice:** A Study of the Passion Sayings in the Gospels, p. 162; v. tb. Leon Morris, **The Cross in the New Testament**, p. 42-49.

removendo tudo que nos separava de Deus. Estava abrindo o Reino dos céus a todos os crentes. Agora, não só o sumo sacerdote, mas todos os crentes podiam desfrutar uma comunhão pessoal com Deus (Hebreus 10.19-22). A partição do véu foi tão surpreendente quanto revolucionária. Jesus, com sua morte, mudou radicalmente a maneira de nos aproximarmos de Deus e abriu um novo caminho para nós. Além disso, acreditava-se que o Lugar Santíssimo era a habitação da própria presença de Deus. Agora, com a morte de Jesus, o véu que ocultava Deus era rasgado, e os seres humanos podiam vê-lo face a face. Deus não estava mais escondido. Ninguém mais precisava especular a respeito dele. Agora, podiam olhar para Jesus e dizer: "É assim que Deus é. Ele é como Jesus. Deus me ama dessa maneira".

**O Filho de Deus (v. 39).** Na hora em que Jesus morreu, ficou demonstrado que ele era o Filho de Deus (v. 39). O centurião que declarou isso era um experimentado oficial romano, que, sem dúvida, já tinha visto muita gente morrer, mas nunca alguém como Jesus. Seu dever era garantir o cumprimento da sentença de morte, por isso permaneceu junto à cruz até Jesus morrer. Esse homem não era cego nem surdo às evidências que tinha diante de si. No entanto, não está claro o que ele quis dizer com a expressão "Filho de Deus" (gr. *huiòs theoū*). Lucas 23.47 afirma que ele quis dizer que Jesus "era justo", o que consistia em um elogio e na declaração de uma verdade. Em todo caso, suas palavras manifestam uma mudança de mente e o reconhecimento público de que Jesus era inocente. Note-se que esse militar era pagão e mencionou "*um* filho de Deus", não "*o* Filho de Deus", mas nós, cristãos, acreditamos que ele era *o* Filho, o "Filho amado" de Deus (1.11; 9.7), não apenas um homem bom e inocente.

**As mulheres fiéis (v. 40,41).** Na hora em que Jesus morreu, só as mulheres fiéis permaneceram a seu lado (v. 40,41). Elas estavam quebrantadas e abaladas pela dor, mas ainda estavam ali, não muito longe da cruz. Eram as mulheres que o haviam ajudado durante a viagem pela Galileia (Lucas 8.3): Maria Madalena (de quem Jesus havia expulsado sete demônios, 16.9; Lucas 8.2); Maria, mãe de Tiago, o mais jovem, e de José (de quem nada sabemos; cf. v. 47; 16.1); Salomé, que provavelmente era irmã da mãe de Jesus (tia dele), esposa de Zebedeu e mãe de Tiago e João (v. Mateus 27.56). Foram as únicas, dentre os seguidores de Jesus, que se mantiveram fiéis e tiveram coragem suficiente para permanecer ali e testemunhar sua morte. Em todo caso, Marcos ressalta que esse grupo de mulheres estava "observando de longe" (gr. *apò makróthen theōroûsai*, v. 40a e paralelos; v. tb. João 19.25). Elas não corriam perigo diante das autoridades, como teria sido o caso dos discípulos de Jesus, se estivessem presentes. Sem dúvida, foram elas que mais tarde relataram os detalhes da crucificação, da morte e do sepultamento de Jesus. Foi o amor de Jesus que lhes permitiu aceitar o que seu raciocínio não conseguia entender na ocasião. João 19.25,26 informa que Maria, mãe de Jesus, e João, seu discípulo, também estavam ali, e talvez fossem os mais próximos da cruz.

## O SEPULTAMENTO DE JESUS (15.42-47)

Quando os romanos crucificavam alguém, deixavam o corpo na cruz para que se decompusesse ou fosse comido pelas aves de rapina. Os judeus, porém, tinham uma lei religiosa que ordenava o sepultamento dos corpos antes do pôr do sol (Deuteronômio 21.22,23). Por isso, os cadáveres eram geralmente jogados o mais rápido possível em uma grande vala comum. Os amigos de Jesus queriam impedir que o corpo dele fosse tratado da maneira romana convencional, mas restava muito pouco tempo entre sua morte e o crepúsculo; além disso, no sábado, que começava às 6 horas da tarde de sexta-feira, não era permitida nenhuma tarefa manual por vinte e quatro horas. Portanto, entre as 4 e as 5 horas da tarde José de Arimateia foi pedir a Pilatos permissão para sepultar Jesus de forma privada. Pilatos primeiro quis ter certeza de que Jesus estava morto antes de liberar o corpo. José e os que o ajudavam levaram o corpo a um túmulo localizado em um horto ou jardim particular (João 19.41), próximo do local onde Jesus havia sido crucificado. Eles pegaram o corpo de Jesus e o envolveram em um lençol de linho embebido em óleo de mirra para preservá-lo. Em seguida, o colocaram no túmulo, que foi fechado. Maria Madalena e suas amigas não conheciam José, por isso assistiram ao funeral a certa distância.

A agonia do jardim foi deixada para trás, e o sofrimento da cruz agora tinha passado. Nesse momento, deparamos com o silêncio frio do sepulcro, para onde mãos amorosas trouxeram o corpo exausto e dilacerado de Jesus para descansar. É verdade que o relato da semana não estará completo até que o túmulo esteja vazio. Mas o sacrifício expiatório já foi realizado, e o véu da separação entre Deus e os seres humanos fora rasgado. Esse é o significado do grito final de triunfo de Jesus: "Está consumado!"; ou, melhor ainda: "Tudo foi concluído"; ou: "A tarefa foi realizada com sucesso".

Faremos bem em não nos apressarmos demais para chegar à manhã da ressurreição. Antes da glória da Páscoa da Ressurreição e depois de experimentar a tensão do Getsêmani e do Calvário, precisamos de meditação silenciosa e de descanso no sepulcro fechado. Antes de nos prepararmos para passar da calma do sepulcro escuro para a alegria da manhã luminosa da ressurreição, é preciso vivenciar com Jesus a crise da separação ou a crise do silêncio.

## O tempo (15.42)

**A véspera do sábado.** Era "a véspera do sábado" (gr. *ho estin prosábbaton*), ou seja, sexta-feira à tarde, o fim do Dia da Preparação da Páscoa. Isso explica a pressa em retirar o corpo da cruz, para não profanar o sábado com um cadáver pendurado no madeiro. Se ele fosse lançado na cova comum temporária, não poderiam levá-lo até a noite de sábado, ou seja, depois das 6 horas da tarde. Na verdade, nada poderia ser feito com o corpo até domingo de manhã, dada à necessidade de toda a preparação, pois tinham de aproveitar a luz do dia e comprar os elementos necessários para o tratamento do corpo.

**Os três dias no sepulcro.** Jesus passou três dias na sepultura. E foi assim que a profecia se cumpriu (Mateus 12.39,40; v. Oseias 6.2). É interessante o simbolismo do número três, que representa algo completo. De acordo com as palavras de Jesus em Lucas 13.32, o número três é símbolo da conclusão de sua obra, o que indica sua perfeição ou culminação. O número três é utilizado de modo coerente no Novo Testamento, com este sentido: três tentações, três negações, três perguntas, e assim por diante. De fato, os judeus da época acreditavam que a alma ficava circulando em volta do corpo durante dois dias e só no terceiro dia ia embora. A crença popular serviu para afirmar a realidade da ressurreição como milagre e provar que Jesus não estava apenas inconsciente ou em estado catatônico, mas que de fato havia morrido. A ressurreição não foi apenas uma nova união da alma com o corpo, em torno do qual ela se revolvia enquanto este aguardava para se juntar a ela de novo, mas, sim, um ato do poder de Deus (Romanos 1.4).

## José de Arimateia (15.43)

**Quem era?** José parece ter sido um daqueles judeus que acreditavam que Deus enviaria seu Messias ou faria algo grandioso em favor de sua nação (Lucas 2.25; 24.21). É possível que ele já fosse um seguidor secreto de Jesus. Com sua ação generosa, José queria honrá-lo de forma especial. Note-se que ele não fez nada pelos outros dois crucificados. A pergunta que cabe aqui é: o que transformou José de discípulo secreto em seguidor comprometido? Antes da morte de Jesus, ele era como muitos crentes hoje. Era um membro rico do Sinédrio, mas até então não havia assumido publicamente seu compromisso com Jesus (Lucas 23.51). Era um "discípulo da noite", como Nicodemos (João 3.2). Por isso, esperou o pôr do sol, ou seja, até escurecer, para fazer algo por Jesus, e só depois que ele morreu. Após a morte de Jesus, porém, José adquiriu nova coragem. Ele sabia que seu gesto iria desagradar o Conselho, mas "se atreveu" a procurar Pilatos. Antes, ele admirava Jesus; agora, o amava e estava disposto a sofrer por ele. Jesus, com sua morte, operou em José uma transformação que não havia sido possível enquanto viveu. É por isso que pregamos Cristo, "e este crucificado" (1Coríntios 1.23; 2.2). É o Jesus da cruz que muda a vida do ser humano (João 12.32). Sua cruz é o ímã que nos atrai a seu amor redentor e transformador.

**O que fez?** José honrou o corpo de Jesus, que estava dilacerado, desfigurado e coberto de sangue e de moscas. O cuidado que deu à preservação do corpo mostra que talvez ele não acreditasse na ressurreição. Muitos dizem que o corpo não é o mais importante, que só a alma importa. Mas o corpo é um componente da pessoa humana, e toda a pessoa humana é importante. Portanto, José pediu o corpo a Pilatos, e este o entregou. Não o teria dado a outra pessoa, porque o corpo de um condenado à morte era propriedade do governo.

## Pilatos (15.44,45)

Pilatos ficou surpreso ao ser informado de que Jesus já havia morrido. A surpresa de Pilatos era genuína. A morte por crucificação podia levar vários dias. A vítima geralmente morria não pelos ferimentos, mas como resultado de um lento processo de sede e insolação. Quando queriam acelerar a morte, quebravam as pernas do crucificado (João 19.31-33) ou lhe davam um golpe de misericórdia (João 19.34). O caso de Jesus não se encaixava na experiência de Pilatos, por isso ele quis se certificar de que Jesus estava de fato morto antes de liberar o corpo (v. 45). Cabe aqui perguntar se Pilatos atendeu ao pedido de José por estar com a consciência pesada.

Convém lembrar que Pilatos foi o procurador romano que julgou e sentenciou Jesus. Flávio Josefo e Fílon de Alexandria apresentam-no sob uma luz desfavorável. Josefo conta que certa ocasião, contra o mandamento do Decálogo (Êxodo 20.4,5), ele introduziu algumas estátuas ou estandartes militares em Jerusalém na calada da noite e só as removeu depois que os judeus protestaram durante vários dias. Em outra ocasião, Pilatos usou parte do dinheiro sagrado dos judeus para construir um aqueduto. Os judeus reagiram pacificamente, e o promotor os reprimiu a pauladas.[12] Pilatos não tinha medo de uma revolta dos judeus, muito menos de Jesus como potencial líder de um levante. Por esse motivo, fez todo o possível para libertá-lo. Assim, não é de estranhar que, contrariando os procedimentos romanos nesses casos, ele tenha atendido à solicitação de José de Arimateia e entregado a ele o corpo de Jesus.

## O sepultamento (15.46,47)

**O sepulcro (v. 46a).** Jesus teve de ser sepultado com urgência. A lei judaica exigia que o sepultamento de um criminoso executado ocorresse antes do anoitecer (Deuteronômio 21.22,23). Como aquela noite era o início do sábado (sábado), esse dever se tornou ainda mais urgente. Foi assim que José de Arimateia colocou o corpo em uma tumba nova e de alto padrão. Tratava-se de uma cavidade esculpida na rocha viva de uma caverna natural. O recinto era fechado com uma enorme pedra redonda e plana, que rolava sobre uma guia e selava a abertura. Fechar o sepulcro não era difícil, mas abri-lo significava empurrar a pedra para cima e exigia a força de vários homens. Ainda hoje se pode ver esse tipo de sepultura na Palestina. O sepulcro veio juntar-se aos muitos outros elementos oferecidos generosamente a Jesus para que ele pudesse realizar sua obra, como o barco (4.1), o jumentinho (11.7) e a sala no andar superior (14.14). E foi o melhor sepulcro que podia ser encontrado, pois não havia sido usado antes (Lucas 23.53). Jesus nasceu e viveu como pobre, morreu como prisioneiro e foi sepultado como rei (Isaías 53.9).

---

12. **Guerras dos judeus**, 2.169-177; **Antiguidades judaicas**, 18.55-62.

**A pedra (v. 46b).** A entrada do sepulcro era fechada para impedir a entrada de cães, chacais e ladrões. Para isso, rolava-se uma pedra com cerca de 2 metros de diâmetro. Ao selar a tumba com a pedra, as autoridades judaicas e romanas acreditavam que o caso de Jesus estava encerrado e ficaram satisfeitas. "Morto o cachorro, acabou-se a raiva." De alguma forma, José e outros seguidores de Jesus pensavam a mesma coisa e estavam muito tristes. Tudo que lhes restava era lembrar o que ele havia feito. Não havia o que olhar ou esperar do futuro. No entanto, como costuma acontecer, quando se diz que o trabalho de alguém está terminado, ele pode estar apenas começando. O mesmo ocorre com os frutos na vida de um bom mestre, e isso se aplica de maneira especial a Jesus. Ele está vivo e ativo no coração de homens e mulheres em todo o mundo hoje, e ninguém pode detê-lo. Ninguém pode colocar uma lápide na ação do Cristo vivo. Deus sempre tem a última palavra.

**As testemunhas (v. 47).** As mulheres viram onde o corpo foi colocado. Não podiam fazer outra coisa. Elas observaram tudo com atenção e anotaram o local onde Jesus foi sepultado. Essas mulheres foram testemunhas oculares do sepultamento de Jesus e nos dois dias seguintes não iriam esquecer onde ele estava. Marcos provavelmente destaca esse fato em resposta aos que afirmavam que as mulheres tinham ido ao sepulcro errado naquela manhã de domingo. Elas viram "onde ele fora colocado" (gr. *etheōroun toū tétheitai*). Jesus estava ali, mas estaria de fato nesse lugar? Quando o corpo de Jesus foi sepultado, o que aconteceu com seu espírito? Jesus, como qualquer outro ser humano no momento da morte, passou para o estado que geralmente chamamos de Paraíso, ou seja, um lugar na presença do Rei. Desse modo, Jesus baniu o medo do futuro desconhecido e do que existe após a morte. Em que Cristo acreditamos: em um Cristo sepultado ou em um Cristo vivo?

## A RESSURREIÇÃO DE JESUS (16.1-8)

As mulheres que no início da manhã de domingo ("no primeiro dia da semana") foram ao sepulcro não imaginavam que iriam encontrar um túmulo vazio. A ressurreição não foi o resultado de suas expectativas ou fantasias, mas de algo concreto, operado pelo poder de Deus e de acordo com suas promessas.

## O plano (16.1,2)

O texto diz que as mulheres foram bem cedo no domingo, uma vez que o dia de repouso havia acabado ("Quando terminou o sábado", gr. *diagenoménou toũ sabbátou*), a fim de cumprir o ritual de oferecer um último gesto de carinho, amor e cuidado ao corpo inerte de Jesus. Os judeus não embalsamavam os corpos; apenas os ungiam com especiarias aromáticas. Jesus foi sepultado muito rapidamente, mas fora ungido antes disso (João 19.39,40). No entanto, elas desconheciam esse fato, por isso estavam indo cumprir uma tarefa que imaginavam não ter sido realizada. As mulheres é que foram visitar o sepulcro: as últimas ao pé da cruz e as primeiras a chegar ao túmulo vazio. De acordo com o costume judaico, usavam-se unguentos para a preservação do cadáver.

Note-se que a iniciativa de "procurar" Jesus (v. 6a) foi dessas mulheres piedosas. Ao fazer isso, cometeram dois erros, mas tiveram um acerto. O primeiro erro foi que se equivocaram quanto ao local e ao método de sua busca. Como os demais discípulos, elas não haviam entendido ainda o significado da cruz. Também não entenderam o significado das palavras de Jesus, que lhes antecipara o que iria ocorrer logo após sua morte (9.31; 10.34). Elas também erraram em sua atitude, porque foram prestar o último tributo de amor e lealdade a um cadáver, quando Jesus havia declarado que viveria. Contudo, estavam certas em ir ao encontro do Senhor para servi-lo e honrá-lo, mesmo morto.

## O problema (16.3,4)

Por que elas foram ao sepulcro? Não sabiam que estava fechado? Sim, sabiam, mas também esperavam encontrar ajuda para remover a pedra que o bloqueava. O amor dessas mulheres era maior que as dificuldades. Sua confiança foi recompensada quando descobriram que o sepulcro já estava aberto. A pedra que fechava a entrada era muito grande. O túmulo fora cavado na rocha e selado com uma pedra enorme, que só podia ser movida se fosse rolada (15.46). Em sua preocupação, as mulheres pensavam apenas em fatores e possibilidades terrenos. Mas o que elas não podiam fazer Deus já havia feito (10.27). Na verdade, não foi delas a primeira visita ao sepulcro naquela manhã de domingo (Mateus 28.2-4). No entanto, o anjo não removeu a rocha para deixar o Senhor sair, e sim para provar que ele não estava mais na sepultura.

## O pânico (16.5)

Tal é a fraqueza da natureza humana, que às vezes ficamos assustados com a mesma ação libertadora pela qual Deus responde a nossas orações e satisfaz nossos desejos. Foi o que aconteceu com essas mulheres. Eles esperavam encontrar um cadáver e encontraram alguém vivo. Quem era? Marcos diz que era "um jovem" (gr. *neanískon*). Mateus diz que se tratava de "um anjo", João diz que havia "dois anjos" e Lucas diz que eram "dois homens". Quem quer que fosse, a mensagem se mostrou verdadeira: Jesus não estava morto, mas vivo. Havia ressuscitado.

Observe a sequência cumulativa da mensagem do "jovem vestido de roupas brancas" (anjo): o fato principal ("Ele ressuscitou!"); a razão pela qual ele não foi visto ("Não está aqui"); a evidência de que ele estivera ali, embora ausente no momento ("Vejam o lugar onde o haviam posto").

## A proclamação (16.6)

Duas coisas fundamentais se destacam nesse versículo, expressas nas palavras do anjo.

**"Ele ressuscitou!"**. Esse versículo não diz quando ou como, tampouco descreve como era o corpo de Jesus após a ressurreição. Diz apenas que ele ressuscitou e onde ressuscitou. Por que isso é importante? Qual o significado disso? Há pelo menos quatro coisas que podemos destacar. 1) Significa que Jesus está vivo agora. Nós, cristãos, não só nos lembramos dele, como também o adoramos como quem vive e participa de nossa vida diária (Gálatas 2.20). 2) Significa que Deus é mais forte que o mal e que o mundo. Os seres humanos mataram Jesus pelo pecado que neles havia, mas esse pecado não pôde vencer o amor e a bondade de Deus, porque Deus livrou Jesus da morte (Atos 2.23,24). 3) Significa que Deus é mais forte que o pecado que está em nós (1João 3.20). O mesmo Deus que ressuscitou Jesus pode nos ressuscitar de uma vida de pecado (Romanos 6.4,11) e nos dar a vida eterna. 4) Significa que Deus é mais forte que a morte. Se Deus ressuscitou Jesus, ele pode nos dar vida após a morte de nosso corpo e nos ressuscitar quando Cristo retornar à terra.

**"Não está aqui"**. As mulheres não estavam erradas ao procurar Jesus, mas procuraram por ele no lugar errado. Ele não está mais entre os mortos, e sim entre os vivos, em nossa vida e em nosso cotidiano. Jesus não estava trancado em uma cova fria e escura. Ele nos acompanha todos os dias, trazendo a luz e o calor de sua presença, tal como prometeu (Mateus 28.20b).

> **Floyd V. Filson:** "É correto dizer que o corpo [dele] era o mesmo? A razão mais forte para afirmar isso é o túmulo vazio. Tentativas foram feitas para basear a fé na ressurreição totalmente em aparições não relacionadas com seu corpo terreno, mas a tradição antiga é firme sobre o túmulo vazio. A referência à ressurreição em um dia definido, o terceiro dia, sugere um horário específico em que se descobriu a tumba vazia (1Coríntios 15.4). Os oponentes judeus da igreja primitiva nunca contestaram a mensagem da ressurreição mostrando o corpo ou negando a história do túmulo vazio. Não há razão lógica para duvidar que o túmulo foi encontrado vazio e que os discípulos tinham a certeza de estar em contato com o Cristo ressuscitado".[13]

## A recomendação (16.7,8)

As palavras a seguir fazem parte da mensagem do anjo. De alguma forma, encerram a comissão do Cristo ressuscitado a todos os seus seguidores de todos os tempos e em todos os lugares, até que ele retorne.

**"Vão e digam aos discípulos dele [...]".** As mulheres foram designadas portadoras das boas-novas. Nesse sentido, foram os primeiros missionários cristãos após a ressurreição. Assim, o encontro com o sepulcro vazio foi o melhor incentivo para o espírito missionário, expresso nos verbos "vão" e "digam" (v. 7,10,13,15,20; v. Mateus 28.19). Todos os seguidores de Jesus receberam a ordem de anunciar as boas-novas a respeito dele à humanidade. E essa boa notícia é que ele ressuscitou e está vivo.

**"[...] e a Pedro: [...]".** Por que Pedro é mencionado em particular? Porque ele devia estar sofrendo com a lembrança de sua infidelidade e negação. É interessante que Jesus não pensou no mal que Pedro lhe fizera, mas no remorso que ele estava sentindo. Ele estava mais interessado em confortar o penitente que em punir o pecador. Portanto, era uma mensagem especial para Pedro, a fim de que ele não pensasse que havia sido rejeitado por sua traição a Jesus. Em

---

13. **A New Testament History**, p.149.

1Coríntios 15.5, lemos que Jesus se encontrou com ele e, em João 21.15-20, somos informados de que Jesus lhe confiou uma nova tarefa. Pedro, como muitos cristãos, descobriu que o amor de Jesus era tão grande que podia perdoar o pior dos pecados. O mais precioso com relação a Jesus é o fato de ele confiar em nós mesmo em nossas piores derrotas.

**"[...] Ele está indo adiante de vocês".** Jesus nunca empurra seus seguidores. Ele caminha à frente deles, encara as dificuldades e diz: "Siga-me". Ele quer seguidores, não aventureiros. Ele abre caminho e dá direção à nossa caminhada. Graças a Deus, não seguimos um homem morto, mas um Senhor que vive e nos guia todos os dias! Um dos hinos contemporâneos mais conhecidos sobre a ressurreição de Jesus é o de Gloria e William J. Gaither (1971), que diz:

Deus enviou seu Filho amado
Pra perdoar, pra me salvar
Na cruz morreu por meu pecado
Mas ressurgiu e vivo com o Pai está
Porque Ele vive, posso crer no amanhã
Porque Ele vive, temor não há
Mas eu bem sei, eu sei, que a minha vida
Está nas mãos de meu Jesus, que vivo está.[14]

## AS APARIÇÕES E A ASCENSÃO DE JESUS (16.9-20)

O último capítulo de Marcos apresenta um problema documental, que não afeta muito nossa exposição, embora o mencionaremos por ser de interesse geral. Se examinarmos o capítulo com cuidado, veremos que a narrativa prossegue no estilo bem conhecido de Marcos até o final do v. 8, mas nesse ponto é subitamente interrompido. Os v. 9-20 parecem um epílogo que, em vez de seguir a história da ressurreição do ponto de vista de Marcos, resumem os "quarenta dias" da manifestação do Senhor ressuscitado, com menção de incidentes que são relatados com mais detalhes nos evangelhos de Lucas e João. Esse epílogo está ausente em alguns dos manuscritos mais antigos

14. **Harpa cristã, nº. 545**

e confiáveis desse evangelho, que trazem no lugar uma página em branco. É provável que essa última página do códice original do evangelho tenha sido perdida ou que isso tenha acontecido com uma cópia muito antiga. Se isso for verdade, os v. 9-20 poderiam ser um resumo adicionado por algum membro do círculo apostólico ou por outro editor.

A favor da ideia de não ser Marcos o autor desses versículos, são mencionadas evidências externas ou textuais, como o fato de que a passagem não aparece nos códices antigos, como o *Vaticano* e o *Sinaítico*. Alguns pais da Igreja não parecem citar esses parágrafos. Eusébio de Cesareia e Jerônimo, especialmente, indicam que o evangelho termina em 16.8. Além disso, é feita menção à evidência interna, ou seja, algumas frases que apontam diferenças importantes na linguagem e no vocabulário, além do estilo (como o uso pouco frequente da conjunção grega *kaí*, característica de Marcos). Adicionem-se a isso as diferenças de conteúdo, pois parece não haver muita conexão entre a primeira e a segunda partes do cap. 16. No entanto, sou da opinião de que Marcos não tinha a intenção de concluir seu evangelho no v. 8.[15] É provável, portanto, que o final tenha se perdido, e o material de 16.9-20 seja uma adição posterior para servir de conclusão ao evangelho.

Em todo caso, o material foi aceito pela igreja primitiva e considerado parte do texto inspirado ao longo dos séculos. Não há nada que nos impeça de receber a passagem como Palavra inspirada por Deus. Além do mais, as informações nessa passagem sobre as aparições de Jesus, depois de ressuscitado, e sua ascensão fazem parte do evangelho cristão que proclamamos.[16]

## As aparições de Jesus (16.9-18)

Os versículos desse parágrafo apresentam um resumo de algumas aparições do Senhor ressuscitado e, como sugerimos, expressam a opinião da igreja primitiva sobre o que aconteceu entre a ressurreição e a ascensão.

**A Maria Madalena (v. 9-11).** O que temos nesses versículos é um resumo de João 20.11-18. De acordo com o relato, Jesus ressuscitou no primeiro dia da semana, e

15. Essa é a opinião de estudiosos respeitáveis, como Vincent Taylor, **The Gospel According to St. Mark**, p. 609; Archibald Trobertson, **Word Pictures in the New Testament**, v. 1, p. 402; Bruce M. Metzger, **The Text of the New Testament**, p. 228.

16. V. a ampla discussão sobre o assunto em Richard C. H. Lenski, **The Interpretation of St. Mark's and St. Luke's Gospels**, p. 471-486; John W. Burgon, **The Last Twelve Verses of Mark**.

Maria Madalena foi a primeira pessoa a vê-lo ressuscitado. Maria é identificada como a mulher "de quem [Jesus] havia expulsado sete demônios" (gr. *par' hēs ekbeblēkei heptà daimónia*; v. Lucas 8.2). Na mesma hora, ela se dirigiu ao lugar onde os discípulos estavam "lamentando e chorando" (gr. *genoménois penthoûsi kaì klaíousin*) para lhes dar a notícia de que Jesus estava vivo e que ela o tinha visto. Aparentemente, os discípulos que haviam fugido agora estavam reunidos, mas sentiam tanta dor e estavam tão confusos que não acreditaram nela. À luz de Lucas 24.11 e João 20.25, não há nada nesse parágrafo que seja difícil de aceitar como fato histórico. As emoções humanas, tanto de Maria Madalena quanto dos discípulos, são descritas com grande percepção psicológica.

**Os dois a caminho do campo (v. 12,13).** Esse parágrafo parece ter sido extraído de Lucas 24.13-45, que apresenta uma versão muito mais ampla e com a qual mantém estreita relação. Como a aparição a Maria Madalena ocorreu no domingo de manhã, parece que esse episódio o tenha ocorreu à tarde ou à noite do mesmo dia. A dificuldade dessa versão está na expressão "noutra forma" (gr. *en hetérai morfēi*). O que isso significa? Aparentemente, refere-se à maneira em que ele foi identificado pelas primeiras testemunhas. Em João 20.15, Maria Madalena confunde-o com "o jardineiro", e aqui os dois discípulos tomam-no por mais um viajante ou peregrino. Em todo caso, aconteceu o mesmo que anteriormente: o relato dessas duas testemunhas não foi crido pelos discípulos (v. 13). Aqui há uma contradição com o relato de Lucas, onde se diz que, quando as duas testemunhas retornaram a Jerusalém, "ali encontraram os Onze e os que estavam com eles reunidos". Quando contaram sua experiência, segundo Lucas, os discípulos reagiram com entusiasmo: "É verdade! O Senhor ressuscitou e apareceu a Simão!" (Lucas 24.33,34). É provável que alguns discípulos tenham acreditado nos primeiros anúncios e outros não, porque ainda duvidavam (v. Lucas 24.3-41; Mateus 28.17).

**Aos Onze (v. 14-18).** Esse parágrafo não oferece nenhuma indicação sobre um local ou horário específicos; apenas diz: "Mais tarde Jesus apareceu aos Onze enquanto eles comiam" (gr. *Hústeron* [*dè*] *anakeiménois autoīs toīs héndeka efanerōthē*), embora possa ter ocorrido em uma hora mais avançada da noite de domingo. De fato, parece que eles estavam jantando ("enquanto eles comiam"; v. Lucas 24.42). Mais uma vez, é mencionada a descrença, mas dessa feita na forma de uma repreensão de Jesus ("censurou-lhes a incredulidade", gr. *ōneídisen tēn apistían autōn*). João 20.24 menciona a incredulidade e as dúvidas de Tomé, ao passo que Lucas 24.36-39 faz o mesmo com relação aos outros dez discípulos.

Depois de resumir o material de Lucas e João, agora parece que o autor da conclusão se utiliza do material de Mateus. De acordo com a última versão, Jesus pronunciou essas palavras na Galileia, não em Jerusalém (v. Mateus 28.16-20). Além disso, na versão de Marcos a ênfase não incide sobre o batismo, como em Mateus, mas no poderoso exercício da fé, que é acompanhada por sinais sobrenaturais. Talvez o ideal seja combinar as duas versões para ter um panorama completo da Grande Comissão de Jesus a seus discípulos. Assim, os crentes receberam a ordem de ir ao redor do mundo para:

1. Anunciar as boas-novas a toda criatura ("preguem o evangelho a todas as pessoas").
2. Batizar os que creem, em nome do Pai, do Filho e do Espírito Santo.
3. Ensinar os novos crentes a obedecer aos ensinos de Jesus.
4. Expulsar demônios em nome de Jesus.
5. Falar em novas línguas (provavelmente idiomas) para a missão transcultural.
6. Envolver-se na luta espiritual contra todas as ameaças de morte ("pegarão em serpentes; e, se beberem algum veneno mortal, não lhes fará mal nenhum").
7. Curar os enfermos.

Nesse caso, a Grande Comissão seria uma extensão da comissão mais abreviada de Jesus aos Doze e aos Setenta e Dois (Lucas 9.1,2; 10.1,9,17).

> **Carlos Mraida**: "Devemos trabalhar por uma igreja em ação com sinais no meio do povo: 'Estes sinais acompanharão os que crerem' (16.17). A despeito das discussões da crítica textual, essa declaração de Jesus foi incluída no nosso texto recebido porque a igreja, guiada pelo Espírito Santo, crê que a comissão deixada por Jesus se vê fielmente refletida nessa expressão. Ela nos motiva a enfatizar alguns aspectos. Primeiro, necessitamos de uma igreja com sinais — não só de proclamação, mas de um anúncio acompanhado de sinais. Segundo, necessitamos de uma igreja em que os sinais sigam aos que creem, ou seja, a todo o povo de Deus. Os sinais e os milagres não são patrimônio de uns poucos que compõem o 'clero', mas devem ser a expectativa e a vivência de todos os cristãos. Nesse sentido, a liderança da igreja,

> longe de monopolizar esse ministério, deve liberar todo o povo de Deus em uma missão que inclua os sinais na vida diária das pessoas. O verbo 'acompanhar' fala de uma característica intrínseca ao discipulado cristão. Terceiro, o substantivo usado aqui é 'sinais', não 'milagres'. A palavra grega *semeîon*, da qual deriva a palavra 'semáforo', indica o papel que o sinal desempenha na proclamação da Palavra e na missão da igreja. O sinal sinaliza, ou seja, aponta para algo mais importante que ele mesmo. Os sinais são de fundamental importância no anúncio do evangelho como respaldo e como resposta às necessidades do povo. Eles devem, porém, sinalizar o mais importante, melhor dizendo: Jesus Cristo. A igreja latino-americana comete abuso ao centralizar o milagre e o sinal, tirando Jesus do centro. É por isso que se fala muito e se promovem tantas reuniões com a promessa de sinais e milagres. Mas, como Jesus não é o centro, há mais promessas que fatos, mais manipulações que respostas concretas. *Solus Christus*, outro postulado da Reforma Protestante, deve ser reafirmado em nossos dias, porque, se Jesus Cristo ocupar o centro, ele confirmará com sinais o anúncio que fazemos do evangelho".[17]

## A ascensão de Jesus (16.19,20)

**Levado para o céu e sentado à direita de Deus.** A redação do v. 19 parece extraída do Antigo Testamento, embora não seja possível indicar uma citação específica (v. 2Reis 2.11; Salmos 110.1). A ideia central é expressar o triunfo definitivo do Senhor sobre as limitações terrenas, especialmente o sofrimento e a morte, e sua gloriosa confirmação quando ocupa uma posição de autoridade sob o poder de Deus (v. 14.62). A igreja primitiva fez desse acontecimento uma doutrina muito importante, que ensinava e pregava de forma congruente (Atos 2.36; 7.55,56; Romanos 8.34; Efésios 1.20-23; Colossenses 3.1; Hebreus 1.3,4; 2.9; 8.1; 10.12; Apocalipse 3.21; 5.5-14). Jesus agora é chamado "o Senhor Jesus" (gr. *kúrios Iēsoūs*), e o texto informa que ele "foi elevado aos céus" (gr. *anelēmfthē eis tòn ouranón*). É interessante que não se diga que ele ascendeu aos céus (voz ativa), mas que "foi elevado aos céus" (voz passiva). Foi o Pai que levou o Filho à sua morada celestial. A voz ativa, porém, é usada quando se diz

---

17. Marcos rumo a uma igreja que mostra Jesus em ação, in: **Bíblia Nova Reforma:** edição de estudos e referência, p. 1472.

que Jesus "assentou-se à direita de Deus" (gr. *ekáthisen ek dexiōn toū theoū*). O Senhor assumiu o lugar da autoridade merecida por sua entrega e humilhação como Servo sofredor (Filipenses 2.9-11).

**Pregação e sinais.** O evangelho encerra com uma bela nota de paz e esperança. Os discípulos "saíram e pregaram" (gr. *dè exelthóntes ekēruxan*), exatamente como Jesus havia ordenado. Assim começou o longo processo de expansão do testemunho cristão, que ainda está em marcha e em escalada ascendente em todo o mundo. Note-se que esses primeiros cristãos deram seu testemunho "por toda parte" (gr. *pantachoū*). É assim que devemos fazer hoje, se quisermos que toda língua confesse Jesus Cristo como Senhor. Note-se também que o testemunho deles não era apenas em palavras, uma vez que "o Senhor cooperava com eles, confirmando-lhes a palavra com os sinais que a acompanhavam". Talvez devamos fazer aqui uma observação crítica de nosso testemunho atual. Nós, evangélicos, temos sido fiéis em comunicar o evangelho do Reino ao mundo, mas não fomos tão eficazes em revelar o poder desse evangelho por meio dos sinais sobrenaturais que eram característicos da pregação apostólica (1Coríntios 2.1-5; Hebreus 2.3b,4). Note-se ainda o lugar central do Senhor Jesus, de sua posição de domínio e honra, no que se refere à orientação da igreja sobre o cumprimento de sua missão.

> **R. A. Cole:** "Esse é um versículo de final feliz, como Lucas 24.53, mas Lucas deixa os discípulos adorando no templo, ao passo que o final longo de Marcos mostra a igreja se expandindo em todas as frentes. A razão disso pode ser o fato de que o evangelho de Lucas seja o primeiro volume de sua história da igreja: há uma sequência. Não é o que acontece com Marcos. A totalidade de Atos dos Apóstolos é resumida aqui, nesse simples v. 20; e pode ser mais que mero acidente o estilo desse último versículo assemelhar-se muito mais ao estilo de Atos que ao de Marcos. Não pode haver retorno ao velho; a igreja deve seguir em frente, com seu Senhor — nós, assim como eles".[18]

18. **The Gospel According to St. Mark:** An Introduction and Commentary, p. 263.

CAPÍTULO 12

# O CUMPRIMENTO NO PRESENTE E NO FUTURO

10.35-45; 13.1-37

Nas passagens que analisaremos neste capítulo, o cumprimento da obra redentora do Messias Jesus se aproxima inexoravelmente. Quanto mais Jesus aprofunda a predição de sua autoentrega vicária, mais vão surgindo e se tornando evidentes os graves erros de visão e de compreensão a respeito dela por parte dos que eram mais chegados ao Senhor. Bastava que Jesus começasse a falar claramente sobre o que lhe aconteceria (10.32-34) para que os discípulos reagissem de forma negativa. Diante da predição de sua morte, os discípulos ficam indignados ao ver Tiago e João pedindo um lugar privilegiado no Reino (10.41). No entanto, a mente deles não excedia a ambição dos "filhos do trovão". Eles também ansiavam por prestígio e poder pessoal. Precisavam ainda das instruções de 10.42-45. A profecia de que o Filho do homem alcançaria o senhorio, sobre a base da autonegação e do serviço abnegado pela humanidade, deixou-os atônitos, e toda esperança de glória pareceu perdida para eles. Quando Jesus mencionou sua entrega total a Deus como um preço a pagar pelo resgate de seu povo, isso lhes pareceu pouco pior que o fim do mundo. No entanto, se de alguma forma o ensino oral de Jesus não fora suficiente para fazê-los entender o plano eterno de Deus, eles tinham agora outra oportunidade de testemunhar a ação profética de Jesus com sua entrada triunfal na cidade de Jerusalém (11.1-11).

Quanto ao cap. 13, é possível supor a existência de um pequeno apocalipse anterior à escrita do evangelho de Marcos, no qual houvesse uma coletânea de frases dessa natureza pronunciadas por Jesus. Essas declarações representariam a substância do ensino profético de Jesus ou a obra de algum judeu cristão apocalíptico, que compilou tais declarações do Senhor. Em todo caso, o material desse capítulo refere-se aos acontecimentos relacionados com o futuro de Jesus, do autor e de seus leitores originais. A referência ao "sacrilégio terrível" diz respeito à queda de Jerusalém nas mãos dos romanos (ano 70). A predição e a promessa da gloriosa volta do Messias Jesus no final dos tempos também faz parte desse capítulo complexo. Em ambos os casos, seria um período de feroz provação para os discípulos. Sob o desastre cósmico, a vindicação do Filho do homem estaria garantida. A época desses acontecimentos apocalípticos é um segredo guardado na mente de Deus, embora se trate de fenômenos iminentes e de cumprimento assegurado.

## O CUMPRIMENTO NO PRESENTE: A MISSÃO DA IGREJA (10.35-45)

Edgar Y. Mullins, proeminente teólogo batista americano, afirma que "a igreja é um grupo de indivíduos que sustentam mutuamente as relações transcendentais e estão organizados para um grande propósito e uma grande missão".[1] Qual é esse grande propósito e essa grande missão que o Senhor confiou à igreja? A missão da igreja não é outra coisa senão a missão de Jesus. A passagem de Marcos 10.35-45 descreve a missão de Jesus (e a da igreja) com relação ao compromisso e ao serviço. No registro da última ceia de Jesus com seus discípulos, encontramos outro elemento fundamental relacionado com sua missão e com a da igreja: a lembrança de Jesus (14.12-26).

### O compromisso de Jesus (10.35-41)

Com algumas variantes, essa cena também é encontrada em Mateus 20.20-28 (e talvez em Lucas 12.50; 12.24-27). Se presumirmos que Marcos é o evangelho mais antigo, devemos concluir que os textos de Mateus e Lucas foram inspirados por ele. Portanto, para comentar o significado da frase e da

1. **Axioms of Religion**, p. 55.

cena, é apropriado confiar no texto mais antigo. É muito provável que essa perícope tenha origem "pré-marcana", diante da morte de Tiago, o que poderia ter levado alguns membros da comunidade a ambicionar algum poder e querer tomar o lugar à frente da igreja de Jerusalém. Assim, a declaração de Jesus é apresentada como um ensino ético e disciplinar sobre a questão da autoridade e da liderança e, por fim, sobre o uso (e abuso) do poder na igreja. Algumas considerações interessantes surgem da leitura do texto. Há duas lições importantes nessa passagem.

**A imaturidade dos discípulos (v. 35,37,39-41).** Diante das circunstâncias, a imaturidade dos discípulos revela sua total falta de compromisso com a missão que Jesus estava cumprindo.

*Note-se seu egoísmo (v. 35).* Dois discípulos (Tiago e João), que talvez fossem parentes de Jesus, aproximaram-se do Senhor e abusaram de sua confiança com um pedido despropositado: "Queremos que nos faças o que vamos te pedir" (gr. *thélomen hína hò eàn aitēsōmén se poiēsēis hēmīn*).

1) O pedido deles era exatamente o oposto do tipo de oração que Jesus nos ensinou a fazer. Eles estavam pedindo: "Faz por nós o que decidimos ser o melhor para nós". A oração do crente deve ser: "Seja feita a tua vontade, assim na terra como no céu", ou seja: "Estamos dispostos a fazer o que quiseres que façamos". Só assim poderemos cumprir a missão.

2) É interessante também que esses dois discípulos são citados no evangelho de Marcos em duas outras situações importantes na vida de Jesus (a transfiguração, 9.2; e a agonia [do Getsêmani], 14.32). Tanto a transfiguração quanto o momento de agonia se referem ao caminho de Jesus para a glória. Esse episódio é apresentado entre os dois relatos. Jesus está a caminho de Jerusalém e anuncia sua paixão pela terceira vez (10.32). Há, no entanto, uma diferença entre as três histórias: Pedro é citado com os dois irmãos na transfiguração e na agonia, mas não está com eles na solicitação de posições privilegiadas. Em todo caso, o presente texto destaca a incompreensão da mensagem de Jesus por parte dos dois discípulos; a incompreensão de Pedro se apresentará um pouco mais adiante (14.66-72). Dessa forma, os três "hierarcas" da comunidade cristã são apresentados como seguidores de Jesus, e o sinal da transfiguração prepara o caminho deles: "Se alguém quiser acompanhar-me, negue-se a si mesmo, tome a sua cruz e siga-me" (8.34).

3) Outra coisa digna de nota é a maneira de os dois discípulos se dirigirem a Jesus. Eles o trataram por "Mestre" (gr. *Didáskale*). Dessa maneira, eles reconheciam em Jesus uma autoridade como a dos rabinos de Jerusalém. A questão dos discípulos provoca no leitor uma tensão e uma espera. Os discípulos sabem que Jesus pode lhes dar algo e irão lhe pedir. O problema não estava em pedir, mas no que pediram e no que os motivou a fazer o pedido.

*Note-se sua insensatez (v. 37).* O pedido dos discípulos também expressava o desejo egoísta de ocupar posições mais elevadas que as de outros discípulos quando Jesus se tornasse rei em Jerusalém ("na tua glória", gr. *en tēi dóxēi sou*). Eles queriam poder para si. Evidentemente, pensavam que, ao chegar a Jerusalém, Jesus estabeleceria um reino terreno caracterizado por grande poder político. Isso era o que, em geral, todos os discípulos esperavam (v. Lucas 19.11). Não é ruim ter ambições saudáveis, mas a ambição demonstrada por Tiago e João era do tipo errado. Tratava-se de uma ambição pecaminosa, que minava o progresso da missão.

1) Eles queriam a glória de Jesus. O desejo de Tiago e João era sentar-se à direita e à esquerda da "glória" de Jesus (gr. *doxēi sou*). No contexto de Marcos, a glória é a manifestação divina do Filho do homem (8.38; 13.26). A glória (gr. *dóxa*; do heb. *kabod*) é uma qualidade própria de Deus e não pertence aos seres humanos. No grego profano, a palavra designa opinião, apreço ou fama. O *kabod* é a glória de Deus que se manifesta na criação, nas grandes obras de Deus, e é aguardada no fim dos tempos (Isaías 60.1). Na *Septuaginta (LXX)*, o conceito aparece conectado com a fama e a honra devida apenas a Deus. A palavra designa o poder de Deus e traduz o termo hebraico *kabod*. No judaísmo antigo, "glória" era todo o conjunto da realidade celeste (anjos, trono de Deus etc.). No Novo Testamento, assume-se a linha de pensamento da *LXX* e do Antigo Testamento hebraico. Nesse sentido, "glória" é acima de tudo a majestade e o poder de Deus. Essa glória designa tanto o Salvador atual quanto o relacionamento entre o ser humano e Deus. Quando falamos em "dar glória a Deus", queremos dizer que o ser humano também participa de sua glória e expande seu conceito como realidade soteriológica e escatológico-salvífica. A salvação consiste em que o ser humano e a criação participem dessa realidade.

2) Eles queriam a direita e a esquerda. É interessante que Tiago e João queriam sentar-se "um à [...] direita e o outro à [...] esquerda" de Jesus (gr. *ek dexiōn kaì heīs ex aristerōn*). A expressão parece ser um semitismo. A direita

corresponde ao mais antigo, e a esquerda, ao mais jovem (1Reis 2.19). A expressão refere-se a posições de honra (Salmos 110.1). Jesus, na condição de Filho do homem, tem poder para designar essas posições. Esse quadro reproduzia uma imagem da sociedade, que incluía duas classes: a liderança e o povo. Portanto, os filhos de Zebedeu aspiravam a um cargo de liderança na estrutura social do Reino do Messias, por acreditarem que esse Reino teria as mesmas características que a sociedade conhecida por eles. Essa interpretação faz sentido, pois pode ser conectada com os v. 42-45.

*Note-se sua arrogância (v. 39,40)*. Os dois discípulos eram egoístas e não tinham consideração pelos demais. Eles se comprometeram a suportar o sofrimento sem ponderar sobre o que estavam prometendo.

1) "Podemos". Jesus foi muito claro ao descrever as difíceis circunstâncias que teriam pela frente e perguntou se estavam dispostos a encará-las com ele. Com certo exibicionismo diante dos outros e sem pensar direito, eles responderam: "Podemos" (gr. *dynámetha*). No entanto, não haviam calculando bem o custo do discipulado para responder de maneira tão irrefletida. Em tese, existe algo de bom na resposta deles. Não é mau dizer ao Senhor: "Sim, podemos e estamos preparados para sofrer contigo". Mais tarde, quando amadureceram, mostraram-se mesmo dispostos a sofrer por Cristo no cumprimento da missão. De fato, depois do Pentecoste, os dois discípulos tiveram de passar por tudo isso (v. Atos 4.1-3). De acordo com Atos 12.1,2, Tiago foi martirizado por Herodes, conforme Jesus havia previsto: "Vocês beberão o cálice que estou bebendo e serão batizados com o batismo com que estou sendo batizado" (v. 39b). Mas a verdade é que os dois discípulos, como o restante do grupo, ainda não pensavam que seria de fato necessário que eles ou Jesus tivessem de sofrer. Por isso, foi fácil responder: "Podemos". Mas, quando Jesus foi preso, esses mesmos discípulos acabaram fugindo.

Apreendemos com isso que há dois tipos de esperança. Os dois discípulos tinham a esperança do tipo errado, por isso diziam: "Não nos preocupamos. O mal e o sofrimento nunca chegarão a nós". Os que têm a esperança autêntica dizem: "Não nos preocupamos. O mal e o sofrimento virão, mas com a ajuda de Deus os venceremos" (v. 2Reis 6.16).

2) "Vocês beberão". O que Tiago e João estavam pedindo ia além do que Jesus podia conceder, porque era algo totalmente fora da vontade de Deus e também porque essa vontade já fora definida em uma dimensão diferente do

apetite por poder mundano. O significado da resposta de Jesus aos discípulos no v. 40 é este: "Vocês não podem se tornar líderes em meu Reino simplesmente se reunindo comigo em particular, fazendo *lobby* político e pedindo para estar em posições elevadas ao meu lado. Em primeiro lugar, porque não cabe a mim concedê-las. Em segundo lugar, porque Deus há muito tempo planejou que esses cargos de liderança fossem reservados para certa classe de pessoas". Nos v. 42-44, Jesus explica quem são essas pessoas. Com essas palavras, ele não estava condenando seus insensatos discípulos, mas apontando o caminho para a verdadeira glória. Também chegaria para eles o dia em que receberiam o "poder" necessário para dar testemunho de Jesus, não só em Jerusalém, mas até os confins da terra (Atos 1.8).

*Note-se sua carnalidade (v. 41).* Os outros dez discípulos não eram menos carnais em sua atitude que Tiago e João. Por isso, ficaram indignados e com ciúmes. Eles também não tinham ideia do significado do Reino anunciado pelo Senhor. Todos eles cometeram o mesmo erro ao conformar sua compreensão do Reino de Deus aos valores mundanos e carnais, não de acordo com os valores proclamados e ensinados por Jesus. Todos estavam precisando, mais uma vez, que Jesus lhes ensinasse qual era a verdadeira grandeza de acordo com o Reino.

> **Ernest Best:** "Na maioria dos lugares [em Marcos], os Doze são vistos como discípulos típicos, não como missionários e líderes. Em 10.41-45, quando a liderança é discutida, não está implícito que os Doze são governantes, e sim que se argumenta que nenhum cristão deveria ser senhor; cada um devia ser escravo dos outros. Onde quer que Marcos tenha livre escolha na redação do material para se referir aos Doze ou aos discípulos, ele invariavelmente escolhe o último termo. Ele ainda continua a usar a expressão "os Doze" quando cai na tradição, mas por sua ênfase indica que, além da atividade missionária, ele não confere ao grupo nenhuma posição especial. Assim, eles dificilmente podem ser considerados oficiais dentro da comunidade".[2]

**A paciência de Jesus (v. 36,38,39b,40).** Quatro ações de Jesus chamam nossa atenção nesses versículos.

2. **Mark:** The Gospel as Story, p. 49-50.

*Jesus lhes respondeu (v. 36).* Jesus respondeu com uma pergunta. Ele sabia que os discípulos iriam lhe pedir algo e aparecem dominando a cena. Não lhes prometeu conceder o que desejavam, mas pediu que dissessem o que queriam. Em seguida, iria pensar se lhes concederia ou não o que pediam. Note-se que, apesar da arbitrariedade do pedido de Tiago e João ("o que vamos te pedir", gr. *hó eàn aitēsōmén se*), Jesus lhes perguntou com amor: "O que vocês querem que eu faça?" (gr. *tí théleté* [me] *poiēsō humīn*). É assim que o Senhor sempre nos trata. Mesmo quando estamos errados, ele sempre espera o melhor de nós e está disposto a nos dar uma resposta, não apenas a "permitir" (gr. *dós*, aoristo imperativo de *dídōmi*: "dar", "conceder", "consentir") algo, mas a "fazer" (gr. *poiéō*, "causar", "efetuar", "levar a cabo", "executar") algo por nós.

*Jesus os corrigiu (v. 38).* Jesus resolveu banir essa concepção de poder e de autoridade de seus discípulos. O Reino de Deus tem uma estrutura diferente. O caminho para alcançar o trono e a glória iria mudar, porque ele se sentaria no trono graças ao serviço e ao sacrifício. Jesus respondeu: "Vocês não sabem o que estão pedindo" (gr. *ouk oídate tí aiteīsthe*), porque eles não entendiam o caminho da autoridade no Reino. Note-se que Jesus não repudiou a solicitação deles, mas a corrigiu. E, ao fazer isso, trouxe-lhes à memória duas imagens de grande significado: o cálice e o batismo. A pergunta de Jesus aponta para a capacidade dos discípulos de beber o cálice e de serem batizados com certo tipo de batismo. Geralmente, concebia-se o "cálice" (gr. *tò potērion*) como algo que continha um líquido amargo e doloroso (Isaías 51.17; João 18.11; v. "bebida amarga", *VP*). O "batismo" (ou "as águas", gr. *tò báptisma*; v. Isaías 43.2) era considerado perigoso (Lucas 12.50). As duas palavras juntas significam "sofrimento e perigo". Muitas vezes, somos incentivados a "ser como Jesus". Eis uma maneira pela qual todo cristão pode ser como ele: por meio do sofrimento voluntário (2Coríntios 1.5; Colossenses 1.24; Mateus 10.25).

Assim, beber do cálice e ser batizado no batismo dele é uma participação em seus sofrimentos. É comum aceitar que Jesus usou essas figuras para dizer mais ou menos a mesma coisa (trata-se de um semitismo) com referência ao juízo divino. Portanto, o tema do cálice deve ser situado nos antecedentes do Antigo Testamento (Isaías 51.17-23; Jeremias 25.15-17; Salmos 75.9). Esse era o cálice da ira de Deus, destinado aos ímpios de Israel e aos que maltrataram o povo. É o juízo dos culpados, pertençam ou não ao povo de Israel, o que destaca a universalidade do poder de Deus. Jesus queria saber se eles estavam dispostos a beber desse cálice e a receber o batismo. A expressão, na verdade, era uma proposta para que o acompanhassem no martírio. Com o cálice, Jesus aceitava o desígnio divino de ser julgado "pelos ímpios". Assim, ele se adiantou ao conceito de substituição vicária na redenção, visto no v. 45. Quanto ao batismo, é uma imagem que deve ser associada ao cálice. Na *Septuaginta*, nos documentos de Qumran e no judaísmo, o batismo contém a ideia de purificação, de ser lavado dos pecados para permanecer diante de Deus.

*Jesus os advertiu (v. 39b).* Antes que os discípulos respondessem que podiam beber do cálice e ser batizados, Jesus os avisou de que isso aconteceria. É provável que essa afirmação seja um *vaticinio ex-evento*, que trazia à lembrança o martírio de Tiago. Note-se que, dessa maneira, Jesus previu para seus discípulos a própria participação comprometida nos sofrimentos redentores no cumprimento de sua missão. Diante do sofrimento, há dois tipos de expectativas. Tiago e João tinham no momento o tipo errado de esperança. Então, eles disseram: "Não nos preocupamos. O mal e o sofrimento nunca chegarão a nós". Em uma atitude correta, teriam dito: "Não nos preocupamos. O mal e o sofrimento virão, mas com a ajuda de Deus os venceremos" (v. 2Reis 6.16).

*Jesus os ensinou (v. 40).* Note-se que o significado desse versículo é: "Vocês não podem se tornar líderes em meu Reino simplesmente se reunindo comigo em particular e pedindo um cargo elevado. Deus há muito tempo planejou que esses cargos de liderança fossem reservados para certa classe de pessoas". E, nos v. 42-45, Jesus explica que tipo de discípulo ocupará esses cargos.

1) Observemos duas coisas. Por um lado, Jesus disse: "Não cabe a mim conceder" (gr. *ouk éstin emòn doūnai*). Isso não significa que Jesus se considerava menor ou inferior a Deus, o Pai. Ele era plenamente Deus, mas enquanto estava na terra foi obediente ao Pai celestial (13.32; João 12.50b). Por outro lado, Jesus disse que esses lugares já haviam sido "preparados" (gr. *há hētoímastai*). Isso não significa que desde a eternidade Deus já havia determinado que alguns de nós seriam bons cristãos e que ele tenha enviado arbitrariamente outros para o inferno (v. 1Timóteo 2.4). Todos nós somos livres para escolher o tipo de pessoa que Jesus descreve nos versículos que se seguem (v. 42-44), mas é certo que nem todos decidiremos ser assim.

2) Observemos uma coisa. Uma vez que Jesus obteve a resposta dos discípulos sobre a vontade de participar de sua missão soteriológica, permanecia a questão dos cargos, que dera origem ao diálogo. Jesus os manteve incógnitos.

Não respondeu a eles. A perícope termina como começa: sem saber quem estará à direita e à esquerda do Filho do homem, embora naquele momento Jesus tenha usado a palavra deles para falar da participação de ambos em seu martírio. No que diz respeito à afirmação de que o Senhor não concederia o que lhe fora solicitado, mas que isso correspondia aos que já estavam preparados para tal, pode-se ver algum subordinacionismo, ao mesmo tempo que se vislumbra uma linguagem apocalíptica do ponto de vista da predestinação. No total, a mensagem da perícope parece revelar que Cristo veio trazer a salvação, sentar-se no trono e julgar as nações e Israel. Na condição de culpados, os habitantes dessas nações estariam condenados a beber do cálice da ira de Deus. Mas, como a missão do Senhor era salvar, ele beberia do cálice "pelos ímpios". Mas os lugares de honra não podiam ser pretendidos por eles. Sua mentalidade de "classe" os traiu. Se no Reino houvesse posições de honra — de acordo com a afirmação do Mestre —, não dependeria de Jesus ou da conduta dos discípulos para chegar a eles: isso estava descartado.

## O serviço de Jesus (10.41-45)

No texto grego, a conjunção *kaí* ("e"), com a qual esse parágrafo inicia no original, une essa cena com a anterior.

**Os outros dez (v. 41).** Os outros discípulos ficaram indignados e com ciúmes por pensar que Tiago e João poderiam obter posições privilegiadas no Reino de Jesus. Não é mencionado o motivo de sua indignação. Seria porque estavam incomodados com a atitude ambiciosa de Tiago e João? Ou porque também ambicionavam esses cargos, e eles se haviam antecipado? Alguns estudiosos veem aqui um reflexo do que estava acontecendo na comunidade de Jerusalém após o martírio de Tiago. Foi por isso que Jesus se apresentou com uma "regra de humildade": ser o maior significa ser servo de todos. O incidente suscita duas questões que convidam à reflexão e a uma avaliação de nós mesmos como discípulos de Jesus.

*A questão psicológica.* A reação dos outros dez aconteceu basicamente porque cada um deles também aspirava a um lugar de privilégio com Jesus em seu Reino. Seus sentimentos não nasceram da indignação moral diante do oportunismo de Tiago e João: ficaram zangados porque temiam ter sido manipulados e deixados de lado na competição por prestígio e poder. Foi por isso que, mais uma vez, Jesus teve de repreendê-los e ensinar-lhes o significado da verdadeira grandeza. Os dez que estavam com ciúmes não eram melhores que os dois que mostraram ser egoístas. Todos cometeram o mesmo erro. As lições são as seguintes: 1) devemos estar dispostos a pensar e agir de maneira diferente do restante do mundo (v. 42,43a); 2) aquele que mais serve aos outros é o maior (v. 43b,44); 3) o próprio Jesus foi o maior servo, porque era muito mais que um servo (João 13.1-15).

*A questão política.* Isso também deve nos levar a um autoexame. A reação dos dez pode muito bem ser descrita como ação política. Pedro havia sido um líder entre os discípulos. Jesus havia levado Pedro, Tiago e João ao monte da Transfiguração. Mas agora dois deles estavam tentando ir acima do cume dessa montanha em busca do mais alto nível de poder e deixando o outro de lado, bem como os demais discípulos. Marcos não menciona, mas é quase certo que o primeiro dos "dez" a protestar foi Pedro. O que estava acontecendo, pela perspectiva dele? Que dois membros do "triunvirato" dos discípulos favoritos de Jesus se manifestaram por conta própria, armaram um bloco de oposição a Pedro e criaram uma estratégia política para tirar o lugar de liderança que ele então detinha e, assim, ascender ao pico da hierarquia com o apoio de Jesus. A solenidade da advertência de Jesus nas palavras que se seguem ressalta a perversão desse ato, o dano que causaria à comunhão do corpo de discípulos e a distorção que representava com respeito à missão do Reino.

**Uns e outros (v. 42-44).** Jesus inverteu os valores do mundo e mostrou que a vida do verdadeiro discípulo deve ser caracterizada pelo serviço humilde e amoroso. Nisso, ele contrasta os grandes nomes do mundo com os cristãos e mostra quem é de fato importante.

*As "pessoas importantes" do mundo (v. 42).* No texto, há um paralelismo interno de sinônimos, que afirma uma distinção de classes. Era algo que os discípulos provavelmente conheciam: "Vocês sabem [...]" (gr. *oídate hóti*). Essa era a condição e a experiência dos pobres da Palestina e mostrava a contradição com a nova sociedade do Reino que Jesus apresenta nos v. 43 e 44. É interessante a natureza da frase "aqueles que são considerados" (gr. *hoi dokoūntes*). A linguagem é irônica. Jesus não reconhece a autoridade desses "governantes" (gr. *árchein*). Eles aparentam ser autoridade, mas, como sua autoridade é fictícia, a opressão e a dominação são a consequência. A verdadeira autoridade se dá no âmbito do Reino. A autoridade deste mundo é aparente.

A referência aos povos pagãos ("nações", gr. *tōn ethnōn*) é uma confirmação desse fato, pois no novo Israel isso não acontece. Assim, Jesus estava dizendo: "Geralmente, a maior honra é dada aos que têm mais poder". Até os ditadores ou exploradores que oprimem o povo são chamados "importantes" (gr. *mégas*), mas isso é o oposto da realidade. Em nossa insensatez, consideramos grandes os poderosos deste mundo e pequenos os marginalizados e os pobres. Aos olhos de Deus, porém, os que servem é que são grandes, e os que estão no poder são os pequenos.

*Os cristãos (v. 43).* Esse versículo e o versículo seguinte apresentam um paralelo impossível de dividir. Jesus retomou o assunto do v. 36 mostrando um esquema social oposto ao vivido no "mundo", como se vê pelo uso do tempo presente ("não será [deve ser] assim", gr. *ouch hoútōs dé estin en humīn*), o que denota certa experiência de vida comunitária, como para afirmar a diferença da autoridade mundana. O texto é semelhante ao de 9.35 e apresenta uma regra de humildade para a comunidade. Em suas características, essa regra se assemelha em muito às semíticas. A frase "quem quiser [...]" (gr. *hos án thélēi*) denota a possibilidade de ter desejo de aspirar a posições de poder e liderança (v. tb. 9.35; 1Timóteo 3.1), desde que se tenha a atitude correta de humildade e serviço. Justamente aqui a palavra "servo" (gr. *diákonos*) não designa um ministério eclesiástico específico, e sim uma atitude de disponibilidade diante das necessidades dos membros da comunidade (inclusive no aspecto social). A atitude de servir é oposta à de domínio, pois quem serve está em uma relação de dependência. Assim, no Novo Testamento, a *diakonía* é identificada com a distribuição de pão, o serviço às mesas, o cuidado com os pobres, a pregação e o pastoreio do rebanho. Podemos dizer que todo trabalho dentro da comunidade de fé é *diakonía*. O cristão é *diákonos* da comunidade. A oposição ao mundo que o rodeia ocorrerá precisamente por causa do estilo de vida e da maneira de exercer autoridade. Os Doze, que são a autoridade na comunidade, devem ser servos.

Desse modo, os cristãos devem pensar e agir ao contrário do que o mundo pensa, embora vivamos no mundo (João 17.16; 3.13). A menos que coloquemos acima o que está embaixo e embaixo o que está acima em nossa escala de valores da vida, não poderemos ingressar no Reino de Deus, ou seja, viver em obediência à sua vontade. Vivemos no mundo e, para não pensar e agir como o mundo, é preciso que sejamos corrigidos permanentemente pelo Espírito Santo.

*Os verdadeiramente importantes (v. 44)*. Existe a possibilidade de ascender à verdadeira grandeza. A estrada é o serviço. É certo ter ambições e não há problema em querer ser um líder e tomar o primeiro lugar, mas precisamos estar cientes do que significa ocupar o primeiro lugar e ser realmente grande. A passagem explica claramente: é necessário ser um servo de todos. Essa fórmula para a verdadeira grandeza nos leva a duas considerações importantes.

1) O que significa ser "escravo de todos" (gr. *pántōn doũlos*)? A palavra "escravo" (ou "servo") aqui é *doũlos* e significa alguém totalmente sujeito ao serviço de outro. No v. 43, a palavra grega usada é *diákonos*, que significa "servidor". Se alguém deseja o primeiro lugar, não basta ser "servidor" dos outros: ele deve estar disposto a ser "escravo" dos demais. Com frequência, os cristãos são chamados de "escravos" no Novo Testamento, quando se oferecem voluntariamente para servir a Deus e ao próximo. Paulo chamava a si mesmo "escravo de Deus" (Tito 1.1), escravo de Cristo (Filipenses 1.1, nota da *NVI*) e de todos (1Coríntios 9.19). Mas essa escravidão é voluntária, não como a dos hebreus no Egito, pois lá eles eram forçados a servir.

2) Como podemos ser "escravos de todos"? De que maneira ser "escravos de todos" hoje? Várias opções podem ser sugeridas. a) As igrejas devem ser escravas dos que vivem nas vizinhanças, se quiserem ser sal, luz e fermento e desempenhar um papel de liderança na comunidade (2Coríntios 4.8-11). Algumas igrejas parecem ter esquecido que são servas dos perdidos e se preocupam apenas consigo mesmas, de maneira egoísta. b) Os líderes cristãos são escravos das igrejas nas quais estão servindo. Muitos, porém, cedem à tentação de ostentar poder sobre o povo e esperam receber honras e reconhecimento sem pagar o preço do serviço. c) Todos os crentes são escravos e têm o dever de servir a Deus, a Cristo e ao próximo, mas não poderemos ser escravos sem que tenhamos nascido de novo. E, uma vez nascidos de novo, devemos amadurecer. Quando éramos bebês, todos nos serviam, ou pelo menos era o que pretendíamos. Um sinal de maturidade é começar a servir a todos.

> **Carlos Mraida:** "Devemos trabalhar por uma igreja em ação disposta a servir: 'Pois nem mesmo o Filho do homem veio para ser servido, mas para servir e dar a sua vida em resgate por muitos' (10.45). Somos conhecidos como o povo da Palavra, e não poderíamos escolher melhor apelido. Creio, porém, que em nossa sociedade pós-moderna, na qual se perdeu o conceito

> de verdade, seria extraordinário que também fôssemos conhecidos como o povo das ações — e ações de serviço às pessoas em suas necessidades, de qualquer tipo. O evangelho de Marcos contém poucos discursos: concentra-se mais nas ações que nas palavras de Jesus. Devemos ser uma igreja que penetre a sociedade com a mensagem falada, mas por ter antes disso ficado em evidência por suas ações de serviço".[3]

**O Filho do homem (v. 45).** A estrutura dessa expressão é a de um paralelismo semítico. O título "Filho do homem", citado na terceira pessoa do singular nos discursos de Jesus, sugere que não se trata de uma locução *ipsis verbis* (as próprias palavras de Jesus), mas o resultado de uma elaboração redacional, sem negar que tenha sido pronunciada, de alguma forma, pelo próprio Jesus. Embora existam várias opiniões e discussões sobre o martírio de Jesus, é claro que o Senhor entendeu sua vida como um serviço e, com essa ideia, assumiu sua morte. A ideia da redenção é a concepção do resgate que o escravo pagava (ou que se pagava por ele) por sua libertação. A *Septuaginta* traduz o termo hebraico *go'el* pelo grego *lútron*. Além disso, a expressão "por muitos" reafirma a ideia de um sacrifício vicário.

O v. 45 aparece perto do final do cap. 10. Nos cap. 11—15, somos informados de como Jesus morreu em Jerusalém. Esses capítulos explicam o significado desse versículo. Jesus não só ensinou em que consistia a grandeza, mas também a demonstrou na forma em que viveu e morreu.

*Ele deu a própria vida.* O significado de "dar a sua vida" (gr. *doũnai tēn psuchēn*) vincula esse versículo com o que foi dito antes, ou seja, o maior serviço que se pode prestar é entregar a própria vida. E nisso Jesus uniu sua missão ao estilo de vida de seus discípulos. Segui-lo também implicava assumir o serviço como estilo de vida. Ele era o Filho do homem, o Servo sofredor, o Messias, mas seu trabalho devia ser realizado não de acordo com as expectativas triunfalistas dos discípulos, e sim pela entrega de sua vida ao sofrimento e à morte. Essas palavras de Jesus mostram que ele estava preparado para morrer quando se dirigiu a Jerusalém. Ele não foi surpreendido nem morto por acidente. Ele se entregou à morte. Esse foi o preço do resgate dos pecadores.

---

3. Marcos rumo a uma igreja que mostra Jesus em ação, in: **Bíblia Nova Reforma:** edição de estudos e referência, p. 1472.

O "preço" não é outro senão a vida de Jesus, como lembrado com frequência nas Epístolas pela expressão "redenção por meio de seu sangue". A entrega de sua preciosa vida para que fôssemos libertados do pecado, da morte e do Diabo foram a consumação da obra do Servo do Senhor.

*Em resgate.* A ideia de dar a vida como resgate (gr. *lútron*) remete, sem dúvida, a Isaías 53.10. Entre os estudiosos, é opinião comum o argumento de que a ideia do vicariato é aplicada a Jesus. Portanto, esse versículo é de grande importância doutrinária, porque contém o germe da doutrina da redenção, que Paulo e Pedro mais tarde desenvolveram em suas epístolas. No sentido original, o verbo "redimir" (ou "resgatar") significa "liberdade a um escravo ou a um cativo mediante o pagamento de resgate". "Por" é aqui a tradução da preposição grega *antí* e significa "em lugar de". Ele deu a vida não apenas para o benefício de muitos, mas foi em lugar de muitos que sofreu uma morte expiatória. Essa foi a primeira vez que Jesus expressou claramente o significado expiatório de sua morte.

Esses fatos têm implicações teológicas de extrema importância. 1) Isso mostra que sua morte causa uma mudança em nós. Ele não explica como isso ocorre; apenas afirma que é assim (Isaías 53.5). 2) Quando Jesus morreu, ele nos libertou do poder que o mal exercia sobre nós. Por natureza, estamos sob o poder do pecado e precisamos ser libertos (14.24; Romanos 6.17,18; Gálatas 1.4). 3) Isso é algo que não podemos fazer por nós mesmos. Ele morreu "por nós". Não podemos ganhar nossa liberdade simplesmente tentando nos comportar como alguns escravos que a conquistaram economizando dinheiro suficiente para pagar o preço de mercado perante a imagem de um deus em um templo e assim ficaram livres (Lucas 17.10). O texto não diz a quem esse resgate devia ser pago ou quando seria entregue, se no momento da morte ou de um julgamento futuro.

*Por muitos.* No grego, a expressão é *antì pollōn*. Há duas questões teológicas que devemos considerar à luz dessa expressão. Por um lado, a palavra grega é *pollōn* (de *polús*, "muitos", "numeroso", "grande", "grandes"), que indica a universalidade desse sacrifício, ou seja, "muitos" não exclui "todos". O sacrifício vicário de Cristo foi por amor a todos os seres humanos. Essa perspectiva seria confirmada pela tradição da igreja primitiva, especialmente pela teologia paulina (1Timóteo 2.6; Tito 2.14). A terminologia usada nesses casos difere significativamente de Marcos 10.45 (em 1Timóteo, diz-se "por todos", gr. *hupèr pántōn*; em Tito, "por nós", gr. *hupèr hēmōn*), mas a ideia de morte expiatória tem sido assimilada pela reflexão teológica (tendo como origem a interpretação de Isaías 53). A diferença terminológica sugere uma corrente comum de pensamento da igreja primitiva, mas não a necessidade da originalidade paulina.

No entanto, o fato de Cristo ter dado sua vida como resgate por todos não significa que todos os seres humanos serão resgatados. Todos os que quiserem ser resgatados e se aproximar dele arrependidos e com fé serão resgatados. Além disso, é um erro dizer que nem todos os seres humanos podem ser redimidos porque Jesus simplesmente disse "muitos" em vez de "todos". Jesus disse "muitos" em resposta à pergunta de Lucas 13.23: "Senhor, serão poucos os salvos?". O que Jesus está dizendo aqui é: "Todos os que estão dispostos a aceitar a redenção serão redimidos".

## O CUMPRIMENTO NO FUTURO: A SEGUNDA VINDA DO REI (13.1-37)

O cap. 13 do evangelho de Marcos é muito complexo e exige uma análise de sua estrutura antes de se tentar sua exegese e exposição. É provável que possa ser dividido em quatro blocos, como segue: 1) introdução (v. 1-4), na qual há duas breves conversas entre Jesus e seus discípulos; 2) as advertências de Jesus sobre tribulações que ocorreriam antes da consumação da obra de Deus (v. 5-13); 3) a segunda vinda de Jesus (v. 24-27); 4) a maneira pela qual os cristãos devem se preparar para esses acontecimentos (v. 28-37).

Convém lembrar que, ao escrever essas palavras, Marcos se dirigia à pequena comunidade de cristãos que vivia em Roma e sofria perseguição e oposição dos pagãos naquele grande império. Como muitos cristãos hoje em certas partes do mundo, eles se sentiam uma minoria cercada por um oceano de pagãos hostis. Esses crentes testemunhavam o mal que parecia dominar o mundo e se perguntavam por que Deus permitia tal coisa. Eles também se perguntavam se Deus acabaria com aquele mal algum dia e lhes daria vitória.

Para responder a essas perguntas, Marcos reuniu algumas frases de Jesus que ensinavam uma grande lição. É provável que esses ensinos tenham sido ministrados por Jesus em diferentes lugares e épocas durante seu ministério. A lição fundamental é que os crentes podem suportar o sofrimento porque participam da luta contra o mesmo mal que Jesus combateu (cf. v. 9-13). Jesus derrotou o poder da morte e ressuscitou. Da mesma forma, as lutas e os sofrimentos da igreja na terra terminarão. E isso acontecerá quando Jesus voltar em sua glória e todo o mal for completamente derrotado (cf. v. 26,27). A mensagem desse capítulo é de esperança e, portanto, trata-se de uma notícia muito boa.

Em todo caso, em Marcos 13 Jesus está falando de duas "vindas". Quando lemos os outros evangelhos em paralelo com Marcos, fica claro que Jesus está se referindo a mais de uma vinda. Ele disse que sua morte na cruz seria uma vinda gloriosa (v. João 12.23), mas afirmou que sua segunda vinda (a vitória final de Deus sobre as forças do mal) seria gloriosa também. Quando lemos esse capítulo sobre sua "vinda", devemos entender a expressão em dois sentidos: como um acontecimento iminente (talvez a crucificação ou a queda de Jerusalém no ano 70); como um acontecimento que não teria lugar até que a obra de Deus fosse consumada, ou seja, a "segunda vinda de Cristo". Neste capítulo, consideraremos as duas "vindas", mas com ênfase no segundo sentido da passagem.

## Uma antecipação da vinda do Rei (13.1-23)

**O templo de Jerusalém e o corpo de Jesus (v. 1-4).** Jesus estava saindo do templo e profetizou que, em pouco tempo, o impressionante edifício de Jerusalém seria destruído, e isso de fato aconteceu, no ano 70, apenas sete anos depois de ter sido concluído. O imperador Vespasiano enviou Tito para acabar com os rebeldes palestinos. Em abril, ele sitiou a cidade e após cinco meses a subjugou e devastou, e o templo foi incendiado. Para os discípulos, essa profecia era algo terrível.

*O templo de Jerusalém (v. 1,2).* A tradição judaica considerava o templo construído por Herodes, o Grande, o "segundo templo". Era tido como o embelezamento do antigo templo reconstruído em 516 a.C.[4] Herodes deu-lhe um toque helenístico, grande monumentalidade e maior funcionalidade como espaço religioso. O edifício do templo, com seu revestimento de mármore branco e decorações de ouro puro, não era apenas bonito: era também o centro de culto de todos os judeus, que acorriam a ele de várias partes do mundo. A reconstrução começou no ano 20 a.C. e ainda estava em andamento quando Jesus o condenou a desaparecer (João 2.20). As obras de remodelação duraram até o ano 62 d.C. O templo manteve a estrutura salomônica, embora

4. Flávio JOSEFO, **Guerras dos judeus**, 5.5.

tenha sido ampliado e ganhado mais altura. A plataforma circundante teve a superfície duplicada e passou a conter três novos átrios. O mais externo era acessível a todos, por isso era chamado "pátio dos gentios". Um muro de pedra — com inscrições em grego e latim que proibiam a entrada dos gentios, sob pena de morte — separava-o do pátio dos judeus, este dividido em "pátio das mulheres" e "pátio dos israelitas". As paredes laterais tinham duas varandas imensas, conhecidas como Pórtico de Salomão (João 10.23; Atos 3.11; 5.12) e Pórtico Real. No final de agosto do ano 70, logo após sua conclusão, o templo herodiano foi incendiado e nunca mais foi reconstruído.

*O corpo de Jesus (v. 3,4).* Jesus deixou o templo e estava "assentado no monte das Oliveiras, de frente para o templo". Nesse momento, os interlocutores eram Pedro, Tiago e João, não "um de seus discípulos" (v. 1). Embora a pergunta deles (e a resposta subsequente de Jesus) se referisse ao tempo da anunciada destruição do templo, é provável que Jesus também estivesse fazendo uma referência velada à sua morte e ressurreição (v. João 2.19-21). Os discípulos não conseguiam perceber essa possibilidade, pois ainda estavam chocados com a notícia da futura destruição do templo de Herodes. O grupo de discípulos mais íntimo de Jesus (Pedro, Tiago, João e André) mais tarde expressou sua preocupação sobre o assunto, especialmente com relação à época em que a tremenda catástrofe ocorreria. Aparentemente, Jesus não respondeu à pergunta deles.

**Falsos profetas e verdadeiros sinais (v. 5-23).** O aviso do v. 5 não é uma resposta à pergunta do v. 4, mas o início de uma nova seção (v. 5-23), que descreve as tribulações que sobreviriam antes das "vindas" anunciadas. À luz dessa realidade dramática, Jesus alertou os discípulos: "Cuidado" (gr. *blépete*, "ver", "olhar", "observar", "cuidado!"). A maneira correta de alguém se cuidar e não cair no engano é aproveitar todas as oportunidades para descobrir o que o próprio Deus está dizendo e ficar atento aos verdadeiros sinais de suas ações na História. Entre esses sinais, são mencionados os seguintes.

*Haverá enganadores (v. 5,6).* Em tempos de tribulação, sempre aparecem falsos cristos, falsos profetas e falsos mestres. Esses enganadores, de tipos diversos, sempre representaram um grave perigo para a igreja. Nesse capítulo, são apontados dois tipos em particular: 1) os que afirmam ser mensageiros especiais de Deus e alegam falar em nome de Jesus fazendo-se passar por ele ("Sou eu", gr. *egō eimi*, v. 6, 21,22); 2) os que perturbam muita gente afirmando saber quando a segunda vinda de Jesus ocorrerá (v. 32). Esses enganadores podem fazer parte da comunidade de fé e até se denominam crentes.

*Haverá guerras e rumores de guerras (v. 7,8).* Jesus falava com frequência de vários tipos de aflições que iriam ocorrer, para que seus discípulos não fossem apanhados de surpresa. Deveriam ser como quem abre o guarda-chuva antes que chova, ou seja, estar prevenidos e atentos (cf. v. 7b,11,23; João 14.28,29; Mateus 6.27; 1Pedro 4.12). Se não agirmos assim, corremos o risco de entrar em desespero ou pensar que Deus se esqueceu de nós quando a aflição chegar. A outra possibilidade é que a intranquilidade e o medo nos assaltem. O segundo mal, o medo ("não tenham medo", gr. *mēthroeīsthe*), é a praga mais comum na humanidade e a arma favorita de Satanás para destruir o crente e sua fé. Por isso, encontramos na Bíblia o Senhor dizendo repetidas vezes: "Não tenham medo" (Mateus 1.20; 10.26; 28.5 etc.). O espírito de medo é expulso quando o perfeito amor de Deus nos inunda (1João 4.17,18). No entanto, as calamidades mencionadas (guerras, terremotos, fome) que iriam suceder não eram sinais do fim iminente. Esses desastres não eram indícios de que a obra de Deus na terra estava consumada, pois Jesus afirmou que eles ocorrerão antes que isso aconteça. Portanto, devemos continuar a fazer nosso trabalho espiritual com tranquilidade e fidelidade. Paulo ensinou a mesma coisa aos crentes que não estavam cumprindo com suas responsabilidades neste mundo por pensar que o fim estava às portas (1Tessalonicenses 4.11; 2Tessalonicenses 2.1-3).

*Haverá perseguição contra os crentes (v. 9-11).* Em tempos difíceis como esses, precisamos nos cuidar (cf. v. 23,33). Embora devamos cuidar uns dos outros, também devemos cuidar de nós mesmos. Temos um dever para conosco, que é examinar a nós mesmos para ver o tipo de vida que estamos vivendo. Meu local de trabalho, o que faço para viver ou quanto ganho por isso não são mais importantes que meu estilo de vida cristã. Esse estilo de vida irá nos expor a ciúmes, inveja e opressão. Se esse juízo partir das instituições governamentais, não devemos mudar nossos valores nem o estilo de vida do Reino, porque eles são nosso melhor argumento como seguidores de Jesus, ainda que não tenhamos a oportunidade de pregar (1Pedro 3.15,16). Foi o que aconteceu com Paulo muitas vezes (Atos 26.1,2; Filipenses 1.12,13). Além disso, temos a promessa da assistência do Espírito Santo para lidar com essas situações (João 16.13; 14.16-18,26). Isso nos permitirá, mesmo em meio a perseguições, pregar o evangelho "a todas as nações" (Mateus 24.14; 28.19), o qual expressa o desejo do Senhor de que todo ser humano se converta. Essa é também a razão pela qual a obra de Deus no mundo será consumada, quando todos os seres humanos tiverem a oportunidade de conhecer Cristo como Salvador e Senhor.

*Haverá dissensão entre os entes queridos (v. 12).* Atos de fratricídio, filicídio e parricídio mencionados no livro de Marcos são causados por diferenças religiosas entre membros de uma família. Isso não é novo (Gênesis 4.8; Hebreus 11.4), assim como não é novidade que os filhos abandonem a fé dos pais (Josué 24.31; Miqueias 7.6; Malaquias 4.6). Acontece também de os pais não entenderem a fé dos filhos, como aconteceu com o pai e a mãe do cego de nascença que Jesus curou (João 9.18-23).

*Haverá ódio do mundo (v. 13).* Cinco coisas merecem destaque aqui. 1) "Todos odiarão vocês" (gr. *ésesthe misoúmenoi hupò pántōn*). Isso é algo que não pode ser evitado. Como Jesus tinha muitos inimigos, o mesmo acontecerá com seus seguidores (João 15.18-20; Lucas 11.49-51; 12.11; 13.34,35; 17.23-35). O crente deve estar preparado para isso. 2) "Por minha causa" (gr. *dià tò ónomá mou*, "por causa do meu nome"). A causa da rejeição e desses conflitos é Cristo. O mundo odeia Cristo e seus representantes. 3) "Perseverar" ("aquele que perseverar", gr. *ho dè hupomeínas*). Esse sofrimento é algo que deve ser aceito de boa vontade, evitando-se todo orgulho, autocomiseração, queixa ou ressentimento. Devemos considerar a rejeição do mundo uma bênção de Deus. 4) "Até o fim" (gr. *eis télos*).Ou seja, até que a obra de Deus esteja consumada ou morramos, mas também até alcançarmos a meta proposta. Não deve haver limites para nossa resistência ao mundo hostil nem para nossa fidelidade ao Senhor, que deve ser "até a morte" (Apocalipse 2.10). 5) "Será salvo" (gr. *hoûtos sōthēsetai*). A perseguição pode se tornar no meio de alcançar a salvação, porque nos ensina a depender mais de Deus. Quem depende de Deus está pronto para ser aceito por ele como sua propriedade e viver sob seu senhorio, ou seja, ser salvo (Lucas 21.19; Salmos 119.67,71). Além disso, resistir à rejeição do mundo traz recompensa: quem o fizer participará da glória do Reino de Deus.

*Haverá ações blasfemas (v. 14).* Essas palavras são uma resposta direta à pergunta dos discípulos (v. 3,4). Jesus já lhes dera algumas respostas genéricas (v. 5-9), mas agora estabelecia uma data para a destruição do templo de Jerusalém. Os v. 14-18 parecem descrever o que aconteceu na Judeia anos depois. A passagem paralela de Lucas 21.20 fala de Jerusalém "rodeada de exércitos".

Isso ocorreu no ano 70, quando a cidade caiu sob o exército romano e atos sacrílegos foram cometidos no templo, à semelhança do que ocorreu nos dias de Antíoco Epifânio (175-164 a.C.), algo previsto em Daniel 9.27. Esse profeta também previu uma profanação futura (11.31; 12.11), provavelmente cumprida quando os romanos entraram no templo com a imagem do imperador em seus estandartes e depois destruíram o edifício.

*Haverá grande aflição para todos (v. 15-20).* Em termos bem dramáticos, Jesus continuou a falar da destruição de Jerusalém. Deus é quem controla a História e por isso mesmo pode encurtar os dias de tribulação por sua grande misericórdia, a fim de que sua igreja ("os eleitos por ele escolhidos", gr. *toùs eklektoùs*) não seja destruída (João 10.28). As cenas dramáticas correspondem a um cenário de guerra total e com muita violência. A guerra entre romanos e judeus na segunda metade do século I teve essas características.

*Haverá falsos cristos e falsos profetas (v. 21-23).* A palavra "então" (gr. *kaì tóte*) une esses versículos aos precedentes. De acordo com Flávio Josefo, na época da queda de Jerusalém havia muitos falsos profetas. Em tempos de tanta angústia, é compreensível que alguns falsos cristos também tivessem aparecido, ou seja, ungidos ou messias que prometiam soluções utópicas e que se aproveitavam do desespero do povo. "Sinais e maravilhas" (gr. *sēmeīa kaì térata*) eram os meios usados para enganar e, portanto, não passavam de atos de magia, ocultismo e ilusionismo, porém eficazes o bastante para enganar até os cristãos (Mateus 24.24,25). Contudo, os crentes foram avisados pelo Senhor (v. 5,23; João 13.19; 14.29; 16.4). De fato, essa foi a terceira vez que Jesus os mandou ficar atentos (gr. *humeīs dè blépete*, v. 5,9). Esse mesmo aviso se aplica a nós hoje, e devemos levá-lo em consideração.

## O anúncio da vinda do Rei (13.24-27)

**O que é a segunda vinda? (v. 26a).** Existem conceitos errôneos a respeito da segunda vinda de Cristo. De acordo com alguns estudiosos, a segunda vinda ocorreu no Pentecoste. Os que pensam assim citam João 14.18, mas os primeiros cristãos ainda aguardavam por ela depois do Pentecoste (1Coríntios 11.26). Na opinião de outros eruditos, a segunda vinda ocorre na morte do crente. Eles citam João 14.2,3. No entanto, se assim for, os sinais anunciados por Jesus com relação à sua segunda vinda não fazem sentido.

É necessário que ajustemos nossa esperança escatológica ao conceito bíblico da segunda vinda de Cristo. O Rei retornará segunda vez, porque antes disso ele se foi. Não ficou na sepultura, mas subiu ao céu (Atos 1.9,10), de onde retornará de maneira visível e audível (Atos 1.11). Além disso, o rei voltará segunda vez porque o prometeu. Ele disse: "Eu [...] os levarei para mim" (João 14.2,3).

**Como será a segunda vinda? (v. 24-26).** Esses versículos apresentam alguns detalhes que nos ajudam a responder a essa pergunta.

*O Rei virá de maneira espetacular (v. 24,25).* A Bíblia prevê sofrimentos. Será após um período de tribulação que o Rei voltará. Muitos esperam que o mundo melhore gradualmente, mas Jesus disse que não será assim. Pelo contrário, quando o mal estiver no auge, poderemos dizer: "Depois disso, Jesus virá". A Bíblia também indica que haverá trevas. Não se tratará de um fenômeno astronômico, como um eclipse. Será algo totalmente diferente dos fenômenos naturais conhecidos. Os corpos celestes perderão a luz e se apagarão, de modo que o brilho da glória do Rei encherá o cosmo (Apocalipse 6.12,13). Além disso, a Bíblia indica que haverá cataclismos. O Universo será "desfeito", e a ordem universal (inclusive nosso planeta) como a conhecemos chegará ao fim (2Pedro 3.10,11).

*O Rei virá de maneira visível (v. 26a).* Assim como sua partida deste mundo foi visível (Atos 1.9, 11), seu retorno também será (Mateus 24.27; Apocalipse 1.7). O texto é enfático ao afirmar "verão" (gr. *ópsontai*). No meio das trevas, o Filho do homem aparecerá acima das nuvens (Daniel 7.13; Apocalipse 1.7). É interessante que as nuvens não são comuns na Palestina. No Antigo Testamento, estão associadas a intervenções redentoras de Deus e à sua presença entre os seres humanos. Para os judeus, uma nuvem era sinal da presença de Deus (9.7). Além disso, desde os tempos antigos as nuvens são apresentadas como veículos de Deus.

*O Rei virá em pessoa (v. 26b).* Aquele que virá é o "Filho do homem" (gr. *huiòn toū anthrōpou*). Ele não é outro senão o Servo sofredor da cruz, que conquistou a vitória ao se entregar à morte e que ressuscitou dos mortos pelo poder de Deus. Ele não enviará um representante: será o próprio Jesus ("Este mesmo Jesus", Atos 1.11) quem retornará (1Tessalonicenses 4.16). Isso significa que sua vinda é um dom de Deus, não algo que os cristãos possam causar ou provocar. A iniciativa nessa "segunda vinda" é totalmente divina.

*O Rei virá de maneira gloriosa (v. 26c)*. Ele veio com glória em sua crucificação e ressurreição, e virá com glória em sua segunda vinda, mas as duas vindas estão relacionadas. Quando ele morreu e ressuscitou, travou a batalha final contra Satanás e o pecado, e consumará essa vitória em sua segunda vinda (Mateus 25.31; Marcos 8.38). Sua vinda "com grande poder e glória" (gr. *metà dynámeōs pollēs kaì dóxēs*) é uma boa notícia. Jesus tem "grande poder" (gr. *dunámeōs pollēs*) e já derrotou o Inimigo. O pecado, que ainda parece forte, já está liquidado. Falta apenas a redenção final. É por isso que oramos: "Vem, Senhor Jesus!" (Apocalipse 22.20).

**Qual a razão da segunda vinda? (v. 27).** Por que o Rei precisa voltar à terra? Esse versículo traz a resposta a essa pergunta.

*Ele vem consumar seus propósitos na história*. Em sua vontade soberana, Jesus decidiu pôr um fim à história e estabelecer seu Reino de forma definitiva. Isso é tão importante quanto a encarnação. Deus não está indiferente ao curso dos acontecimentos históricos. Ele é o Senhor da história e conduz os fatos humanos no tempo até o ponto culminante, que não é outro senão o cumprimento de seus propósitos eternos.

*Ele vem reunir seus escolhidos*. O Rei vem para levar sua "noiva", a igreja (Apocalipse 19.7). O Rei vem reunir os membros de sua nova comunidade no Reino consumado. O ato de reunir as 12 tribos de Israel (Isaías 60.4) e as nações obedientes (Miqueias 4.1-3) é a obra suprema do Messias Redentor. O propósito de sua vinda é a união do povo de Deus com seu Filho no Reino eterno. Com o retorno de Cristo, os que forem ressuscitados na carne terão o corpo glorificado, ao passo que os sobreviventes, ou seja, os que ainda estiverem vivos no momento de sua vinda, serão transformados "num abrir e fechar de olhos" (1Coríntios 15.52). Dessa maneira, todos os crentes, agora integrados à grande multidão de "eleitos" (gr. *toùs eklektoùs*), que os anjos terão reunido "dos quatro ventos" (gr. *ek tōn tessárōn anémōn*) e "dos confins da terra até os confins do céu" (gr. *ap' ákrou gēs héōs ákrou ouranoū*), comparecerão diante do Senhor. Assim, a Noiva estará pronta para receber o Noivo e estar com ele para sempre (1Tessalonicenses 4.13-18).

*Ele vem para julgar os seres humanos*. Paulo afirma: "É justo da parte de Deus retribuir com tribulação aos que lhes causam tribulação, e dar alívio a vocês, que estão sendo atribulados, e a nós também". E acrescenta: "Isso acontecerá quando o Senhor Jesus for revelado lá dos céus, com os seus anjos poderosos, em meio a chamas flamejantes" (2Tessalonicenses 1.6,7). Quando Jesus veio pela primeira vez, foi como Redentor. No entanto, sua vida e seu ministério foram um juízo contra o pecado humano. Ele continua nos julgando, assim como continua nos oferecendo a vida eterna (João 3.18; 6.47; 12.3). Quando Jesus vier pela segunda vez, será como Juiz. Em sua segunda vinda, seu julgamento será o juízo final, definitivo (João 5.29). Satanás e o pecado serão condenados para sempre, e a redenção dos crentes será consumada. Desse modo: 1) ele vem julgar os justos, ou seja, recompensar os crentes de acordo com suas obras (Apocalipse 22.12); 2) ele vem julgar os injustos, ou seja, naquele dia haverá uma grande separação (Mateus 25.31,33,46).

**Onde ocorrerá a segunda vinda?** A passagem não dá nenhuma indicação sobre o local da segunda vinda de Cristo. Mateus informa que não há um local determinado e que qualquer indicação desse tipo é falsa (Mateus 24.23,26). Os evangelhos indicam que sua vinda será universal, assim "como o relâmpago sai do Oriente e se mostra no Ocidente" (Mateus 24.27), ou "como o relâmpago cujo brilho vai de uma extremidade à outra do céu" (Lucas 17.23,24). João acrescenta que "todo olho o verá" (Apocalipse 1.7) simultaneamente. É provável que o Senhor retorne a algum ponto do Planeta; contudo, o mais importante é que toda a humanidade testemunhará seu glorioso retorno ao vivo e em tempo real.

## Preparação para a vinda do Rei (13.28-37)

A seção inteira (v. 28-37) diz respeito à nossa preparação. Em alguns versículos, Jesus está dizendo: "Estejam preparados para a destruição de Jerusalém"; em outros, seu aviso é: "Estejam preparados para minha segunda vinda".

**A necessidade de nos prepararmos (v. 28-32).** O retorno do Senhor será um acontecimento de tal magnitude que não podemos aguardá-lo confiando na improvisação. O Senhor espera que façamos a preparação necessária para nos manter em grande expectativa quanto a seu retorno em glória.

*Devemos nos preparar para quando a vinda do Rei estiver próxima (v. 28,29).* Essa parábola é um antídoto contra o desespero. O propósito do Senhor é instruir seus discípulos sobre a necessidade de permanecer firmes contra as adversidades e as calamidades que sobrevirão. A figueira é uma das árvores mais comuns na Palestina, e é muito fácil saber pela folhagem quando o inverno termina e quando a primavera começa. Da mesma forma, será possível discernir pelos fatos históricos os sinais que antecedem o início de uma nova era.

É impossível no momento determinar quais acontecimentos marcarão o fim do inverno e a proximidade do verão ("estas coisas", gr. *taūta*). Ninguém sabe exatamente a hora de sua chegada (Mateus 24.36). O Rei virá quando menos esperarmos (2Pedro 3.10; Mateus 24.42-44; 1Tessalonicenses 5.2; Apocalipse 16.15) e de forma repentina (Mateus 24.27; Lucas 12.40). Cada geração de cristãos, à semelhança dos primeiros crentes, deve aguardar o Senhor durante todo o curso de sua vida, porque, na verdade, ele pode vir a qualquer momento.

*Devemos nos preparar para não sermos enganados (v. 5,6,21,22).* Parte dos problemas que ocorrerão antes da vinda do Rei é que haverá enganadores. Os enganadores sempre foram um perigo para a vida da igreja. Eles podem ser membros de igreja e até ser chamados "cristãos". Marcos menciona dois tipos de enganadores: os que alegam serem eles, não Jesus, os verdadeiros mensageiros de Deus (v. 6), e os que são falsos profetas (v. 22) e intimidam o povo com previsões sobre a data da segunda vinda de Cristo (v. 32). Nos dois casos, o resultado é o mesmo: confusão e desespero entre os crentes.

*Devemos nos preparar para não temer (v. 7,8).* A vinda de Cristo será precedida por situações dramáticas que causarão medo aos que não estão preparados para suportá-las sem perder a esperança. Também haverá guerras e rumores de guerras (v. 7). Os crentes devem saber abrir o guarda-chuva antes que chova (v. 7,11,23; João 14.28,29; Mateus 6.27; 1Pedro 4.12). Deus nos ama e tem sob seu controle todos os acontecimentos. Portanto, não devemos temer. Além disso, haverá aflições de vários tipos (v. 8). A passagem fala de violência, terremotos, fome, tumultos, e assim por diante. Nada disso é novidade. Coisas assim estão sempre acontecendo, e Jesus virá em um momento desses, ou seja, seu retorno poderá ocorrer a qualquer hora.

**A maneira de nos prepararmos (v. 31,37).** O versículo 30 é uma interpolação que se refere aos sofrimentos relacionados com a queda de Jerusalém, como em geral parece ser o caso dos v. 5-23. Foi assim que Mateus os entendeu (Mateus 23.34-36). Esses versículos não se referem à segunda vinda de Cristo. Os v. 31-37 apontam o caminho de nossa preparação para a vinda do Senhor, e apresentam três maneiras de fazê-lo: olhando, vigiando e orando.

*Devemos nos preparar olhando para a Palavra (v. 31).* Jesus está dizendo que é mais provável o céu se desfazer e a terra desaparecer que seus ensinos deixarem de ser verdadeiros. Ele afirma: "Minhas palavras jamais passarão" (gr. *hoi dè lógoi mou ou mē pareleúsontai*). Só Deus pode dizer isso (v. João 14.10; 6.63,68). A verdade eterna de seus ensinos revela que Jesus é Deus. Além disso, suas palavras são válidas para todas as idades e para cada geração. Ele é o mesmo e não muda (Hebreus 13.8).

A melhor maneira de "olhar" (gr. *blépete*; ou "examinar") para as Escrituras — de modo que ninguém nos engane com falsas doutrinas (v. 5) e a fim de que estejamos preparados para enfrentar a oposição (v. 9) e discernir a falsa "vinda" (v. 21) — é aproveitando todas as oportunidades possíveis para descobrir o que o próprio Deus diz em sua Palavra. Muitos dos erros com relação à segunda vinda surgem mais da leitura de jornais que da Bíblia e da mera especulação que do estudo sério e responsável.

*Devemos nos preparar vigiando quanto à sua vinda (v. 32-37).* Há quatro questões nesses versículos para as quais convém atentar.

1) Devemos vigiar mesmo não sabendo o momento em que acontecerá (v. 32). O próprio Jesus confessa não saber. Ele é o Filho de Deus (esse é o único versículo em Marcos em que Jesus se denomina "Filho de Deus"), mas também é plenamente humano, daí seu desconhecimento. Isso não significa que ele fosse inferior ao Pai. Ele se tornou homem de livre vontade e limitou-se à condição humana. Se soubesse tudo, não seria totalmente humano. Ele era totalmente Deus (Colossenses 1.19) e totalmente homem (Hebreus 2.17; 4.15). Não era metade Deus e metade homem.

2) Devemos vigiar cumprindo nosso dever (v. 33,34). Somos chamados a continuar fielmente com nosso trabalho em vez de perder tempo tentando especular sobre quando Deus consumará sua obra, ou seja, quando será o fim do mundo. O Senhor deixou "tarefas [para] cada um dos seus servos" (gr. *hékástōi tò érgon autoū*), um trabalho a ser feito em seu nome. E ele nos "encarregou" de executá-lo (Mateus 10.1; Marcos 3.15; 6.7; Lucas 9.1). Nós, cristãos, muitas vezes temos de reaprender a lição de esperar (vigiar) trabalhando (1Tessalonicenses 4.11; 2Tessalonicenses 2.1,2). É difícil admitir com humildade que não sabemos certas coisas nem podemos saber. Note-se que a expressão "não sabem" (gr. *ouk oídate*) é repetida no v. 35.

3) Devemos vigiar a nós mesmos com relação ao pecado (v. 34). O texto diz que o homem que saiu de viagem mandou o porteiro "vigiar" (gr. *hína grēgorēi*, "estar ou se manter acordado", "vigiar", "estar alerta"). Assim como o vigia deve estar acordado para agir caso o inimigo se apresente, devemos estar atentos a Satanás e ao pecado (1Pedro 5.8,9). O pecado é aquilo que não nos permite ser aceitáveis diante de Deus. Devemos nos manter limpos e separados para Deus. É isso que significa ser santo. E devemos fazê-lo aguardando sua vinda.

4) Devemos vigiar com uma atitude dinâmica (v. 35-37). Não devemos vigiar com uma atitude sossegada, e sim ativa. O Senhor pode voltar hoje (v. 36). Portanto, devemos fazer nosso trabalho com *urgência*, pois pode restar muito pouco tempo para isso. Não devemos agir como se tivéssemos todo o tempo do mundo. Esse é o ensino das parábolas de Mateus 25. Além disso, Jesus é o "dono da casa", e é ele quem manda. Sua vinda está nas mãos dele, e não podemos apressá-la. Por isso, trabalhemos com confiança e sem ansiedade, na certeza de que ele chegará na hora certa, de acordo com seus propósitos eternos.

*Devemos nos preparar pedindo (orando) por sua vinda (v. 33)*. A melhor maneira de se preparar é estar em comunhão com Deus, especialmente por meio da oração, para que quando ele vier possamos reconhecê-lo, e ele também nos reconhecerá como seus filhos. A oração de cada crente e da igreja deve ser aquela com a qual a Bíblia termina: "Amém. Vem, Senhor Jesus!" (Apocalipse 22.20b).

## O tempo da vinda do Rei (13.32-37)

Quando ocorrerá a segunda vinda de Cristo? O evangelho de Marcos termina com um chamado dramático à vigilância, à espera ansiosa pelo retorno de nosso Senhor. Nele, Jesus se compara a um homem que sai de viagem e dá a seus servos autoridade para agir em nome dele durante sua ausência. Esse senhor, além disso, designa a cada servo uma tarefa específica e apropriada e ordena ao porteiro que vigie, que fique atento. Jesus encerra, de repente, a parábola dizendo aos discípulos: "Portanto, vigiem, porque vocês não sabem quando o dono da casa voltará: se à tarde, à meia-noite, ao cantar do galo ou ao amanhecer" (v. 35).

Matthew Henry, grande expositor e comentarista da Bíblia, declara: "Nosso Mestre foi embora e nos deixou algo em custódia. Jesus nos deixou no comando da obra do evangelho. Por isso devemos prestar contas [...] autoridade para alguns, para atuar como uma espécie de superintendentes, trabalho para outros, como se fossem operários. A todos os seus servos, ele deixou algo para fazerem, na expectativa de que o sirvam em sua ausência e estejam prontos para recebê-lo em seu retorno".

Nosso Senhor recomendou-lhes severamente a atitude vigilante de seu povo com relação à sua vinda a eles e por eles. Voltando-se para seus discípulos, advertiu: "O que digo a vocês, digo a todos: Vigiem!". Sua mensagem a eles é sua palavra para nós hoje: "Vigiem!" (gr. *grēgoreīte oûn*). Ele mostra a importância do imperativo de estar vigilante referindo-se aos turnos da noite, então conhecidos como "vigílias". Vale lembrar o nascimento de Jesus e os pastores no campo, que "durante a noite [ou 'durante as vigílias da noite'] tomavam conta dos seus rebanhos" (Lucas 2.8). Ou seja, eles guardavam os rebanhos em turnos organizados em períodos de três horas, conhecidos como "vigílias".

Marcos observa aqui que nosso Senhor se referia ao método romano de dividir a noite em quatro vigílias ou períodos de três horas cada, das 18 horas às 6 horas do dia seguinte. Assim, Jesus fala da vigília da "tarde" (das 18 horas às 21 horas); da vigília da "meia-noite" (das 21 horas à meia-noite); da vigília do "cantar do galo" (da meia-noite às 3 horas); da vigília do "amanhecer" (das 3 horas às 6 horas). Na menção e aplicação que o Senhor faz das vigílias nessa passagem, há muito material para reflexão, se considerarmos suas palavras pelas perspectivas histórica, profética e espiritual. Além disso, a abordagem interpretativa das quatro vigílias permite discernir melhor o tempo em que vivemos e a necessidade de estarmos atentos e ocupados aguardando seu retorno glorioso.

**A primeira vigília: "à tarde".** A vigília da "tarde" (gr. *ē opsè*) representa os primeiros séculos do testemunho cristão.

*A possibilidade.* A possibilidade de o senhor da casa retornar durante a primeira vigília não foi descartada pelos primeiros cristãos. Foi essa expectativa que Jesus ensinou a seus discípulos. Eles a assumiram de todo o coração e percorreram todos os lugares proclamando-a como parte do evangelho que Jesus lhes confiara. Os discípulos literalmente aceitaram a palavra de Jesus e aguardavam o cumprimento da promessa de um breve retorno. Foi essa esperança que os levou a uma fenomenal evangelização e obra missionária. Enquanto esperavam que o Senhor retornasse em glória, ocupavam-se enchendo o mundo inteiro com o evangelho, apesar da oposição e das dificuldades.

*O desafio*. A atitude de expectativa e comprometimento dos primeiros cristãos, os servos da primeira vigília, desafia os cristãos de hoje. "Os que amam a sua vinda" são muitas vezes criticados (2Timóteo 4.8). Dizem que a ênfase exagerada na segunda vinda de Cristo pode gerar atitudes de fanatismo religioso, alienar da realidade e adiar para um futuro além da História reivindicações de justiça e liberdade. Já foi dito que quem fica muito ansioso olhando só para o céu corre o risco de pouco se ocupar de olhar para a terra e suas necessidades e de consequentemente ter pouco compromisso com o serviço cristão no mundo. No entanto, a história do cristianismo, especialmente a dos tempos apostólico e pós-apostólico, desafia e desmascara a loucura dessa objeção. A igreja primitiva, com a expectativa de um retorno imediato do Senhor, fez mais pela evangelização do mundo em um período de tempo relativamente curto que qualquer geração subsequente. Aqueles homens e mulheres, cheios da esperança viva da volta iminente de Cristo, conseguiram em poucos anos abalar o mundo e conquistar mais de 1 milhão de crentes até o final do século I. E isso em meio à mais feroz oposição dos poderes das trevas. Era precisamente a convicção no breve retorno de Cristo que os sustentou nas horas mais difíceis de testemunho e de martírio. O Senhor sustentou seu povo com poder e com sua presença amorosa nas horas mais difíceis de perseguição e desprezo. Ele estava com os milhares de crentes que derramaram o próprio sangue no Império Romano e mais tarde no Império Persa. No entanto, o Senhor não voltou durante a primeira vigília.

**A segunda vigília: "à meia-noite".** A vigília da "meia-noite" (gr. *ē mesonúktion*) representa o testemunho cristão durante o longo período de tempo que os historiadores denominam Idade Média. Essa interpretação suscita duas questões.

*Como foi essa segunda vigília?* Meia-noite é talvez a hora mais "noturna" da noite, a mais difícil e temível. É o momento em que o sono é mais profundo e quando os piores pecados são cometidos, como Paulo diz: "Os que dormem, dormem de noite, e os que se embriagam, embriagam-se de noite" (1Tessalonicenses 5.7). De todas as horas noturnas, a meia-noite é a mais profunda. Essa era a condição predominante na igreja durante a Idade Média. A igreja parecia definhar; tudo parecia perecer. Era uma época em que não havia Bíblias, exceto as que ficavam acorrentadas às mesas das bibliotecas de mosteiros e templos... e estavam em latim, um idioma que poucos falavam e quase ninguém sabia ler. Foi um período de ignorância, superstição, ocultismo, idolatria, violência e falta de visão espiritual. Os dons do Espírito não haviam cessado, mas a hierarquia eclesiástica impedia seu exercício entre as pessoas e os sacramentalizou sob seu controle e arbítrio. Aos poucos, o povo crente foi se adaptando ao papel de mero espectador das coisas espirituais, e os oficiais da igreja se constituíram os únicos protagonistas. O Estado uniu-se à igreja, e os líderes religiosos passaram a confundir poder espiritual com poder político. Durante esses mil anos de incerteza, o testemunho cristão parecia estar morrendo, enquanto as nações pagãs ficavam sem o conhecimento de Deus e de seu Filho, Jesus Cristo. Era de fato a vigília da meia-noite, das mais profundas trevas espirituais para o mundo.

*O que aconteceu durante a segunda vigília?* O Senhor não retornou pessoalmente para buscar seu povo na vigília da meia-noite da igreja. Durante todo esse tempo, ele se manifestou com poder espiritual e se revelou maravilhosamente a algumas almas escolhidas, que andavam com ele sem contaminar suas vestes. Assim, eles sustentaram um testemunho inabalável de Cristo para as gerações seguintes: servos de Deus, como Agostinho de Hipona, Bento de Núrsia, Francisco de Assis, Catarina de Sena, Pedro Valdo, John Wycliffe, Jan Hus e muitos outros foram verdadeiros heróis da fé cristã. Eram como lâmpadas acesas no meio da escuridão impenetrável, ou seja, da escuridão da meia-noite medieval. No entanto, o Senhor não voltou durante a segunda vigília.

**A terceira vigília: "ao cantar do galo"**. A vigília do "canto do galo" (gr. *ē alektopofōnías*) representa o testemunho cristão durante a Reforma e os séculos que se seguiram. O que aconteceu durante essa vigília? Duas coisas merecem atenção.

*O novo na terceira vigília.* Essa vigília, diferente das anteriores, incorpora algo diferente, um elemento novo: há um indício de vida e movimento. Há um galo cantando. À medida que a noite avança, não há mais silêncio. O canto do galo, no meio da noite, é sinal de vida e movimento. O canto do galo é a primeira indicação de que a noite está para terminar, que a escuridão desaparecerá com os primeiros raios de sol. A terceira vigília, com seus primeiros sinais de vida, lembra-nos o período glorioso da Reforma. Esse foi um tempo de esperança para a igreja e para o mundo, uma época de gigantes espirituais e intelectuais como Martinho Lutero, Ulrico Zwínglio, João Calvino, John Knox,

Balthasar Hubmaier, Menno Simons, Thomas Helwys, John e Charles Wesley, entre outros. Eram cristãos de convicção e coragem, que ousaram enfrentar reis e governantes, tanto na igreja quanto no Estado, e denunciaram corajosamente os pecados e o mal. Eram como o som estridente de um galo no meio da noite anunciando o amanhecer e o nascer do sol, cuja luz deixa tudo exposto. Mais uma vez, colocaram a Palavra de Deus nas mãos do povo e sem medo proclamaram o evangelho do sacrifício único de Cristo, o Salvador do mundo. Esses servos da terceira vigília desacorrentaram a Bíblia e a entregaram ao povo na língua vernácula. Pregavam-na e ensinavam-na com ousadia, convencidos de que a Palavra de Deus era suficiente para iluminar a consciência, educar a mente e purificar o espírito. Sem dúvida, o Espírito Santo estava guiando esses pioneiros da fé evangélica: o Senhor os orientou e os acompanhou durante toda a peregrinação espiritual em busca da verdade revelada.

*O comum da terceira vigília.* Como nas vigílias anteriores, a terceira não testemunhou a volta de Cristo. A vinda do Filho de Deus nos ares — com a transformação "num momento, num abrir e fechar de olhos", dos crentes vivos e a ressurreição dos que dormem — não ocorreu na vigília do canto do galo. Embora muitos daqueles grandes servos de Deus cressem e aguardassem a volta de Cristo, esse glorioso acontecimento não ocorreu.

**A quarta vigília: "ao amanhecer".** A vigília do "amanhecer" (gr. *ē prōí*) representa o testemunho cristão no tempo presente. Creio firmemente que os cristãos desta geração são os servos da vigília do "amanhecer". Ou, nos termos de outra maravilhosa parábola de Jesus, a dos trabalhadores na vinha (Mateus 20.1-16). Somos os servos da décima primeira hora, os que trabalham na vinha imediatamente antes do fim dos séculos. Há duas coisas a serem observadas aqui.

*Com a vigília do "amanhecer", a escuridão desaparece.* As três vigílias anteriores ocorreram sob o império das sombras da noite: desde a vigília da "tarde" até a do "amanhecer", tudo foi noite, penumbra, escuridão. Da perspectiva espiritual, esse tem sido o curso da história do cristianismo. Até mesmo seus episódios mais gloriosos ocorreram sob a influência das trevas. Tem sido assim desde a agonia de Jesus no jardim de Getsêmani. Quando os chefes dos sacerdotes, os capitães do templo e os líderes religiosos vieram prender o Senhor no Getsêmani, as palavras que ele dirigiu a eles foram: "Todos os dias eu estive com vocês no templo e vocês não levantaram a mão contra mim. Mas esta é a hora de vocês — quando as trevas reinam" (Lucas 22.53). A Bíblia ensina que o mundo das trevas está sob a autoridade de Satanás. Ele é o príncipe do poder das trevas. No Getsêmani, o poder das trevas atacou o Filho de Deus para impedir sua obra redentora e fez o mesmo quando, horas depois, nosso Senhor entregou sua vida na cruz. Lucas 23.44-46 lembra: "Já era quase meio-dia, e trevas cobriram toda a terra até as três horas da tarde; o sol deixara de brilhar. E o véu do santuário rasgou-se ao meio. Jesus bradou em alta voz: 'Pai, nas tuas mãos entrego o meu espírito'. Tendo dito isso, expirou". Satanás, o príncipe das trevas, atacou Cristo e sua igreja ao longo dos séculos durante as três primeiras vigílias, mas a oposição satânica nunca foi tão virulenta e ousada quanto nos últimos tempos. O reavivamento do ocultismo e do espiritualismo é impressionante, e não são poucos os que foram desviados e apostataram da fé para seguir "espíritos enganadores e doutrinas de demônios" (1Timóteo 4.1). Esse fato é um sinal bíblico e evidência de que estamos nos "últimos dias".

É impressionante o número de pessoas nos países chamados cristãos que hoje estão alienados dos ensinos da igreja e da Palavra de Deus. Muitos ignoram a mensagem da Palavra de Deus nas Escrituras, como se a Bíblia nunca tivesse sido escrita. Outros zombam do evangelho, vituperando o nome de Jesus e desqualificando os que dão testemunho dele. Ainda mais numerosos são os que se mostram indiferentes e dão pouca importância ao sangue de Cristo, ignorando uma tão grande salvação. Obviamente, até agora, nós, cristãos, temos servido na hora da autoridade ou do poder ou das trevas, na qual Satanás e seus demônios têm tido a oportunidade de praticar suas obras e de mergulhar o mundo de hoje nas sombras.

Contudo, estamos na quarta vigília. A vigília do "amanhecer". O "sol da justiça" já está nascendo. A profecia está se cumprindo (Malaquias 4.1,2): " 'Pois certamente vem o dia, ardente como uma fornalha. Todos os arrogantes e todos os malfeitores serão como palha, e aquele dia, que está chegando, ateará fogo neles', diz o SENHOR dos Exércitos. 'Não sobrará raiz ou galho algum. Mas, para vocês que reverenciam o meu nome, o sol da justiça se levantará trazendo cura em suas asas. E vocês sairão e saltarão como bezerros soltos do curral' ". O dia está começando, e a escuridão será removida: a vigília do "amanhecer" já começou, e Cristo está voltando. A manhã está nascendo, e com ela vem a Luz da vida, nosso Senhor vitorioso.

*Com a vigília do "amanhecer", a esperança é renovada.* O dia de ontem se foi e é passado. A longa (muito longa) noite está terminando, e o novo dia está prestes a começar. Os primeiros raios do Sol da justiça estão surgindo e reanimam, como nunca antes, nossa esperança de um novo dia. Há várias indicações de que a luz do amanhecer está começando a brilhar em nossos dias. Alguns dos movimentos mais impressionantes da história do cristianismo ocorreram nas últimas décadas, como o pentecostalismo e o movimento carismático; as missões em várias nações do Planeta; o ingresso de mulheres, jovens e crianças no ministério; a unidade espiritual dos servos de Deus; o fim das divisões denominacionais; a ênfase renovada na santidade da igreja; os movimentos de oração e de guerra espiritual; a evangelização dos povos não alcançados; a renovação do louvor e da adoração; o pleno exercício de todos os dons do Espírito Santo.

Com o advento da manhã, os cristãos de todo o mundo estão experimentando uma unção poderosa do Espírito Santo, que resultará no testemunho cristão mais impressionante já visto na face da terra. A profecia de Joel está sendo cumprida, e logo o Espírito será derramado "sobre todos os povos" (Joel 2.28), de modo que "toda língua confesse que Jesus Cristo é o Senhor, para a glória de Deus Pai" (Filipenses 2.10). Nosso Senhor está chegando. Não haverá outra vigília. A que estamos vivendo é a última, e é bem provável que muitos de nós aqui, especialmente os mais jovens, vejam com os próprios olhos o mesmo Senhor vindo nas nuvens "com poder e grande glória" (Mateus 24.30). Será o acontecimento que mudará mais profundamente a História, porque a encerrará. Enquanto isso, é nosso dever — como os servos das vigílias anteriores — esperar o Senhor, vigiando e dando testemunho fiel de seu amor redentor.

Quando os primeiros cristãos se encontravam, eles apertavam as mãos, olhavam nos olhos um do outro e exclamavam: "Ele ressuscitou!". Nós, hoje, como servos do Senhor, estamos de guarda na quarta vigília, a vigília do "amanhecer". Devemos então nos cumprimentar, dizendo: "Ele está vindo!".

# BIBLIOGRAFIA


Achtemeier, Paul J. He Taught Them Many Things: Reflections on Marcan Christology. **Catholic Biblical Quarterly**, n. 42, p. 465-481, 1980.

_____. Mark as Interpreter of the Jesus Traditions. **Interpretation**, n. 32, p. 339-352, 1978.

_____. Mark. In: **Proclamation Commentary.** Philadelphia, PA: Fortress Press, 1986.

Aland, Barbara et al. **The Greek New Testament.** 4. ed. Stuttgart: Deutsche Bibelgesellschaft, 2001.

Allen, Willoughby C. **The Gospel According to St. Mark.** London: Rivingtons; New York, NY: Macmillan, 1915.

Anderson, H. The Gospel of Mark. In: **The New Century Bible Commentary.** London: Oliphants, 1976.

Bacon, Benjamin W. **Beginnings of the Gospel Story:** A Historico-Critical Inquiry into the Sources and Structure of the Gospel According to Mark. New Haven, CT: Yale University Press, 1909.

_____. **Is Mark a Roman Gospel?** Harvard Theological Studies 7. Cambridge: Harvard University Press, 1919.

Baillie, D. M. **Dios estaba en Cristo:** un ensayo sobre la encarnación y la obra expiatoria de Cristo. Buenos Aires: Editorial La Aurora, 1960.

Barclay, William. **El Nuevo Testamento comentado.** Buenos Aires: Editorial La Aurora, 1974, v. 3.

Beccarelli, Claudio. **Iniciación a la fe en Jesucristo Hijo de Dios:** lectura del evangelio según San Marcos con ojos de un misionero. México City: Librería Parroquial de Clavería, 1992.

Bedrossian, Pablo. Vivir como Cristo vivió. **Corazón y voz.** Buenos Aires: Asociación Bautista de Publicaciones, 1989, hino 10.

Benoit, Pierre. **Jesus and the Gospels.** New York, NY: Seabury, 1973, v. 1.

Best, Ernest. **Mark:** The Gospel as Story. Edinburgh: T. & T. Clark, 1985.

_____. The Miracles in Mark. **Review and Expositor**, n. 75, p. 539-554, 1978.

_____. The Role of the Disciples in Mark. **New Testament Studies**, n. 23, p. 377-401, 1976-1977.

BÍBLIA. **Bíblia Nova Reforma:** edição de estudos e referência. *Nova Versão Internacional*. Editada por Pablo A. Deiros. Tradução de Reginaldo de Souza e Judson Canto (notas e artigos). São Paulo: Vida, 2017.

BLUNT, Alfred W. F. The Gospel According to St. Mark. In: **The Clarendon Bible.** Oxford: 1929.

BOICE, James Montgomery. **The Parables of Jesus.** Chicago, IL: Moody Press, 1983.

BONHOEFFER, Dietrich. **Tentación.** Tradução de Sergio Vences e Úrsula Kilfitt. Buenos Aires: Editorial La Aurora, 1977.

BONILLA, Plutarco. **Los milagros también son parábolas.** Miami: Editorial Caribe, 1978.

BONNET, Luis; SCHROEDER, Alfredo. **Comentario del Nuevo Testamento.** Buenos Aires: Junta Bautista de Publicaciones, s.d., v. 1.

BORNKAMM, Günther. **El Nuevo Testamento y la historia del cristianismo primitivo.** Tradução de J. Leita. Salamanca: Ediciones Sígueme, 1975 (Biblioteca de Estudios Bíblicos).

_____. **Jesús de Nazaret.** Tradução de Santiago Pablos. Salamanca: Ediciones Sígueme, 1975.

BOYD, Gregory A. **God at War:** The Bible & Spiritual Conflict. Downers Grove, IL: InterVarsity Press, 1997.

BRANSCOMB, B. Harvie. The Gospel of Mark. In: **Moffatt New Testament Commentary.** London: Hodder & Stoughton, 1941.

BROADUS, John A. **Comentario sobre el evangelio según Marcos.** El Paso, TX: Casa Bautista de Publicaciones, s.d.

BROUGHTON, Len G. **Kingdom Parables and their Teaching.** London: Hodder and Stoughton, 1910.

BRUCE, F. F. **New Testament History.** New York, NY: Anchor Books, 1972.

_____. **The Real Jesus.** London: Hodder & Stoughton, 1987.

BULTMANN, Rudolf. **History of the Synoptic Tradition.** New York, NY: Harper and Row,1963.

_____.**Teología del Nuevo Testamento.** Salamanca: Ediciones Sígueme, 1981.

BURGON, John W. **The Last Twelve Verses of Mark.** Reimpr. Ann Arbor, MI: Sovereign Grace Books Club, 1959.

BURKILL, T. A. The Notion of Miracle with Special Reference to Saint Mark's Gospel. **Zeitschrift für die Neutestamentliche Wissenschaft**, n. 50, p. 33-48, 1959.

BUSCHIAZZO, Jorge Alberto. **El mandato de misión a la comunidad marcana en un contexto escatológico apocalíptico:** análisis exegético de Marcos 13.

Tese (Licenciatura em Teología) — Instituto Superior Evangélico de Estudios Teológicos, Buenos Aires, 2002.

BUTLER, Basil C. **The Originality of St. Matthew.** Cambridge: Cambridge University Press, 1951.

COLE, R. A. **The Gospel According to St. Mark:** An Introduction and Commentary. Grand Rapids, MI: Eerdmans, 1961.

COOK, Guillermo; FOULKES, Ricardo. Marcos. In: GONZÁLEZ, Justo L. et al. (Org.). **Comentario bíblico hispanoamericano.** Miami: Editorial Caribe, 1990.

CRANFIELD, C. E. B. The Gospel According to Saint Mark: An Introduction and Commentary. In: **Cambridge Greek Testament Commentary.** Cambridge University Press, 1963.

CROSSAN, J. D. Mark and the Relatives of Jesus. **Novum Testamentum**, n. 15, p. 81-113, 1973.

CULLMANN, Oscar. **Cristología del Nuevo Testamento.** Buenos Aires: Editorial Methopress, 1965.

_____. **Del evangelio a la formación de la teología cristiana.** Salamanca: Ediciones Sígueme, 1972.

_____. **Jesús y los revolucionarios de su tiempo.** Madrid: Stvdivm Ediciones, 1973.

DANA, H. E. **El mundo del Nuevo Testamento.** El Paso, TX: Casa Bautista de Publicaciones, s.d.

DEIROS, Pablo A. **El evangelio del reino.** Buenos Aires: Ediciones Certeza Argentina, 2008.

DE LA CALLE, Francisco. **Situación al servicio del kerigma:** cuadros geográficos del evangelio de Marcos. Salamanca: Instituto Superior de Pastoral, 1975.

DELORME, Jean. **El evangelio según San Marcos.** Estella: Editorial Verbo Divino, 1986 (Cuadernos Bíblicos, n. 15-16).

DENYER, C. P. **Concordancia de las Sagradas Escrituras.** Revisión de 1960 de la versión Reina-Valera. Miami: Editorial Caribe, 1978.

DESCALZO, José Luis Martín. **Vida y ministerio de Jesús de Nazaret**. 6. ed. Salamanca: Ediciones Sígueme, 1988., v. 2.

DÍAZ, José Alonso. Evangelio de San Marcos. In: **La Sagrada Escritura:** Nuevo Testamento I, Evangelios. 3. ed. Madrid: Biblioteca de Autores Cristianos, 1973.

_____. **La Sagrada Escritura:** Nuevo Testamento II, Evangelios. 3. ed. Madrid: Biblioteca de Autores Cristianos, 1973.

DODD, C. H. **According to the Scriptures.** London: Fontana Books, 1965.

_____. **Las parábolas del reino.** Tradução de Alfonso de la Fuente. Madrid: Ediciones Cristiandad, 1974.

_____. **The Parables of the Kingdom.** London: Collins-Fontana Books, 1965.

DONAHUE, J. R. Jesus as The Parable of God in the Gospel of Mark. **Interpretation**, n. 32, p. 369-386, 1978.

DUFOUR, Xabier León. **Los Evangelios y la historia de Jesús.** 3. ed. Madrid: Ediciones Cristiandad, 1982.

ENSLIN, Morton Scott. **The Literature of the Christian Movement:** Part III of Christian Beginnings. New York, NY: Harper & Brothers Publishers, 1956.

ERDMAN, C. R. **El evangelio de Marcos:** una exposición. Grand Rapids, MI: TELL, 1974.

EYER, Shawn Tiberius. **Mark's Gospel:** Insight through Metaphor. Edição do autor, 1989.

FARRIOR, Louise H. **Una dedicación valiente:** estudios sobre el evangelio de Marcos. Miami: Editorial Caribe, 1978.

FAUS, José Ignacio González. **Clamor del reino:** estudio sobre los milagros de Jesús. Salamanca: Ediciones Sígueme, 1982.

FILSON, Floyd V. **A New Testament History.** London: SCM, 1978.

FLEDDERMANN, H. The Flight of the Naked Young Man (Mark 14.51-52). **Catholic Biblical Quarterly**, n. 41, p. 412-418, 1979.

FULLER, Reginald H. **Fundamentos de la cristología neotestamentaria.** Madrid: Ediciones Cristiandad, 1979.

FÜRST, Dieter. Confesar la fe. In: COENEN, Lothar; BEYREUTHER, Erich; BIETENHARD, Hans (Org.). **Diccionario teológico del Nuevo Testamento.** Salamanca: Ediciones Sígueme, 1980.

GALLARDO, Carlos Bravo. **Galilea año 30:** para leer el evangelio de Marcos. Córdoba: Editorial El Almendro, 1991.

_____. **Jesús, hombre en conflicto:** el relato de Marcos en América Latina. Santander: Editorial Sal Terrae, 1986 (Serie Presencia Teológica, v. 30).

GNANAKAN, Ken. **Kingdom Concerns:** A Biblical Exploration towards a Theology of Mission. Bangalore: Theological Book Trust, 1993.

GNILKA, Joachim. **El evangelio según San Marcos.** 4. ed. Salamanca: Ediciones Sígueme, 1999-2001. 2 v.

GOULD, Ezra P. A Critical and Exegetical Commentary on the Gospel According to St. Mark. In: **International Critical Commentary.** Edinburgh: T. & T. Clark, 1955.

GRANT, Frederick C. **The Gospels:** Their Origin and Their Growth. New York, NY: Harper & Brothers Publishers, 1957.

GUTHRIE, Donald. **New Testament Introduction.** Leicester: Inter-Varsity Press, 1978.

HAMILTON, N. Q. Resurrection Tradition and the Composition of Mark. **Journal of Biblical Literature**, n. 84, p. 415-421, 1965.

HARGREAVES, John. **A Guide to St. Mark's Gospel.** London: S.P.C.K., 1975.

HEIL, John Paul. Jesus Walking on the Sea. **Analecta Biblica**, n. 87, p. 173, 1981.

HENDRIKSEN, Guillermo. **El evangelio según San Marcos.** Grand Rapids, MI: Subcomisión Literatura Cristiana, 1987.

HIMNARIO BAUTISTA. El Paso, TX: Casa Bautista de Publicaciones, 1978.

HUNTER, A. M. **El evangelio según San Marcos.** Buenos Aires: Editorial La Aurora, 1960.

_____. **Interpreting the Parables.** London: SCM Press, 1966.

_____. **Introducing New Testament Theology.** London: SCM Press, 1966.

_____. **Introducing the New Testament.** London: SCM Press, 1980.

JEREMIAS, Joachim. **Abba:** El mensaje central del Nuevo Testamento. Salamanca: Ediciones Sígueme, 1981.

_____. **Jerusalén en tiempos de Jesús.** Tradução de J. Luis Ballines. Madrid: Ediciones Cristiandad, 1980.

_____. **Las parábolas de Jesús.** 3. ed. Estella: Editorial Verbo Divino, 1974.

_____. **The Parables of Jesus.** Ed. rev. New York, NY: Charles Scribner's Sons, 1963.

JOHNSON, S. E. **A Commentary on the Gospel according to St. Mark.** London: A. & C. Black, 1972 (Black's New Testament Commentaries).

JUEL, D. H. Mark. In: **American Commentary of the New Testament.** Minneapolis: Augsburg Press, 1990.

KECK, L. E. Mark 3.7-12 and Mark's Christology. **Journal of Biblical Literature**, n. 84, p. 341-358, 1965.

KEE, Howard Clark. **Community of the New Age:** Studies in Mark's Gospel. Philadelphia, PA: Westminster Press, 1977.

KELBER, Werner H. Mark and Oral Tradition. **Semeia**, n. 16, p. 7-55, 1979.

_____. **Mark's Story of Jesus.** Philadelphia, PA: Fortress Press, 1979.

KELBER, Werner H. (Org.). **The Passion in Mark:** Studies on Mark 14-16. Philadelphia, PA: Fortress Press, 1976.

KERTELGE, K. **Die Wunder Jesu in Markusevangelium.** Munich: Kösel-Verlag, 1970 (Studien zum Alten NeuenTestament, v. 23).

KINGSBURY, J. D. **Conflicto en Marcos:** Jesús, autoridades, discípulos. Córdoba: Editorial El Almendro, 1991.

_____. The "Divine Man" as the Key to Mark's Christology: The End of an Era? **Interpretation**, n. 35, p. 243-257, 1981.

KINUKAWA, Hisako. Women Disciples of Jesus (15.40-41; 15.47; 16.1). In: LEVINE, Amy-Jill (Org.). **A Feminist Companion to Mark.** Cleveland, OH: The Pilgrim Press, 2004.

KLAUCK, Hans-Jürgen. Der erzählerische Rolle der Jünger im Markusevangelium: eine narrative Analyse. **Novum Testamentum**, n. 24, p. 1-26, 1982.

KOCH, D. A. **Die Bedeutung der Wundererzählungen für die Christologie des Markusevangeliums**. Berlin: De Gruyter Verlag, 1975.

KRAFT, Charles H. **Culture, Communication and Christianity.** Pasadena: William Carey Library, 2001.

LAGRANGE, M.-J. **Évangile selon Saint Marc.** 5. ed. rev. aum. París: J. Gabalda, 1929.

LANE, William L. The Gospel of Mark. In: BRUCE, F. F. (Org.). **The New International Commentary on the New Testament.** Grand Rapids, MI: Eerdmans, 1974.

LENSKI, R. C. H. **La interpretación del evangelio según San Marcos.** Tradução de L. Leal. México City: Publicaciones El Escudo, 1962.

_____. **The Interpretation of St. Mark's and St. Luke's Gospels.** Columbus: Augsburg Fortress Publications, 1934.

LIGHTFOOT, R. H. **The Gospel Message of St. Mark.** Oxford: Clarendon Press, 1950.

LOHFINK, Gerhard. **Ahora entiendo la Biblia.** 2. ed. Tradução de J. Albizu. Madrid: Ediciones Paulinas, 1977.

LOWRIE, Walter. **Jesus According to St. Mark.** London: Longmans, Green, 1929.

MAGGIONI, Bruno. **El relato de Marcos.** Madrid: Ediciones Paulinas, 1981.

MAILER, Norman. **El evangelio según el Hijo.** Tradução de Damián Alou. Barcelona: Altaya, 1999.

MALLY, Edward J. **Evangelio según San Marcos.** In: BROWN, Raymond E.; FITZMYER, Joseph A.; MURPHY, Roland E. (Org.). **Comentario bíblico San Jerónimo:** Nuevo Testamento. Madrid: Ediciones Cristiandad, 1972, v. 3.

MANN, C. S. **Mark:** A New Translation with Introduction, and Commentary. Garden City, NY: Doubleday, 1986.

MARTIN, Hugh. **The Parables of the Gospels and their Meaning for Today.** London: SCM Press, 1962.

MARTIN, Ralph. **Mark:** Evangelist and Theologian. Grand Rapids, MI: Zondervan, 1972.

_____. **New Testament Foundations:** A Guide for Christian Students. Grand Rapids, MI: Eerdmans, 1975, v. 1.

MARXEN, Willi. **El evangelista Marcos:** estudio sobre la historia de la redacción del Evangelio. Salamanca: Ediciones Sígueme, 1981.

_____. **Introducción al Nuevo Testamento:** una iniciación a sus problemas. Tradução de M. Legido López. Salamanca: Ediciones Sígueme, 1983 (Biblioteca de Estudios Bíblicos, v. 38).

MATEOS, José. **Los "doce" y otros seguidores de Jesús en el evangelio de Marcos.** Madrid: Ediciones Cristiandad, 1982.

MATEOS, José; CAMACHO, F. **El evangelio de Marcos:** análisis literario y lingüístico. Córdoba: Editorial El Almendro, 1993.

_____. **El evangelio de Marcos:** texto y comentario. Córdoba: Editorial El Almendro, 1994.

MAYS, James L. Expository Articles: Mark 8.27—9.1. **Interpretation**, n. 30, abr. 1976, p. 174-178.

METZGER, Bruce M. **The Text of the New Testament.** New York, NY/ London: Oxford University Press, 1964.

MILLOS, Samuel Pérez. **Comentario exegético al texto griego del Nuevo Testamento:** Marcos. Barcelona: Editorial Clie, 2014.

MITTON, C. L. **The Gospel according to St. Mark.** London: Epworth Press, 1957.

MOREAU, A. Scott. Demon, Demonization. In: MOREAU, A. Scott (Org.). **Evangelical Dictionary of World Missions.** Grand Rapids, MI: Baker Books, 2000.

MOLTMANN, Jürgen. **El Dios crucificado.** Tradução de Severiano Talavero Tovar. Salamanca: Ediciones Sígueme, 1975.

_____. **La iglesia:** fuerza del Espíritu. Tradução de Emilio Saura. Salamanca: Ediciones Sígueme, 1978.

_____. **Trinidad y Reino de Dios.** Tradução de Manuel Olasagasti. Salamanca: Ediciones Sígueme, 1998.

MORRIS, Leon. **The Cross in the New Testament.** Grand Rapids, MI: Eerdmans, 1965.

MULLINS, Edgar Y. **Axioms of Religion.** Philadelphia, PA: American Baptist Publication Society, 1908.

MYERS, Ched. **Binding the Strong Man:** A Political Reading of Mark's Story of Jesus. Maryknoll, NY: Orbis Books, 1988.

_____. **O evangelho de São Marcos.** Tradução de I. F. L. Ferreira. São Paulo: Edições Paulinas, 1992 (Grande Comentário Bíblico).

NARDONI, Enrique. **La transfiguración de Jesús y el diálogo sobre Elías según el evangelio de San Marcos.** 1977. Tese (Doutorado) — Pontificio Instituto Bíblico de Roma, Universidad Católica Argentina, 1977.

OESTERLEY, William O. E. **The Gospel Parables in the Light of their Jewish Background.** New York, NY: Macmillan, 1936.

O'FLYNN, J. A. Evangelio según San Marcos. In: **Verbum Dei:** comentario a la Sagrada Escritura. Barcelona: Editorial Herder, 1957, v. 3.

PALLARES, José Cárdenas. **Un pobre llamado Jesús:** relectura del evangelio de Marcos. México City: Casa Unida de Publicaciones, 1982.

PARKER, Pierson. **The Gospel Before Mark.** Chicago, IL: University of Chicago Press,1953.

PETERSEN, N. R. When is the End not the End? Reflections on the Ending of Mark's Narrative. **Interpretation**, n. 34, p. 151-166, 1980.

PIKAZA, Xavier. **Para vivir el evangelio:** lectura de Marcos. Estella: Editorial Verbo Divino, 1995.

PLUMMER, Alfred. **The Gospel according to St. Mark.** Cambridge: s.n.,1914 (Cambridge Greek Testament for Schools and Colleges).

PRONZATO, Alessandro. **Un cristiano comienza a leer el evangelio de Marcos.** Salamanca: Ediciones Sígueme, 1982. 3 v.

MRAIDA, Carlos. Marcos: rumo a uma igreja que mostra Jesus em ação, in: **Bíblia Nova Reforma**: edição de estudos e referência. *Nova Versão Internacional.* Editada por Pablo A. Deiros. Tradução de Reginaldo de Souza e Judson Canto (notas e artigos). São Paulo: Vida, 2017.

RAMÍREZ, Dagoberto. Compromiso y perseverancia: estudio sobre Marcos 13. **Revista de Interpretación Bíblica Latinoamericana,** n. 7, 1990.

RAMOS, F. F. **El primer Evangelio:** Marcos, heraldo de la buena noticia. Salamanca: Ediciones Sígueme, 1991.

RAWLINSON, A. E. J. **The Gospel According to St. Mark.** London: Methuen, 1960 (Westminster Commentaries).

RHOADS, David; MICHIE, Donald. **Mark as Story.** Philadelphia, PA: Fortress Press, 1982.

ROBERTSON, Archibald T. **Una armonía de los cuatro Evangelios.** El Paso, TX: Casa Bautista de Publicaciones, s.d.

_____. **Word Pictures in the New Testament.** Nashville, TN: Broadman Press, 1930. 6 v.

ROBINSON, James M. **The Problem of History in Mark.** Studies in Biblical Theology 21. London: SCM, 1957.

ROLDÁN, Alberto F. **Jesús en acción:** un comentario dinámico al evangelio de Marcos. Buenos Aires: Publicaciones Alianza, 2000. 2 v.

RYLE, J. C. **Los Evangelios explicados.** New York, NY: Sociedad Americana de Tratados, s.d., v. 2.

SANGSTER, W. E. **He Is Able.** Grand Rapids, MI: Baker Books, 1984.

SCHENKE, L. **Die Wundererzählungen des Markusevangeliums.** Stuttgart: Katholisches Bibelwerk, 1974.

SCHMID, Josef. El evangelio según San Marcos. In: **Comentario de Ratisbona al Nuevo Testamento.** Tradução de M. González-Haba. Barcelona: Editorial Herder, 1981.

SCHNACKENBURG, Rudolf. El evangelio según San Marcos. In: **El Nuevo Testamento y su mensaje.** Tradução de C. Gancho. Barcelona: Editorial Herder, 1980. 2 v.

_____. **The Moral Teaching of the New Testament.** New York, NY: Herder and Herder, 1967.

SCHREIBER, J. Die Christologie des Markusevangeliums. **Zeitschrift für Theologie und Kirche**, n. 58, p. 154-183, 1961.

SCHWEIZER, Eduard. **The Good News According to Mark.** London: Westminster John Knox Press, 1971.

SCROGGS, R.; GROFF, K. L. Baptism in Mark: Dying and Rising with Christ. **Journal of Biblical Literature**, n. 92, p. 531-548, 1973.

SNOY, T. Les miracles dans l'évangile de Marc. **Revue Théologique de Louvain**, n. 3-4, p. 58-101, 1973.

SOBRINO, Jon. **Jesucristo liberador:** lectura histórico-teológica de Jesús de Nazaret. 5. ed. Madrid: Editorial Trotta, 2010.

SOWELL, Sidney M. **Las parábolas de Jesús.** Buenos Aires: Junta de Publicaciones de la Convención Evangélica Bautista, 1947.

STAGG, Frank. **Teología del Nuevo Testamento.** El Paso, TX: Casa Bautista de Publicaciones,1976.

STOTT, John R. W. The Cross of Christ. Leicester: InterVarsity Press, 1986.

SWETE, Henry B. **The Gospel According to St. Mark:** The Greek Text with Introduction, Notes and Indices. Grand Rapids, MI: Eerdmans, 1956.

SWIFT, C. E. G. Marcos. In: GUTHRIE, Donald et al. (Org.). **Nuevo comentario bíblico.** El Paso, TX: Casa Bautista de Publicaciones, 1977.

TAGAWA, K. **Miracles et Évangile.** París: Press Universitaires de France, 1966.

TALBERT, C. H. The Gospel and the Gospels. **Interpretation**, n. 33, p. 51-362, 1979.

TANNEHILL, R. C. The Gospel of Mark as Narrative Christology. **Semeia**, n. 16, p. 57-95, 1980.

TAYLOR, Vincent. **El evangelio según San Marcos.** Tradução de J. Domínguez Villar. Madrid: Ediciones Cristiandad, 1979.

_____. **Jesus and His Sacrifice:** A Study of the Passion Sayings in the Gospels. London: Macmillan, 1939.

_____. **The Gospel According to St. Mark.** London: Macmillan, 1959.

THEISSEN, G. **Unchristliche Wundergeschichte.** Gütersloh: Gerd MohnVerlang, 1974 (Studien zum Neuen Testament, v. 8).

THIELICKE, Helmut. **The Ethics of Sex.** New York, NY: Harper & Row Publishers, 1964.

TRENCHARD, Ernesto. **Una exposición del evangelio según San Marcos.** Madrid: Editorial Literatura Bíblica, 1971.

TYSON, J. The Blindness of the Disciples in Mark. **Journal of Biblical Literature**, n. 80, p. 261-268, 1961.

VERKUYL, Johannes. The Biblical Notion of Kingdom: Test of Validity for Theology of Religion. In: ENGEN, Charles Van; GILLILAND, Dean S.; PIERSON, Paul (Org.). **The Good News of the Kingdom:** Mission Theology for the Third Millennium. Maryknoll, NY: Orbis Books, 1993.

VIA, Dan Otto. **The Ethics of Mark's Gospel:** In the Middle of Time. Philadelphia, PA: Fortress Press, 1985.

VIELHAUER, T. Jesus und der Menschensohn. **Zeitschrift für Theologie und Kirche**, n. 60, p. 133-177, 1963.

VIJVER, Enrique et al. **Las parábolas del reino.** Buenos Aires: Editorial La Aurora, 1988.

WEEDEN, T. J. **Mark:** Traditions in Conflict. Philadelphia, PA: Fortress Press, 1971.

WENHAM, David. The Meaning of Mark 3.31. **New Testament Studies**, n. 21, p. 195-300, 1975.

_____. **The Parables of Jesus.** London: Hodder and Stoughton, 1989.

WENHAM, D.; BLOMBERG, C.(Org.). **Gospel Perspectives.** Sheffield: JSOT Press, 1986, v. 6.

WHITE, John. **Oración:** un diálogo que cambia vidas. Buenos Aires: Ediciones Certeza, 1994.

ZEDDA, Silverio. **Los Evangelios y la crítica hoy.** Tradução de A. Arbia. Buenos Aires: Ediciones Paulinas, 1966.

ZIMMERMANN, Heinrich. **Los métodos históricos-críticos en El Nuevo Testamento.** Tradução de G. Bravo. Madrid: Biblioteca de Autores Cristianos, 1969.

**Volume 2**

## MARCOS: O EVANGELHO DO PODER